# DIREITO E INTERPRETAÇÃO

# DIREITO E INTERPRETAÇÃO

*Ensaios de Filosofia do Direito*

Editado por
Andrei Marmor

Tradução
LUÍS CARLOS BORGES
Revisão da tradução
SILVANA VIEIRA
Revisão técnica
DR. GILDO SÁ LEITÃO RIOS

*Martins Fontes*
São Paulo 2004

This translation of LAW AND INTERPRETATION originally published
in English in 1995 is published by arrangement with Oxford University Press.

Esta tradução de LAW AND INTERPRETATION publicada originalmente
em inglês em 1995 está sendo publicada através de acordo com Oxford University Press.

Copyright © 2000, Livraria Martins Fontes Editora Ltda.,
São Paulo, para a presente edição.

1ª edição
*outubro de 2000*
2ª tiragem
*março de 2004*

**Tradução**
LUÍS CARLOS BORGES

**Revisão técnica**
*Gildo Sá Leitão Rios*
**Revisão da tradução**
*Silvana Vieira*
**Revisão gráfica**
*Renato da Rocha Carlos*
*Maria Luiza Fravet*
**Produção gráfica**
*Geraldo Alves*
**Paginação/Fotolitos**
*Studio 3 Desenvolvimento Editorial*

Dados Internacionais de Catalogação na Publicação (CIP)
(Câmara Brasileira do Livro, SP, Brasil)

Direito e interpretação : ensaios de filosofia do direito / editado
por Andrei Marmor ; tradução Luís Carlos Borges. – São Paulo :
Martins Fontes, 2000. – (Justiça e direito)

Vários colaboradores.
Título original: Law and interpretation.
Bibliografia.
ISBN 85-336-1317-2

1. Direito – Filosofia 2. Hermenêutica (Direito) I. Marmor,
Andrei. II. Série.

00-3798 CDU-340.132.6

**Índices para catálogo sistemático:**
1. Hermenêutica jurídica : Direito   340.132.6
2. Interpretação jurídica : Direito   340.132.6

*Todos os direitos desta edição para o Brasil reservados à*
**Livraria Martins Fontes Editora Ltda.**
*Rua Conselheiro Ramalho, 330/340 01325-000 São Paulo SP Brasil*
*Tel. (11) 3241.3677 Fax (11) 3105.6867*
*e-mail: info@martinsfontes.com.br http://www.martinsfontes.com.br*

# Índice

**Relação de colaboradores** .................................................. VII
**Prefácio** ................................................................................ IX

*I. Interpretação e método na teoria jurídica*

1. Interpretando a interpretação ........................................ 3
   *Michael S. Moore*
2. Focalizando o Direito: O que a interpretação jurídica
   não é ...................................................................................... 47
   *Martin Stone*
3. Interpretação e metodologia na teoria jurídica ............ 145
   *Stephen R. Perry*
4. Questões na interpretação jurídica ................................ 205
   *Brian Bix*

*II. Interpretação, objetividade e determinação*

5. Interpretação sem restabelecimento ............................. 235
   *Joseph Raz*
6. Três conceitos de objetividade ....................................... 267
   *Andrei Marmor*
7. Determinação, objetividade e autoridade ..................... 303
   *Jules L. Coleman e Brian Leiter*
8. Contra os princípios jurídicos ........................................ 419
   *Larry Alexander e Kenneth Kress*

*III. Interpretação e intenção legislativa*

9. As intenções dos legisladores e a legislação não-intencional ............................................................................... 495
   *Jeremy Waldron*

10. Tudo ou nada? As intenções das autoridades e a autoridade das intenções .................................................. 537
*Larry Alexander*
11. Interpretando as autoridades ..................................... 609
*Heidi M. Hurd*
12. Interpretando o discurso oficial ................................. 651
*Meir Dan-Cohen*

**Índice analítico** ................................................................. 675

## *Relação de colaboradores*

*Larry Alexander* é professor titular da University of San Diego School of Law.

*Brian Bix* é professor de Teoria Jurídica e Argumentação Jurídica do King's College, University of London.

*Jules L. Coleman* é professor titular de Teoria Jurídica e Filosofia da Yale University.

*Meir Dan-Cohen* é professor titular de Direito da University of California, Berkeley.

*Heidi M. Hurd* é professor titular de Direito e Filosofia da University of Pennsylvania.

*Kenneth Kress* é professor titular de Direito da University of Iowa College of Law.

*Brian Leiter* é professor de Direito e Filosofia da University of Texas at Austin.

*Andrei Marmor* é professor de Teoria Jurídica da University of Tel Aviv.

*Michael S. Moore* é professor titular de Direito e professor titular de Filosofia da University of Pennsylvania.

*Stephen R. Perry* é professor da Faculty of Law, McGill University.

*Joseph Raz* é professor titular de Filosofia do Direito da Oxford University, e "Fellow" do Balliol College, Oxford.

*Martin Stone* é professor titular de Direito e professor de Filosofia da Duke University.

*Jeremy Waldron* é professor titular de Direito e Filosofia e de Teoria Jurídica e Políticas Sociais da School of Law (Boalt Hall), University of California, Berkeley.

## *Prefácio*

A interpretação tornou-se um dos principais paradigmas intelectuais dos estudos jurídicos nos últimos quinze anos. Assim como o interesse pelas normas na década de 1960 e pelos princípios jurídicos na de 1970, boa parte da teorização da última década foi edificada em torno do conceito de interpretação. Em um aspecto importante, porém, a interpretação é um paradigma mais ambicioso: não se trata apenas de um tema no qual os filósofos do Direito estão interessados mas, segundo alguns filósofos muito influentes, a interpretação é também um método geral, uma metateoria da teoria do Direito. Ronald Dworkin, por exemplo, apresenta o método interpretativo como um rival da tradicional abordagem analítica da doutrina jurídica. Tem sido um pressuposto central desta a existência de uma distinção nítida entre a questão filosófica "O que é Direito?" e a questão do advogado "O que é *o* Direito neste ou naquele caso?", e entre essas duas e a questão moral "O que deveria ser o Direito...?"

A recente teoria interpretativa do Direito de Dworkin desafia essas distinções conceituais. Explicar o conceito de Direito, afirma ele, liga-se inevitavelmente a considerações sobre que Direito existe a ser solucionado. Segundo ele, o Direito não é apenas um empreendimento interpretativo, mas deve também ser explicado pelos mesmos métodos empregados pelos participantes; tanto teóricos como práticos estão engajados em um único e mesmo tipo de raciocínio, ou seja, numa tentativa de impor a melhor interpretação à prática que encontram. Assim, o conceito de Direito e a justificativa de suas exigências particulares já não podem ser vistos como duas questões separadas.

Se esse desenvolvimento metodológico é uma mudança para melhor ou para pior é um dos principais temas de discussão entre os que contribuíram para este volume. A teoria interpretativa do Direito formulada por Dworkin parece sustentar uma postura antipositivista na teoria jurídica. De modo interessante, porém, alguns dos que mais se inclinam para essa conclusão rejeitam vigorosamente seu método interpretativo e vice-versa. Assim, alguns dos que subscreveriam muitas das conclusões de H. L. A. Hart sobre as relações entre Direito e moralidade vêem algumas vantagens consideráveis no estilo metodológico interpretativo de Dworkin. Ambos os lados, porém, reconhecem a posição central da interpretação na compreensão do Direito. Afinal, a prática jurídica é eminentemente interpretativa, e, a menos que tenhamos uma compreensão adequada do que constitui a interpretação, não poderemos obter um quadro nítido da prática que supostamente compreendemos.

A interpretação não é unicamente nem tipicamente um conceito jurídico. No domínio das artes e da crítica de arte ela também tem um papel central, e isso sugere que existem analogias interessantes entre essas duas disciplinas. Mais uma vez, o grau e a utilidade da analogia estão sujeitos a controvérsia, parte da qual é manifesta nesta coletânea. Poucos duvidam, porém, que as teorias sobre o Direito e a literatura partilham um interesse comum pelo conceito de interpretação. Assim, por exemplo, temas como o papel das intenções na interpretação de textos, a questão de se a interpretação pode chegar a ser objetivamente verdadeira (ou falsa) ou se os textos determinam, ou limitam significativamente, as suas interpretações são de interesse evidente para ambas as disciplinas e parecem pedir uma teoria geral da interpretação.

A maioria dos que contribuíram para esta coletânea parece concordar quanto à existência de uma ligação muito íntima entre o conceito de interpretação e o conceito de significado. Interpretação é, basicamente, uma explanação do significado do seu objeto. Esse ponto de partida comum, contudo, apenas abre a porta para uma grande controvérsia quanto ao tipo de significado em questão, seu objetivo e seus limites. Isto é,

*PREFÁCIO*

deve-se esperar que uma teoria geral da interpretação ofereça respostas para, pelo menos, três tipos de pergunta: sobre os possíveis objetos da interpretação; sobre o seu objetivo, sua base normativa; e a questão epistemológica sobre qual é a possibilidade de conhecimento nesse campo – por exemplo, se existem interpretações corretas e incorretas e se a interpretação é objetiva em algum sentido.

Essas e outras perguntas gerais sobre a interpretação têm implicações consideráveis para a teoria jurídica, particularmente para a teoria da prestação jurisdicional. Espera-se, como todos sabemos, que os juízes interpretem certos textos. Mas que textos são esses? Como e o que exatamente identificamos como o objeto da interpretação neste caso? Supondo que identificamos os textos, podemos presumir que esses textos limitam substancialmente as possíveis interpretações? Essas interpretações possuem algum *status* objetivo? O que significaria para tais interpretações ser objetivamente verdadeiras (ou falsas)? Essas questões gerais sobre a interpretação têm implicações morais e políticas importantes na legitimidade da prestação jurisdicional. Se, por exemplo, os textos não limitam a interpretação de nenhum modo significativo, qual é a base da legitimidade de tais interpretações? Como os juízes podem justificar suas interpretações da legislação? Existe alguma diferença entre interpretação e criação e, se não há, justifica-se que os juízes criem o Direito?

Tais preocupações morais e políticas sempre fizeram parte da doutrina jurídica. Vê-las a partir do ponto de vista de uma teoria geral da interpretação, porém, é um desenvolvimento recente. Assim, as analogias entre Direito e literatura, por mais controvertidas e problemáticas que possam ser, permitem que os filósofos do Direito tenham um novo ponto de vista quanto a essas questões tradicionais.

Nem todos os tópicos referentes ao Direito e à interpretação são novos; o papel da intenção legislativa na interpretação das leis é uma dessas antigas questões de doutrina jurídica que ressurgem geração após geração. Alguns dos colaboradores deste volume seguem essa tradição de debate, chegando, é desnecessário dizer, a conclusões diferentes. Estão mais ou menos unidos, porém, na crença de que o papel da intenção legislativa na interpretação das leis está intimamente ligado a uma teoria adequada sobre a autoridade do Direito. Segundo essa linha de pensamento, a justificativa da deferência à intenção legislativa deve ser derivada de considerações referentes à legitimidade das autoridades jurídicas. Mais uma vez, surge aqui uma ligação íntima, mas controvertida, entre o conceito de interpretação e o conceito de Direito. Assim, valendo-se do trabalho recente sobre a análise da autoridade, combinado com a pesquisa contemporânea no domínio da interpretação, os colaboradores deste volume conseguiram oferecer novos e interessantes discernimentos sobre essa antiga controvérsia.

Os ensaios desta coletânea são como o rosto de Jano: olham para trás e para a frente. Em certo sentido, a coletânea oferece uma espécie de retrospecto de uma das principais teses dos últimos quinze anos de teorização jurídica. Ao mesmo tempo, porém, as contribuições deste volume levantam questões novas e desafiadoras; algumas são provisórias, outras mais completas e abrangentes, e todas exigem mais reflexão e pesquisa.

Todas as contribuições deste volume foram escritas especialmente para ele e são publicadas aqui pela primeira vez. A coletânea teve origem numa conferência a que estiveram presentes alguns dos colaboradores, na Universidade de Tel Aviv, em maio de 1993, e gostaríamos de expressar nossa gratidão a todos os participantes da conferência pelos seus comentários e pelo estimulante debate. A maioria dos ensaios, contudo, foi especialmente encomendada para o livro, e tenho realmente uma dívida para com os colaboradores pelo entusiasmo e pela maravilhosa cooperação.

A. M.

# I. Interpretação e método
## na teoria jurídica

# Capítulo 1
## *Interpretando a interpretação*
Michael S. Moore

**Introdução**

As metáforas têm um ciclo vital simples. Nascem de novos discernimentos a respeito de uma similaridade despercebida, definham com o uso excessivo e morrem quando se tornam tão familiares que passam a ser tratadas como sentidos estabelecidos das palavras. Os modismos intelectuais são como metáforas nesse aspecto. Embora possam iniciar a vida frescos e cheios de promessas, acabam por tornar-se os gastos contrapontos de um jargão que impede o discernimento em vez de transmiti-lo.

Isso aconteceu com o presente modismo intelectual construído em torno da interpretação. Assim como o jargão da "forma de vida" na década de 1950, e o jargão do "paradigma" na década de 1960, fazer alguma referência à interpretação tornou-se *de rigueur* em artigos sobre praticamente qualquer tema. Assim como os jargões da "forma de vida" e do "paradigma" que Wittgenstein e Kuhn examinaram em décadas anterio-

---

Esta dissertação teve origem em minhas Conferências sobre a teoria interpretativa, ministradas em 1986 na Oitava Sessão Anual do Instituto Internacional de Estudos Semióticos e Estruturais, realizada no Departamento de Inglês da Northwestern University, Evanston. Teve o benefício também de uma bolsa de pesquisa em teoria interpretativa do Instituto de Pesquisa de Humanidades, Universidade da Califórnia, Irvine, trimestre da primavera, 1989. A dissertação foi escrita especificamente para a Conferência sobre Interpretação e Teoria Jurídica, Universidade de Tel Aviv, 1993. Meus agradecimentos aos participantes (e particularmente a meu comentarista nesta dissertação, Gilead Bar-Elli) por seus úteis omentários.

res, nosso jargão "interpretativo" funciona muito pouco na descoberta ou justificativa de alguma conclusão; tal jargão, na maioria das vezes, é apenas o ornamento acrescentado a conclusões geralmente céticas a respeito do Direito, da crítica literária, da psicologia, da física, ou de praticamente qualquer coisa. "É apenas a sua interpretação" desceu ao nível de conversa de coquetel, como nossa maneira preferida de expressar ceticismo metafísico ou epistemológico sobre alguma coisa, mas raramente serve para justificar tal ceticismo.

Tudo isso é perturbador para aqueles de nós que se interessavam pela interpretação antes que ela se tornasse moda. Não é apenas a infelicidade que sentimos quando símbolos de nossa personalidade são apropriados pelas massas – como quando os *hippies* fizeram dos *blue jeans* um uniforme, ou quando os *yuppies* fizeram dos BMWs um automóvel de *status* elevado. Trata-se antes do desagrado de ver um conceito útil transformado num exemplo de retórica vazia. É como a aflição que um cirurgião sentiria se, depois de calibrar suas habilidades e instrumentos para uma operação delicada, descobrisse que outros jogaram lama nos seus bisturis[1].

A lama neste caso é o que, em outras ocasiões, chamei de "interpretativismo muito ambicioso"[2]. O que é tão ambicioso é a afirmação de que todo conhecimento é interpretativo, a física tanto quanto a psicologia, a astronomia tanto quanto a crítica literária. Isso às vezes aparece na forma de *slogans*, como "todo o mundo é um texto", ou "nada existe fora do texto", ou "toda compreensão exige os preconceitos da interpretação"[3]. Esses

---

1. Devo a metáfora a David A. J. Richards, que, durante uma conferência, há muitos anos, quando me dirigiam alguns comentários obscuros, inclinou-se e murmurou: "Estão enlameando os seus bisturis."

2. Michael S. Moore, "The Interpretive Turn in Modern Theory: a Turn for the Worse?", *Stanford Law Rev.*, 41 (1989), 871-957, em 891. Para uma expressão recente de uma forma de tal interpretativismo muito ambicioso no Direito, ver Stephen Feldman, "The New Metaphysics: The Interpretive Turn in Metaphysics", *Iowa Law Review*, 76 (1991), 661-99 (comentário sobre a rejeição de Heidegger e Gadamer por Moore).

3. Alguns desses lemas são explorados em Joseph Margolis, "Reinterpreting a Interpretation", *Journal of Aesthetics*, 48 (1990), 1-15, em 7. Ao reconhecer que

*slogans* derridanos, barthianos e gadamerianos geram em mim um grande sentimento de identificação com reações como a de Michael Devitt: "quando alguém começar a falar sobre 'interpretação', pegue o seu revólver"[4]. Ainda assim, mesmo com a água do banho tão suja, pode haver um bebê que valha a pena salvar. O que desejo examinar é o conceito de interpretação que deverá ser salvo quando o inflado interpretativismo da presente moda pós-modernista encerrar o seu percurso e morrer.

## A interpretação genuína

Um bom primeiro golpe ao definir uma noção útil de interpretação é dizer que ela é a atividade a que nos dedicamos ao tentar encontrar o significado de algo[5]. Para elucidar essa definição, devemos considerar três perguntas: Em primeiro lugar, que espécie de coisas tem significado? Em segundo lugar, a validade de uma interpretação consiste na descoberta de tais significados ou tal validade poderá existir mesmo se criarmos tais significados por meio de nossas interpretações? Em terceiro lugar, por que alguém deve dedicar-se a essa atividade, isto é,

---

o interpretativismo muito ambicioso está "notavelmente, ou mesmo peculiarmente, na moda em nosso tempo" (*ibid.*, em 1), Joe Margolis procurar salvar o que é possível dele.

4. O metafísico realista, Michael Devitt, é citado assim em W. Lycan, *Judgement and Justification* (Cambridge, Cambridge University Press, 1988), 195, n. 7.

5. Cf. Sigmund Freud, *The Complete Introductory Lectures on Psychoanalysis*, trad. James Strachey (Nova York, W. W. Norton, 1966), em 87: "Interpretar significa encontrar um sentido oculto em algo." Note que Freud, como muitos outros [p. ex. Anette Barnes, *On Interpretation* (Oxford, Basil Blackwell, 1988), caps. 2-3; Andrei Marmor, *Interpretation and Legal Theory* (Oxford, Oxford University Press, 1992, 21], acrescenta algo que deixei de fora nessa noção muito geral de interpretação, isto é, que a interpretação é a descoberta de algo que está oculto ou que não é evidente. Nesse sentido, pode-se dizer que leis com significado claro não precisam de interpretação, como argumento em Moore, "A Natural Law Theory of Interpretation", *South. Calif. Law Rev.*, 58 (1985), 277-398, 284-5. No caso de Marmor, essa restrição parece parte de sua afirmação geral do modelo comunicativo de interpretação, de modo que o que é governado pela semântica (e, portanto, é evidente) não é parte da interpretação.

que valor é atendido quando se descobre ou cria um significado para algo? A primeira chamarei de questão fundamental a respeito da interpretação; a segunda, de questão da validade; e a terceira, de questão da justificativa. Embora essas questões sejam analiticamente separáveis, as inter-relações de quaisquer respostas plausíveis a elas impedem-me de organizar esta discussão em torno delas. Em vez disso, farei as três perguntas simultaneamente a cada modelo de interpretação que explorar.

Um começo é tratar da questão fundamental: que tipos de coisas têm significado? Aprofundemos essa questão antes de responder a ela. O falecido Paul Grice certa vez distinguiu significados não-naturais de significados naturais[6]. "Nuvens significam chuva" [*Clouds mean rain*] era um exemplo do segundo uso de "significado", ao passo que "ele tem em mente feri-lo" [*he means to hurt you*] era um exemplo do primeiro uso. Seguindo Grice, considero que o significado natural não é de interesse neste contexto, pois os "significados naturais" são apenas metáforas animistas para ligações causais entre acontecimentos literalmente sem significado. Causas e efeitos são signos naturais mútuos, mas isso apenas significa que cada um deles é indício do outro, dada a ligação entre os dois. Nuvens são um sinal de chuva e, se chove, a chuva é um sinal de que havia nuvens das quais caiu a chuva. Nesse sentido inutilmente amplo de "significado", tudo o que não é causalmente inerte (que é tudo o que sabemos a respeito) tem "significado".

Melhor para nossos propósitos é o significado não-natural, que Grice denominou "significado"$_{nn}$. Se abandonamos nuvens por *fala* sobre nuvens, tal fala parece possuir um significado que não consiste simplesmente nas ligações causais entre as nuvens e outros fenômenos. Tal fala pode ser uma elocução explícita na conversação comum, cotidiana; pode ser uma elocução jurídica, como uma lei; pode surgir em um romance ou em uma peça de teatro; pode ser parte de uma elocução de Deus; ou pode fazer parte do conteúdo manifesto de um sonho. Em todos esses casos, estamos diante de fenômenos

---

6. H. P. Grice, "Meaning", *Philosophical Review*, 66 (1957), 377-88.

que parecem possuir significado e parecem pedir interpretação para ser compreendidos.

Se isolamos o que há em elocuções de conversação, de leis, romances, mandamentos divinos e sonhos que parece dar-lhes significado$_{nn}$, encontramos algo que deve ser chamado de *texto*. Dizer que cada uma dessas produções tem significado é dizer que cada uma delas é constituída por um texto. Isto, é claro, não diz muita coisa até dizermos o que é um texto (de algum modo incorrendo menos em petição de princípio que "possuidor de significado").

Um primeiro impulso poderia ser pensar que existem textos na natureza. Os geólogos muitas vezes dizem, por exemplo, que as várias camadas de rocha formam uma história textual da terra e que aprender geologia é aprender a ler esse texto. Tal leitura de "texto", contudo, leva-nos outra vez ao significado natural. Camadas de rochas são sinais de acontecimentos passados – e, assim, são textos "a respeito" desses acontecimentos passados – apenas no sentido anêmico de que tais rochas são os efeitos desses acontecimentos anteriores (e, portanto, constituem testemunhos deles).

A possibilidade que mais prontamente se sugere talvez seja pensar que algo pode ser um texto apenas se uma pessoa, ou pessoas, o cria intencionalmente como um texto. Mais especificamente, pode-se pensar que *o* ato criativo de relevância neste caso é aquele por meio do qual pessoas criam símbolos que lhes permitem comunicar uma à outra o que têm em mente. Segundo essa visão, os textos são o veículo (de dispositivos de representação) que autor e público compartilham quando um agente humano está tentando comunicar-se com outro. Esse, tal como o denominarei, é o modelo comunicativo da interpretação. O modelo tem um grande poder em nossa imagem da interpretação. Antes de demonstrar como o modelo é enganoso, precisamos compreender a força que tem sobre nós.

O poder do modelo comunicativo de interpretação encontra-se no apuro com que responde às três perguntas que distingui anteriormente. À questão básica quanto ao que tem significado, o modelo responde que são apenas os sistemas representativos (textos) criados por agentes humanos para se comunicarem entre si. Um sistema de sinais torna-se um sistema de representação, segundo essa visão, quando os agentes usam os sinais para formar o objeto das intenções que desejam comunicar e quando os sinais assim usados pelos autores também são usados por públicos como objetos das crenças formadas em resposta. Assim, em última análise, um texto, nesse modelo, é uma função do sistema de símbolos usado nas atitudes propositivas que são as intenções dos comunicadores e as opiniões de seus públicos. Como as atitudes propositivas são o que são em virtude de sua Intencionalidade, isso também torna os textos uma função da Intencionalidade dos agentes que os usam dessa maneira[7].

A segunda questão – sobre a validade – também tem uma resposta bastante apurada no modelo comunicativo de interpretação. A interpretação de uma elocução – em um romance, sonho, lei ou texto sagrado – é válida nesse modelo se, e apenas se, a interpretação corresponde à intenção com que foi produzido o enunciado. Não há questão nenhuma no caso quanto a *criar* algo por meio da interpretação, cuja validade torna-se então inexplicável. Em vez disso, uma interpretação é válida apenas se se descobre a verdadeira explicação de por que o texto foi produzido. Tal explicação não cria nada; ela reproduz o objeto da intenção que deu origem à elocução.

De modo similar, a terceira questão, da justificativa, tem uma resposta pronta no modelo comunicativo da interpretação. Isso porque a interpretação torna-se uma espécie de explicação (ou seja, explicações de elocuções comunicativas). Assim, não precisamos de nenhum tipo especial de atividade, distinta das atividades descritivas e explanatórias normais da ciência, que exija justificativa. A curiosidade científica quanto a por que algum sonho foi produzido, algum romance foi escrito, algum

---

7. Designo como Intencionalidade a orientação para um objeto que Franz Brentano reintroduziu nas discussões modernas. Essa noção um tanto técnica deve ser distinguida do "intencional" mais comum, idiomático. Para uma introdução, ver Daniel Dennett, *Content and Consciousness* (Londres, Routledge, 1969, cap. 2).

pronunciamento sagrado foi feito, alguma lei foi aprovada, pode ser suficiente para justificar que se interpretem esses textos segundo esse modelo de interpretação[8].

O modelo comunicativo, portanto, não produz nenhuma onda nas águas serenas da ciência. Além disso, o modelo, sem dúvida, capta com precisão o uso talvez mais comum e familiar de "interpretação". Quando buscamos "encontrar o significado de algo" – isto é, quando nos dedicamos a uma atividade adequadamente denominada "interpretação" – talvez, com muita freqüência, sejamos o público de uma elocução comunicativa de outrem. Nesse caso, nossas razões e métodos são as razões e métodos padronizados da descrição ou explanação científica, a única diferença sendo que aquilo que descrevemos (um texto) e aquilo com que o explicamos (intenção autoral) são ambos fenômenos Intencionais.

Isso tudo, felizmente, é tão pouco problemático que alguns podem querer parar por aqui. Contudo, fazê-lo é ignorar o discernimento que acredito ter motivado a teologia de fins do século XIX a cunhar em inglês a palavra "hermenêutica" a partir do grego. Esse discernimento é de que existe algo especialmente interpretativo a respeito de disciplinas como a teologia, a crítica literária, o Direito e a psicanálise. Mais precisamente, é de que certas atividades dominantes dentro de tais disciplinas não podem ser forçadas a conformar-se aos métodos da descrição ou explanação científica comuns e que tampouco tais atividades são justificadas pelos objetivos científicos normais de previsão, explanação e compreensão.

Se examinarmos como tais atividades dentro dessas disciplinas são verdadeiramente executadas, esse sentido, de que a interpretação é mais rica do que concede o modelo comunicativo, será reforçado. Um problema com o modelo comunicativo

---

8. Segundo essa visão, a interpretação é uma atividade à qual temos justificativa para nos dedicar pelas razões científicas usuais: "A razão fundamental para estudar o processo cognitivo tornou-se tão clara quanto a razão para estudar qualquer outra coisa: é porque elas estão aí." U. Neisser, *Cognitive Psychology* (Nova York, Appleton-Century-Crofts, 1967, 12).

encontra-se na camisa-de-força em que nos enfiaria no que diz respeito ao que poderíamos conceber corretamente como sendo atividades de interpretação literária, legislativa, teológica ou onírica. Isso porque o modelo nos obriga a dizer que apenas quando os críticos literários estão buscando recuperar o significado pretendido pelo autor de um romance é que eles estão *interpretando* o romance, que apenas quando os advogados estão buscando recuperar o significado pretendido pela legislatura que criou uma lei é que estão *interpretando* essa lei, que apenas quando os teólogos estão buscando recuperar o que Deus pretendia ao fazer com que fosse escrita a Bíblia é que estão *interpretando* a Bíblia, e que apenas quando os psicanalistas estão buscando recuperar o desejo que levou o sonho a ter o conteúdo que teve é que estão procurando *interpretar* o sonho. Existem, é claro, versões bem conhecidas de crítica literária, de teoria jurídica, de teologia e de psicanálise que promovem justamente essas estratégias interpretativas. Mas existem outras estratégias rivais em cada uma dessas disciplinas que não buscam recuperar a intenção autoral. Essas não são apenas estratégias igualmente respeitadas; na verdade, tampouco são apenas estratégias interpretativas *melhores*, como argumentei detalhadamente a respeito de algumas dessas disciplinas[9]; mas parece-me uma visão terrivelmente provinciana e limitada de interpretação descartar essas estratégias não-intencionalistas porque não conseguem – não conseguem logicamente – ter caráter interpretativo[10]. Mesmo que alguém acabe por se tornar um E. D. Hirsch na crítica literária, um Robert Bork na interpretação legislativa e constitucional ou um Freud na interpretação de sonhos, não deve ser por falta de uma alternativa verdadeiramente *interpretativa*. Mesmo os críticos literários, advogados, psicanalistas e teólogos que acabam por se tornar intencionalistas precisam de uma noção de interpretação mais ampla do que a permitida pelo modelo comunicativo para que tenham

---

9. Moore, *supra*, n. 5.
10. Como argumentou, por exemplo, Walter Benn Michaels, "Response to Perry and Simon", *South. Calif. Law Rev.*, 58 (1985), 673-81.

argumentos substantivos (em oposição a conceituais) contra seus oponentes.

Assim, proponho que consideremos a "interpretação" como ambígua. Um sentido é o envolvido na comunicação, em que "interpretação" designa a descrição e a explicação de elocuções comunicativas. Tal tarefa científico-social tem o sentido de "encontrar o significado de algo". O sentido distinto, não-comunicativo de "interpretação" ainda não descrevemos. Talvez a análise mais comum desse segundo sentido seja a que nos foi legada por Dilthey e os outros "hermeneutas" originais. Refiro-me à tradição dualista que divide o mundo entre fenômenos naturais, sem significado, e fenômenos sociais, significativos; que divide as ciências entre as *Naturwissenschaften* e as *Geisteswissenschaften*; que divide a cognição entre conhecimento e *verstehen*, ou compreensão; e que divide a maneira de fazer ciência entre explicação e interpretação[11]. Essas divisões dualistas são então usadas por tais teóricos para criar um domínio fantasmagórico em que podem imitar o modelo comunicativo de interpretação. À questão fundamental sobre o que é um texto, dizem que os textos significativos simplesmente existem como um tipo distinto de coisa no mundo, embora tais textos não precisem ser criados por um autor comunicando-se com um público. À questão sobre o que torna válida uma interpretação, respondem que uma interpretação é válida se corresponde ao significado que é uma característica essencial dos fenômenos significativos – embora esse significado não possa ser considerado equivalente ao estado determinável da intenção do autor. À questão de por que devemos nos dedicar à interpretação, respondem que não precisa existir nenhum valor que justifique a interpretação, a não ser o valor que motiva toda a ciência, ou seja, compreender (em um sentido especial) a verdade (em um sentido especial). O que se imita é a subsunção do mo-

---

11. Para a descrição dessa tradição e citações, ver Moore, *supra*, n. 2, em 917-23. Para uma atualização, comparar as visões divergentes da interpretação dualista em D. Hiley, J. Bohman e R. Shusterman (orgs.), *The Interpretive Turn* (Ithaca, NY, Cornell University Press, 1991).

delo comunicativo da interpretação na compreensão científica comum, acrescentando-se a formidável advertência de que se trata de um tipo especial de compreensão científica e de um tipo especial de verdade, para acompanhar esse tipo especial de fenômenos.

Esse modelo dualista oferece uma resposta desnecessariamente obscura e extravagante para nossa questão sobre a existência de um sentido não-comunicativo de "interpretação". Noções especiais de verdade e compreensão são notoriamente o primeiro refúgio dos intelectuais viciosos que procuram escapar à sua obrigação de relacionar seja o que for que os confunde (como a interpretação) ao resto do mundo tal como o compreendem[12]. Com certeza podemos fazer melhor do que isso.

Os hermeneutas dualistas estavam certos em procurar livrar outro modelo de interpretação das restrições do conceito pelo modelo comunicativo, mas a "ciência especial" da tradição dualista não é um caminho para isso. Talvez possamos encontrar um modelo melhor, alternativo ao modelo comunicativo, se retornarmos à questão fundamental. O que mais um texto poderia ser, além de um sistema de representações usado por alguém com a intenção de comunicar a outros algum significado pretendido? Deixando de lado as intenções comunicativas do autor, focalizemos por enquanto exemplos em que não há tais autores. Imagine uma formação de nuvens com formas raras, mas sugestivas (poderíamos chamá-las de "nuvens de Rorschach"). Suponha ainda um conjunto de indivíduos que afirmam ver seus mais profundos segredos revelados em tais nuvens. Deveríamos dizer que as nuvens são um texto, que têm significado, de modo que se possa dizer acertadamente que os que se vêem revelados pelas nuvens as *interpretam*?

A atração do modelo comunicativo pode ser forte aqui. Como vimos, o discernimento geral por trás do modelo comunicativo está certo: o significado$_{nn}$ é uma função da Intenciona-

---

12. Ver Moore, *supra*, n. 2, em 919, para um exemplo na psicanálise, no qual teóricos da psicanálise tentam proteger sua teoria da crítica científica refugiando-se na tradição da hermenêutica dualista.

lidade de alguns agentes humanos[13]. E se nenhum agente humano investisse de significado as nuvens, como elas poderiam *ter* significado? Além de um autor, existe, é claro, o público, cujas atitudes proposicionais de convicção são investidores potenciais de significado. Uma manobra tentadora para alguns, como o Stanley Fish dos primeiros tempos[14], é tomar o fato social bruto de que certos públicos ("comunidades interpretativas") realmente consideram certos fenômenos significativos – realmente professam formar objetos de crenças prestando algum tipo de atenção a tais fenômenos – como suficiente para constituir tais fenômenos como um texto. Não obstante, esse tipo sociológico de resposta traz consigo todas as insatisfações provocadas sempre que se substitui a análise por fatos sociais. Todos reconhecemos que os outros às vezes consideram significativo certo fenômeno, mas, se o que queremos saber é em que sentido tal fenômeno *é* significativo, não ajuda nada ouvir que "muitos assim o consideram".

Minha resposta é, em certo sentido, "centrada no público", mas coloca em foco, não as atitudes ou ações propositivas efetivas que as pessoas possam ter em resposta a um fenômeno, mas, antes, as atitudes e ações que elas têm *razão* para ter ou fazer. Uma pessoa ou grupo de pessoas olhando para nuvens de Rorschach podem dar-lhes significado ao encontrar algum valor (tal como o autoconhecimento) em tratar as nuvens como um texto. Tratá-las como um texto é tratar as nuvens como se

---

13. O que não significa aceitar a noção de John Searle de que a pessoa possui uma Intencionalidade original, primitiva ou irredutível que uma máquina Turing (como o cérebro humano) não pode possuir. Pressuponho que os cérebros humanos sejam, no fim das contas, máquinas sintáticas cuja complexidade, não obstante, produz estados com propriedades semânticas (i.e. Intencionais). Moore, "Mind, Brain, and the Unconscious", em P. Clark and C. Whright (orgs.), *Mind, Psychoanalysis, and Science* (Oxford, Basil Blackwell, 1988). Pode-se aceitar essa visão reducionista e ao mesmo tempo aceitar, como faço no texto, que as pessoas verdadeiramente possuem estados Intencionais e que é a Intencionalidade das atitudes proposicionais das pessoas que investem de significado outros objetos no mundo.

14. Stanley Fish, *Is There a Text in this Class?* (Cambridge, Mass., Harvard University Press, 1980).

potencialmente nos dessem razões para a crença ou razões para a ação, se simplesmente pudermos determinar o que significam. Se há tais razões para tratar as nuvens como um texto, as nuvens *são* um texto.

Isso parece circular, mas não é. Há um texto e, portanto, interpretação no sentido desejado, sempre que: (1) as pessoas têm alguma boa razão, (2) para tratar algum fenômeno cujo significado ainda não conhecem como significativo, (3) no sentido de que tais significados dão-lhes razões para crença ou razões para ação. Vamos desembrulhar isso por partes.

Comecemos com o segundo elemento, tratar algum fenômeno como significativo. As pessoas fazem isso sempre que impõem uma distinção sintático-semântica ao fenômeno, isto é, sempre que descobrem que o fenômeno é significativo, mesmo sem saber o que significa. Chamo isto de imposição de uma distinção semântico-sintática porque, para fazer isso, elas devem ter alguns critérios para isolar um fenômeno significativo que não depende de conhecer o significado do fenômeno. Se chamamos o significado de um fenômeno de sua semântica, devemos chamar os critérios para a individuação do texto de sua sintaxe, pois "sintaxe" é o nome que damos em lingüística às regras que determinam quais seqüências de símbolos são fórmulas bem formadas e, portanto, virtuais portadores de significado.

Dois exemplos: na teologia há um antigo debate quanto a saber se a bondade consumada de Deus consiste no fato de que tudo o que Deus ordena é bom (porque ele o ordena), ou se essa bondade consiste no fato de que Deus, sendo onisciente, não comete erros quanto ao que é bom em seus mandamentos[15]. Suponha que um crente procure fazer o que Deus ordena. Na primeira variação, o crente está claramente interpretando os mandamentos de Deus porque tem um critério de individuação

---

15. Note como Aquino divide a diferença nesse caso: "a lei divina ordena certas coisas porque são boas... enquanto outras são boas porque são prescritas". *The Political Ideas of St. Thomas Aquinas*, org. Dino Bigongiani (Nova York, Hafner, 1953), 100.

textual (Deus o disse) ainda independente de saber o que o texto significa. Na segunda variação, a situação é menos clara. Eventualmente, o crente pode vir a interpretar os mandamentos de Deus porque, finalmente, conferirá a Deus a autoridade (teórica) que também confere a um bom meteorologista: tanto Deus como o meteorologista acertam com freqüência suficiente para que prestemos atenção a eles quando se trata de moralidade ou piqueniques. Quando o crente, na segunda variação, confere tal autoridade a Deus, ele então possui um critério de individuação textual (Deus o disse) ainda independente de saber o que o texto significa. Mas, inicialmente, quando a correspondência entre o bem e o que Deus manda é duvidosa, o crente terá de compreender o que os mandamentos significam, confrontá-los com sua compreensão do bem e segui-los apenas se estiverem de acordo. Isso não é interpretação porque não há nenhum critério de individuação textual que independa de saber o que o texto significa.

O segundo exemplo é extraído do Direito. Embora exista um debate na teoria jurídica (se as leis possuem autoridade prática ou meramente teórica) que equivale exatamente ao debate teológico citado acima[16], outro debate na teoria jurídica revela aspectos diferentes desse segundo critério para a existência de um texto. Refiro-me ao debate quanto a existir, ou poder existir, ou dever existir uma "regra de reconhecimento" que ponha à prova a validade das leis de qualquer sistema jurídico. A famosa resposta do falecido Herbert Hart foi que existe tal sintaxe jurídica, um conjunto de regras que oferecem os critérios para a individuação textual independentemente de se conhecer o significado do texto[17]. Os críticos de Hart discordaram, argumentando que não se pode conhecer o texto da lei sem que se conheça (e julgue ser bom) o que a lei significa. De modo um tanto irônico (dadas as autoclassificações um tanto diferentes de alguns dos críticos), apenas a primeira dessas opiniões sobre

---

16. Ver p. ex. Heidi Hurd, "Challenging Authority", *Yale LJ*, 100 (1991), 1611-77.

17. H. L. A. Hart, *The Concept of Law* (Oxford, Clarendon Press, 1961).

a lei revela que a prática jurídica é claramente interpretativa. É necessário um pouco de jogo de cintura quanto à segunda dessas visões para tornar a prática jurídica interpretativa – deve-se falar sobre "dados pré-interpretativos", "Direito evidente (a ser interpretado por Direito não-evidente)", "norma (a ser interpretadas por princípios que não são normas)", "conceitos (a ser interpretados por concepções)" e quejandos para reintroduzir a noção crucial de sintaxe jurídica a fim de que exista algo como um texto para a lei[18].

Por que não podemos fundir sintaxe e semântica de modo que a existência de um texto e o que é o texto sejam uma função do que tal texto poderia significar?[19] A resposta encontra-se no fato de que, com tal fusão, perde-se o que é essencial à interpretação, que é a orientação que os textos (e suas interpretações corretas) devem nos dar naquilo em que acreditamos e naquilo que fazemos. O raciocínio interpretativo é distinto do raciocínio moral ou científico comum porque envolve uma dança de dois passos: pergunte primeiro se existe um texto e o que ele é; pergunte depois o que esse texto significa, no sentido de como ele se aplica à situação em questão. Podemos admitir uma espécie de equilíbrio reflexivo a ser alcançado entre a individuação textual ("sintaxe") e a interpretação textual ("semântica"), de modo que um texto produzir ou não boas interpretações tenha alguma relação com as questões de ser ou não um texto e, se for, que texto é; mesmo assim, porém, quando se alcança o equilíbrio epistêmico, o raciocínio deve ser uma dança de dois passos para que possa ser uma dança interpretativa.

Isso nos leva ao terceiro aspecto de minha resposta de três partes à questão fundamental sobre os textos. Esse terceiro aspecto é a modalidade diversa dos textos, e das suas interpretações, de oferecer razões. O que torna o raciocínio interpretativo um método de raciocínio tão distinto sobre o que pensar ou o que fazer é a singular espécie de razões (para crença ou ação)

---

18. Ver p. ex. Ronald Dworkin, *O império do Direito*, São Paulo, Martins Fontes, 1999.
19. O tipo de indagação de Dworkin. Ver *ibid*.

que esse raciocínio procura descobrir. Como essas razões baseadas no texto são, elas mesmas, diferentes conforme a existência ou não de razões para crença ou razões para ação, consideremos cada uma separadamente.

Existe certa controvérsia quanto ao modo como os textos podem oferecer razões aos que estão sujeitos à sua autoridade. Joseph Raz desenvolveu com detalhes precisos a idéia de que os textos podem dar aos que lhes estão sujeitos aquilo que denomina "razões protegidas" para a ação[20]. Tais razões protegidas são de natureza dual: são razões de primeira ordem para realizar o ato descrito no texto, uma razão que não existia antes da criação do texto; e são razões de segunda ordem que impedem todas as outras razões que poderiam influir na ação de ter qualquer influência sobre a decisão do ator. Os textos, nessa visão, oferecem razões conclusivas para que se atue da maneira descrita pelos textos, pois o próprio texto é uma nova razão para atuar em conformidade com ele, e essa nova razão é protegida de qualquer disputa.

Se existisse um Deus, e se tivéssemos o texto de seus mandamentos, é assim que, sem dúvida, deveríamos conceber a influência de seu texto sobre o nosso raciocínio prático. Para textos menos divinos, contudo, tais como os que encontramos no Direito, isso, com certeza, é demais. Leis democraticamente promulgadas, em regimes razoavelmente justos, por exemplo, oferecem a pelo menos alguns atores jurídicos razões de primeira ordem para a ação em conformidade com eles, mas essas razões estão desprotegidas da rivalidade com outras razões, que podem argumentar contra realizar a ação. Ou, pelo menos, foi o que argumentei com certo detalhamento[21].

Nesse caso, não importa se adotamos a visão de Raz ou a minha. Em qualquer visão, o que se distingue nos textos é que

---

20. Joseph Raz, *Practical Reason and Norms* (Oxford, Oxford University Press, 1975); *The Authority of Law* (Oxford, Oxford University Press, 1979); *The Morality of Freedom* (Oxford, Oxford University Press, 1986, caps. 2-4).

21. Michael S. Moore, "Law, Authority, and Razian Reasons", *South. Calif. Rev.*, 62 (1989), 827-96.

eles dão aos atores razões para a ação que não existiam antes que o texto fosse criado. Quando um amigo pede uma ação, quando prometemos realizar a ação, quando Deus ordena uma ação ou quando uma lei exige uma ação, muitas vezes encontramos uma razão para realizar a ação pedida, prometida, ordenada ou exigida no simples fato de tal texto ter sido criado.

As razões para a crença são diferentes. Quando um texto cria uma nova razão para a crença é porque conferimos a ele um tipo de conhecimento especializado sobre sua matéria ao qual estamos dispostos a nos submeter. As previsões do tempo são um bom exemplo. Como o meteorologista tem uma capacidade melhor que a minha para prever o tempo, os textos que ele emite criam para mim razões para a convicção quanto ao tempo. O meteorologista não tem nenhuma autoridade prática sobre mim, de modo que seus textos não me dão razões para agir de um modo em vez de outro. Ainda assim, como minhas ações dependem daquilo em que creio, os textos da previsão do tempo podem influenciar indiretamente minhas ações ao influenciar diretamente minhas crenças[22].

Mais uma vez, podemos distinguir entre razões protegidas para a crença e razões desprotegidas, mas novas e de primeira ordem, para a crença. E, mais uma vez, se existisse um Deus, e se ele fosse onisciente, os textos de Deus indubitavelmente nos dariam razões protegidas para a crença. Para textos menos divinos, porém, tudo o que podemos esperar, mais provavelmente, são as razões desprotegidas para a crença. O ponto importante, porém, é que tais textos realmente nos dão razões para crença que não existiam antes da existência de tais textos.

Essa noção de textos que oferecem novas razões para a ação ou para a crença deverá ser aprofundada se quisermos usá-la para explicar a condição textual e a interpretação. Pois uma

---

22. As razões para convicção podem ter uma implicação mais imediata para a ação do que a mencionada no texto. Um tipo muito importante de autoridade teórica é a sabedoria prática, isto é, o conhecimento moral especializado quanto às razões para ação. As elocuções de tal autoridade teórica realmente dão-nos razão para convicção, não de ação; não obstante, *aquilo* em que temos razão para crer por causa de tais elocuções são as razões que temos para ação.

porção de coisas que não são textos oferecem-nos razões para a ação ou para a crença. Minha decisão de permitir que meu filho mais velho, de catorze anos, fosse a um concerto de *rock* criou uma razão, baseada na igualdade, para agir agora no sentido de permitir que minha filha mais nova, no seu décimo quarto aniversário, vá a seu primeiro concerto de *rock*; contudo, minha ação passada não é um texto. De modo similar, o fato de uma folha de relva estar curvada oferece-me razão para crer que algum animal passou por ali recentemente, mas a folha de relva curvada não é um texto. Com certeza, a existência de tais acontecimentos e estados oferece-me razões para ação ou crença não apenas porque existem generalizações verdadeiras da moralidade e da ciência que os incluem e incluem o ato que tenho razão para realizar ou o acontecimento futuro em que tenho razão para crer. Não obstante, essas generalizações morais e científicas tampouco são textos, não pelo menos segundo qualquer visão não-relativista da ética e da ciência.

A Intencionalidade de alguma atuação humana interventora é necessária para que tenhamos os tipos de razões para ação ou para crença que são criados pelo texto. Se minha filha mais nova pede para ir ao concerto de *rock*, ou se lhe prometo que pode ir, os atos de pedir e prometer são textos; não apenas oferecem-me uma razão para realizar o ato pedido ou prometido, mas fazem-no como estados Intencionais. Isto é, ter uma razão para realizar o ato pedido ou prometido porque o ato foi pedido ou prometido significa que tenho de entender o que minha filha pediu ou o que prometi fazer. Isso é investigar as atitudes proposicionais expressas nas ações de pedir e prometer.

O mesmo acontece com as razões para crença. A folha de relva curvada não tem nenhuma Intencionalidade e, portanto, a razão para crença que ela cria não é relevante. Compare tal indício comum com o tipo de indício de relevância que se distingue neste caso: alguém está segurando a folha de relva e me diz que ficará curvada porque ele pretende curvá-la; ou, então, um especialista nos hábitos dos animais de beber em um olho-d'água ao redor do qual está a relva me diz que a folha de relva está curvada porque, nessa hora do dia, toda a relva é curvada por animais em busca de água. Nesses últimos dois casos, a expressão de intenção ou de crença é um texto porque me dá uma razão para crença como o estado Intencional de uma pessoa. Isto é, para saber o que esse tipo de testemunho testemunha, terei de investigar as atitudes proposicionais expressas pelos atores relevantes[23].

Pode parecer que essa capacidade dos textos de oferecer razões nos leva outra vez a um modo intencionalista de interpretação[24]. Pois muitos exemplos de textos que nos oferecem novas razões para crença ou para ação só o fazem porque os *autores* desses textos são autoridades teóricas ou práticas. E, se a autoridade do texto dependesse inteiramente da autoridade do autor desse texto, o texto geralmente seria interpretado a fim de se procurar obter o que o autor *quis dizer* [*meant*][25]. Em outras palavras, retornaríamos ao método intencionalista de interpretação mesmo que procedêssemos a partir de um modelo não-comunicativo.

Existem, então, textos (sintaticamente individuados) que nos oferecem novas razões para crença ou ação que *não* dependem da autoridade de seu autor? Isto nos leva ao primeiro aspecto de minha explicação tripartida do que é um texto – isto é, à questão do valor. Compreendemos facilmente por que temos razões para interpretar pedidos, promessas e conselho especializado. Cada um deles oferece-nos razões para ação ou crença, se pudermos determinar o significado pretendido por quem pede, promete ou é especialista; assim, nesses casos, temos razão suficiente para nos dedicar à interpretação intencio-

---

23. Nesta discussão estou em dívida com a noção de razões "independentes de conteúdo" desenvolvida por Joseph Raz e Herbert Hart. Ver p. ex. Raz, *The Morality of Freedom*, *supra*, n. 20, em 35-7. Evitei seu vocabulário porque o rótulo é muito enganoso quando usado em referência a razões essencialmente dependentes da Intencionalidade.

24. Ver p. ex. Marmor, *supra*, n. 5, no cap. 8.

25. Mas não sempre. Jeremy Waldron, em "intenções dos legisladores e legislação não-intencional" (neste volume, *infra*, cap. 9), explora bem uma variedade de razões para pensar que as leis podem possuir autoridade teórica sem que nenhum legislador individual possua tal autoridade.

nalista. Mas nossa investigação é sobre que razão poderia existir para considerar que algum texto cria novas razões para nós quando não nos importa o significado pretendido pelo autor. Que valores podem ser atendidos ao se conceder autoridade a tais textos quando eles não têm autor ou quando o seu autor não dispõe de nenhuma autoridade teórica ou prática?

Vamos supor que as nuvens, como os sonhos, fossem na verdade dispositivos excelentes para propiciar autoconhecimento. Como o autoconhecimento é um bem para as pessoas, nuvens e sonhos devem ser tratados como textos no sentido explicado, isto é, são tratados como fenômenos significativos mesmo antes de conhecermos seu significado, e, quando conhecemos seu significado, conhecemos as razões para crença que nos comunicam. O valor do autoconhecimento em tal caso faz de nuvens e sonhos um texto, mesmo que não seja necessário um autor para eles.

Como outro exemplo, considere o que foi usado por Ronald Dworkin, a prática social da cortesia[26]. As práticas sociais do comportamento cortês não possuem um autor único e nenhuma criação intencional da parte de ninguém. Desenvolvem-se gradualmente e sem que se perceba. Não obstante, temos razão para tratar tais práticas como um texto no sentido explicado: temos um modo sintático de sua individuação (prática passada) e consideramos que a prática interpretada nos oferece razão para atuar em conformidade com ela. O valor que se atende ao fazê-lo é o valor do respeito. É um bem tratar os outros respeitosamente e, como os outros são assim tratados apenas quando percebem que está havendo uma manifestação de respeito, todos temos razão para seguir as práticas de dar respeito (cortesia) tratando essas práticas como um texto.

Há aqui uma importante sutileza que exige ênfase, já que facilmente passa despercebida[27]. Não que uma prática social como a cortesia torne-se um texto apenas porque é uma prática

---

26. Ver Dworkin, *supra*, n. 18, em 46-9.
27. Para a crítica a Dworkin com base nesse fundamento, ver Moore, *supra*, n. 2, em 946.

valiosa. Nossas práticas de gentileza e justiça são práticas valiosas, mas essas práticas não são textos que devemos interpretar para ser gentis ou justos. Em vez disso, deve existir um valor que justifique por que devemos tratar uma prática como um texto no sentido que expliquei. O valor deve mostrar-nos por que é bom considerar a prática como significativa antes de conhecermos seu significado e por que é bom tratar a prática interpretada como nos oferecendo razões para nos conduzir de uma maneira e não de outra. Como é preciso que a cortesia seja compreendida como cortesia pelos que a recebem para que o bem do respeito seja alcançado, temos razão para tratar nossas práticas de cortesia como um texto. Como a gentileza e a justiça não exigem que seus beneficiários compreendam que estão sendo tratados gentil ou justamente para que os bens da gentileza e da justiça se concretizem, não temos nenhuma razão para tratar nossas práticas de gentileza ou justiça como textos.

Para um exemplo jurídico, considere a Constituição americana. É um texto com um autor, ou, pelo menos, um grupo deles. Assim, constitucionalistas sentiram-se tentados, durante décadas, a pensar que a autoridade do texto deve-se à autoridade de seus autores. Isso leva, então, a que se aplique um método intencionalista de interpretação ao documento. Contudo, não existe nenhum bom argumento para que os autores da Constituição tenham autoridade teórica ou prática[28]. Não tiveram inspiração divina nem foram notavelmente mais astutos na política que as elites instruídas de nossa geração. Não foram escolhidos por nós para estabelecer nossa lei fundamental e tampouco consentimos, em nenhum sentido significativo, explícita ou tacitamente, a sua autoridade. Penso ser evidente que os autores não tinham nenhuma autoridade sobre nós, que vivemos duzentos anos mais tarde, de modo que não temos razão para nos importar com o que possam ter pretendido dizer com o que disseram.

---

28. Ver Michael S. Moore, "Do We Have an Unwritten Constitution?", *South. Calif. Law Rev.*, 63 (1989), 107-39, em 120-1.

Não obstante, a presente geração de americanos que trata a Constituição como um texto obedece a um valor. Como as nuvens, os sonhos e a cortesia sem autor, esse valor não tem nenhuma relação com alguma suposta necessidade de descobrir em que o autor do documento acreditava, o que queria ou pretendia. Em vez disso, esse valor tem relação com a legitimação potencial que o documento possui na sociedade americana. É banal mas verdadeiro que a Constituição é a religião civil dos Estados Unidos. O resultado é que resoluções pacíficas de disputas fundamentais tornam-se mais fáceis se essas disputas são enquadradas como disputas sobre o significado de expressões constitucionais como "livre expressão", "punição cruel e incomum" e similares. A resolução pacífica de tais disputas é um bem real, que dá a cada um de nós razão para conceder ao documento a condição de texto mesmo enquanto nos recusamos a conceder qualquer autoridade aos seus autores.

Esses últimos exemplos, embora nos libertem da inevitabilidade de sempre procurar descobrir a intenção de um autor quando interpretamos, podem dar a impressão de que escarnecem da exigência que formulei no início, que as razões dadas por um texto sejam dependentes da Intencionalidade. Em práticas sociais como a cortesia, na Constituição americana e, talvez, mesmo nos sonhos (num relato freudiano), esse escárnio pode não parecer tão evidente, já que pelo menos eles foram, em algum sentido, produzidos intencionalmente por alguém ou por algum grupo. Mas nuvens, mesmo nuvens de Rorschach, não são produzidas intencionalmente por ninguém. Em que sentido nuvens podem nos oferecer razões "dependentes da Intencionalidade"?

Essa preocupação leva muitos teóricos da interpretação, como Joseph Raz[29] e Andrei Marmor[30], a desqualificar tais casos como exemplos de interpretação. Apenas itens que são produzidos intencionalmente por seus criadores e, talvez, até mesmo pretendidos como texto por seus criadores são candi-

---
29. Joseph Raz, "Interpretação sem intenção", neste volume, *infra*, cap. 5.
30. Marmor, *supra*, n. 5, no cap. 6.

datos elegíveis à condição de texto. Isso incluiria a Constituição americana e, talvez, os sonhos e a cortesia, mas, com certeza, excluiria as nuvens.

Note, contudo, como é arbitrária a linha que essa visão traçaria. Uma vez que se admita que o significado de textos como os sonhos, a cortesia e a Constituição americana não deve ser procurado nas atitudes proposicionais de seus autores[31], qual é a relevância de saber se um dado fenômeno foi intencionalmente produzido ou intencionalmente produzido como um texto? Tal exigência parece uma estipulação inútil. Se temos razão para tratar os sonhos, por exemplo, como um texto, e se essa razão justifica que busquemos um significado para os sonhos que *não* deve corresponder a nenhuma intenção ou desejo que os produziu, então, com certeza, é irrelevante para sua condição de texto saber se os sonhos são ou não são produções intencionais.

Pode-se, é claro, procurar dar sustentação a esse critério de "intencionalmente produzido" da condição de texto dizendo que sempre procuramos a intenção autoral ao interpretar. Então, o critério não é inútil. Ainda assim, só é plausível dizer isso a respeito dos sonhos, da cortesia e da Constituição americana ficcionalizando a intenção autoral que uma boa interpretação recupera.

Ronald Dworkin, por exemplo, afirma que, quando interpretamos a Constituição americana, buscamos a intenção do autor – com a formidável advertência de que tal intenção não é um estado psicológico[32]. Da mesma maneira, Andrei Marmor paga tributo à interpretação intencionalista quando proclama que "a interpretação é essencialmente uma questão de atribuir intenções", mas, depois, permite que a atribuição de intenções

---

31. Ver p. ex. *ibid*. Marmor distingue o uso da intenção para individuar o texto do uso da intenção autoral para encontrar o significado do texto. Segundo Marmor, o segundo uso é ocasional mesmo quando o primeiro é universal em todas as atividades de interpretação.

32. Ronald Dworkin, *A Matter of Principle* (Cambridge, Mass.: Harvard University Press, 1985), 43-80. Ver também *O império do Direito*, *supra*, n. 18, em 65-81.

puramente fictícias de autores fictícios ajuste-se ao modelo para poder dar conta do que considera (corretamente) práticas inegavelmente interpretativas da crítica artística[33]. Igualmente inúteis são as evasões comuns na prática jurídica americana com as leis, pela qual se finge que o valor buscado pela lei (e que é, portanto, maximizado pelas interpretações corretas) é a "intenção da lei"[34]. Igualmente inútil é a voluntariosa exploração da ambigüidade do "propósito", de modo que se interpreta efetivamente para servir ao propósito (no sentido de função ou valor) da lei, enquanto se finge interpretar para servir ao propósito (no sentido de conseqüência adicionalmente pretendida) dos autores da lei[35]. Igualmente enganosa é a velha manobra de Plowden, de fingir que nossas interpretações carregadas de valores são realmente a recuperação da intenção hipotética que o autor teria tido se tivesse dirigido sua atenção para o problema[36].

Se desejamos ficcionalizar dessas maneiras a intenção do autor que uma boa interpretação procura, por que não iríamos ficcionalizar também a produção intencional de um texto? Por

---

33. Marmor, *supra*, n. 5, em 30-1. Para mais um exemplo, ver Stanley Fish, "Play of Surfaces: Theory and Law", em Gregory Leyh (org.), *Legal Hermeneutics: History, Theory, and Practice* (Berkeley: University of California Press, 1992), em 300-1.

34. O obscurecimento da "intenção apenas nas palavras" pode ser encontrado em *Estados Unidos contra Goldenberg*, 168 U.S. 95, 102-3 (1911). ("A norma fundamental e geral da construção legal é que a intenção do legislador deve ser encontrada na linguagem que ele usou"); Donald Gustafson, "On Unconscious Intentions", *Philosophy*, 48 (1973), 178-82 ("O trabalho exegético e crítico faz uso da noção da *intenção de* quando tenta extrair a intenção em uma peça de arte sem referência à intenção com que o artista a produziu.") Ver, em geral, Moore, "The Semantics of Judging", *South. Calif. Law Rev.*, 54 (1981), 151-294, em 258-62; Moore, *supra*, n. 5, em 347.

35. Sobre essa ambigüidade e seu uso, ver Moore, *supra*, n. 34, em 263-5.

36. A famosa recomendação de Plowden, para atentar ao intento hipotético do legislador, pode ser encontrada nas observações do relator após *Eyston contra Studd*, 2 Plowdon 459, 75 Eng. Rep. 688 (1574). Ver também *Heydon's Case*, 76 Eng. Rep. 637 (Exch. 1584). Para expressões modernas, ver Warren Lehmann, "How to Interpret a Difficult Statute", *Wisconsin Law Rev.* [1979], 489-507; Richard Posner, "Statutory Interpretation – in the Classroom and in the Courtroom", *University of Chicago Law Review*, 50 (1983), 800-22.

que não dizer que as nuvens, por exemplo, são consideradas como um texto porque Deus pretendia que assim fossem tratadas, mas negando qualquer crença em Deus ou em seu intento? A alternativa, aliás preferível, seria dispensar ambas as ficções. Não é importante para a existência de um texto nem para sua interpretação que alguém tenha criado intencionalmente os fenômenos como um texto ou que alguém tenha pretendido algo ao fazê-lo. A rejeição inequívoca da intenção pelo juiz Holmes é preferível às evasões ficcionalizadas que referimos; no que diz respeito à intenção legislativa, Holmes observou que, "na verdade, a intenção é uma cláusula residual com o objetivo de juntar quaisquer outros auxiliares da interpretação que possam existir além das palavras específicas e do dicionário"[37].

Seria legítimo indagar neste ponto se o meu próprio relato não ficcionaliza a Intencionalidade em suas exigências de que os textos ofereçam razões dependentes da Intencionalidade. Em certo sentido, isso é verdade pois, quando rejeito a necessidade de intenção autoral ou de crença do público, rejeito as duas fontes evidentes de Intencionalidade dos textos. Minha noção de razões dependentes da Intencionalidade, assim, envolve um pouco de ficção, mas a ficcionalização não é minha; está antes embutida nas próprias razões relevantes. Como esta última frase não se entende por si, permita-me explicar.

Considere a Constituição americana. Se estou certo ao dizer que ela tem autoridade e seus autores não, então, uma maneira de formular a razão dependente da Intencionalidade que o documento nos oferece é dizer que temos razão para tratar o documento como tendo mais significado do que na verdade tem. A própria razão não é uma ficção, porque um bem real é servido quando tratamos o documento como um texto, cujas interpretações resolvem nossas disputas políticas. Não obstante, o conteúdo da razão contém uma ficção, pois o que temos razão para fazer é tratar o documento como se existisse um significado com autoridade suficiente e determinação suficiente para resolver nossas controvérsias.

---

37. Carta de Holmes, citada em Felix Frankfurter, "Some Reflections on the Reading of Statutes", *Columbia Law Review*, 50 (1983), 800-22.

Considere as nuvens novamente. Por minhas suposições anteriores temos razão para tratar as nuvens como textos, e essa razão não é uma ficção, já que a saúde mental é um bem real. Contudo, o conteúdo da razão contém um tipo de ficção, pois o que temos razão para fazer é tratar o fenômeno como se fosse uma descrição de nosso caráter, nossos estados de espírito e emoções quando, é claro, as nuvens não são uma descrição feita por alguém.

Isso completa meu relato geral da questão fundamental a respeito da interpretação, ou seja, que tipos de coisas têm significado. Minha resposta, em termos de textos sintaticamente individuados, cujas interpretações nos oferecem novas razões para ação e crença dependentes da Intencionalidade, também dá início à resposta à minha terceira questão, a questão da justificação. Para essa questão (de qual valor é servido ao se encontrar o significado de algo) a resposta pode ser bem diversa: valores de paz social, de tratar as pessoas com respeito, de conhecer a si mesmo podem justificar tratar fenômenos diferentes como textos que exigem interpretação. Na verdade, *qualquer* valor poderia dar origem a tratar *alguns* fenômenos como um texto cujas interpretações nos oferecem novas razões. O ponto importante é que deve existir algum valor que justifique tratar tais fenômenos como um texto, ou, então, ele não é um texto, nem o raciocínio feito sob ele é interpretação.

Ainda não respondemos à segunda de minhas três perguntas, sobre a validade. Na noção de interpretação aqui descrita, em que sentido os intérpretes estão descobrindo significado (em oposição a criá-lo) e em que sentido podem suas interpretações ser verdadeiras ou válidas? Como vimos, o modelo comunicativo de interpretação tem uma resposta fácil para essas questões: os intérpretes descobrem significados, não os criam, e suas interpretações são válidas quando, mas apenas quando, descobrem o que o autor queria dizer. Mas, assim que passamos para textos sem autor, quais são as respostas análogas?

Minha visão a respeito da validade é esta: uma interpretação de algum fenômeno é válida quando, mas apenas quando, serve maximamente ao(s) valor(es) que justificam tratar o fenômeno como um texto. No caso de nuvens, a interpretação correta ou válida – "o que as nuvens significam" – é a interpretação que promove ao máximo nosso autoconhecimento. No caso de uma prática social como a cortesia, a interpretação correta de nossas práticas corteses é a que comunica ao máximo o respeito para com quem estamos sendo corteses. No caso da Constituição americana, a questão é um pouco mais complicada. *Prima facie*, a interpretação correta da Constituição é a que promove ao máximo a resolução pacífica de disputas políticas fundamentais. Digo *prima facie* porque a autoridade da Constituição escrita depende apenas parcialmente do valor da paz social. Se o documento contivesse muitos erros morais no que exigia de nós, não lhe deveríamos nenhuma obediência; pelo contrário, emenda, guerra civil ou revolução seriam nossa obrigação. Uma análise mais completa da autoridade desse documento incluiria, portanto, algum elemento de autoridade teórica. Isso significa que uma interpretação correta da Constituição é uma interpretação que maximize a paz social ao mesmo tempo em que procura eliminar erros morais.

Em outros casos, os valores que justificam tratarmos certos fenômenos como textos autorizam-nos a interpretar esses fenômenos por meio de referência ao que seu autor queria dizer ou ao que seu público efetivo considerou que queriam dizer. Dois exemplos. Ao interpretar o pedido de um amigo maximizamos o bem de assentir ao pedido de um amigo – que é a razão que nos justifica por tratá-lo como um texto – ao procurarmos descobrir o que nosso amigo queria dizer com seu pedido. Ao interpretar um enunciado difamatório de outrem, os tribunais maximizam o bem da justiça corretiva – que é (pode-se argumentar) a razão que justifica os tribunais por tratarem a elocução como um texto – ao procurarem descobrir não o que o falante queria dizer, mas o que algum público grande e respeitável compreendeu que significava. Em nenhum desses exemplos deve-se ver o retorno ao modelo comunicativo de interpretação ou às "comunidades interpretativas". Em vez disso, essas estratégias interpretativas centradas no autor ou no público são exemplos do esquema mais geral, carregado de valor, para a interpretação do que estivemos examinando. Os mesmos critérios para uma interpretação válida serão mantidos ainda que esses critérios às vezes forneçam estratégias intencionalistas ou centradas na crença.

A natureza abertamente instrumental desse critério de validade pode nos oferecer uma pausa. Pois até que ponto um texto pode ser obrigatório se suas interpretações são válidas simplesmente porque tais interpretações promovem ao máximo o(s) valor(es) que justifica(m) tratar o texto como um texto? Devemos separar duas correntes nessa preocupação. A primeira é bem formulada por Joseph Raz em sua crítica ao critério de validade, igualmente carregado de valor, de Ronald Dworkin:

> Se você considerar a Constituição como uma miscelânea não-interpretada de rabiscos de tinta e considerar a teoria jurídica [interpretação] como destinada a oferecer-lhe significado em conformidade com a melhor teoria moral que existe, então não existe nenhuma lacuna entre o Direito ideal e a interpretação do Direito existente. Sob essas condições pode-se interpretar que a Constituição não significa absolutamente nada. Pode-se lê-la de modo que signifique o mesmo que o *Hamlet* de Shakespeare[38].

Raz tem a preocupação de que tal raciocínio interpretativo instrumental deixe de ser raciocínio interpretativo porque o texto não obriga, de maneira nenhuma, que se faça o que faríamos se não existisse nenhum texto.

A resposta para essa preocupação encontra-se novamente no conteúdo de razões dependentes de Intencionalidade, essenciais à existência de um texto. Quando temos razão para tratar algum fenômeno como um texto, isso não significa apenas que temos razão para tratá-lo como *qualquer* tipo de texto. A legitimação potencial da Constituição americana, por exemplo, não nos oferece apenas razão para considerar esse docu-

---

[38]. Joseph Raz, "Dworkin: A New Link in the Chain", *Calif. Law Rev.*, 74 (1986), 1103-19, em 1103. Devo a Joe Raz e a meu comentarista na Conferência de Tel Aviv, Gilead Bar Elli, a ênfase sobre esse ponto na discussão de meu texto na Conferência.

mento como *algum* tipo de texto; além disso, o tipo de texto que ela oferece aos cidadãos americanos razão para interpretar é um texto que respeita o potencial legitimador do documento, o que significa que os significados ingleses comuns das palavras que o documento emprega devem ser respeitados. De modo similar, com o exemplo de práticas sociais como a cortesia, o valor de expressar respeito oferece-nos razão para considerar seriamente os parâmetros aceitos de condutas corteses vigentes na sociedade; do contrário, o bem da conduta cortês que expressa respeito não poderia ser realizado.

No nível de generalidade do nosso conceito de interpretação não há muito a dizer sobre essas restrições mais particulares à interpretação. Isso porque há restrições específicas, que diferem em sua natureza pelo tipo de texto (e o tipo de valor que justifica tratar aquele texto como um texto). Sobre os tipos de texto que surgem no Direito, alguma generalização sobre essas restrições específicas é certamente possível: como as leis são estruturadas em línguas naturais e como uma das funções essenciais de todo o Direito é realizar o bem da liberdade (percepção e oportunidade de evitar sanções jurídicas) e da justiça substantiva (nenhuma surpresa retroativa), o significado comum das palavras usadas nos textos jurídicos deve ser sempre respeitado[39]. Não obstante, mesmo essa generalização é concebida da maneira melhor como parte de uma teoria da interpretação, não como parte dos critérios sintáticos da individuação textual[40]. Em outras palavras, é melhor pensar nas restrições específicas (tais como a do "significado claro" no Direito) como indicadores de boas interpretações contra más interpretações, não do que é interpretação.

---

39. O que não significa que tais significados não possam ser desconsiderados inteiramente em favor de um significado jurídico técnico; é só que tais significados têm grande peso. Ver Moore, *supra*, n. 5; ver também Brian Bix, *Law, Language and Legal Determinacy* (Oxford, Clarendon Press, 1993), para outra análise das restrições específicas exercidas sobre a interpretação jurídica pela semântica das línguas naturais.

40. Argumento defendido em Moore, *supra*, n. 28.

O segundo elemento componente dessa preocupação com a indeterminação origina-se da ausência de alguma linha nítida bloqueando o deslizamento pela encosta escorregadia até o raciocínio inteiramente instrumental, ignorando por completo o texto. Isto é, admitindo a proposição que acaba de ser feita – que restrições específicas como o significado claro realmente restringem boas interpretações –, a segunda preocupação, distinta, é que tais restrições evaporem diante da pressão exercida pelos valores que também guiam uma boa interpretação. É a famosa preocupação com qualquer forma daquilo que os juristas chamam de "interpretação com propósito"[41]: que o fim ou propósito (no sentido de valor, não no sentido de intenção autoral) dominará de tal maneira o raciocínio que o meio escolhido (o texto) será inteiramente ignorado. "E" pode ser interpretado com o significado de "ou"[42], por exemplo, ou "preto" pode ser interpretado com o significado de "branco"[43], "pena de morte" pode ser interpretada com o significado de "prisão perpétua"[44],

---

41. Ver Moore, *supra*, n. 34, em 277-81. Alguns teóricos parecem estar tão impregnados desse temor que se recusam a conceituar a interpretação propositiva de uma norma seguindo (ou aplicando) a norma; segundo Andrei Marmor, por exemplo, quando os juízes emendam o significado comum das palavras que aparecem em uma norma para fazê-la servir melhor a seu propósito, eles estão "desconsiderando" a norma em vez de segui-la. Marmor, *supra*, n. 5, em 136-7. Há boas razões para não adotar esse critério estrutural de normas e observância das normas e adotar meu critério funcional, ou seja, que fazer a segunda permite que identifiquemos a obrigação judicial com a observância das normas do Direito.

42. *O povo contra Skinner*, 39 Cal. 3d. 765, 217 Cal. Rptr. 685, 704 P. 2d 752 (1985) (Na defesa de insanidade, sustentando que "e" significava "ou", com o fim de conformar a iniciativa da Califórnia ao teste M'Naughten.)

43. Essa era uma das preocupações de Jonathan Swift a respeito da casuística (interpretação enviesada intencional) dos advogados: "Havia entre nós uma sociedade de homens treinados desde a juventude na arte de provar por palavras, multiplicadas para esse propósito, que branco é preto e preto é branco, conforme o pagamento." *Travels by Lemuel Gulliver*, vol. 4, cap. v, reimpresso em C. V. Doren (org.), *The Portable Swift* (Harmondsworth, Penguin, 1984, p. 472).

44. Como considerei que estava fazendo a Presidente do Supremo Tribunal da Califórnia em seu voto para reverter cinqüenta e nove sentenças de morte consecutivas sob a alegação de fundamentos processuais. Ver Michael S. Moore, "Politics is Not the Basis for Judging Judges", "Justices' Personal Values Must at Times Give Way", "Rose Bird Should Go", *Los Angeles Times*, 29, 30, 31, julho de 1985, repr. *USC Law* (Outono-Inverno, 1986), 24-7.

tão logo se faça a validade da interpretação girar unicamente em torno dos fins servidos pelos textos em que tais palavras ou expressões aparecem.

Contudo, isso é uma preocupação desnecessária. Lembre *o que* é que o valor que guia a interpretação deve justificar primeiro: que o texto seja tratado como texto pelos que o interpretarem. Embora, por exemplo, alguém em busca de autoconhecimento justifique o fato de tratar nuvens ou sonhos como textos com o bem do autoconhecimento, e embora essa interpretação de tais fenômenos seja, portanto, guiada para maximizar o autoconhecimento alcançado, ele deve, não obstante, perseguir o autoconhecimento indiretamente. Deve, em outras palavras, concentrar-se sobre o que significam as nuvens, não sobre sua saúde mental, para servir ao bem de sua saúde mental. De modo similar, a pessoa que quer ser cortês deve procurar indiretamente o respeito pelos outros. Não se maximiza o respeito pelos outros ignorando as formas de cortesia – digamos, falando constantemente "Eu o respeito". Em vez disso, maximiza-se o respeito por meio de condutas que são interpretações reconhecíveis das formas de cortesia vigentes naquela sociedade. De modo similar, o juiz que quer promover o bem da resolução pacífica de disputas políticas fundamentais deve procurar esse bem indiretamente em suas interpretações constitucionais. Dizer que a Constituição significa o que uma maioria de americanos quer que signifique não servirá ao máximo a esse bem; em vez disso, ele maximiza a paz política buscando um significado objetivo para o documento.

Não existe, com certeza, nenhuma linha nítida a ser traçada no ponto em que algum valor é tão negado (dando às palavras de algum texto seu significado comum) a ponto de que o significado comum deva ser invalidado. Contudo, isso não é uma preocupação neste caso, não mais do que encostas escorregadias geralmente o são. A incapacidade de descrever em termos gerais o lugar correto para traçar qualquer linha não pressagia que, em casos individuais, julgamentos corretos quanto à linha ser ou não cruzada não sejam possíveis. Não que tudo (ou nada) seja confuso, mesmo que não se possa formular uma regra clara sobre quanto evitar uma zona intermediária de incerteza.

**Aplicando o interpretativismo moderado**

Onde estamos? Depois de deixar de lado o modelo interpretativo inutilmente geral e muito ambicioso, que é tão popular hoje em dia, distingui quatro outros modelos de interpretação: o modelo comunicativo, no qual, se estamos interpretando alguma coisa, buscamos necessariamente a intenção autoral; o modelo dualista metafísico, segundo o qual as interpretações objetivamente verdadeiras estão aí para ser descobertas, na classe especial dos fenômenos que chamamos de significativos; o modelo convencionalista ou sociológico, segundo o qual a interpretação ocorre sempre que surgem comunidades interpretativas, desenvolvendo conceitos e práticas de interpretação; e meu próprio modelo, que chamo de modelo interpretativista modesto[45]. Neste último modelo a interpretação é uma atividade que as pessoas realizam quando têm algum bom motivo para tratar alguns fenômenos como um texto sintaticamente individuado, cujas interpretações válidas oferecerão a elas razões novas, dependentes da Intencionalidade, para a crença ou para a ação. Deveríamos agora aplicar esse modelo de interpretação a várias atividades interpretativas ou alegadamente interpretativas.

Considere primeiramente o uso comum, comunicativo da língua em conversas cotidianas. Quando, na condição de ouvintes, procuramos adivinhar o que o falante quis dizer com certa elocução, estamos engajados em uma atividade interpretativa (segundo meu modelo de "interpretação moderada")? A resposta, talvez surpreendentemente, é que isso depende da razão que tenho para escutar. Nas interpretações comuns, de todos os

---

45. Ver Moore, *supra*, n. 2, em 934-41.

dias, muitas vezes não há nenhum valor que justifique que nós, na condição de ouvintes, tratemos interpretações da elocução como nos dando razões para crer na proposição enunciada ou razões para atuar em conformidade com a elocução. O uso da língua na conversação parece interpretativo no meu sentido (e é interpretativo no sentido comunicativo que deixei de lado no início) porque muitas vezes temos razão para procurar descobrir o que o falante quis dizer com alguma elocução, e o sentido convencional da frase enunciada é um bom indício da intenção do falante. É parte da arte da conversação descobrir o que o outro quis dizer para poder responder adequadamente, e é plausível supor que tal prazer da conversação é algo intrinsecamente bom. Não obstante, servir a esse bem não exige que consideremos nossas interpretações como razões para crença ou ação para nós. Apenas quando os falantes são autoridades teóricas no assunto em questão ou autoridades práticas (como são os amigos com seus pedidos), temos razão para tratar suas elocuções como nos dando novas razões para crença ou ação.

O uso comum da linguagem para conversação envolve ouvintes em uma tarefa social-científica, padronizada, de descrição ou explicação, não de interpretação no sentido que venho tentando isolar. Nossa curiosidade sobre o que tal falante da conversação quis dizer não é diferente de nossa curiosidade quanto ao que o falante poderia ter pretendido obter ao dizer o que disse ou, na verdade, do que pode ter pretendido com alguma ação, ato discursivo ou não. Em todos os casos desse tipo, não desejamos conhecer os estados de espírito de intenção que o impeliram à ação. Essa é uma questão descritivo-explicativa padrão da ciência social, embora envolva estados Intencionais, não o tipo de questão não-descritiva, não-explicativa que me interessa.

Seria possível objetar que a descoberta do que alguém pretendia em dada ocasião é também uma questão de interpretação[46], e, assim, que o modelo comunicativo e social-científi-

---

46. Discuto essa possibilidade com mais vagar em *Law and Psychiatry: Rethinking the Relationship* (Cambridge, Cambridge University Press, 1984), cap. 1, e em *Act and Crime: The Implications of the Philosophy of Action for the Cri-*

co de interpretação deveria ser classificado sob o meu modelo ou sob algum outro modelo mais geral de interpretação. No entanto, isso também seria um erro. Descrever o que alguém pretendia realmente nos envolve na descrição do objeto ou conteúdo de sua intenção. Isso é verdadeiro para todos os estados Intencionais, não apenas para as intenções. Contudo, descrever uma atitude proposicional descrevendo seu objeto Intencional ainda é descrever algo, mesmo que a coisa descrita seja ela própria um fenômeno lingüístico. Se você pretende ir à cidade, minha descrição do que você pretende é precisa se corresponde a esse objeto de sua intenção. Isto é, a minha descrição "ele pretende ir à cidade" é verdadeira se, e apenas se, a descrição em sua cabeça – o objeto de sua intenção – é também que ele vá à cidade[47].

É verdade que muitas vezes nos referimos tanto a elocuções como a atitudes proposicionais na linguagem do discurso indireto. Em vez da citação direta, como em "Mary disse: 'John é um patife'", podemos parafraseá-la como "Mary disse que John é um patife". Igualmente, em vez da atribuição direta, como em "Mary pretendia 'Mary, vá à cidade'", podemos parafraseá-la como "Maria pretendia que ela fosse à cidade". Essa maneira indireta de referência a elocuções e atitudes proposicionais leva muitos a pensar erroneamente que, por conse-

---

*minal Law* (Oxford, Clarendon Press, 1993), 63-5. A melhor elaboração dessa possibilidade na filosofia contemporânea da mente é o pragmatismo a respeito de estados Intencionais de Dan Dennett. Ver Dennett, "The Intentional Stance", *in Brainstorms* (Cambridge, Mass., MIT Press, 1978) e *The Intentional Stance* (Cambridge, Mass., MIT Press, 1987). Essa análise pragmática ou interpretativa das intenções é admitida sem discussão por Ronald Dworkin (*supra*, n. 18) e pelo antigo aluno de Dworkin, Nicolas Stavropoulos ("Objectivity in Legal Interpretation", tese de doutorado, Oxford University, 1992). Para um ceticismo similar a respeito das intenções dos indivíduos, ver Bix, *supra*, n. 39, em 188.

47. Essa visão de objetos Intencionais não é, naturalmente, a dos atuais materialistas eliminativos como Dan Dennett, Steven Stich ou Paul e Patricia Churchland. Em vez disso, aposto aqui nos defensores da psicologia popular que acreditam existir uma linguagem do pensamento no cérebro que permite o realismo a respeito de atitudes proposicionais e seus objetos. Ver, p. ex., as opiniões divergentes reunidas em John Greenwood (org.), *The Future of Folk Psychology* (Cambridge, Cambridge University Press, 1991).

guinte, não existe nenhum dado de fato sobre o que Mary disse ou pretendeu, e que nós, ouvintes, portanto, devemos supri-lo com nossos próprios esforços interpretativos. Contudo, isso é levar muito a sério nosso uso do discurso indireto. Uma das injunções pragmáticas de Paul Grice era não comunicar mais informação do que seu ouvinte necessita. Usamos o discurso indireto porque geralmente um ouvinte não precisa da fraseologia exata de uma elocução ou de um objeto Intencional – geralmente "o espírito da coisa" é suficiente[48]. O fato de termos essa maneira intencionalmente vaga de nos referir a elocuções e atitudes proposicionais não deve desviar-nos da verdade sobre ambos: existe um dado de fato sobre ambos ao qual uma descrição deve corresponder para ser exata.

Se nem o uso da linguagem na conversação nem a atribuição de atitude proposicional são atividades interpretativas, o que é? Um bocado de coisas. A crítica literária, por exemplo. Existe (é o que se diz, pelo menos – alguns críticos literários me fazem duvidar disso) um objetivo ou valor em tratar romances, peças, poemas, etc. como textos a ser interpretados. Se temos uma visão moralista da crítica literária, tais como a sustentada por Matthew Arnold ou John Gardner, então a literatura serve a uma função educativa[49]. Na medida em que o autor é moralmente mais sábio do que nós, o público, temos razão para tratar suas produções como um texto, cujas interpretações nos oferecem novas razões para crer que certas proposições morais são verdadeiras. Isso logo conduz a uma interpretação literária intencionalista. Alternativamente, pode-se considerar que certas produções literárias nos oferecem novas razões para a crença moral (quando essas produções são corretamente interpretadas), mesmo que o autor dessas produções não seja moralmente mais sábio que nós. Pode ser que simplesmente te-

---

48. Alternativamente, muitas vezes não sabemos com exatidão o que foi dito ou pretendido, e, portanto, usamos o discurso indireto para não iludir quanto à exatidão de nosso próprio conhecimento.
49. Essa visão de literatura é explorada por Ron Garet, "Comparative Normative Hermeneutics", *South. Calif. Law Rev.*, 58 (1985), 35-134.

nha lhe ocorrido uma história de envolvente poder emocional, permitindo que experimentássemos indiretamente o que a loteria da vida não permitiu que experimentássemos diretamente em nossas próprias vidas. Com tais romances, os críticos literários têm razão para tratar o romance como um texto, interpretando-o para ampliar seu potencial de experiência (e, portanto, sua capacidade de dar a seu público novas razões para a crença moral).

Seria possível pensar que a crítica literária tem algum valor inteiramente diferente justificando suas tentativas de interpretação. Poder-se-ia pensar que a literatura pode servir a um bem terapêutico, como as nuvens e os sonhos nos exemplos anteriores. Em tal caso, é o bem do autoconhecimento que justifica tratar certas produções como textos, cujas interpretações nos oferecem novas razões para crer em verdades a respeito de nós mesmos. Ou o objetivo da crítica literária poderia ser a beleza por si mesma (embora isso seja mais plausível para a arte que para a literatura), caso em que é o bem da beleza (ou apreciação da beleza, como G. E. Moore pensava) que justifica que os críticos literários interpretem o texto para torná-lo mais belo (e, assim, a dar a seus leitores mais razão para apreciar a beleza).

A teologia e a psicanálise também contêm atividades consideradas corretamente como interpretativas segundo minha concepção de interpretação moderada[50]. Talvez se espere, porém, que eu diga algo mais a respeito do Direito (dado que o texto que devo interpretar, o título do simpósio no qual este artigo foi originalmente apresentado, era "Interpretação e teoria jurídica").

Considere primeiro o raciocínio jurídico acerca da lei, que é claramente interpretativo segundo o modelo de interpretação moderado. Há um valor servido pelos juízes no que diz respeito às leis como textos sintaticamente individuados, cujas interpretações lhes oferecem razões para crença ou ação. Se-

---

50. Ver Moore, *supra*, n. 2.

gundo certa visão da matéria, os legislativos são autoridades teóricas cujas elocuções, portanto, são os temas adequados para a interpretação[51]. Tais elocuções, quando propriamente interpretadas[52], dão aos juízes razões para crer que certas decisões são mais desejáveis que outras. Segundo minha visão da matéria, os legislativos são autoridades práticas por causa de sua composição democrática; além disso, certos valores do Estado de Direito justificam que os juízes tratem as leis como textos[53]. Tais textos, porém, quando bem interpretados, dão aos juízes razões para decidir de um modo em vez de outro. (Nem a democracia nem o valor do Estado de Direito justificam que os juízes usem métodos interpretativos intencionalistas, mas essa é uma argumentação detalhada que desenvolvi em outra parte.)[54]

No raciocínio do *common law** (ou de precedentes), a situação é diferente. Não é difícil imaginar a que se assemelharia um *common law* interpretativo. Na verdade, no que é comumente chamado de "precedente vertical" – a deferência dos tribunais inferiores para com as fundamentações anteriores de tribunais superiores na hierarquia da apelação –, os tribunais americanos regularmente consideram as fundamentações anteriores como textos que eles (os tribunais inferiores) têm motivos para interpretar. Não obstante, o precedente comum (ou "horizontal") não é assim. Nossos tribunais não tratam as fundamentações anteriores como textos. Eles ampliam, restringem, reformulam ou rejeitam inteiramente a norma ou as razões formuladas por um tribunal anterior em sua fundamenta-

---

51. A visão de Heidi Hurd e Donald Regan, entre outros. Ver Hurd, *supra*, n. 16; Regan, "Law's Halo", em Jules Coleman e Ellen Frankel-Paul (orgs.), *Philosophy and Law* (Oxford, Basil Blackwell, 1987).

52. Descobrindo o que o legislativo quis dizer ou por meio de alguma estratégia interpretativa não-intencionalista. Comparar Marmor, *supra*, n. 5, cap. 8, com Waldron, *supra*, n. 25.

53. Ver Moore, *supra*, n. 21; Moore, *supra*, n. 5, em 313-8.

54. Moore, *supra*, n. 5.

\* Manteve-se a expressão no original, por ser universalmente conhecida como elemento característico dos sistemas jurídicos inglês, da Commonwealth e norte-americano. (N. do T.)

ção mesmo quando "seguem" a decisão do tribunal anterior ao decidir o último caso[55].

Nossa prática do precedente horizontal está correta ao não considerar as fundamentações de tribunais anteriores como textos. Os que defenderam o contrário muitas vezes o fizeram pelo tipo de razão dado por Lorde Mansfield, de que os juízes anteriores "utilizaram o *common law* puro", de modo que suas fundamentações possuem uma espécie de autoridade teórica para juízes subseqüentes; alternativamente, tais proponentes de um *common law* interpretativo poderiam pensar que ser um juiz em um sistema jurídico com um legislativo em exercício exige o mínimo de criação de Direito judicial possível e que, portanto, as fundamentações dos "predecessores" têm alguma autoridade prática sobre nós até serem modificadas pelo legislativo[56]. Mas nenhuma dessas opiniões é muito plausível. O valor servido quando os juízes de hoje seguem decisões precedentes é, principalmente, o valor da igualdade, mas a igualdade não exige que casos similares *nos aspectos descritos em fundamentações anteriores* sejam tratados de maneira similar; antes, a igualdade exige que casos que são similares *em todos os aspectos moralmente relevantes* sejam tratados de maneira similar. A igualdade, assim, não dá a um juiz razão para tratar as fundamentações de seus predecessores como textos que ele deve interpretar[57].

Por que as decisões específicas de juízes anteriores não são elas próprias um tipo de texto? Pois a igualdade não oferece aos presentes juízes razão para tratar os presentes litigantes de maneira diferente da que os juízes anteriores trataram litigantes anteriores, similarmente situados. Por que não consideramos um tipo de texto o que foi feito a litigantes anteriores? A razão por que não podemos fazê-lo encontra-se nas razões

---

55. Explorado em Michael S. Moore, "Precedent, Induction, and Ethical Generalization", em Laurence Goldstein (org.), *Precedent in Law* (Oxford, Oxford University Press, 1987).

56. A opinião evidente, por exemplo, do juiz Heher em *Reimann contra Monmouth Consolidated Water Co.*, 9 N.J. 134 (1952).

57. Argumentado em Moore, *supra*, n. 55.

dependentes da Intencionalidade que devem existir para que haja um texto. Embora talvez pudéssemos formular uma regra sintática (uma regra de reconhecimento) para o tipo de ações judiciais que deve formar o texto dos juízes de hoje[58], o que a norma reconhece como tendo autoridade – ações judiciais passadas – não fornecerá razões novas, dependentes da Intencionalidade, para a crença ou ação de juízes subseqüentes. Quando, em suas fundamentações, os juízes generalizam decisões como *normas* do *common law*, tais normas podem subseqüentemente tornar-se um texto, se existir algum valor que justifique que juízes subseqüentes as tratem assim (como argumentei antes, não existe). Mas as próprias decisões são simplesmente acontecimentos sem significado no mundo, não textos dependentes de Intencionalidade, que oferecem razões.

O raciocínio do *common law* é simplesmente raciocínio moral direto quando este é feito no caso não-ideal de que a história passada deve ser respeitada para não violar as exigências da igualdade. O raciocínio moral no caso ideal (isto é, ignorando a história de abordagens passadas) não é raciocínio interpretativo para ninguém cuja meta-ética não seja relativista. O raciocínio moral no mundo efetivo, onde a igualdade exige que respeitemos nossa história, é, similarmente, não-interpretativo. Como o raciocínio do *common law*, o próprio raciocínio moral não-ideal generaliza abordagens passadas, mas essas abordagens, como vimos, não oferecem razões dependentes da Intencionalidade para crença ou ação.

Pensou-se durante muito tempo que o raciocínio constitucional americano pairava – ou oscilava – entre ser raciocínio legislativo e raciocínio do *common law*. Estamos em posição de compreender essa incerteza, pois lembre que a autoridade do documento encontra-se tanto em sua capacidade de resolver

---

58. Brian Simpson questiona se o precedente, tal como praticado nos sistemas jurídicos anglo-americanos, opera, na verdade, com tal regra de reconhecimento. A. W. B. Simpson, "The Common Law and Legal Theory", em *id.* (org.), *Oxford Essays in Jurisprudence*, segunda série (Oxford, Oxford University Press, 1973).

pacificamente disputas fundamentais como no fato de que o conteúdo do documento comete um número suficientemente pequeno de erros morais, de modo que os custos da emenda radical-revolucionária superam os ganhos. Apenas o primeiro desses valores justifica por que os juízes devem tratar o documento como um texto, mesmo antes de saberem o que ele significa. O segundo exige que os juízes determinem o que significa e apenas então decidam se é bom o suficiente para a atuação governamental. O raciocínio constitucional americano, portanto, é uma mistura desconfortável de raciocínio genuinamente interpretativo e o tipo de raciocínio não-interpretativo que encontramos na prestação jurisdicional do *common law*.

Consideremos agora não a prática jurídica, mas a teoria jurídica. Desde o trabalho de Herbert Hart[59], tornou-se comum distinguir duas perspectivas sobre o Direito: uma é a perspectiva interna do Direito de um determinado sistema jurídico, adotada pelos que participam (efetiva ou indiretamente) como atores jurídicos no sistema; a outra é a perspectiva externa do Direito em geral, adotada pelos que não participam como atores jurídicos nesse Direito. Os teóricos do Direito podem trabalhar a partir de cada uma das perspectivas. Podem-se, por exemplo, escrever obras doutrinárias centradas no juiz, aconselhando os juízes do sistema jurídico americano quanto ao que devem aceitar como Direito americano e como devem interpretá-lo (ou aplicá-lo). Ou, então, renunciar a esse desempenho judicial indireto, escrevendo sua própria teoria jurídica sobre a essência (conceitual ou real) do Direito como tal.

A prática de cada forma de teoria jurídica (geralmente rotuladas, respectivamente, como doutrina específica e geral) tem caráter interpretativo? É fácil, nesse caso, disparar um "sim" irrefletido, já que, como parte do Direito é interpretativa, um estudo dessa prática jurídica deve ser interpretativo. É um erro grosseiro, porém. É como o erro de pensar que para estudar metáforas deve-se fazê-lo metaforicamente, ou que para

---

59. Hart, *supra*, n. 17.

descrever a imprecisão deve-se fazê-lo imprecisamente. É possível descrever, explicar e compreender plenamente uma prática interpretativa sem necessariamente exercer uma prática interpretativa[60]. Portanto, não é necessário que a teoria jurídica de cada um dos tipos seja interpretativa apenas porque parte do raciocínio jurídico estudado pela teoria jurídica é interpretativo.

Na verdade, a teoria jurídica feita a partir de uma perspectiva exterior a qualquer sistema jurídico particular claramente não é de caráter interpretativo. Pois não há nenhum texto cujo significado os teóricos devem buscar para teorizar sobre o Direito em geral. Tais teóricos não são juízes, tampouco são juízes-conselheiros em algum sistema jurídico particular, de modo que o Direito legislativo ou constitucional não os obriga como obriga os juízes desses sistemas jurídicos. Às vezes, outros escritos dos teóricos do Direito são boa heurística, embora sejam, com mais freqüência, boas exposições; de qualquer modo, para os teóricos juristas, não são *textos*.

É verdade que uma doutrina jurídica geral descritiva visa descrever o Direito oferecendo uma teoria sobre a natureza do Direito, e que, como qualquer descrição, tal descrição do Direito deve corresponder ao que descreve, ou seja, ao Direito. Não obstante, isso não faz do gênero, Direito, um texto que os teóricos jurídicos devam interpretar – não mais do que verdades similares a respeito da química e descrições do ouro fazem dos químicos intérpretes da tabela periódica. Descrever alguma coisa que tem uma natureza não se converte em interpretação apenas porque a descrição deve descrever essa natureza para ser precisa[61].

---

60. Comparar com a opinião, muitas vezes criticada, de Peter Winch, cujas fascinações wittgensteinianas levaram-no a afirmar que, para compreender uma prática social, devemos nos unir aos nativos na prática da prática: *The Idea of a Social Science* (Londres, Routledge, 1958). Ver também Dworkin, *supra*, n. 18, em 55 ("um cientista social deve participar de uma prática social se espera compreendê-la").

61. Tais descrições da natureza do Direito continuam a ser apenas isso, descrições, não interpretações, mesmo que a natureza essencial do Direito seja dada por valores únicos ("funções") que o Direito serve e não por quaisquer caracterís-

Tudo isso permanece verdadeiro no caso dos jurisconsultos gerais que buscam descrever não a coisa, o Direito, mas um conceito compartilhado de Direito. Quando Herbert Hart e Joseph Raz escreveram seus livros – merecidamente celebrados, aliás – sobre esse tópico[62], não estavam interpretando coisa alguma. Como essencialistas do Direito, tal como Aquino, estavam na verdade tentando descrever algo com uma natureza. Em seu caso, esse algo era aquele conjunto de atitudes proposicionais que chamamos de conceito, isto é, crenças comuns a respeito da natureza do Direito. Como vimos, tais atribuições de atitude proposicional não são interpretações, quer as atitudes proposicionais descritas sejam sobre o Direito, quer sejam sobre qualquer outra coisa.

O argumento de que a teoria jurídica é interpretativa torna-se mais vigoroso quando essa teoria jurídica é feita a partir da perspectiva interna? Como o teórico do Direito está oferecendo conselho a atores jurídicos tais como os juízes, presume-se, se o conselho é para ser levado a sério, que o será porque os juízes reais devem segui-lo. Como os juízes reais muitas vezes dedicam-se ao raciocínio interpretativo, o teórico que os aconselharia sobre como raciocinar também estaria exercendo a interpretação? Como juízes reais têm razão para tratar as leis como textos, os teóricos que aconselhariam os juízes sobre como julgar também não teriam de tratar as leis como textos?

Apesar das aparências, estas não são questões retóricas. Na verdade, a resposta para elas é "não". Devemos distinguir defensores perante juízes – advogados – de teóricos aconselhando juízes sobre como julgar. Advogados arrazoando para juízes com certeza devem dedicar-se ao raciocínio interpretativo que desejariam que o próprio juiz percorresse para alcançar

---

ticas estruturais (como sanções coercivas). A descrição funcionalista do Direito não é doutrina interpretativa. Quanto à diferença, ver Michael S. Moore, "Law as a Functional Kind", em Robert George (org.), *Natural Law Theories* (Oxford, Oxford University Press, 1992), 239, n. 79.

62. Hart, *supra*, n. 17; Joseph Raz, *The Concept of a Legal System* (Oxford, Oxford University Press, 1970).

um resultado favorável a seu cliente. Mas aconselhar juízes sobre como julgar não é esse tipo de advocacia. Pois note que, quando eu ou outros teóricos jurídicos aconselhamos juízes sobre como interpretar as leis – como faço regularmente nos Estados Unidos, em meus seminários de "doutrina para juízes" –, não estamos interpretando leis. Estamos antes tentando descrever a melhor maneira de interpretar a lei. A nossa é uma "meta"-questão. Se existe algum texto para nossa metaquestão, ele será as práticas interpretativas dos juízes, não as leis interpretadas. E por que eu deveria, ou os juízes que aconselho, ser obrigado (no modo como fazem suas interpretações) pelo modo como outros juízes fizeram suas interpretações? Por que eu ou juízes que aconselho deveríamos nos importar com o fato de que a prática judicial americana é interpretar as leis segundo, pelo menos da boca para fora, a intenção legislativa? Eu, como teórico, assim como os juízes que aconselho, com certeza estamos livres de qualquer obrigação de tratar a prática interpretativa de outros juízes como tendo alguma autoridade para restringir minhas recomendações sobre como interpretar a lei[63].

Concluo que nenhum teórico jurídico deseja pensar em sua atividade teórica como uma atividade interpretativa. Apenas quando os teóricos jurídicos tornam-se defensores de interpretações particulares – apenas quando atuamos como advogados que atuam como juízes, em outras palavras – é que exercemos um raciocínio interpretativo[64].

---

63. Posso imaginar que em um mundo judicial diferente daquele a que estou acostumado – ou seja, um mundo em que houvesse alguma convergência de práticas interpretativas judiciais – poderia existir um bem de coordenação dando a cada juiz uma razão para coordenar suas práticas interpretativas com as de outros juízes. Presumivelmente, a igualdade, o aumento da previsibilidade e a eficiência seriam os bens servidos por tal coordenação. Ver Gerald Postema, "Co-ordination and Convention at the Foundation of Law", *Journal of Legal Studies*, 11 (1982), 165-203, para sugestões nesse sentido.

64. A conclusão de que a doutrina não é interpretativa foi defendida anteriormente, por mim e por Andrei Marmor, especialmente contra as afirmações contrárias de Dworkin, em Moore, *supra*, n. 2, em 948; Marmor, *supra*, n. 5, no cap. 3.

## Conclusão

A partir do que foi dito deve estar claro que meu título é enganoso. Não estive interpretando a interpretação – pois tal atividade pressuporia que tive alguma razão para tratar nossas práticas de interpretação como um tipo de texto, cujas interpretações nos dariam razões para crer em certos fatos sobre a interpretação. E não consigo pensar em nenhuma razão que seja plausível. Como não sou muito modesto, não estou disposto a conceder nenhuma autoridade teórica às teorias ou práticas dos outros. Também não vejo nenhuma autoridade prática em tais práticas ou seus praticantes. O que tentei neste ensaio, portanto, foi *descrever* um tipo de atividade. Embora esse tipo de atividade seja interpretativo, isso não significa que estive fazendo outra coisa além de descrever a natureza desse tipo de atividade. Tal descrição torna-se interpretação apenas segundo a visão, muito ambiciosa, que sustenta que *todas* as descrições ou explicações são interpretações, ou segundo o sentido comunicativo de "interpretação", que identifica todas as descrições de estados Intencionais como interpretação. Mas isso é abandonar a noção útil e distinta de interpretação que procurei analisar neste ensaio.

Terminando, permitam-me oferecer a taxionomia dos vários modelos de interpretação quanto a suas visões da relação entre descrição e explicação, por um lado, e interpretação, por outro. O interpretativista muito ambicioso não vê nenhuma diferença entre as duas porque tudo é interpretação. Simetricamente, o modelo comunicativo também não vê nenhuma diferença mas, nesse caso, porque a interpretação é apenas uma descrição de um fenômeno natural (uma intenção) e a explicação de outro fenômeno natural (a produção de um texto) como o produto causal dele. As duas visões reducionistas estão erradas. A interpretação é uma atividade distinta das atividades descritivas e explicativas características da ciência. Mas temos de ser modestos quanto a essa diferença. Elevar essa diferença à fronteira metafísica entre os dois tipos de ser, cada um com sua espécie de ciência, não é possível. Esse é o erro do modelo metafisicamente dualista de interpretação. A interpretação é apenas outra atividade – como dormir, comer, ensinar ou escrever – que as pessoas às vezes têm razão para realizar. Tais atividades não precisam da justificação da ciência para que se tornem valiosas, e nenhuma delas pode ter essa justificação – a geração de compreensão – já que não são descrições nem explicações. A interpretação como atividade faz total sentido nos domínios restritos que mencionei, dispensando quaisquer ornamentos mais ambiciosos.

Capítulo 2
## *Focalizando o Direito:*
## *O que a interpretação jurídica não é*
Martin Stone

***Parte I: Teoria***

Este ensaio é sobre o julgamento jurídico – o julgamento que focaliza, aplica ou elabora o Direito – mas também aborda uma série de questões correlatas: a indeterminação das normas, a "política da interpretação" e o uso indevido de Wittgenstein na teoria jurídica recente.

Meu ponto de partida é uma tensão que se pode discernir em muitas discussões teóricas contemporâneas a respeito do Direito e do julgamento jurídico. Colocado de maneira simples, muito da teoria jurídica contemporânea opõe-se ao lugar-comum. Tenta redescrever o Direito por meio de uma retórica emprestada de outras disciplinas, mas alheia aos materiais mais próximos da experiência do advogado. Seu objetivo é respaldar a concepção que o Direito tem de si mesmo. Na doutrina americana, com seu legado de "realismo jurídico", o julgamento jurídico tem sido um dos principais alvos de tal "desmistificação", como se revela, por exemplo, na seguinte observação de Edward Levi em seu *An Introduction to Legal Reasoning*:

> Este [livro] é uma tentativa de descrever de modo geral o processo do raciocínio jurídico no campo dos precedentes e na in-

---

Este ensaio deve muito às conversas que tive com Hilary Putnam e Ernest Weinrib, aos instrutivos textos a respeito de Wittgenstein de Stanley Carvell, Cora Diamond e John McDowell, e a Katherine Bartlett, George Christie, Stanley Fish, Martin Golding, Toril Moi, Robert Post, Lisa van Alstyne e, especialmente, James Conant, por seus comentários a um primeiro esboço.

terpretação das leis e da Constituição. É importante que o mecanismo do raciocínio jurídico não seja ocultado por sua falsa aparência. A aparência é que o Direito é um sistema de normas conhecidas aplicadas por um juiz; o disfarce tem sido longamente atacado. Em um sentido importante, as normas jurídicas nunca são claras [...]. Não se pode dizer que o processo jurídico é a aplicação de normas conhecidas a fatos diversos [...] As normas mudam à medida que as normas são aplicadas (1949: 1, 3, 4).

Os elementos desse resumo são familiares. (A passagem compreende o que muitos teóricos jurídicos, em anos recentes, consideram trivialidades; parte de meu objetivo é demonstrar quanta filosofia existe nessas trivialidades aparentes.) Levi fala de um "mecanismo" do raciocínio jurídico, um "processo" que ocorre quando os casos são decididos. O processo deve receber uma descrição teórica, mas o Direito não é a fonte dos conceitos que irão figurar nessa descrição. Pelo contrário, é necessário, desde o início, descartar um "disfarce", que pertence ao raciocínio jurídico como tal ("*o seu* disfarce"), isto é, ao modo como o Direito se representa – ou melhor, "se oculta". O disfarce "tem sido longamente atacado", mas, ao que parece, continua a ser dominante, pois Levi sugere várias linhas de ataque contínuo: as normas aplicadas nos processos jurídicos não são conhecidas (são continuamente recriadas à medida que são aplicadas); as normas nunca são *simplesmente* aplicadas; as normas nunca são claras.

Se a visão a que Levi se opõe é chamada pelo seu nome tradicional de "formalismo", parece ser uma característica do formalismo ser historicamente resistente, pois hoje o ataque a ele ressurge à guisa da afirmação de que as normas jurídicas são *indeterminadas* e necessitam de *interpretação* à luz de outras considerações normativas, como, por exemplo, objetivos políticos ou ideais sociais. Essas duas afirmações estão unidas: a afirmação de que a interpretação é necessária para determinar o que exige a norma jurídica fundamenta-se na afirmação de que as normas jurídicas são, em si, indeterminadas, de que existe uma espécie de lacuna entre a norma jurídica e a sua aplicação no caso particular[1]. Considera-se hoje que falar de indeterminação representa a herança de uma espécie de "realismo" diante do Direito, mas, nas páginas que se seguem, quero insistir na questão: quão *realista* (o oposto, digamos, de obsessivo ou supersticioso) é esse tipo mais recente de realismo?[2] Três observações ajudaram a identificar minhas preocupações.

(1) O primeiro ponto diz respeito a uma evolução cujas principais fontes intelectuais encontram-se, em boa parte, fora do Direito (em campos como a antropologia e a teoria literária), mas que, em anos recentes, atraiu muitos estudiosos do Direito, que vêem nela a chave para explicar sua própria disciplina e conferir-lhe um refinamento intelectual que de outro modo não teria. Especificamente, há um amplo interesse hoje em utilizar a noção de interpretação para conceituar as humanidades e as ciências sociais – considera-se que a interpretação é o que distingue esses campos de outros. Minha preocupação é com esse interesse *fundacional* pela interpretação: o tipo de interesse que se revela em observações no sentido de que toda leitura, na verdade toda identificação de um texto, é uma interpretação – não se pode, por assim dizer, escapar da interpretação. A interpretação obviamente desempenha algum papel na prestação jurisdicional, mas os problemas que tenho em mente resultam de tentativas de ver a interpretação como condição de *qualquer* julgamento jurídico[3]. É o caráter geral dessa tese a respeito da interpretação ("em um sentido importante, as normas jurídicas *nunca* são claras") que a faz soar precipitada – e, a meu ver, também suspeita.

(2) A indeterminação generalizada das normas jurídicas, para muitos teóricos recentes, torna impossível pensar o Direito como disciplina autônoma (um estudo com conteúdo próprio). Pois se as normas jurídicas não determinam os resulta-

---

1. O alinhamento dessas afirmações é mencionado proveitosamente por Marmor (1992: 146-7).
2. Na formulação desta questão estou em débito para com Diamond, "Realism and the Realistic Spirit", in Diamond (1991*a*). Ver também nota 22.
3. Para exemplos de tais tentativas, ver Fish (1989: 125, 121); Cornell (1992: 101). Discuto esses exemplos adiante.

dos da prestação jurisdicional, algo deve fazê-lo. Reconhecidamente, poucos teóricos iriam tão longe a ponto de celebrar uma imagem do Direito como um recipiente vazio, esperando para ser preenchido por qualquer conteúdo que se despeje nele através da criação do Direito pelos juízes (cf. Lyons 1993: 53). Hoje, não obstante, a defesa da autonomia do Direito muitas vezes é vista como associada não apenas a uma ingenuidade prática a respeito de um prosaico enredamento do Direito com a política, mas também a uma ingenuidade teórica quanto à natureza das normas jurídicas – uma concepção errônea e ingênua do seu poder de determinar o julgamento de caso específico.

(3) Essas duas teses da teoria jurídica contemporânea – a indeterminação das normas jurídicas e a heteronomia do Direito – combinam-se para formar uma sedutora concepção revisionista do julgamento jurídico. Pela visão tradicional, os sistemas jurídicos articulam uma distinção entre fundamentos jurídicos e outros fundamentos substantivos de decisão e, nesse sentido, consistem em normas. Dizer que a prestação jurisdicional é governada por normas é dizer que os fundamentos de uma decisão propriamente jurídica estão fixados para excluir outras considerações que, do contrário, poderiam influenciar a decisão do caso. Mas, se dizer o que as normas jurídicas prescrevem no caso particular requer uma interpretação das normas, então, segundo o revisionista, o resultado do caso depende de um julgamento que não é fixado unicamente pelas normas. O contraste entre o jurídico e o político parece ser válido, segundo essa visão, apenas quando se acredita credulamente que a prestação jurisdicional envolve um raciocínio, mais ou menos mecânico ou automático, do geral para o particular. Mas falar de uma interpretação é sugerir que outra interpretação é possível, é evocar uma atividade que não é mecânica, mas, em certo sentido, criativa. Portanto, a exigência de que as normas jurídicas sejam interpretadas significa, conclui o revisionista, que existe uma dose de simulação ou auto-ilusão presente quando um juiz parece resolver um caso por meio apenas das normas jurídicas. Em casos fáceis, a "política da interpretação" pode ser inócua, trazendo para a decisão jurídi-

ca apenas considerações que, pelo menos no momento, são incontestáveis (e talvez, portanto, ocultas). Mas mesmo tais considerações, o revisionista leva-nos a pensar, não são *incontestáveis*. Fingir que são – ou pior, que casos difíceis podem ser resolvidos pela aplicação direta das próprias normas jurídicas – é, segundo ele, reprimir o conflito potencial por meio de um formalismo fictício (cf. Unger 1986: 1-2, 8). E, na prática judicial, isso é apresentar julgamentos políticos como conclusões puramente jurídicas[4].

Antes de apresentar as três observações precedentes, fiz a pergunta: quão realista é (aquilo que os teóricos jurídicos denominam) o "realismo"? Os professores de Direito sabem que essa descrição revisionista "realista" do julgamento jurídico teve um papel duradouro em nossa cultura jurídica. Como disse recentemente um comentarista, "uma lição que precisa ser reaprendida a cada geração é que o Direito pode parecer um corpo de normas objetivo, neutro e determinado, mas, na realidade, está situado em um contexto social, exposto ao viés político e é consideravelmente indeterminado" (Burton 1992: 6-7). Pode-se perceber que há algo estranho, contudo, em uma lição que não pode ser superada, que precisa ser reaprendida continuamente. Seria isso um sinal de que, nesse caso, estamos na atormentada região da filosofia (e não lidando com lições inequívocas)? Permiti-me descrever em termos um tanto esquemáticos o argumento que recentemente acompanhou essa lição[5]. Isso porque não quero criticar esta ou aquela teoria de

---

4. Deveria enfatizar que minha preocupação neste ensaio é com a questão da inescapabilidade da "política jurídica" e não com sua desejabilidade política. Suspeito que qualquer inferência a partir de uma tese sobre a heteronomia do Direito (p. ex. sua relação com o político) para uma orientação política específica é um *non sequitur*. Para os realistas jurídicos, a política jurídica tendia a ser colocada sob o signo do progressismo, mas a possibilidade oposta é sugerida pelo exemplo de Carl Schmitt, que, em 1934, escreveu que "toda interpretação deve ser uma interpretação segundo o Nacional Socialismo" (citado em Muller 1991: 70). Deveria ser obscuro, à luz da sentença de Schmitt, por que motivo a redução contemporânea do Direito à política seja tida por alguns teóricos como subscrevendo a política progressista.

5. Um delineamento cuidadoso dos detalhes das várias posições não é meu propósito agora. Por exemplo, um teórico poderia aferrar-se à idéia de que o resul-

interpretação jurídica, mas levantar uma dúvida quanto à tendência de teorizar o julgamento jurídico como interpretação *tout court*. Meu objetivo é identificar as tentações que às vezes nos levam a dar à interpretação um papel fundamental no Direito, ainda que apenas para perceber no final por que nossa capitulação ante essas tentações nos oferece de fato pouca satisfação.

## Os limites da interpretação

"Quando vier amanhã, traga minhas chuteiras. Se for humanamente possível, também um spaniel irlandês. Urgente. Recomendações. Tuppy."
"O que você entende disso, Jeeves?"
"Minha interpretação do documento, senhor, é que o sr. Glossop deseja que o senhor, quando vier amanhã, traga as chuteiras dele. Também, se for humanamente possível, um spaniel irlandês. Ele insinua que a questão é urgente e manda recomendações."
"É, é o que eu acho também..."

(P. G. Wodehouse)[6]

Perguntemo-nos: por que achamos que uma piada gramatical é *profunda*? (E é disso que se trata a profundidade da filosofia.)

(Wittgenstein, *Philosophical Investigations* § 111)

Em nossas ocupações cotidianas, encontramos um uso mais específico da noção de interpretação. Se, em resposta à pergunta do garçom, você faz um sinal afirmativo com a cabeça e

---

tado de cada caso é determinado pelos fundamentos jurídicos da decisão, mas, então, considerar que a necessidade de interpretação exige uma concepção desses fundamentos que incorpore considerações políticas em aberto. Existem diferenças importantes para a teoria jurídica nessas variações, mas não acho que tenham importância para minhas preocupações presentes.

6. Citado em Schauer (1991: 207). Apesar de a piada valer-se de nosso reconhecimento de situações em que o apelo por uma interpretação parece supérfluo, Schauer sustenta que "*toda* aplicação de uma norma é também uma interpretação".

ele leva seu prato embora, ninguém tomaria como sinal de refinamento teórico você observar: "Veja, ele *interpreta* meu gesto como pretendi." Ele compreende seu gesto sem interpretá-lo? Nesse caso, parece melhor dizer que a menção à interpretação não é bem motivada sem a presença de algum tipo de dúvida, algo que torne plausível compreender seu gesto de outra maneira. É claro, você poderia insistir, inteligentemente, que um movimento vertical da cabeça pode significar muitas coisas e até mesmo não ser um ato deliberado; então, ele deve (*implicitamente*, você dirá) estar fazendo uma interpretação. Mas você deve esclarecer, ao dizer que houve uma interpretação, se está sugerindo que existiam dúvidas reais e não apenas possíveis ou imagináveis. As interpretações funcionam comumente dentro de um espaço de interpretações razoavelmente contrastantes. Daí a máxima, *clara non sunt interpretanda, interpretatio cessat in claris*: as interpretações terminam quando as questões são claras.

Mas pode-se perguntar: quando uma norma jurídica é clara? Chegaríamos a uma página bem-marcada da filosofia se disséssemos que há um ponto em que é impossível duvidar, tendo em vista a "clareza e distinção" de uma idéia, ou em que uma frase adere ao pensamento que representa e não permite nenhuma outra compreensão[7]. Não obstante, a partir das discussões contemporâneas, fica-se com a impressão de que o formalista jurídico, para defender sua posição, deve pressupor alguma epistemologia (aparentemente suspeita) de tal tipo. Segundo Stanley Fish, por exemplo, "um formalista acredita que as palavras têm significados claros" e, para crer nisso, "ele deve também crer (1) que as mentes percebem claramente esses significados claros; (2) que a clareza é uma condição que persiste em meio a mudanças de contexto; (3) que nada no eu

---

7. Várias ligações históricas prevalecem entre as máximas latinas citadas no parágrafo anterior e a epistemologia cartesiana de idéias claras e distintas. Ver Dascal e Wroblewski (1988). Mas meu parecer é de que as máximas não estão circunscritas por essa epistemologia: elas podem ser compreendidas como expressando uma noção de "clareza" própria da atividade jurídica e que não é problemática quando liberada dessa estrutura filosófica.

interfere na percepção da clareza", e assim por diante (1989: 6). Fish certamente não está sozinho entre os teóricos de hoje ao considerar o sentido de frases como "as palavras têm significados claros" ou "a aplicação de uma norma jurídica é clara" como dependentes de uma confusa visão filosófica de significado e interpretação. E embora não seja parte de meu objetivo negar a confusão nas tentativas tradicionais – vamos chamá-las de cartesianas – de oferecer uma descrição filosófica que subscreva tais frases, realmente quero chamar a atenção para uma certa aversão filosófica, que parte do fracasso de tal descrição para a tendência a considerar qualquer impulso de respeito a tais frases como epistemologicamente suspeito. Fish conclui – evidentemente a partir do fracasso de certa visão filosófica – que o recurso ao significado claro de uma norma jurídica também é um sintoma de confusão filosófica. Mas por que delinear a noção relevante de clareza em função de tal visão? Não existe um sentido de "clareza" apropriado ao Direito e que permaneça útil assim que se afastem as exigências que Fish vincula à noção ("ele também deve crer...")? É uma característica do Direito que sua interpretação termine em decisão positiva, que seja seguida em julgamentos determinados. O Direito pode não ser sempre seguido, mas, para que haja Direito, deve ser possível segui-lo no caso particular. Assim, parece natural dizer que uma norma jurídica é clara ou determinada quando serve na prática para guiar o julgamento jurídico em uma série de casos comuns, e, correlativamente, que é indeterminada se há desacordo significativo na prática da aplicação – isto é, desacordo efetivo, não a mera *possibilidade* nocional de que o desacordo possa surgir. Pode-se dizer que qualquer expressão lingüística está sujeita, *a priori*, a tal possibilidade: nenhuma explicação dela pode satisfazer a exigência de solucionar toda dúvida possível sobre como deve ser aplicada. Mas se isso torna adequado representar uma expressão como "indeterminada" (cf. Fish 1989: 516) é apenas porque – em tal maneira de representar a matéria – ser determinada é impossível.

Argumentarei a seguir que o pensamento de que "toda aplicação de uma norma envolve uma interpretação dela" surge da ilusão de que compreendemos essa exigência de determinação (como *impossibilidade* de dúvida); o malogro dessa exigência nos faz sentir que o Direito é falho – que não pode corresponder a seu ideal. Essa reação é o que H. L. A. Hart tinha em mente quando observou que "o cético quanto a normas às vezes é absolutamente desapontado" (1961: 135). A astúcia da observação de Hart pode ser percebida na maneira como os lemas associados ao realismo jurídico – pense no lema "proposições gerais não decidem casos concretos"[8] de Holmes ou "a vida do Direito não foi lógica" (1963: 1) – parecem tentar negar algo sobre o qual, se refletirmos, veremos que entendemos muito pouco. (Existe algo como "casos concretos decididos por proposições gerais"? Ao repetir o lema, o que imaginamos que as proposições gerais não conseguem fazer?) Mas o recurso contemporâneo à interpretação é mais sutil e obscuro que os lemas tantas vezes repetidos dos realistas. Na verdade, a necessidade de interpretação foi motivada, na teoria jurídica recente, de um modo que consideraria a limitação da interpretação a um caso de dúvida ou incerteza reais como, em boa parte, enganosa. Portanto, a noção cotidiana de interpretação – em que o sentido de uma exigência de interpretação depende da possibilidade de contraste significativo com casos claros em que não há exigência de interpretação – chega a parecer irrelevante para a tarefa de compreender o julgamento jurídico. E é aqui que começa a dificuldade real.

**A interpretação libertada**

É a interpretação que nos dá a norma, não o contrário.

(D. Cornell, 1992: 101)

Que noção de interpretação *é* relevante para a compreensão do julgamento jurídico, se não for a cotidiana, com suas condições limitadas de aplicação?

---

8. *Lochner contra Nova York*, 198 US 45, 76 (1905).

As teorias contemporâneas que tenho em mente representam às vezes a decisão judicial que ocorreria *se* o Direito fosse determinado como a conclusão de um silogismo – um silogismo em que a premissa maior oferece a norma de Direito aplicável e a premissa menor descreve a transação entre as partes do caso. Já que, mesmo no caso mais fácil, a descrição dos fatos acordada ou estabelecida não contém, tipicamente, nenhuma linguagem jurídica nem, com certeza, a conclusão jurídica final (por exemplo, que o acusado agiu com negligência), parece que sempre há espaço para uma questão do seguinte tipo: em virtude de que *esse* ato e não *aquele* é um ato de negligência? Ou, de modo mais geral: em virtude de que esse caso, com seus fatos particulares, enquadra-se na classe de casos designados, em princípio, pela norma jurídica?[9] A resposta é: em virtude de uma *interpretação* da norma jurídica. Essa resposta é desenvolvida com vagar em um recente livro didático, *An Introduction to Legal Reasoning*, de Steven Burton (1985). Burton acredita que estamos errados ao pensar que as normas jurídicas podem assinalar sua própria aplicação, e que esse erro deve ser corrigido pelo reconhecimento da necessidade de interpretação.

O exame do julgamento jurídico por Burton é notável, segundo minha perspectiva, pelo fato de apresentar "a necessidade de um método interpretativo" sob um aspecto ou motivação dual. Por um lado, o conceito de interpretação é introduzido como parte de uma tentativa de corrigir uma confusão a respeito do raciocínio jurídico, uma confusão engendrada pela difundida prática de apresentar argumentos jurídicos na forma dedutiva ou silogística: "O resultado continua a ser comumente expresso na forma de um silogismo jurídico [...] Mas é construído pelo julgamento da importância dos fatos à luz de uma interpretação judicial da norma que tem autoridade – uma interpretação que não é produto de uma dedução [...]" (1985: 50). Esse é o momento da desmistificação, o legado do realis-

---

9. Para uma formulação similar, ver Burton (1985: 21, 42, 85-8).

mo jurídico. Porém, embora pretenda desmistificar o Direito – "penetrar as formas do raciocínio jurídico até seu método interpretativo" (153; cf. 36, 43) –, Burton também apresenta a exigência de que o julgamento jurídico passe por "interpretação" como uma espécie de lugar-comum[10]: como o início de *qualquer* visão sensata do raciocínio jurídico, um ponto livre de controvérsia nos textos didáticos, adequado à catequização de estudantes novatos que estão aprendendo, nas palavras envelhecidas do Prefácio, a "pensar como advogados" (p. xiii). "Não se pode negar sensatamente a necessidade", diz Burton aos alunos, "de um método interpretativo" (83). Assim, por estranho que pareça: embora a necessidade de interpretação não possa ser sensatamente negada, não precisa ser continuamente reafirmada contra a forma enganosa do próprio Direito – uma fórmula pela obsessão. E aprender a "pensar como advogados" é aprender a enxergar o que há por trás das formas em que os argumentos jurídicos "continuam a ser comumente expressos"[11].

O que está acontecendo nesse caso? A palavra interpretação está simplesmente cumprindo a função de notação da idéia da "aplicação" de uma norma? Ou há algo mais em jogo que um mero gesto de renomear, algo como um discernimento das condições necessárias de qualquer julgamento jurídico?

---

10. Burton formula a questão de várias maneiras. Por exemplo: "As formas [de raciocínio jurídico] devem ser preenchidas por um método interpretativo" (1985: 162).

11. Os próprios livros de Burton exibem essas tensões ao recriar em sua forma certa dialética da teoria jurídica. A Parte Um (o momento formalista) apresenta "as formas de raciocínio jurídico" analógicas e dedutivas apenas para concluir dizendo ao estudante que, em alguns aspectos, o raciocínio jurídico "não é uma coisa nem outra" (1985: 82). Pois, para resolver um problema crucial, as formas de raciocínio jurídico devem ser suplementadas por "um método praticável de interpretação jurídica" (82-3). A Parte Dois (o momento realista) é então dedicada a fazer o estudante perceber os aspectos ilusórios da Parte Um: "Embora as formas do raciocínio jurídico pareçam pressupor um método como a romantizada concepção popular do raciocínio científico, um método praticável de interpretação jurídica deve ser diferente" (91). "A promessa de certeza implícita nas formas do raciocínio jurídico é uma promessa ilusória" (95).

Se pensamos em um caso claro como um caso que se enquadra claramente no âmbito de uma norma jurídica, a questão de Burton de como o Direito se aplica ao caso particular parece exigir uma explicação do que torna claro um "caso claro". O que torna possível que um julgamento jurídico esteja de acordo com a norma que aplica? Considere-se, nesse aspecto, outra observação de H. L. A. Hart, uma observação que parece ter influenciado a direção do pensamento de Burton (cf. Burton 1985: 88):

> É uma questão um tanto difícil oferecer uma descrição exaustiva do que torna claro um "caso claro" ou que torna uma norma geral obviamente e inequivocamente aplicável a um caso particular. As normas não podem afirmar seus próprios exemplos, e situações de fato não esperam pelo juiz cuidadosamente rotuladas com a norma aplicável a elas. As normas não podem estipular sua própria aplicação e, mesmo no caso mais claro, um ser humano deve aplicá-las[12].

Hart não duvida que podemos distinguir com segurança entre casos difíceis e fáceis, mas sua observação demonstra um ar de perplexidade que pode levar o leitor a pensar que uma análise da base de tal distinção ainda está pendente[13]. Alguém que compreende uma norma jurídica sem dúvida reconhece que alguns casos apresentam exemplos-padrão da classificação relevante; e, para advogados praticantes, que rotineiramente estabelecem analogias para casos claros, isso pode ser o suficiente a dizer sobre a questão. Mas ao falar de uma "descrição exaustiva do que torna claro um 'caso claro'", Hart pa-

---

12. Hart, "Problems in the Philosophy of Law", em Hart (1983: 106). Ver também Hart (1961: 123).
13. O presente ensaio pode ser considerado como defendendo uma distinção (do tipo originalmente traçada por Hart 1961, cap. 6) entre casos fáceis e difíceis. Deve ser claro, a partir do que se segue, que cito esta passagem não para criticar a distinção, mas porque penso que ela suscita certo tipo de confusão que levou alguns teóricos a sentir que não têm direito – pelo menos não sem mais trabalho teórico – de traçar essa distinção.

rece convidar o teórico do Direito a ir além. E quando Hart prossegue e diz que "as normas *não podem* estipular sua própria aplicação", isso pode dar a impressão, para um teórico como Burton, de que há *algo* que as normas são incapazes de fazer – como se (assim como as proposições gerais de Holmes) as normas fossem, em si mesmas, mera letra morta. Então, continuando esse pensamento, visto que uma norma realmente parece fazer uma exigência normativa a alguém que se esforça para segui-la, será natural imaginar como ela ganha vida – quando (se não pela própria norma) seus exemplos são afirmados e sua aplicação é estipulada.

A exigência de uma teoria, que a observação de Hart parece sustentar, pode ser destacada com mais clareza notando que sua proposição a respeito de casos claros teria um sentido diferente se fosse considerada específica de áreas específicas da prestação jurisdicional. Suponha, por exemplo, que um advogado especializando-se nos ilícitos civis contra o direito de propriedade nos informasse que "é difícil oferecer uma descrição exaustiva do que torna claro um 'caso claro'". Muito provavelmente, o significado seria que embora algumas ocorrências sejam claramente (para qualquer juiz competente da matéria) ilícitos acionáveis, os vários fatores que ajudam a determinar isso são de tal tipo que é inadequado explicar o conceito de ilícito fornecendo condições necessárias e suficientes (não triviais) para a sua aplicação. É assim com o ilícito: não pode ser reduzido a uma norma do tipo "A ocorrência O é um ilícito se, e apenas se, a, b, c...." Mas dizer ao advogado que essa dificuldade quanto ao que torna claro um "caso claro" deriva do fato de que "as normas não podem estipular seus próprios exemplos" seria compreendê-lo erroneamente. Sua observação tinha o intuito de apontar a ausência de certo tipo de norma jurídica (uma norma do tipo "O é um ilícito se, e apenas se, ..."), e ele retiraria a observação se, digamos, o legislativo estabelecesse tal norma. A norma, na verdade, responderia à questão, no que diz respeito ao ilícito, sobre o que torna claro um "caso claro". A concepção do advogado sobre o que dificulta dizer "o que torna claro um 'caso claro'", em resumo, adquire seu sentido contra o pano de fundo da possibilidade de um tipo de descrição que ele consideraria exaustivo e um tipo de caso que ele consideraria claro. Ao contrário, a observação de Hart de que "as normas não podem estipular seus próprios exemplos" sugere certa dificuldade em explicar casos claros sob *qualquer* norma, não importa quão específica. Essa observação convida à suposição de que o problema a respeito de casos juridicamente claros é um exemplo de um problema bastante geral, que é explicar a possibilidade de julgamento em conformidade com uma norma.

Se nos inclinamos a aceitar tal convite para levar a cabo uma explicação geral da possibilidade de julgamento em conformidade com uma norma, então pode-se tornar atraente recorrer à interpretação para fechar a lacuna entre a norma e as ocorrências singulares às quais ela se aplica. Mas antes de explorar os méritos dessa maneira de tentar fechar a lacuna, vale a pena fazer uma pausa para refletir por um momento sobre que tipo de lacuna está em questão aqui. Ao introduzir Burton, observei que parece sempre haver espaço para uma questão do seguinte tipo: em virtude do que isto, e não aquilo, é um ato de *x* (colocando um termo classificatório de uma norma jurídica no lugar de *x*)? Uma resposta a essa questão constituiria uma instrução sobre como aplicar a norma jurídica. Nesse caso, porém, uma breve observação de Kant revela um percalço: "o julgamento", escreve Kant, "é um talento peculiar que pode apenas ser praticado e não pode ser ensinado" (1787: A133/B172). Dar instruções sobre o julgamento (como classificar casos segundo normas) seria fornecer ao aprendiz mais conceitos ou normas. Isso poderia ser útil ou mesmo indispensável em uma ocasião particular (como, por exemplo, quando se esclarece a um júri que um "cuidado razoável" é o cuidado de que se valem as pessoas de prudência comum em circunstâncias similares). Mas a capacidade do aprendiz de fazer uso da instrução que recebe exigirá ela própria um exercício de julgamento, de modo que, *em geral*, não pode ocorrer – sob pena de uma regressão – que a ligação entre uma norma e os casos particulares que nela se enquadram dependam de uma compreensão adicional teoricamente representativa[14]. A questão, "em virtude do que é *isto* e não *aquilo*...", retrata uma lacuna entre uma norma e a sua aplicação na medida em que nos convida a dizer o que medeia nossos julgamentos em casos em que aplicamos corretamente uma norma. Mas a proposição de Kant é que o âmbito dessa questão é necessariamente limitado: em algum ponto, as instruções devem cessar e o julgamento "pode ser apenas praticado". Ora, a lógica da proposição parece bastante clara, mas não deve ser muito difícil perceber que moral se deve extrair dela. Em particular, pode ser tentador considerar que a ameaça de regressão demonstra que não existe nenhum remédio geral para a inércia das normas – portanto, que nem toda aplicação de uma norma pode ser, por assim dizer, "governada por normas"[15]. E isso fatalmente levará à possibilidade de que determinadas aplicações das normas pareçam paradoxais ou, pelo menos, difíceis de compreender: a exigência de uma explicação da ligação entre uma norma e a sua aplicação será tida como derrotada, mas de tal modo que a exigência permaneça intacta – assim, continua-se a procurar por outra coisa (talvez uma teoria da "prática"?) que forje a ligação.

Como espero deixar claro em breve, não somos obrigados a considerar a regressão dessa maneira. Não somos obrigados a isso porque não precisamos assentir à suposição de que nossa capacidade para a noção de caso juridicamente "claro" precisa ser sustentada por alguma descrição geral (isto é, não especificamente jurídica) do que o torna claro. Mas para avaliar as opções neste caso será útil, primeiramente, dizer algo mais sobre como, nas discussões contemporâneas do Direito, esses problemas se estabelecem. Os teóricos que defendem a idéia de que a aplicação do Direito exige o trabalho de interpretação geralmente motivam essa tese, como observei, por meio de uma oposição ao "formalismo". O formalismo, nesse sentido, é tido

---

14. Minha explicação da observação de Kant segue a própria discussão de Kant.
15. É assim, por exemplo, que Dallmayr (1992: 3) considera o retorno. Ver nota 45 abaixo.

como a tese que a observação de Hart aparentemente pretende negar: que as normas *podem* afirmar suas próprias ocorrências singulares, *podem* estipular sua própria aplicação. Assim, a despeito da regressão que se segue, caso a classificação de casos em uma norma seja subordinada a algum tipo intermediário de compreensão, continua a parecer que temos uma controvérsia genuína nesse caso – duas opiniões conflitantes que alguém poderia sustentar a respeito da natureza da decisão jurídica. De acordo com uma opinião, julgar – dizer o que as normas jurídicas exigem em novos casos – é interpretar as normas; segundo a outra opinião, as próprias normas jurídicas exigem certo resultado. Proponho uma maneira de encarar essa regressão que não toma partido na controvérsia – que aponta na direção de indagar se cada uma dessas teses prospera "ao aproveitar algo da outra"[16]. As dúvidas a respeito de cada uma dessas teses devem ser descobertas por meio de uma exploração do caráter da antítese (entre as normas enquanto exigindo interpretação e as normas que afirmam suas próprias ocorrências singulares).

Para tornar isso mais claro, penso que valeria a pena prestar atenção a como o recurso à interpretação é motivado em uma observação de outro teórico jurídico contemporâneo. Em um recente estudo de como a obra de certos teóricos "pós-modernos" influencia "um conceito de interpretação jurídica" (1992: 12), Drucilla Cornell relata o que se segue:

> [Membros do Movimento de Estudos Jurídicos Críticos] não apenas demonstraram que as normas de processo não podem escapar a um recurso à justificação ética substantiva, mas também nos mostraram que a própria idéia de norma como força que nos conduz através de cada nova situação de fato, determinando o resultado de um caso particular, é falsa. Portanto, nenhum precedente pode determinar plenamente o resultado determinado em um caso particular porque a própria norma está sempre no processo de reinterpretação quando é aplicada. É a interpretação

---

16. A expressão é de J. L. Austin (1962: 4).

que nos dá a norma, não o contrário. Esse discernimento é o que veio a ser conhecido como "tese da indeterminação" [...]. O Direito não pode ser reduzido a um conjunto de normas técnicas, um mecanismo auto-suficiente que nos conduz através de cada nova situação de fato (1992: 101-2).

O que provavelmente notaremos nesta passagem (pelo menos se prestarmos atenção a como surge o recurso à interpretação) é que ela se vale de uma imagem mecânica para expressar o que a decisão jurídica *não* é: a norma não é um trilho que nos conduz através de cada novo caso. O uso de tal imagem, penso eu, é filosoficamente significativo, especialmente porque fornece não apenas uma ilustração vívida, mas também a caracterização primária da tese a que Cornell tenta opor-se[17]. (Retornarei a isso daqui a pouco.) Deixando a imagem de lado, Cornell oferece uma relação de várias coisas que *não podem* ocorrer – "as normas não podem escapar [...]"; "nenhuma linha de precedente pode [...]"; "o Direito não pode ser reduzido [...]" – sem dizer em que sentido essas coisas são impossíveis. Na medida em que Cornell oferece uma explicação, ela invoca a inevitabilidade da interpretação ("porque a própria norma está sempre no processo de reinterpretação") e pressupõe que saberemos o que isso significa. Ela prossegue dizendo que "recorrer ao que está além" é "inerente à interpretação jurídica" (102). Isto significa, na minha opinião, que a interpretação torna política a decisão jurídica. A decisão jurídica exige avaliação aberta dos méritos do caso porque o resultado nunca é

---

17. Na verdade, Cornell dá prioridade à imagem ao apresentá-la como uma explicação da tese da indeterminação (mais do que o oposto). Assim, em uma tentativa de esclarecer a tese da indeterminação diante de uma incompreensão, Cornell sustenta que a tese "deveria... ser compreendida no sentido de que o Direito não pode ser reduzido a um conjunto de normas técnicas, um mecanismo auto-suficiente que nos arrasta pelo caminho" (1992: 102). A prosa de Cornell, aqui, segue uma tradição de pensamento oposta ao formalismo jurídico. Começando com os realistas jurídicos, os teóricos jurídicos recorreram a tal imagem mecânica para representar o que alguém poderia equivocadamente crer a respeito do julgamento jurídico. Ver, por exemplo, Frank (1963: 125-58); Kennedy (1973: 358-9); Burton (1985: 95, 97, 163); Lyons (1993: 41-57).

"inteiramente determinado" pela norma jurídica. Cornell chama isso de "tese da indeterminação" e se refere a essa tese como um discernimento – isto é, uma mostra de conhecimento positivo – opondo isso à falsa idéia de que uma norma é algo que nos compele de maneira quase mecânica.

Cornell fala da necessidade da "interpretação" como se fosse uma recente revelação filosófica, ao passo que, para Burton, ela é o que todo advogado não equivocado já sabe. Contudo, apesar dessa diferença de tom, sua linha de pensamento é a mesma. Dois pontos podem servir para caracterizar essa linha de pensamento.

Primeiro, faz-se o conceito de interpretação suportar um fardo explicativo. Ele parece representar de maneira bastante geral qualquer coisa que faça a mediação entre a identificação da norma jurídica adequada e a sua aplicação ao caso particular. A interpretação é o "processo" (Cornell, 1992: 101) ou "método" (Burton 1985: 83) pelo qual uma norma, sob outros aspectos indeterminada, é vinculada a *esses* casos e, assim, dotada de um significado concreto.

Segundo, enquanto o sentido comum ou cotidiano de interpretação vincula a interpretação a casos difíceis, a presente linha de pensamento evidentemente busca rever nossa compreensão do que ocorre em todos os casos. A diferença entre casos difíceis e fáceis será mal descrita, se seguirmos essa linha, como uma diferença entre normas que exigem interpretação e normas que são claras o suficiente para ser direta ou imediatamente aplicadas (cf. Burton 1985: 129, 142, 191). Isso porque a aparente clareza é, por essa visão, o efeito de uma interpretação – uma interpretação que deve estar implícita na visão ou oculta dela, uma interpretação que, pelo menos *nesta* ocasião particular, não está em questão. "A interpretação", como diz Cornell, "dá-nos a norma, não o contrário." Isso sugere que a "tese da indeterminação" será imune a qualquer testemunho contrário baseado em casos fáceis porque considerará a facilidade aparente desses casos como dependente de condições que procura desmascarar como interpretativas. Segundo essa tese, a presença de significado claro atesta a hegemonia, por assim dizer, de uma interpretação específica, não a ausência ou superfluidade da interpretação como tal. Seria errôneo pensar que essa tese é específica do Movimento de Estudos Jurídicos Críticos ou dos que hoje tentam perseguir um programa político por meio de uma análise da natureza da prestação jurisdicional. É sustentada por outros, não por causa de um apego a suas presumidas conseqüências políticas, mas simplesmente como a descrição correta da natureza do julgamento jurídico. Aqui está novamente Stanley Fish: "Conquanto sempre existirão casos paradigmaticamente simples – Hart está absolutamente certo ao colocá-los no centro do processo da prestação jurisdicional –, longe de prover um obstáculo à força da interpretação, eles serão justamente o resultado da força da interpretação, pois terão sido formulados e reiterados por meio de esforços interpretativos."[18] Como assunções interpretativas são subjacentes à possibilidade de casos fáceis, decorre, para Fish, que a distinção entre casos fáceis e difíceis é inconscientemente superada e deve ser redefinida como uma distinção entre os casos em que as pressuposições interpretativas que condicionam o julgamento são incontrovertidas e aqueles em que não o são. A noção de Fish de "força da interpretação" é um exemplo daquilo a que me referi anteriormente como noção "fundacional" de interpretação. A interpretação não entra em jogo aqui apenas como corretivo, em ocasiões específicas de falta de clareza; e, de modo correlato, a espécie de clareza que tornaria desnecessária a interpretação (*clara non sunt interpretanda*) é uma clareza que "não pode" ser alcançada[19]. Nesse sentido, a onipresença da força interpretativa revela não alguma incapacidade comum de sermos claros, mas, antes, uma impotência *metafísica*. (Na verdade, a no-

---

18. Fish (1989: 153; ver também 9). Fish (1980: 284) diz a mesma coisa sobre a interpretação da literatura.
19. Talvez fosse melhor dizer que somos incapazes de *ser capazes* de alcançá-la (mas, do mesmo modo, incapazes de *ser incapazes* de alcançá-la) já que, dada a prioridade da "força interpretativa", não há nada que constitua a conquista de tal clareza.

ção de "força interpretativa" funciona neste caso como uma noção metafísica no sentido próprio: ela tenta descrever as condições de inteligibilidade de todo o mundo, de todas as coisas.[20]) Parece agora que qualquer ato de compreensão ou julgamento exige a mediação da interpretação. Portanto, a interpretação tornou-se como que um par de óculos colorindo tudo o que vemos. Tirar esses óculos seria fazer o mundo desaparecer ou, pelo menos, deixar sem forma nossas práticas normativas. E como passamos a pensar que pensamentos banais como "há casos fáceis e significados simples" ou "a determinação por meio de uma norma é fundamental ao Direito" são filosoficamente suspeitos, imaginamos que os pensamentos refinados – *casos fáceis são o resultado da força da interpretação, é a interpretação que nos dá a norma* – são, de certa maneira, mais claros, menos misteriosos ou menos insólitos que esses ingênuos lugares-comuns.

## A norma como um trilho

O Direito não é uma máquina.

(Frank 1963: 129)

Acho que algo está errado quando adotamos esses pensamentos refinados – pensamentos que impregnam boa parte da teoria contemporânea. O teórico começa assumindo o que se poderia chamar de postura do realismo: não quer ser iludido, quer enxergar através da neblina de simulacros e ficções desnecessários. O *realista* jurídico quer atingir uma visão clara da noção de aplicar uma norma jurídica. Pensa que há uma tendência entre os advogados de fingir que as normas são mecanismos que produzem resultados em casos específicos – "um mecanismo auto-suficiente que nos arrasta pelo caminho". Con-

---

20. Fish declara que as implicações da tese de que nenhum significado "é anterior à interpretação" são "quase ilimitadas, pois estendem-se até às próprias bases do universo" (1989: 4).

tudo, a tentativa de ser realista leva muitas vezes a um novo tipo de exigência filosófica, um novo tipo de ficção – uma ficção que é feita no reflexo filosófico do "mecanismo auto-suficiente". Hoje, o impulso do realismo pode ser ouvido não apenas na afirmação de que todo significado jurídico deve ser interpretado, mas também em afirmações como a de que tudo é "histórico" (cf. Grey 1989: 787, 801-5), tudo é "político"[21], etc. Quando tais exigências são concebidas como parte de um deslocamento rumo a uma visão menos metafísica, mais realista do mundo, é fácil não perceber que as palavras "não há fatos simples, apenas a força de interpretações (histórica e politicamente condicionadas)" ecoam as palavras do filósofo na caverna que diz "existem apenas sombras aqui". São as palavras de alguém que fixou o olhar no sol. Repetidamente, nossas tentativas de ser realistas fracassam dessa maneira. Precisamos de mais realismo a respeito do realismo – uma concepção mais realista do que significa realismo – ou então precisamos reconhecer que o realismo (ou podemos chamá-lo de desmitificado, não-supersticioso, secular) ainda é difícil demais para nós[22].

A observação de Cornell a respeito da "própria idéia de uma norma que nos arrasta pelo caminho" proporciona uma oportunidade de examinar como nossas tentativas de ser realistas fracassam. Ao rejeitar uma imagem mecânica das normas, essa observação refere-se diretamente às *Philosophical Investigations* de Wittgenstein (1958a)[23]. Refere-se ao momento em que o texto de Wittgenstein procura a concepção de normas que Cornell também deseja confrontar. Mas esse momento de

---

21. Ver, por exemplo, Unger (1987: 10). Exploro o que motiva essa afirmação em Stone (1991).

22. Devo a Diamond, "Realism and the Realistic Spirit" (*supra*, n. 2), meu entendimento, expresso neste parágrafo, de como o "realismo" em seu sentido comum, não-filosófico, pode oferecer-nos os termos com os quais descrever tanto a motivação de certos tipos de teorias filosóficas como as maneiras em que muitas vezes traem sua motivação e, assim, frustram sua própria aspiração.

23. Cornell cita *Philosophical Investigations* (de agora em diante, *PI*) em duas notas de rodapé à passagem citada.

Wittgenstein ocorre no contexto de uma discussão que tenta revelar que a imagem das normas como sendo guiadas por trilhos e uma imagem das normas como sendo governadas pela interpretação são dois lados da mesma moeda filosófica. Wittgenstein escreve: "Daí surge a idéia de que o início de uma série é uma seção visível de trilhos dispostos invisivelmente até o infinito? Bem, podemos imaginar trilhos em vez de uma norma. E trilhos indefinidamente longos correspondem à aplicação ilimitada de uma norma" (*PI* § 218). Na seção seguinte, ele continua:

> "Todos os passos já foram dados" significa: Não tenho mais escolha. A norma, uma vez marcada com um significado particular, traça as linhas ao longo das quais deve ser seguida através de todo o espaço. – Mas se algo dessa espécie realmente fosse o caso, como seria útil?
> Não, minha descrição só faria sentido se fosse compreendida simbolicamente.

(*PI* § 219)

"Como seria útil?": a questão apresenta uma dúvida, se a imagem mecânica de uma norma produz algum resultado no contexto de um problema a respeito da relação entre compreensão e julgamento. Às vezes compreendemos o significado de uma norma instantaneamente – "num relance" (*PI* § 138, 139, 191). Mas, já que é assim, podemos ser tentados a imaginar como uma norma que compreendemos instantaneamente pode determinar o que devemos fazer em inumeráveis casos futuros. Como pode um significado compreendido obrigar os julgamentos particulares que temos de fazer quando nos esforçamos para julgar em conformidade com ela? Wittgenstein levanta essas questões em referência ao caso de ampliar uma série de números de um modo determinado pela nossa compreensão da norma que a governa. Se alguém compreende o significado de "acrescente 2", então, ao levar a cabo uma série, ele deve, para permanecer fiel ao que compreende, escrever "1002" depois de chegar a "996, 998, 1000"; nenhum outro número que pudesse escrever estaria de acordo com a norma.

A imagem de um mecanismo surge no curso de uma tentativa de dar a nós mesmos uma explicação de como isso pode ser – do que é que nos *compele* a essa continuação. O significado da norma é retratado como um trilho infinito, e compreender esse significado é agarrar-nos a esse trilho de tal modo que, enquanto permanecermos agarrados a ele, a norma nos levará ao julgamento aplicativo correto em inumeráveis casos específicos.

Cornell certamente está certa ao pensar que essa imagem não nos oferece aquilo de que precisamos se começamos a perder nossa compreensão da concepção de norma como algo no qual nossos julgamentos podem manter a fé (ou não). Mas sua confiança na interpretação como aquilo que irá restaurar a concepção ameaçada de uma norma ("é a interpretação que nos dá a norma") demonstra que ela tem uma idéia clara do que está errado na imagem. Parte do objetivo de Wittgenstein é fazer-nos perceber que o que está errado com essa imagem não é sanado, mas, antes, exemplificado ou revelado pela noção de que a exigência normativa de uma norma é ativada apenas por meio de uma interpretação dela. Mas perceber isso é confrontar um número de questões fundamentais a respeito do modo como Cornell estruturou sua discussão.

Note-se, para começar, um dos sentidos em que a idéia do trilho mecânico evidentemente não é tanto "falsa" (Cornell 1992: 101) quanto confusa. Ela assimila as noções de determinação normativa (o sinal vermelho significa que eu *deveria* parar agora) e determinação causal (o sinal vermelho pode geralmente levar-me a pisar no freio, mas, se eu não reagir dessa maneira, é improvável que por isso ele passe a *significar* outra coisa). Claramente, é a relação normativa entre um significado compreendido e a conduta a que ele obriga que nos confunde quando buscamos auxílio na imagem do trilho. Mas o tipo de obrigação envolvida em uma relação normativa pode ser separado da idéia de um mecanismo se nos lembrarmos de que qualquer mecanismo estaria sujeito a pane: suas peças podem entortar-se, partir-se, derreter-se ou, então, deixar de funcionar. O mecanismo a que recorremos ao retratar a aplicação de uma norma é um mecanismo que se supõe estar funcionando adequadamente. Mas supor isso é mover-se em um pequeno círculo: pensar em uma máquina funcionando adequadamente (isto é, como deveria, ou de maneira idealmente rígida) é pensar nela conformando-se à norma. O uso de um mecanismo para retratar a conduta guiada por normas parece ocorrer-nos, em resumo, por meio do cruzamento de duas imagens da determinação (causal e normativa)[24]. E isso sugere um sentido em que, se estamos buscando explicar a relação que prevalece entre um significado compreendido e a ação que ele determina, é duvidoso que o recurso ao trilho infinito seria útil: um trilho comum (um mecanismo causal) é irrelevante; contudo, a idéia de um trilho *idealmente rígido* não está por trás de uma descrição da possibilidade de seguir uma forma, mas a pressupõe. Se o trilho recebe esse tipo de caracterização normativa, então, descrever a determinação normativa de nossas ações como nosso compromisso com tal trilho é apenas redescrever a própria relação que nos confunde.

Muitas vezes, na filosofia contemporânea, pensa-se na explicação falsa do significado em função de um trilho que vai além de nossos desempenhos efetivos (e sobre o qual terão de se apoiar para que sejam julgados corretamente) como ecoando o "platonismo". Cornell, como muitos outros teóricos hoje, não quer ser uma platônica ingênua[25], e, até certo ponto, estaria certa ao procurar um aliado em Wittgenstein. Mas esse ponto é alcançado em Wittgenstein antes no início que no final da história. Pois a relação de Wittgenstein com o chamado "platonismo" não é uma relação com uma descrição filosófica do significado que ele considera – assim como Cornell – *falsa*. (Ou seja, ele não é um antiplatônico – como se o problema fosse decidir, dentre um número de respostas a uma questão filosófica sobre a possibilidade de determinação por meio de

---

24. Cf. a discussão de Wittgenstein da "máquina como símbolo" em *PI* § 193 [tendemos a usar a imagem de um mecanismo como símbolo de sua própria ação (normativamente caracterizada)].

25. Cf. D'Amato (1990: 151-54, 174-75) (o "formalista jurídico" poderia ser auxiliado por Wittgenstein a "superar... a visão platônica de que as palavras têm significados determinados").

uma norma, qual é a resposta certa.) Assim, logo após a passagem anterior sobre o trilho, encontramos isto: "Minha expressão simbólica era realmente uma descrição mitológica do uso de uma norma" (*PI* § 221). *Uma descrição mitológica* – que espécie de termo crítico é esse?

Dois pontos se destacam nessa frase difícil. Primeiro, o recurso ao mecanismo envolve uma "expressão simbólica": o mecanismo, como observamos, está funcionando não como um mecanismo comum na ordem causal das coisas, mas como um símbolo de sua própria ação normativamente caracterizada (ver *PI* § 193). Segundo, esse cruzamento de imagens (causais e normativas) fornece uma "descrição mitológica do uso de uma norma". Aqui, evidentemente, espera-se que perguntemos: o que seria uma comum e corriqueira "descrição do uso de uma norma"? Bem, trata-se de uma característica comum das normas o fato de que são usadas de certa maneira: (1) elas oferecem um padrão de julgamento correto, e (2) podem ser aplicadas em uma série temporalmente ampliada de casos futuros. Unindo as duas, podemos nos aventurar a dizer: o significado da norma tem um alcance que ultrapassa nossos desempenhos aplicativos e afirma antecipadamente suas próprias ocorrências singulares... Por mais vívida que possa ser essa forma de colocar a questão, parte do objetivo de Wittgenstein é nos mostrar que ela não é filosoficamente problemática em si mesma – tais imagens, se bem compreendidas, são perfeitamente aceitáveis (na verdade, devem ser respeitadas)[26].

> "Mas não quero dizer que o que faço agora (ao compreender um sentido) determina o uso futuro causalmente e como questão da experiência, mas que, de um modo *esquisito*, o próprio uso está, em certo sentido, presente." – Mas é claro que sim,

---

26. Cf. Wittgenstein (1980: 83): "É igualmente verdadeiro que podemos comparar uma imagem que está firmemente enraizada em nós a uma superstição, mas é igualmente verdadeiro que *sempre* temos de finalmente alcançar algum fundamento seguro, uma imagem ou alguma outra coisa, de modo que uma imagem que está na raiz de todo o nosso pensamento deve ser respeitada e não tratada como uma superstição."

"em *certo* sentido"! Na verdade, a única coisa errada no que você diz é a expressão "de um modo esquisito". O resto é aceitável; e a frase só parece esquisita quando se imagina para ela um jogo de linguagem diferente daquele em que efetivamente o usamos (*PI* § 195).

Tomando uma deixa dessa passagem, podemos dizer que uma "descrição mitológica" do uso de uma norma é uma descrição que, embora representando os aspectos corriqueiros das normas, é motivada pelo sentido, e ajuda a sustentá-lo, de que existe algo *esquisito* nelas. Ao cruzar a linguagem da determinação causal e normativa (aqui "imaginamos um jogo de linguagem diferente" tanto para a idéia de "mecanismo" como para os lugares-comuns das normas), a idéia do trilho oferece a ilusão de que os lugares-comuns das normas não estão apenas sendo redescritos, mas explicados (pelo menos, de maneira incipiente). Ao referir-se à aplicação de uma norma a um mecanismo, o filósofo pode pensar que está falando em um nível de maior profundidade; talvez algum dia venha a saber mais sobre esse mecanismo. Wittgenstein quer discordar dessa aparente profundidade (ver, por exemplo, 1978: VI-31) e desse convite de trabalho filosófico adicional, embora permitindo a idéia de que as normas provêem suas aplicações futuras para permanecer o que são – algo interno à nossa noção da extensão de uma norma, uma noção cujo sentido é exibido em nossa conversação habitual a respeito de seguir uma norma[27].

O que o platonista quer dizer – que o uso de uma norma já está presente na própria norma – não é problemático; o problema é ele pensar que, ao dizer isso, está descrevendo um fato

---

27. Sobre a relação de Wittgenstein com o platonismo beneficiei-me especialmente de McDowell (1992: 48-49). McDowel é particularmente lúcido a respeito de como, para Wittgenstein, o problema não se encontra no que o platônico diz (sobre uma norma conter suas futuras aplicações), mas em um modo particular de considerar o que ele diz ("de uma maneira esquisita"). Assim, se nos restringirmos, ao ler Wittgenstein, às opções de permitir-lhe concordar ou discordar com o que o platônico *diz* (independentemente do uso filosófico que queremos dar a essas palavras), inevitavelmente teremos uma compreensão equivocada de Wittgenstein.

metafisicamente esquisito ou estarrecedor. A caracterização de Wittgenstein da imagem do trilho como uma "descrição mitológica do uso de uma norma", portanto, coaduna-se com a instrução que oferece com respeito ao seu método filosófico: "O que faço é trazer as palavras de volta, de seu uso metafísico para seu uso cotidiano" (*PI* § 116). É importante, para que esse retorno das palavras seja possível, que a descrição não seja fixada como *falsa*, como uma descrição incorreta do que ocorre quando nosso julgamento é determinado por uma norma. (Se o sentido das palavras fosse assim fixo, elas não poderiam ser redimidas.) Portanto, Wittgenstein não diz: "Pensamos que a norma assenta um trilho, mas, na verdade, não há nenhum trilho." Em vez disso, ao falar de uma "descrição mitológica", ele quer que percebamos que a imagem do trilho também poderia ser compreendida inocuamente. O problema surge apenas quando tentamos colocar tal imagem em prática numa explicação de anuência a normas. Percebemos que nosso intuito não é falar da determinação causal comum, de modo que iniciamos uma procura por um mecanismo oculto das nossas capacidades normativas. Ou, alternativamente, passamos a considerar a imagem como *falsa* (nós a substituímos por uma imagem da *ausência*-de-um-trilho) e somos então levados a concluir que toda aplicação de uma norma exige uma nova decisão a respeito do significado da norma[28]. Ou, mais uma vez, a imagem da ausência-de-um-trilho nos leva a pensar que deve haver alguma outra coisa além da norma (algo que agora se torna o objeto da conjetura teórica) que afixa uma norma a seus exemplos. Desse modo (isto é, ao ser negada), a imagem, que, de outro modo, apenas redescreveria o lugar-comum, torna-se cativante e intensa. Sob o domínio dessa imagem, sentimos que deve haver algo como esse trilho (já que o uso da norma, em certo sentido, já está presente); contudo, não percebemos como, ao compreender a norma, suas aplicações podem ser antecipadas dessa maneira (cf. § 188, 197). A imagem, em re-

---

28. Cf. Wright (1989: 240); *PI* § 186.

sumo, torna-se uma prototeoria, e isso abre e delimita para nós o espaço de posições filosóficas disponíveis[29].

Podemos ver isso acontecendo – a origem de uma teoria – na passagem transcrita de Cornell. Ao recuar diante da imagem do trilho, Cornell imagina que está lidando não com uma maneira potencialmente enganosa de retratar o uso das normas, mas com uma descrição reprovável de determinação por meio da norma, uma descrição que é inteligível o suficiente para que ela a rejeite como "falsa". A rejeição dessa imagem, porém, compartilha as mesmas dificuldades filosóficas, a mesma falta de clareza da imagem original; pois o que torna a imagem potencialmente enganosa não é o fato de que sugere a descrição errada dos fatos, mas de que está sujeita a ser tomada como uma representação de fatos, e, portanto, como uma opinião substantiva (uma resposta a uma questão clara) que pede apoio ou repúdio[30]. Assim, para Cornell, a resposta verdadeira à questão sobre o poder de determinação das normas parece exigir a negação de uma resposta falsa (a norma como um trilho). Mas rejeitar essa resposta como meramente falsa é endossar a questão e, assim, continuar preso a uma lacuna explanatória. Cornell busca preencher essa lacuna recorrendo à noção de interpretação. E, como é próprio da idéia de interpretação existirem outras interpretações possíveis – outra interpretação pode ser adotada quando a norma for aplicada da próxima vez –, torna-se natural para Cornell opor "a norma como trilho" com a tese de que as normas são continuamente *re*interpretadas ao ser aplicadas: a tese da indeterminação.

---

29. Pela noção de que, para Wittgenstein, a filosofia surge a partir de, e exige, uma visão intensa (em oposição a uma visão cotidiana) de uma questão corriqueira, e pela sugestão de que as *Investigations* podem ser lidas como uma exploração da tensão entre essas visões, estou em débito com Cavell, "Notes and Afterthoughts on Wittgenstein's 'Investigations'", em Cavell (1994*b*), e com Goldfarb (1983).

30. Ver as instrutivas observações a respeito das imagens filosóficas em Diamond (1989).

## A ausência de ídolos

> Tudo o que a filosofia pode fazer é destruir ídolos. E isso significa não fabricar outros novos – a não ser "a ausência de ídolos".
>
> (Wittgenstein 1993: § 88)

Cornel erra ao atribuir a tese da indeterminação a Wittgenstein. Isso porque o objetivo de Wittgenstein é demonstrar que a questão a que Cornell pensa que deve responder (recorrendo à interpretação) parece compulsória apenas para uma imagem peculiar das normas – digamos, a imagem das normas como mera letra morta. "Todo signo por si mesmo", observa Wittgenstein, ao caracterizar essa imagem, "parece morto". E indica a questão que deve surgir na esteira desse pensamento: "O que lhe dá vida?" (*PI* § 432).

A imagem da letra morta surge quando tentamos dar conta da noção do alcance normativo de uma norma a partir de um ponto de vista exterior às nossas atividades práticas cotidianas, portanto, quando tentamos ver a norma *por si mesma* – independentemente do uso que fazemos dela. No contexto de nossas atividades *jurídicas* cotidianas, a vitalidade das normas pode ser percebida no fato de que a questão "o que torna claro um 'caso claro'?" deriva seu sentido ao se confrontar com os antecedentes de casos que simplesmente são tidos como claros. Mas, do ponto de vista exterior, que dá origem à imagem da letra morta, estamos propensos a supor que nosso direito à concepção de caso claro não depende simplesmente de nossa capacidade prática de reconhecer casos claros, mas de sermos capazes de estabelecer a existência de algo que, independentemente de nossas respostas práticas, "torna-o claro" (portanto, algo contra o qual nossas respostas poderiam – ainda que apenas de uma perspectiva divina – ser confrontadas). A imagem da letra morta é um ponto de partida tentador para pensar sobre as normas quando tentamos encarar nossas práticas, em uma expressão perspicaz de John McDowell, "de esguelha"[31].

---

31. McDowell (1981: 150). Meu esboço nesta seção da relação da imagem do trilho com o problema do retorno da interpretação seguiu, em termos gerais, McDowell (1992).

Encarar de esguelha nossa prática de seguir uma norma específica é perguntar o que a norma exige e, ao mesmo tempo, removê-la do contexto em que ela tem aplicação; é perguntar como um item chamado de "norma" determina nosso julgamento e, ao mesmo tempo, prescindir do cenário que é a vida das normas – ou melhor, a nossa vida com as normas. Uma resposta para essa questão (o que faz um julgamento harmonizar-se com a norma?) busca estabelecer a ligação em questão a partir de um ponto de observação independente de nosso encontro comum com a norma – independente das circunstâncias em que comumente aplicamos a norma e independente das respostas que nos ocorrem naturalmente nessas circunstâncias (por exemplo, "1000, 1002, 1004" ao levarmos a cabo a instrução "acrescente dois")[32].

Wittgenstein quer que vejamos a imagem da letra morta como uma imagem suspeitosamente abstrata. Assim que consideramos as normas separadamente das atividades práticas dos seres humanos, resta-nos vê-las como itens simplesmente mentais ou lingüísticos; a norma, como coloca Wittgenstein em outra caracterização dessa imagem, "ergue-se ali como um poste de sinalização" (*PI* § 85; cf. § 431). Obviamente, um poste de sinalização, considerado independentemente do uso que fazemos dele (considerado, digamos, como simplesmente um bloco de madeira com uma inscrição), não faz nenhuma exigência quanto ao caminho que devemos seguir: "Mas onde está dito que caminho devo seguir, se na direção de sua seta ou (por exemplo) na direção oposta?" (*PI* § 85). Tendemos a dizer que a interpretação pode ser esta ou aquela, e parece que há necessidade de haver *alguma* interpretação para que o sinal ganhe vida de maneira que dê aplicação à noção de agir em concor-

---

32. Este parágrafo sugere um tipo de motivação para a imagem da letra morta: o desejo de uma pedra de toque exterior poderia ser visto como subjacente às nossas respostas práticas. Naturalmente, podem existir outras motivações (relacionadas), como o pensamento de que apenas uma pedra de toque exterior poderia assegurar a noção adequada de objetividade em nosso trato com o mundo – i.e. a noção de que as coisas são como são independentemente de nosso julgamento. McDowell (1984) oferece uma discussão útil dessas questões.

dância com ela. Mas, se é assim – se, nas palavras de Cornell, "é a interpretação que nos dá a norma" –, a noção de concordância logo se tornará problemática, devido ao tipo de regressão primeiramente apontado por Kant.

Na versão de regressão de Wittgenstein temos tanta razão de nos perguntar como um item chamado de "interpretação" da norma pode ocasionar a possibilidade de ação em concordância com ela quanto de nos perguntar como a própria norma pode fazer isso. Se percorremos o caminho que nos conduz a pensar que as normas devem ser ativadas por uma interpretação, é inevitável percebermos que, seja o que for que consideramos como uma interpretação da norma ("'acrescente dois' significa..."; "o poste de sinalização significa...") – e seja qual for a forma que tal interpretação possa assumir (uma diretiva explícita, uma imagem mental, uma série de exemplos, um dedo apontando) –, mesmo isso pode ser compreendido de tal maneira que qualquer ação esteja em concordância com a norma. "Mas onde está dito", podemos agora perguntar, "de que maneira devo seguir a interpretação? Parece que precisa haver alguma interpretação *dela* para que haja alguma aplicação para a noção de agir em concordância com ela", e assim por diante. Assim, em vez de transformar o sinal em algo que expressa uma exigência normativa genuína, a exigência da interpretação parece apenas reproduzir o problema da sua impotência:

> Qualquer interpretação fica suspensa no ar juntamente com aquilo que interpreta e não pode dar-lhe nenhum apoio. As interpretações por si sós não determinam o significado (*PI* § 198).
> Este era nosso paradoxo: nenhum curso de ação podia ser determinado por uma norma porque pode-se fazer que todo curso de ação esteja em concordância com a norma. A resposta era: se se pode fazer que tudo esteja em concordância com a norma, então, também se pode fazer que tudo esteja em conflito com ela. E, portanto, não poderia haver nem acordo nem conflito no caso (*PI* § 201).

Dado o pressuposto de que seguir uma norma é interpretá-la, o paradoxo de *PI* § 201 (no qual a própria noção de norma como algo capaz de determinar um curso de ação está prestes a desaparecer) decorre da conclusão de *PI* § 198 – "qualquer interpretação fica suspensa no ar juntamente com aquilo que interpreta". Assim, a menos que estejamos dispostos a abandonar esse pressuposto, pode parecer agora que algo como a idéia platônica de significado (como algo capaz de ultrapassar nossas aplicações de uma norma e determinar os passos de antemão), por mais misteriosa ou "esquisita" que essa idéia possa parecer, é a nossa única alternativa se quisermos evitar esse paradoxo. A relação dialética entre a exigência de interpretação e o platonismo assim concebido pode ser esquematizada da seguinte maneira:

1) Uma norma considerada *por si mesma* (separada do uso que dela fazemos) é um sinal sem vida. Pode ser aplicada *deste* ou *daquele* jeito.

2) É necessária uma "interpretação" para forjar a ligação entre tal sinal e um curso particular de ação. O que uma norma requer no caso específico é determinado por sua interpretação.

3) Mas se a interpretação de um sinal requer sua *própria* interpretação ocorre a ameaça de uma regressão infinita, e a noção de uma norma como algo com o qual nossas ações possam ser harmonizadas desaparece em um abismo de interpretações.

4) Assim, a ligação entre um sinal de outra maneira morto e um determinado curso de ação deve depender da possibilidade de dotar o sinal de um significado não suscetível de interpretação adicional.

5) A idéia de que o significado dado a um sinal pode ultrapassar e determinar suas aplicações corretas antecipadamente (de um modo que o próprio sinal não poderia) parece misteriosa ou estranha, mas somos compelidos a concluir que deve ser mais ou menos assim, para que possamos entender a noção de concordância (ou conflito) com o significado do sinal.

Se entrarmos nessa dialética adotando (1), podemos, de modo razoável, acabar tentando sustentar a noção de concordância com uma norma (contra a ameaça de uma regressão da interpretação) representando o "significado" da norma como, de certa maneira (porque se origina da última interpretação?), imune à interpretação adicional[33]. Mas o resultado parece "estranho" mesmo para o platônico dedicado: ele não tem nenhuma noção de como os significados conseguem exercer os poderes de alcance normativo que meros sinais não têm; ele simplesmente conclui que devem existir itens com tais poderes. E é nesse ponto que a imagem dos trilhos pode surgir para nos fornecer o tipo de retrato de que sentimos precisar para articular esta conclusão: "A norma, uma vez marcada com um significado particular, traça as linhas ao longo das quais deve ser seguida por todo o espaço" (*PI* § 219). Isto realmente oferece um retrato do poder normativo das normas, um retrato que responde à exigência de impedir que a regressão interpretativa decole. Mas, assim motivada, a imagem do trilho não é a expressão inócua, ainda que colorida, do familiar chavão a respeito do uso das normas (ver seção 3). Em vez disso, tem a intenção de responder à exigência de algo que preencha a lacuna explanatória entre uma norma e a sua aplicação, uma exigência que se torna ainda mais aguda pela regressão da interpretação. Nesse caso, podemos notar uma diferença entre o interlocutor de Wittgenstein e Cornell: enquanto Cornell volta-se para a noção de interpretação para repudiar a idéia da norma-como-trilho, na caracterização de Wittgenstein dessa

---

33. Cf. Wittgenstein (1958*b*: 34): "O que se deseja dizer é: 'Todo signo é passível de interpretação, mas o *significado* não deve ser passível de interpretação. É a última interpretação.'" McDowell (1992) sugere proveitosamente que devíamos localizar as origens da imagem do trilho (como uma forma de platonismo) no pensamento que é expresso nessa passagem. Tal imagem parece então parte de uma tentativa de apego à idéia de que a concordância com uma norma é possível apenas por meio da interpretação enquanto ao mesmo tempo bloqueando a regressão destruidora de significado que acompanha essa idéia (ver McDowell 1992: 47-9). Cf. *PI* § 431 (citando o pensamento de que um "ato de compreensão" é necessário para transpor o abismo entre uma ordem e a sua execução: tal ato presumivelmente fixaria qual conduta conta como execução de uma ordem sem exigir ela mesma um ato de compreensão que *a* ligue à conduta exigida; funcionaria como um interruptor da regressão).

dialética, a imagem do trilho surge impelida pela regressão da interpretação. Mas, a partir de uma perspectiva maior – uma que acolha a estrutura inteira da dialética –, podemos começar a perceber cada uma dessas concepções de seguir as normas como um reflexo da outra: ambas compartilham um pressuposto comum, isto é, (1), no esquema acima[34]. Ambas surgem da tentativa de visualizar as normas satisfatoriamente depois de partir de um retrato que as destaca dos contextos práticos em que fazemos uso delas. Assim que tentamos olhar as normas dessa maneira, o problema de como animá-las aceitavelmente torna-se urgente, e a exigência da interpretação (com sua intolerável regressão), por um lado, e o postulado de um significado "como um trilho" (que, de certo modo, bloqueia a regressão), por outro lado, surgem como duas alternativas de um único dilema.

Cabe enfatizar que considerar a imagem do trilho como a expressão de um lugar-comum a respeito do uso de uma norma *não* seria escolher a alternativa platônica desse dilema. Simplesmente indicaria que não mais nos sentimos compelidos a reconstruir uma noção adequada de concordância com uma norma a partir de quaisquer materiais que ainda restassem à vista depois de focalizarmos nossa atenção em sinais considerados *por si mesmos* – separadamente do uso que fazemos deles. Seria, na verdade, abraçar a idéia do trilho *antes de* (1) (antes mesmo que a dialética tivesse início) em vez de *depois de* (1-3), onde, depois de separar os "meros sinais" de nossas atividades com eles, reinvesti-los novamente de um significado que chega até suas futuras aplicações (e que, portanto, em certo sentido, sublinha nossas atividades com eles) parece exigir uma espécie de ocultismo a respeito do significado[35]. Toman-

---

34. Como acontece muitas vezes com os problemas filosóficos (pela visão que Wittgenstein tem deles), "o primeiro passo é aquele que foge totalmente à observação" (*PI* § 308).

35. Aqui, vale a pena enfatizar o ponto que está implícito neste parágrafo: o que torna alguém um platônico (no sentido filosoficamente controverso) não é o fato de defender certa fórmula (p. ex. "o próprio uso está, em certo sentido, presente") mas como concebe a fórmula: "Mas é claro que sim, 'em *certo* sentido'! Na

do como exemplo a questão de *PI* § 85, sobre como o poste de sinalização consegue mostrar-nos a direção a seguir, conseguimos ilustrar a natureza do lugar-comum relevante ao nos dar a seguinte resposta: há um sentido inócuo em que o próprio poste de sinalização determina a ação que concorda consigo – em que conseguimos *enxergar* o que o poste de sinalização exige – sem a necessidade de interpretação. Pois, quando deparamos com o sinal, não encontramos meras marcas em um bloco de madeira. Em vez disso, no contexto de nosso modo de vida (uma vida em que coisas como direções, estradas, caminhos, deslocamentos, indicações, localizações, destinos, distâncias, desvios, e assim por diante, desempenham um papel proeminente), o poste de sinalização oferece uma instrução definida. Despido desse contexto, o sinal parece morto; abre-se uma lacuna entre o próprio sinal e a sua aplicação, e surge a questão: como essa lacuna pode ser transposta? Mas a questão parece compulsória apenas porque esquecemos que o sinal está vivo nos assuntos práticos dos seres humanos[36].

O platônico tradicional (cujo pensamento encontra expressão na imagem de normas que dispõem trilhos invisíveis) é, em resumo, alguém que começa por supor que existe uma lacuna entre uma norma e a sua aplicação e, então, volta-se para "significados" na tentativa de fechar a lacuna. Tendo em vista essa motivação da imagem do trilho, torna-se possível compreender por que Cornell equivocadamente imagina encontrar em Wittgenstein autoridade filosófica para a tese da

---

verdade, a única coisa errada no que você diz é a expressão 'de um modo estranho'" (*PI* § 195). O que o platônico diz está correto; seu erro, segundo esta passagem, está em considerar que está fazendo uma observação a respeito de um fato metafisicamente confuso.

36. Aqui, estou em dívida com a dissertação não publicada de David Finkelstein, "Constitutionism", que argumenta persuasivamente que Wittgenstein não busca tomar partido no debate contemporâneo a respeito do platônico, mas antes recuperar um sentido inocente ou truístico com que as palavras do platonista devem ser entendidas. O uso de uma receita culinária por Finkelstein para desenvolver o ponto principal de Wittgenstein (sobre o que está envolvido na aplicação de uma norma) sugeriu-me a "resposta" imaginada nesse parágrafo.

indeterminação. Pois Wittgenstein realmente critica a imagem de trilhos como uma representação da relação entre uma norma e a sua aplicação: ele não pensa que tal imagem possa ajudar a restaurar uma noção de concordância com uma norma uma vez que essa noção seja ameaçada na dialética que começa com (1). Assim, se se perde de vista como a dialética começa – se se pensa que trilhos platônicos e a exigência de interpretação são as únicas opções disponíveis – pode parecer que o ataque de Wittgenstein à imagem dos trilhos dá sustentação à exigência de interpretação e alimenta o paradoxo resultante a respeito da concordância com uma norma. Mas, tal como indicado acima, o objetivo de Wittgenstein é questionar o pressuposto comum a *ambas* as alternativas do dilema. Na sua visão, a resposta correta – à ameaça da regressão interpretativa, por um lado, e ao vazio explanatório do trilho platônico, por outro – é perceber que a necessidade sentida por certo tipo de explicação do alcance normativo de uma norma surge apenas quando vemos normas completamente abstraídas do contexto prático em que as aplicamos. "Seguir segundo a norma", observa ele, "é FUNDAMENTAL para nosso jogo de linguagem" (1978: VI-28) – como se o que precisamos da filosofia não fosse a construção de um fundamento que assegurasse a noção do alcance normativo de uma norma, mas auxílio no reconhecimento do fundamento que se encontra diante de nós[37]. O com-

---

37. Ver Wittgenstein (1978: VI-31). Tomo emprestada a palavra "reconhecimento" da obra de Cavell sobre Wittgenstein (ver, por exemplo, Cavell 1979: 329-496), em que comunica o ponto central de que, para Wittgenstein, as dificuldades céticas em que nos envolvemos em filosofia podem ser vistas como um tipo de alienação ou desvio do mundo e, portanto, que sua solução não envolve (pelo menos não da maneira como o cético compreende isso) estabelecer nossa pretensão ao conhecimento, mas algo como uma mudança de postura, atenção ou afinação. Cf. Wittgenstein (1993: § 86) e (1979: § 378). Explorar significativamente o compromisso de Wittgenstein com o ceticismo exigiria outro ensaio (pelo menos), mas, no que diz respeito à questão que me interessa aqui, permita-me dizer o seguinte: o objetivo de Wittgenstein não é uma teoria que ligua uma norma a suas ocorrências singulares, mas "clareza completa" (*PI* § 133) – i.e. o desaparecimento (pelo menos *nesta* ocasião) do problema filosófico. No curso da discussão, Wittgenstein lembra-nos que comumente tomamos a aplicação correta de uma

promisso com essa tarefa terapêutica inspira a própria resposta de Wittgenstein à regressão da interpretação na continuação de *PI* § 201:

> Pode-se perceber que há neste caso uma incompreensão a partir do mero fato de que no curso de nossa argumentação damos uma interpretação após outra, como se cada uma nos satisfizesse pelo menos por um momento, até que pensamos em mais outra, logo atrás dela. O que isso demonstra é que existe uma maneira de compreender uma norma que *não* é uma *interpretação*, que se manifesta naquilo que chamamos "obedecer à norma" e "ir contra ela" em casos concretos.
>
> Portanto, há uma inclinação para dizer: toda ação segundo a norma é uma interpretação. Mas devemos restringir o termo "interpretação" à substituição de uma expressão da norma por outra (*PI* § 201).
>
> E, portanto, também "obedecer a uma norma" é uma prática (*PI* § 202).

A regressão paradoxal da interpretação deve ser evitada, na visão de Wittgenstein, deixando de lado o pressuposto que causa todo o problema: ou seja, que não se pode seguir uma norma a menos que primeiramente se vincule alguma interpretação a ela. (Percebemos aqui que, para Wittgenstein, o "discernimento" de Cornell – quanto à mediação necessária da interpretação ao aplicar normas – deve ser considerado como

---

norma por outra pessoa como critério de que ela a compreende e, então, examina as dificuldades com várias tentativas de transpor a suposta lacuna entre compreensão e aplicação. Uma fórmula ou imagem não executa o trabalho exigido porque ela própria pode ser aplicada ou projetada de maneiras diferentes (*PI* §§ 139, 141); e um "estado mental" – para que não seja vazio como explicação – exige um outro critério de identificação que não a correta aplicação da norma (*PI* § 149). Em cada caso, embora o item mediador *possa* ocorrer, o critério de ocorrência é diferente do critério de compreensão de uma norma – portanto, também pode ser considerado não-essencial. A tendência dessas observações é sugerir que deve ser ociosa qualquer explicação de como a concordância com uma norma é possível: mesmo que fosse verdadeira, não nos ajudaria a sentir-nos menos perplexos. Mas, então, talvez nos reste perceber que faz parte da própria natureza de nossa perplexidade que nenhuma explicação do tipo que pensávamos necessitar irá resolvê-la.

uma "incompreensão".) Wittgenstein não nega que somos livres para usar a *palavra* "interpretação" do modo que quisermos, e podemos ainda querer continuar a chamar toda aplicação de uma norma de uma interpretação dela. Wittgenstein propõe, porém, que, em nome da clareza, restrinjamos a palavra "interpretação" à substituição de uma expressão lingüística por outra: se seguimos essa proposta podemos conceder que ela às vezes é útil, mas nem sempre é necessária para interpretar uma norma e segui-la. O que está em jogo aqui não é meramente um aspecto terminológico. No convite de Wittgenstein, de pensar em "uma maneira de compreender uma norma que não é uma interpretação", a palavra "interpretação" admite o sentido amplo de qualquer *mediação* entre compreender uma norma e segui-la no caso específico. Sua proposição é que tal mediação não é mais necessária (ou suficiente) para compreender uma norma que a mera substituição lingüística; a limitação proposta à palavra "interpretação" serve a seu propósito na medida em que torna isso perspícuo. Seguindo o exemplo de *PI* § 202, poderíamos dizer: ao compreender uma norma, o essencial não é interpretá-la, mas tornar-se proficiente na prática de aplicá-la[38].

Deve-se notar, contudo, que colocar a questão dessa maneira (em termos das condições necessárias para compreender uma norma) pode também dar origem a uma incompreensão adicional: "o próprio Wittgenstein não está tentando explicar o alcance normativo das normas – só que agora recorrendo não à interpretação ou aos trilhos, mas à atividade ou à prática humanas?" É importante observar, nesse aspecto, que Wittgenstein *não* diz que obedecer a uma norma é possibilitado ou condicionado por uma prática (muito menos que apenas a conduta social adequadamente concordante nos daria o direito de dizer

---

38. Naturalmente, também poderia demonstrar minha compreensão de uma norma dando uma explicação não-aplicativa dela, mas isso apenas adia a questão. O que é compreender alguma explicação, algum padrão de correção? O que Wittgenstein discute não é que as interpretações não manifestam compreensão, mas que não fazem isso "por si mesmas" (*PI* § 198*a*), isto é, independentemente do comportamento aplicativo.

que uma ação particular está em conformidade com uma norma), mas, antes: "'obedecer a uma norma' é uma prática" [*ist ... eine Praxis*] (a ênfase é minha). Mas qual o objetivo de dizer isso? De um ponto de vista exegético, a dificuldade diz respeito à relação entre o pensamento negativo de que "existe uma maneira de compreender uma norma que não é interpretação" (que é "exibida" em nosso desempenho em casos efetivos), e o pensamento sobre a prática que soa mais positivo: "'obedecer a uma norma' é uma prática". Como o segundo pensamento relaciona-se com o primeiro? O recurso à interpretação era uma tentativa de explicar como a concordância com uma norma é possível – uma tentativa infeliz, já que conduzia a uma regressão intolerável. Mas, se compreendermos o fracasso dessa tentativa a fim de preservar a exigência de explicação, é provável que tomemos a referência à "prática" como o início de uma resposta construtiva à questão aparentemente genuína (em que consiste compreender uma norma? Como é possível a conformidade a uma norma?). E, se tomamos dessa maneira a referência à prática, podemos nos sentir tentados a adotar (o que imaginamos ser) a solução construtiva ao problema em termos de um recurso às interações sociais descritas em outros termos que não os normativos. (Pois um recurso explicativo à "prática" seria ocioso se a noção relevante de prática só pudesse ser formulada em termos essencialmente normativos – termos que pressupõem noções como "concordância com uma norma".) Erramos lamentavelmente, porém, se vemos Wittgenstein persistindo na tentativa filosófica de explorar o normativo dessa maneira[39].

Para sermos fiéis às intenções de Wittgenstein, penso que devemos considerar que essa referência à prática indica o *lugar* em que deveríamos procurar pelas normas para começar a entender a idéia de que "existe uma maneira de compreender uma norma que não é interpretação". Acorrentados à imagem da "letra morta", procuramos pelas normas no lugar errado –

---

39. Tal leitura de Wittgenstein deixaria pouco espaço para observações como "Seguir de acordo com a norma é fundamental...".

separadas de seu ambiente prático⁴⁰. A observação a respeito da prática, portanto, é uma tentativa não de responder a uma questão quanto à possibilidade de concordância com uma norma, mas de redirecionar nossa atenção: não podemos visualizar adequadamente o fenômeno que desejamos explicar, diz Wittgenstein, deixando fora da imagem as atividades em que as normas desempenham um papel. Enquanto continuarmos a considerar as normas separadamente do uso que fazemos delas (separadamente do que Wittgenstein, em um contexto relacionado, chama de "a trama de nossa vida" [*PI*: II. i]), a questão "como é possível seguir uma norma" parecerá urgente e – como parecerá que apenas uma interpretação poderia dar vida à norma – desconcertante. As observações de Wittgenstein nesse caso (inclusive sua observação a respeito da prática) estão a serviço da rejeição do pressuposto que inspira essas questões: que a possibilidade de determinação por meio de uma norma baseia-se em algo subjacente, seja lá o que for, que já é visível em nosso uso cotidiano das normas – obedecer e opor-se a elas "em casos efetivos"⁴¹. Colocando positivamente, podemos nos aventurar a dizer: é a nossa atividade prática (na qual o uso de normas é rotineiro e banal) e o tipo de atenção que exercemos nessa atividade (e não em uma peça teórica em que tentamos compreender essa atividade a partir de fora) que trarão à visão –

---

40. Tomei emprestada a formulação – "olhar no lugar errado" – de Diamond, "Rules: Looking in the Right Place" (1989). A formulação é uma maneira vívida de destacar o modo como o uso que Wittgenstein faz, neste contexto, de termos como "prática" e "uso" (ver, p. ex., *PI* § 432) não se encontra no mesmo caminho de pensamento que leva a falar de interpretação e trilhos (i.e., o caminho que começa com (1) no esquema acima), mas, antes, pede uma mudança de direção, uma mudança que equivale a não tomar o caminho (depois de perceber que é um beco sem saída filosófico).

41. Cf. *PI* § 435: "Se se pergunta: 'Como as frases conseguem representar?' – a resposta poderia ser: 'Você não sabe? Com certeza, você percebe quando as usa.' Pois nada é ocultado." A discussão em Diamond (1989) é útil por destacar de que maneira, nas observações sobre normas (como em outras partes), Wittgenstein pretende demonstrar que é próprio da natureza das dificuldades filosóficas resistirmos à significação do que se encontra diante de nossos olhos, pensando que o que somos capazes de ver exige sustentáculos que estão ocultos é que é tarefa da "teoria" revelá-los. Cf. *PI* § 129.

ou "exibirão" (*PI* § 201) – a exigência normativa de uma norma que nos esforçamos por seguir[42].

## A ausência de trilhos

> O que quero ensinar não são opiniões, mas um método. Na verdade, o método é tratar como irrelevante toda questão de opiniões [...]. Não tento fazê-lo crer em algo em que você não acredita, mas fazê-lo fazer algo que você não faz.
>
> (Wittgenstein, citado em Rhees 1970: 42-43)

A partir do esboço anterior, penso que podemos perceber que Wittgenstein está preocupado com uma inquietude filosófica que reaparece na cultura jurídica contemporânea. Pela minha leitura, Wittgenstein não nega que uma norma possa "adiantar-se para reivindicar suas próprias ocorrências singulares" (Hart 1961: 123), mas apenas tenta chamar a atenção para nosso aprisionamento a uma noção de "norma por si mesma", segundo a qual esse "adiantar-se" parece duvidoso à luz de uma lacuna de outra maneira intransponível. Aqui é elucidativo marcar o contraste entre a rejeição de Cornell à imagem do trilho e a própria discussão dela por Wittgenstein. A observação de Cornell contém três momentos relacionados.

Primeiro, *Cornell considera-se em oposição a uma tese falsa*. Ela expõe o pensamento suspeito de que uma norma "arrasta-nos pelo caminho através de cada nova situação de fato" como uma falsidade demonstrável. Deixando de lado a questão de como tal demonstração deve ter sido oferecida, falar de falsidade significa que Cornell considera compreender o

---

42. Embora Wittgenstein ocasionalmente coloque a questão dessa maneira positiva, também adverte que não devemos tomar isso como uma tese ou doutrina sobre o cumprimento das normas, mas apenas como (assim diz ele) um "lembrete" (*PI* § 127) sobre onde procurar pelas normas, um lembrete que pode ajudar a afrouxar o domínio de certa maneira de pensar que nos causa problemas filosóficos.

conteúdo reprovável desse pensamento. Ela compreende que caberia às normas "arrastar-nos pelo caminho", ou, pelo menos, compreende-o bem o bastante para saber que elas não fazem isso. Para Cornell, essas palavras afirmam uma tese perfeitamente inteligível (em vez de sem sentido), que tem por objetivo sustentar a noção do alcance normativo de uma norma; e ela afirma que membros do Movimento de Estudos Jurídicos Críticos demonstraram que essa tese é falsa. Com isso, ela exclui de antemão a possibilidade (que Wittgenstein esforça-se por manter em aberto) de considerar a imagem do trilho como a expressão de um inócuo lugar-comum a respeito do uso das normas.

Segundo, *Cornell afirma a verdade da negação da tese contrária*. Ao considerar inequivocamente falsa uma avaliação mecânica das normas, Cornell compromete-se a proclamar a verdade da negação de tal análise, ou seja, a pensar que as normas são, em algum sentido significativo, inertes. Na verdade, ao tratar a imagem do trilho não como aquilo que Wittgenstein chama de "imagem", mas como uma tese reprovável, algo sobre o qual é possível ter opiniões filosóficas diferentes, Cornell substitui uma mitologia (a norma como assentando um trilho) por outra mitologia (a-ausência-de-um-trilho). Na verdade, o discurso "desconstrutivo" de ausência e falha que Cornell emprega parece depender de construir tais imagens filosóficas de significado dessa maneira inflexível – como inequívocas, mas falsas[43]. Se, em contraste com isso, pensamos na imagem do trilho simplesmente como uma representação potencialmente confusa da maneira como uma classe de casos está presente através de uma norma, então não é difícil perceber que a negação dessa imagem da presença oferece, na melhor das hipóteses, uma imagem confusa da ausência; que a *negação* de uma noção ilusória da determinação do significado produz no final não uma descrição correta da indeterminação, mas apenas a *ilusão* de que algo foi negado.

---

43. Ver "Apêndice: Nota sobre a desconstrução", abaixo.

Terceiro, *por meio de sua negação da tese (mecânica), Cornell herda o fardo da explicação com o qual essa tese buscava arcar.* Assim, ela sente a necessidade de suplementar sua negação (da existência de trilhos) com algo (a interpretação), que agora pode preencher o papel de mediação entre uma norma e suas aplicações. É a interpretação que afixa a norma à "situação de fato" que, de outra maneira, ela seria incapaz de alcançar e, portanto, que finalmente "nos dá a norma" na sua forma normativamente animada. Mas por que a "interpretação"? Se uma norma precisa transpor uma lacuna para determinar um certo caso, por que não falar simplesmente de julgamento em concordância com a norma? A resposta é que Cornell pensa que a noção de concordância com uma norma só encontra aplicação por meio de nosso recurso a alguma outra coisa: "É a interpretação que nos dá a norma, não o contrário." Seja o que for a interpretação, ela contrasta aqui com um julgamento governado por normas e não é apenas outro nome para ela. Portanto, entre as motivações de Cornell para recorrer à interpretação, parece também figurar a de que seguir uma norma por meio da interpretação é algo mais criativo que simplesmente seguir uma norma *simpliciter.* A interpretação envolve um "recurso ao além"; ela destrói a ilusão de que o Direito é distinto da política.

Cornell chega a essa conclusão não por meio de alguma coisa que encontra na prática do Direito, mas por meio de exigências teóricas que traz à visão que tem dela. Se há algo que a discussão das normas por Wittgenstein pode fazer por nós aqui é ajudar a nos livrar dessas exigências – *não* subscrevendo uma conclusão alternativa ou fornecendo um outro conjunto de exigências às quais ajustar nossa compreensão do Direito. Lamentavelmente, a tendência recente tem sido introduzir o nome de Wittgenstein na teoria jurídica como se seu pensamento fornecesse uma concepção alternativa (digamos, sociopragmática) do Direito[44], ou como se sustentasse a afirmação

---

44. Ver, p. ex., Radin (1989). Radin sugere também que "Uma concepção de normas de prática social" ou wittgensteiniana seria "incompatível com o ideal tra-

de que "o Direito é um empreendimento interpretativo" (Patterson 1990: 940). Mais lamentável ainda é o fato de se considerar que o argumento da regressão demonstra que nossa idéia comum de seguir uma norma é ingênua ou confusa, em vez de se considerar que ele demonstra que a tentação filosófica de pensar que "seguir uma norma é interpretá-la" é desastrosa para uma compreensão do que está envolvido em (na idéia comum de) seguir uma norma[45]. Na medida em que tal conclusão

---

dicional do Estado de Direito" (810) e apresenta várias conseqüências revisionistas dessa concepção: "Se deixamos de seguir uma norma, minamos sua existência como norma." Ou, novamente: "Como uma norma depende da existência de uma prática social, parece que uma parte essencial da aplicação de normas em um contexto jurídico é prever a conduta da comunidade de juízes e outros atores jurídicos, inclusive (parece) nossa própria conduta, se somos atores jurídicos" (807-08). Deixando de lado a implausibilidade dessas controvérsias (a aprovação legislativa não é muitas vezes uma condição suficiente da existência de uma norma? Ao tentar obedecer ao sinal vermelho, Radin tenta prever se ela, ou alguma outra pessoa, irá mesmo parar?), parece que Radin tomou o uso que Wittgenstein dá a termos como "prática" e "formas de vida" antes como o início de uma concepção reducionista de normas do que como parte de um lembrete de que noções como "seguir uma norma" são lugares-comuns de nosso mundo cotidiano e da forma que ele tem para nós. Aqui, novamente, as observações de Wittgenstein sobre normas parecem facilmente sujeitas à incompreensão, se forem lidas separadamente de sua compreensão do método filosófico.

45. Ver, p. ex., D'Amato (1990: 174) e Tushnet (1988: 211). Considere a seguinte observação de Dallmayr, que resume e aprova o que considera ser a visão-padrão: "Desde as observações de Wittgenstein sobre "seguir normas", foi amplamente reconhecido que a aplicação das normas não pode, por sua vez, ser estritamente governada por normas sem conjurar uma regressão infinita de normas estipuladas (para sua própria aplicação)" (1992: 3). Se considerarmos que o legado de Wittgenstein consiste em uma questão genuína quanto a poder ser ou não a aplicação das normas "estritamente governada por normas", juntamente com um argumento de regressão em apoio da opinião de que elas "não podem", seremos facilmente levados a sentir a necessidade de uma descrição construtiva do que *realmente* governa a aplicação das normas. Poderíamos notar, em vez disso, quão incerta tem de ser a diferença que Dallmayr insinua entre "governada por normas" e "estritamente governada por normas". (A que poderia equivaler essa diferença? A tese que Dallmayr atribui a Wittgenstein é bastante inaceitável se for tomada com o significado de que a aplicação de uma norma nunca é governada por outra norma – o que poderia ser mais familiar no Direito?) O ponto aparente da observação de Dallmayr vira do avesso o ponto de Wittgenstein. Converte o lembrete de Wittgenstein, de que não faz nenhum sentido exigir em geral que a aplicação de uma norma seja governada por outra norma, na imagem de uma carência metafísica: a aplica-

é vista como o desfecho das reflexões de Wittgenstein sobre as normas (em vez de meramente como uma etapa da dialética que Wittgenstein busca descrever), pode-se dizer que a eficácia de Wittgenstein na teoria jurídica (mas não apenas nela)[46] foi condicionada por um mal-entendido.

## O raciocínio jurídico revisitado

> As normas e a jurisprudência não destacam mecanicamente os fatos importantes em um processo complicado.
>
> (S. Burton 1985: 97)

Quero agora dar a esta discussão um tanto abstrata um cunho mais concreto, retornando ao livro de Burton mencionado anteriormente. Para ilustrar a necessidade de um método interpretativo, Burton pede que consideremos a norma contida no *common law* sobre a responsabilidade por negligência, segundo a qual o réu deve compensar o queixoso se o réu (1)

---

ção de uma norma não pode ser "estritamente" governada por normas. Em oposição a isso, poderia ser útil colocar a conclusão da repressão assim: não existe tal coisa como a aplicação de uma norma ser *em geral* governada por normas (não há nada que efetivamente desejamos quando, sob o domínio da imagem da letra morta, parecemos querer isso); assim, em prova do que digo, não existe tal coisa como a aplicação de uma norma *não* ser em geral governada por normas.

46. Não há dúvida de que as incompreensões acerca de Wittgenstein que foram importadas para a teoria jurídica são incompreensões a que o pensamento de Wittgenstein esteve amplamente sujeito, especialmente quando visto através da lente da interpretação de Kripke (1982). Deve estar claro que discordo das leituras kripkianas de Wittgenstein tanto de maneira geral como específica. Geralmente, ofereço um lugar central à visão de Wittgenstein de que ele não está propondo afirmações ou *teses* substantivas (cf. *PI* § 128). Mais especificamente, considero que as observações sobre seguir normas oferecem um diagnóstico das dificuldades que enfrentamos ao reter nossa compreensão de noções como "significado" e "concordância com uma norma": o objetivo é aliviar nossa idéia de uma necessidade de explicação de tais noções – *quer* em termos de trilhos platônicos *quer* em termos de prática ou comunidade. No que diz respeito aos pontos gerais e específicos, devo a muitas obras: Cavell (1979; 1990: cap. 2); Conant (1993); Diamond (1989; 1991); Goldfarb (1983); McDowell (1984; 1992); Putnam (1991).

tinha o dever de usar de cuidado razoável, (2) rompeu esse dever e, ao fazê-lo, foi a causa factual e (4) causa imediata de (5) dano ao queixoso. "A forma dedutiva de raciocínio", Burton comenta, "usa premissas maiores que *parecem* formular as condições factuais necessárias e suficientes para que qualquer caso se enquadre na classe de casos designados pela norma (1985: 87). Burton quer desmistificar essa *aparência*. Ele reconhece que a norma composta dessas cinco condições é a norma que governa a compensação de dano, mas, não obstante, opõe-se ao pensamento de que "a compensação é exigida em cada caso em que esses cinco fatos estão presentes e não quando um ou mais desses cinco fatos não estão presentes – que todos os casos de negligência [responsabilidade] têm em comum a presença desses cinco fatos" (*ibid.*). À primeira vista, essa objeção pode parecer desconcertante. A expressão estranhamente complexa e enfática que Burton emprega para caracterizar a premissa maior – formulando as condições factuais necessárias e suficientes para que qualquer caso se enquadre em *uma classe de casos* designada pela norma – não define exatamente o que significa existir uma norma de responsabilidade?

Burton, porém, acha estranho pensar que a própria norma determina a classe de casos que se enquadram nela. Faria sentido pensar assim, ele protesta, apenas se "(1) todos os casos que são iguais nos aspectos importantes, ou membros da mesma classe jurídica, tivessem um fato, ou fatos, em comum, e (2) o fato, ou fatos, em comum entre esses casos correspondesse às palavras das normas jurídicas de modo que, por sua presença, assinalassem a classificação jurídica adequada dos casos" (88). Burton diz-nos, em linguagem que reproduz a passagem de Hart (sobre as normas serem incapazes de reivindicar suas próprias ocorrências singulares), que essas condições não são válidas: "É altamente duvidoso [...] que os fatos nos processos judiciais organizem-se assim e, portanto, que a linguagem das normas jurídicas possa ser completa e determinada" (*ibid.*). O argumento de Burton para essa conclusão precipitada a respeito da indeterminação das normas jurídicas tem a forma de uma *reducto ad absurdum*.

Ora, com certeza é pouco atraente pensar que o mundo vem com rótulos instruindo-nos sobre como aplicar-lhe normas. Assim, Burton está em terreno seguro ao suspeitar da idéia de que quaisquer fatos – *por sua própria presença* – assinalam a classificação jurídica adequada de cada caso. Mas, assim que se deixa para trás essa imagem filosoficamente carregada de fatos que sinalizam para nós (cf. 98), o que se deveria dizer a respeito da possibilidade de fatos que correspondem às palavras das normas jurídicas? Considere uma norma jurídica simples, como a que exige que os motoristas parem diante de um sinal vermelho, sob pena de multa, e represente isso, do ponto de vista do juiz encarregado de aplicá-la, na forma de uma condicional: "Se $x$ é um motorista e $x$ deixa de parar diante de um sinal vermelho, então $x$ deve pagar uma multa." Parece inócuo dizer que a norma formula as condições "para que qualquer caso se enquadre na classe de casos designada pela norma". Tampouco pareceria haver algo especialmente estranho em sustentar que (1) todos os casos nessa classe "têm um fato ou fatos em comum" (ou seja, que algum motorista deixa de parar diante de um sinal vermelho), ou que (2) "os fatos em comum correspondem às palavras das normas jurídicas". Seria mesmo possível acrescentar que qualquer caso que não compartilhe esses fatos comuns não se enquadra *nessa* norma[47], e que quaisquer *outros* fatos – por exemplo, que o carro de $x$ é um Jaguar –, comuns ou não, são irrelevantes para a classificação de casos *nessa* norma. O ponto em questão é trivial: a norma entra em contato com os fatos dos casos que se classificam nela justamente na (e em nenhum outro lugar) linguagem da própria norma: *isso* é o que se chama "atravessar um sinal vermelho". É necessária mais alguma coisa para uni-los? É claro que falar de uma norma entrando em "contato" com fatos por meio da linguagem *pode* parecer prenhe de filosofia (co-

---

47. Por conveniência, uso "enquadrar-se na norma" com o significado de "enquadrar-se no termo classificatório da norma", em oposição a indicar simplesmente um caso ao qual a norma possa ser aplicada.

mo se estivéssemos dizendo que os fatos particulares existentes dependessem de como decidíssemos rotulá-los). Mas o ponto equivale apenas a dizer que o que uma norma exige que uma pessoa faça é a mesma coisa que uma pessoa poderia fazer (ou deixar de fazer). Se isso não parece suficiente para unir mundo e palavra (com vista à aplicação de uma norma jurídica), o que poderia ser?

Minha análise aqui é notavelmente formal: não há nada nela que seja específico à norma do sinal vermelho e que não possa ser reformulado no caso mais complexo da responsabilidade por negligência. É essa própria norma que determina as condições – conduta imprudente, causalidade, dano etc. – que abrangem a classe de casos que nela se classificam. Ainda assim, isso parece tão pouco excepcional que podemos nos perguntar se, de alguma maneira, não percebemos inteiramente a proposição de Burton. Mas essa proposição pode ser formulada? Isso significa perguntar: existe um problema genuíno sobre como as normas jurídicas entram em contato com as particulares que nela se classificam (um problema que exige que recorramos à interpretação), ou existe apenas a ilusão de um problema – de tal modo que a escolha de palavras do problema, caso se reflita sobre o que significam as palavras, deixa de corresponder à nossa percepção de um problema que estamos tentando formular em palavras?

Diante das banalidades que ofereci, imagino que possa haver uma tendência a sentir que realmente não percebi a proposição de Burton. Em particular, pode parecer que a idéia de Burton de uma lacuna entre os termos classificatórios das normas jurídicas e os fatos dos processos é, no fim das contas, receptiva, ou mesmo descritiva, apenas a uma característica familiar da experiência jurídica: a ocorrência – diante das normas jurídicas relevantes e de fatos sobre os quais se concordou – de discordâncias inteligíveis de julgamento. Correndo o risco de colocar palavras na boca de Burton, a proposição poderia ser assim: "Embora apenas a norma jurídica determine a classe de casos a que se aplica, a aplicação da norma a qualquer caso particular (a identificação desse caso como pertencendo à classe) exige um ato de julgamento[48]. E, sem dúvida, os julgamentos que resolvem processos no Direito muitas vezes equivalem a descrever o caso com seus fatos singulares de um modo controvertido." Essa maneira de formular a proposição de Burton revela-se mais claramente se levamos em conta uma assimetria visível entre casos fáceis e casos difíceis, entre os casos que se enquadram na norma do sinal vermelho e os que se enquadram na norma da responsabilidade por negligência. "*Isto* é o que se chama atravessar o sinal vermelho" não é, na maioria das vezes, controvertido, e pode até mesmo servir para explicar a alguém o que é exatamente, segundo a norma do sinal vermelho, o que não se deve fazer. Assim, no que diz respeito a *essa* norma, é improvável que nos cause problemas o fato de não existir nenhuma outra coisa, além de poderem ser descritos assim, que seja comum a todos os casos de "atravessar o sinal vermelho" – nenhum outro fato *em virtude do qual* possam ser assim descritos. Mas, na norma da responsabilidade por negligência, a idéia de que não pode existir nenhuma maneira independente de destacar a classe de casos que se classificam na norma pode parecer genuinamente perturbadora. Pois, num caso de discordância, pode-se ter a impressão de que tal caminho independente – um trilho, por exemplo, assentado antes de nossos julgamentos – é apenas aquilo de que se necessita agudamente para que possamos tomar tal desacordo em seu valor manifesto: como uma discordância quanto ao que *a norma exige* no caso particular. Diante de tal discordância, gostaríamos de poder (ou, pelo menos, essa é a fantasia) apontar, de maneira não-trivial, para os fatos que tornam *isso* (e não *aquilo*) um caso da norma; e, exceto por isso, podemos nos sentir incapazes de sustentar a idéia de que a norma está fazendo uma exigência normativa específica, de que ela exige uma coisa em vez de outra.

---

48. Naturalmente, isto ainda é apenas um truísmo: pode-se ter ocasião de dizê-lo, por exemplo, se estivermos tentando explicar a palavra "julgamento" a alguém que não saiba o que significa.

Na verdade, penso que isso chega bem perto das considerações que levam Burton a insistir em um "método interpretativo". Ao afirmar enfaticamente que os fatos dos processos não correspondem às palavras das normas jurídicas de maneira que *assinale* a classificação adequada do caso, Burton parece querer dizer que pode não haver fatos que permitam reconhecer, independentemente de nossos julgamentos ao aplicar os termos da norma, que certo julgamento ou classificação é o certo. E isso, com certeza, é correto. Mas Burton, então, confronta-nos com uma escolha: (1) defender a idéia duvidosa de tais fatos não-triviais ou assinaladores ou (2) deixar de lado o disfarce, sustentado pelas formas vigentes de raciocínio jurídico, de que os julgamentos jurídicos nada mais são que aplicações *simpliciter* (opostas às aplicações *cum* interpretação) da norma relevante. A proposição de Burton, ao insistir na interpretação, portanto, converge com a de Cornell: ele pretende nos dizer que a primeira escolha não é uma opção importante – não existe nenhum trilho independente que sustente a certeza para nosso julgamento. Restritos agora a essas escolhas, é improvável que se impeça alguém de recorrer à interpretação para assinalar que, por paridade ou raciocínio, a aplicação de normas em casos claros deve também exigir interpretação (já que a primeira escolha, obviamente, não é mais atraente em tais casos). Burton, por exemplo, parece pronto a abraçar essa conseqüência (ver 1985: 126-9, 142). Mas o exame de casos claros deve, na verdade, levar-nos a julgar intoleráveis as escolhas que Burton apresenta. A única alternativa à idéia de que existem fatos que nos capacitam a destacar independentemente a classe de casos que se classificam na norma do sinal vermelho (isto é, a fazê-lo sem aplicar os termos da própria norma) é pensar realmente que a norma nunca pode ser aplicada *simpliciter*? Em vez de tentar abraçar essa conseqüência, parece muito mais palatável adotar uma proposição de Wittgenstein e ampliá-la aos casos difíceis que parecem perturbar nosso senso de julgar segundo uma norma. Em termos mais simples, *não é necessário*, em geral, que exista alguma coisa independente de nossos julgamentos na aplicação da norma – por exemplo, um "trilho" independente – que torne correto aplicar a norma como a aplicamos ou que permita reconhecer ("assinale") que certa aplicação da norma é correta. No caso de discordância, as explicações podem esgotar-se e pode ser então que a única coisa que nos reste seja apelar à capacidade dos outros de reconhecer uma ocorrência singular da norma: "Mas você não percebe [...]." Contudo, o fato de não haver nada com o que se possa confrontar tal apelo ao bom julgamento (portanto, que um apelo ao bom julgamento é um apelo *a nenhuma outra coisa* que não ao bom julgamento) não significa – esta seria uma maneira de caracterizar a proposição de Wittgenstein sobre a mitologia (enquanto oposta ao que podemos nos sentir tentados a considerar como a ausência) do trilho independente – que tais julgamentos não sejam ocorrências singulares da norma que se esforçam por aplicar[49].

Burton, em resumo, está certo ao suspeitar da idéia de que sempre existem fatos que assinalam (exceto em um sentido trivial) a classificação jurídica adequada de um caso. Minha sugestão, porém, é que consideremos os casos difíceis como estando em pé de igualdade com os casos fáceis no tocante a essa suspeita. O que há de correto nessa suspeita não confere nenhuma credibilidade à idéia de que aquilo que faz de um caso uma ocorrência singular de uma norma é uma interpretação dada à norma mediante o ato de julgar.

Iniciei a primeira sessão deste artigo levantando dúvidas, motivadas por um pouquinho de bom senso, acerca da aplicabilidade da discussão sobre a interpretação a todos os casos. Posso agora resumir as três conclusões principais da discussão precedente – que não revelou nada, pelo menos na obra de vários teóricos refinados, que nos levasse a abrir mão desse pouquinho de bom senso.

(1) Se, ao teorizar, nos mantivermos afinados com o que comumente dizemos (e quando o dizemos), reagiremos à re-

---

49. Minha ampliação a casos juridicamente difíceis da discussão que Wittgenstein desenvolve com respeito a casos matematicamente fáceis beneficiou-se de observações sobre casos difíceis feitas por McDowell (1981: 151-54).

cente discussão sobre a intepretação da seguinte maneira: é claro que existem casos em que é útil ou mesmo necessário fazer uma interpretação. Mas é assim em *todo* caso? Devo interpretar o sinal de trânsito todas as vezes que seguir em frente ou parar? Você pode dizer isso se quiser, mas isto apenas demonstra que está decidido a representar a questão de uma maneira particular: chamando toda aplicação de uma norma de interpretação da norma. Não obstante, dadas as afirmações abrangentes feitas hoje em nome da "interpretação" (a interpretação envolve "um recurso ao que está além"), seria menos confuso manter a palavra presa, por enquanto, ao seu sentido original – a substituição útil de uma expressão por outra. A interpretação, nesse sentido familiar, realmente desempenha um papel significativo na prestação jurisdicional. Existem interpretações importantes da cláusula de igualdade de proteção da Décima Quarta Emenda, ou da proibição de "contratos, combinações e conspirações para restrição do comércio" da Lei Sherman, porque sentiu-se que tais normas exigem as formulações intermediárias (familiares a todo estudante de Direito) que ajudam a guiar o julgamento em casos particulares[50].

(2) As razões para manter as amarras em nossos modos cotidianos de falar têm, na verdade, raízes mais profundas. Pois a noção de interpretação foi proposta pelos teóricos que citei na tentativa de *explicar* a possibilidade de determinação por meio de uma norma. E os teóricos que oferecem essa explicação não pensam que estão simplesmente fazendo uma proposição metodológica a respeito da palavra "interpretação", mas acreditam estar proponto um desafio significativo à nossa noção de casos claros sob uma norma. Mas um recurso à inter-

---

50. O fato de que essa limitação da noção de interpretação permaneça fiel à prática dos advogados não deve levar-nos a condená-la precipitadamente. Tipicamente, os advogados falam de interpretação em relação a tipos específicos de incerteza ou dúvida: p. ex., a ambigüidade ou imprecisão de uma palavra ou cláusula, ou uma razão para pensar que a intenção das partes de um contrato não se conforma à formulação que expressaram, ou a generalidade extrema de uma norma (que pode ser tida como uma norma de "jurisdição", conferindo a administrações subordinadas o poder de desenvolver padrões intermediários), etc.

pretação, mesmo que se concluísse ou presumisse ocorrer em todos os casos, não seria realmente uma explicação. Assim que retratamos as normas como incapazes de "reivindicar seus próprios casos", a administração do auxílio interpretativo leva apenas ao abismo de que pendem todas as interpretações juntamente com aquilo que interpretam. Devemos concluir, portanto, que a aplicação de normas envolve uma intuição que nunca pode ser "estritamente governada por normas"?[51] Essa insistência em uma espécie de ausência metafísica só parece atraente quando em contraste com o pano de fundo de uma exigência não menos metafísica de uma espécie de presença: o trilho que atravessa nossos julgamentos e dá-lhes certeza. Se, porém, queremos ser verdadeiramente realistas a respeito da lei deixaremos de oscilar entre essas imagens e olharemos atentamente para o próprio Direito. Poderemos, então, admitir o que as próprias formas de julgamento jurídico parecem sugerir: que o juiz às vezes segue as normas sem interpretá-las. (Ou pelo menos que, quando não é esse o caso, isso se deve a considerações que pertencem a um corpo específico do Direito e não implicam, como tendem a sugerir os teóricos que considerei, normas jurídicas *como tais*.) O que passa por realismo na teoria jurídica – ou seja, uma exigência de penetrar além da aparência enganosa das formas do raciocínio jurídico – deve ser visto como um fracasso do realismo (no sentido não teórico de ser realista) a respeito do Direito.

(3) Estou tentando reforçar um formalismo atacado há muito tempo? Seria melhor dizer que a preocupação quanto ao formalismo em um sentido distinto – o poder determinante das normas jurídicas[52] – surge apenas a partir de certa imagem do Direito. Nessa imagem percebemos uma lacuna entre as normas jurídicas e os resultados de casos particulares e, então, pensamos que deve haver algo teorizável, em virtude do qual

---

51. Ver nota 45.
52. A ressalva é adequada porque o termo "formalismo" tem, na verdade, significado diversas coisas para seus diferentes críticos. Ver Schauer (1988); Radin (1989).

essa lacuna é transposta na prática – sejam os trilhos assentados pelas próprias normas jurídicas, uma interpretação, uma teoria política, os objetivos da política, o consenso de uma comunidade ou as intuições socializadas do juiz. Essa é justamente a matéria da doutrina do julgamento jurídico no século XX. Exigimos uma teoria que preencha a lacuna. Mas, em vez de satisfazer essa exigência, podemos questionar a imagem que lhe deu origem.

## *Parte II: Aplicação*

Esses problemas sobre a interpretação e a indeterminação vêm emaranhados, como notei anteriormente, com a afirmação de que o julgamento jurídico é inevitavelmente "político". Ou, mais precisamente, a afirmação é de que a indeterminação dos resultados dos processos significa que a distinção tradicional entre o jurídico e o político – uma distinção que recorre à idéia de uma norma previamente estabelecida – está ameaçada. A melhor maneira de compreender a motivação dessa afirmação e avaliar o seu mérito, penso eu, é considerar alguns exemplos que apresentam o problema do julgamento jurídico em um cenário concreto, e é para isso que agora quero me voltar. Mas, como o objetivo da minha argumentação até agora foi lançar dúvidas sobre a tentativa de derivar uma tese sobre a indeterminação das normas jurídicas a partir de considerações sobre a natureza do cumprimento das normas em geral, a afirmação de que a indeterminação abre a decisão jurídica à política exige (para que seja adequadamente examinada) uma versão mais plausível da tese da indeterminação – uma versão com linhagem diferente.

Considere, nesse aspecto, a seguinte resposta ao argumento apresentado até agora. "O direito abunda em 'casos difíceis', casos em que é possível aplicar as normas jurídicas de maneiras diferentes. *Possível* não porque seja possível introduzir dúvidas inteligentes que nunca surgiriam no mundo real, mas simplesmente porque muitas vezes há dúvidas reais quanto ao que a lei exige. Aplicar a lei não é como fazer um sinal para o garçom ou parar em um sinal vermelho. Talvez não em todos os casos, mas certamente nos casos que mais nos interessam, as interpretações são feitas, e as dúvidas que as tornam necessárias também as tornam politicamente controvertidas. O próprio senso comum nos diz que as pessoas geralmente não tomariam a si a despesa de um litígio exceto em casos em que os resultados divergentes são plausíveis sob as normas existentes. Assim, os casos tendem, por auto-seleção, a ser aqueles em que as normas jurídicas exigem interpretação e, portanto, os julgamentos nesses casos tendem a ser principalmente uma questão de política na obscuridade dessas normas – e não simplesmente julgamento no seu âmago indiscutível."

Há muita coisa certa nisso. Ao ligar a "indeterminação" especificamente à prestação jurisdicional, essa resposta implicitamente permite um sentido em que a lei está *determinadamente* presente em nossas transações diárias – na propriedade que usufruímos, nos contratos que fazemos, nos riscos que evitamos, nos regulamento a que obedecemos, etc. (Afinal, a maioria das questões jurídicas não são – a menos que assim o estipulemos – questões oficialmente julgadas. Se parte do legado do realismo jurídico foi colocar os *resultados* de casos julgados no centro da teoria jurídica contemporânea, podemos nos perguntar se isso não tendeu a cegar-nos para os aspectos e ocasiões mais ubíquos da lei[53].) Além disso, se uma versão plausível da tese da indeterminação é uma versão assim enraizada em "casos difíceis", não devíamos esperar sustentá-la

---

53. A fixação sobre resultados da prestação jurisdicional que é uma característica do trabalho dos realistas jurídicos revela-se no seguinte enunciado de Jerome Frank: "Até um tribunal formar juízo sobre esses fatos, não existe nenhum Direito sobre esse assunto" (1963: 50). Já que, ao decidir o caso, o tribunal tenta dizer o que as normas jurídicas requerem em circunstâncias particulares, resta-nos supor que Frank confundiu o truísmo de que no julgamento jurídico é declarada uma conclusão que não é dada no Direito com o absurdo de que as normas jurídicas são criadas apenas quando os tribunais extraem tais conclusões. Para versões contemporâneas da exigência de que o Direito esteja presente não apenas como um fundamento da decisão, mas como a particularidade de resultados, ver Hutchinson (1989: 7); Kairys (1984: 244).

com considerações a respeito da natureza das normas jurídicas, muito menos sociais, *como tais*. Essa resposta, conseqüentemente, oferece um saudável convite não apenas para que se teorize a respeito de normas jurídicas abstratamente, mas para que se *olhe e veja* como o Direito atua. Não obstante, quando lançarmos esse olhar, perceberemos que o recurso anterior ao político (mesmo com sua limitação da indeterminação a casos difíceis) realmente distorce as relações que prevalecem entre as questões da interpretação, da indeterminação e do político.

Para começar, porém, é necessário um breve esclarecimento, pois, se ligamos a presença da interpretação a um "caso difícil", pode ser útil distinguir dois sentidos em que se pode dizer que um caso, em um sistema jurídico como o nosso, é difícil. (1) Um caso é "difícil" porque há dúvidas sobre o que as normas jurídicas relevantes exigem nas circunstâncias particulares. (2) Um caso é "difícil" porque há dúvidas sobre o que, consideradas todas as coisas (inclusive nosso senso do que seria um resultado desejável), deve ser feito nas circunstâncias específicas[54]. Um caso difícil descrito por (1) pode (mas nem sempre) apresentar uma ocasião de interpretação. De modo similar, em (2) as normas podem ser perfeitamente claras, sendo que a questão é segui-las ou não – e essa questão pede considerações que são significativamente diferentes das considerações presentes por ocasião da interpretação.

Para tornar essa distinção mais concreta, considere o caso hipotético do motorista que atravessa um sinal vermelho para conseguir tratamento médico de emergência para seu passageiro. Pode-se imaginar um advogado tentando argumentar na defesa que seu ato promove um fim de valor, na verdade, o próprio fim que se poderia declarar ser o propósito, ou a justificativa, em primeiro lugar, da norma do sinal vermelho – a proteção da vida. Seria estranho dizer, porém, que existe uma questão *interpretativa* nesse caso, uma questão sobre o *significado* da norma do sinal vermelho. O que essa norma exige

---

54. Schauer (1991) desenvolve proficuamente tal distinção.

nesse caso é claro – tão claro, pelo menos, quanto é nossa noção de que (a) "Pare no sinal vermelho" e (b) "Pare no sinal vermelho exceto quando..." são normas jurídicas diferentes. Naturalmente, isso não quer dizer que a distinção entre questões interpretativas e questões quanto ao resultado de um caso geralmente desejável seja *sempre* clara. O sentido de anedotas da doutrina como o monumento de Fuller (1958: 666), o cirurgião de Pufendorf, ou o herdeiro que assassina o avô para beneficiar-se da lei acerca dos testamentos[55], pode ser expresso dizendo-se que há casos que são naturalmente descritos de uma dentre duas maneiras diferentes: (a) como casos em que há boas razões para deixar de lado o resultado exigido pela norma jurídica relevante, e (b) como casos em que a norma jurídica relevante é indeterminada e precisa ser interpretada à luz das considerações normativas que supostamente a justificam[56]. Não obstante, deve ser possível, de maneira geral, saber o que uma norma significa (e que resultado exigiria) sem que se pergunte como o caso seria decidido com base em considerações que (independentemente da norma) forneceriam uma justificativa substantiva do resultado. Se esse não fosse o caso, por que ter normas jurídicas, quando se poderia facilmente obter o mesmo resultado analisando os méritos de cada caso nos termos abertos do melhor a fazer – ponto final?

Talvez outra maneira de compreender esse ponto seja perguntar o que um caso fácil teria de ser se fôssemos incapazes de traçar tal distinção entre dois tipos de caso difícil. Seria necessário que um caso fácil não apenas não apresentasse nenhuma dúvida quanto ao resultado exigido pelas normas pertinen-

---

55. *Riggs contra Palmer*, 22 N.E. 188 (N.Y. 1889). O cirurgião de Pufendorf também é mencionado neste caso.

56. A visão de Dworkin, de que o processo de *Riggs* (o herdeiro assassino) trata da interpretação adequada da lei dos testamentos – "do que o Direito realmente era" (1986: 16), do que é "realmente dito" (20) –, certamente é plausível, mas a descrição parece forçada quando usada para sustentar uma afirmação teórica sobre o Direito. Não parece menos plausível considerar que *Riggs* trata da questão de se a exigência clara da lei controla ou não a decisão dado que o resultado estaria em conflito com princípios eqüitativos do *common law*. Ver Silver (1987) para uma discussão dessa segunda visão.

tes, mas também que o resultado fosse o resultado desejável, considerados todos os aspectos. Está claro que nessa descrição de um caso fácil a idéia de uma norma jurídica desaparece inteiramente. Pois, se "o cumprimento de uma norma jurídica" por um juiz não significa algo, significa que ele tem razão para agir de um modo que é, pelo menos, potencialmente diferente do modo que, de outra maneira, pareceria o mais desejável[57]. Seria possível imaginar um sistema jurídico em que os juízes pensassem em "casos fáceis" sem tal distinção e pudessem expressar sua teoria jurídica assim: "em todos os casos, é necessário não simplesmente identificar as normas pertinentes, mas também 'interpretar' a lei-como-um-todo, para decidir como (ou se) as normas devem ser aplicadas ao caso específico – para decidir o que *o Direito* 'significa' em cada caso". Mas tal sistema apenas conteria normas no sentido frágil de "normas empíricas" – prontas para ser descartadas ou emendadas quando dessem o resultado "errado", tal como julgado segundo outros fundamentos. Ou, antes, a única norma "determinada" que esse sistema reconheceria seria uma norma que conferisse poder, aquela que concedesse jurisdição a algum verdadeiro estadista para fazer o que é melhor[58].

Em vez de elaborar mais amplamente essa distinção aqui, voltarei a atenção para meus exemplos, que dizem respeito a casos difíceis no primeiro desses dois sentidos – casos que envolvem dúvidas quanto ao que uma norma jurídica exige, em vez de quanto ao que fazer em um sentido mais geral[59]. Mas comentarei brevemente, no fim da minha discussão, a tendência contemporânea de elidir essa distinção e, daí, descrever todos os casos difíceis como casos em que o Direito precisa ser interpretado.

---

57. Aqui, sigo Schauer (1991).

58. Considero este enunciado uma reminiscência da discussão das normas jurídicas no *Statesman* [O estadista] de Platão (1984: 292*a*-302*b*).

59. Todos os meus exemplos envolvem o *common law* referente aos ilícitos civis, e pode ser que as conclusões que extraio deles sejam correspondentemente restritas. Mas, ainda assim, essas conclusões seriam válidas para um domínio considerável do Direito.

## Primeiro exemplo: as instruções acerca da negligência

Nas instruções ao júri de Direito Civil, pede-se ao júri que aplique uma fórmula muito geral: se o réu agiu como uma pessoa razoável agiria sob as circunstâncias. *Não se pede que ele a interprete.* Ao pedir ao júri que decida, a lei sabe que as normas jurídicas sozinhas não especificam um resultado único do caso, mas, aparentemente, não se importa com interpretação adicional dessas normas. Como disse um antigo comentarista: "A lei recita seu ritual e pára" (Green 1928: 1043): não tenta traduzir a fórmula da negligência em outros termos. Na verdade, contrariamente à previsão de Holmes, de que as descobertas acumuladas dos júris deviam por fim cristalizar-se em normas de Direito cada vez mais precisas, o desenvolvimento histórico da doutrina da negligência representa um movimento rumo a uma especificidade menos interpretativa, não mais: um movimento rumo a uma decisão do júri por uma fórmula extremamente geral[60]. Assim, a resposta judicial ao réu em *Vaughan contra Menlove*, que propunha uma interpretação do padrão de negligência voltada para solucionar sua imprecisão, pareceria hoje tão pertinente quanto em 1837: "O cuidado observado por um homem prudente sempre foi a norma estabelecida: quanto à suposta dificuldade de aplicá-la, um júri sempre foi capaz de dizer, tomando essa norma como guia, se houve ou não negligência na ocasião em questão."[61] Vale a pena pensar sobre esse endosso cego da "generalidade despersonalizada" do veredicto do júri (como Holmes ansiosamente a designou) – essa recusa de

---

60. Ver Holmes (1963: 98-99). A visão de Holmes de que sempre que um juiz envia um caso ao júri admite que é incapaz de formular a lei que governa o caso diante de si (89) oferece uma ilustração da tendência do realista de identificar a lei com os resultados do caso particular. Ver *supra*, nota 53. Em contraste com a previsão de Holmes, de precisão progressiva, considere a erosão das distinções de posição do século XIX, governando os deveres devidos a visitantes na terra, ou o desaparecimento das normas especiais de "nenhum dever" e de "dever limitado" em casos que envolvem reivindicações de dano emocional e prejuízo meramente econômico.

61. *Vaughan contra Menlove*, 3 Bing. (N.C.) 468, 474 (1837).

questionar, exceto por motivos especiais, a integridade do julgamento por um padrão muito geral. Ele é rico em implicações que ultrapassam a instituição específica do júri e tem influência sobre a natureza da decisão jurídica em geral. Todo caso de delito civil encaminhado ao júri com instruções sobre negligência é um "caso difícil" no que diz respeito à aplicação dessas instruções aos fatos particulares, pois envolve a conduta que se enquadra entre dois extremos limítrofes, em que a disposição jurídica do caso teria sido inequívoca: em um extremo, a conduta que, apesar de sua relação causal com o dano do queixoso, foi claramente razoável ou prudente; no outro extremo, a conduta que, em vista das precauções disponíveis, claramente envolveu um risco excessivo de dano para o queixoso. Uma das conhecidas funções do tribunal em um caso de negligência é determinar esses extremos – tipicamente, decidindo com base em moções processuais dos advogados. Tais moções apresentam, em essência, uma questão de "razoabilidade" em um alto nível de abstração: dados os fatos alegados ou os indícios, um júri pode "concluir razoavelmente" que a conduta do réu encontra-se em algum lugar entre esses extremos? Note o que está acontecendo aqui. Há uma área de dificuldade na aplicação de um conceito jurídico, a de um "risco irrazoável". Embora uma resposta pudesse ser enxergar isso como uma indeterminação defeituosa da lei e, então, interpretar o conceito[62], essa não é a resposta do Direito. O Direito procura apenas determinar o uso *inteligível* desse conceito – os limites, por assim dizer, do que pode ser dito ("Um júri pode razoavelmente concluir...?"). Esse é o seu domínio autodeclarado: se é razoável dizer qualquer um desses opostos a respeito da conduta do réu, o Direito não toma partido; ocupa-se da razoabilidade da conduta apenas na medida em que existam coisas a respeito disso que seria irrazoável dizer. Em outras palavras, o Direito não parece preocupado com a questão que mais pode interessar *às partes* (a questão da responsabilidade, o "resultado" do caso), mas apenas com o fato de que é *esse* conceito (a razoabilidade do risco), e não algum outro, que deve ser aplicado para determinar o resultado.

---

62. Cf. Cooter e Ulen (1988: 347).

Se isso é correto, então devemos levar a sério o que se diz em algumas das instruções ao júri, logo após ser formulado o padrão jurídico: "O Direito não diz como uma pessoa razoavelmente cuidadosa agiria sob [as] circunstâncias. Cabe a vocês decidir."[63] Isso deve ser lido da seguinte maneira: a lei não tem uma visão *indeterminada* da condição da conduta do réu – como se a lei fosse defeituosa ou sujeita a uma carência geral, ou como se, ao usar uma fórmula geral, estivesse condenada a não alcançar seu próprio objetivo. Não aspira a ter *nenhuma* visão – se a questão pode ser razoavelmente cogitada, se a matéria é realmente *questionável* – sobre como classificar a conduta do réu. Ao dizer isso – ao declarar, dessa maneira, seus próprios limites –, a lei traça uma distinção entre suas próprias determinações, que são conceituais e formais, e a decisão positiva necessária para resolver o caso. E, assim como a lei declara-se distinta da decisão positiva, assim também a decisão do júri, desguarnecida de explicação, tradicionalmente não cria direito e não tem força como precedente; é simplesmente um julgamento, sem vigência adicional, do caso particular. (Os fatores que poderiam efetivamente pesar junto a um agente particular de decisão não têm nenhuma importância em uma formulação do Direito. Além disso, ao mesmo tempo que o Direito não tem nenhuma *visão* da responsabilidade do réu, aparentemente tem uma visão plenamente determinada quanto ao conceito adequado que deve ser aplicado com vistas a esclarecer sua responsabilidade: "O cuidado observado por um homem prudente tem sido sempre a norma estabelecida..." A lei não tolera interpretações adicionais desse conceito, mas apenas exige sua aplicação em um ato de julgamento.

Se tudo isso é, de certa maneira, familiar para qualquer estudante do ilícito civil, aqui é descrito de uma maneira que, dado o legado do realismo jurídico, deve parecer peculiar – que se prende não ao ponto de vista da parte interessada, mas, por assim dizer, à própria visão que o Direito tem de si. Pois é a partir do ponto de vista de uma parte do litígio que se deve supor plausivelmente que o que mais importa é o julgamento dado ao caso, o *resultado* (inde-

---

63. *Illinois Pattern Jury Instructions Civil* § 10.01 (3.ª ed., 1990). Instruções similares são recomendadas em outros Estados.

pendentemente dos fundamentos que levaram a ele). O realismo jurídico adotou decisivamente esse ponto de vista. Mas acho que é inevitável perguntar: a possibilidade de um ponto de vista que não é o ponto de vista desta ou daquela parte (mas é, poderíamos dizer, indiferente às partes) não é a possibilidade do próprio Direito? Por essa visão, é uma característica constitutiva do Direito, uma limitação que é nada menos que uma condição de sua possibilidade, que ele não ofereça opiniões onde são possíveis opiniões diferentes. Por essa visão, ao Direito não falta nada, antes fala com toda a determinação necessária – sem todavia tomar partido: é exatamente este, e nenhum outro conceito, que deve ser aplicado, para que o caso seja resolvido com fundamentos *jurídicos*, em oposição a outros fundamentos políticos ou administrativos.

A importância desse exemplo limita-se à instituição do júri? Parece que não, pois a necessidade de julgamentos particulares que sejam distintos "do Direito" em um sentido mais primário teria de ser uma característica de qualquer ordem jurídica que procure aplicar padrões gerais em vez de emitir uma série de decretos específicos. Tal distinção entre a lei e julgamentos particulares pode ser vista não apenas na existência dos casos difíceis; mais fundamentalmente, a própria existência de procedimentos oficiais para relacionar normas jurídicas gerais a circunstâncias contingentes expressa o reconhecimento pela lei da incerteza potencial quanto ao que exigem as normas prescritas naquelas circunstâncias. Assim, o exemplo das instruções ao júri, tomado de maneira mais geral, pode ajudar-nos a perceber o que é incomum ou indevidamente forçado na inferência de alguns teóricos de hoje, partindo da indeterminação da lei para o seu caráter político. A perda de distinção entre o jurídico e o político pareceria plausível, com base em uma indeterminação do resultado, apenas supondo-se que deve ser verdade também que (1) a aplicação da lei ao caso particular deve ser mediada por um fundamento extrajurídico (político, econômico, moral, etc.) de julgamento; e que (2) chegar a tal resultado sobre tais fundamentos ainda equivale (em algo mais que um sentido atenuado) ao julgamento jurídico.

Para ilustrar a amplitude do problema, volto-me agora para um par de casos que dizem respeito a questões consideradas questões jurídicas adequadas à resolução pelo juiz.

## Segundo exemplo: a esfera da obrigação do réu e a causa próxima

*Spartan Steel*

Considere primeiro algumas frases de *Spartan Steel*, uma conhecida decisão de Lorde Denning:

> Quanto mais penso nesses casos, mais difícil acho classificar cada um. Às vezes digo: "Não havia nenhuma obrigação." Em outros, digo: "O dano era muito remoto." Tanto que acho que chegou o tempo de descartar esses testes que se mostraram tão evasivos. Parece-me melhor considerar a relação particular em questão, e ver se, como questão de política, a perda econômica deveria ser indenizável ou não[64].

A questão aqui era se o queixoso, além da indenização por dano físico, podia ser compensado pela perda econômica que se seguiu a um dano por negligência ocasionado por um contratante de um cabo elétrico de propriedade da companhia de energia que fornecia eletricidade ao queixoso. Como nem a negligência do contratante nem sua relação causal com a perda econômica do queixoso estavam em dúvida, era natural que as partes discutissem o caso nos termos do *common law* da esfera da "obrigação" do réu quanto a esse tipo de prejuízo, e nos termos de saber se o prejuízo, dada a maneira como ocorreu, era suficientemente direto – não excessivamente remoto. Denning, porém, em uma medida que obviamente assinala sua aspiração a um tipo de realismo, diz que descartará esses testes evasivos e decidirá o caso com base em um certo número de considerações de política. E é isso que ele faz, baseando sua decisão em considerações como a de que o risco de prejuízo econômico "deveria ser sofrido por toda a comunidade" e não colocado "sobre um par de ombros" (1 q.B. em 39) – muito distante, com certeza, da tradicional questão jurídica apresentada em termos de "obrigação" e "caráter remoto".

---

64. *Spartan Steel & Alloys Ltd.* contra *Martin & Co.*, 1 Q.B. 27, 37 (1973). O caso tornou-se conhecido dos teóricos jurídicos por meio da ampla discussão de Dworkin (1977).

Mas isso não é tudo. Denning quer descartar a velha retórica, mas não quer simplesmente que se mude de assunto. Assim, sugere que está fazendo apenas o que todos os juízes *devem* fazer quando confrontados com um caso de incerteza: "Sempre que os tribunais traçam uma linha para marcar os limites da obrigação, eles o fazem como uma questão de política [...] Sempre que os tribunais estabelecem limites aos *danos* indenizáveis – dizendo que são, ou não são, muito remotos – fazem-no como uma questão de política [...]" (1 QB em 36). É como se devêssemos considerar o que outros juízes *dizem* de fato como relativamente carente de imparcialidade, assim como somos convidados a tomar as considerações de política que Denning invoca como um reconhecimento da necessidade de interpretação (dos conceitos de outro modo evasivos de obrigação e caráter remoto) –, pois *alguma* interpretação, segundo o pensamento que se revela nessa passagem, é inevitável para que esses conceitos sejam vistos como determinando um resultado particular. Nesse relato descaradamente autoconsciente, a diferença entre Denning e outros juízes é que ele reconhece abertamente o que está fazendo, ao passo que os outros usam artificiosamente a retórica jurídica de obrigação e caráter remoto para disfarçar as políticas que efetivamente governam seus resultados.

Contudo, a despeito do realismo e transparência ruidosamente declarados, há um sentido em que o procedimento de Denning permanece obscuro. Se a difusão do prejuízo é um objetivo desejável a ser perseguido por meio de um regime judicialmente administrado de responsabilidade civil, por que não torná-lo relevante em todos os casos – não apenas em casos difíceis pelas regras tradicionais, mas também nos casos fáceis? Na verdade, a questão vai além disso: se considerações de difusão do prejuízo justificam o resultado nesse caso, elas *não devem* receber o mesmo alcance normativo em todos os outros casos? Dar-lhes tal alcance, porém, equivaleria a aplicar uma nova norma jurídica que tornasse toda probabilidade de certo efeito distributivo – isto é, uma partilha mais inclusiva do prejuízo – uma condição para fixar a responsabilidade a uma das partes. Tal norma, podemos supor, não é realmente o que Denning tem em mente, pois está claro que não há nenhuma diferença no que diz respeito ao efeito distributivo entre a imposição da responsabilidade do contratante pelo dano físico (o que Denning admite sem hesitar) e a imposição da responsabilidade do contratante por dano econômico (o que Denning, com base na desejabilidade de difusão do prejuízo, não admite). *Ambos* os tipos de dano oferecem uma oportunidade judicial de entender o prejuízo permitindo que permaneça onde recai; e, inversamente, uma norma que impõe a responsabilidade a um contratante negligente por *qualquer um* dos tipos de dano resultará (considerado o círculo de pessoas potencialmente afetadas por uma interrupção de energia elétrica) em um risco de colocar o prejuízo, potencialmente, "sobre um par de ombros".

O que acontece, então, é que Denning introduz um novo fundamento de justificativa (como uma glosa aos conceitos tradicionais, mas evasivos, de dever e caráter remoto), mas, então, implicitamente, limita o âmbito de seu poder de justificar: não se aplica à ação para recuperar os danos físicos. Existe alguma base para essa limitação? Podemos pensar prontamente que existe: não está baseada em um julgamento de que o dano físico é suficientemente *direto*, ao passo que o dano econômico não é? Não se baseia, então, paradoxalmente, nos conceitos tradicionais de dano, que o recurso à "política" supostamente suplantou? Sob essa luz, o raciocínio de Denning revela-se mais truncado que transparente. Invoca uma justificação política que supostamente substitui os conceitos mais abstratos de dano (eles devem ser descartados), mas, então, limita o alcance da justificação política (capaz de, sozinha, remodelar a norma de responsabilidade por dano) – e limita-a, por intermédio de algum meio não declarado, para ajustar-se aos contornos aceitos da responsabilidade por dano tradicional.

A fonte do problema, aqui, parece não ser nada mais que um dogma contemporâneo do realismo jurídico, segundo o qual o julgamento determinado na aplicação de conceitos jurídicos gerais *deve* envolver alguma referência, ainda que disfarçada, a objetivos políticos. Ocorre problema substancialmente similar nas decisões judiciais que se esforçam conscientemente para compreender o problema do julgamento jurídico em função de tal exigência. Considere meu segundo exemplo.

## Kinsman Transit

Em *Kinsman Transit* (hoje componente padrão do currículo americano sobre causa próxima), duas embarcações bateram de quilha em uma ponte levadiça operada municipalmente no rio Buffalo, e o naufrágio completo de embarcações e ponte formaram uma represa que aprisionou gelo e água e causou danos a propriedades rio acima. Três partes haviam sido negligentes: o proprietário das embarcações (Kinsman), por causa da resposta inadequada ao perigo de congestionamento do gelo que se movia correnteza abaixo; o operador da doca (Continental), por não inspecionar um dispositivo na doca, e a cidade de Buffalo, por deixar de erguer a ponte. Respondendo à questão da responsabilidade pelos danos à propriedade rio acima, o juiz Friendly escreve:

> O agente descuidado nem sempre será considerado responsável por todos os danos de que foram causas no fato as forças que ele avaliou arriscadamente. Em algum lugar, chegar-se-á a um ponto em que os tribunais concordarão que o vínculo tornou-se muito tênue – que o que se afirma ser conseqüência é apenas fortuito. Assim, se a destruição da ponte Michigan Avenue tivesse retardado a chegada de um médico, com a conseqüente perda da vida de um paciente, poucos juízes imputariam responsabilidade a qualquer uma das partes aqui [...][65]

Até esse ponto, Friendly está simplesmente articulando a exigência banal de causa próxima. Assim como na obrigação, pode-se dizer que o objetivo dessa exigência é ligar o dano sofrido pelo queixoso à ação negligente do réu. É convocado um julgamento que mostra o dano do queixoso como uma conseqüência de erro do réu em vez de, como diz Friendly, mero acontecimento fortuito. Ao determinar a responsabilidade da cidade, por exemplo, seria necessário perguntar se a inundação rio acima é uma conseqüência da negligência da cidade em erguer a ponte em vez de resultado de algum outro erro ou desgraça. Embora possa haver espaço para

---

65. *Petitions of the Kinsman Transit Co.*, 338 F.2d 708, 725 (2d Cir. 1964).

discordância quanto a isso, a distinção conceitual entre conseqüência e fortuidade tem (como o próprio Friendly assinala) exemplos claros sobre os quais há concordância geral de julgamento[66]. Friendly inicia sua argumentação referindo-se a um exemplo de tal tipo, um caso fácil, de mera fortuidade: se a destruição da ponte "tivesse retardado a chegada de um médico, com a conseqüente perda da vida de um paciente, poucos juízes imputariam responsabilidade a qualquer uma das partes aqui". Mas, então, como entender a subseqüente solução do caso por Friendly?

> Seria agradável se fosse possível maior certeza [...] mas os muitos esforços que foram feitos para definir o *locus* da "linha incerta e oscilante" [citando Andrews em *Palsgraf*] não são muito promissores; o que os tribunais fazem em tais casos faz mais sentido do que o que eles, ou outros, dizem. Onde a linha será traçada irá variar de época para época; como a sociedade veio a valer-se cada vez mais do seguro e de outros métodos de partilha de prejuízo, o ponto pode encontrar-se mais distante do que há um século. Aqui, é com certeza mais justo que as perdas resultantes da omissão negligente dos operadores em erguer a ponte Michigan Avenue devam ser arcadas proporcionalmente pelos contribuintes de Buffalo do que deixadas às vítimas inocentes da inundação. (383 F.2d em 725-6)

Como Denning, Friendly considera que a indeterminação dos conceitos jurídicos significa que o exercício judicial do julgamento em concordância com eles deve ser político. Aparentemente, ele parte da percepção de que uma linha deve ser traçada

---

66. Aqui, podemos nos lembrar de que, como as condições causais de um dano remontam, por assim dizer, ao início do tempo, nenhum regime de responsabilidade pessoal por dano é possível sem *alguma* distinção entre ações que são meramente condições necessárias do dano e ações que são causas (em certo sentido implicando responsabilidade). Do mesmo modo (olhando para diante a partir de uma ação, em vez de para trás a partir de um dano), a afirmação de que uma pessoa foi injustamente prejudicada seria ininteligível sem alguma distinção entre os resultados meramente fortuitos e as conseqüências próprias de uma ação. O *common law* expressa essa distinção em várias expressões (previsível/imprevisível, direto/indireto, aproximado/remoto), mas todas são essencialmente meio de elaborar as "conseqüências" próprias da ação. Tal elaboração, em casos particulares, seria parte do trabalho de qualquer corpo positivo do Direito do ilícito civil.

para a conclusão de que o Direito o autoriza a traçar essa linha sobre quaisquer fundamentos que lhe pareçam melhores. Assim, usa sua decisão para criar, na prática, um esquema de compensação a ser dotado pela receita fiscal da cidade; o que determina a responsabilidade da cidade não é, por fim, se o dano que ocorreu rio acima é uma conseqüência da omissão negligente de erguer a ponte ou é fortuita, mas o suposto fato de que ela está, dado seu poder de tributar, em melhor posição que as vítimas da inundação para repartir o prejuízo que ocorreu.

Ora, está claro que o objetivo da repartição do prejuízo, seja o que for que se possa dizer a favor ou contra ele, é essencialmente exógeno a uma classificação da interação causal entre as partes. A "repartição do prejuízo" é inteligível independentemente dessa interação e pode ser concretizada por vários meios legislativos – tributação, seguro, planos de compensação por acidente, etc. Se ações de responsabilidade privadas devem ser um meio de distribuir perdas por acidente, não há nenhuma razão, pelo menos no que diz respeito à concretização *desse* objetivo, para que haja *qualquer* relação causal entre as partes. (Muito possivelmente, uma parte não ligada ao acidente – nem mesmo remotamente –, digamos, o estado de Nova York ou um industrial com uma grande base de venda, seria um distribuidor de prejuízo ainda mais eficaz se fosse responsabilizado.) Portanto, em um sentido a opinião de Friendly conflita com o que há de mais corriqueiro na ação judicial que ele tem diante de si. Essas partes foram destacadas e unidas na forma bipolar de queixoso e réu. Como tal, apresentam um exemplo de causalidade, da relação entre uma ação e seus efeitos. Mas a justificativa que Friendly oferece para fixar a responsabilidade a um deles torna incidental e dispensável esse fato central, embora, não obstante – justamente porque é dada no curso da decisão judicial de um litígio –, continue a ser limitada por ele[67].

Para perceber a dificuldade aqui, é suficiente examinar o próprio caso que Friendly considera ser claro – "a chegada retar-

---

67. A importância da forma da ação judicial para a compreensão da natureza da responsabilidade do Direito privado é enfatizada por Fuller (1978), e a idéia é desenvolvida extensamente por Weinrib (1995).

dada de um médico, com a conseqüente perda da vida de um paciente". Se a possibilidade de distribuir os prejuízos do acidente justifica a imputação judicial da responsabilidade, então, o consenso judicial em torno do resultado de "não-responsabilidade" no caso hipotético deve estar errado, pois esse caso não apresenta menor oportunidade que o dano de propriedade rio acima em *Kinsman* para compensar uma vítima inocente e usar o sistema tributário da cidade de Buffalo para distribuir o prejuízo. Ao decidir o caso do paciente, poder-se-ia muito bem repetir o recurso de Friendly a esses objetivos: "Aqui, é com certeza mais justo que as perdas resultantes da omissão negligente dos operadores em erguer a ponte Michigan Avenue devam ser arcadas proporcionalmente pelos contribuintes de Buffalo do que deixadas às vítimas inocentes." (Poderíamos até nos perguntar se não seria *injusto* usar tributos municipais para compensar algumas vítimas do acidente e deixar que outras, idênticas quanto à inocência e à necessidade de compensação, arcassem com seus próprios prejuízos.) Mas se, contra isso, continua-se a dizer que a exigência legal de causa próxima opera como uma limitação da compensação judicial e do deslocamento de prejuízos (isto é, se alguém se recusa, com base no caráter causal remoto, a considerar o paciente como uma vítima juridicamente prejudicada), isso implica que os réus em *Kinsman* têm direito de que seja determinado se *sua* negligência foi a causa próxima do dano à propriedade rio acima – uma determinação que é anterior e independente da consideração de que podem ser bons canais para a distribuição de prejuízo ou de que o queixoso deseja compensação. Uma opinião discordante em *Kinsman* formula concisamente a questão: "antes que seja imposta a responsabilidade financeira, deve-se demonstrar algo da responsabilidade jurídica" (338 F.2d em 728).

O problema aqui origina-se do fato de que, na decisão de Friendly, simplesmente se juntam dois tipos de justificativa. O resultado é (paradoxalmente) uma indeterminação dupla – uma indeterminação não apenas no que diz respeito ao resultado do caso, mas também no que diz respeito às considerações em que foi baseado. Pois, embora possamos seguir a linha de inferência de Friendly a partir de um conjunto de considerações até o resultado *neste* caso, não temos nenhuma norma para estender essas considerações a outros casos. Sem uma explicação de como a "compensação", por um lado, e a "causa próxima", por outro, encaixam-se e limitam-se mutuamente, não há nenhuma base para extrapolar como a busca desses objetivos servirá para fixar a responsabilidade em outros casos ou, alternativamente, como a exigência de causalidade próxima (e, mais geralmente, a estrutura bipolar, causal do litígio) interromperá e impedirá a busca desses objetivos. À dificuldade original de determinar o âmbito causal da responsabilidade, em resumo, é acrescentada a dificuldade de determinar como a determinação limitará os objetivos da compensação e da distribuição do prejuízo, ou, por sua vez, será limitada por eles[68]. Até certo grau, essas tensões são camufladas retoricamente na decisão de Friendly, que anuncia a distribuição do prejuízo como se fosse parte de uma interpretação da exigência jurídica de causa próxima – parte de uma tentativa de fixar uma "linha incerta e oscilante" entre conseqüência e fortuidade; "Onde a linha será traçada irá variar de época para época; como a sociedade veio a valer-se cada vez mais do seguro e outros métodos de partilha de prejuízo, o ponto pode encontrar-se mais distante do que há um século."[69] Mas o que é exatamente a relação que se supõe existir entre o objetivo da distribuição do prejuízo e a questão de como delimitar os limites causais da responsabilidade? É visível o suficiente que não existe nenhuma relação interna ou predeterminável? Se a busca judicial da distribuição do prejuízo requer uma

---

68. Note, por exemplo, que em *Kinsman II*, em que os embarques de grãos do queixoso foram retardados, as perdas econômicas resultantes foram consideradas muito remotas ("apenas fortuidade") e as considerações de distribuição do prejuízo foram simplesmente ignoradas. Ver *Petition of Kinsman Transit Co.*, 388 F.2d 821, 825 (1968). (Na verdade, as dificuldades são ainda piores do que as descrevi porque os objetivos da compensação e da distribuição do prejuízo devem às vezes impelir a decisão judicial em diferentes direções. Em *Spartan Steel*, por exemplo, pensa-se que o objetivo da distribuição de prejuízo é promovido negando-se ao queixoso compensação por seu prejuízo econômico.)

69. 338 F.2d em 725-6. Se não fosse tão franco, este momento da opinião de Friendly poderia ser visto como um exemplo da abordagem de Calabresi, em que conceitos como causa próxima são vistos como retórica judicial disfarçando uma análise conduzida em outros termos. Ver Calabresi (1975).

*expansão* das conseqüências jurídicas da ação (de modo que o ponto em que a responsabilidade cessa encontre-se "distante"), ou se requer uma *contração* delas (de modo que o ponto encontre-se mais próximo), isso depende de uma profusão de fatores contingentes (por exemplo, a estrutura do seguro e de outros mercados de bens que rodeiam o empreendimento do queixoso e do réu). Tais contingências teriam de ser consideradas em qualquer tentativa séria de calcular as conseqüências distributivas de várias regulamentações jurídicas; mas não se poderia dizer de antemão se traçar a linha da causa próxima em um ponto e não em outro tenderia a selecionar a melhor parte para a distribuição do prejuízo.

## O desapontamento de Denning e de Friendly

Embora fosse possível dizer mais a respeito das tensões internas dessas decisões de Denning e Friendly, minha preocupação principal aqui é perceber como surgem. Em cada decisão encontramos um momento de desapontamento intenso ou hiperbólico com a lei. O desapontamento de Denning é condicionado por sua exigência de que os conceitos de obrigação e caráter remoto funcionem como o que ele designa de testes ("Acho que chegou o tempo de descartar esses testes que se mostraram tão evasivos"). Considerando os conceitos jurídicos como testes, Denning descobriu que eles não funcionam e, portanto, devem ser descartados. Friendly, numa veia similar, nota o fracasso de "muitos esforços... para definir o *locus* da 'linha incerta e oscilante'" – como se o Direito fosse falho porque a exigência de causa próxima não pudesse ser tornada mais precisa por meio de definição, mas apenas por meio de julgamento em casos particulares (e por meios judiciais corriqueiros: a comparação analógica de casos novos com casos anteriores em uma jurisdição particular). As exigências e desapontamentos expressos por esses juízes certamente são reais em nossa cultura jurídica, mas não são realistas – no sentido da palavra que representa não um compromisso mas um ideal.

É, com certeza, um lugar-comum do Direito sobre o ilícito civil que a exigência de causa próxima – articulada em termos da previsibilidade ou de caráter direto – não funciona como um teste do alcance da responsabilidade (cf. Morris 1952: 198). Considere a "previsibilidade"; se o acidente sofrido pelo queixoso é descrito de maneira suficientemente geral – digamos (para pegar o caso limite) como *algum tipo* de dano que ocorre a *alguém* por *algum meio* ou outro –, então o dano do queixoso deve sempre ser uma conseqüência previsível da má conduta do réu. Da mesma maneira, se o acidente é caracterizado com detalhe suficiente – no caso limite como um acontecimento singularmente específico –, nunca poderia ser "previsível". Assim, pode-se dizer que, quando a lei fala de "uma conseqüência previsível", o que está em jogo é a descrição adequada do risco assumido pelo réu ao longo dessas três dimensões da generalidade: risco *para quem, de que* e ocorrendo *de que maneira*. A idéia clássica no Direito do ilícito civil é de que o risco irrazoável assumido pelo réu, descrito no nível adequado de generalidade, deve referir-se ao dano sofrido pelo queixoso – do contrário, o queixoso é meramente a vítima de algum outro mal ou desgraça[70]. Estrategicamente, isso significa que será do interesse do queixoso descrever os eventos do caso com menos detalhes e do interesse do réu descrevê-los com mais detalhes, enfatizando a natureza incomum do que ocorreu[71]. Mas a idéia de um julgamento jurídico nessa situação seria a idéia de um julgamento que não privilegia nem o ponto de vista do queixoso nem o do réu: o julgamento de um tribunal implica que existe uma maneira de descrever o acidente que não é muito geral nem muito específica, mas, antes, neutra no que diz respeito às duas partes. Pode-se dizer que tal descrição aspira a honrar a igualdade das partes[72]. Isso não significa que exista alguma medida independen-

---

70. Este é o ponto da análise relacional de negligência de Cardozo em *Palsgraf contra Long Island Ry. Co.*, 162 N.E. 99 (1928): a má ação do atendente da plataforma não se refere propriamente ao dano da sra. Palgraf. Seria referente ao dano que ela sofreu se fosse descrito de maneira mais geral – p. ex., como envolvendo o risco de algum dano ocorrer de certa forma, etc. – mas, então, perde-se o ponto de apoio de sua *erroneidade*: assim descrito, o risco torna-se indistinguível dos riscos de fundo, normais, presentes em toda ação.
71. Para exemplos, ver Morris (1952).
72. Esta tese é explorada detalhadamente por Weinrib (1995).

te da justiça do resultado; em última análise, o desapontamento desses juízes parece estar enraizado na exigência de tal medida, de um Direito que se mova por trás da história, por assim dizer. Mas um julgamento sobre o alcance da causalidade que seja feito sinceramente permanece apenas isso – um julgamento jurídico, um julgamento que não tem nenhuma necessidade de determinar ou de apoiar-se em outros fundamentos políticos[73].

Compare as decisões de Denning e Friendly. Como os conceitos não oferecem nenhum "teste", mas apenas um fundamento para a decisão, tanto Denning como Friendly sentem-se justificados em descartá-los e julgar o caso sobre outros fundamentos. Suas decisões sem dúvida permanecem ligadas ao Direito no sentido de que o Direito autoriza-*os*, os juízes, a decidir. (Eles tratam o Direito do ilícito civil como se contivesse apenas normas que conferem poder, concedendo-lhes jurisdição para decidir.) Ao mesmo tempo, os conceitos jurídicos tradicionais continuam presentes em cada decisão como limites mais ou menos explícitos no âmbito das justificativas baseadas em objetivos que são proferidas em apoio à decisão. Mas, na medida em que se reconhece que esses conceitos tradicionais têm algo mais que mera significação jurisdicional (e na medida em que o conceito de causalidade é, por esse modo, tratado como algo mais que um rótulo a ser vinculado a uma decisão obtida por outros meios), essas decisões devem surgir, a partir desse ponto de vista *interno*, como um abandono do julgamento jurídico em favor de alguma outra coisa. O raciocínio infeliz dessas decisões lembra o de alguém que, percebendo que o

---

73. Uma compreensão do julgamento jurídico ao longo dessas diretrizes reflete-se na discordância do juiz Moore em *Kinsman*. Moore não tenta minimizar a dificuldade do caso, a possibilidade de discordância razoável no julgamento. Na verdade, ele reconhece que existe um elemento pessoal em seu julgamento: "Em última análise, as respostas às questões quando o vínculo é 'muito tênue' e quando 'a conseqüência é apenas fortuidade' dependem unicamente do ponto de vista particular de um determinado juiz... Para mim, a circunstância fortuita de as embarcações disporem-se de maneira a criar represamento é 'muito tênue'" (388 F.2d em 728). Moore reconhece que deve julgar segundo seu próprio entendimento. Para ele, porém, isso significa apenas que deve fazer uma tentativa imparcial, de boa-fé, de aplicar os conceitos jurídicos; não considera isso uma razão para converter o exercício judicial em político.

conceito de "uma recompensa adequada" não determina quanto pagar a alguém, decide abandonar o conceito e nunca oferece uma recompensa.

Meu primeiro exemplo quanto às instruções ao júri serve para ilustrar a distinção entre o Direito (em seu sentido primário ou conceitual) e sua aplicação a um caso particular (que pede o exercício razoável do julgamento). Meu segundo par de exemplos serve para ilustrar o que acontece quando um desapontamento com a generalidade do Direito no que diz respeito ao caso particular é experimentado como uma falha no padrão jurídico. Seja qual for sua pertinência jurídica, está claro que uma das razões do apelo das considerações de política que Denning e Friendly invocam é o fato de que parecem oferecer a promessa de fazer das atribuições de responsabilidade uma questão de cálculo e, portanto, abrandar a dificuldade de julgamento em casos difíceis. Mas o resultado é uma estrutura de justificativa jurídica em que tipos mutuamente restritivos de razão para decisão coexistem mas não são compatíveis entre si. E isso significa que o juiz está na posição de continuar a empregar os conceitos que a lei prescreve (e sobre os quais, pode-se pensar, repousa sua autoridade) embora não seja mais capaz de entendê-los. Assim, um desapontamento com a incapacidade de uma norma jurídica de "reivindicar suas próprias ocorrências singulares" (nas palavras de Denning, de oferecer um teste para resultados jurídicos) leva não apenas à perplexidade na teoria acadêmica, mas também a fracassos de justificativa no tribunal.

## *Parte III: Conclusão*

Meus exemplos na Parte II pretendem sugerir que o julgamento jurídico, mesmo em casos difíceis, nem sempre requer interpretação; tais casos tampouco representam, em si e por si mesmos, uma ameaça à distinção entre o Direito e a política.

Vimos que alguns teóricos (e não apenas teóricos) tendem a sentir-se desapontados com o Direito na medida em que ele não se preocupa com o *resultado* jurídico de um caso, mas apenas com os conceitos pelos quais um resultado *jurídico* – com bom julgamento, espera-se – deve ser alcançado. Esse desapontamento foi notado por Hegel bem antes de ser considerado por Holmes, no início do realismo jurídico, como epítome de uma maneira de pensar sobre o Direito que ignorava a positividade – na verdade, para Holmes, a violência – do julgamento no caso particular. Considere a seguinte observação de Hegel:

> É nessa focalização do universal, não apenas no caso particular, mas em um caso individual – isto é, em sua aplicação imediata –, que basicamente se encontra o aspecto puramente positivo do Direito [...] Há essencialmente um aspecto do Direito [...] que está sujeito à contingência, e este deriva do fato de que o Direito é uma determinação universal que tem de ser aplicada ao caso individual. Se fôssemos fazer objeção a essa contingência, a objeção seria meramente abstrata [...] [pois] essa contingência é, ela própria, necessária (1821: § 214, 214A).

Ao identificar a resolução do caso individual com a contingência e com o "aspecto positivo" do Direito[74], Hegel deseja indicar os *limites* do que chama de "Direito filosófico" – isto é, Direito na medida em que pode ser determinado pelo pensamento ou razão. Mas ele está longe de considerar essa limitação como um defeito ou base para o desapontamento; a contingência é necessária, portanto "é a própria razão que reconhece" tal limitação (1821: § 214). Certamente algo saiu errado na história da teoria jurídica que aceitamos se supomos que o "formalismo" lamenta a indeterminação e, não obstante, o formalista arquetípico[75] susten-

---

74. Hegel fala, no § 214, do *"puramente* positivo" (*das rein Positive*) – aparentemente referindo-se não ao todo do julgamento jurídico, mas a um domínio mais limitado de julgamento em que uma decisão precisa ser tomada, não havendo, porém, nenhuma razão para decidir de um modo ou de outro (p. ex. "se a pena justa... são... quarenta ou trinta e nove chibatadas"). Mas, em outra parte, fala do julgamento jurídico como "positivo" num sentido menos restrito: "O Direito é, em geral, *positivo*... por meio da necessidade pela qual um sistema de Direito jurídico deve conter a *aplicação* do conceito universal" (§ 3; ver também § 211). Assim, evidentemente, o "puramente positivo" é um exemplo (e, presumivelmente, o caso-limite) do sentido mais abrangente em que o Direito é "positivo".

75. Pelo menos é isso que Hegel é para Holmes. Ver, p. ex., os comentários de Howe em Holmes (1963: pp. xv-xvii).

ta que a indeterminação é uma característica necessária do Direito, que a vida do Direito (em uma expressão que poderia servir igualmente bem como paráfrase de Hegel ou de Holmes) não é a razão, mas a experiência contingente. Mas o que (além de um evidente fracasso em discutir a questão) aconteceu aqui? Isso equivale a perguntar: quais são os pressupostos acerca do Direito sob os quais uma condição necessária do Direito – sua generalidade no que diz respeito ao caso particular – pode vir a ser considerada uma limitação? Ofereço a seguinte conjectura[76].

O realismo jurídico nunca conseguiu desmistificar o formalismo porque nunca encontrou na verdade o que é mais significativo na tradição anterior do pensamento filosófico a respeito do Direito representado de maneira mais notável por Kant e Hegel. Em vez disso, restringiu-se ao aspecto positivo da lei (que considerou ser todo o domínio jurídico) e, daí, atacou, sob a bandeira do formalismo que se lhe opunha, uma descrição do Direito que era, em boa parte, sua própria criação. O realismo jurídico compartilhou com uma variedade do formalismo que ele mesmo inventou e à qual se opunha um compromisso com uma descrição do Direito que era tanto positivista quanto instrumentalista. Essa variedade de formalismo era positivista no sentido de que a distinção entre lei e política, em primeiro lugar, nunca foi estabelecida, a não ser na débil forma de referência à idéia de um sistema de normas jurídicas (de modo que quais considerações são jurídicas ou políticas em qualquer dado tempo é uma questão das normas que foram postuladas, "as normas estabelecidas"). E era instrumentalista no sentido de que se pensava que as generalizações entrincheiradas nas normas jurídicas eram justificadas (se é que eram) pela sua tendência de promover objetivos sociais que são identificáveis independentemente dessas normas (portanto, o apego estrito a normas jurídicas às vezes podia oferecer um resultado indesejável do ponto de vista das considerações que se pensava justificarem as normas). Dados esses pressupostos, era natural que os teóricos jurídicos perguntassem: por que os juízes devem insistir em seguir

---

76. Não devo considerar isso mais que uma conjectura. Servirá a seu propósito se sugerir linhas adicionais de investigação.

as normas? Por que devem tentar alcançar resultados substantivamente corretos por meio de um procedimento formal de decisão baseado em normas? Por que não devem decidir cada caso diretamente, com base nos objetivos que dão sentido normativo às normas? Tais questões nunca estiveram distantes para os realistas[77]. A resposta predominante – recorrer a valores administrativos tais como o custo de tomar decisões de forma mais aberta, as capacidades limitadas dos que decidem ou a necessidade de certeza e previsibilidade – favorecia a decisão baseada em normas jurídicas, mas apenas ao custo de produzir o "caso difícil" como um momento de crise. Dado que as normas são apenas um meio para um resultado socialmente desejável, em um caso difícil (em casos em que as normas sustentam diferentes julgamentos aplicativos *e* em casos em que a aplicação direta das normas produz um resultado indesejável), o juiz deve ser livre para ver, para além das normas, as considerações substantivas a elas subjacentes. Por que não – a menos que simplesmente se fetichizem as normas e a decisão baseada em normas? Portanto, surgem: (1) a idéia de que em todo caso difícil o juiz deve interpretar "o Direito" como tal (isto é, interpretar as normas e decidir se as aplica ou não); e (2) a idéia de que a recusa judicial a assumir essa liberdade de interpretação é, ela própria, uma decisão interpretativa sobre o Direito, um apego a um modelo particular e questionável de "formalismo".

A observação de Hegel nos permite ver mais claramente os contornos dessa linha de pensamento, porque se separa dela pelo menos de duas maneiras. Primeiro, sem negar a corporificação do Direito em um conjunto postulado de normas sociais, Hegel distingue resultados de casos em uma jurisdição particular do aspecto conceitual do Direito. Segundo, Hegel compreende essa conceitualidade jurídica como um fundamento de decisão que é conhecido pela razão e é inerente à própria idéia da responsabilidade de uma pessoa pelos efeitos de suas ações sobre outra. Sem dúvida, seria necessário dizer muito mais para defender essa concepção de Direito. Não estaríamos, porém, defendendo-a – mas simples-

---

77. E elas ressurgem no ataque contemporâneo ao formalismo. Cf. Kennedy (1973: 358-60).

mente abandonando-a – se quiséssemos torná-la invulnerável a uma queixa quanto à indeterminação dos resultados jurídicos. Pois Hegel não considera a indeterminação um defeito, mas uma característica constitutiva do Direito, uma condição de sua possibilidade. O que é essencial ao Estado de Direito, nessa visão, não é que o conceito jurídico pertinente especifique um resultado único, mas que "sempre contenha o princípio básico, mesmo para o exemplo particular" (Hegel 1821: § 101) – ele deve fornecer o *fundamento* da decisão. O alcance do desencontro filosófico pode ser visto aqui no fato de que Hegel podia muito bem ter dito exatamente o que Holmes disse – que proposições gerais não decidem casos concretos –, mas teria compreendido isso como significado não de que o juiz deve inevitavelmente engajar-se na política, mas, antes, que o Direito, em seu aspecto filosófico, aspira a ser universal, não partidário[78]. O Direito não toma partido.

Essa idéia clássica do Direito foi mencionada há não muito tempo por Michel Foucault em uma discussão com maoístas quanto à questão de saber se os tribunais do povo (o aparelho revolucionário que executava atos de "justiça" substantiva em nome do proletariado) deviam ser considerados como tribunais no sentido judicial. Foucault disse que achava isso difícil de aceitar porque:

> Quando falamos sobre tribunais estamos falando de um lugar em que a luta entre as forças contendoras é inevitavelmente suspensa, em que, em todos os casos, a decisão é obtida não como resultado dessa luta, mas da intervenção de uma autoridade que está em posição de neutralidade entre elas e, conseqüentemente, pode e deve decidir em todos os casos qual parte tem a justiça ao seu lado. O tribunal implica, portanto, que existem categorias que são comuns às partes presentes... e que as partes da disputa concordam em submeter-se a ela (1980: 27).

---

78. Holmes e Hegel parecem concordar na medida em que ambos afirmam as mesmas palavras ("Conceitos gerais não decidem casos concretos"). Mas a diferença entre eles encontra-se no tipo de discernimento que consideram representar essas palavras. Para Holmes, elas expressam uma descrição substantiva do caráter do Direito tal como ele o vê – uma descrição que, para ele, aponta para um defeito (embora seja um defeito que considera irremediável). Para Hegel, expressam uma característica lógica ou constitutiva (que Wittgenstein designaria "gramática") do Direito.

Foucault receava que falar de tribunais em um contexto em que o julgamento não emana de uma terceira parte desinteressada ("uma autoridade em posição de neutralidade entre elas"), mas de uma parte que corporifica a vontade dos queixosos, seria lançar uma cortina de fumaça ideológica sobre atos que são realmente decisões políticas; seria uma camuflagem do poder. Esse ponto pode ser voltado para outra direção, contudo. Pois reconhecer a possibilidade da distinção que Foucault propõe (entre um tribunal e alguma outra forma de administração política) equivale a nada menos que reconhecer que nosso conceito de prestação jurisdicional representa algo mais que uma forma de decreto ou legislação. Como Michael Oakeshott disse certa vez, "chamar de político um tribunal é negar-lhe o caráter de tribunal do Direito"[79]. Naturalmente, falar de neutralidade jurídica ainda não diz nada que satisfaça alguém cujo ponto de partida seja o de que qualquer referência à neutralidade deve representar a comuflagem odiosa da vontade triunfante de um partido. E no fim, talvez, tudo o que podemos dizer a respeito dessa compreensão da lei é algo como – o que Foucault, num estilo característico de seu pensamento, diz depois – "é nisso tudo que a burguesia quer ter acreditado em relação à justiça, à sua justiça" (1980: 27). Mas o argumento a favor de tal cinismo ainda está para ser formulado, e formulado, além do mais – a única maneira em que se poderia fazê-lo –, por meio do que equivaleria a uma crítica filosófica da possibilidade do Direito. O debate contemporâneo sobre a indeterminação das normas é infrutífero porque fracassa tanto a ponto de encontrar a idéia clássica do Direito e, enquanto esse debate continue a dominar, torna-se ainda mais urgente a questão de saber se, na vigente doutrina da academia jurídica, a idéia corre o risco de se perder.

**Apêndice: uma nota sobre a desconstrução**

1. O fato de *Philosophy of the Limit* (1992), de Cornell, apoiar-se tanto no pensamento de Jacques Derrida suscita questões que merecem ser exploradas mais cuidadosamente do que permite o presente contexto.

---

79. Oakeshott (1975: 412); citado em Weinrib (1995: cap. 8).

Sem dúvida, a postura de Derrida perante teses filosóficas tradicionais tem mais nuances do que minha formulação, "direta mas falsa" (p. 58 acima), sugere. (Uma diferença significativa entre Derrida e seus epígonos muitas vezes parece estar em sua disposição a afirmar que não devemos simplesmente *opor*-nos a uma tese filosófica tradicional e, assim, descartá-la.) Não obstante, resta a questão de saber se o pensamento de Wittgenstein e Derrida pode ser alinhado harmoniosamente da maneira como Cornell, na passagem que citei, parece sugerir (Cornell 1992: 101-2). Um leitor capaz de apreciar a complexidade do pensamento de Derrida pode muito bem sentir que minha crítica dessa passagem decorre do meu descaso em levar em conta as motivações filosóficas de Cornell. Deixei de apreciar os procedimentos fillosóficos de Derrida? Talvez. Mas o propósito deste apêndice é meramente oferecer a tal leitor um breve esboço de como as questões que levantei a respeito de Cornell são questões que também podem ser dirigidas à desconstrução.

Considere os seguinte enunciados:

A desconstrução não consiste em mudar de um conceito para outro, mas em reverter e deslocar uma ordem conceitual... (Derrida 1988: 21).

Da maneira como faço filosofia, toda a sua tarefa consiste em expressar-me de tal maneira que certos problemas... desapareçam (Wittgenstein 1993: 181).

Tanto Wittgenstein como Derrida rejeitam a tarefa construtiva tradicional da filosofia e ambos buscam superar certos modos de pensar que parecem tornar essa tarefa imperativa. Em outras palavras, ambos continuam a partir da percepção de Kant da razão humana diante de uma tarefa aparentemente compulsória, mas impossível (Kant 1787: A vii). Cornell está certo ao encontrar uma semelhança aqui. A semelhança é o que dá sentido à minha questão: qual é a diferença?

2. Parte de "Signature Event Context" (1988) de Derrida relaciona-se com uma obra que possui pelo menos algumas afinidades óbvias com o pensamento de Wittgenstein: *How to Do Things with Words*, de J. L.

---

80. Por essa razão, "Signature Event Context" é um ponto de partida proeminente para as questões que quero levantar neste Apêndice. Foi tema de um intercâmbio entre John Searle e Derrida há mais de uma década. Ver Searle (1977). Mais recentemente, Stanley Cavell (1994: 53-127) lançou uma luz complexa so-

Austin[80]. Ao longo de todo esse ensaio, Derrida está preocupado com questões como saber se existe um conceito de comunicação que seja "único, unívoco, rigorosamente controlável" (1888: 1), se um contexto é sempre "absolutamente determinável" (1988: 2; ver também 14-5), e se a "intenção consciente" é "totalmente presente e imediatamente transparente para si e para os outros" (1988: 18; ver também 15). Considera-se que uma resposta negativa a essas questões problematiza a noção de padrão característico (e mesmo motiva a questão "Existem padrões característicos?") já que decorre das considerações que sustentam essa resposta que um signo deve ser "destacável" da intenção e do contexto de sua origem. Austin falara de uma "assinatura" como servindo para "amarrar" uma elocução escrita à sua origem (1975: 60-1). Como Derrida entende isso como a asserção de uma ligação impossivelmente forte, deseja assinalar que "para que o amarramento à fonte ocorra, o que deve ser retido é a singularidade absoluta de um evento-assinatura e de uma forma-assinatura" (1988: 20). O que deve ser retido não constitui o tipo certo de espaço para a generalidade de uma "forma significante" e, portanto, é algo duvidoso[81].

A "assinatura", aqui, é apenas um exemplo. O problema que interessa a Derrida, mais geralmente, é a relação entre uma elocução (um ato de pretender ou querer dizer algo) e seus efeitos. Um efeito, quando tudo vai bem, é comunicar o que é pretendido ou se quer dizer. Mas pode-se levantar uma questão filosófica conhecida: o que determina que o que se

---

bre em que aspectos Derrida não consegue alcançar Austin, ao mesmo tempo que admite que as diferenças entre Derrida e Austin podem muito bem ser – no presente estado de divisão da filosofia – inconciliáveis (ver 1994: 63). Tenho um grande débito para com a discussão de Cavell. Ela me ajudou a perceber, mais claramente do que poderia antes, como Derrida está envolvido em meu tópico. Outros débitos específicos para com Cavell são indicados nas notas seguintes.

81. A idéia de Derrida sobre a "singularidade" suspeita parece ser de que uma "forma significante" é o tipo de coisa cuja repetição pode ser reconhecida como "a mesma" ou como do mesmo "tipo" (i.e., identificar uma palavra como um objeto particular não é suficiente para identificá-la como uma palavra). Mas pode-se perguntar: como imaginar um "amarramento" de *elocuções* que não deixa espaço para isso? Como, porém, de certo modo, esta também é uma questão de Derrida, aceito tal "amarramento", para os presentes propósitos, como representando uma fantasia à qual está propensa a filosofia. A análise de Derrida da "iterabilidade" essencial do signo remete a seu primeiro trabalho sobre Husserl. Talvez a noção de Condillac – e, originalmente, de Locke – de palavras representando idéias na mente da pessoa que as usa forneceria, no terreno dos primórdios da filosofia moderna, uma versão da fantasia relevante.

pretende ou se quer dizer seja *isto* e não *aquilo*? Em que base podemos distinguir efeitos que são internos a uma elocução e marcam seu sucesso daqueles que são meras conseqüências (e às vezes indesejadas)? Se digo "Vamos jogar uma partida de xadrez" e você começa a mover as peças como no jogo de damas, direi que você não me compreendeu – mas com que direito? Derrida pensa que Austin, ao descrever as condições para o sucesso de uma elocução (performativa), vale-se de uma descrição filosófica suspeita de tais questões, uma descrição que recorre "à presença consciente da intenção do sujeito falante... um discurso absolutamente significativo e controlado?" (1988: 14, 15). A necessidade de assinaturas que amarrem as elocuções escritas à sua fonte, tomada em conjunto com o caráter duvidoso desse amarramento, ilustra para Derrida o que ocorre geralmente com todas as elocuções: seu significado não pode ser assegurado pela noção tão suspeita da intenção em sua fonte.

Uma questão importante que não posso aprofundar aqui é saber se Austin está afirmando (por exemplo, ao falar em amarramento) o pensamento metafisicamente suspeito de ligação rígida que Derrida deseja negar. Será que Austin não quer dizer algo inócuo: que uma elocução pode ser "amarrada" no sentido de que normalmente não surgirá nenhuma dúvida quanto a quem pertence? Qualquer que seja a resposta, meu presente propósito é atendido pela suposição de que *alguém* (que Derrida chama "Austin") está propondo a afirmação metafísica sobre "assinatura" que Derrida deseja negar. Quero me concentrar na forma que a negação de Derrida dessa afirmação suspeita pressupõe: um convite a sentir a presença de um paradoxo.

O convite de Derrida tem dois elementos principais: (1) um lugar-comum; (2) a negação da afirmação filosófica suspeita. Assim, considere: (1) As "assinaturas" funcionam para tornar *meu* um ato de querer dizer ou pretender algo (um enunciado, uma promessa, uma ordem), isto é, identificar uma pessoa como sua fonte. Assinamos cartas, contratos, documentos, cheques, etc. e, normalmente, não surge nenhuma dúvida quanto a qual será o efeito: ligamo-nos ao que eles dizem. (2) Mas, para que um signo funcione como um signo, ele deve ser destacável de sua origem; não pode ser "amarrado" no sentido metafisicamente difícil. Atos adicionais de assinar (um monte deles no fim do ensaio de Derrida chama atenção para isso) não terão valia para assegurar a ligação exigida: como nas interpretações para assegurar o alcance normativo das normas, temos uma regressão que é impossível deter[82]. Agora, unindo (1) e (2),

---

82. Como na Parte I da minha dissertação, uma questão aqui é como devemos considerar a regressão. O assinar várias vezes é como afirmar a alguém que você realmente quer dizer o que diz quando diz o que quer dizer. Derrida parece

pode-se dizer que o que torna os efeitos de "assinar" possíveis é também o que os torna impossíveis. E é isso que Derrida diz: "Os efeitos da 'assinatura' são a coisa mais comum do mundo. A condição da possibilidade desses efeitos é simultaneamente, mais uma vez, a condição de sua impossibilidade, da impossibilidade da sua rigorosa pureza" (1988: 20). Ou melhor, isso é o que ele *parece dizer* antes de acrescentar "da sua rigorosa pureza". A expressão suaviza, se não cancela, a sugestão de paradoxo. Pois, no fim, o que se diz ser possível – os efeitos cotidianos das "assinaturas" – e o que se diz ser impossível – efeitos *rigorosamente puros* – não são a mesma coisa. Então, por que, para começar, introduzir o paradoxo?

A estrutura do paradoxo, ou da sugestão de paradoxo de Derrida, parecer ser esta: (1) O lugar-comum lembra-nos que algo é possível. (2) A negação da afirmação suspeita diz-nos que o que se supõe tornar esse algo possível, seu suposto fundamento, é, na verdade, impossível. Mas isso ainda não é um paradoxo. É necessário um pensamento adicional, a saber. (3) "*Deve* existir, não obstante, *algo* que torna tais lugares-comuns possíveis." O paradoxo é agora criado representando esse *algo* possibilitador como a *negação* da afirmação suspeita, isto é, considerando o *algo* possibilitador como justamente o que é representado por (2). (A afirmação suspeita tinha, afinal, tornado ininteligível o lugar-comum – de modo que a afirmação deve ser negada.) Assim, o que torna possível o lugar-comum (por exemplo, a "assinatura") afirma-se que agora *é*: a impossiblidade de seu suposto fundamento (por exemplo, o amarramento, a rigorosa pureza). A significação crucial de (3) é que ele nos convida a converter a simples negação de um fundamento na asserção positiva de uma "condição de possibilidade".

Mas o paradoxo, então, depende de algo que não devemos considerar leviamente, a saber (3): "*Deve* existir *algo* que torna tais lugares-comuns possíveis." Deve? Sem este pensamento tudo o que temos é o malogro de uma tentativa suspeita de oferecer um fundamento filosófico para um lugar-comum. Então, é necessário explicar por que a conclusão certa a extrair do paradoxo resultante não é apenas que podemos nos virar bastante bem sem o excesso de bagagem desse pensamento adicional. Teríamos suposto, de qualquer modo, que o pensamento adicional – que parece uma exigência abrangente para fundamentos metafísicos – é o que *Derrida* deseja recusar. Então o objetivo do paradoxo é apenas nos fazer

---

impressionado com a impotência disso. Mas por que não ver isso como uma asseveração obsessiva que corresponde ao tipo de dúvida não menos obsessivo do cético? Então, a possibilidade da regressão não nos diz menos a respeito da natureza das asseverações filosóficas do que sobre a natureza da dúvida filosófica.

superar o pensamento adicional: superar o pensamento de que a filosofia deve assegurar ou fundamentar, como que a partir de uma perspectiva transcendente, as coisas de nossa experiência cotidiana? Então, o objetivo do paradoxo, pode-se dizer, é que o paradoxo seja descartado.

3. Considere que poderíamos construir um paradoxo ao estilo de Derrida com respeito à interpretação jurídica: "(1) para que exista uma norma jurídica, deve ser possível segui-la no caso particular. (2) Mas, para que uma norma funcione como norma, ela deve ser interpretável. Podemos compreender a noção de uma norma que fosse *imune* à possibilidade de interpretação? Uma norma que, em toda situação possível, *devesse* ser seguida apenas de uma maneira? Nada em filosofia – nem um "significado" nem uma intenção vinculando uma norma à sua aplicação – poderia *garantir* isso *absolutamente*[83]. Tampouco poderiam normas ou diretrizes interpretativas adicionais eliminar a necessidade de interpretação: temos uma regressão que é impossível deter[84]. O pensamento da imunidade de uma norma à interpretação – como se um trilho superduro a ligasse a suas aplicações – torna a observância de normas ininteligível. Então, podemos dizer – aceitando o convite de (3) – que a impossibilidade de tal imunidade *é* o que torna possível a observância das normas. A interpretação, em outras palavras, não é algo que cerca a lei do exterior, mas uma condição interna de sua própria possibilidade. O erro da teoria jurídica tradicional é ter *excluído* a interpretação, tê-la tratado como mera impureza. Naturalmente, os efeitos das normas jurídicas (determinando o caso particular) são a coisa mais comum do mundo: valemo-nos delas todos os dias. "A condição da possibilidade desses efeitos é simultaneamente a condição da sua impossibilidade, da impossibilidade da sua rigorosa pureza."

Poderíamos realmente representar assim a situação. O que Wittgenstein gostaria que percebêssemos é que não há nada na filosofia – nada na derrubada de noções suspeitas de significado ou intenção – que nos force a fazê-lo. É uma marca do pensamento de Wittgenstein – e uma indicação de suas diferenças diante do de Derrida – que tais paradoxos não sejam oferecidos como conclusões filosóficas (sobre "condições de possibilidade"), mas como momentos em uma dialética que não o satisfa-

---

83. A começar de "absolutamente garantido", o presente parágrafo usa várias expressões de Derrida (1988).
84. Fish insiste neste, assim como em outros pontos deste parágrafo, em *"Fish v. Fiss"* (1989).

zem⁸⁵. Wittgenstein comenta isso em uma passagem como a seguinte: "O conceito de uma representação perspícua é de significação fundamental para nós. Ele assinala a forma de descrição que oferecemos, o modo como olhamos para as coisas" (*PI* § 122).

Uma marca da forma de descrição que Wittgenstein procura seria o fato de que ela faz o problema filosófico "desaparecer" (*PI* § 133)⁸⁶. Isso não significa que devemos parar de pensar ou reprimir o problema, mas que devemos tentar satisfazer – de um modo que a doutrina construtiva inicialmente exigida precisamente não fazia – os pensamentos e sentimentos urgentes que lhe deram origem. Uma imagem que Wittgenstein oferece disso é a de libertar nosso pensamento de suas próprias compulsões (cf. *PI* §§ 133, 115). É claro que nem todos os atingidos pela filosofia vão querer libertar-se dela. Tampouco existe uma maneira não-contenciosa – uma maneira que não passe por contenções como a de que as palavras do metafísico desviaram-se (portanto, dependem) de seu uso cotidiano (*PI* § 116) – de dizer por que Wittgenstein torna "fundamental" essa forma de descrição. Mas, aqui, tudo o que desejo afirmar é isto: essas dificuldades, formidáveis como são, também são dificuldades para Derrida. Pois são dificuldades sobre o que é conquistado ou atingido quando coisas cotidianas como seguir normas são representadas paradoxalmente em termos de condições de possibilidade e impossibilidade. Na verdade, na medida em que Derrida (e Cornell) compartilha a suspeita de Wittgenstein da filosofia metafísica, esses parecem ser aspectos da mesma dificuldade.

O paradoxo (das condições transcendentais) assinala a forma de descrição de Derrida, *sua* maneira de olhar para as coisas. Segundo Cornell: "[A desconstrução] expõe as condições quase transcendentais que estabelecem qualquer sistema, inclusive um sistema jurídico, como sistema. Essa

---

85. Note que o paradoxo a respeito do cumprimento das normas em *PI* § 201 poderia facilmente ser convertido em um paradoxo de Derrida: "O que torna possível a determinação por uma norma", seria possível dizer, "é a impossibilidade de assegurar a ligação normativa entre uma norma e o que ela requer."

86. Mas compare com Wittgenstein (1994: 185-87): "Enquanto existir um verbo 'ser' que pareça funcionar como 'comer' e 'beber', enquanto houver adjetivos como 'idêntico', 'verdadeiro', 'falso', 'possível'... os humanos continuarão a trombar com dificuldades misteriosas e olhar para algo que nenhuma explicação parece capaz de remover." A idéia do problema filosófico "desaparecer completamente" (*PI* § 133), tal como a leio, é a de o problema filosófico ser satisfatoriamente encerrado, não definitivamente, mas pelo momento que durar – até que a perplexidade filosófica surja novamente.

exposição... demonstra que o próprio estabelecimento do sistema como sistema implica um além dele, precisamente em virtude do que exclui" (Cornell 1992: 1). A dificuldade que estou sugerindo sobre "o que é conquistado" poderia ser destacada perguntando-se: Compreendemos o que o "quase" de Cornell supostamente acrescenta ou subtrai? Parece expressar ambivalência quanto a uma exposição desconstrutivista ser ou não um exemplo adicional de filosofia. Se sua proposição é a de que a desconstrução é ambivalente apenas nesse sentido (ou que a desconstrução *é* essa ambivalência, a moderna ambivalência da filosofia sobre si mesma), então a proposição oferece pouco com que contender. Mas, se ao chamar isso de "exposição" Cornell quer dizer que revela um fato previamente oculto – que o que é exposto, então, é algo mais que a maneira desconstrutivista de representar as coisas –, isso é algo que não parece fácil aceitar.

Considere novamente a "tese da indeterminação" que Cornell atribui a Wittgenstein. Ela surge em outra parte em sua discussão, quando Cornell apresenta o "paradoxo" (1992: 133, 134) de que o juiz deve recorrer a normas e, no entanto – Cornell, aqui, cita Derrida –, "cada decisão é diferente e exige uma interpretação absolutamente única, que nenhuma norma existente, codificada, pode ou deve garantir absolutamente" (1922: 133). Seria pertinente Wittgenstein perguntar: O que entendemos por isso? Garantias vitalícias incondicionais (por exemplo) "garantem absolutamente"? Se apoiadas por garantias adicionais? Se não, essas palavras têm alguma outra utilidade para nós? Se não, Derrida está dizendo alguma coisa? Ou suas palavras se desviaram? Como a "rigorosa pureza" no que diz repeito às "assinaturas", o "fato" – se é isso o que ele é – de que uma norma não pode "garantir absolutamente", presume-se, não desafiaria o lugar-comum de que há garantias cotidianas, digamos, boas o suficiente. Precisamos de mais?[87] Derrida replicaria que "garantir

---

87. No que diz respeito a sua aparente negação de "garantias absolutas" como as que o cético parece exigir, Wittgenstein pergunta: "O que dá a impressão de que queremos negar algo?" (*PI* § 305). Pois o que se destrói quando a filosofia arruína exigências metafísicas não é "nada mais que castelos no ar [*Luftgebäude*]" (*PI* § 118): i.e., nada que, para começar, fosse habitável, nada que (quando reconhecido sem deslocamento) vá fazer falta. (Cavell chama isso de uma imagem da destrutividade da filosofia. Ver 1994: 75-7.) A imagem de Wittgenstein ocorre no prefácio à *Metaphysics of Morals* [*Metafísica da moral*], de Kant (1991: 38). Ela também reformula – na sugestão de que a filosofia destrói apenas fantasias e na questão que a acompanha a respeito da "importância" da filosofia – a seguinte observação do prefácio da segunda edição da *Critique of Pure Reason* [*Crítica da razão pura*] de Kant: "Não obstante essa importante mudança no campo

absolutamente" é filosoficamente autônomo (apoiado, se não em um terreno ou em um céu de conceitos, em si mesmo) e, portanto, sem necessidade de ser reconduzido ao seu uso cotidiano ("o que *nós* fazemos")?[88] Mas se a metafísica, como exposição das condições que limitam a possibilidade, é autônoma dessa maneira, então, a única desconstrução que lhe poderia ser relevante pertenceria a ela mesma como (mais) metafísica. Derrida pode estar dizendo isso. Para Wittgenstein, isso significaria que a desconstrução é um exemplo adicional da ambição construtiva da filosofia e inadequada para superá-la.

Tome como outro exemplo do interesse de Cornell em representar coisas paradoxalmente sua afirmação (derivada de Derrida sobre Levinas) de que "a possibilidade do ético encontra-se na sua impossibilidade". Essa "formulação paradoxal", ela diz, é "necessária" para que a ética não seja "reduzida ao efetivo" (1992: 83). Mais uma vez, não duvido que certo sentido (transcendental) do ético *pode* ser comunicado dessa maneira, nem que há considerável inteligência filosófica nisso. Mas, ao declarar que essa maneira de conceber o ético é "necessária" – uma das exigências da filosofia –, pergunto-me se Cornell não está cultivando a

---

das ciências e a perda de suas fantasiosas posses, que a razão especulativa deve sofrer, os interesses humanos gerais permanecem na mesma posição privilegiada e as vantagens que o mundo até então derivou dos ensinamentos da razão pura não são diminuídos de maneira nenhuma. A perda afeta apenas o *monopólio das escolas*, em aspecto nenhum *os interesses da humanidade*" (1787: B xxxi-xxxii). Kant, aqui, refere-se ao que surge no fim da *Primeira Crítica* como dois conceitos da filosofia: um *Schulbegriff* e um *Weltbegriff* (1787: A 838/B 866-A 840/B 868). Uma maneira de caracterizar o sentido wittgensteiniano de destrutividade da filosofia, portanto, talvez seja dizer: a filosofia torna aparente que a filosofia (como *Schulbegriff*) não existe. Na verdade, o próprio Kant diz a mesma coisa: "Parece arrogante... afirmar que antes do aparecimento da filosofia crítica não existia nenhuma filosofia. Para decidir essa aparente presunção, é necessário apenas perguntar *se realmente podia existir mais de uma filosofia*" (1991: 36; a ênfase é do original). Wittgenstein e Derrida parecem ter diferentes "presunções" a respeito da existência da filosofia, ou ter diferentes percepções acerca de onde deveria estar a presunção inicial: para Derrida, a metafísica deve ser desconstruída; para Wittgenstein, ainda tem de formular um argumento *prima facie* a seu favor. Mas isso merece mais atenção do que posso dispensar-lhe aqui.

88. Esta é especificamente a sugestão de Cavel, sobre como estruturar a questão entre Derrida e Wittgenstein: "a questão é quanto à autonomia da filosofia metafísica, da direção do ônus da prova de sua existência" (1994: 119). É a questão que coloco posteriormente, de saber se as asserções características de Derrida no sentido de que *não podemos* ter algo (p. ex., "uma garantia absoluta") são genuinamente inteligíveis – em oposição a algo que apenas imaginamos compreender.

cegueira quanto à natureza das possibilidades filosóficas[89]. Ela está, de qualquer modo, admitindo como verdadeira a questão que desejo levantar a respeito das respectivas formas de descrição de Wittgenstein e Derrida e declinando das oportunidades que Wittgenstein ofereceria de pensar sobre as motivações da forma de descrição que Derrida "espelhou" para ela (1992: p. x). Existe uma razão para que ela *deva* aceitar essas oportunidades? Talvez não. Uma leitura cuidadosa das *Investigations* de Wittgenstein teria sido um obstáculo para suas conclusões sobre normas jurídicas, e sua imersão na desconstrução foi suficiente para que se perdesse de vista o texto de Wittgenstein, cujo conteúdo ela meramente vislumbrara através de Derrida. Os custos (ou benefícios) disso podem ser medidos apenas em termos das próprias aspirações de Cornell. Tal como a leio, ela quer falar não apenas aos que já se sentem à vontade com a prática filosófica de Derrida, mas também aos teóricos jurídicos da tradição que se origina de *The Concept of Law*, de H. L. A. Hart. Wittgenstein tinha de surgir porque já está presente nessa tradição[90]. O fato de Cornell julgar essa tradição ingênua (carente de seu tipo de exposição) quanto à "indeterminação" das normas jurídicas demonstra, como argumentei, seu fracasso em enfrentá-la.

4. A resposta de Wittgenstein a uma exigência filosófica de que o "significado" assegure (ou "garanta") o alcance normativo das normas é central à Parte I da minha dissertação. O ponto é que podemos vir a enxergar a exigência de segurança como impossível de satisfazer – isto é, como não tendo nada que a satisfaça – sem ameaça ao que é expresso em nossa conversa cotidiana sobre concordância com uma norma. A possibilidade de um "acordo normativo" não é peculiar às normas, porém. Intenções, expectativas, desejos (e pensamentos em geral) são todas coisas que "pe-

---

89. Cornell talvez queira dizer apenas que essa formulação paradoxal é "necessária" a partir da posição de Derrida. Um ponto a partir do qual estudar outras possibilidades seria a observação de Wittgenstein no *Tractatus*, de que "é impossível existir proposições de ética" (1961: 6.42). É uma observação que poderia ser voltada para a direção desconstrutiva de Derrida: "Portanto, a possibilidade da ética (como proposições, máximas, leis, etc. inteligíveis) é a sua impossibilidade", etc. Considero que uma compreensão adequada de como se pretende que a observação funcione no *Tractatus* baseia-se em uma apreciação de como o leitor deve ser conduzido a um ponto em que seja capaz de descartar tal observação. Para uma descrição útil, ver Diamond (1991*b*).

90. Sobre a dívida de Hart para com Wittgenstein e J. L. Austin, ver Hart (1993: 1-6, 274-7). Para uma elaboração de algumas das maneiras em que Wittgenstein está presente no texto de Hart, ver Marmor (1992: 124-54); Bix (1993: 7-76).

netram" no mundo: são coisas com as quais certos objetos, eventos, ações ou estados de coisas podem ou não estar "de acordo". Portanto, o problema cético de assegurar uma "ligação" (falando geralmente, entre o pensamento e o mundo) surge, para Wittgenstein, em várias formas:

> Que tipo de ligação superforte existe entre o ato de pretender e a coisa pretendida? (*PI* § 97)
>
> Um desejo parece já saber o que irá ou iria satisfazê-lo; uma proposição, um pensamento, o que o torna verdadeiro – mesmo quando essa coisa não está lá! De onde esse *determinar* do que ainda não está lá? Essa despótica exigência? (*PI* § 437)

O que Derrida tem em comum com Wittgenstein é uma tentativa de recusar a imagem metafísica suspeita do pensamento que faz essas questões parecerem obrigatórias. Por causa desse ponto em comum, podemos pelo menos perceber claramente a imagem derridiana que Cornell tem de Wittgenstein como um reconhecimento errôneo de *Wittgenstein*.

Onde está a diferença, então? Colocarei as coisas de um modo mais preciso, que mostra a direção a partir da qual abordo essa divisão filosófica.

Derrida não suporta a possibilidade de que seus paradoxos sejam descartados (ver seção 2, acima). Não há dúvida de que ele é mais complicado que muitos de seus seguidores que também não suportam essa possibilidade. (Uma definição de seguidor de Derrida, um pretenso "desconstrutivista", poderia ser: alguém que não suporta essa possibilidade[91].) Descartar esses paradoxos seria percebê-los como não expondo nada a não ser as próprias fantasias da filosofia. Talvez alguns "desconstrutivistas" realmente os vejam dessa maneira. Mas, se não, o que pensam que a desconstrução expõe?

Tal como o vejo, o paradoxo convida-nos a pensar que, ao minar a suspeita imagem metafísica do pensamento, é ameaçado o nosso direito racional a noções cotidianas que pareciam depender dessa imagem. Não estou dizendo que imagino Derrida sentindo a força de escrúpulos filosóficos quando diz coisas cotidianas úteis como "Esperava que você ligasse" ou "Não, eu me referia à outra marca de atum", etc. Não obstante,

---

91. Pode ser que seguidores de Derrida, como os seguidores de Wittgenstein, enfrentem o problema de como uma obra que define seu sucesso em termos da autonomia do pensamento do leitor deve ser compreendida. Esse objetivo levou Wittgenstein a "sentimentos de dúvida" (*PI*, p. viii) quanto ao sucesso de seu próprio trabalho.

penso que seu convite tem intenção séria, como se em oposição ao que pode às vezes parecer genuinamente ameaçador em nosso mundo cotidiano – sua irreflexão ou ingenuidade. (Isto é meramente tocar, inadequadamente, na questão do que dá à desconstrução seu evidente sentido de importância e seriedade ética[92].)

Não é preciso que haja nenhuma complacência para com nosso espaço cotidiano de razões, porém, para que declinemos do convite com os seguintes fundamentos específicos: *esta* maneira de questionar nossas noções cotidianas é atraente apenas se pensamos que a imagem metafísica sendo minada é algo que podemos genuinamente tornar imediatamente inteligível para nós mesmos. Somente então parece que minar a imagem suspeita é *negar* algo, que existe *algo* que deve ser minado (por exemplo, um fundamento para noções como "assinar" ou "seguir uma norma" que está fora do alcance). Considere novamente uma das asserções características de Derrida no sentido de que um não-sei-o-quê "absoluto" ou "puro" não é possível: "[Um] contexto nunca é absolutamente determinável... sua determinação nunca pode ser inteiramente certa ou saturada" (1988: 3). Podemos nos deter aqui e perguntar: "Mas como 'nunca absolutamente determinável'? Conhecemos coisas que são 'absolutamente determináveis', só que um contexto não é uma delas?"[93] Se podemos realmente recorrer a tal conhecimento, a observação de Derrida seria um enunciado agradável (ou desagradável) sobre contextos semelhantes a, digamos: "As montanhas em Vermont nunca são maiores que..." Mas, se tal conhecimento nos falha, a observação, embora oferecida como negação de uma imagem metafísica, deve parecer um recuo para uma imagem metafísica igualmente suspeita (algo sobre o qual não há nenhuma concordância – ou discordância). Em resumo, quaisquer dificuldades no caminho, na própria descrição de Derrida, de dar aplicação à idéia de um "contexto absolutamente determinável", devem levar-nos a questionar se temos alguma idéia clara do que é que "nunca pode ser". (Na verdade, se o "nunca pode ser" – por exemplo, certo, conhecido, garantido –

---

92. A mesma questão pode e deve ser feita (também mais detidamente) a respeito do pensamento de Wittgenstein. Quando Wittgenstein a faz, fala de uma mudança em nosso senso de valor ou importância, por exemplo, nossa percepção de quão pouco se realiza quando se resolvem problemas filosóficos. Ver, p. ex., Wittgenstein (1961: 3-5); *PI* § 118. Isso também é um tipo de exposição – de falsa necessidade ou importância.

93. Cf. *PI* § 339. Sobre o problema do desgosto filosófico – que aparentemente nos compele a negar algo que não compreedemos imediatamente – ver também §§ 251, 305, 308.

do cético, essa ausência irremediável, torna-se agudo o suficiente, o resultado pode naturalmente ser mais oscilação filosófica: uma nova tentativa construtiva de sustentar a conexão entre o pensamento e o mundo.)

Pode parecer que essa maneira de recusar o paradoxo envolve o pensamento de que não-sei-quês absolutos estão simplesmente além dos limites daquilo sobre o que podemos falar. Portanto, pode-se enfatizar que não há nada errado com as *palavras* "absolutamente determinável" ou "garantir absolutamente" ou "rigorosa pureza". As palavras podem ser usadas com muito proveito. Por exemplo, posso explicar que por $100 adicionais você pode promover a "garantia-padrão", a "garantia absoluta": isso cobre o produto não apenas contra defeitos de produção provocados por negligência, mas também contra danos acidentais. Ou posso dizer: "Para conquistar uma medalha, os *toe-loops* triplos do patinador canadense terão de ser 'rigorosamente puros', o que significa que os seguintes pontos terão de ser observados..." Ou posso dizer que, em "$x + 1 = y$", $y$ é "absolutamente determinável" para qualquer valor de $x$, ao passo que, em "$x = y^2$", não é. Mas onde essas expressões não se referem a tais casos (isto é, em filosofia), podemos simplesmente vir a percebê-las como inadequadas a nossos propósitos. Podemos vir a percebê-las como um meio de permanecer em um estado de confusão (cf. *PI* § 339). É claro que nossos propósitos podem estar em confusão: ao supor que compreendemos o uso que Derrida dá a essas palavras para marcar os limites da possibilidade, podemos ter a ilusão de que estamos espreitando, ainda que obscuramente, justamente para além desses limites, e isso pode ter suas justificações. Mas a saída de tal confusão, se quisermos, consiste simplesmente em encontrar uma maneira mais adequada de descrever as coisas: uma que nos permita parar de sentir que devemos assegurar ou negar o fundamento metafísico. Isso equivale a ver o suposto fundamento como ilusório (i.e., não há nada a ser assegurado ou negado).

Derrida discorda disso? Pode ser que seja justamente essa a sua proposição[94]. Mas, se a proposição é reconhecida, então nada – exceto o encanto persistente da ilusão metafísica – compele o movimento que Derrida deseja fazer, do pensamento de que uma "assinatura" deve ser, em princípio, destacável de sua fonte, para a conclusão aparentemente paradoxal de que "a condição de possibilidade dos efeitos [de uma assinatura] é... a condição da sua impossibilidade, da impossibilidade de sua rigorosa pureza" (1988: 20). Em vez de aceitar essa conclusão tal como

---

94. Ver esp. Derrida (1988: 115 ss.)

está, o caminho está aberto para perguntar o que levou Derrida a combinar "a impossibilidade" dos efeitos de uma "assinatura" com "a impossibilidade de sua rigorosa pureza". Derrida supõe que nosso ponto de apoio na utilização cotidiana de "assinaturas" depende de sermos capazes de recorrer à suspeita imagem metafísica de "rigorosa pureza" que ele rejeita?[95] O que, além do persistente domínio justamente dessa imagem metafísica, poderia levar Derrida a sugerir que temos algo menos que tudo o que poderíamos inteligentemente querer a menos que uma "assinatura" pudesse ser "amarrada" (i.e., por algum meio extraordinário) à sua fonte, assegurada contra a possibilidade de soltar-se? A mesma pergunta poderia ser feita, *mutatis mutandis*, quanto ao tratamento desconstrutivo das normas jurídicas e sua correspondente insatisfação com a idéia de que uma norma pode determinar o caso particular sem a mediação da interpretação.

Naturalmente, essas próprias questões podem ser reformuladas como paradoxos. Em certo sentido, são precisamente os paradoxos da filosofia metafísica, tal como Wittgenstein os representou em seu trabalho filosófico inicial: "para sermos capazes de estabelecer um limite para o pensamento, precisaríamos julgar pensáveis ambos os lados do limite (i.e., precisaríamos ser capazes de pensar o que não pode ser pensado)" (1961: 3). Mas, para Wittgenstein, isso pede não mais paradoxos, mas um diagnóstico (*desconstrutivo*, atrevemo-nos a dizer?) de como entramos nessas dificuldades filosóficas: como chegamos a sentir que nossa compreensão da noção dos efeitos de uma "assinatura" exige que compreendamos os requisitos impostos por uma imagem suspeita do "amarramento". Ou que

---

95. Note que a maneira de Wittgenstein superar uma idéia de "pureza cristalina" (*PI* § 108) inverte a relação: sua imagem de "recuperar palavras" (*PI* § 116) é uma imagem da metafísica que depende, para sua inteligibilidade aparente, do trabalho que nossas palavras fazem por nós todos os dias. Que assinar (como qualquer ato intencional) está sujeito a vários tipos de fracasso, é, a partir desse ponto de vista, um lugar-comum. No Direito, por exemplo, emprega-se uma noção de "intenção" que ninguém imagina estar controlando os efeitos ou a significação normativa da ação. (Assim, os advogados falam de responsabilidade por conseqüências não pretendidas da ação: o campo dos danos.) E mesmo quando a intenção realmente controla a significação da ação, como em boa parte do Direito criminal, ela o faz juntamente com uma doutrina de "desculpas" (o tema de uma dissertação de Austin, "A Plea for Excuses") que pareceria conceituar ricamente coisa alguma, a não ser a possibilidade de que os efeitos normativos da ação podem ser "impuros". Cavell (1994: 53-127) destaca a ausência dessa dissertação na discussão de Derrida e lhe dá a relevância que merece em vários pontos.

nossa compreensão da noção de concordância com uma norma exige que compreendamos imagens similares da ligação superforte? Será assim também que chegaremos a sentir o menor escorregão em nossa compreensão quando essas exigências forem frustradas. A tentação de estabelecer novas exigências filosóficas, nesse ponto de vista, encontra-se no fundo de nós. Portanto, não há necessidade, aqui, de supor que a satisfação deve ser obtida por meio de algo menos que a interminável análise. Até para iniciarmos é necessária uma mudança de foco. Mas somente pensaremos que os paradoxos da filosofia são suas conclusões necessárias se não pudermos perceber que há outra direção em que podemos nos voltar.

## Referências

AUSTIN, J. L. (1962). *Sense and Sensibilia* (Oxford: Oxford University Press).
—— (1975). *How to Do Things with Words*. 2ª ed. (Cambridge, Mass.: Harvard University Press).
BIX, B. (1993). *Law, Language, and Legal Determinacy* (Oxford: Oxford University Press).
BURTON, S. J. (1985). *An Introduction to Law and Legal Reasoning* (Boston: Little Brown and Co.).
—— (1992). *Judging in Good Faith* (Cambridge: Cambridge University Press).
CALABRESI, G. (1975). "Concerning Cause and the Law of Torts: An Essay for Harry Kalven, Jr.", 69 *University of Chicago Law Review*, 69-108.
CAVELL, S. (1979). *The Claim of Reason: Wittgenstein, Skepticism, Morality and Tragedy* (Oxford: Oxford University Press).
—— (1990). *Conditions Handsome and Unhandsomo: The Constitution of Emersonian Perfectionism* (Chicago: University of Chicago Press).
—— (1994). *A Pitch of Philosophy* (Cambridge, Mass.: Harvard University Press).
—— (1995). *Philosophical Passagers: Wittgenstein, Emerson, Austin, Derrida* (Oxford: Blackwell).
CONANT, J. (1993). "The Search for Logically Alien Thought: Descartes, Kant, Frege, and the *Tractatus*", 20 *Philosophical Topics*, 115-80.
COOTER, R. e ULENT, T. (1988). *Law and Economics* (Glenville, Ill.: Scott, Foresman).
CORNELL, D. (1992). *The Philosophy of the Limit* (Nova York: Routledge & Kegan Paul).

D'AMATO, A. (1990). "Pragmatic Indeterminacy", 85 *Northwestern University Law Review*, 148-89.

DALLMAYR, F. (1992). "Hermeneutics and the Rule of Law", em G. Leyh (org.), *Legal Hermeneutics: History, Theory and Practice* (Berkeley: University of California Press).

DASCAL, M. e WROBLEWSKI, J. (1988). "Transparency and Doubt", 7 *Law and Philosophy*, 203-24.

DERRIDA, J. (1988). *Limited Inc.* (Evanston, Ill.: Northwestern University Press).

DIAMOND, C. (1989). "Rules: Looking in the Right Place", em D. Z. Phillips e P. Winch (orgs.), *Wittgenstein: Attention to Particulars* (Basingstoke: McMillan).

—— (1991a). *The Realistic Spirit: Wittgenstein, Philosophy and the Mind* (Cambridge, Mass.: MIT Press).

—— (1991b). "Ethics, Imagination and the Method of Wittgenstein's *Tractatus*", em R. Heinrich e H. Vetter (orgs.), *Bilder der Philosophie, 5 Wiener Reihe*, 55-90.

DWORKIN, R. (1977). *Taking Rights Seriously* (Londres: Duckworth).

—— (1986). *Law's Empire* (Londres: Fontana Press).

FISH, S. (1980). *Is There a Text in This Class: The Authority of Interpretive Communities* (Cambridge, Mass.: Harvard University Press).

—— (1989). *Doing What Comes Naturally: Change, Rhetoric, and the Practice of Theory in Literary and Legal Studies* (Durham: Duke University Press).

FOUCAULT, M. (1980). "On Popular Justice: A Discussion with Maoists", em C. Gordon (org.), *Power/Knowledge: Selected Interviews and Other Writings 1972-1977* (Nova York: Pantheon Books).

FRANK, J. (1963). *Law and the Modern Mind*, 2.ª ed. (Gloucester, Mass.: Peter Smith).

FULLER, L. (1958). "Positivism and Fidelity to Law: A Reply to Professor Hart", 71 *Harvard Law Review*, 630-72.

—— (1978). "Forms and Limits of Adjudication", 92 *Harvard Law Review*, 353-409.

GOLDFARB, W. (1983). "I Want You to Bring Me a Slab: Remarks on the Opening Sections of the *Philosophical Investigations*", 55 *Synthese*, 265-82.

GREEN, L. (1928). "The Negligence Issue", 37 *Yale Law Journal*, 1029-47.

GREY, T. C. (1989). "Holmes and Legal Pragmatism", 89 *Stanford Law Review*, 787-870.

HART, H. L. A. (1961). *The Concept of Law* (Oxford: Clarendon Press).

—— (1983). *Essays in Jurisprudence and Philosophy* (Oxford: Oxford University Press).
HEGEL, G. W. F. (1981). *Philosophy of Right*, trad. H. B. Nisbet, org. A. W. Wood (Cambridge: Cambridge University Press, 1991).
HOLMES, O. W. (1963). *The Common Law*, org. Mark DeWolfe Howe (Cambridge, Mass.: Harvard University Press).
HUTCHINSON, A. (org.) (1989). *Critical Legal Studies* (Nova Jersey: Rowman and Littlefield).
KAIRYS, D. (1984). "Law and Politics", 57 *George Washington Law Review*, 243-62.
KANT, I. (1787). *Critique of Pure Reason*, trad. Norman Kemp Smith (Nova York: St. Martin's Press, 1965).
—— (1991). *The Metaphysics of Morals*. Trad. Mary Gregor (Cambridge: Cambridge University Press).
KENNEDY, D. (1973). "Legal Formality", 2 *Journal of Legal Studies*, 351-98.
KRIPKE, S. A. (1982). *Wittgenstein On Rules and Private Language* (Oxford: Blackwell).
LEVI, E. H. (1949). *An Introduction to Legal Reasoning* (Chicago: University of Chicago Press).
LYONS, D. (1984). "Justification and Judicial Responsability", 72 *California Law Review*, 178-99.
—— (1993). "Legal Formalism and Instrumentalism – A Pathological Study", em *Moral Aspects of Legal Theory: Essays on Law, Justice and Political Responsibility* (Cambridge: Cambridge University Press), 41-63.
McDOWELL, J. (1981). "Non-Cognitivism and Rule-Following", em S. Holtzman e C. Leich (orgs.). *Wittgenstein: To Follow a Rule* (Londres: Routledge & Kegan Paul), 141-62.
—— (1984). "Wittgenstein on Following a Rule", 58 *Synthese*, 325-63.
—— (1992). "Meaning and Intentionality in Wittgenstein's Later Philosophy", 17 *Midwest Studies in Philosophy*, 40-52.
MARMOR, A. (1992). *Interpretation and Legal Theory* (Oxford: Clarendon Press).
MORRIS, C. (1952). "Duty, Negligence, and Causation", 101 *University of Pennsylvania Law Review*, 189-222.
MULLER, I. (1991). *Hitler's Justice: The Courts of the Third Reich*, trad. D. L. Schneider (Cambridge, Mass.: Harvard University Press).
OAKESHOTT, M. (1975). "The Vocabulary of a Modern European State (Part II)", 23 *Political Studies*, 409-14.

PATTERSON, D. (1990). "Law's Pragmatism: Law as Practice and Narrative", 76 *Virginia Law Review*, 937-96.

PLATÃO (1984). *Plato's Statesman: Part III of The Being of the Beautiful*, trad. S. Bernardete (Chicago: University of Chicago Press).

PUTNAM, H. (1991). "Does the Disquotational Theory Really Solve All Philosophical Problems?", 22 *Metaphilosophy*, 1-13.

RADIN, M. J. (1989). "Reconsidering the Rule of Law", 69 *Boston University Law Review*, 781-819.

RHEES, R. (1970). *Discussions of Wittgenstein* (Londres: Routledge & Kegan Paul).

SCHAUER, F. (1988). "Formalism", 97 *Yale Law Journal*, 509-48.

—— (1991). *Playing by the Rules: A Philosophical Examination of Rule-Based Decision-Making in Law and in Life* (Oxford: Oxford University Press).

SILVER, C. (1987). "Elmer's Case: A Legal Positivist Replies to Dworkin", 6 *Law and Philosophy*, 381-99.

STONE, M. J. (1991). "The Placement of Politics in Robert Unger's *Politics*", em R. Post (org.), *Law and the Order of Culture* (Berkeley: University of California Press), 78-108.

TUSHNET, M. V. (1988). "Following the Rules Laid Down: A Critique of Interpretivism and Neutral Principles", em S. Levinson e S. Mailloux (orgs.), *Interpreting Law and Literature: A Hermeneutic Reader* (Evanston, Ill.: Northwestern University Press), 193-214.

UNGER, R. M. (1986). *The Critical Legal Studies Movement* (Cambridge, Mass.: Harvard University Press).

—— (1987). *Social Theory: Its Situation and Its Task* (Cambridge: Cambridge University Press).

WEINRIB, E. J. (1995). *The Idea of Private Law* (Cambridge, Mass.: Harvard University Press).

WITTGENSTEIN, L. (1958*a*). *Philosophical Investigations*, trad. G. E. M. Anscombe (Oxford: Blackwell).

—— (1958*b*). *The Blue and the Brown Books* (Nova York: Harper & Row).

—— (1961). *Tractatus Logico-Philosophicus*, trad. D. F. Pears e B. F. McGuiness (Londres: Routledge & Kegan Paul).

—— (1978). *Remarks on the Foundations of Mathematics*, orgs. G. H. von Wright, R. Rhees e G. E. M. Anscombe, trad. G. E. M. Anscombe (Cambridge, Mass.: MIT Press).

—— (1979). *On Certainty*, orgs. G. E. M. Anscombe e G. H. von Wright, trads. D. Paul e G. E. M. Anscombe (Oxford: Blackwell).

—— (1980). *Culture and Value*, org. G. H. von Wright, trad. P. Winch (Chicago: University of Chicago Press).

—— (1993). "Big Typescript Sections 86-93", em J. Klagge e A. Nordmann (orgs.), *Philosophical Occasions: 1912-1951* (Indianapolis: Hackett Publishing Company), 100-99.

WRIGHT, C. (1989). "Wittgenstein's Rule-Following Considerations and the Central Project of Theoretical Linguistics", em A. George (orgs.), *Reflextions on Chomsky* (Oxford: Blackwell).

Capítulo 3
# Interpretação e metodologia na teoria jurídica
Stephen R. Perry

**Introdução**

Em algum ponto, quase toda obra importante relativa à doutrina discute questões de metodologia, e muitas vezes estas parecem ser as questões mais difíceis e intratáveis do assunto. Por que deve ser assim? A doutrina do Direito suscita problemas metodológicos especiais que outras disciplinas não enfrentam? Como o Direito é simultaneamente um fenômeno social e normativo, há bons motivos para pensar que sim. Ao afirmar que o Direito é social e normativo, quero dizer que é uma instituição social que também sistematicamente dá origem (ou, pelo menos, é percebida como dando origem) a razões para a ação. Ora, naturalmente, é possível estudar o que dá razão às práticas sociais a partir de uma perspectiva puramente filosófica. Uma tarefa da filosofia política, por exemplo, é descrever práticas políticas ideais e determinar se e sob quais circunstâncias afetariam as razões para a ação das pessoas (geralmente criando obrigações para elas). De modo similar, é possível estudar instituições sociais a partir de uma perspectiva puramente descritiva, sem referência a razões para a

---

Copyright © 1994 Stephen Perry. Agradeço a Brian Leitner pela ampla discussão dos argumentos deste ensaio e pelos comentários muito úteis sobre o primeiro esboço. Beneficiei-me também dos comentários recebidos em um seminário na Escola de Direito da Universidade de San Diego. O trabalho no ensaio foi patrocinado por uma bolsa de pesquisa do Social Sciences and Humanities Research Council of Canada.

ação de ninguém (ou, pelo menos, isso é possível segundo uma escola de pensamento nas ciências sociais). Alguns ramos da sociologia tentam estudar o Direito dessa maneira. A doutrina dá origem a problemas metodológicos especiais porque tem aspirações filosóficas e descritivas; tenta analisar a dimensão do que dá razão às práticas sociais e, ao mesmo tempo, oferecer uma caracterização descritivamente precisa de um tipo existente de instituição social. Como disciplina, a doutrina pretende, na verdade, ser um ramo da filosofia prática (com o que quero designar a filosofia da razão prática) e um certo tipo de ciência social. Os problemas especiais de metodologia que enfrenta surgem dessa justaposição[1].

Considerada como um ramo da filosofia prática, a doutrina deve lidar com a seguinte questão fundamental: a que tipo de razões para a ação, se é que existe alguma, as práticas sociais podem dar origem? No fundo, porém, há uma série de outras questões. O que é, em geral, uma razão para a ação? As práticas sociais podem oferecer às pessoas razões morais que não teriam independentemente? A relevância destas e de questões relacionadas, que são essencialmente de natureza filosófica, dependerão das exigências substantivas das teorias jurídicas específicas.

Considerada como uma ciência social, a doutrina tem de lidar com os problemas de metodologia que surgem nas ciências sociais em geral, inclusive as duas seguintes questões. Primeiro, a ciência social deve empregar a mesma metodologia que a ciência natural ou requer uma metodologia própria? Segundo uma escola de pensamento, com raízes no positivismo científico, os fenômenos sociais podem ser estudados e explicados adequadamente por meio dos mesmos tipos de investigações causais que caracterizam as ciências naturais. Segundo outra escola de pensamento, com raízes na tradição hermenêutica da filosofia, só podemos compreender adequada-

---

1. Cf. Gerald J. Postema, "The Normativity of Law", em Ruth Gavison (org.), *Issues in Contemporary Legal Philosophy: The Influence of H. L. A. Hart* (Oxford: Clarendon Press, 1987), 81, em 81.

mente uma prática social vendo-a a partir do ponto de vista dos participantes, a partir de dentro. Na tradição hermenêutica essa é a noção de *verstehen*. A segunda questão de metodologia nas ciências sociais que a doutrina tem de enfrentar é esta. As teorias sociais são de natureza puramente descritiva e livre de valores ou envolvem necessariamente elementos avaliativos ou normativos? Os problemas *especiais* que a doutrina enfrenta como disciplina surgem do fato de que ela deve responder a essas duas questões metodológicas na estrutura de uma descrição necessariamente filosófica de como o Direito pode, se é que pode, dar origem a razões para a ação.

Podemos muito bem perguntar-nos se uma única disciplina pode fazer tudo o que se parece esperar da teoria jurídica. Uma das razões por que o livro de H. L. A. Hart, *The Concept of Law*[2], é tão merecidamente famoso é que Hart tentou, nos limites de uma única teoria, resolver as questões metodológicas que a teoria jurídica herdou das ciências sociais e, ao mesmo tempo, demonstrar como e por que o Direito é um fenômeno normativo. A chave para as questões metodológicas e normativas, segundo Hart, é "o ponto de vista interno"[3]. Isto é uma aplicação da noção de *verstehen*, mencionada anteriormente. Em trabalho posterior, Hart descreveu o papel metodológico que o ponto de vista interno supostamente desempenha na teoria jurídica: "Para a compreensão [não apenas do Direito, mas de qualquer outra forma de estrutura social normativa] a metodologia das ciências empíricas é inútil; o que é necessário é um método 'hermenêutico', que envolve retratar a conduta governada por normas tal como se afigura a seus participantes, que a vêem como conformando-se ou deixando de conformar-se a

---

2. H. L. A. Hart, *The Concept of Law* (Oxford: Clarendon Press, 1961).

3. *Ibid.*, em 55-6, 82-8. Ao formular a idéia do ponto de vista interno, Hart cita Peter Winch, *The Idea of a Social Science* (Londres: Routledge & Kegan Paul, 1958). Winch sustentava uma versão particularmente forte da tese do *verstehen*, segundo a qual a perspectiva do teórico tem de ser a mesma que a dos participantes. Como veremos mais tarde, Hart rejeita essa visão, que chamo de tese internalista forte.

certos padrões compartilhados."[4] Hart argumentou ainda que quando os participantes, como grupo, vêem sua conduta como governada por normas dessa maneira – quando, em outras palavras, sua conduta tem o "aspecto interno" adequado – então, elas, efetivamente, classificam-se como obrigações de um certo tipo, embora não como obrigações morais. Essa foi a solução de Hart para o problema da normatividade do Direito.

Deve-se enfatizar que, embora Hart sustentasse que os métodos das ciências empíricas não podem ser aplicados a "estruturas sociais normativas", ele não rejeitava a possibilidade de que tais estruturas pudessem ser o tema de uma teoria descritiva. Pelo contrário, tratou a descrição precisa de práticas sociais como um dos objetos do exercício. A afirmação era que tal descrição requer, no caso de certos tipos de prática, referência ao ponto de vista dos sujeitos. Assim, no prefácio a *The Concept of Law* Hart declarou que o livro podia ser considerado como "um ensaio de sociologia descritiva"[5]. Em obra mais recente, ele escreveu, de modo similar, que, embora uma análise do que é para uma comunidade ter uma norma costumeira eficaz deva utilizar o ponto de vista interno, a análise, não obstante, terá caráter descritivo e não normativo ou justificativo[6]. Assim, Hart respondeu às duas questões metodológicas herdadas das ciências sociais da seguinte maneira. Primeiro, a doutrina não requer uma metodologia própria distinta, baseada na idéia do ponto de vista interno. Segundo, as teorias resultantes sobre a natureza do Direito são de caráter puramente descritivo.

A idéia geral do ponto de vista interno é a de que uma avaliação doutrinária adequada do Direito deve, em algum ponto, levar em conta como a prática se afigura a pelo menos alguns dos participantes da prática, a partir de dentro. O teórico,

---

4. H. L. A. Hart, *Essays in Jurisprudence and Philosophy* (Oxford: Clarendon Press, 1983), Introdução, em 13.
5. Hart, *supra*, n. 2, em vii.
6. H. L. A. Hart, "Comment", em Gavison (org.), *supra*, n. 1, 35, em 39. Tal análise das normas costumeiras encontra-se, é claro, no âmago de *The Concept of Law*.

nesse sentido, "interpreta" a prática, de modo que a metodologia resultante pode ser corretamente chamada de "interpretativista". Esse termo é também um termo natural à luz das raízes hermenêuticas da abordagem metodológica de Hart. Permita-me rotular a afirmação de que uma avaliação doutrinária adequada de pelo menos certos tipos de prática social deve referir-se ao ponto de vista de alguns ou todos os participantes da prática como tese "internalista". Note que a tese internalista não equivale à afirmação de que o ponto de vista do teórico deve ser o *mesmo* dos participantes. Essa última afirmação, que chamarei de tese "internalista forte", foi defendida por Ronald Dworkin em *Law's Empire*[7]. Hart, como veremos, rejeita explicitamente a tese mais forte.

A compreensão mais acertada da tese internalista, argumentarei, sustenta que um teórico estudando o Direito e práticas sociais similares deve ser capaz de compreender como a prática poderia ser considerada por seus participantes como criando-lhes *razões para a ação*. Esse é o primeiro passo essencial na reconciliação dos aspectos sociais e normativos da teoria jurídica. Se a tese internalista é assim compreendida, então há um bom argumento para tratar o ponto de vista interno como a chave metodológica da doutrina. Mas algumas soluções interessantes e, talvez, surpreendentes decorrem dessa interpretação da tese internalista. Uma é que o próprio Hart usa erroneamente a noção do ponto de vista interno em sua crítica das teorias de Direito propostas por Austin e Holmes. A concepção "malvada" de Direito de Holmes está tão interessada nas razões para a ação criadas pelo Direito quanto a versão do positivismo de Hart, e também ela faz uso de um "ponto de vista interno". Holmes pode ter errado quanto à natureza do

---

7. Ronald Dworkin, *Law's Empire* (Cambridge, Mass.: Harvard University Press, 1986), em 14 [p. 19 da edição brasileira, *O império do Direito*. São Paulo, Martins Fontes, 1999. Trad. de Jefferson Luiz Camargo. (N. do E.)] "Este livro adota o ponto de vista interno, aquele do participante; tenta apreender a natureza argumentativa de nossa prática jurídica ao associar-se a essa prática e debruçar-se sobre as questões de acerto e verdade com as quais os participantes deparam."

Direito, mas não porque a observou a partir de uma perspectiva puramente externa. A verdadeira base da afirmação de Hart de que sua teoria de Direito é superior a uma teoria como a de Holmes revela ser a invocação inofensiva e quase despercebida de uma noção da "função" do Direito. Na verdade, teorias de Direito minimamente plausíveis invocam uma noção similar de valor, objetivo ou função do Direito. A teoria de Hart atribui uma função ao Direito a partir do ponto de vista do teórico, mais do que do ponto de vista dos participantes da prática. Embora haja espaço na doutrina para tal metodologia, ela é insatisfatória em vários aspectos. O problema mais importante é que ela abandona efetivamente a ambição da doutrina de explicar a normatividade do Direito. Como veremos, a própria solução de Hart para o problema da normatividade falha, e sua limitada metodologia interpretativista não possui recursos suficientes para permitir a formulação de avaliações alternativas. A dificuldade, pretendo sugerir, é que a versão de Hart da tese internalista é muito fraca. Para oferecer uma explicação adequada da normatividade do Direito, o teórico deve atribuir um objetivo ou função ao Direito a partir do ponto de vista dos *participantes*. Mas seguir essa linha equivale a aproximar muito mais a metodologia da doutrina da versão de interpretativismo de Dworkin, e, em particular, de uma forma da tese internalista forte. Neste ensaio, apenas esboço as conseqüências adicionais para a doutrina, em vez de desenvolvê-las detalhadamente. Mas uma dessas conseqüências que merecem menção é a de que as teorias jurídicas mais satisfatórias revelam não ser puramente descritivas e livres de valor, como Hart afirmou. Meu principal objetivo neste ensaio não é, porém, demonstrar detalhadamente como transformar Hart em Dworkin. É simplesmente afirmar que, apesar de muitas discordâncias entre os dois teóricos, e não menos no nível metodológico, as sementes da versão forte de interpretativismo de Dworkin foram semeadas pelo próprio Hart.

Começarei discutindo a formulação e a defesa de Hart do ponto de vista interno. Antes de fazê-lo, porém, é necessário lidar com uma objeção preliminar à própria possibilidade de uma metodologia interpretativista na teoria jurídica. Michael Moore argumentou que a única forma defensável de interpretativismo baseia-se na idéia de que às vezes é racionalmente justificável tratar uma elocução, prática ou algum outro tipo de entidade como um "texto" com autoridade. Isso é menos obscuro do que parece. Moore, que classifica essa compreensão do interpretativismo como "modesta", descreve a noção da seguinte maneira: "atividades moderadamente interpretativas pressupõem alguma teoria que justifique por que decisões particulares são garantidas por algum texto preexistente"[8]. R. L. Schwartz faz uma afirmação análoga quando diz que textos com autoridade fornecem "fontes de normas e padrões de ação"[9]. Em outras palavras, tratar alguma coisa como um "texto com autoridade" é tratá-la como uma fonte de razões para a ação. Tal tratamento é justificado quando, *inter alia*, existe, na verdade, bom motivo para considerar o texto como dando origem a razões para a ação. Os candidatos à condição de texto variam de escritos sagrados na religião a sonhos no campo da psicanálise e a constituições e leis no Direito. O interpretativismo moderado é um empreendimento antes explicativo que descritivo, porque envolve um tipo de *atividade* de que se pode participar quando há sentido ou valor em fazê-lo. Haverá tal sentido quando tivermos uma justificativa para tratar o texto potencial como dotado de autoridade no sentido que foi explicado.

Moore argumenta que embora o *Direito* possa, em alguns aspectos, ser uma atividade moderadamente interpretativa, o mesmo não se pode dizer da *doutrina*. Isso porque o teórico jurídico não tem nenhuma justificativa para tratar leis particulares ou algum aspecto mais geral da prática jurídica, tal como as atividades dos juízes, como um texto com autoridade: esses

---

8. Michael S. Moore, "The Interpretive Turn in Modern Theory: A Turn for the Worse?", *Stanford Law Rev.*, p. 41 (1989), 871, em 936.

9. R. L. Schwartz, "Internal and External Method in the Study of Law", em *Law and Philosophy*, 11 (1992), 179, em 188.

pretensos textos não podem servir para o teórico jurídico como fontes de razões para a ação ou, pelo menos, não podem fazê-lo no que diz respeito a seu projeto de produzir teoria jurídica[10]. Por motivos semelhantes, a versão forte da tese internalista de Dworkin também deve ser rejeitada: "Como teóricos jurídicos, não precisamos estar comprometidos com algum ponto de vista interno como o de um juiz: textos como as leis, que possuem autoridade para juízes, advogados e cidadão, não precisam ter autoridade para nós *qua* teóricos jurídicos."[11] Como não existe nenhuma outra compreensão aceitável de interpretação, a conclusão, segundo Moore, é que a teoria jurídica é vista de maneira mais acertada como uma atividade não-interpretativa, explicativa ou descritiva, que não difere essencialmente de nenhum outro esforço científico.

A conclusão de Moore, de que o interpretativismo moderado não pode fundamentar uma metodologia interpretativista para a doutrina, é claramente justificada. Mas essa conclusão adicional, de que a doutrina deve ser considerada não-interpretativa, é muito afoita, já que ele simplesmente não considera a possibilidade de um interpretativismo baseado na tese internalista. As propostas metodológicas de Hart para a doutrina obviamente não incorporam nada como o interpretativismo moderado. Ele não pensa que as práticas jurídicas são textos que os teóricos jurídicos deviam tratar como dotados de autoridade e claramente aceita que pelo menos um dos objetivos da doutrina é, como para Moore, a exatidão descritiva. Não obstante, Hart conclui que, como há algo especial a respeito da matéria da teoria jurídica, esse objetivo não pode ser atingido por meio dos métodos usuais das ciências naturais. No caso do Direito e de outras estruturas normativas, a exatidão descritiva requer um preceito metodológico peculiar a essa área de investigação, ou seja, a tese internalista. Por motivos já explicados, a abordagem resultante da metodologia é corretamente classi-

---

10. Moore, *supra*, n. 8, em 948.
11. *Ibid.*, em 955.

ficada de "interpretativista". Existem, na verdade, mais peculiaridades no viés interpretativo do que Moore reconhece[12].

## Hart sobre os pontos de vista internos e externos

Em *The Concept of Law* Hart introduz o ponto de vista interno quando está explicando a diferença entre normas sociais e simples hábitos[13]. Tanto os hábitos como as normas sociais são caracterizados como aspectos do comportamento grupal. Em cada caso o padrão de comportamento em questão tem de ser geral e geralmente convergente. Mas normas diferem de hábitos no fato de que a divergência do padrão tipicamente leva à crítica, e o fato da divergência é considerado um bom motivo para fazer a crítica. Além disso, uma norma, ao contrário de um hábito, é marcada por um *aspecto interno*, que é composto de "uma atitude crítica reflexiva" para com o padrão de comportamento relevante. A crítica aos desvios do padrão e as exigências de conformidade a ele são consideradas legítimas pelo que critica e, tipicamente, pelo que é criticado. Tanto a crítica aos desvios como o reconhecimento dessa crítica tendem a ser marcados pelo uso de termos normativos como "dever ser", "ter de ser", "certo" e "errado". Em alguns casos, os termos normativos "obrigação" e "dever" são usados. Considera-se que as normas impõem obrigações "quando a exigência geral de conformidade é insistente e a pressão social exercida sobre os que se desviam ou ameaçam desviar-se é gran-

---

12. "Interpretação", é claro, tem outros significados além daqueles associados ao interpretativismo moderado e à tese internalista, mas estes não estão em questão no debate metodológico. O mais importante desses outros significados é dado pelo que geralmente é designado como modelo comunicativo ou conversacional de interpretação. A idéia essencial é que a interpretação tem por objetivo, pelos menos em seus exemplos centrais, compreender o significado que alguma pessoa ou corpo pretendia comunicar por meio de uma elocução ou texto. Ver Dworkin, *supra*, n. 7, em 50; Andrei Marmor, *Interpretation and Legal Theory* (Oxford: Clarendon Press, 1992), em 28-34.

13. Hart, *supra*, n. 2, em 54-5.

de"[14]. As obrigações são marcadas, na verdade, por uma manifestação particularmente forte do aspecto interno das normas. Um dos temas distintos de *The Concept of Law* é que as normas sociais desse tipo não apenas são *consideradas* como dando origem a obrigações por (uma maioria de) membros do grupo, mas, *na verdade*, criam obrigações, embora não obrigações morais. Como diz Hart, a existência do Direito "significa que certos tipos de conduta humana já não são opcionais, mas, em *algum* sentido, obrigatórios"[15]. Essas obrigações estendem-se mesmo aos membros do grupo que não aceitam que são limitados pelas normas[16].

O aspecto interno das normas é contrastado com o aspecto externo, que Hart descreve de várias maneiras como "o comportamento uniforme regular que um observador poderia registrar", "comportamento físico externamente observável" e "regularidades do comportamento físico"[17]. Posteriormente, Hart introduz a idéia dos *pontos de vista* interno e externo. O ponto de vista interno é apenas o ponto de vista de uma pessoa que aceita a norma em questão. O fato de que deve existir tal ponto de vista decorre mais ou menos automaticamente da definição de uma norma, já que uma das características de uma norma é que ela tem um aspecto interno. O ponto de vista externo, porém, é mais complicado. Para começar, Hart diz que os enunciados feitos a partir do ponto de vista externo podem ser de diferentes tipos. Por exemplo, "o observador pode, sem aceitar as normas, afirmar que o grupo aceita as normas e, portanto, pode, do exterior, referir-se à maneira como *eles* se preocupam com elas do ponto de vista interno"[18]. Embora Hart não seja explícito a respeito, é claramente esse tipo de enunciado que a doutrina requer para descrever com exatidão práticas

---

14. *Ibid.*, em 84.
15. *Ibid.*, em 6 (ênfase no original). Cf. *ibid.*, em 96: "A referência ao... ponto de vista interno é necessária para a análise dos conceitos básicos de obrigação e dever."
16. *Ibid.*, em 80-1, 85-6.
17. *Ibid.*, em 55, 56, 87.
18. *Ibid.*, em 86-7 (ênfase no original). Cf. *ibid.*, em 99.

normativas e, em particular, o Direito. Esse tipo de afirmação leva em conta o ponto de vista interno, mas não é feito *a partir* desse ponto de vista; como apenas se faz referência ao ponto de vista interno, não sendo ele, porém, utilizado, tais enunciados externos (e as teorias de que fazem parte) podem ser caracterizados como de caráter descritivo, não normativo. Chamarei esse tipo de enunciados externos de enunciados externos "engajados".

Os enunciados engajados são obviamente muito importantes, mas não são o único tipo de enunciado externo que Hart reconhece. Também é possível para um observador simplesmente descrever "as regularidades do comportamento físico" que compreendem os aspectos externos das normas, sem mencionar as próprias normas nem seu aspecto externo. Um observador que "se atém austeramente a esse extremo ponto de vista externo" descreverá o que vê nos seguintes termos:

> Sua visão será como a de alguém que, tendo observado o funcionamento de um semáforo em uma rua movimentada, limita-se a dizer que quando a luz fica vermelha existe uma grande probabilidade de que o trânsito pare. Ele trata a luz meramente como um *sinal* natural *de que* as pessoas irão comportar-se de certas maneiras, assim como nuvens são um *sinal de que* vai chover[19].

Chamarei os enunciados desse tipo de "desengajados" ou enunciados externos "extremos".

Hart claramente tem a opinião de que uma teoria jurídica satisfatória requer enunciados externos engajados e, portanto, requer a referência ao ponto de vista interno. Mas por quê, exatamente? O que haveria de errado com uma teoria que simplesmente empregasse enunciados externos desengajados? A partir da perspectiva do debate metodológico nas ciências sociais seria de esperar que a resposta a essa pergunta fosse baseada na formulação e aplicação de critérios epistemológi-

---

19. *Ibid.*, em 87 (ênfase no original).

cos de algum tipo: que tipo de teoria, engajada ou desengajada, fornece uma descrição mais unificada de fenômenos aparentemente díspares, ou que tipo de teoria tem maior poder de previsão?[20] Hart, porém, não tem nada a dizer sobre tais questões e, pelo que se pode perceber, não as considera relevantes. Uma das poucas pistas para explicar por que ele prefere as teorias engajadas às teorias desengajadas (ou, talvez, por que são necessárias, além das teorias desengajadas) é encontrada na continuação da passagem recém-transcrita:

> [O observador que adota o ponto de vista externo extremo] perderá uma dimensão inteira da vida social dos que está observando já que, para eles, a luz vermelha não é meramente um sinal de que os outros irão parar: eles olham para ela como um *sinal* para que parem e, portanto, como uma razão para parar em conformidade com normas que fazem do parar quando a luz está vermelha um padrão de comportamento e uma obrigação. Mencionar isso é incluir na descrição o modo como o grupo vê seu próprio comportamento. É remeter ao aspecto interno das normas, observadas a partir do ponto de vista interno[21].

Isso sugere que Hart está interessado, pelo menos em parte, na descrição pura pela descrição pura[22]. Mesmo que as teorias desengajadas que tentam oferecer análises causais/explicativas do Direito sejam úteis para alguns propósitos – e em nenhum ponto Hart diz que não são –, ainda assim, há espaço e necessidade de um tipo de teoria que não trate o ponto de vista simplesmente como epifenomenal. Uma descrição precisa

---

20. Sou grato a Brian Leiter pelo esclarecimento deste ponto.
21. *Ibid.*, em 87-8 (ênfase no original).
22. Cf. Hart, *supra*, n. 6, em 36: "Há uma necessidade permanente de uma forma de teoria jurídica ou doutrina que seja descritiva e de âmbito geral, cuja perspectiva não seja a de um juiz decidindo "o que o Direito é", ou seja, o que o Direito exige em casos particulares (tais como os examinados por Dworkin na primeira seção deste ensaio), mas a de um observador externo de uma forma de instituição social com um aspecto normativo, a qual, em seu reaparecimento em diferentes sociedades e períodos, exibe muitas características comuns de forma, estrutura e conteúdo."

do "modo como o grupo vê seu próprio comportamento" é importante para que se possa oferecer uma imagem completa da prática social em estudo.

Mas, com certeza, há mais na insistência de Hart na necessidade de uma teoria engajada que uma preferência pela descrição precisa. A chave aqui é que a norma, em ligação com fatos a respeito do mundo tornados pertinentes pela norma (como a luz estar vermelha), é considerada pelos que aceitam a norma como dando origem a uma *razão para a ação*. Como Hart diz em outro ponto, para os que assumem o ponto de vista interno, as normas servem como "guias para a conduta da vida social"[23]. O Direito é um fenômeno prático que sistematicamente cria, ou pelo menos afeta, as razões das pessoas para a ação. Hart claramente leva a sério a aspiração da doutrina de não apenas descrever o Direito com precisão, mas também de explicar sua dimensão normativa. Como foi mencionado anteriormente, ele considera as normas sociais do tipo que analisa como originando não apenas uma *crença*, entre uma maioria de pessoas no grupo, de que estão obrigadas, mas obrigações (não-morais) efetivas. Assim, Hart explica a normatividade das normas sociais e, por fim, do Direito, em termos do que poderíamos chamar de obrigações *sociais*. Tais obrigações aplicam-se apenas dentro do grupo e podem ou não coincidir com obrigações mais gerais derivadas do que ele chama de moralidade "crítica".

A tese internalista, tal como caracterizada anteriormente, sustenta que uma análise doutrinária adequada do Direito e, talvez, de outras práticas sociais relacionadas deve referir-se ao ponto de vista de alguns ou de todos os participantes da prática. Podemos perceber agora que, para Hart, o conteúdo da tese internalista é mais específico: o teórico deve ser capaz de compreender como, pelo menos para alguns de seus participantes, o Direito é tido como oferecendo razões para a ação. Na verdade, sua formulação da tese é ainda mais especí-

---

23. Hart, *supra*, n. 2, em 88.

fica: o teórico deve compreender e levar em conta o ponto de vista dos que aceitam as normas sociais porque tal aceitação, *de fato*, oferece-lhes razões para a ação. A justificativa para elaborar a tese internalista dessa maneira remete-nos às ambições duais da doutrina. O teórico do Direito não está apenas tentando descrever o Direito, mas compreender o seu caráter normativo. O fato de que algumas pessoas aceitam normas sociais é significativo a partir de uma perspectiva puramente descritiva, mas, além disso, também explica, segundo Hart, por que uma prática normativa é normativa. Pela análise filosófica de Hart, o fato de que os membros de um grupo adotem o ponto de vista interno com respeito a sua própria conduta é suficiente para dar-lhes razões para a ação, na forma de obrigações sociais. Assim, embora Hart tenha emprestado a noção do ponto de vista interno do debate metodológico nas ciências sociais, não estava principalmente preocupado com as questões epistemológicas a que o debate se dirige. Com certeza, estava interessado na descrição precisa, mas, além disso, pensava que o ponto de vista interno também resolvia o problema *filosófico* de como o Direito poderia ser verdadeiramente normativo.

É importante enfatizar que, pela análise de Hart, as obrigações sociais não são obrigações morais. Não fosse assim, ele não poderia afirmar que é um positivista jurídico. Assim, foi um tema constante na obra de Hart o fato de que existe uma forma de normatividade distinta daquela da moralidade (crítica). Um tema correlato é que a linguagem normativa carrega um significado diferente em contextos jurídicos e morais. Como as obrigações sociais dizem respeito apenas ao grupo em estudo, tudo o que se requer do teórico é que ele compreenda como os membros do grupo consideram sua própria conduta. Ele não tem de *compartilhar* seu ponto de vista nem tem de se considerar similarmente obrigado. Como Hart posteriormente esclareceu, seria assim mesmo que uma explicação do ponto de vista interno exigisse a referência a crenças morais. Supondo, à guisa de argumento, que uma descrição satisfatória do que é para uma comunidade ter uma norma costumeira demonstre que a conformidade à norma deve ser motivada por uma crença de que a norma é moralmente valiosa, ele continua:

> Uma análise que se refere dessa maneira a crenças morais será inteligível apenas para os que podem compreender o que é ser motivado por tais crenças e julgar que considerações morais justificam a conduta. *Nesse sentido*, o teórico deve "colocar-se no lugar" dos que praticam o que ele está tentando elucidar para retratar sua conduta tal como ela se lhes afigura. Mas ele não precisa compartilhar ou endossar suas crenças ou considerar que seu relato descritivo pretende também que a conduta deles seja justificada[24].

Hart não aceita, como veremos, que a análise correta de uma norma comunitária (ou social) demonstre que a conformidade deve ser motivada por crenças morais. De qualquer modo, porém, o teórico jurídico ainda precisa ser capaz de compreender como os participantes da prática pensam que a prática lhes dá razões para a ação. Nessa medida, deve ser capaz de enxergar a prática a partir do ponto de vista deles, e, nesse sentido limitado, deve adotar o que se pode adequadamente chamar de metodologia interpretativa ou hermenêutica. Mas o teórico não precisa compartilhar a crença dos participantes de que a prática é moralmente justificada (embora, para explicar a normatividade do Direito, ainda deva, presumivelmente, aceitar que ela dá *a eles*, ainda que não a ele, obrigações *sociais*). É por esse motivo que Hart rejeita a tese internalista forte.

A posição metodológica que acabei de atribuir a Hart tem certa semelhança com o interpretativismo moderado de Moore, já que ambos estão interessados na maneira como as práticas sociais oferecem razões para a ação. Mas as duas noções não são equivalentes. O interpretativismo moderado considera dois

---

24. Hart, *supra*, n. 6, em 39 (ênfase no original), comentando o resumo de Dworkin do argumento de *Law's Empire* em Gavison (org.), *supra*, n. 1.

problemas da razão prática: primeiro, determinar se um indivíduo tem justificativa para tratar algo como um texto provido de autoridade e, segundo, supondo que existe uma justificativa adequada, determinar que razões para a ação o texto cria para esse indivíduo. É verdade que esse "algo" – o pretenso texto – pode ser uma prática social existente, e um dos motivos para decidir que a prática dá a alguém uma razão para a ação pode ser, em circunstâncias adequadas, o fato de que outras pessoas já consideram que ela *lhes* dá uma razão para a ação. Mesmo assim, o interpretativismo moderado não se preocupa com práticas sociais como tais, mas, antes, com questões de razão prática individual. A metodologia internalista de Hart, por sua vez, preocupa-se com o estudo de práticas sociais. É verdade que a tese internalista prevaleceu quando os membros do grupo em questão consideram que a prática cria razões. Também é verdade que o teórico deve ser capaz, no sentido previamente explicado, de colocar-se na posição de membro do grupo. Pode até ser que ele seja um membro do grupo. Resta o fato de que seu projeto é um exercício de razão teórica, não prática.

Vale a pena enfatizar que a metodologia internalista de Hart parece ser inteiramente compatível com as teorias não-jurídicas do Direito, que também pretendem ser descritivas e adotam um ponto de vista externo, desengajado. É compatível, por exemplo, com análises funcionais/causais que tentam explicar, por meio de referência a certas funções sociais e sem levar em conta as razões de ninguém para a ação, por que o Direito existe, ou continua a existir, ou assume a forma que tem[25]. Portanto, pode-se fazer a afirmação causal de que o Direito assume a forma que tem porque serve à função de, digamos, promover os interesses da classe econômica dominante. Existe na filosofia das ciências sociais um debate contínuo, cuja resolução não nos importa agora, quanto a determinar se

---

25. Leslie Green, "The Political Content of Legal Theory", *Philosophy of the Social Sciences*, 17 (1987), 1, em 4-5, 11.

as funções desse tipo podem realmente ser causas[26]. Meu objetivo aqui é simplesmente o fato de que, em princípio, o Direito pode ser simultaneamente a matéria tanto de teorias internas como externas, exatamente como os seres humanos podem ser simultaneamente a matéria tanto de teorias biológicas como psicológicas. A reivindicação metodológica de Hart, portanto, não deveria ser a de que *qualquer* teoria que toma o Direito como tema deve ser sensível ao ponto de vista interno. Antes, deveria ser a de que é uma característica do Direito, e de algumas outras práticas sociais, que elas criem razões, e estaríamos ignorando algo importante a respeito dessas práticas se nossas teorias sociais não estudassem, em nenhum ponto, essa característica. Há, portanto, espaço e necessidade de teorias que façam da criação de razão por essas práticas seu principal objeto de investigação e que, portanto, sejam sensíveis ao ponto de vista interno. A teoria jurídica, como disciplina, define uma classe de tais teorias.

Agora que temos uma idéia melhor do papel que o ponto de vista interno desempenha na metodologia doutrinária de Hart, quero examinar brevemente como ele emprega a noção ao desenvolver sua própria teoria positivista. Não estou interessado nas questões substantivas por si mesmas, mas apenas na medida em que nos auxiliam a entender as questões metodológicas. Como se sabe, Hart sustenta que os funcionários de um sistema jurídico, particularmente seus juízes, adotam uma norma social que impõe deveres, e que ele chama de regra de reconhecimento. Essa norma deve ser compreendida em termos da análise geral das normas sociais de Hart, que foi resumida anteriormente. A regra do reconhecimento provê critérios para determinar a validade de outras normas do sistema jurídico e impõe aos juízes o dever de executar essas normas. Os juízes assumem o ponto de vista interno com relação à

---

26. Ver, por exemplo, Richard W. Miller, *Fact and Method: Explanation, Confirmation and Reality in the Natural and Social Sciences* (Princeton, NJ: Princeton University Press, 1987), em 118-26.

regra de reconhecimento, o que significa que a consideram "um padrão comum, público de decisão judicial correta"[27]. Em conformidade com a visão de Hart da normatividade do Direito, os juízes, portanto, colocam-se sob a obrigação social de fazer vigorar as normas válidas do sistema. A existência de um sistema jurídico também requer, dos cidadãos em geral, um nível mínimo de aquiescência às normas válidas, e, embora os cidadãos possam compartilhar o ponto de vista interno, eles não precisam fazê-lo; na maior parte das vezes, é suficiente que obedeçam às normas e não importa se o fazem por medo, inércia ou por algum outro motivo. Assim, Hart diz que

> em qualquer momento dado, é provável que a vida de uma sociedade que vive segundo normas, jurídicas ou não, consista em uma tensão entre os que, por um lado, aceitam e cooperam voluntariamente na manutenção das normas... e os que, por outro lado, rejeitam as normas e só prestam atenção a elas do ponto de vista externo, por indicarem possível punição[28].

Hart afirma que uma teoria jurídica adequada deve levar em conta os pontos de vista interno e externo e, portanto, deve ter o cuidado de não definir uma ou outra como inexistente. Ainda assim, há uma assimetria no caso, já que um sistema jurídico hartiano poderia existir se todos assumissem o ponto de vista interno, mas não se todos assumissem o ponto de vista externo. Hart pode não definir o ponto de vista externo como inexistente, mas claramente atribui ao ponto de vista interno um papel mais central na sua teoria. Pode parecer que a razão para isso decorra mais ou menos diretamente de nossa discussão anterior da metodologia: o Direito é uma instituição social criadora de razão, e isso só poderia ser assim se pelo menos alguns dos seus participantes adotassem o ponto de vista interno. Mas essa resposta incorre em petição de princípio em algumas questões importantes. Para perceber por quê, devemos

---

27. Hart, *supra*, n. 2, em 112.
28. *Ibid.*, em 88.

examinar mais cuidadosamente o que Hart tem a dizer a respeito do ponto de vista externo.

Como se notou anteriormente, Hart distingue dois tipos de enunciado externo, ambos feitos a partir da perspectiva de um observador. Os enunciados engajados não estão em questão no momento, já que levam em conta o ponto de vista interno. Em vez disso, nossa preocupação é com os enunciados externos desengajados. Estes simplesmente descrevem, a partir da perspectiva de um observador, "as regularidades do comportamento físico". Hart diz que um observador que adota o que ele denomina ponto de vista externo extremo – na minha terminologia, o ponto de vista desengajado – perderá toda uma dimensão da vida social daqueles que está observando. O que perderá, presume-se, é que eles agem movidos por *razões* e que essas razões estão sistematicamente relacionadas com a prática que ele supostamente está estudando. Na verdade, não está claro por que alguém que adotou o ponto de vista externo extremo seria levado a descrever o que viu em termos de *ações*. O próprio Hart quase chega a aceitar isso quando diz, a respeito do exemplo do semáforo, que o observador externo tratará a luz "meramente como um *sinal* natural *de que* as pessoas irão comportar-se de certas maneiras, assim como nuvens são um *sinal de que* vai chover"[29]. No contexto da analogia da nuvem e da chuva, a palavra "comportar-se" parece sugerir mais movimentos corporais que ações com propósito. De qualquer modo, seja qual for a estrutura teórica de fundo que se suponha para os enunciados externos extremos[30], está claro que tais enunciados abstraem-se das razões para a ação das pessoas observadas. Um observador que adota o ponto de vista externo extremo pode tornar-se consciente de regularidades empíricas que lhe permitam fazer previsões a respeito do que as pessoas farão, mas não terá consciência de seus processos de raciocínio prático e pode até mesmo não ter consciência de que elas são agentes.

---

29. *Ibid.*, em 87 (ênfase no original).
30. A preocupação aqui é com a idéia de Quine de que é impossível especificar uma linguagem de observação neutra, não carregada de teoria.

Considere agora a afirmação de Hart de que se pode esperar que alguns membros de qualquer sociedade rejeitem as normas "e só prestem atenção a elas do ponto de vista externo..."[31]. Em que sentido se pode dizer que as pessoas que rejeitam as normas – vamos chamá-las de participantes alienados – estão adotando o ponto de vista externo? Hart diz a respeito de tais pessoas que elas "só se preocupam com [as normas] quando e porque julgam que é provável que conseqüências desagradáveis decorram da violação". Em outras palavras, atentam para as normas com o único objetivo de evitar crítica ou punição. Essa perspectiva prudente, como a denominarei, difere claramente da caracterização anterior que Hart dá ao ponto de vista externo. Essa caracterização referia-se a um observador que notava as regularidades de conduta em meio a um grupo de pessoas. Tal observador está engajado em um processo de raciocínio *teórico*, cujo objetivo não é a ação, mas a descrição. Além disso, ao formular suas descrições, ele não tem consciência (ou, pelo menos, deixa de mencionar) das razões para ação das pessoas que está observando. O contraste com a perspectiva prudente não poderia ser maior, já que as pessoas que adotam essa perspectiva estão engajadas em um processo de raciocínio *prático*. Seu raciocínio é inteiramente diferente, é verdade, do raciocínio prático de pessoas que adotaram o ponto de vista interno (participantes socializados, poderíamos chamá-las). Para os participantes alienados, não são as normas como tais, compreendidas como normas de grupo, que servem de razões para ação; sua preocupação, na verdade, é com a crítica ou punição que pode decorrer de um desvio do padrão de conduta que a norma exige. Mas o ponto importante para os presentes propósitos é que, para participantes alienados e socializados, a prática social em questão é uma fonte de razões para ação.

Está claro, portanto, que, mesmo separada da possibilidade de enunciados externos engajados, a noção de Hart do

---

31. *Ibid.*, em 88.

ponto de vista externo é sistematicamente ambígua. O entendimento oficial diz respeito a uma forma de raciocínio teórico sobre as regularidades da conduta grupal. Mas esse entendimento oficial é tacitamente fundido com um segundo entendimento, não-oficial, cujo foco é certamente um tipo de raciocínio *prático* no qual alguns membros de um grupo poderiam engajar-se. Dado que o fundamento lógico para levar em conta o ponto de vista interno na teorização sobre práticas sociais como o Direito é precisamente elucidar o caráter criador de razão dessas práticas, seria de pensar que a perspectiva prudente, em vez de ser fundida ao ponto de vista externo extremo, deveria ser tratada como um segundo tipo de ponto de vista *interno*. Mas somente excluindo a perspectiva prudente do círculo mágico dos pontos de vista internos é que Hart consegue formular seu argumento mais importante a favor da centralidade das normas sociais dentro do conceito de Direito. O argumento pode ser parafraseado da seguinte maneira. Uma metodologia adequada para o estudo do Direito requer o ponto de vista interno. O ponto de vista interno tem de ser compreendido por meio de referência a normas sociais. Portanto, uma análise satisfatória do Direito deve ter como centro as normas sociais. Esse é um mau argumento, porém, porque o segundo passo incorre em petição de princípio a respeito de uma questão importante; o ponto de vista interno deveria caracterizar-se em termos do caráter criador de razão da prática em geral, não apenas em termos das normas sociais.

Formulando de outra maneira, a tese internalista deveria deixar em aberto a questão (parcialmente filosófica) de quais tipos de razões uma prática social cria para seus participantes (bem como a questão empírica de quais razões ou razões percebidas *levam-nos* a agir), em vez de *definir* o ponto de vista interno por meio de referência a um único desses tipos. (Afinal, existe, portanto, um sentido em que Hart define o ponto de vista externo, ou pelo menos um ramo de uma caracterização sistematicamente ambígua do ponto de vista externo.) Quando compreendemos a tese internalista dessa maneira mais aberta, podemos perceber que a questão de se o ponto de vista interno ou externo deveria ou não ter precedência na teoria do Direito de Hart está mal colocada. Já aceitamos que há espaço para um tipo de teoria que se concentre no caráter criador de razão das práticas sociais. A questão mais adequada torna-se então: *qual* ponto de vista interno deve ser considerado mais significativo para uma dada prática social e, em particular, para o Direito? Em outras palavras, que tipo de razão para ação, obrigações sociais ou razões prudentes devem ser concebidas como razões puramente *jurídicas* para a ação? Na seção seguinte, sugiro que essas questões só podem ser respondidas mediante referência a um certo tipo de argumento moral. Antes, porém, quero perguntar como Hart pode ter sido levado a fundir o ponto de vista externo extremo à perspectiva prudente. A resposta, argumentarei, relaciona-se com duas maneiras diferentes em que a noção de previsão poderia figurar em uma teoria do Direito.

Hart resume suas várias críticas da teoria da previsão da obrigação, que tem versões sustentadas por Austin, Bentham e Holmes, dizendo que ela define como inexistente o aspecto interno das normas obrigatórias[32]. A teoria da previsão sustenta que as obrigações devem ser analisadas em termos da previsibilidade da punição. As teorias do Direito que adotam essa análise nem sempre são muitos claras, porém, quanto ao papel exato que a previsão supostamente desempenha. Considere, por exemplo, a discussão de Holmes em "The Path of the Law". Holmes afirma no início que "o objeto de nosso estudo... é a previsão, a previsão da incidência da força pública por meio da instrumentalidade dos tribunais"[33]. Mas Holmes não nos diz aqui quem deve fazer a previsão. Posteriormente, oferece a seguinte caracterização do Direito: "As previsões do que os tribunais realmente farão, e nada mais pretensioso – é isso o

---

32. *Ibid.*
33. Oliver Wendell Holmes, "The Path of the Law", em *Collected Legal Papers* (Nova York: Harcourt, Brace, 1920), 167.

que quero dizer com Direito."³⁴ De modo semelhante, um dever jurídico é definido como "nada mais que uma previsão no sentido de que, se um homem faz ou deixa de fazer certas coisas, ele irá sofrer desta ou daquela maneira por meio do julgamento do tribunal"³⁵. Essas duas passagens sugerem uma teoria externa desengajada de lei e obrigação jurídica: a pessoa que faz a previsão é um observador externo que nota as regularidades no comportamento dos tribunais; não precisa, aparentemente, preocupar-se com as razões de ninguém para a ação, quer dos próprios juízes, quer dos cidadãos em geral³⁶.

Mas esse viés aparentemente externo do pensamento de Holmes sobre o Direito é enganoso. Uma pista mais precisa do tipo de teoria que ele realmente tinha em mente pode ser encontrada na famosa passagem de seu ensaio: "Se você quer conhecer o Direito e nada mais, deve olhá-lo como um homem mau, que se importa apenas com as conseqüências materiais que tal conhecimento permite-lhe prever, não como um homem bom, que encontra suas razões para a conduta, dentro ou fora do Direito, nas sanções mais vagas da consciência."³⁷ Aqui, a noção de previsão claramente não serve para demarcar o ponto de vista externo, desengajado de um observador. Serve, antes, para caracterizar razões prudentes para a ação que o Direito cria para os cidadãos comuns. As razões prudentes de um cidadão baseiam-se na probabilidade de ser punido, o que, em uma terminologia menos precisa, é apenas a previsibilidade da punição. Assim, Holmes constrói sua descrição do Direito sobre um ponto de vista interno *particular*, no sentido mais amplo dessa noção, esboçado anteriormente. Mais adiante, falarei um pouco mais sobre a substância dessa descrição. Meu foco, no momento, é o fato de que Holmes usa a noção de

---

34. *Ibid.*, em 173.
35. *Ibid.*, em 169.
36. Dworkin aceita que a teoria de Holmes seja de caráter "externo", com o que pretende dizer que ela carece da "compreensão dos participantes". Dworkin, *supra*, n. 7, em 14. [Na edição brasileira (ver nota 7), pp. 18-9. (N. do E.)]
37. Holmes, *supra*, n. 33, em 171.

previsão de duas maneiras diferentes, mas não claramente diferenciadas. Uma delas é associada mais plausivelmente a uma visão externa do Direito, enquanto a outra é associada mais plausivelmente a uma visão interna. Dado o fracasso de pelo menos um proponente da teoria da previsão em distinguir com clareza entre dois usos completamente diferentes da noção de previsão, talvez não seja de surpreender que Hart tenha sido levado a classificar ambas sob a rubrica única do ponto de vista externo.

## A finalidade do Direito

Vimos na seção precedente que a tese internalista, se bem compreendida, por si só não é suficiente para eliminar uma teoria do Direito como a de Holmes. Ao contrário da asserção de Hart, a teoria da previsão não define o ponto de vista interno como inexistente. Assim, restam-nos duas teorias rivais de Direito, cada uma delas partindo de uma compreensão diferente do ponto de vista interno. Cada uma dessas compreensões representa a perspectiva de um grupo diferente de participantes na prática social do Direito, e cada uma é associada a um modo diferente de raciocínio prático (isto é, um tipo diferente de razão para a ação que o Direito supostamente cria). Existem, é claro, muito mais teorias de Direito possíveis além dessas duas, cada uma delas com sua própria compreensão de quais razões para a ação têm caráter fundamentalmente jurídico. No momento, porém, será útil continuar a focalizar as teorias de Hart e Holmes. Como vimos, Hart sustenta que as normas sociais e a perspectiva dos juízes são centrais para a compreensão adequada do Direito. Holmes, por sua vez, tem um ponto de partida diferente, que ele chama de ponto de vista do homem mau. Holmes argumenta, na verdade, que as razões puramente *jurídicas* para a ação são as razões prudentes criadas por instituições jurídicas que um homem mau, isto é, uma pessoa preocupada apenas com seu próprio interesse, respeitaria sistematicamente. Dado que ambas as descrições do Direito partem de um ponto de vista interno, a questão óbvia é: como escolher entre elas?

Pode parecer que seria possível fazer essa escolha com base no argumento conceitual, isto é, com base na teoria que oferece a melhor análise dos vários conceitos que figuram na prática social em estudo. Assim, por exemplo, Hart afirma que sua teoria fornece uma análise melhor daquilo que designamos como noções de obrigação jurídica e autoridade jurídica do que a teoria da previsão da obrigação ou a visão austiniana de Direito como ordens sustentadas por ameaças. Ora, certamente é verdade, como veremos adiante, que o argumento conceitual é parte da história. Mas não é a história toda, pelo menos não se considerarmos o argumento conceitual como completamente distinto do argumento normativo. Não há dúvida de que a teoria da previsão da obrigação não oferece uma análise muito precisa do que comumente designamos como obrigação jurídica ou, na verdade, qualquer tipo de obrigação. Mas, mesmo assim, um defensor da teoria holmesiana ainda poderá dizer que os vários elementos conceituais que associamos ao Direito são complexos e não estão necessariamente em completa harmonia entre si. Ele não está tão preocupado em analisar o conceito de obrigação como em argumentar que esse conceito, tal como comumente compreendido, não é teoricamente fundamental. O conceito teoricamente fundamental, continua ele, é o das sanções, porque são as sanções, não as obrigações hartianas, que criam as razões para ação que são verdadeiramente centrais em uma compreensão precisa do Direito. A "redução" conceitual de obrigações a razões prudentes tem, na verdade, apenas a intenção de enfatizar esse fato. Hart, de sua parte, enfatiza o conceito de obrigação, tal como analisado por sua descrição das normas sociais, e minimiza o papel das sanções[38].

---

38. Hart, *supra*, n. 2, em 34: "No caso das normas do Direito criminal, é logicamente possível e pode ser desejável que existam tais normas, embora não haja nenhuma ameaça de punição ou de outro mal... Podemos, em certo sentido, subtrair a sanção e ainda deixar um padrão inteligível de comportamento que ela tinha o intuito de manter."

Na verdade, há uma questão mais profunda aqui. Pois é necessário perguntar: a partir de que ponto de vista a análise conceitual pode ser levada a cabo? A resposta, para Hart, como veremos em breve, é o ponto de vista do teórico. Mas a conceituação do teórico da prática social em questão não tem de corresponder à dos participantes. À acusação de que sua análise das obrigações não respeita "nosso" conceito, onde "nosso", presumivelmente, refere-se aos participantes da prática social do Direito, o holmesiano pode responder: "Ela não tem a intenção de respeitar seu conceito e, além disso, não precisa fazê-lo; minha conceituação das obrigações é teoricamente preferível à sua, e, como a própria metodologia de Hart torna o ponto de vista do teórico determinante em tais questões, é a minha que devo usar." A justificativa para lidar com tais questões a partir do ponto de vista do teórico, juntamente com a base para determinar que uma conceituação particular é superior, será considerada adiante.

A manobra conceitual, portanto, parece não nos levar adiante. Ainda somos confrontados com a questão: como escolher entre as teorias do Direito hartiana e holmesiana? Acontece que Hart tem uma resposta a essa questão que não recorre à análise conceitual (ou, pelo menos, não à análise conceitual pura, incontaminada por considerações normativas). Após referir-se à afirmação de Holmes, de que o Direito deve ser compreendido em termos do que desejaria saber o "homem mau", ele continua:

> Por que o Direito não deveria estar igualmente, ou mais, preocupado com o "homem confuso", ou o "homem ignorante", que está disposto a fazer o que se requer se lhe disserem que deve ser feito? Ou com "o homem que deseja pôr suas coisas em ordem" se lhe disserem como fazer isso? ... As funções principais do Direito como meio de controle social não podem ser vistas em litígios ou processos privados, que representam medidas vitais, mas, ainda assim ancilares, voltadas para as falhas do sistema. Têm de ser vistas nas diversas maneiras em que o Direito é usado para controlar, guiar e planejar a vida fora do tribunal[39].

---

39. *Ibid.*, em 39.

A palavra-chave aqui é "função". É evidente que Hart não usa esse termo para referir-se a funções sociais do tipo discutido anteriormente, que poderiam figurar em algum tipo de explicação causal. Tampouco poderia simplesmente estar querendo dizer que a orientação da conduta é um dos *efeitos* do Direito, já que a influência do Direito sobre homens maus também é uma das suas funções nesse sentido; não há nada nesses enunciados puramente factuais que determine qual é a função *principal*. De qualquer modo, compreender "função" como significando "efeito" é incoerente com a expressão do intento de Hart em termos daquilo com que o Direito *deveria* ocupar-se. Em vez disso, seria mais plausível interpretar o termo como referindo-se ao *valor moral* ou *finalidade* da instituição do Direito[40]. Hart parece estar dizendo que, quando o Direito é compreendido em concordância com sua análise, ele tem valor moral ou, pelo menos, valor moral potencial, pois é capaz de orientar a conduta de um modo socialmente benéfico. Essa idéia é, até certo ponto, esvaziada pela tese de Hart do conteúdo mínimo do Direito Natural[41]. Naturalmente, se esse deve ser um argumento contra a teoria do "homem mau" de Holmes, Hart não pode supor que os cidadãos mais comuns assumam a perspectiva prudente, como sua teoria na verdade parece admitir. Assim, de maneira interessante, Hart parece estar atribuindo um valor ao Direito que enfatiza o papel do ponto de vista interno (tal como ele o compreende) não apenas para juízes, mas também para os cidadãos comuns. Esta, como veremos adiante, é uma idéia que foi adotada e desenvolvida com grande refinamento por Joseph Raz. Mas minha discussão presente é simplesmente esta. Embora as ambições teóricas originais de Hart estivessem aparentemente limitadas, por um lado, à descrição social pura, e, por outro lado, à explicação da normatividade, um dos argumentos principais que ele propõe em favor de sua própria teoria do Direito em confronto com uma

---

40. Cf. John Finnis, *Natural Law and Natural Rights* (Oxford: Clarendon Press, 1980), em 6-7.
41. Hart, *supra*, n. 2, em 189-95.

teoria rival parece ser de caráter *moral*: fundamenta-se em certa compreensão da finalidade ou valor moral da instituição do Direito. Embora ele mesmo não o faça, seria possível imaginar alguém defendendo a determinação de Holmes de quais elementos do Direito são teoricamente significativos atribuindo à instituição um intento ou valor moral diferente. A linha de argumentação evidente começaria com uma concepção hobbesiana da pessoa e, então, sustentaria, à luz dos objetivos e motivações principais de tais pessoas, que o intento do Direito é preservar a paz e a ordem sociais por meio da coerção. Nessas circunstâncias, a coerção seria considerada justificada. Descrições normativas do Direito que assumem mais ou menos essa forma têm sido propostas, é claro[42], mas não as discutirei aqui. Minha preocupação não é com a substância do debate moral que poderia ocorrer entre Holmes e Hart (ou seus sucessores) sobre o que se deveria considerar como sendo o intento ou valor do Direito. Minha preocupação, antes, é com a posição metodológica de tal debate. De que maneira a afirmação de Hart a respeito do valor moral do Direito encaixa-se, se é que o faz, em sua concepção mais geral da teoria jurídica? Ela, de algum modo, modifica implicitamente a concepção? Para responder a essas perguntas seria útil, primeiramente, enfrentar a seguinte questão: de que ponto de vista Hart afirma que as "funções primárias" do Direito são os seus usos no controle, orientação e planejamento da vida fora do tribunal?

Uma possibilidade é de que essa afirmação tenha a intenção de representar a perspectiva dos que adotam o ponto de vista interno (no sentido de Hart, dos que aceitam a regra do reconhecimento). Assim, essencialmente, seria o ponto de vista dos juízes. Em certo ponto, Hart realmente afirma que as normas sociais que dão origem a obrigações "são consideradas importantes porque se acredita que são necessárias à ma-

---

42. Ver, por exemplo, Robert Ladenson, "In Defense of a Hobbesian Conception of Law", *Philosophy and Public Affairs*, 9 (1980), 134.

nutenção da vida social ou um aspecto valioso dela"[43]. Em outra parte de *The Concept of Law*, porém, Hart sugere que fazer perguntas a respeito do valor moral da regra de reconhecimento ou do sistema jurídico ao qual pertence é deslocar-se para um ponto de vista externo[44]. Coerente com essa idéia é a explicação de suas opiniões que Hart ofereceu em seu trabalho posterior. Em *Essays on Bentham* ele argumenta que as pessoas que aceitam as normas sociais podem ter diversas razões para fazê-lo: algumas podem, é verdade, adotar a postura interna com base em uma convicção moral – uma convicção, deve-se acrescentar, que pode ou não ser verdadeira –, mas outras o fazem como parte de um modo de vida tradicional, ou por medo, ou porque querem agradar alguém, ou para conformar-se ao que os outros fazem, ou por qualquer uma entre muitas outras razões possíveis[45]. No caso do Direito, em particular, Hart diz que a aceitação pelos juízes da regra de reconhecimento dá origem, para eles, a um tipo específico de razão, que ele chama de "razão jurídica com autoridade"[46]. Essa razão é institucionalizada no sentido de que "o dever de conformar-se a padrões [jurídicos] está vinculado ao cargo de juiz e é pressuposto pelos juízes, individualmente, quando assumem esse cargo"; eles estão "comprometidos como juízes" a manter a instituição e a falar do dever jurídico do sujeito "de maneira tecnicamente restrita"[47]. Somente nesse sentido pode-se dizer que um juiz tem o compromisso de seguir as normas: sua opinião acerca dos méritos morais, diz Hart, é irrelevante[48].

---

43. Hart, *supra*, n. 2, em 85.
44. *Ibid.*, em 104-5.
45. H. L. A. Hart, *Essays on Bentham: Studies in Jurisprudence and Political Theory* (Oxford: Clarendon Press, 1982), em 256-7.
46. *Ibid.*, em 160.
47. *Ibid.*, em 258, 266.
48. *Ibid.*, em 159. As visões de Hart sobre a natureza da aceitação jurídica da regra do reconhecimento são sustentadas pelo que ele chama de teoria não-cognitiva do Direito. Segundo essa teoria, "enunciados comprometidos afirmando que outros têm um dever não se referem a ações que eles têm um dever cate-

A discussão de Hart da natureza do dever judicial deixa bem claro que ele considera as normas sociais, e a regra de reconhecimento em particular, como dando origem a uma obrigação não-moral do tipo que anteriormente chamei de obrigação social. É assim, podemos lembrar, que ele explica a normatividade do Direito. No caso dos juízes, Hart chama essa obrigação não-moral de razão jurídica com autoridade. A tese de que a noção de dever judicial deve ser explicada em termos de tal razão caminha lado a lado com uma tese semântica no sentido de que termos normativos como "dever" e "obrigação" têm um significado diferente em contextos jurídicos e morais. Ultrapassaria o objetivo deste ensaio discutir a substância de qualquer uma dessas teses, ambas as quais encontraram críticas vigorosas em outros setores[49]. Minha preocupação é, antes, com o fato de que Hart trata a aceitação de uma norma social como um tipo de fato social bruto, cuja natureza, pelo menos no que diz respeito à teoria jurídica, não justificaria maiores investigações. Hart afirma, em *The Concept of Law*, que o ponto de vista interno é marcado por uma "postura crítica reflexiva para com o padrão [adequado] de comportamento"[50]. Mas isso aparentemente significa apenas que os participantes consideram esse padrão como um modelo de conduta, o desvio do qual convida legitimamente a crítica. Não significa que eles refletem sobre a justificativa, moral ou de outro tipo, da norma ou da prática em que ela se assenta. A aceitação de uma norma social, nesse sentido, é um fenômeno essencialmente não-reflexivo. Hart não pressupõe que os juízes e outras pessoas que adotam o ponto de vista interno no Direito tenham quaisquer opiniões a respeito do valor moral do Direito como instituição,

---

górico de fazer, mas... a ações que são devidas pelos sujeitos que têm o dever, no sentido de que podem ser adequadamente exigidas deles". *Ibid.*, em 160. Isso parece aproximar Hart perigosamente de uma teoria de Direito holmesiana ou hobbesiana, cuja característica central seria não o dever de aquiescer à autoridade legítima, mas antes à coerção justificada.

49. Cf. Joseph Raz, "Hart on Moral Rights and Legal Duties", *Oxford Jo. of Legal Stud.*, 4 (1984), 123, em 129-31; Postema, *supra*, n. 1.

50. Hart, *supra*, n. 2, em 55.

muito menos algum tipo de opinião canônica e compartilhada. A reflexão a respeito da finalidade ou valor do Direito não é, portanto, segundo Hart, um aspecto da prática social.

Presumivelmente, o mesmo é verdadeiro quanto à visão de Direito de Holmes. Tal como Holmes vê o homem mau, ele não apenas parece ser uma criatura que é motivada puramente pelo interesse próprio, mas não se dedica a reflexões de segunda ordem, quer a respeito de seu raciocínio prático, quer sobre as instituições jurídicas que são a fonte de suas razões prudentes para a ação. Holmes também parece considerar os juízes como seres essencialmente irreflexivos, movidos mais pela tradição que "pela avaliação de considerações de vantagem social", que é o que ele pensa que deviam estar fazendo[51]. De qualquer modo, vamos supor, para facilitar a comparação com a teoria de Hart, que os juízes e homens maus holmesianos sejam irreflexivos das maneiras descritas. A finalidade moral que seríamos levados a atribuir ao Direito em uma teoria holmesiana plenamente desenvolvida não seria, então, considerada representativa do ponto de vista de nenhum dos participantes da prática em geral nem de nenhum grupo particular de participantes, tais como os juízes. Note, porém, que isso não é um corolário necessário de uma teoria do Direito desse tipo geral. É razoável pensar que pessoas hobbesianas, que houvessem concordado em sujeitar-se à coerção do soberano (e/ou tribunais do soberano), seriam capazes de apreciar o argumento de que tal coerção é moralmente justificada. Mas não foi dessa maneira que Holmes concebeu o Direito, ou assim presumirei.

Portanto, um debate entre um hartiano e um holmesiano a respeito da finalidade moral do Direito como prática social não seria um debate conduzido do ponto de vista de participantes dessa prática. Seria uma discussão moral levada a cabo pelos próprios teóricos, a partir de seus próprios pontos de vista individuais (ou, mais precisamente, a partir do ponto de

---

51. Holmes, *supra*, n. 33, em 184.

vista da estrutura moral de fundo que, em certo nível de generalidade, eles presumivelmente compartilham). Isso poderia parecer implicar que suas respectivas teorias devem ser antes de natureza normativa que descritiva, mas não é necessariamente assim. É claro que é *possível* que seja melhor considerar suas teorias como normativas, caso em que seu debate seria simplesmente a respeito dos melhores tipos de instituição social a adotar; estariam fazendo filosofia política pura em vez de teoria jurídica. Existe, porém, outra possibilidade. Nossos dois teóricos poderiam estar tendo uma discordância *metodológica* a respeito dos conceitos adequados a usar na investigação de uma esfera de fenômenos sociais mais ou menos delineada e provisoriamente de consenso. Essa é uma questão importante, porque precisamos de conceitos para individualizar as práticas sociais de maneira mais precisa e teoricamente satisfatória. Parece plausível pensar, como sugeriu Weber, que a questão cujos conceitos seria mais interessante ou proveitoso empregar em um dado ramo da teoria social suscitará considerações avaliatórias e até mesmo considerações morais. O debate moral entre Hart e Holmes teria lugar, na visão que estamos examinando, nesse nível; seria um debate a respeito da formação de conceitos. Mas, assim que cada teórico tivesse formulado seus conceitos, as caracterizações resultantes de práticas sociais efetivas poderiam ser, presumivelmente, mais uma vez à moda weberiana, puramente descritivas e livres de valores.

Em obra recente, Hart reconheceu explicitamente que adota uma abordagem de formação de conceitos que segue em boa parte as linhas weberianas recém-esboçadas:

> Uma análise que reserva um lugar às exigências e convicções morais como constituintes de um fenômeno social deve ser ela mesma orientada, ao focalizar essas características mais que outras, por alguns critérios de importância, dos quais o principal será o poder explicativo daquilo que sua análise selecionar. Assim, sua análise será orientada pelos julgamentos, muitas vezes controvertidos, do que é importante e, portanto, refletirá tais valores metateóricos e não será neutra entre todos os valores.

Mas, novamente, não há nada que demonstre que essa análise não é descritiva, mas normativa ou justificatória[52].

Hart claramente aplica tal metodologia em *The Concept of Law* quando limita o Direito a sistemas normativos com uma regra de reconhecimento, excluindo, com isso, práticas sociais compostas apenas de normas sociais primárias. Um regime social desse último tipo, diz Hart, será *defeituoso* em alguns aspectos: a maneira como oferece orientação para a conduta será incerta, estática e ineficiente. Mudar para um sistema do tipo que Hart chama de Direito, que contém uma regra de reconhecimento e outras assim chamadas normas secundárias, *remediará* esses defeitos[53]. Assim, Hart delimita o conceito de Direito recorrendo aos valores da certeza, flexibilidade e eficiência. (Vale a pena observar que esse recurso pressupõe uma característica ainda mais fundamental do Direito, ou seja, que sua função primária é orientar a conduta. Esta, é claro, é a função que Hart atribui ao Direito em sua resposta direta a Holmes.) Assim que o conceito é formulado, porém, ele pode ser usado para descrever práticas sociais existentes de um modo puramente descritivo, livre de valores. Note que o conceito resultante é uma criação do teórico; pode ou não coincidir com alguma conceituação de práticas sociais que os sujeitos sob estudo possam ter.

O exercício weberiano de formação de conceito que acaba de ser descrito distingue entre as *diferentes* práticas sociais que seriam encontradas em diferentes sociedades. Não envolve distinguir entre análises conceituais da *mesma* prática, na mesma sociedade. O debate sugerido Hart-Holmes, sobre o conceito de Direito, seria porém um exercício do último tipo. Devem-se notar dois pontos relacionados a respeito da natureza desse debate à luz da interpretação "metodológica" proposta. O primeiro é que, se os dois teóricos formulam seus conceitos preferidos de maneiras diferentes, então é provável que ambos

---

52. Hart, *supra*, n. 6, em 39. Cf. Green, *supra*, n. 25, em 14-6.
53. Hart, *supra*, em 89-96.

discordem de sua caracterização original, provisória e presumivelmente compartilhada dos fenômenos sociais relevantes. (O roteiro mais plausível é que comecem por focalizar apenas uma ou duas práticas sociais específicas, por exemplo, os sistemas jurídicos americano e inglês.) Seus conceitos recém-formulados individuarão práticas sociais e, portanto, recortarão a realidade de diferentes maneiras. Esse ponto é ilustrado pelo exercício de Hart de análise weberiana que acabo de descrever: o conceito de Direito de Hart exclui sistemas de normas primárias, mas outro teórico, menos preocupado com certeza, flexibilidade e eficiência, e mais interessado em outros valores, poderia ser levado a formular *o seu* conceito de Direito de modo a incluir tais sistemas.

Consideremos agora como esse ponto poderia aplicar-se ao debate sugerido Hart-Holmes. A ampliação do conceito de Direito holmesiano são instituições coercivas de um certo tipo. O conceito de Hart, por outro lado, aplica-se a práticas sociais em que, entre outras condições características, um grupo de pessoas identificadas como juízes aceita certo tipo de norma social principal. Poderia facilmente ocorrer uma ampla sobreposição entre esses dois conceitos, e, em particular, ambos poderiam aplicar-se às práticas específicas que os teóricos começaram por examinar (os sistemas jurídicos americano e inglês, em nosso exemplo). Seria esse o caso na medida em que ambos os conceitos oferecessem descrições precisas dessas práticas, o que, sem dúvida, é perfeitamente possível. Tal convergência poderia facilmente acontecer, dado que as respectivas descrições não têm de respeitar a conceituação dos *participantes* de suas práticas. Suponhamos, à guisa de argumento, que os conceitos hartiano e holmesiano descrevem precisamente os sistemas jurídicos modernos. Na verdade, isso não é implausível, dado que tais sistemas suscitam tanto razões prudentes para a ação baseadas em sanções como normas sociais que possuem um aspecto interno hartiano.

O segundo ponto a ser notado a respeito do sugerido debate Hart-Holmes é na verdade um corolário do primeiro. Trata-se de que, estritamente falando, nossos dois teóricos não podem, absolutamente, estar debatendo o valor moral do "Direito", já que não possuem nenhum conceito compartilhado de Direito. Na verdade, no estágio do desacordo metodológico eles nem sequer têm conceitos *individuais* precisos de Direito: todo o intento do exercício, afinal, é a formação de conceitos. O debate, não obstante, pode prosseguir por meio de referências aos méritos morais percebidos de práticas sociais particulares no âmbito de consenso provisório dos fenômenos sociais, por um lado, e a argumentos dentro da teoria política pura a respeito dos méritos morais dos tipos ideais de instituições jurídicas e políticas, por outro lado. Se, por fim, eles formulam seus conceitos individuais de maneiras diferentes, não podem, então, conceber seu desacordo como um desacordo a respeito dos méritos morais do mesmo tipo geral de prática social. Se o fizessem, seriam vítimas de uma versão do aguilhão semântico de Dworkin[54].

De modo um tanto estranho, apesar de criticar a teoria de Direito do "homem mau" de Holmes, com base em uma afir-

---

[54]. Dworkin, *supra*, n. 7, em 31-46. Dworkin argumenta que as teorias positivistas como a de Hart são teorias "semânticas". Teorias semânticas supõem que juristas e outros concordam, pelo menos implicitamente, quanto aos "fundamentos" do Direito. (Os fundamentos do Direito podem ser grosseiramente comparados, para os presentes propósitos, com os critérios para determinar quais razões são razões jurídicas.) Mas então, segundo Dworkin, as teorias semânticas têm um bocado de trabalho para explicar as discordâncias aparentemente "teóricas" sobre quais são realmente os fundamentos do Direito. Como a discussão no texto deve deixar claro, porém, a teoria de Hart não é uma teoria semântica nesse sentido. O objetivo da teoria, com certeza, é formular um conceito de Direito, mas esse é um empreendimento levado a cabo pelo teórico. Em nenhum ponto Hart supõe que todos os juristas concordam quanto aos fundamentos do Direito. Além disso, dois teóricos podem ter uma discussão perfeitamente sensata, no nível teórico da formação de conceitos, sobre como os fundamentos do Direito – os critérios para determinar as razões jurídicas – devem ser compreendidos. Somente estariam sujeitos ao aguilhão semântico se concebessem estupidamente suas divergências da maneira descrita no texto. O que eles não podem supor, contudo, é que estão tendo um desacordo *no âmbito da* prática social do Direito. Isso porque o ponto de vista deles é uma perspectiva externa e teórica, que não deve ser igualada ao ponto de vista dos participantes. Em resumo, Dworkin não formula adequadamente sua objeção metodológica à teoria de Hart. O intuito real de sua crítica é que o teórico *deveria* adotar o ponto de vista dos participantes, pois isso lhe permite explicar, entre outras coisas, como a discordância teórica pode ter lugar *no âmbito do* Direito.

mação essencialmente moral a respeito da função do Direito, Hart parece supor, ao longo de toda a sua obra doutrinária, que existe na verdade apenas uma análise conceitual possível dos sistemas jurídicos modernos, ou seja, a sua. Assim, sobre sua tentativa em *The Concept of Law* de responder a questões como o que são normas, como as normas formam um sistema, e assim por diante, Hart escreveu o seguinte: "Encontrei e ainda encontro necessidade de um empreendimento descritivo esclarecedor que responda a questões como as que mencionei e que tenha alguma pretensão de universalidade."[55] Hart imagina esse empreendimento, cujo âmago é sua análise das normas sociais e o ponto de vista interno, como tendo prioridade explanatória sobre o que ele considera ser a preocupação do interpretativismo dworkiniano com "a articulação de afirmações controvertidas quanto à adequação das práticas jurídicas para justificar o uso da coerção jurídica"[56]. Assim, Hart vê sua própria análise do Direito como a *fundamentação* das interpretações dworkinianas, mais do que como uma *antagonista* entre elas. Isso, porém, é um erro. As interpretações dworkinianas do Direito realmente requerem algum conjunto consensual de dados sociais brutos (ou pré-interpretativos)[57], mas esses dados não serão encontrados no nível das normas sociais de Hart. Pois a conceituação dos dados de Hart é, como a das

---

55. Hart, *supra*, n. 6, em 38.
56. Hart, *supra*, n. 6, em 38. Dworkin descreve e defende sua metodologia interpretativista para a teoria jurídica em *O império do Direito*, *supra*, n. 7. Ver particularmente capítulos 2 e 3.
57. Às vezes Dworkin sugere que os dados pré-interpretativos são compostos de "regras e padrões" ou mesmo de "normas sociais". Dworkin, *supra*, n. 7, em 65-6. [Na edição brasileira (ver nota 7), pp. 81-2. (N. do E.)] Isso leva críticos como Steven Burton a pensar erroneamente que o interpretativismo dworkiniano pressupõe algo como o modelo de normas de Hart. Ver Steven J. Burton, "Ronald Dworkin and Legal Positivism", *Iowa Law Rev.*, 73 (1987), 109, em 117-21. Na verdade, a melhor visão é a de que os dados pré-interpretativos são, para Dworkin, *instituições* toscamente identificadas como legislativos, tribunais e órgãos administrativos, que "são tidas como práticas jurídicas em nossa cultura". Dworkin, *supra*, n. 7, em 91. [Na ed. bras., p. 113. (N. do E.)] Isso não é negar que a noção de dados pré-interpretativos dá origem a algumas questões muito complicadas. Ver ainda Gerald J. Postema, "'Protestant' Interpretation and Social Practices", *Law and Philosophy*, 6 (1987), 283, em 302-8.

interpretações dworkinianas, relativa a uma visão da finalidade ou função do Direito. É verdade que essa atribuição de uma finalidade ao Direito é levada a cabo a partir da perspectiva de um teórico que, segundo Hart supõe e ao contrário de Dworkin, é distinta da perspectiva dos participantes. Mas para os presentes propósitos isso não tem importância: a teoria de Hart, no que diz respeito à presente questão, está em situação de igualdade com as teorias no âmbito da metodologia interpretativa de Dworkin. Como depende, em última análise, de um argumento moral, a análise do Direito de Hart carece da neutralidade necessária para ser capaz de oferecer um conjunto basilar de dados sociais.

Por que Hart ignora o fato de que sua teoria do Direito depende parcialmente da atribuição de uma função ao Direito, levando-o a reivindicar uma posição basilar para a teoria? A razão remete, creio, à ambigüidade sistemática no ponto de vista externo e à condição privilegiada que é conseqüentemente conferida à compreensão preferida de Hart do ponto de vista interno. Hart está correto no fato de que há espaço e necessidade de um tipo de teoria que utilize a tese internalista, mas ele elabora essa tese de maneira restrita e incorrendo em petição de princípio. Reivindica uma condição basilar para sua análise conceitual do Direito porque, na verdade, por definição, elimina a competição. É levado a fazer isso porque acredita erroneamente que o ponto de vista interno só pode ser compreendido por meio de referência à análise que ele oferece das normas sociais (ou a alguma análise similar)[58]. Dada essa crença equivocada, Hart presumivelmente consideraria seu argumento

---

58. Outros teóricos seguem Hart nesse aspecto. Assim, Andrei Marmor sugere que a postura interpretativa que Dworkin diz ser uma marca do Direito e de outras práticas sociais "caracteriza as práticas sociais que são constituídas por regras". Marmor, *supra*, n. 12, em 41. Marmor prossegue com a idéia hartiana de que "a distinção aqui é entre regras normativas que constituem uma prática social e regras que meramente refletem regularidades sociais". Como argumento posteriormente no texto, a questão de se as razões jurídicas são mais bem concebidas em termos das normas hartianas (ou razzianas), ou de alguma outra maneira, é uma questão interpretativa no sentido de Dworkin.

baseado na função do Direito como uma característica periférica ou mesmo supérflua de sua teoria geral. Na verdade, é absolutamente central.

## O ponto de vista dos "participantes"

A teoria do Direito de Hart e, na versão reconstruída que esbocei, também a de Holmes podem ser consideradas como teorias fracamente interpretativas, no sentido de que ambas levam em conta o ponto de vista interno de algum grupo de participantes da prática designado. Em cada caso, o ponto de vista interno relaciona-se, como vimos, com razões para a ação que, segundo sustenta o teórico, são originadas pela prática. Esse, porém, é o limite de sua interpretatividade, por assim dizer. É verdade que cada um atribui uma finalidade ou função moral ao Direito, e isso é obviamente uma reminiscência da metodologia interpretativa de Dworkin em *O império do Direito*. Mas a comparação com a abordagem de Dworkin não pode ser levada muito longe, já que a teoria de Hart e (tal como a elaborei) a teoria holmesiana não atribuem uma finalidade ao Direito *a partir da perspectiva dos participantes*. A atribuição de uma finalidade moral ao Direito é um passo no processo de formação de conceitos no nível teórico, mais do que um aspecto da descrição das práticas efetivas estudadas. Em cada caso, o conceito de Direito resultante é o conceito do teórico, não o dos participantes. O motivo para essa limitação é, presumivelmente, que Hart não pensa existir um ponto de vista coerente dos participantes. A aceitação de uma norma social é apenas um fato social bruto que não é, necessariamente nem mesmo tipicamente, acompanhado de uma crença na justificabilidade moral da norma. A prática social do Direito, segundo Hart, não se estende à reflexão a respeito da natureza e da justificação do Direito.

A teoria do Direito de Hart, no fim, não consegue o que propõe fazer. Nesse aspecto, devemos levar em conta três pontos em particular. Primeiro, a explicação de Hart da normatividade do Direito não se sustenta. Sua descrição da normatividade das normas sociais, em termos do que chamei anteriormente de obrigações sociais, foi criticada de maneira muito persuasiva por Dworkin e Raz[59]. Embora os detalhes de suas objeções não possam ser discutidos aqui, o ponto essencial é fácil de formular: uma obrigação compulsória não passa a existir meramente porque (uma maioria de) um grupo de pessoas adota a postura interna, no sentido de Hart, perante uma norma. Formulado de modo ainda mais simples, crer não faz acontecer. Assim, o ponto de vista interno não é um fator na explicação de como e se o Direito realmente dá às pessoas razões para a ação; seu papel pode ser apenas ajudar-nos a compreender como elas *percebem* que o Direito cria razões para a ação[60].

Segundo, o ponto de vista interno não figura na teoria de um modo que lhe permita cumprir o papel recém-descrito. Assim, a teoria não tem os recursos para formular uma descrição filosófica alternativa da normatividade do Direito, cujo ponto de partida seria a *percepção* dos participantes de que o Direito oferece-lhes razões para a ação. Isso porque nas teorias hartiana e holmesiana a escolha entre pontos de vista internos é determinada por um fator completamente externo, ou seja, a própria atribuição pelo teórico de uma finalidade moral ao Direito. Além disso, as razões percebidas para a ação que cada teoria seleciona como razões para a ação puramente jurídicas não estão, por causa do pressuposto de que o Direito é um fenômeno essencialmente irreflexivo, diretamente relacionadas com a finalidade moral atribuída ao Direito; não é porque compreenderam essa finalidade que os cidadãos acham que o Direito

---

59. Joseph Raz, *Practical Reason and Norms* (Londres: Hutchinson, 1975), em 50-8; Ronald Dworkin, *Taking Rights Seriously*, 2.ª ed. (Londres: Duckworth, 1978), em 48-58.

60. Isso é verdadeiro não apenas para as normas sociais de Hart, mas também para as razões prudenciais de Holmes; a existência e o caráter de uma razão prudencial dependem da probabilidade objetiva da ocorrência de uma sanção e de sua severidade, e as pessoas podem fazer uma avaliação radicalmente errônea dessas probabilidades.

lhes dá razões para a ação. Para ambas as teorias, a função final do Direito é, como diz Hart em resposta a Holmes, o "controle social". Isso é obtido, em um caso, pela coerção e, no outro, pela socialização irreflexiva. Em nenhum dos casos supõe-se que a ligação entre a finalidade do Direito e as razões para a ação que o Direito cria seja transparente para os participantes da prática. O fato de que os participantes agem por razões entra na teoria apenas de modo secundário e instrumental, como parte de uma explicação de como a instituição é capaz de servir ao valor que supostamente a serve. A atribuição de uma finalidade ao Direito não pode ajudar a explicar por que os *participantes* pensam que o Direito lhes dá razões para a ação, e a teoria não oferece nenhum outro caminho para a compreensão da normatividade do Direito. Naturalmente, seria possível recorrer à psicologia em busca da explicação desejada de por que o Direito é percebido como dando origem a razões para a ação, mas, então, as aspirações filosóficas da doutrina teriam sido efetivamente abandonadas.

Terceiro, o objetivo hartiano da descrição pura pela descrição pura não pode ser atingido, pelo menos não em uma teoria jurídica. Esse ponto foi ilustrado por nossa discussão do imaginado debate Hart-Holmes. Os elementos das práticas sociais particulares, geralmente locais, que identificamos em um estágio pré-teórico como Direito são extremamente complexos e muitas vezes difíceis de conciliar mutuamente; sem algum tipo de estrutura conceitual, teríamos simplesmente uma confusão assistemática de observações distintas. Talvez uma contagem de quantas pessoas são movidas por razões prudentes e quantas pela socialização das normas hartianas fosse interessante para alguns propósitos, mas não seria uma teoria jurídica; isso, novamente, seria abandonar as ambições filosóficas da doutrina. A teoria jurídica requer uma estrutura conceitual. A dificuldade é que os dados podem, plausivelmente, ser conceituados de mais de uma maneira, e escolher entre conceituações parece requerer a atribuição de uma finalidade ou função ao Direito. Isso, por sua vez, envolve não apenas considerações avaliatórias, mas argumentação moral. É verdade que os próprios conceitos, uma vez formulados, podem ser aplicados de um modo destituído de valores, e que a argumentação moral em questão ocorre no nível da formação de conceitos. Mas, como tornou-se claro em nossa discussão da reivindicação de Hart, de prover uma fundamentação puramente descritiva para as interpretações dworkinianas das práticas sociais normativas, a atribuição hartiana de uma finalidade moral ao Direito, mesmo no nível da formação de conceitos, assegura que sua análise não pode constituir um conjunto neutro de dados sociais sobre o qual todos os outros teóricos pudessem estar em consenso como ponto de partida para teorização adicional.

Nada disso tem a intenção de demonstrar que uma metodologia interpretativa limitada como a de Hart não pode servir a nenhum propósito. É pelo menos concebível que o Direito seja irreflexivo do modo que ele supõe, e, de qualquer modo, não devemos excluir essa possibilidade por fundamentos metodológicos. Além disso, mesmo que o Direito não seja uma prática irreflexiva, sem dúvida existem outras práticas sociais normativas que o são, e precisamos de algum método adequado para estudá-las. (Essas são as práticas a que Dworkin se refere como "ordens rúnicas")[61]. Finalmente, pode haver algum sentido em aplicar uma metodologia interpretativa limitada como a de Hart a práticas sociais, considerando-as ou não irreflexivas. De modo um tanto irônico, a metodologia de Hart pode ser vista facilmente em termos do Direito Natural. Ela oferece um método de selecionar uma categoria de instituição social, cujas manifestações têm sempre um certo tipo de valor moral ou, pelo menos, possuem atributos (como ser capaz de orientar a conduta de certa maneira) necessários para que a instituição possa ter o valor moral do tipo cogitado. Assim, não é surpreendente que Michael Moore empregue uma variação da metodologia de Hart ao desenvolver sua abordagem "fun-

---

61. Dworkin, *supra*, n. 7, em 47. [Na edição brasileira (ver nota 7), pp. 56-7. (N. do E.)]

cionalista" de Direito Natural[62]. O conceito de Direito Natural que resulta da aplicação dessa metodologia pode não ser *o nosso* conceito de Direito, é claro; mais geralmente, pode não coincidir com o conceito das pessoas cujas práticas estão sendo estudadas. Como o conceito oferecido por essa metodologia é elaborado pelo teórico, há um risco sempre presente de que a conclusão jusnaturalista resultante, no sentido de que o

---

62. Ver Michael S. Moore, "Law as a Functional Kind", em Robert P. George (org.), *Natural Law Theory: Contemporary Essays* (Oxford: Clarendon Press, 1992). Moore procura uma descrição de práticas sociais que demonstre ser o Direito um "tipo funcional", isto é, um tipo de instituição que serve a algum bem de maneira única. Esse bem – usarei o termo "valor", para manter a coerência terminológica – será então o objetivo necessário do Direito, será a essência do Direito. O teórico, por meio de um processo de equilíbrio reflexivo, atribui provisoriamente algum valor ao Direito, compreendido em função de alguma descrição estrutural provisória, e, então, maneja a atribuição de valor e a descrição estrutural até que surja a esperada descrição de um tipo funcional. Moore admite que o processo pode não produzir um objetivo a que o Direito possa servir de modo único, caso em que o Direito não é um tipo funcional. Mas e se o processo for capaz de produzir muitas descrições de práticas sociais, com âmbitos diferentes e sobrepostos, onde cada descrição atribui correta e unicamente um objetivo diferente ao conjunto de práticas que abrange? O debate imaginado entre Hart e Holmes sugere que isso é muito mais que uma possibilidade remota. Qual descrição, se é que alguma, representa o tipo funcional? Moore tenta contornar tais dificuldades afirmando que os tipos funcionais são similares aos tipos naturais de Saul Kripke, tais como o ouro e a água, que existem no mundo *como* um tipo e, portanto, possuem propriedades necessárias; não são apenas as criaturas do conceito de alguém. Mas o principal argumento de Moore nesse sentido é o de que a investigação dos tipos naturais procederá, como no caso dos tipos funcionais, por meio de um processo similar, "circular" de equilíbrio reflexivo. *Ibid.*, em 219-21. Isso, sem dúvida, é verdade. Parece muito improvável, porém, que em uma investigação científica de fenômenos naturais possamos *terminar com* descrições precisas, mas sobrepostas, cada uma das quais com uma reivindicação igualmente boa de referir-se a um tipo natural. Além disso, na ciência temos razões independentes para pensar que existem coisas como tipos naturais, tais como o papel que desempenham em leis científicas gerais, mas não temos nenhuma razão como essa para pensar que existem tipos funcionais. Cf. Hilary Putnam, *Realism and Reason* (Cambridge: Cambridge University Press, 1983), em 74-5. Assim, embora Moore afirme não estar engajado em uma formação de conceitos hartiana (Moore, *supra*, em 204-6), isso é exatamente o que ele parece estar fazendo. Mesmo que sua metodologia funcionalista produzisse apenas *uma* descrição de um tipo de instituição que servisse unicamente a algum valor, ainda assim não teríamos nenhum fundamento para pensar que se refere a um tipo de coisa com existência independente do conceito e sobre a qual, portanto, se pudesse dizer que possui propriedades necessárias.

Direito "necessariamente" possui um valor moral de tal e tal tipo, será simplesmente uma tautologia: será verdadeira porque o teórico definiu o conceito de modo que assegure sua verdade. Se uma teoria jusnaturalista desenvolvida em concordância com uma metodologia hartiana pode evitar esse perigo, porém, não é uma questão que se pode examinar aqui[63].

Embora, portanto, possa haver lugar para uma metodologia interpretativa limitada como a de Hart, seria uma situação insatisfatória se a teoria jurídica viesse a empregar apenas essa abordagem. Há dois pontos principais nesse aspecto.

Primeiro, não é muito plausível, afinal, compreender o Direito como uma prática irreflexiva. Ele é mais bem compreendido como uma prática auto-reflexiva, no sentido de que, primeiro, a reflexão sobre o caráter e a finalidade da prática é difundida e adequadamente considerada como parte da prática, e, segundo, visões diferentes a respeito da finalidade do Direito influenciam o modo como a prática é conceituada pelos participantes. Isso é essencialmente o que Dworkin pretende quando diz que o Direito é uma prática social marcada pela *atitude interpretativa*[64]. E, embora às vezes seja adequado estu-

---

63. Veja, porém, a discussão das dificuldades da metodologia "funcionalista" de Michael Moore na nota anterior. John Finnis, ao desenvolver sua versão de Direito Natural, pode, à primeira vista, também dar a impressão de estar valendo-se de uma metodologia similar à de Hart. Após invocar Weber, Finnis continua: "As avaliações do próprio teórico são um componente indispensável e decisivo na seleção ou formação de quaisquer conceitos para o uso na descrição de aspectos das questões humanas como o Direito e a ordem jurídica." Finnis, *supra*, n. 40, em 16. Mas Finnis obviamente não considera o Direito como uma prática irreflexiva da maneira como Hart o faz, e ele leva em consideração o ponto de vista reflexivo do participante ao desenvolver o que chama de argumento central do ponto de vista jurídico: "Se existe um ponto de vista em que a obrigação jurídica é tratada, pelo menos presumivelmente, como uma obrigação moral... então tal ponto de vista constituirá o argumento central do ponto de vista jurídico." *Ibid.*, em 14-5. O ponto de vista jurídico é, claramente, um ponto de vista *interno*. Finnis também deixa claro que o teórico é até certo ponto obrigado, embora, de maneira nenhuma, completamente obrigado, pelos conceitos que as sociedades que está estudando usam em sua auto-interpretação. *Ibid.*, em 15-6.

64. Dworkin, *supra*, n. 7, em 47, 87. [Na edição brasileira, pp. 56-7 e 97, respectivamente. (N. do E.)] A atitude interpretativa tem dois aspectos. O primeiro

dar práticas auto-reflexivas usando a abordagem de Hart, fazê-lo exclusivamente deixará algo fora da descrição. A preocupação aqui é com as ambições descritivas da teoria jurídica. Considere a observação de Joseph Raz de que, "ao contrário de conceitos como 'massa' ou 'elétron', 'o Direito' é um conceito que as pessoas usam para se compreenderem. Não somos livres para descartar nenhum conceito proveitoso. É uma tarefa importante da teoria jurídica promover nossa compreensão da sociedade ajudando-nos a compreender como as pessoas compreendem a si mesmas"[65]. Vimos que descrições doutrinárias não podem, como Hart esperava, ser completamente neutras. É preciso uma estrutura conceitual, e o método usual para construir tal estrutura envolve a atribuição de uma finalidade ou função ao Direito. Na verdade, Raz sugere que, no caso de práticas em que as pessoas usam os conceitos associados para fins de autocompreensão – práticas essas que inevitavelmente possuirão pelo menos a primeira característica de auto-reflexividade notada acima –, será particularmente proveitoso e esclarecedor engajar-se na descrição a partir do próprio ponto de vista dos participantes. O próprio Raz assume essa tarefa ao atribuir ao Direito a função de orientar a conduta por meio de normas gerais, publicamente verificáveis[66]. Esse é o primeiro passo em uma análise esclarecedora que pretenda clarificar, a partir do ponto de vista dos participantes, o conceito de autoridade legal[67].

---

é uma suposição de que a prática não apenas existe, mas tem um valor ou finalidade que pode ser formulado independentemente das "regras" que compõem a prática. O segundo é a suposição adicional de que as exigências da prática são consideradas sensíveis a sua finalidade, "de tal modo que as regras estritas devem ser compreendidas, aplicadas, ampliadas, modificadas, atenuadas ou limitadas segundo essa finalidade". *Ibid.*, em 47. [Na edição brasileira, pp. 57-8. (N. do E.)]

65. Joseph Raz, "Authority, Law and Morality", *The Monist*, 68 (1985), 295, em 322. Cf. Gerald J. Postema, *Bentham and the Common Law Tradition* (Oxford: Clarendon Press, 1986), em 333. A abordagem de Postema da metodologia na doutrina é, em muitos aspectos, bastante similar à abordagem que esboço neste ensaio. Ver *ibid.*, em 328-36.

66. Joseph Raz, *The Authority of Law* (Oxford: Clarendon Press, 1979), em 50-1.

67. Ver particularmente Raz, *supra*, n. 65.

O segundo ponto é que a abordagem metodológica de Hart, como vimos, não nos auxilia na compreensão da normatividade do Direito. Hart estava correto ao destacar que o ponto de vista interno, compreendido em termos de razões (percebidas) para a ação, desempenha um papel crucial na explicação da normatividade do Direito. Mas a única maneira de tirar vantagem desse discernimento, como o próprio Hart não o fez, é ampliar o papel que o ponto de vista interno desempenha na teoria jurídica. A plena compreensão da normatividade de uma prática auto-reflexiva somente é possível se o teórico investiga como e por que a prática é percebida por seus participantes como dando origem a razões para a ação, e, para fazer isso, ele deve indagar sobre a finalidade ou valor (possível) da prática *a partir de seu ponto de vista*. Mais uma vez, as visões de Raz são esclarecedoras.

Considere, para começar, a descrição de Raz da normatividade do Direito[68]. Ao contrário de Hart, Raz aceita que a linguagem normativa tem o mesmo significado tanto em contextos morais como jurídicos. Assim, enunciados jurídicos, quando usados de uma maneira plenamente comprometida, fazem afirmações sobre os nossos deveres morais, direitos, etc. Mas é possível fazer enunciados normativos, e, portanto, enunciados jurídicos, que sejam não-comprometidos, ou *distanciados*. Um enunciado normativo distanciado não encerra sua força normativa plena e, portanto, não compromete o falante com a visão normativa expressa. Mas um enunciado distanciado, ainda assim, é feito a partir do mesmo ponto de vista normativo que um enunciado plenamente comprometido. Um exemplo seria o não-vegetariano que aconselha seu amigo vegetariano a não comer um certo prato porque ele contém carne. Assim, Raz explica a normatividade do Direito não supondo, como Hart, que o Direito dá origem a um tipo especial de obrigação social, mas destacando o fato de que muitas pessoas *acreditam* que o Direito dá origem a razões *morais* para a ação. Em outras pala-

---

68. Ver particularmente Raz, *supra*, n. 66, em 153-9.

vras, ele explica a normatividade do Direito em termos das razões que se *percebe* que ele cria. O uso mais geral da linguagem normativa é então explicado pela possibilidade de enunciados parasitários, distanciados. Mas a teoria do Direito de Raz oferece uma compreensão mais plena da normatividade do Direito do que a mera observação de que se percebe que o Direito dá origem a razões para a ação. O ponto de partida da teoria, será lembrado, é a atribuição de certa finalidade ou função ao Direito, ou seja, a orientação da conduta por meio de normas gerais, publicamente verificáveis. Mas uma das restrições conceituais que a teoria deve levar em conta é o fato de que o Direito reivindica autoridade moral para si. A partir da perspectiva de um teórico que olha a prática com os olhos de um participante, essa reivindicação é uma característica conceitual da prática que deve ser tratada como um dado.

Raz formula e defende a *concepção de serviço* da autoridade, segundo a qual as autoridades "*fazem a mediação* entre as pessoas e as razões certas que se aplicam a elas, de modo que a autoridade julga e pronuncia o que devem fazer segundo a razão correta"[69]. Raz diz que, ao promover a concepção de serviço, ele não está simplesmente relatando aquilo em que as pessoas acreditam. Tampouco está dizendo que a reivindicação de autoridade do Direito é de fato justificada. O que a concepção de serviço faz é oferecer um argumento filosófico demonstrando que a reivindicação de autoridade moral do Direito *poderia* ser justificada sob certas condições. Resumido de forma muito tosca e incompleta, o argumento sustenta que a reivindicação de autoridade do Direito será justificada (ou parcialmente justificada) quando for melhor para algumas ou todas as pessoas, no que diz respeito às razões (inclusive razões morais) que são efetivamente aplicáveis a elas, seguir normas baseadas em fontes e publicamente averiguáveis, em vez de tentar decidir o que fazer com base em seu próprio julgamento; para alguém que considere válida essa condição, as normas servirão como *novas*

---

69. Raz, *supra*, n. 65, em 299 (ênfase no original).

razões (morais) para a ação que essa pessoa efetivamente sustente. A concepção de serviço, portanto, estabelece uma ligação entre, por um lado, uma função que, dada a estrutura conceitual interna do Direito, faz sentido atribuir ao Direito – sendo essa função, repetindo, a provisão de orientações averiguáveis para a conduta – e, por outro lado, a percepção que muitas pessoas têm de que o Direito cria razões para elas. A ligação consiste no fato de que as normas jurídicas dotadas de autoridade podem realmente, sob certas condições, dar origem a razões efetivas que as pessoas devem seguir. Desse modo, a teoria de Raz leva a uma compreensão mais profunda da normatividade do Direito. Ela o faz adotando o ponto de vista dos participantes e oferecendo aos participantes uma forma de *auto*compreensão[70].

A teoria de Raz atribui ao Direito uma função similar à proposta pela teoria de Hart, e, na verdade, a teoria de Raz se ergue sobre as premissas positivistas de Hart. Mas Raz tem muito mais sucesso na conquista das ambições gêmeas da doutrina, a saber, a ambição científico-social de descrever o Direito e a ambição filosófica de explicar a normatividade do Direito. Ele alcança esse sucesso assumindo, ao contrário de Hart, a perspectiva de um participante. Entre outras coisas, isso permite a Raz responder, de um modo que não foi possível a Hart, a uma teoria do Direito hobbesiana, promovida por Robert Ladenson, que, em muitos aspectos, lembra a teoria holmesiana reconstruída que discutimos anteriormente[71]. Em essência, Ladenson supõe que a finalidade do Direito é a manutenção da

---

70. Cf. *ibid.*, em 321: "O conceito de Direito é parte de nossa cultura e de nossas tradições culturais. Ele desempenha um papel na maneira como as pessoas comuns, assim como a profissão jurídica, compreendem suas próprias ações e as de outras pessoas. É parte da maneira como 'conceituam' a realidade social. Mas a cultura e a tradição de que o conceito é parte não lhe fornecem nem contornos nitidamente definidos nem um foco claramente identificável. Várias idéias, às vezes conflitantes, são exibidas nelas. Cabe à teoria jurídica destacar as que são centrais e significativas para o modo como o conceito desempenha seu papel na compreensão de sociedade das pessoas, elaborá-las e explicá-las."

71. Ladenson, *supra*, n. 42.

paz e da estabilidade social: uma autoridade *de facto* é, portanto, presumivelmente legítima apenas porque seus sujeitos aquiescem ao seu exercício do poder governamental. O argumento da resposta de Raz é, resumindo, que a abordagem feita por Ladenson de autoridade não é fiel às características principais da noção de autoridade que prevalece em nossa cultura; em particular, ignora o fato de que as autoridades pretendem impor deveres e criar direitos[72]. É de supor que Raz desejaria acrescentar que mesmo os homens maus holmesianos conceituam o Direito dessa maneira, apesar do fato de que não aceitam ou, pelo menos, não são movidos pela sua (possível) autoridade moral.

Ao adotar o ponto de vista de um participante, Raz parece chegar bem perto da tese internalista forte, que, como definida no início deste ensaio, é justamente a idéia de que o ponto de vista do teórico deve ser o *mesmo* que o dos participantes. Isso, porém, não capta inteiramente a posição de Raz. Essas não são questões que possam ser adequadamente examinadas no presente ensaio, mas o ponto principal a observar é que há mais de uma maneira de adotar o ponto de vista de um participante, e, na verdade, há mais de um ponto de vista desse tipo. (A discussão de Holmes ilustrou este último ponto.) O teórico razziano parece olhar o Direito da perspectiva de um participante que se identifica com a instituição (embora, possivelmente, num sentido razoavelmente livre), que usa a linguagem normativa e o aparelho conceitual do Direito mas não endossa necessariamente a autoridade moral do Direito, seja no todo, seja em parte. Seu uso da linguagem jurídica normativa pode, portanto, ser mais distanciado que inteiramente comprometido[73]. Ele

---

72. Joseph Raz, *The Morality of Freedom* (Oxford: Clarendon Press, 1986), em 24-28.

73. Por razões não inteiramente claras para mim, a possibilidade de uma perspectiva distanciada desse tipo é negada em H. Hamner Hill, "H. L. A. Hart's Hermeneutic Positivism: On Some Methodological Difficulties in *The Concept of Law*", *Canadian Jo. of Law and Jurisprudence*, 3 (1990), 113. Hill parece pensar, formulando a idéia em minha terminologia, que se um teórico adota qualquer versão da tese internalista ela deve ser a versão forte.

estará, porém, inclinado a refletir sobre a natureza empírica e conceitual do Direito e a inquirir sobre a justificabilidade da suposição feita por muitos de seus co-participantes de que o Direito realmente possui uma finalidade ou valor moral. Mas ele pode pessoalmente ter-se abstido de julgar se essa suposição é verdadeira ou não[74]. Chamarei o ponto de vista de tal participante de ponto de vista *reflexivo*. Podemos designar de tese internalista moderada a afirmação de que o teórico jurídico deve adotar o ponto de vista reflexivo. Podemos agora redefinir a tese internalista forte, de modo mais preciso, como a afirmação de que o teórico deve adotar o ponto de vista do participante plenamente comprometido, isto é, do participante que endossa sem reservas o valor moral e a autoridade do Direito.

Parece preferível que um teórico, ao estudar uma prática social, não esteja plenamente comprometido, simplesmente como uma questão *metodológica*, com a justificabilidade moral da prática em questão. Por esse motivo, o internalismo moderado é mais atraente como posição metodológica para a doutrina do que o internalismo forte. Às vezes, em *O império do Direito*, Ronald Dworkin parece endossar a tese internalista forte, embora a questão não seja, de modo nenhum, cristalina[75]. Não devemos, porém, permitir que esse fato obscureça a forte semelhança, em outros aspectos, que existe entre o internalismo moderado, mesmo tal como refletido na obra de Raz, e a

---

74. Assim, é possível que sua conclusão final seja a de que qualquer convicção arraigada na justificabilidade moral do Direito é uma forma de auto-ilusão coletiva ou falsa consciência. Cf. Green, *supra*, n. 25, em 14.

75. A seguinte passagem sugere o internalismo forte: "Para nós, o argumento jurídico ocorre em um espaço de consenso aproximado de que, se o Direito existe, ele provê uma justificativa para o uso do poder coletivo contra cidadãos ou grupos individuais." Dworkin, *supra*, n. 7, em 109. [Na edição brasileira, p. 134. (N. do E.)] Mas a distinção que Dworkin traça logo depois entre os fundamentos e a força do Direito é mais compatível com o internalismo moderado. O fato de que Dworkin aceita o ceticismo interno global como uma interpretação possível do Direito também sugere que seu teórico adota uma postura mais reflexiva que plenamente comprometida para com o Direito. *Ibid.*, em 79. [Na edição brasileira, p. 101. (N. E.)]

abordagem interpretativista de doutrina de Dworkin[76]. Não será possível discutir detalhadamente o interpretativismo de Dworkin neste ensaio. Gostaria, porém, de oferecer argumentos preliminares em apoio dos dois pontos mais importantes que devem ser estabelecidos para que a semelhança postulada entre o internalismo moderado e o interpretativismo dworkiniano pareça aceitável.

O primeiro ponto é que as diferentes teorias do Direito constituem *interpretações* rivais plausíveis do Direito, no sentido de que oferecem, do ponto de vista reflexivo, conceituações diferentes da prática, que são sensíveis à finalidade ou valor atribuído à prática pela teoria pertinente[77]. O próprio Raz parece supor que os conceitos assentados na prática jurídica são tão determinados que só podem ser analisados e elucidados de uma única maneira, ou seja, a sua. (Em termos dworkinianos, isso equivale ao pressuposto de que apenas uma interpretação ajusta-se à prática.) Mas esse é um pressuposto dúbio.

---

76. Cf. Stephen R. Perry, "Second-Order Reasons, Uncertainty and Legal Theory", *South. Calif. Law Rev.*, 62 (1989), 913, em 946-9.

77. Que isso deve ser demonstrado decorre da caracterização de Dworkin do Direito como uma prática social que exibe a atitude interpretativa. Ver *supra*, n. 64. [Na ed. bras., p. 81. (N. do E.)] Gerald Postema destaca que a segunda atitude da postura interpretativa, que sustenta que as exigências da prática são sensíveis a sua finalidade, não deve ser compreendida, como Dworkin sugere em sua discussão da etapa "pós-interpretativa" da interpretação, como uma questão de *reformular* a prática. Dworkin, *supra*, n. 7, em 66. [pp. 81-2 da ed. bras. (N. do E.)] Em vez disso, visões divergentes sobre a finalidade ou valor do Direito "devem, na visão de Dworkin, ser consideradas não como propostas de mudanças na prática, mas como visões conflitantes a respeito do que a prática tal como constituída no presente realmente é e o que, como resultado, ela realmente exige dos participantes. Nesse aspecto, a teoria impele a prática, pois a prática é o que a (melhor) teoria interpretativa/justificativa diz que é..." Postema, *supra*, n. 57, em 293. É claro que, se teorias diferentes – i.e., interpretações diferentes – não devem simplesmente ficar isoladas, deve haver *alguma* concordância, em algum nível, quanto à natureza dos dados sociais a ser interpretados. Isso dá origem ao problema muito difícil, que não pode ser considerado aqui, de como devem ser caracterizados os "dados pré-interpretativos". O único ponto que enfatizaria para os presentes propósitos é o de que, apesar de certa terminologia enganadora da parte de Dworkin, os dados pré-interpretativos não são compreendidos da melhor maneira em termos de uma teoria positivista das normas sociais. Ver *supra*, n. 57.

Considere, por exemplo, o trabalho de teoria jurídica inicial de Dworkin. Dworkin rejeitou explicitamente a tese positivista de que a finalidade do Direito é orientar a conduta por meio de normas gerais publicamente averiguáveis, sugerindo, em vez disso, que a função mais básica do Direito é a prestação jurisdicional fundada em princípios[78]. Foi por esse motivo que tratou o Direito não como um conjunto fechado de normas baseadas em fontes, mas como um conjunto aberto de princípios que são, em parte, uma função da moralidade de fundo: por essa visão, razões puramente *jurídicas* são antes princípios obrigatórios para os juízes que normas dirigidas à população em geral[79]. Essa talvez não seja uma função plausível a ser atribuída ao Direito como um todo, mas argumentei em outra parte que faz muito sentido no caso do *common law* privado. O resultado, porém, é uma concepção de *common law* muito diferente da oferecida pela teoria de Raz. Pela visão que defendo, o *common law* suscita razões para a ação que nem juízes nem cidadãos podem compreender em termos da caracterização geral de Raz de que as razões jurídicas são baseadas em fontes e excludentes[80]. Isso nos permite, entre outras coisas,

---

78. Dworkin, *supra*, n. 59, em 338, 347-8.

79. Ver ainda Stephen R. Perry, "Judicial Obligation, Precedent and the Common Law", *Oxford Jo. of. Legal Stud.*, 7 (1987), em 223-6, 254-5. Dworkin claramente considerou uma norma como apenas um resumo do resultado tudo-ou-nada que é determinado por um equilíbrio de princípios, de modo que a noção de norma é subordinada logicamente à de princípio. Dworkin, *supra*, n. 59, em 37-8. A concepção de norma de Dworkin é, portanto, nessa etapa de seu trabalho, muito diferente da concepção "excludente" defendida por Raz. (Sobre a concepção excludente de Raz, ver *infra*, n. 80.) Note que em seu trabalho posterior, a partir de "Hard Cases", Dworkin inverteu essencialmente a prioridade lógica de normas e princípios. As normas determinadas por Direito previamente estabelecido agora constituem antes um ponto de partida fixo para juízes que a conclusão provisória de um equilíbrio de princípios. Essa concepção de normas está claramente muito mais próxima da noção de Raz de normas excludentes que da concepção inicial de Dworkin. Os princípios, por outro lado, agora desempenham um papel subordinado: diz-se que um princípio é um princípio jurídico não porque seja moralmente aplicável ao caso em questão, mas porque figura na justificativa mais judiciosa do Direito estabelecido.

80. Uma razão baseada em fontes é aquela cuja existência e conteúdo podem ser estabelecidos com base apenas em fatos sociais, sem recurso a um argu-

entender expressões como a de que os princípios do *common law* possuem um peso ou autoridade variável e a rejeitar a idéia, aceita por Raz, de que o *common law* é composto por normas que são válidas no sentido de tudo ou nada. Como exemplo adicional, considere o desacordo que existe mesmo entre os positivistas quanto à caracterização adequada das razões jurídicas, geralmente porque compreendem a finalidade ou valor do Direito de maneiras um tanto diferentes. Jules Coleman, por exemplo, nega que as razões jurídicas devam ter fontes unicamente sociais, como sustenta Raz, pois Coleman aceita implicitamente que a finalidade do Direito ultrapassa a provisão de orientação baseada em fontes para incluir a prestação jurisdicional fundada em princípios[81]. Bentham, ao contrário, tal como interpretado por Gerald Postema, considera que a finalidade do Direito é dar orientação aos cidadãos mediante *acréscimo* às suas razões, e não, como argumenta

---

mento moral. Ver Raz, *supra*, n. 66, em 39-40. Uma razão excludente é uma razão (de segunda ordem) para abstenção de agir sobre uma ou mais razões (de primeira ordem). Ver *ibid.*, em 17. A afirmação de Raz de que as razões jurídicas são baseadas em fontes e excludentes desempenha um papel integral na concepção de serviço de autoridade e da compreensão associada da finalidade ou função do Direito. Ver *infra*, n. 81. Raz sustenta que a doutrina de precedentes do *common law* fornece razões para a ação que têm o mesmo caráter teórico que as normas legisladas, i.e., normas gerais, excludentes, baseadas em fontes, que os cidadãos devem seguir e os juízes devem aplicar. Afirmo, pelo contrário, que o *common law* dá aos cidadãos razões não baseadas em fontes, de segunda ordem. (Defino uma razão de segunda ordem como uma razão para tratar uma razão de primeira ordem como dotada de peso maior ou menor do que possui na realidade.) Ver Perry, *supra*, n. 79 e *supra*, n. 76, em 957-94.

81. Jules Coleman, "Negative and Positive Positivism", em *Jo. of Legal Stud.*, 11 (1982), 139. Raz diz a respeito da tese das fontes, que sustenta que as razões jurídicas devem ser identificadas com base apenas em fatos sociais, que ela cumpre um papel sistematizador ou organizador porque "reflete e explica nossa concepção do Direito". Raz, *supra*, n. 66, em 48. Mas isso atenua a força da controvérsia a respeito da condição da tese das fontes que existe na teoria jurídica e que, se lhes perguntassem, presumivelmente existiria entre juízes e demais juristas. O melhor argumento de Raz a favor da tese das fontes é o argumento *moral* que propõe enquanto defende a concepção de serviço de autoridade, no sentido de que os sujeitos de uma autoridade só podem beneficiar-se de suas diretivas se puderem estabelecer a existência e o conteúdo dessas diretivas por meios que sejam independentes

Raz, mediante a *substituição* excludente de razões[82]. Assim, as versões de positivismo de Coleman e Bentham, respectivamente, conceituam razões jurídicas de maneiras bem diferentes da versão de Raz. Tomadas em conjunto, as observações deste e do parágrafo precedente sugerem que a teoria de Raz é uma interpretação possível, plausível em muitos aspectos mas de maneira nenhuma inevitável, que pode ser oferecida a respeito da prática social do Direito em geral e da natureza das razões jurídicas em particular; não tem mais caráter basilar que a teoria de Hart revelou ter[83]. Essas observações ainda sugerem que muitas outras teorias jurídicas devem ser compreendidas como interpretações da prática jurídica (ao contrário, é preciso acrescentar, da afirmação de Dworkin em *O império do Direito*, de que a maioria é realmente de caráter semântico)[84].

O segundo ponto a ser estabelecido para demonstrar que o internalismo moderado é um primo próximo do interpretativismo de Dworkin é que o *conteúdo* de interpretações diferentes do Direito envolve argumentação moral[85]. A idéia aqui é que,

---

das razões em que a diretiva supostamente se baseia e que, então, substitui. Ver Raz, *supra*, n. 65, em 304. (Não existe, é claro, nada contraditório em oferecer um argumento moral a favor da conclusão de que o argumento moral não deve ser usado em certo contexto.) A tese das fontes é parte de uma *interpretação* controvertida, de base moral, da prática jurídica e de conceitos associados, e não apenas uma *clarificação* direta.

82. Ver Postema, *supra*, n. 65, em 323-7.

83. A meu ver, a teoria de Raz oferece a melhor interpretação dos aspectos legislativos da prática jurídica, ao passo que uma teoria mais aparentada à de Dworkin oferece a melhor interpretação do *common law*. Ver Perry, *supra*, n. 79, em 255-7, e *supra*, n. 76, em 957-63, 994. Isso ilustra, deve-se lembrar de passagem, que não estamos limitados a teorias que atribuem uma única finalidade ou valor ao Direito; o pluralismo no que diz respeito ao valor do Direito não apenas é possível, mas plausível. Também vale a pena notar que a versão reconstruída de positivismo de Dworkin, que ele chama de convencionalismo, tem pouca semelhança com a versão de positivismo de Raz ou com qualquer outra versão plausível. Ver *ibid.*, n. 108, em 950.

84. Ver *supra*, n. 54.

85. Dworkin sustenta que a interpretação de uma prática social tem duas dimensões, a saber, a dimensão da adequação e a dimensão do valor. A adequação diz respeito à medida em que uma interpretação particular deve dar conta das "características válidas da prática". Dworkin, *supra*, n. 7, em 67. [p. 83 da ed. bras.

quando uma teoria atribui uma finalidade ou valor moral ao Direito a partir da perspectiva dos participantes em vez da perspectiva do teórico, o argumento moral concomitante torna-se parte da teoria, não um passo preliminar na formação de conceitos. Do ponto de vista do participante, que difere nesse aspecto do ponto de vista do teórico hartiano, o argumento conceitual e o normativo estão inextricavelmente ligados. Esse ponto geral é ilustrado pela própria teoria de Raz. O conteúdo dessa teoria, não obstante a afirmação de Raz no sentido contrário[86], é inteiramente de caráter moral. Envolve muito mais do que fazer julgamentos avaliatórios, no decorrer de um processo weberiano de seleção de conceitos, sobre o que é importante ou significativo. Podemos perceber isso reconhecendo que, se a concepção de serviço oferece uma imagem correta do conceito de autoridade, então a tese anarquista de que é sempre irracional agir com base no julgamento de outro em vez de no próprio julgamento é errada como posição de moralidade política. A concepção de serviço redime a crença sustentada por muitos participantes de que o Direito incorpora um ideal mo-

---

(N. do E.)] O valor, que é nossa presente preocupação, é uma questão de exibir a prática "em sua melhor luz". *Ibid.*, em 52-3, 67, 90. [Respectivamente, pp. 66, 83, 112 da ed. bras. (N. do E.)] Dworkin claramente concebe a dimensão do valor como envolvendo o argumento moral (ou político). *Ibid.*, n. 3, em 98, 430. [Respectivamente, p. 120 da ed. bras. (N. do E.)] Andrei Marmor criticou o aspecto da "melhor luz" da teoria de Dworkin, com base no fato de que a interpretação de uma obra de arte não tem de mostrar a obra em sua melhor luz. Marmor, *supra*, n. 12, em 52-3. Isso está claramente correto, mas mostra apenas que Dworkin não devia ter começado com uma noção abrangente de interpretação "criativa", devia ter desenvolvido primeiro uma metodologia para estudar práticas sociais e, apenas depois, perguntado se ela tinha alguma relação com outras formas de interpretação. No que diz respeito ao estudo de práticas sociais, um teórico que adota o ponto de vista reflexivo está investigando a justificabilidade moral da prática; é difícil perceber o que isso pode significar, além de colocar a prática em sua melhor luz do ponto de vista moral.

86. Ver Raz, *supra*, n. 65, em 321: "Tudo o que se postula é a centralidade, para nossa experiência social, de instituições que expressam o que afirmam ser o julgamento coletivo e obrigatório de sua sociedade no sentido de como as pessoas devem conduzir-se... Embora esse seja um julgamento avaliativo, não é um julgamento do mérito moral de nada."

ral. Como tal, ele claramente incorpora o argumento moral. E, embora possa não fazer um julgamento moral no sentido estrito, realmente faz um julgamento moral *adicional*: se certas condições forem satisfeitas, então a reivindicação de autoridade moral do Direito é inteira ou parcialmente justificada. Não é por acidente que a teoria de Raz tem conteúdo moral. É a conseqüência da adoção de uma metodologia que pede ao teórico não apenas que relate a convicção das pessoas a respeito do aparelho conceitual do Direito, mas também que esclareça essas convicções. Isso porque a elucidação de convicções a respeito das razões para a ação envolverá, quase inevitavelmente, o argumento moral ou, pelo menos, normativo.

Há duas observações finais que gostaria de fazer sobre o internalismo moderado. A primeira é que ele encara a doutrina como um exercício de razão antes teórica que prática. Em outras palavras, o teórico que adota uma metodologia baseada na tese internalista moderada faz isso mais porque deseja compreender a instituição do Direito do que decidir o que ele ou qualquer outra pessoa deve fazer. Assim, ele não trata a instituição como provida de autoridade no sentido do interpretativismo moderado de Moore; não a trata como se ela lhe oferecesse, em sua capacidade de teórico jurídico, quaisquer razões para a ação. Isso é verdadeiro ainda que sua caracterização da instituição possa incluir o argumento moral, já que o argumento moral pode desempenhar um papel não apenas na razão prática, mas também na razão teórica. Permanece verdadeiro apesar do fato de ele ter assumido o ponto de vista do participante, já que está simplesmente tentando, a partir desse ponto de vista, obter uma compreensão melhor da prática; não está tentando determinar o que ele ou qualquer outra pessoa deve fazer. Na verdade, nada nesse aspecto depende de ele pessoalmente endossar ou não a reivindicação do Direito de possuir força moral. Mesmo acreditando que a instituição do Direito tem a autoridade moral plena que reivindica, não está, *qua* teórico jurídico, tentando determinar que razões para a ação ele lhe dá. Em vez disso, está tentando, em primeiro lugar, fornecer uma descrição interna precisa do Direito e, em segundo lugar, averiguar se sua crença na autoridade moral do Direito é justificada. Assim, uma metodologia que adota o ponto de vista dos participantes, quer seja compreendida como incorporando um compromisso normativo vigoroso ou apenas como uma postura reflexiva distanciada, não equivale ao interpretativismo moderado[87].

Dworkin talvez encoraje a idéia de que uma metodologia interpretativista deve considerar as teorias do Direito como exercícios mais da razão prática que da razão teórica, quando afirma que "nenhuma linha claramente delineada separa a doutrina da deliberação judicial de qualquer outro aspecto da aplicação do Direito"[88]. Pode-se tomar isso como uma sugestão de que os teóricos jurídicos estão engajados exatamente no mesmo tipo de atividade que os juízes, o que, naturalmente, é uma forma de raciocínio prático. Mas a melhor interpretação dessa passagem não é a de que os teóricos devem fazer o que os juízes fazem, mas antes que os juízes devem fazer o que os teóricos fazem. Em outras palavras, o raciocínio prático dos juízes deve pressupor alguma descrição da finalidade ou valor do Direito, e, portanto, deve pressupor uma teoria interpretativa do tipo exigido pela metodologia jurídica de Dworkin. Como diz Dworkin mais adiante, "a doutrina é parte geral da jurisdição, o prólogo silencioso de qualquer veredicto"[89]. Não

---

87. Isso também é parte da resposta ao argumento de Marmor de que, para um teórico, ao contrário do participante, a exigência de Dworkin de que uma prática seja colocada em sua melhor luz não significa necessariamente sua melhor luz do ponto de vista moral. Marmor, *supra*, n. 12, em 56-7. Que "melhor" significaria "moralmente melhor" faz sentido para os participantes, segundo Marmor, porque eles devem considerar que o Direito dá-lhes razões para a ação. Se, porém, o propósito da doutrina é "revelar as características do Direito que são comuns a todos os sistemas jurídicos", então "melhor" significará algo como "[a melhor] compreensão de nossos conceitos e do esquema conceitual que constitui nosso mundo intelectual". Argumentei com detalhes que, para obter a melhor compreensão de nossos conceitos, devemos adotar o ponto de vista (possivelmente distanciado) dos participantes, e, então, dedicar-nos ao argumento moral. O que proponho agora é não menos uma questão de razão teórica que de razão prática.
88. Dworkin, *supra*, n. 7, em 90 [p. 112 da ed. bras. (N. do E.)].
89. *Ibid*.

decorre daí, porém, que, considerada por si só, a doutrina envolva a prestação jurisdicional ou qualquer outra forma de raciocínio prático.

Minha observação final sobre o internalismo moderado é que, embora a tarefa central da doutrina seja considerada, nessa compreensão do assunto, a explicação do conceito de Direito em uma cultura particular – na prática, nossa própria cultura –, isso não nega a possibilidade daquilo a que nos referimos como teoria jurídica geral. Significa apenas que veremos as práticas de outras culturas usando nossos próprios conceitos. Raz formula bem o ponto:

> Não há nada errado em interpretar as instituições de outras sociedades em termos de nossas tipologias. Essa é uma parte inevitável de qualquer tentativa inteligente de compreender outras culturas. Não implica que ao interpretar instituições estrangeiras você desconsidera as intenções, crenças ou esquemas de valor de seus participantes. Significa apenas que em alguma etapa você classifica suas atividades, assim interpretadas, em termos de um esquema de análise social do qual os próprios participantes não têm conhecimento[90].

Afirmou-se que Dworkin vê a teoria jurídica como um debate que está "conscientemente situado dentro da prática de nossa cultura e que é por ela responsável", ao passo que Hart e Raz estão engajados em uma atividade diferente chamada de teoria jurídica geral, "o esforço filosófico de *compreender* o Direito e os sistemas jurídicos como conceitos abstratos que transcendem qualquer prática contingente e culturalmente situada"[91]. Como a citação acima deve deixar claro, essa caracterização não reflete precisamente a maneira como Raz, pelo menos, vê a teoria jurídica geral. Dworkin e Raz, na verdade, não estão muito afastados quanto a essa questão (e, na verdade, quanto a muitas outras questões, como deve estar começando a ficar claro). É verdade que Dworkin diz que "as teorias interpretati-

---

90. Raz, *supra*, n. 66, em 50.
91. Burton, *supra*, n. 57, em 110-1 (ênfase no original).

vas se voltam, por natureza, para uma cultura jurídica em particular, em geral para a cultura à qual pertencem seus autores"[92]. Mas não há razão nenhuma para que o teórico que abrace tal teoria não possa empregar seus conceitos para dedicar-se à teoria jurídica geral, tal como Raz a descreve acima[93].

## Conclusão

H. L. A. Hart argumentou que uma teoria jurídica satisfatória deve levar em conta o ponto de vista interno. Como vimos, a melhor compreensão para isso é que o teórico deve, por meio de enunciados externos, mas engajados, levar em conta a maneira como pelo menos alguns participantes crêem que o Direito lhes oferece razões para a ação. Mas é improvável que as teorias do Direito baseadas nessa forma fraca de interpretativismo mostrem-se satisfatórias da perspectiva das ambições gêmeas da doutrina, a saber, a descrição precisa e a explicação da normatividade. Particularmente problemática é a explicação da normatividade. A solução é adotar uma versão mais robusta da tese internalista, como faz implicitamente Joseph Raz, com isso convidando o teórico a adotar o ponto de vista de um participante. A metodologia resultante, que chamei de internalismo moderado, tem muito a recomendá-la. Mas, embora o internalismo moderado não comprometa o teórico a endossar moralmente o Direito, parece estar bem perto do interpretativismo metodológico de Ronald Dworkin. O interpretativismo de Dworkin considera as teorias do Direito como interpretações

---

92. Dworkin, *supra*, n. 7, em 102 [p. 127 da ed. bras. (N. do E.)].
93. É verdade que Dworkin diz (*ibid.*, em 102-3) [p. 127 da ed. bras. (N. do E.)] que "não há razão para esperar que mesmo uma concepção muito abstrata [de Direito] possa adequar-se a sistemas jurídicos estrangeiros, desenvolvidos na esfera de ideologias políticas muito diferentes – e que as refletem". Mas, então, ele deixa claro que embora nossa teoria interpretativa não se "adequasse", digamos, ao regime nazista, ainda poderíamos empregar a teoria para ajudar a elucidar a natureza do regime. Isso está bem próximo da compreensão de Raz de teoria jurídica.

rivais dos dados sociais, nas quais a descrição correta da prática social é, em parte, uma função do argumento moral. Raz resiste à essa conclusão. Talvez, porém, a moral da história seja esta. Se você dança com o demônio interpretativista, não é fácil manter distância[94].

---

94. Desde que o artigo seguiu para impressão, tive a oportunidade de ler o pós-escrito de Hart para a segunda edição de *The Concept of Law* (Oxford: Clarendon Press, 1994). Sua discussão de questões metodológicas, e da metodologia interpretativa de Dworkin, em particular, segue geralmente a abordagem que adotou em outros escritos recentes que considero no artigo. Mas Hart realmente adota um novo ponto na seguinte passagem, em 248-9: "Como outras formas de positivismo, minha teoria não pretende identificar o objetivo ou propósito do Direito e práticas jurídicas como tais; portanto, não há nada em minha teoria que apóie a visão de Dworkin que certamente não compartilho, de que o propósito do Direito é justificar o uso da coerção. Na verdade, penso que é inteiramente vão buscar qualquer propósito mais específico a que o Direito serve, além de prover orientações para a conduta humana e padrões de crítica a tal conduta." Mas a afirmação de Hart de que sua teoria não tenta identificar o objetivo ou propósito do Direito como tal parece estranha à luz do fato de que ele imediatamente aponta a orientação da conduta como sendo justamente esse propósito. (Esta, é claro, é a visão que lhe atribuo neste artigo). E, embora Hart sugira implicitamente que sua compreensão do propósito do Direito é suficientemente ampla e geral para que não seja controvertida, tentei demonstrar que não é esse o caso: ver *supra*, em 129-31. (Como essa discussão também demonstra, os positivistas discordam arduamente entre si, de maneiras que têm significação teórica, sobre como pode ser mais especificamente formulado o propósito geral de orientar a conduta.) Deve-se mencionar, nesse aspecto, que Dworkin rejeitou explicitamente a visão de que o propósito do Direito é prover orientação para a conduta (Dworkin, *supra*, nota 59, em 347-8). Além disso a afirmação de Dworkin de justificar a coerção é, na verdade, apenas uma maneira enviesada de ele apresentar sua idéia-padrão de que a função primária do Direito é a prestação jurisdicional fundada em princípios (Dworkin, *supra*, nota 7, 400-1). Já que essa não pode ser caracterizada como uma visão obviamente implausível, existe no caso um debate real. A teoria de Hart, em vez de partir dos pressupostos neutros desse debate, adota uma posição nele.

# Capítulo 4
# *Questões na interpretação jurídica*
*Brian Bix*

**Introdução**

Filósofos de vários campos propuseram recentemente teorias em que a prática tem um papel significativo na análise. Essas teorias, de maneira geral, são inspiradas, em maior ou menor grau, pelos escritos tardios de Wittgenstein. A virada rumo a teorias baseadas na interpretação ocorreu, ainda que irregularmente, também na doutrina jurídica.

A primeira parte desta dissertação examina parte do trabalho inicial de H. L. A. Hart, aspectos que serão mais bem compreendidos se vistos como uma tentativa inicial de abordagem do Direito baseada na prática[1]. De passagem, serão consideradas as possíveis ligações e correspondências entre esse trabalho e os textos de Wittgenstein. A segunda parte analisa as questões sobre a intenção legislativa e a teoria interpretativa de Ronald Dworkin, do ponto de vista de uma abordagem baseada na prática.

Embora, até certo ponto, a dissertação funcione como uma defesa de análises baseadas na prática, espero que as discussões também indiquem que existem diversas maneiras de

---

Esta é uma versão revista de uma dissertação apresentada na Conferência de Direito e Interpretação na Universidade de Tel Aviv em maio de 1993. Sou grato pelos comentários e sugestões feitos por Andrei Marmor e pelos outros participantes da Conferência.

1. Joseph Raz (1990: 49-58) analisou (e criticou) aspectos dos escritos posteriores de Hart sobre normas como parte de uma crítica da "teoria da prática das normas".

usar a "prática" em uma teoria, e cada uma delas tem dificuldades, além de vantagens.

## Hart e Wittgenstein

Wittgenstein (1960: 1) preveniu-nos contra "uma das grandes fontes da perplexidade filosófica": "um substantivo faz-nos procurar por coisas que correspondam a ele". Muitas das questões mais difíceis da filosofia ocorrem quando uma maneira particular de pensar leva-nos da vida cotidiana a investigações metafísicas aparentemente difíceis e ao postulado de entidades abstratas estranhas como maneiras de resolver os problemas que pensamos ter descoberto. A reação adequada, então, diria Wittgenstein, não é tentar encontrar uma resposta melhor aos problemas que nos levam a especulações metafísicas, mas compreender por que, em primeiro lugar, pensamos que havia problemas. Assim que compreendermos a causa desse anseio pela metafísica, compreenderemos que nossas reais preocupações podem ser enfrentadas por uma visão geral mais clara de nossa situação, sem que necessariamente se postulem ou discutam várias entidades não-naturais. Nossa crença de que o modo como usamos a linguagem exige explicação em termos metafísicos é incorreta: nenhuma explicação é necessária além da que pode ser dada por uma reformulação simples do que efetivamente fazemos.

Temas similares podem ser encontrados nos escritos de H. L. A. Hart sobre o Direito e a teoria jurídica, particularmente, embora não exclusivamente, em seu trabalho mais inicial (por exemplo, 1954, 1955). Há evidentes paralelos entre a abordagem de Hart e a de Wittgenstein: em suas discussões da filosofia como um tipo de terapia[2], suas tentativas de evitar questões

---

2. Cf. Wittgenstein (1968: pp. 133, 255) com Hart (1955: 241). No texto posterior, Hart escreveu sobre investigações que "não têm por objetivo ensinar [o uso de conceitos jurídicos em um sistema jurídico] mas dissipar certo tipo de perplexidade a respeito".

e explicações metafísicas[3], e sua ênfase na revogabilidade como um aspecto importante, ainda que não central, dos conceitos[4]. Em termos históricos, porém, a abordagem de Hart provavelmente deriva de J. L. Austin e dos defensores da "filosofia da linguagem comum" de Oxford (Hart 1983: 2-6; Baker 1977: 28-33). As similaridades entre a obra de Hart e as idéias de Wittgenstein podem ser explicadas pela influência de Friedrich Waismann sobre Hart (assim como por uma convergência de idéias entre Austin e Wittgenstein). Waismann foi colega de Hart em Oxford, e muitas das suas idéias derivam diretamente de Wittgenstein. O exemplo mais óbvio dessa influência via Waismann foi a conhecida discussão de Hart (1961: 119-26) da "textura aberta", que derivava da idéia do mesmo nome de Waismann[5].

O tema do trabalho de Hart em seus escritos iniciais era o de que as questões mais difíceis da teoria jurídica, as que se concentravam em tentar determinar o significado de um termo ou conceito jurídico (como "corporação" ou "direito"), podiam ser resolvidas evitando o velho caminho de tentar descobrir que coisa no mundo o termo designava. Em vez disso, o foco devia estar em como o termo é usado no discurso jurídico, na prática jurídica. (No jargão filosófico, provavelmente seria acurado dizer que Hart estava defendendo uma abordagem centrada na "asseverabilidade garantida".)[6]

---

3. Ambos os autores pensavam que tais especulações metafísicas falsas eram causadas por similaridades superficiais entre conceitos e aspectos da linguagem que, na verdade, tinham usos bem diferentes (Hart 1955: 241; Wittgenstein 1968: §§ 90, 109).

4. Embora Wittgenstein parecesse acreditar que a revogabilidade fosse um aspecto geral do pensamento e da linguagem, Hart via a importância da revogabilidade como algo que distinguia conceitos jurídicos de conceitos comuns. A ênfase na revogabilidade foi particularmente forte em uma das primeiras publicações de Hart (1948-49); para uma discussão da revogabilidade, de critérios e certeza na obra de Wittgenstein, ver Hacker (1986: 307-18).

5. Discuto em outro trabalho (1993: 7-17) as similaridades entre as noções de "textura aberta" de Waismann e Hart.

6. Por exemplo, em certo ponto (1954: 60), Hart escreveu: "As palavras jurídicas só podem ser elucidadas considerando-se as condições sob as quais são verdadeiros os enunciados em que elas possuem seu uso característico."

Em "Definition and Theory in Jurisprudence" (1954), Hart exortava-nos a evitar a tentação de encontrar uma coisa, ou mesmo um conjunto de fatos (fossem eles fatos futuros, fatos complexos ou fatos psicológicos), que correspondessem a termos jurídicos como "direito" e "corporação" (45-6). Em vez disso, quando questionados sobre algum termo jurídico ou conceito jurídico, devemos apenas oferecer descrições de como, e sob quais condições, são utilizadas as proposições que usam o termo ("X tem um direito" ou "Smith & Co. Ltd. deve-me cinco dólares") (47-8, 50). Tal resposta, Hart sugeria, responderia a tudo o que confundira o interlocutor, e não haveria nenhuma tentação adicional de fazer perguntas de cunho metafísico como "mas o que *é* um direito (ou uma corporação)?"

O problema é até que ponto devemos fazer perguntas de ontologia a respeito de conceitos no discurso jurídico, do tipo "o que é a essência de X?" ou "o que é a real natureza de X?" Na prática, pode parecer que a prescrição de Hart deriva sua principal importância da oposição aos que defendem o realismo metafísico, argumentando, assim, que a investigação de um objeto ou conceito nunca deveria terminar com uma avaliação das crenças de outras pessoas sobre ele (consenso comunitário) ou de enunciados sobre ele (por exemplo, definições legislativas). Contudo, penso que a afirmação é mais ampla e aplica-se igualmente aos que talvez prefiram uma abordagem não-realista da ontologia.

O argumento é que na prática do Direito (e em teorias sobre a prática do Direito) geralmente não é útil, e muitas vezes é desorientador, aventurar-se em investigações ontológicas. Aqui, novamente, os escritos de Hart sobre o Direito podem ser comparados aos de Wittgenstein sobre a linguagem e a filosofia. É muito difícil determinar qual era efetivamente a posição de Wittgenstein sobre questões de ontologia; na maior parte do tempo, quando seus interlocutores reais (em conferências) ou imaginários (em seus escritos) insistem em questões ontológicas, sua resposta é meramente indicar que esses tipos de questões são inúteis, desnecessárias e tendem a confundir.

Uma objeção à posição de Hart poderia ser a seguinte: formular as condições sob as quais usamos um termo não explica por que aplicamos essas condições em vez de outras. Há pelo menos dois tipos de situações em que uma simples descrição não pareceria adequada. Primeiro, se parecesse ser uma incoerência na prática, e, segundo, se surgisse um novo caso em que a prática e os critérios prévios que pudéssemos derivar dela não oferecessem orientação conclusiva quanto a como o novo caso deveria ser tratado. Em ambos os tipos de situação, desejaríamos uma explicação (ou, na terminologia de Ronald Dworkin, uma interpretação) da prática passada que nos fornecesse princípios amplos que pudéssemos usar para crítica e orientação.

Alguns aspectos dessa objeção foram examinados no trabalho de Hart. Em sua discussão (1954: 49-59) de corporações e tentativas de definir ou teorizar sobre elas, Hart mencionou brevemente a questão, então nova, de se certos crimes podiam ou não ser atribuídos a corporações, e a questão, não resolvida então, de se as corporações podiam ser responsabilizadas por infrações *ultra vires*. Com certeza, é para casos novos como esses que precisamos de alguma explicação quanto a por que o sistema jurídico tratou as corporações da maneira como o fez, e esperaríamos que a explicação fosse em termos de as corporações serem "efetivamente" entidades reais, ficções jurídicas ou qualquer outra coisa. Contudo, essa não era a abordagem que Hart sugeriu ter sido tomada ou que deveria ter sido tomada; mais uma vez, o foco de Hart estava unicamente sobre as práticas passadas.

A crença de Hart de que uma abordagem baseada na prática é suficiente até mesmo para decisões passadas aparentemente incoerentes e questões novas parecia basear-se em uma convicção de que a análise jurídica tradicional é adequada para resolver tais problemas. Em particular, Hart parecia acreditar que os juízes resolvem essas difíceis questões jurídicas examinando até que ponto as várias analogias com outras doutrinas podem e devem ser usadas (1954: 57).

Não era parte da preocupação de Hart examinar em que medida o raciocínio jurídico ou o raciocínio analógico são realmente neutros, objetivos ou não-políticos, embora estas sejam obviamente questões que surgiriam no atual clima da teoria jurídica se afirmações similares fossem feitas. O que é importante para o presente propósito é a alegação de Hart (1954: 56-60) de que os juízes *deveriam* – e quase sempre o fazem – limitar-se às formas tradicionais de análise, que não requerem o recurso a afirmações ontológicas. Não há razão para passar daquilo com que estamos familiarizados a partir da prática cotidiana para o domínio rarefeito da especulação metafísica. Como Hart assinalou (1954: 40), muitas vezes as afirmações ontológicas são igualmente compatíveis com possíveis resoluções da questão jurídica em consideração – e igualmente indiferentes a elas.

Não está clara para mim a resposta à questão de se a abordagem de Hart em suas obras iniciais é suficiente em forma embrionária, exigindo apenas mais elaboração[7]. Em particular, não sei como avaliar a convicção que Hart parecia ter em que a análise jurídica, simplesmente compreendida, era suficiente para decidir a maioria das questões jurídicas. Por um lado, pode ser apenas uma posição ingênua, refletindo a ausência de Estudos Jurídicos Críticos penetrantes ou de desafios realistas metafísicos na literatura jurídica daquela época[8]. Por outro lado, pode ser uma versão não desenvolvida (ou subdesenvolvida) de uma teoria plena da prática, isto é, que afirma não ser necessária nenhuma referência a entidades abstratas ou ao poder político para explicar ou participar de nossas práticas jurídicas – uma posição não muito distante de alguns teóricos modernos baseados na prática, como, por exemplo, Patterson (1993)

---

7. Também não é imediatamente claro se a teoria necessitaria ou não ser modificada, ou como, para enfrentar o desafio das modernas teorias metafísico-realistas, das quais a obra de Moore (1985, 1992) é o exemplo mais proeminente.

8. Há outros tópicos em que a discussão de Hart parece ignorar ou negligenciar algumas das questões que, no contexto dos debates correntes, parecem imediatas e cruciais – em outra parte (Bix 1993: 23-4), analiso tal exemplo, que envolve a discussão por Hart de "textura aberta" e arbítrio judicial. De novo, a explicação pode ser simplesmente que autores de épocas diferentes estão respondendo a preocupações diferentes e desafios diferentes.

e Bobbit (1991). Devo deixar essa questão exegética para outra pessoa ou outra ocasião.

## Aplicações – A interpretação jurídica

Tal como Wittgenstein (1968: §§ 133, 255) descreveu a filosofia em geral, poder-se-ia argumentar que a filosofia jurídica vê seu propósito primário como uma espécie de terapia: uma maneira de superar a tentação de encarar questões no Direito e sobre o Direito como questões que exigem respostas em termos abstratos ou metafísicos (por exemplo, a "natureza" ou "essência" do "Direito" ou de "direitos").

A abordagem Hart-Wittgenstein, tal como caracterizada, diz respeito a procurar responder a questões sobre o Direito e a teoria jurídica a partir de dentro da prática do Direito: isto é, focalizar a prática e enfatizar até que ponto a maioria dos problemas de teoria jurídica, se não todos, pode ser solucionada apenas por uma descrição melhor de nossas práticas[9].

---

9. Outros teóricos recentemente propuseram abordagens semelhantes do Direito. Em particular, tenho em mente as abordagens wittgensteinianas de Dennis Patterson (1993) e Philip Bobbit (1991), embora haja aspectos dessas abordagens dos quais discordaria.

No trabalho posterior de Hart, ainda pode-se vê-lo argumentar que encontrar as respostas corretas para os problemas da teoria jurídica baseia-se, em grande parte, em ter certeza de que estão sendo feitas as perguntas corretas. Por exemplo, no início de *The Concept of Law* (1961: 1-6), ele considerou a questão-padrão da teoria jurídica, "O que é o Direito?". Os teóricos do passado deram várias respostas a essa questão, desde mundanas, mas insatisfatórias, até bizarras. Hart propôs (13) que a melhor forma de considerar a questão "O que é o Direito?" geralmente é como uma tentativa de examinar uma das três questões: "Como o Direito difere das ordens respaldadas por ameaças e como se relaciona com elas? Como o Direito difere da obrigação moral e como se relaciona com ela? [e] O que são normas e até que ponto o Direito é uma questão de normas?"

Concordando ou não com essa proposta, pode-se perceber que Hart conseguiu desviar a atenção das obsessões definicionais para questões mais mundanas e manejáveis e para questões e respostas enraizadas em nossas práticas. A resposta de Hart à questão "O que é o Direito?" consistiu basicamente em contrapor "Por que você pergunta?". Essa é a resposta wittgensteiniana que resumi anteriormente:

Nas discussões de Direito e teoria jurídica, o tópico da interpretação recebe atenção basicamente em ligação com prescrições para juízes: como eles devem aplicar dispositivos constitucionais, leis e decisões judiciais passadas (e até que ponto o raciocínio ou a interpretação de textos deve diferir nessas três categorias). O primeiro tópico desta seção será tirado de questões desse tipo: ele envolve o problema da intenção legislativa.

Um conjunto adicional de questões a respeito do papel da interpretação no Direito foi levantado por trabalhos recentes e importantes de Ronald Dworkin (1986, 1987), nos quais ele argumentou que todas as tentativas de determinar o que o Direito requer, compreender um sistema jurídico particular, ou compreender o Direito em geral, são basicamente atos de interpretação. O segundo tópico desta seção é a consideração de certos aspectos do trabalho recente de Dworkin, particularmente a ligação entre sua análise e nossas práticas.

*A intenção legislativa*

As discussões acerca da "intenção legislativa" muitas vezes foram menos claras do que poderiam ser, e parece provável que essa confusão seja causada por vários fatores. Para meus propósitos, quero focalizar três desses fatores: (1) a tentação de definir termos jurídicos da mesma maneira como se definem termos não-jurídicos (discutida anteriormente, em ligação com escritos anteriores de Hart); (2) a suposição de que o termo "intenção" deve ter, no contexto legislativo (e com outras entidades coletivas), aproximadamente o mesmo significado e uso que tem no contexto dos indivíduos; e (3) a suposição de que, como o mesmo termo (intenção legislativa) é usado em vários sistemas jurídicos (ou em dis-

---

uma tentativa de simplificar, ou dissolver, uma questão aparentemente difícil, que seduz alguns a responder em termos de ontologia e essências, tentando convertê-la ou reduzi-la a questões relacionadas com a descrição adequada de nossas práticas.

cussões sobre eles), ele deve designar a mesma coisa em cada sistema.

No que diz respeito ao primeiro ponto, há debates sobre o "intento legislativo" que às vezes usam o termo como se designasse alguma coisa, e então o debate é sobre como se pode descobrir melhor essa coisa ou se sua existência é, na verdade, apenas uma fantasia de nossa imaginação[10]. Hart assinalou que é provável criarmos incompreensões e confusão quando tentamos compreender conceitos jurídicos em termos de definiçõespadrão ("*genus* e *differentia*" – Hart 1954: 46). A proposta de Hart, tal como discutida anteriormente, era que, em vez de usar uma forma de análise que (expressa ou implicitamente) tenta unir um conceito jurídico com alguma coisa no mundo, é melhor analisar o conceito em termos das circunstâncias em que frases utilizando o conceito seriam verdadeiras.

Essa análise funciona particularmente bem com a "intenção legislativa". A discussão-padrão quanto a esse termo é que ele deve designar algum estado de espírito coletivo, e a questão torna-se então como descobrir tal entidade, ou se faz sentido falar de estados de espírito coletivos. Uma análise à maneira de Hart colocaria o foco sobre o modo como o termo "intenção legislativa" é efetivamente usado por juristas e juízes. Na medida em que existem normas regulares e coerentes orientando quando a referência à intenção legislativa é adequada e quando é inadequada, e que tais normas podem (pelo menos toscamente) ser articuladas, parece não haver nenhuma necessidade de envolver-se em questões de ontologia e epistemologia[11]. Significado é uso; compreende-se um termo, mesmo um termo jurí-

---

10. Por exemplo, compare Marmor (1992: 155-84) com Dworkin (1986: 378-93); a questão também foi levantada em várias dissertações da conferência de Tel Aviv.

11. Uma análise similar parece ser pressuposta por Raz (1993: 14), quando ele escreve: "Como podem as instituições ter intenções? A resposta é que se elas podem agir intencionalmente, após muita deliberação (por exemplo, 'após discutir a matéria por sete horas, a Câmara dos Comuns aprovou o projeto tal como emendado no comitê'), podem ter intenções. Não encontramos nenhum problema em atribuir intenções a corporações, grupos e instituições na vida comum, e o Direito supõe que as corporações e alguns outros sujeitos jurídicos que não são seres humanos podem agir intencionalmente."

dico, ao se compreender quando é adequado e quando é inadequado usá-lo, e essas normas podem ser explicadas a outras pessoas.

É claro que mesmo esse método de análise pode apresentar dificuldades. Uma delas é que, em um único contexto, pode haver vários conceitos diferentes, cada um com regras separadas para a afirmação garantida, que coexistem sob o mesmo rótulo. Por exemplo, na recente literatura jurídica americana, as referências à intenção legislativa são muitas vezes ambíguas, entre um conceito técnico específico para a teoria constitucional americana e um conceito mais geral derivado da doutrina jurídica analítica.

Uma discussão recente de Joseph Raz é bastante útil para distinguir um dos usos da intenção legislativa de outros. Raz propõe (1993: 18) um ponto de vista básico ou mínimo de intenção legislativa: notando que "sempre que se legisla, pretende-se, de algum modo, fazer o Direito que se está aprovando". É importante reconhecer esse aspecto básico ou mínimo de intenção, em contraposição aos que poderiam crer que a intenção não desempenha nenhum papel na compreensão da legislação, ou que poderiam duvidar da ligação entre legislação, autoridade e legitimidade no Direito. Contudo, o objetivo básico (e universal) de Raz a respeito da legislação não pretende determinar como a legislação deve ser interpretada em sistemas jurídicos específicos[12], o que, acredito, é o foco da maioria dos usos do termo "intenção legislativa", como discutirei abaixo.

O aspecto da intenção legislativa que me interessa pode ser compreendido como o próximo passo na análise: as convenções da interpretação que são necessárias além da intenção mínima. Quando tribunais da Inglaterra ou dos Estados Uni-

---

12. Embora Raz (1993: 21) realmente argumente que esse ponto de vista da intenção legislativa impõe um limite significativo à interpretação, no sentido de que se deve compreender a legislação segundo o que as "palavras [aprovadas] significam, dadas as circunstâncias da aprovação da legislação, e as convenções da interpretação que prevalecem na ocasião".

dos discutem a intenção legislativa, isso ocorre geralmente no contexto de apoiar ou refutar uma certa leitura de uma lei ou série de leis, esclarecer ambigüidades em um texto legislativo ou justificar a conclusão de que o texto deve ser interpretado de um modo contrário ao seu significado (aparentemente) ambíguo.

Na maioria dos casos, a referência à intenção legislativa envolverá usar as declarações dos legisladores (geralmente declarações feitas dentro de limites institucionais durante o processo legislativo) para fundamentar uma determinada leitura. Contudo, em pelo menos um grupo de casos, a referência à intenção legislativa no contexto da interpretação das leis não tinha nenhuma ligação com os comentários ou o estado de espírito dos legisladores.

Na Inglaterra, até recentemente, não se podia consultar o registro dos debates legislativos para determinar o significado de uma lei. Em vez disso, o foco concentrava-se (e ainda concentra-se) no significado "literal" ou "simples" da lei. Lorde Reid explicou: "Estamos buscando o significado das palavras que o Parlamento usou. Não estamos buscando o que o Parlamento quis dizer, mas o verdadeiro significado do que disse."[13] Ainda assim, juízes e comentaristas continuaram a referir-se à "intenção parlamentar". Se tentássemos determinar o significado, no sistema jurídico inglês, de "a(s) intenção(ões) do Parlamento" (e formulações similares) a partir da maneira como tais termos são usados, concluiríamos – e penso que corretamente – que o termo era meramente expletivo em todas as normas de interpretação de legislação (centradas no texto) e nada mais que isso.

No que diz respeito ao segundo tópico, a comparação de "intenções legislativas" e "intenções individuais", vários teóricos assinalaram que não se pode falar de um legislativo que

---

13. *Black-Clauson International, Ltd.* contra *Papierwerke Waldhof-Aschaffenburg A.G.* [1975] 1 All ER 810, em 814. Tal como o Direito é atualmente, pode-se fazer referência apenas ao discurso do proponente da lei e, mesmo assim, apenas em circunstâncias limitadas.

tem intenções referentes a uma lei da mesma maneira que se fala de um indivíduo que pretende certo significado quando enuncia algo durante uma conversa (por exemplo, Dworkin 1986: 313-27). Isso certamente é correto e, havendo alguma pessoa que tenha uma impressão contrária, com certeza é uma observação que vale a pena fazer. Contudo, quando os juízes ou comentaristas de um certo sistema jurídico referem-se à "intenção legislativa" ao interpretar leis, nem sempre (na verdade, diria que raramente) estão usando a expressão da mesma forma que utilizam "intenções" em um contexto individual ou conversacional.

O fato de que dois termos – aqui "intenção (individual, conversacional)" e "intenção legislativa" – sejam similares não significa necessariamente que têm usos idênticos (e isso pode ser verdadeiro para o mesmo termo usado em dois contextos diferentes). Uma situação análoga é descrita por Wittgenstein (1980: 77): "Em estações ferroviárias há mostradores com dois ponteiros; eles mostram quando parte o novo trem. Parecem relógios, embora não sejam; mas têm um uso próprio." Assim como um relógio especial da estação ferroviária tem um uso e um significado diferentes dos relógios normais, deveríamos considerar a possibilidade de que o conceito de intenção legislativa tenha um uso e um significado diferentes daqueles do conceito de intenção individual, conversacional.

Se a intenção legislativa não pode ser compreendida em termos de intenção individual, isso não significa que o conceito seja incoerente, apenas que é um conceito distintamente diferente. As diferenças óbvias nos dois tipos de situações, com os legislativos sendo órgãos coletivos e os textos legislativos sendo aplicáveis a circunstâncias imprevistas, e assim por diante, são geralmente levadas em consideração no modo como a expressão "intenção legislativa" é definida e usada.

Terceiro, é preciso considerar até que ponto é possível falar genericamente de intenção legislativa. O argumento contra uma visão geral é que é potencialmente enganoso usar qualquer termo jurídico de modo a sugerir que ele (necessariamente) tem o mesmo significado em todos os sistemas jurídicos. Se um termo jurídico é mais bem definido pelas circunstâncias em que seu uso é garantido, então, uma descrição geral será comumente inadequada, pois as regras da afirmação garantida podem (e em geral irão) variar de um sistema jurídico para outro (embora a história comum e a interação entre sistemas muitas vezes sirvam para limitar a divergência).

A posição a que me oponho é aquela que vê a intenção legislativa como tendo um único significado, uma única referência, para a qual as abordagens diferentes em sistemas jurídicos diferentes só podem ser vistas como regras comprobatórias diferentes para tentar determinar a mesma matéria. As referências a "*o* significado" da legislação podem ser enganosas, no sentido de que se pode concluir que existe apenas uma maneira correta de interpretar a legislação, ou de interpretar uma determinada lei, que é independente de qualquer sistema jurídico específico ou transcendente a ele, em vez de perceber que a compreensão da legislação, assim como a compreensão da linguagem, depende de (um vasto e intricado) contexto. Não há nenhum método para "extrair" significado ou determinar significado que funcione em todos os sistemas jurídicos, e, na medida em que a intenção legislativa é uma forma reduzida de todo esse processo ou de parte dele, o termo terá sentidos significativamente diferentes em sistemas jurídicos diferentes.

Na Inglaterra, a convenção na interpretação das leis ainda é (apesar do avanço feito por *Pepper contra Hart*, discutido abaixo) colocar grande ênfase no significado literal das palavras que o Parlamento aprovou. Nos Estados Unidos, a convenção é colocar grande ênfase nos relatórios de comitês e no intercâmbio dos debates que ocorrem no recinto legislativo[14]. Essas definições e outras similares não são tentativas diferentes, talvez ineficientes, de capturar alguma entidade chamada

---

14. Pode-se argumentar que a abordagem da "intenção legislativa" pelos tribunais norte-americanos indica que estão dando ao termo o mesmo significado que ele tem em contextos individuais, conversacionais. Se é esse o caso, valeria a pena, é claro, afirmar que tal tentativa é indefensável. Não tenho tempo suficiente aqui para examinar na íntegra o argumento (ou suposição) de que essa leitura da

"intenção legislativa"; isso é compreender as coisas ao contrário. Não existe nenhuma idéia platônica de "intenção legislativa" que devemos descobrir e tentar descrever. Essas várias definições nos vários sistemas jurídicos definem o que a intenção legislativa *é* para os propósitos desses sistemas jurídicos.

A favor da possibilidade de uma teoria geral ou de uma discussão geral da intenção legislativa, podem-se oferecer duas sugestões. Primeiro, pode haver um estudo geral de um termo jurídico, se escolhêssemos definir o conceito de maneira mais ou menos arbitrária, selecionando um aspecto de nosso sistema jurídico e, então, investigando se outros sistemas jurídicos têm características que sejam mais ou menos análogas[15].

Segundo, um estudo geral da intenção legislativa pode ser justificado pelo que é comum a seus usos em diferentes sistemas jurídicos. Como indicado, a melhor forma talvez de entender o termo seria não como nomeando uma coisa, mas como uma forma abreviada do processo (e do resultado) da interpretação. A intenção legislativa, na Inglaterra e nos Estados Unidos, pelo menos (não posso dizer até que ponto se trata de um fenômeno geral) parece representar qualquer aspecto dos textos legislativos ou dos anais legislativos que seja usado para esclarecer ou solucionar o significado e a aplicação da legislação, bem como o modo como tal material pode ser assim usado.

Finalmente, devo notar como adendo que há um sentido em que se pode dizer que a intenção legislativa no sistema jurídico inglês sofreu recentemente uma mudança de significado,

---

prática norte-americana é a única disponível. Se outra leitura é possível, então, certamente devemos preferir essa leitura à que torna a prática incoerente ou indefensável. A abordagem de Dworkin em *O império do Direito* (1999: 377-424) é similar, embora sua leitura alternativa seja considerar a intenção legislativa como parte de uma abordagem interpretativa da interpretação das leis. Minha alternativa, em certos aspectos, é mais direta: que a "intenção legislativa" é um conceito defensável e coerente – simplesmente um conceito diferente da intenção individual, conversacional.

15. Ofereci alguns comentários breves em outro lugar (1993: 190-5) sobre o tópico análogo da possibilidade e das limitações de uma teoria geral do Direito.

através da importante decisão de *Pepper contra Hart*[16]. Nessa decisão, a Câmara dos Lordes resolveu, contrariamente a 250 anos de precedente, que os juízes podem recorrer ao registro de debates legislativos (Hansard) em, pelo menos, algumas circunstâncias. O significado do termo mudou no sentido hartiano de que mudaram as condições sob as quais as frases que usam o termo seriam verdadeiras. A Câmara dos Lordes, quando atuando em sua capacidade legislativa, muda as condições nas quais são justificadas as expressões que indicam conclusões do Direito. Assim, há um sentido em que a Câmara dos Lordes pode mudar – e mudou – o significado de termos como "contrato", "imprudência" e "consideração" para os propósitos do Direito inglês[17].

## A abordagem interpretativa de Ronald Dworkin

Para Ronald Dworkin (1986, 1987), a interpretação não é uma mera faceta da prática jurídica, sobre a qual podemos fazer perguntas; é a resposta primária e incessante a quase toda questão que se possa querer fazer sobre o Direito ou sobre a teoria jurídica. Uma abordagem interpretativa é adequada para descrever o que acontece na teoria jurídica e o que os juízes fazem, e é também o modo adequado para determinar o que o Direito requer em qualquer questão isolada.

A teoria de Dworkin está ligada às práticas de duas maneiras diferentes. Primeiro, a teoria argumenta que as teorias jurídicas devem ser interpretações de sistemas jurídicos específicos, interpretações das ações e atitudes dos participantes e autoridades do sistema, assim como das leis e decisões judi-

---

16. *Pepper contra Hart* [1993] AC 593. A reação a esse caso foi às vezes extrema. Um comentarista (Styles 1994: 154) descreveu o resultado em *Pepper contra Hart* como "uma mudança que claramente viola o Estado de Direito, fazendo uma mudança fundamental na Constituição britânica".

17. Para uma visão contrastante interessante, ver Moore (1985: 328-38; 1989: 881-90), que sustenta que todos esses termos jurídicos são mais bem compreendidos de maneira platônica (metafisicamente realista).

ciais relevantes. Segundo, Dworkin, em muitas ocasiões, defende certas visões controvertidas a respeito da natureza do Direito afirmando que sua teoria reflete melhor nossas práticas do que o fazem as abordagens alternativas.

A obra de Dworkin provocou dois tipos de questionamento geral, discutidos abaixo, que de alguma forma se situam na tradição Hart-Wittgenstein.

#### Questões desmascaradoras

O primeiro tipo de questão é imaginar qual é "a razão real" ou "a motivação real" por trás da análise de Dworkin. Desmascarar é às vezes caracterizado como uma abordagem baseada na prática, no sentido de que afirma que as descrições dos teóricos do que ocorre no Direito são falsas ou enganosas no que diz respeito ao que são efetivamente as nossas práticas (o que está *realmente* acontecendo"); as teorias desmascaradoras, às vezes, chegam ao ponto de afirmar que as (auto)caracterizações e descrições usadas pelas autoridades dentro do sistema são similarmente falsas e enganosas.

Esse tipo de desafio tem raízes no Realismo Jurídico Norte-Americano (por exemplo, Cohen 1935), e seus proponentes recentes mais entusiasmados estão no movimento de Estudos Jurídicos Críticos (por exemplo Kelman 1984; Freeman 1981). A ligação com a abordagem Hart/Wittgenstein está na convicção de que termos usados por praticantes ou teóricos são rótulos sem conteúdo, que servem apenas para desorientar. Se examinássemos a prática efetiva, diz o argumento, encontraríamos apenas uma tentativa de racionalizar resultados específicos. Além disso (como conclusão, se não como premissa), esses argumentos geralmente sustentam que não faz sentido dizer que uma teoria é melhor que outra para explicar o Direito. Tudo o que está acontecendo na teoria jurídica descritiva, afirma essa abordagem, é uma tentativa de legitimar decisões ou métodos jurídicos específicos.

Esse é um jogo interessante, muitas vezes divertido, e não é terrivelmente difícil de jogar. Por exemplo: os primeiros teóricos americanos, como Christopher Columbus Langdell, que tentaram retratar o raciocínio jurídico e o processo judicial como científicos, tentavam defender decisões judiciais conservadoras e impopulares como "objetivas", tal como exigido pelo raciocínio dedutivo de que os juízes não podem esquivar-se legitimamente. Os realistas jurídicos americanos que desmascararam essa abordagem formalista podiam eles mesmos ser desmascarados: seu programa positivo legitimava a reforma jurídica e justificava o uso de argumentos políticos nos tribunais (Horwitz 1992: 185-212).

De modo similar, H. L. A. Hart, com seus argumentos baseados na "textura aberta" da linguagem, podia ser visto como justificando a criação judicial de Direito limitada, em casos difíceis. A reação de Ronald Dworkin, primeiro em termos da "tese da resposta correta" e, depois, com a "abordagem interpretativa", podia ser vista como oferecendo uma maneira de legitimizar a natureza aparentemente política da doutrina jurídica do tribunal de Warren nos Estados Unidos, quando as decisões daquele tribunal foram atacadas como "antidemocráticas" (Gabel 1977).

Seria possível argumentar que as teorias da interpretação meramente decoram e legitimam as escolhas feitas pelos juízes, ao mesmo tempo que ocultam as razões (motivações) reais das decisões, e que poucas decisões são efetivamente determinadas (ou evitadas) pelas prescrições teóricas (por exemplo, "princípios neutros" – Wechsler 1959; "o Grande Estilo de Julgar" – Llewellyn 1960; ou "as virtudes judiciais" – Hart 1961: 200) que os juízes são instruídos a seguir.

Dworkin respondeu (1986: 271-4; 1991*b*: 369-70) a tentativas de desmascaramento desse tipo afirmando que são irrelevantes para o seu projeto. Por que é importante, pergunta, que existam explicações históricas, psicológicas ou sociológicas para o fato de uma teoria ter sido proposta ou bem recebida? Mesmo que se possa provar que uma teoria serve aos interesses de certa classe ou grupo em detrimento de outros, ou que a teoria expressa o *Zeitgeist* de sua era de origem, por que isso deveria ter importância? No fim, a questão é se a teoria está certa ou se, pelo menos, é melhor que as teorias alternativas. Explicações históricas, psicológicas e sociológicas são marginais às investigações quanto à correção de uma teoria.

As explicações desmascaradoras podem não ser completamente irrelevantes, no sentido de que podemos corretamente suspeitar de posições filosóficas – sejam estas teorias éticas, sociais ou jurídicas – que correspondem ao interesse pessoal do teórico ou aos preconceitos particulares desse teórico com respeito a como o mundo deveria ser. Contudo, suspeita não é prova, e, contanto que a argumentação sobre os méritos de uma teoria possa ser conduzida sobre fundamentos neutros (segundo critérios aceitos pelos participantes do campo quanto ao que constitui argumentos mais fortes e mais fracos e teorias melhores e piores)[18], os argumentos desmascaradores podem funcionar apenas para justificar o início de um debate sobre a teoria em questão; o julgamento efetivo de seus méritos será baseado em outros fundamentos.

## Questões de esclarecimento

O segundo tipo de questão a respeito da obra de Dworkin está ligado mais diretamente à abordagem Hart-Wittgenstein, no sentido de que pede o esclarecimento do significado de alguns dos conceitos e idéias mais abstratos que surgem em seus escritos.

Por exemplo, é importante para a abordagem interpretativa de Dworkin que sejamos capazes de distinguir um significado que é uma *interpretação de* um comentário, romance ou lei de "uma invenção", um significado *imposto ao* texto[19]. Ao discutir essa distinção em seminários, Dworkin disse que uma leitura determinada de *Hamlet*, por exemplo, é legítima se esse significado ou tema estivesse *já presente* na peça. Uma leitura

---

18. O cético pode argumentar que não existem "fundamentos neutros": todos os critérios já expressam os interesses ou os preconceitos de certos grupos. Não tenho tempo de considerar esse argumento aqui.

19. Ver Dworkin (1999-83): "Ele também necessita de convicções sobre até que ponto a justificativa que propõe na etapa interpretativa deve ajustar-se às

ilegítima da peça é a que afirma um significado que, para começar, não estava *na* peça[20].

Em outras passagens (1983, 1991*b*), Dworkin tem o cuidado de evitar referências que soem metafísicas, como, por exemplo, à "objetividade" das respostas corretas jurídicas ou morais, com base no fato de as respostas estarem "lá fora", como parte da "mobília do universo". Portanto, ele não ficaria feliz com meu enfoque excessivo nos significados que estão "no texto", em contraste com significados "impostos ao texto", etc. Contudo, à parte tais metáforas, o sucesso, na verdade a funcionalidade, da abordagem interpretativa de Dworkin obviamente depende (entre outras coisas) de distinguir interpretações defensáveis de interpretações indefensáveis (e de nossa capacidade, pelo menos na maior parte do tempo, de sermos capazes de persuadir outros participantes de que uma interpretação proferida enquadra-se em uma categoria e não em outra).

Até que ponto a análise de Dworkin é baseada puramente em impressões subjetivas ou nas reações intuitivas dos participantes? (E, se a análise é fundada em intuições, em que se baseiam essas intuições?) Se ofereço uma interpretação de um livro, uma peça, uma prática ou uma série de decisões jurídicas passadas, apresentando citações textuais, analogias e razões morais para sustentar minha argumentação e você não se convence – na verdade, acha a leitura que profiro bizarra ou "maluca" –, sobre quais fundamentos posso persuadi-lo (ou a um terceiro neutro) de que minha leitura é correta ou, pelo menos, que merece consideração séria, senão simplesmente repetindo meu argumento? No fim, parece haver apenas a prática da qual

---

características permanentes da prática para ser considerada uma interpretação dela em vez de invenção de algo novo." (Ver também *ibid.*, referindo-se a uma interpretação que é "uma justificativa que se ajusta muito mal para ser considerada sequer como uma interpretação".)

20. Como uma comparação interessante, Dworkin certa vez comentou que, na sua opinião, uma interpretação ou significado de uma peça "já" está no texto da peça, de um modo que não acontece com o Teste de Rorschach, em que a interpretação do padrão não está "ainda no" padrão.

participo e o fato de que eu, um praticante competente, plenamente instruído nessa prática, julgo persuasivo esse conjunto de argumentos.

Isso significa que o sucesso de uma interpretação é meramente uma função de sua aceitação, que a única pergunta que podemos fazer é se uma maioria de praticantes competentes veria, de fato, a interpretação como defensável[21]. Não pode ser isso. Afinal, as pessoas que fazem a avaliação devem, elas próprias, ter alguma base para julgar a interpretação como certa, errada ou "obviamente errada", e presume-se que essa base não seja simplesmente uma previsão de que outras pessoas julgarão de modo similar.

Nas discussões do seguir regras de Wittgenstein (1968: §§ 198-242), ele vinculou o significado a julgamentos individuais, mas há duas questões que vale a pena notar ao comparar essa vinculação com qualquer vinculação comparável possível dentro de análises jurídicas. Primeiro, para Wittgenstein a vinculação do seguir regras era indireta: era a concordância de julgamentos (com respeito a "como prosseguimos") que tornava a prática *possível*. Sem consenso, a linguagem e a comunicação, tal como as conhecemos, não seriam possíveis. Contudo, o consenso não faz parte da gramática do "correto" e do "incorreto": geralmente, não citamos a opinião da maioria como parte de nossa justificativa para avaliar o uso como correto ou incorreto (Wittgenstein 1967: § 431). Segundo, no contexto das considerações do seguir regras, os julgamentos eram reações imediatas, irrefletidas. Esse não seria o caso com as ques-

---

21. O ponto onde traçamos a linha entre o interessante e criativo, de um lado, e o bizarro e indefensável, do outro, pode ser relativo a uma era, sociedade ou comunidade intelectual. No caso, a análise de John Bell (1986) sobre a "aceitabilidade" dos argumentos pode ser útil. Quão próxima deve ser a analogia antes que o exemplo pareça estar no ponto? A análise de Bell era que não havia nenhuma maneira *a priori* de distinguir argumentos analógicos bons ou aceitáveis de argumentos ruins em um discurso jurídico. Seu argumento era de que a linha entre argumentos aceitáveis e inaceitáveis é estabelecida por um consenso da comunidade jurídica e que os recém-chegados à profissão jurídica aprendem os padrões da comunidade através do treinamento.

tões jurídicas, em que não damos prioridade às primeiras reações intuitivas das pessoas a questões jurídicas difíceis e acreditamos que argumentos detalhados e ponderados para uma conclusão são adequados e, muitas vezes, exigidos[22].

Novamente, se a referência à prática for contestada no que diz respeito aos tópicos-padrão das considerações do seguir regras de Wittgenstein (termos descritivos simples e séries matemáticas simples), a resposta é: "não há nada mais que possa ser oferecido como justificativa; chegamos ao leito rochoso" (Wittgenstein 1968: § 217). Se alguém me perguntasse "como sei que, seguindo a instrução 'adicione 2', o próximo número da série '1004, 1006, 1008' será 1010" ou "como sei que este tomate é vermelho", tudo o que poderia dizer como resposta é que isso é simplesmente *o que chamamos* de "adicionar 2" ou de "cor vemelha" (Baker e Hacker 1984: 85). Essas práticas não precisam de justificativa adicional e tampouco é claro o que seria uma justificativa adicional de tais práticas básicas.

A abordagem interpretativa de Dworkin tem uma vinculação similar de práticas e julgamento? A resposta parecer ser sim e não. Como foi mencionado acima, quando Dworkin é contestado quanto ao significado das metáforas na sua abordagem interpretativa – uma interpretação "ajustada" a um texto ou conjunto de textos, ou o contraste entre "encontrar o significado de" um texto em vez de "impor um significado a" ele –, ele resiste à manobra natural de ver sua teoria em termos de questões metafísicas e respostas ontológicas[23]. Todas as tentativas de encontrar uma realidade mais profunda por baixo das

---

22. Compare Blackburn (1981: 170) sobre a importância para a análise de Wittgenstein da natureza "automática e compulsória do seguir regras" em casos fáceis.

23. Uma imagem mais precisa do papel do "ajuste" na teoria de Dworkin é oferecido pela útil análise de Andrei Marmor (1992: 72-73) de que o ajuste tem duas funções: na etapa interpretativa, estabelece um limiar que determina se algo é, na verdade, uma interpretação daquele texto ou prática, ao passo que, na etapa pós-interpretativa, é um dos critérios a ser aplicados para determinar qual das interpretações defensáveis do texto ou prática é a correta (ou melhor).

imagens evocam, no fim, apenas esta resposta: isso ajusta-se à maneira como efetivamente atuamos e pensamos (por exemplo, Dworkin 1985: 144-5). Assim, em certo sentido, Dworkin segue o conselho de teóricos como Hart e Wittgenstein: no fim, tudo o que há, tudo aquilo em que podemos nos empenhar, é uma descrição melhor, ou uma visão geral melhor, de nossas práticas efetivas.

Contudo, há outro sentido em que a caracterização de Dworkin e a interpretação da prática jurídica parecem ser significativamente diferentes das considerações do seguir regras de Wittgenstein. Enquanto os termos descritivos e as séries matemáticas simples que Wittgenstein discutiu resistem à análise e justificação adicionais, a aparência dos elementos básicos dos conceitos de Dworkin parece convidá-las. Quando Dworkin escreve sobre a necessidade de haver um ajuste suficiente com o material para que um significado seja "encontrado em" um texto ou prática em vez de "imposto a eles", sobre "equilibrar ajuste e valor moral" para determinar qual de duas interprctações de materiais jurídicos passados é correta, ou sobre determinar, como questão moral, que peso atribuir ao ajuste em uma certa área (Dworkin 1986: 249-50), todos esses comentários parecem indicar que a elaboração e a justificação adicionais são possíveis.

Contudo, como seria tal análise adicional? Há dificuldades óbvias em tentar quantificar o ajuste ou o apoio textual das interpretações que propomos. Considere o que poderia acontecer se alguém oferecesse uma tal análise. Imagine alguém individuando as partes de um texto e, então, após estudar interpretações passadas e sua recepção crítica, chegasse à seguinte conclusão: "uma interpretação é justificada se, e apenas se, for compatível com pelo menos 75% das unidades individuais do texto". Mesmo se essa descrição fosse compatível com todos os julgamentos que fizemos no passado, não a aceitaríamos como a norma a seguir na avaliação de textos porque não é dessa maneira, efetivamente, que tiramos conclusões. Mais precisamente, se em algum caso essa análise quantitativa recomendasse que se rejeitasse uma interpretação, mas nossas conclusões (obtidas da maneira tradicional, não quantitativa) fossem no sentido contrário, nossa inclinação seria rejeitar a teoria, não modificar nossas conclusões. Essa é apenas uma maneira indireta de dizer que nossas práticas, nesse caso, resistem a ser colocadas sobre uma base científica ou sob qualquer rubrica que possa permitir demonstrabilidade ou consenso[24].

Em um artigo recente, Dworkin (1991*b*: 377-80) enfatizou que a distinção entre interpretação e invenção não se baseia em nenhuma outra coisa (e certamente não em alguma espécie de asserção do tipo "mobília do universo"). Tudo o que se pode dizer – e tudo o que é necessário dizer – é que se trata de uma distinção que nós (participantes da prática) usamos, e que compreendemos a distinção quando outros a usam.

Há um paralelo entre aspectos do trabalho de Dworkin e a produção inicial de Hart, discutida no início deste artigo. Em ambos os casos, são feitas afirmações em dois níveis: primeiro, que a descrição oferecida corresponde melhor à prática (inclusive a caracterização da prática pelos participantes) que as teorias alternativas; e, segundo, que a prática pode ser explicada sem referências complexas à metateoria ou à ontologia.

O argumento (Dworkin 1991*b*: 376-81) de que a distinção entre interpretação e invenção não precisa de nenhuma fundamentação adicional a não ser a aceitabilidade e o uso dessa distinção em nossas práticas jurídicas diárias, pressupõe certos fatos a respeito da prática. Mais exatamente, pressupõe que esses fatos são verdadeiros em vários níveis. Uma coisa é dizer que os praticantes jurídicos compreendem os argumentos quan-

---

24. Alguns dos problemas discutidos nesta seção (e no artigo de maneira geral) podem ser esclarecidos por uma compreensão melhor das posições metafísicas (diferentes?) subjacentes à teoria de Dworkin e às abordagens de Wittgenstein (por exemplo, o grau em que pressupõem uma ontologia realista ou convencionalista). Contudo, mesmo com respeito a Dworkin a tarefa é difícil, como é demonstrado pela maneira como até os melhores autores sobre o tema discordam vigorosamente quanto ao grau em que Dworkin deve ser lido como um realista metafísico ou um convencionalista (compare, por exemplo, Marmor (1992: 61-84); Patterson (1993: 281-6); e Moore (1987: 457-75); ver também Dworkin (1991*a*), onde ele discute alguns aspectos da "ontologia" das suas idéias). Um exame mais aprofundado dessas questões deve esperar por outra ocasião.

to a uma leitura do precedente jurídico ser antes uma interpretação defensável que uma invenção (e que há correspondência suficiente em nossos julgamentos sobre tais coisas para que a prática seja viável); outra coisa é dizer que a distinção está similarmente fundamentada em nossas reflexões gerais e teóricas sobre o Direito[25].

Isto é, a análise pode funcionar no nível de advogados e juízes que discutem sobre a leitura adequada de certa linha de precedente, mas daí não decorre que funciona de maneira similar para caracterizações da natureza de um sistema jurídico específico. (Por exemplo, é preciso primeiro estabelecer que os teóricos que analisam sistemas jurídicos estão – sempre – engajados em uma tarefa interpretativa, uma noção a que muitos teóricos resistem vigorosamente, como, por exemplo, Hart 1987: 36-40.) Contudo, para Dworkin, a análise deve funcionar em todos os níveis, na prática do Direito e na prática da teoria jurídica, porque sua abordagem interpretativa pretende ser a análise exigida por todos os aspectos da análise jurídica (1987: 13-5).

Pelo menos mais duas reações à abordagem de Dworkin permanecem abertas. Primeiro, naturalmente, um crítico pode argumentar que Dworkin, na verdade, não capta nossa prática, a maneira como agimos e falamos no âmbito do Direito e como pensamos sobre ele. Por exemplo, pode-se argumentar que a análise de Dworkin dá pouca ênfase à importância do consenso ou da autoridade no Direito (ver, por exemplo, Marmor 1992: 35-84; Bix 1993: 106-32). Segundo, mesmo na teoria de Dworkin, as práticas não são vistas como absolutamente inquestionáveis. Se as percepções dos praticantes são de alguma maneira incoerentes ou indefensáveis, então elas têm de ser recaracterizadas (reinterpretadas) piedosamente, reformuladas de maneira que as torne mais defensáveis sem que seja neces-

---

25. Marmor (1992: 39-44, 56-7) oferece uma análise similar da abordagem interpretativa de Dworkin: o fato de que os participantes da prática adotem uma abordagem construtivo-interpretativa das questões da prática não implica que os teóricos da prática devam adotar uma abordagem similar.

sário rejeitar excessivamente a prática. Assim, embora Dworkin não negue que a referência à intenção legislativa é uma parte importante da prática jurídica norte-americana, ele acredita que o conceito (tal como geralmente compreendido) é incoerente (ou, pelo menos, inviável); ele oferece (1986: 313-54) uma interpretação da prática que compreende as referências à intenção legislativa de maneira significativamente diferente. Como assinalou J. W. Harris (1992: 693-4), uma recaracterização ou reinterpretação similar poderia ser aplicada às próprias idéias de Dworkin sobre ajuste, e os pontos levantados anteriormente podem (ou não) ajudar a justificar tal recaracterização.

**Conclusão**

Uma ênfase sobre práticas efetivas pode ter um efeito saudável sobre a teoria, no sentido de que desencoraja a especulação metafísica desnecessária. É fácil demais ser "iludido pela linguagem": supor que deve haver um objeto de algum tipo que corresponda a todos os rótulos, ficar desorientado pelas imagens e metáforas que usamos e que com mais freqüência confundem do que esclarecem, e assim por diante. Retornar periodicamente ao que de fato fazemos – o que é que as nossas teorias tentam explicar – pode ajudar a evitar algumas dessas ciladas. Esta dissertação discutiu exemplos de abordagens baseadas na prática, abrangendo desde H. L. A. Hart até Ronald Dworkin e desde a interpretação das leis até o Direito criminal. Embora pense que os exemplos demonstram alguns dos pontos fortes da abordagem, eu não iria tão longe a ponto de afirmar, como fazem alguns, que um foco sobre as práticas irá, por si só, sanar todos os enigmas do Direito e da teoria jurídica. Alguns desses problemas vão além das ciladas da linguagem e refletem dilemas morais e políticos genuínos – e genuinamente difíceis.

# Referências

BAKER, Gordon (1977). "Defeasibility and Meaning", em P. M. S. Hacker e J. Raz (orgs.), *Law, Morality and Society* (Oxford: Clarendon Press), 26-57.

—— e HACKER, Peter (1984). *Scepticism, Rules and Language* (Oxford: Basil Blackwell).

BELL, John (1986). "The Acceptability of Legal Arguments", em N. MacCormick e P. Birks (orgs.), *The Legal Mind* (Oxford: Clarendon Press), 45-65.

BIX, Brian (1993). *Law, Language and Legal Determinacy* (Oxford: Clarendon Press).

BLACKBURN, Simon (1981). "Rule-Following and Moral Realism", em S. Holtzman e C. Leich (orgs.), *Wittgenstein: To Follow a Rule* (Londres: Routledge & Kegan Paul), 163-87.

BOBBITT, Philip (1991). *Constitutional Interpretation* (Oxford: Basil Blackwell).

COHEN, Felix (1935). "Transcendental Nonsense and the Functional Response", 35 *Columbia Law Review*, 809.

DWORKIN, Ronald (1983). "My Reply to Stanley Fish (and Walter Benn Michaels): Please Don't Talk About Objectivity Any More", em W. J. T. Mitchell (org.), *The Politics of Interpretation* (Londres: University of Chicago Press), 287-313.

—— (1985). *A Matter of Principle* (Cambridge, Mass.: Harvard University Press).

—— (1986). *Law's Empire* (Cambridge, Mass.: Harvard University Press).

—— (1987). "Legal Theory and the Problem of Sense", em R. Gavison (org.), *Issues in Contemporary Legal Philosophy* (Oxford: Clarendon Press), 9-20.

—— (1991a). "On Gaps in the Law", em P. Amselek e N. MacCormick (orgs.), *Controversies about Law's Ontology* (Edimburgo: Edinburgh University Press), 84-90.

—— (1991b). "Pragmatism, Right Answers, and True Banality", em M. Brint e W. Weaver (orgs.), *Pragmatism in Law and Society* (Boulder, Colo.: Westview Press), 359-88.

FREEMAN, Alan (1981). "Truth and Mystification in Legal Scholarship", 90 *Yale Law Journal*, 1229.

GABEL, Peter (1977). Book Review, 91 *Harvard Law Review*, 302.

GRIFFITH, John (1985). *The Politics of the Judiciary* (Londres: Fontana).

HACKER, Peter (1986). *Insight and Illusion*, ed. revista (Oxford: Clarendon Press).
HARRIS, J. W. (1992). Book Review, 109 *Law Quarterly Review*, 693.
HART, H. L. A. (1948-9). "The Ascription of Responsibility and Rights", 49 *Proceedings of the Aristotelian Society*, 171.
—— (1954). "Definition and Theory in Jurisprudence", 70 *Law Quarterly Review*, 37-60, reimpresso em (1983), *Essays in Jurisprudence and Philosophy* (Oxford: Clarendon Press), 21-48.
—— (1955). "Theory and Definition in Jurisprudence", 29 *Proceedings of the Aristotelian Society* (vol. supl.), 239.
—— (1961). *The Concept of Law* (Oxford: Clarendon Press).
—— (1983). "Introduction", em *Essays in Jurisprudence and Philosophy* (Oxford: Clarendon Press), 1-18.
—— (1987). "Comment [on Dworkin]", em R. Gavison (org.), *Issues in Contemporary Legal Philosophy* (Oxford: Clarendon Press), 35-42.
HORWITZ, Morton (1992). *The Transformation of American Law 1870-1960: The Crisis of Legal Orthodoxy* (Oxford: Oxford University Press).
KELMAN, Mark (1984). "Trashing", 36 *Stanford Law Review*, 293.
LLEWELLYN, Karl (1960). *The Common Law Tradition: Deciding Appeals* (Boston: Little, Brown & Co.).
MARMOR, Andrei (1992). *Interpretation and Legal Theory* (Oxford: Clarendon Press).
MOORE, Michael (1985). "A Natural Law Theory of Interpretation", 58 *Southern California Law Review*, 277.
—— (1987). "Metaphysics, Epistemology and Legal Theory", 60 *Southern California Law Review*, 453.
—— (1989). "The Interpretive Turn in Legal Theory: A Turn for The Worse?", 41 *Stanford Law Review*, 871.
—— (1992). "Moral Reality Revisited", 90 *Michigan Law Review*, 2424.
PATTERSON, Dennis (1993). "Conscience and the Constitution" (Book Review), 93 *Columbia Law Review*, 270.
RAZ, Joseph (1990). *Practical Reason and Norms* (Princeton, NJ: Princeton University Press).
—— (1993). "Intention in Interpretation" (original inédito).
STYLES, Scott (1994). "The Rule of Parliament: Statutory Interpretation after *Pepper v. Hart*", 14 *Oxford Journal of Legal Studies*, 151.

WECHSLER, Herbert (1959). "Toward Neutral Principles in Constitutional Law", 73 *Harvard Law Review*, 15.
WITTGENSTEIN, Ludwig (1960). *The Blue and Brown Books* (Nova York: Harper Torchbooks).
—— (1967). *Zettel* (Berkeley: Univesity of California Press).
—— (1968). *Philosophical Investigations*, 3.ª ed. (Nova York: Macmillan).
—— (1980). *Culture and Value* (Chicago: University of Chicago Press).

# II. Interpretação, objetividade e determinação

Capítulo 5
# *Interpretação sem restabelecimento*
*Joseph Raz*

Ao interpretar, explicamos, demonstramos ou expomos o significado do objeto da interpretação ("o original", como me referirei a ele). Muitas vezes, portanto, pensa-se que a interpretação é recuperação, um processo de recuperar e elucidar o significado que o original tem. Afinal, se a interpretação é uma exposição ou uma explicação do significado de um original, esse original deve ter significado para poder ser interpretado, e a interpretação é a recuperação desse significado, que o torna claro para os que talvez não tenham consciência dele. O papel de um autor ou, em termos mais gerais, da intenção de um criador na interpretação está intimamente ligado à imagem da recuperação. Se a interpretação é recuperação muitas vezes é tentador pensar que a única coisa a recuperar é a intenção do criador.

O propósito deste ensaio é demonstrar que as idéias associadas com a imagem da interpretação são errôneas ou enganosas. Escolhi concentrar-me na interpretação de obras de arte, música e literatura por duas razões. Primeiro, tais obras estão entre os objetos paradigmáticos da interpretação. Segundo, estamos todos familiarizados com boas interpretações de tais obras, que são inovadoras e, portanto, parecem em conflito com a visão de interpretação como recuperação.

Oferecerei uma descrição abstrata da interpretação de obras de arte, música e literatura[1] que pode, espero, ser modi-

---

1. Muitas vezes usarei "arte" em sentido amplo, incluindo música e literatura.

ficada para aplicar-se a outros objetos-padrão da interpretação (por exemplo, o Direito, fatos históricos, rituais e costumes sociais). Essa descrição permite uma visão mais equilibrada das diferentes maneiras em que as intenções dos autores podem desempenhar um papel na interpretação.

## Níveis de significado

É conveniente fazer uma distinção geral entre três tipos ou níveis de questão quanto aos significados de obras de arte e literatura. Em um extremo há a questão da significação do fato de que uma obra de certo tipo foi criada ou tornou-se popular em certa época, assim como outras questões sobre sua recepção e influência. Essas questões mesclam-se com questões históricas, que podem absolutamente não ser a respeito de significado e interpretação, ou que podem dizer respeito à interpretação de uma cultura ou de seu estado de espírito em uma época particular. Os que lidam com a interpretação da obra de arte pedem interpretações conservadoras, isto é, tratam de interpretar como outras pessoas interpretaram a obra: "O que os românticos viam na história de Don Giovanni?", "Como as atitudes do mccarthismo influenciaram a recepção de *The Crucible*, de Miller, na época de sua primeira montagem?", e assim por diante. Esse nível de significado tem pouco a contribuir com nossa investigação.

Para os propósitos deste ensaio distinguirei dois níveis de significado, que chamarei de significado "profundo" e significado "básico". O significado básico de uma obra diz respeito à questão do tema da obra ("um retrato de Alexandre VI") ou seu conteúdo literal ("Essa é Salomé segurando a cabeça de João em uma bandeja?", "O que significam as palavras de um poema?", etc.). A identificação do tema de uma obra e do significado literal realmente dá origem a questões interpretativas, e há um sentimento compreensível de que, se em nenhum outro lugar, certamente aqui a intenção do autor reina suprema. Veja o caso do retrato: se Giacometti faz uma escultura que declara ser o retrato de Annette, não é ela então um retrato de Annette? É assim por ser batizada por ele como tal, e nada mais conta. Retornarei a esse argumento mais tarde. Para começar, focalizarei o sentido profundo do significado. Ele é captado por observações como: "a pintura retrata a compaixão dos cristãos vencedores pelos muçulmanos vencidos", "a peça contrapõe a nova e sofisticada cultura metropolitana com a crueza dos costumes tradicionais das províncias", "a música é uma expressão da paixão do amor, seguida pelas profundezas do desespero, quando este não é correspondido", etc. Essa distinção entre os níveis de significado e a interpretação não é nítida, mas pode prestar um serviço útil para muitos propósitos, inclusive o nosso. O significado profundo, mais que o literal, é o tema da maioria das discussões sobre o significado das obras de arte. "Por que Hamlet voltou-se contra Ofélia?"; "A demora de Hamlet em vingar o pai expõe uma ambivalência em sua atitude para com o pai?", etc. Essas questões são o material-padrão das discussões críticas na arte e na literatura. Serão elas esclarecidas pela imagem da interpretação como recuperação? Será que devem ser solucionadas por meio de referência à intenção do autor?[2]

**Da intenção à expressão**

Se a interpretação explica ou exibe o significado da obra que está sendo interpretada, que significado uma obra de arte pode ter, além do que é dado pelo seu criador? Uma das respostas que vêm à mente é simultaneamente certa e inadequada. O significado, podemos dizer (na verdade, já disseram), assim como a beleza, está no olhar do observador. O ator ou espectador, ao interpretar a obra, está exibindo ou explicando um significado que vê nela[3]. Isso é correto tanto quanto possível, e a

---

   2. Se toda obra de arte tem ou não significado em um desses níveis ou em ambos é uma questão que não será discutida aqui.
   3. Para evitar a suposição equivocada de que o intérprete deve acreditar que a obra tem uma interpretação correta ou melhor, evito dizer que ele explica ou expõe o significado que vê nela.

implicação de que o significado que ele vê na obra pode não ter sido colocado ali pelo autor, ou por qualquer outra pessoa, também pode ser correta. Mas é falso concluir que o intérprete pode encontrar qualquer significado que seja na obra. Interpretar uma obra de arte é diferente de reagir a ela como a um teste de Rorschach ou de ser inspirado ou movido por ela a ter certos pensamentos, emoções ou atitudes. Um escultor pode ser inspirado pelos veios de um bloco de mármore a talhar neste uma escultura. Mas isso não faria da escultura uma interpretação do bloco de mármore.

Parte do que está faltando é uma intenção de interpretar[4]. Mas o que é essa intenção senão a intenção de exibir, formular ou explicar o significado da obra, isto é, o significado que, em certo sentido, ela já tem? Voltamos então ao ponto de partida. Se a interpretação requer uma intenção de revelar o significado da obra, não é, então, um processo de recuperação? E o que pode haver a recuperar senão o que foi colocado na obra pela intenção do seu autor?

O primeiro passo para escapar do poder do paradigma da intenção é notar que mesmo as interpretações que consideram as atitudes do criador como a chave para o sucesso não se restringem a ver a interpretação como uma recuperação da intenção do autor. Precisamos distinguir entre o significado de uma obra para o seu autor, o significado que o autor pretende que ela tenha, e as visões, emoções, atitudes, etc. que expressa nela.

O significado de uma obra para o seu autor pode diferir de muitas maneiras do significado que ele pretendia expressar nela. Pode significar algo para ele por causa das lembranças de fatos de sua vida associados com a época de sua criação, ou publicação, etc., ou por causa de seu sucesso junto ao público ou de seu esforço, finalmente frustrado, de expressar nela sua visão disto ou daquilo. Pode vir a ser para ele um registro de seu fracasso ou sucesso. Tipicamente, a obra também pode

---

4. Em "Morality as Interpretation: on Walzer's *Interpretation and Social Criticism*", *Ethics*, 101 (1991), 392, argumentei que se interpreta apenas quando se pretende fazê-lo (sob esta ou alguma outra descrição).

significar algo para o autor pelo que ela e o processo de criá-la lhe revelam a respeito de si mesmo. Assim como a obra pode significar algo para seu autor, também pode significar várias coisas para outras pessoas, que viram a obra pela primeira vez em sua lua-de-mel, ou cujas vidas foram transformadas por uma experiência na qual ela desempenhou um papel, ou de muitas outras maneiras.

A questão é se o que a obra significa para o seu autor é especial para fixar (pelo menos em parte) o significado da obra. Mas, em todo caso, o que a obra significa para seu autor, assim como o que significa para qualquer outra pessoa, é diferente do significado que a obra tem e externo a isso. Quando alguém diz "esta obra significa muito para mim" ou "ela tem um significado especial para mim", e perguntamos "o que ela significa para você?", a resposta não é, nem pode ser, "para mim, significa que Hamlet sentia-se frustrado por ter perdido a mãe pela segunda vez, primeiro para o pai e depois para o tio". Isso pode ser (parte do) significado de *Hamlet*, e nosso interlocutor pode saber disso, mas não pode ser o que significa para ele nem o que significava para Shakespeare ou para qualquer outra pessoa. É antes o significado que ele ou eles vêem nela[5].

Portanto, o significado da obra é diferente do que ela significa para seu criador. É isso que ele pretendia que significasse? Por que deveria ser? Presumivelmente porque é isso que as obras de arte e literatura são. São veículos para as pessoas expressarem suas visões, atitudes, emoções, sentimentos sobre a beleza, etc. Seja o que for, a arte é uma estrutura, uma linguagem para a auto-expressão e para comunicar nossos pensamentos, sentimentos e coisas do tipo expressando-os. Mas, se é

---

5. Isso possivelmente exagera o grau em que a pergunta "o que significa a obra para X?" só pode ser respondida por meio de referência à experiência pessoal e às associações pessoais de X com ela. Essa expressão e outras aparentadas vão desde um uso que exclui o que X considera que a obra significa até um uso em que se referem primariamente ao significado que acredita que a obra tenha (como em "o que *Werther* significou para os românticos?") e, em muitas ocasiões, refere-se tanto ao significado que X acredita que a obra tenha como às associações pessoais ligadas a ela.

assim, então a intenção do autor nem sempre prevalece na interpretação, pois o que os autores de obras de arte e literatura expressam em sua obra nem sempre é o que pretendem expressar. Podem ficar surpresos com o que descobrem sobre si mesmos lendo, vendo ou ouvindo as obras que criaram. Uma obra pode expressar culpa pela postura adotada perante os próprios pais e que o autor nunca suspeitou que existisse. (É o caso com *Don Giovanni*?)

Se o pensamento subjacente é que a arte é um veículo para a auto-expressão, então as intenções do autor são importantes, mas não dominam, de maneira nenhuma, a interpretação. Deveríamos então optar pela visão de que a obra significa o que o autor expressou nela? Se fizermos tal opção, que não seja pela falta de maneiras diferentes de compreender o significado de obras de arte. Com certeza, pode haver interpretações sem referência ao que o autor expressou, se não por outro motivo, porque podemos interpretar costumes, rituais, cerimônias e coisas semelhantes que não têm autores. Tais cerimônias, rituais, etc. podem ser convenientemente chamados de "objetos culturais", para marcar o fato de que – em certo sentido ainda a ser explicado – possuem significado dentro das culturas. Desfraldar ou agitar uma bandeira expressa orgulho ou lealdade à nação apenas em uma cultura em que tais atos carregam esse significado.

Um erro a evitar é considerar a interpretação dos objetos culturais como uma interpretação conservadora. Primeiro, é útil lembrar que o fato de que os objetos culturais só têm o significado que têm contra o pano de fundo de certas práticas não indica que seu significado é o significado que têm aos olhos de alguma pessoa em particular ou da maioria das pessoas na sociedade em que as práticas prevalecem. O significado dos objetos culturais não deve ser reduzido a um fato estatístico. Ele se relaciona com o significado que as pessoas acreditam que os objetos culturais possuem, mas daí não decorre que todos os aspectos do seu significado são compreendidos ou conhecidos por todos ou por muitos. Segundo, embora sempre possamos procurar por interpretações conservadoras como "O que uma obra significava para os vitorianos?", essas interpretações são sempre secundárias ou apóiam-se em interpretações não-conservadoras. Sempre é possível que as duas questões, "Qual é o significado da obra?" e "Qual é ou era o significado da obra para este público ou aquele, ou neste período ou naquele?", tenham a mesma resposta[6]. Mas são sempre duas questões diferentes. A nossa é a primeira.

As obras de arte, argumentarei na próxima seção, são objetos culturais e, como tais, sua interpretação, em princípio, é independente da intenção de seu criador. As seções posteriores irão ressalvar essa conclusão. Mas antes de embarcarmos no argumento principal, cabe aqui um breve esclarecimento de sua relação com a visão da arte como um veículo para a auto-expressão. Primeiro, a visão forte que propus acima, isto é, que é a essência da arte prover veículos para a auto-expressão, é, na melhor das hipóteses, enganosa e, possivelmente, errada. É errada se sugere que os artistas necessariamente criam obras de arte para se expressar. Podem fazê-lo para atender a uma encomenda, visando cumprir especificações detalhadas e empenhando apenas suas habilidades na tarefa. Podem fazer obras produzidas aleatoriamente ou usar *ready-mades* para exprimir proposições teóricas sobre a natureza da arte. E há outras maneiras em que a visão da auto-expressão assim compreendida pode ser falha. O mais importante, seja qual for a verdade que essa visão contém, é que ela tem de acomodar-se às seguintes distinções:

As posturas, emoções ou visões que a obra expressa não precisam ser as que o criador expressou nela, e o que seu criador expressou nela difere dessas posturas, emoções e visões de cuja existência no autor ela contém indícios. Para começar do fim, um psicólogo, ou apenas alguém que conheça o artista ou autor, pode julgar a obra reveladora do mesmo modo que o são

---

6. Pode ser até mesmo uma verdade necessária que qualquer enunciado da forma "este é o significado (ou um significado ou parte do significado) da obra" seja verdadeiro apenas se houver um público ou período para o qual seja seu significado. Retornarei a essa questão mais tarde.

os lapsos da língua ou as trocas de parônimos. Em nossas ações e nos produtos de nossas ações traímos nossos pensamentos e sentimentos de várias maneiras, e não apenas ao expressá-los. Além disso, um artista pode criar uma obra ou escrever um poema expressando amor apaixonado ou qualquer outra coisa sem sentir tais emoções nem ter tais pensamentos. Como acabei de observar, talvez se trate de uma simples encomenda. Então é verdade que ele criou uma obra que expressa esses sentimentos e pensamentos, e, em certo sentido, que encontrou uma maneira, ou inventou uma maneira, de expressar tais pensamentos ou sentimentos. Mas ele não se expressou, nem a seus sentimentos ou pensamentos na obra. Ele se expressou ou expressou seus sentimentos e pensamentos apenas se sentiu ou pensou o que a obra expressa. Portanto, precisamos compreender o que a obra expressa, o que ela significa, independentemente do que seu criador expressou nela.

## As obras de arte como objetos culturais

As obras de arte não apenas podem tornar-se, mas pretende-se que se tornem objetos culturais. É da natureza das obras de arte e literatura ser objetos culturais, no sentido de que são julgadas por seu sucesso como objetos culturais. Permita-me explicar. Um aspecto do conceito de arte é que se pretende que as obras de arte tenham interesse para pessoas que não estão meramente interessadas no seu criador. Pretende-se que elas tenham um interesse mais amplo, no sentido de que seu sucesso seja julgado pelo grau e pelo modo em que merecem tal interesse mais amplo. Uma obra de arte ruim pode, ainda assim, ser de grande interesse para os amigos ou parentes do criador, pois pode ser tão reveladora de sua vida ou personalidade quanto uma boa obra. Ninguém mais precisa lhe dar atenção se – como estamos supondo – for uma obra de arte ruim em todos os aspectos relevantes. Tampouco deve a significação geral de obras de arte, isto é, seu interesse para além de qualquer interesse pelo autor, ser confundida com sua significação como indício histórico dos costumes da época, da linguagem de seu tempo, indício dos hábitos alimentares, e assim por diante, de um período ou outro. Sua significação geral, que faz delas objetos culturais, está no que expressam ou representam, em seu significado quando se compreende este como excluindo o que elas expressam sobre o autor.

O fato de que as obras de arte são objetos com significado cultural não implica, mas acompanha bem, uma característica adicional da arte, ou seja, pretende-se que elas sejam compreendidas de maneira relativamente independente do contexto. Sublinharia vigorosamente a palavra "relativamente" nessa frase. Boa parte do significado de uma obra de arte pode passar despercebida por alguém que não tem consciência de que a obra foi criada sob uma censura severa, ou pouco depois de amplas revoltas raciais, ou em uma tradição literária que valorizava alusões a mitos e à literatura grega, etc. O contexto é muito relevante para a apreciação do significado de obras de arte. Mas o contexto relevante é o contexto público. Não se espera que o leitor-ouvinte-espectador saiba que o criador da obra mudou de casa, que seu primo se divorciou recentemente, ou que seu primeiro filho chegou à idade escolar. Tais fatos influenciaram grandemente a obra que produziu (e seus biógrafos podem deter-se neles), mas, embora a obra possa ter atração especial para pessoas que experimentaram ou que estão interessadas em mudanças, divórcio, separação, perda de amor, alegria de crianças e similares, o significado da obra deve estar à disposição dos que não têm nenhum conhecimento das circunstâncias de seu criador. Vou me referir a esse ponto dizendo que o significado de uma obra de arte depende de seu contexto público, mas não de seu contexto privado. Isso significa que seu sucesso deve ser julgado por meio de referência ao que ela expressa quando pode ser compreendida sem referência às circunstâncias da vida do autor.[7]

---

7. Pode haver uma convenção no sentido contrário, isto é, uma convenção de que a obra deve ser compreendida como, digamos, um lamento pelo amor perdido – e julgada pelo grau em que é boa como tal –, apenas se o autor sofresse tal perda antes de escrever a obra? Não, realmente.

A convenção de que o significado da obra deve estar à disposição das pessoas sem referência ao contexto privado[8] é compatível com o fato de que as obras de arte são necessariamente obras criadas deliberadamente por seus autores. Isso pode sugerir uma analogia com o argumento geral para a tese da intenção no tocante à legislação[9]. Os artistas, como os legisladores, sabem (quando sabem)[10] que o significado de seu trabalho é aquele que pode ser auferido sem consideração do contexto privado e, portanto, criarão obras que têm o significado que pretendem quando assim compreendidas. Mas a analogia, embora válida, disfarça uma diferença básica entre as obras de arte e a legislação. Essa característica fundamental da arte, de que as obras de arte devem transmitir significado a pessoas que não têm nenhum interesse pelo seu criador, torna as intenções dos artistas relativamente sem importância. O que conta é a obra de arte. Se um artista atrai nossa admiração é porque ele produz boa arte. Muitas vezes suspeitamos que alguns admiram certas obras de arte por nenhuma outra razão além de terem sido feitas por um artista famoso ou da moda. Mas concorda-se comumente que essa é uma perversão da verdadeira apreciação da arte. Mesmo os culpados sabem disso e disfarçam suas verdadeiras razões, às vezes até de si mesmos.

Uma lei, por outro lado, é vinculante não porque seu conteúdo é excepcional, mas porque foi aprovada pela pessoa ou pelo corpo dotado de autoridade para legislar. A legislação deve ser interpretada em conformidade com a convenção porque essa é a maneira de estabelecer a intenção do legislador. A arte deve ser compreendida independentemente do contexto privado da sua criação porque o que conta é seu significado

---

8. Embora não haja como negar que pode revelar-se mais prontamente aos que têm consciência do contexto privado de sua criação.

9. Aqui estou valendo-me de meu artigo "Intention in Interpretation", em R. George (org.), *The Autonomy of Law* (Oxford: Oxford University Press, 1995).

10. O que não é necessariamente o caso. Muitas obras de arte foram produzidas em civilizações que não tinham o conceito de arte e que não as concebiam como arte. Em civilizações que tinham o conceito, muitas obras foram criadas pelos chamados artistas primitivos, que não pensavam em seu trabalho como arte.

público. Se esse significado é o pretendido pelo artista, que seja. Mas se a obra expõe algo do artista de que ele mesmo não tem consciência, e cuja expressão é percebida publicamente e torna-se crucial para a interpretação, isto é, para a compreensão comum da obra, isso não desmerece essa compreensão da obra nem o mérito da obra.

Essa independência dual da arte em relação ao artista (seu significado deve ser relevante para pessoas que não estão interessadas no artista e é determinado independentemente do contexto privado da sua criação) é crucial para uma explicação do papel da interpretação na determinação do significado de obras de arte. Mas tem de ser suplementada por outra característica. Essencialmente, os aspectos do contexto que determinam o significado de obras de arte podem ser divididos em dois: primeiro, o estado da arte em questão e, segundo, outros reflexos ou representações do significado da vida humana, do lugar do homem no mundo e aspectos da experiência humana. A relevância do primeiro tipo de característica contextual, que inclui desenvolvimentos técnicos como o uso de pigmentos, instrumentos musicais, métodos de projeção como a perspectiva, ou técnicas de ampliação, convenções iconográficas, técnicas narrativas e coisas do tipo, é inescapável, dado que as artes são identificadas, classificadas e, portanto, compreendidas pelas suas técnicas e pelas habilidades que exibem. A relevância do segundo tipo de característica deriva em parte da natureza pública da arte, isto é, de sua independência dual em relação ao artista. É natural, portanto, esperar que seu significado esteja na retratação e na expressão de matérias de relevância para os seres humanos em geral.

Essa consideração, porém, não descreve plenamente o envolvimento da arte com os significados "superiores" da vida humana. É um aspecto da arte que só pode ser explicado historicamente por referência à maneira como o conceito de arte desenvolveu-se. No Ocidente, as artes da era moderna e o conceito de arte desenvolveram-se a partir das tradições da arte cristã. Na Europa medieval, o que reconhecemos como arte era, como a vida em geral devia ser, criado para a glória de

Deus. Ela revivia, e quando apropriado celebrava, em ícones, as histórias que incorporam o significado da existência humana e da existência e intervenção divinas. Quando, na Europa do início da era moderna, alguns dos ofícios da Idade Média foram separados dos demais, em termos de categoria e compreensão de seu significado, e elevados à condição de "arte", mantiveram sua significação como atividades que expressavam e falavam sobre o significado da vida humana, do mundo, de suas tribulações e triunfos, sociais e metafísicos. Quanto mais pareciam desviar-se de sua autoconcepção rumo a uma visão apenas da arte pela arte, mais aproximavam-se dela. Pois o movimento da arte pela arte está associado, e não por acidente, com as reivindicações mais extravagantes já feitas em favor da arte e da beleza artística como os valores humanos supremos, supremos na sua capacidade de conferir significado à vida humana.

Uma tentação permanente daí resultante é a visão "elevada" da arte. Ela sustenta que a diferença entre a "arte" e os ofícios que se encontram fora de sua fronteira é que ela expressa e representa visões e posturas para com a natureza e a vida humana. Contudo, embora muita arte assim o faça, essa característica não pode ser usada como parte de sua definição. A distinção entre a arte e o meramente decorativo (segundo se diz, a única propriedade estética do papel de parede e de todos os outros "meros artefatos") não se aplica à música e a algumas outras áreas das artes. Dito isso, deve-se assinalar também que a arte tende ao significado "superior" de uma maneira específica: sempre é legítimo ver qualquer obra de arte como expressando uma postura perante a vida ou a experiência, a natureza ou Deus, se o seu conteúdo, quando visto em contraste com o contexto da sua criação, comportar esse significado. Só é julgada meramente decorativa se nenhuma compreensão dela for possível.

Nesta seção argumentei que as obras de arte são objetos culturais e que, portanto, sua interpretação é relativamente independente das intenções de seus criadores. Ser objetos culturais neste contexto significa que podem ser vistas legitimamente como portadoras de significado para sua cultura, isto é, ser julgadas como boas ou más, dependendo – em parte – do seu significado (obras de arte más ou insignificantes podem não ter "nenhum significado"). Ter um significado para uma cultura significa ser um objeto adequado de certas posturas, respostas e usos. Significado e interpretação são noções recíprocas. A interpretação é a elucidação de um significado, e aquilo que tem um significado que não seja trivialmente óbvio pode ser interpretado. Decorre daí que uma característica essencial da arte é que as obras de arte podem ser interpretadas. As artes vêm com tradições interpretativas; o significado das obras de arte só pode ser percebido por aqueles que, pela familiaridade com essas tradições, podem interpretar, isto é, vir a compreender, seus significados.

A ligação entre a arte e sua interpretação não é trivial nem acidental. Não é por acidente que não se pode interpretar uma pia na cozinha, mas que uma pia em uma galeria de arte, ou apresentada ou usada como arte, pede interpretação. Há muito mais na arte que interpretação, mas não há arte sem interpretação, e não há arte sem uma prática de interpretação de obras de arte. Em que sentido isso é assim, tem de ser determinado cuidadosamente. É claro que muitas obras de arte foram criadas em tempos e culturas em que não havia nada que lembrasse nossas tradições de interpretação artística. Muitas foram criadas em culturas que não reconheciam a própria noção de arte. O bom senso na observação de que não há arte sem interpretação é que nossa compreensão da arte torna todas as obras de arte objetos adequados para certo tipo de interpretação, a interpretação da arte. Portanto, ao reconhecer obras como obras de arte, estamos reconhecendo-as como objetos daquele tipo de interpretação, sejam ou não consideradas assim pelos seus criadores ou por seu público inicial. Como resultado, podemos focalizar essas obras em nossas tentativas de compreender o significado das culturas em que nasceram e da vida nessas culturas.

## O significado básico na arte e na literatura

Admitindo o argumento da seção anterior, o significado e a interpretação aqui discutidos não pressupõem um significado mais básico, significado no sentido usado quando dizemos que o arminho no retrato de Cecilia Gallerani de Leonardo (em Cracóvia) simboliza o modelo[11], ou que o azul nas pinturas de madonas da Renascença italiana simboliza sua virgindade, ou que o "poder esvanecido do reino usual", em "Quarta-feira de Cinzas" de T. S. Eliot, refere-se ao declínio dos poderes do falante no fim de sua vida. Vou referir-me ao significado, nesse sentido, como o "significado básico" de elementos da obra e contrastá-lo com o significado "mais profundo" da obra como um todo ou de partes ou aspectos dela tal como discutidos na seção anterior.

A defesa de preponderância da intenção do autor parece mais forte no que diz respeito à interpretação do significado básico. Dois pontos militam nessa direção. Primeiro, obras de arte e literatura são criações intencionais. Normalmente apenas o que é feito para ser um romance, um poema ou uma pintura, etc. é um romance, um poema ou uma pintura, etc. Como nos lembra o urinol de Duchamp, às vezes o que faz uma obra de arte nada mais é que um objeto ser rebatizado pelo seu autor (isto é, seu autor enquanto obra de arte, pois não é preciso que ele mesmo tenha feito o objeto físico) *como* obra de arte. Foi observado na seção anterior que esse ponto não deixa de ter exceções. Estamos acostumados a cooptar obras de arte

---

11. Segundo Kenneth Clark é duplamente simbólico de sua identidade: primeiro, porque o arminho foi muitas vezes usado como emblema de Ludovico, e, segundo, porque arminho em grego continha referência, na forma de trocadilho, ao nome dela. Kenneth Clark, *Leonardo da Vinci* (Harmondsworth, Penguin Books, 1939), p. 54. Para compreender essa referência teríamos de conhecer grego e saber que Gallerani era amante de Ludovico na época da pintura. Isso mostra a elasticidade do contraste entre o contexto público e o privado de que estive me valendo. Dado que o retrato foi pintado para ela e era para ser visto por sua família e seus amigos, o que era de conhecimento geral para eles era o contexto público que serviria de pano de fundo para a interpretação do retrato.

produzidas em culturas ou subculturas em que a noção de arte não existia ou em que os autores não pensavam em suas criações como arte. Mas essa cooptação pode ser compreendida como uma ampliação excepcional da aplicação da noção de obra de arte.

Segundo, as fronteiras da obra são determinadas pelo seu criador. Se um trecho de diálogo é parte de *Henrique V* depende de se Shakespeare pretendia ou não que fosse parte dessa peça. Dado que Anselm Kiefer queria que a moldura fosse parte de sua pintura, ela é parte da pintura. Sem dúvida, a resposta pode estar longe de ser direta. Aristófanes queria que suas revisões posteriores de *As nuvens* fizessem parte da peça? Pode ter pretendido que fossem parte de uma versão da peça a ser lida, mas não de uma versão a ser representada[12]. Mas isso não significa que as fronteiras da obra não sejam determinadas pelo seu criador. Demonstra simplesmente que às vezes não há nenhuma resposta simples à questão "o que são as fronteiras dessa obra?"

Dado que se pretende que as obras de arte sejam intencionalmente criadas e que suas fronteiras sejam criadas pelos seus autores, podemos entender o significado básico de alguma obra sem nos referir à intenção do seu autor? O problema com esse argumento é que ele contraria a característica básica da arte ressaltada na seção anterior, de que as obras de arte pertencem ao domínio dos objetos culturais, a ser compreendidos independentemente do contexto privado da sua criação. Esse aspecto da arte aplica-se ao seu significado básico tanto quanto ao seu significado mais profundo.

Nas pinturas de madona da Renascença italiana, o azul do vestido simboliza a virgindade. Sabemos disso porque conhecemos o significado público da iconografia dessas pinturas. Não precisamos saber nada sobre as intenções do pintor. Pressupõe-se, é claro, que o pintor sabia disso e usou o azul para

---

12. Aristophanes *Clouds*, org. K. J. Dover (Oxford: Oxford University Press, 1958), p. xcviii. Sou grato ao dr. Bulloch por ter chamado minha atenção para esse exemplo.

referir-se à virgindade da madona, mas pode ter sido um pintor vulgar, que conhecia o significado da cor mas não lhe dava importância. Podia até mesmo não saber – embora isso seja improvável. Pode ter pintado o vestido de azul porque era assim que se fazia, e seu patrono reclamaria se ele não seguisse a convenção. Pode não ter se importado com o que significava, e pode não ter tido a intenção de significar algo. Independentemente disso, o vestido azul da madona na pintura realmente simboliza sua virgindade. O patrono não podia reclamar de receber uma pintura da madona sem uma referência à sua virgindade. Não podia reclamar de que, embora o vestido fosse azul, não se referia à sua virgindade porque o pintor não pretendia fazê-lo.

Vemos nisso a diferença entre a arte e o Direito. No Direito, *prima facie*, o fato de que o texto é interpretado contrariamente às intenções do legislador nega a sua legitimidade. Sua legitimidade deriva da autoridade do legislador para fazer a lei que julgou certo fazer. A aplicação desse argumento é limitada e indireta[13]. Mas está sempre presente no pano de fundo de qualquer interpretação da legislação. Não é assim com a interpretação nas artes. A autonomia das obras de arte significa que a intenção do autor pode ser considerada como irrelevante para a interpretação dessa obra, exceto onde há considerações especiais para que seja levada em conta.

Essa conclusão pode ser conciliada com o fato de que obras de arte são criações intencionais, cujas fronteiras são determinadas pelo seu autor? Sim, pois deixa intocada a compreensão básica da arte e da literatura como campos da auto-expressão humana, que está no cerne do fato de que é da essência da arte que as obras de arte sejam normalmente produtos da criação intencional. A arte mantém uma relação dual com a auto-expressão. Ser objetos culturais torna as obras de arte obras através das quais seus criadores podem expressar-se e obras que oferecem ao público um foco para a reflexão, a emoção e até a

---

13. Ver, no postulado do papel da intenção na interpretação jurídica, "Intention in Interpretation", *supra*, n. 9.

identificação. Os membros do público expressam-se por meio de suas relações com as obras.

Essa afirmação deve ser interpretada cautelosamente. Primeiro, não subscreve uma visão expressionista da arte. Refere-se a expressar crenças a respeito da glória de Deus, da ordem dos anjos, da piedade de um doador, assim como o desespero de uma ambição ou amor frustrado, ou a futilidade da vida humana, ou a alegria avassaladora da conquista, e outros temas mais convencionais do expressionismo nas artes. Segundo, não tem a intenção de negar que muita arte é criada por artesãos ou mesmo assalariados que trabalham de acordo com uma fórmula e não expressam nada. Tampouco nega que muitas obras nunca vêem a luz do dia, já que permanecem confinadas em gavetas ou porões, e que muitas outras são natimortas, nunca tornando-se um objeto de contemplação e identificação para ninguém. Ainda assim, quero afirmar mais do que o fato de que às vezes realmente servem como veículos de auto-expressão para seu autor e seu público. Isso é verdadeiro a respeito de quase tudo. Geralmente pretende-se que as obras de arte sejam veículos de auto-expressão, sendo avaliadas em parte pelo grau em que são bons veículos de auto-expressão.

Isso afirma a ligação entre as obras de arte e a intenção de seu criador ao mesmo tempo que assegura distância entre ambas. As pessoas são livres para fazer obras que expressem o que elas pretendem expressar. Essa possibilidade é assegurada pelo fato de que criam intencionalmente a obra e determinam suas fronteiras. Já que é o que fazem, elas podem – em princípio – fazê-la significar o que querem que signifique. Mas para fazer isso têm de levar em conta o que faz as obras de arte significarem uma coisa ou outra e, à luz disso, fazer a obra de tal modo que ela tenha o significado que querem que tenha. Não podem fazê-la significar algo apenas pretendendo que signifique aquilo. Tampouco podem negar-lhe um significado simplesmente por não o ter em mente.

## A interpretação como descoberta

A discussão até agora solapou o argumento em favor da intenção do autor como fundamento da interpretação. Pouco fez para contestar a concepção mais ampla de interpretação como recuperação, ou para explicar a natureza da interpretação das obras de arte. Para fazer ambos, devemos nos concentrar no modelo da interpretação inovadora. Como ela é possível? Se a interpretação é recuperação, como pode ser nova? Se não é, qual é a diferença entre uma interpretação nova de uma obra e reagir a ela como a um teste de Rorschach?

A imagem da recuperação oferece uma resposta por meio de uma distinção tripartite: há duas maneiras em que uma interpretação pode ser nova e uma em que não pode. Pode ser uma nova formulação de um significado familiar, uma nova forma de articulá-lo. Uma símile esclarecedora, uma expressão marcante, uma formulação audaz de um significado familiar atinge seu objetivo justamente porque articula um ponto familiar de um modo impressionantemente novo. Esse tipo de novidade, novidade na articulação, é possível e muitas vezes atraente. É diferente de uma interpretação inovadora que atribui um novo significado à obra. Tais interpretações são incompatíveis com a imagem da recuperação. A interpretação é uma recuperação do significado que a obra tem. Não pode revelar nela um significado que não tinha antes.

Contudo, é a terceira maneira de ser inovadora que é a mais interessante. Uma interpretação pode não fazer mais do que recuperar o significado que sempre esteve lá e, ainda assim, sua novidade pode não estar apenas em redescrever um significado familiar de um modo novo. Pode ser antes uma questão de revelar um significado que esteve até então oculto. Quando *Hamlet* recebeu uma interpretação psicanalítica pela primeira vez, isso não lhe deu um novo significado. Em vez disso, afirmou expor o significado da peça explicando a motivação de Hamlet como ela sempre foi – que mais ela pode ser? Afinal, a peça não mudou com o advento da psicanálise. Portanto, a motivação dos seus personagens e o significado da sua ação também não podem mudar. Uma interpretação só pode recuperar e revelar o que já está lá. É inovadora quando esse significado estava invisível. No modelo da recuperação, a interpretação inovadora é a descoberta de um significado até então desconhecido.

O caso da interpretação psicanalítica de *Hamlet* ilustra essa idéia. É um exemplo de como se chega à interpretação inovadora (pelo menos algumas vezes). A "descoberta" da psicanálise possibilita interpretações novas de muitas obras de arte. Podemos agora reinterpretar *Hamlet* como a elaboração de um complexo de Édipo ou algo assim. É bastante claro como interpretações inovadoras são possíveis em tais casos: a descoberta da verdade de alguma teoria geral, ou apenas de uma verdade geral sobre as pessoas, revela que certos fatos sobre a obra interpretada que não eram tidos como significativos são significativos. A interpretação consiste em apontar essas ligações e analogias. O teste de uma boa interpretação é que essas ligações e inter-relações sejam significativas em termos de, ou por referência a, alguma teoria geral ou verdades gerais sobre as pessoas, a sociedade ou seja o que for. Uma interpretação é inovadora se a significação do aspecto da obra focalizada por ela não foi apreciada antes, e isso com freqüência se deve ao fato de que tais verdades gerais não eram conhecidas antes.

Às vezes, as novas interpretações não são provocadas por novas descobertas de verdades gerais, mas por uma percepção de como algumas verdades conhecidas relacionam-se com os eventos de uma história ou com as características de algumas outras obras. Chegamos a reconhecer que a obra exemplifica proposições gerais conhecidas de maneiras até então não percebidas. Às vezes, os autores disfarçam deliberadamente as pistas para a significação de sua obra e apenas com o tempo o trabalho revela seus segredos[14].

---

14. Estou atenuando muitas complicações; por exemplo, a significação do Fantasma em *Hamlet* depende de existirem ou não fantasmas? Ou é a mesma quer existam quer não, já que depende apenas de Shakespeare ter ou não acreditado em fantasmas ou, talvez, de ter imaginado que seu público acreditava neles?

Existe alguma verdade nessa imagem da interpretação inovadora como descoberta. Sem dúvida, muitas novas interpretações são novas da maneira descrita. Ainda assim, essa não pode ser a história toda. Ela considera as interpretações inovadoras como descobertas do significado oculto. Esse sempre foi o significado de *Hamlet*, embora ninguém soubesse disso até Freud. Mas a idéia de significado oculto, significado oculto não apenas de alguns, mas de todos, é desconcertante. Como pode ser esse o significado de *Hamlet* se *Hamlet* não tinha esse significado para ninguém? Pode haver uma expressão em inglês que tenha um significado que está oculto e desconhecido, esperando para ser descoberto? Por que as coisas deveriam ser diferentes com as obras de arte? A idéia de um significado oculto também parece singular aí.

A visão da interpretação como descoberta torna-a muito parecida com uma explicação ou interpretação científica. A descoberta da relatividade espacial explica o desvio de Mercúrio do curso previsto pela física newtoniana. Nesse caso, a interpretação significa apenas isso: a explicação de um evento como um caso de lei geral. Mas essa não é uma explicação do significado do evento. É apenas uma explicação do evento. As interpretações que estamos procurando são explicações de significado. Mas, se para chegar às interpretações inovadoras basta perceber de que maneira as verdades gerais são exemplificadas na obra interpretada, o que está errado com a visão da interpretação como descoberta? O que ela deixa de fora?

Aqui, pode ser útil examinar algumas das críticas que se podem fazer às interpretações. Algumas críticas são bem diretas: nossa opinião de que uma interpretação psicanalítica de *Hamlet* não é muito boa pode dever-se a dúvidas quanto à psicanálise ou a um sentimento de que a interpretação não inclui grande parte da peça, deixando-a, portanto, incompleta, ou que a história de Hamlet não se encaixa na teoria analítica e não autoriza a explicação dada a ela.

Há, porém, uma outra maneira, muito menos óbvia, de criticar uma interpretação. Imagine alguém oferecendo o absurdo de uma interpretação de *Hamlet* baseada na física. Sua interpretação consiste em demonstrar que todos os eventos descritos na peça são compatíveis com a física e que todos eles são exemplos das leis do movimento (a fala sendo interpretada como um movimento de boca e pulmões para esse propósito, etc.). Tudo o que nosso intérprete diz – suponhamos – é verdadeiro. Ainda temos o direito de dizer que sua interpretação não é uma interpretação da peça. Por que não? Por que ela deixa inteiramente de lado o significado da peça. Se isso está certo então uma interpretação psicanalítica não pode ser uma boa interpretação justamente porque é verdade que as ações retratadas na peça exemplificam verdades reveladas por psicanalistas. Colocando em outras palavras: uma interpretação psicanalítica pode ser rejeitada como ruim, ou mesmo como não-interpretação (isto é, como muito ruim), embora seja uma explicação verdadeira das motivações dos personagens da peça, exatamente como uma interpretação baseada na física pode ser rejeitada como não-interpretação, apesar de ser uma interpretação verdadeira dos eventos físicos da peça. Não estou dizendo que as duas interpretações merecem o mesmo veredicto. Estou dizendo que, se não merecem, a diferença entre elas deve ser explicada por fatores que ainda se esquivam à nossa compreensão. E, enquanto for assim, continuaremos ignorando o que é a interpretação inovadora e, portanto, a interpretação em geral.

**A interpretação inovadora**

É tentador dizer que temos todas as peças do quebra-cabeça no lugar. Nosso único problema é que não compreendemos – eu, pelo menos, não compreendo – a mais importante dentre elas. Minhas reflexões até agora sugerem que uma interpretação é uma explicação da obra interpretada que aponta para ligações e inter-relações entre suas partes e entre elas e outros aspectos do mundo, de modo que ela (*a*) abrange adequadamente os aspectos significativos da obra interpretada (isto é, não se relaciona com apenas uma parte de um romance, ou com apenas um de seus temas, etc.), e não é incompatível com nenhum aspecto da obra; (*b*) demonstra que os elementos da obra são ocorrências singulares de algumas verdades gerais; e (*c*) ao fazer o mencionado acima, elucida o significado da obra. Quanto mais bem-sucedida em satisfazer esses critérios, melhor será a interpretação.

Pelo menos em um aspecto essa maneira de elucidar a natureza da interpretação segue linhas corretas: ela estabelece critérios de excelência para uma interpretação, em vez de colocar condições necessárias e suficientes para que alguma coisa seja uma interpretação. Não existem essas condições suficientes e necessárias. No limite, é geralmente inútil traçar ou discutir sobre a linha que separa uma interpretação muito ruim de uma que não é, de modo algum, interpretação[15].

Não obstante, essa caracterização inclui ao mesmo tempo muito e pouco. Inclui pouco porque negligencia a maneira como uma interpretação afeta o valor da obra interpretada e contribui para a avaliação da própria interpretação[16]. A avaliação de obras de arte depende apenas até certo ponto da sua interpretação. Um grande componente na avaliação das obras de arte é o grau de habilidade com que são executadas, o grau em que cumprem os critérios internos de excelência para esse gênero de arte. (Quando se trata de arte produzida aleatoriamente, os dois aspectos desse teste separam-se: os critérios genéricos para o sucesso do produto não são mais critérios de habilidade na execução.) Mas até certo ponto a avaliação depende da importância do tema da obra. Se uma obra é meramente

---

15. Embora, às vezes, seja claro que algo não é uma interpretação, e não uma interpretação ruim. Por exemplo, se não se pretende que seja uma interpretação. Apesar de o fato de que uma interpretação deve ser pretendida como tal seja o mais próximo que chegamos de uma condição necessária, não se trata, estritamente falando, de uma condição. Se alguém diz "esta é uma esplêndida interpretação de Hamlet", querendo dizer "esta seria uma esplêndida interpretação de Hamlet se fosse apresentada como tal", não deve ser acusado de abuso da linguagem. A linguagem tem como se fazer forçar.

16. O reconhecimento de que é assim é o núcleo da visão de interpretação de Dworkin. Seu erro não está em enfatizar a importância desse fator, mas em ignorar outros, assim como em supor que normalmente há apenas uma interpretação correta.

uma apresentação de um aspecto menor das relações humanas, então é uma obra de arte menos valiosa que, ou não tão excelente quanto, uma que trata do dilema fundamental da vida humana, se existe tal dilema[17]. Ao mesmo tempo, uma interpretação que demonstra que o significado da obra trata do que é mais importante é, *pro tanto*, uma interpretação melhor do que uma que demonstra que ela trata apenas de algo que é menos importante[18]. A discordância sobre o que é importante e o que não é constitui uma fonte constante de desacordo sobre qual interpretação é melhor.

A caracterização da interpretação que ofereci se excede na insistência em que a única maneira de demonstrar ou explicar o significado da obra é demonstrar quais aspectos dela são exemplos de verdades gerais. Isso não é compatível com desempenhos serem interpretações, e geralmente há outras maneiras de revelar o significado de uma obra que não demonstrar que ela é uma ocorrência singular de algumas verdades gerais. Nem todas as explicações referem-se a verdades gerais sem exceção ou as pressupõem, pelo menos não de alguma maneira significativa. As explicações da ação humana por meio de referência às razões e motivos das pessoas notoriamente desafiam tais generalizações. Uma interpretação de uma obra de arte incluirá uma explicação da obra. Mas qualquer padrão de explicação o fará.

Tudo isso é útil e relevante. Mas ainda estamos longe de uma caracterização geral do que constitui uma demonstração ou explicação do *significado* da obra. Mas há realmente um problema aqui? Tudo o que precisamos – você pode dizer – é uma explicação do que é, para uma obra de arte, ter certo significado. Assim que compreendermos isso, não restará nenhum problema sobre a interpretação. Uma interpretação é qualquer

---

17. Note que a beleza de uma obra de arte não é a categoria mais fundamental para sua avaliação. A importância de seu tema não afeta a beleza de uma obra de arte, mas afeta sua excelência.

18. Esses pontos desenvolvem o pressuposto notado na terceira seção deste trabalho, de que qualquer forma de arte presta-se a interpretações "profundas".

coisa que nos faça compreender esse significado. Isso também é verdade. Logo no início insisti na estreita ligação entre interpretação e significado. Se compreendemos algum desses conceitos, compreendemos ambos. Mas decorre daí que explicar um é explicar ambos: não se pode considerar que explicamos a interpretação sem explicar o significado, pelo menos até certo grau.

Há uma maneira simples, embora talvez não inteiramente perspicaz, de elucidar o elemento que falta em nossa descrição. Uma interpretação é uma explicação da obra interpretada que explica por que ela é importante, na medida em que é importante. Isso mostra o que estava certo na idéia de que uma interpretação nova pode surgir da descoberta de algumas verdades gerais. Como qualquer interpretação é uma explicação da obra, ela pode tornar-se disponível quando novas descobertas são feitas. Ainda assim, como vimos, e como esta descrição aumentada admite, nem toda explicação, por mais bem-sucedida que seja como explicação, é uma interpretação. É uma interpretação apenas se, ao explicar a obra, também elucida, esclarece por que ela é importante, na medida em que é importante. A explicação de *Hamlet* que imaginei antes, baseada na física, não passa no teste.

O que se segue é uma tentativa de integrar todas as proposições feitas até agora: uma interpretação é uma explicação da obra interpretada que destaca alguns dos seus elementos e aponta ligações e inter-relações entre suas partes e entre elas e outros aspectos do mundo, de modo que (*a*) cobre adequadamente os aspectos significativos da obra interpretada (isto é, não se relaciona apenas a uma parte do romance ou a apenas um dos seus temas, e assim por diante), e não é incompatível com nenhum aspecto da obra; (*b*) explica os aspectos da obra em que se concentra; e (*c*) ao fazer o descrito acima, elucida o que é importante na obra, e explica – no grau em que isso é possível – quaisquer razões existentes para dar atenção à obra como uma obra de arte daquele gênero. Quanto mais bem-sucedida for em atender a essas exigências, e quanto mais importante o significado que atribui justificadamente à obra, melhor será a interpretação.

Em resumo:

UMA INTERPRETAÇÃO É UMA EXPLICAÇÃO DE ASPECTOS DA OBRA, QUE EXPLICA AS RAZÕES PARA QUE SE PRESTE ATENÇÃO A ELA COMO UMA OBRA DE ARTE DO SEU GÊNERO.

Minha referência a "razões para que se preste atenção a ela como uma obra de arte" tem por objetivo excluir primariamente quaisquer razões que existam para que se preste atenção a ela como testemunho do caráter ou da vida do autor ou de outras pessoas, ou das práticas de um período que retrata, etc. Pressupõe um conceito de arte definindo qual é a atitude adequada para com ela, que tipos de razões poderiam ser razões para tomar em consideração as obras de arte. Isso impede a definição de ser muito subjetiva. Pessoas diferentes têm razões diferentes, e a definição permite isso. Mas apenas certas razões são adequadas para tomar em consideração a arte como arte, e isso coloca um limite ao grau em que as variações nas razões de diferentes pessoas levaram a diferentes interpretações. Mesmo assim, essa maneira de compreender a interpretação oferece o início de uma explicação de por que várias interpretações incompatíveis podem atrair cada pessoa. Desenvolver essa explicação exige mais discussão acerca da subjetividade da interpretação – um tópico que não pode ser tratado aqui.

Em vez disso, permita-me observar que esta descrição implica que algumas das várias boas explicações – embora possivelmente incompatíveis –, ao mesmo tempo que atraem algumas pessoas de maneira inteiramente adequada e legítima, deixam outras indiferentes. Uma interpretação é boa se a explicação que produz apresenta razões válidas para que (algumas) pessoas prestem atenção à obra de arte. Mas as pessoas divergem, e embora todas tenham de reconhecer que a interpretação é boa, pois apresenta razões pelas quais algumas pessoas (crianças, digamos) podem prestar atenção à obra, estas não são razões para elas (que não são crianças) e, portanto, elas não têm nenhum interesse na interpretação.

Um espírito de intolerância muitas vezes faz as pessoas negarem a validade das interpretações em que não têm nenhum interesse. Mas pessoas esclarecidas sabem mais. Sabem que uma boa interpretação pode ser boa por causa da maneira como revela as razões que algumas pessoas têm para prestar atenção à obra, e sabem que não há nenhuma necessidade – na verdade, isso seria tolice – para negar o valor de uma interpretação apenas porque ela não lhes interessa.

**A instabilidade da interpretação**

A caracterização de interpretação oferecida acima é muito abstrata. Exige ser cuidadosamente dissecada, para ilustrar sua aplicação a várias formas de arte, e uma cuidadosa adaptação, para ser aplicável à interpretação de outros objetos que não obras de arte. Um aspecto em que a descrição é simultaneamente específica à interpretação de obras de arte e seriamente incompleta é sua confiança na existência de padrões definidores de gênero e de maneiras de identificar a que gênero pertence a obra. Creio, embora a questão não possa ser investigada aqui, que a interpretação de obras de arte pressupõe essencialmente que as obras pertencem a gêneros com seus próprios padrões definidores de excelência[19]. Somente por meio da referência ao gênero da obra pode-se identificar a razão para que se preste atenção a ela. Se é um romance psicológico, então uma interpretação psicanalítica pode ser aceitável, ao passo que, se é uma alegoria religiosa, tal interpretação seria como demonstrar que tudo no romance pode ser explicado por meio de referência à física: uma formulação verdadeira que não é interpretação ou que, pelo menos, é uma interpretação ruim, que deixa passar o essencial da obra. As interpretações revelam razões para prestar atenção à obra, na medida em que exista alguma. Mas – repetindo – nem toda razão levará a uma interpre-

---

19. Dando, assim, origem aos problemas teóricos e – mais dolorosamente – práticos de compreensão e apreciação de obras que rompem com os gêneros.

tação. O testemunho que a obra oferece dos hábitos culinários de sua época não é relevante. As razões relevantes diferem das irrelevantes por serem razões que prestam atenção à obra como uma obra de arte do seu gênero. Daí pressupõe-se uma compreensão da arte e de seus gêneros.

Naturalmente, as obras podem pertencer a mais de um gênero, o que é uma outra fonte para a possibilidade de múltiplas interpretações boas e incompatíveis. A descrição que ofereci deixa claro que as interpretações e significados de obras de arte não apenas são muitos, potencialmente, mas podem mudar e realmente mudam. Mudam quando as razões para prestar atenção à obra mudam. As razões que as pessoas têm mudam porque suas circunstâncias mudam. As razões que as pessoas em sociedades pós-industriais modernas têm para se interessarem pelas obras da Atenas clássica não são as da Renascença nem as dos atenienses do período de Péricles. Para esses atenienses, a arte da época não revelava – como para as pessoas da Renascença – uma cultura perdida por muitas gerações, nem lhes revelava – como a nós – a origem de muito da arte ocidental dos últimos dois milênios. À medida que uma obra influencia outra ou influencia as vidas ou percepções das pessoas, ela adquire novos significados, isto é, como que prefigurando o desenvolvimento posterior. Estas são apenas algumas das inúmeras mudanças que podem ocorrer nas razões para se prestar atenção a uma obra de arte.

O processo de mudança não é um processo de adição. Algumas razões perdem sua força. Uma obra de época é uma obra que retrata e elucida, às vezes de modo brilhante, questões que preocuparam certo período e que podem não ter mais nenhum interesse. A maioria das obras de arte tem seu "aspecto de época", isto é, um significado para sua geração que não tem para gerações posteriores. Obras de arte adquirem novos significados e perdem alguns de seus antigos significados.

Isso torna a interpretação e o significado subjetivos? Não. Isso os torna – em certo sentido – relativos. Ter significado é ter significado para alguém. Digo que isso os torna relativos em certo sentido porque comumente usamos os termos "significado" e "interpretação" em um sentido não-relativizado. Esse é o sentido em que estou usando os termos e que me permite dizer que o significado das obras de arte muda. Em um sentido relativizado o significado não muda. O significado da arte de Péricles para os atenienses no tempo de Péricles permanece o mesmo, como o seu significado para a Renascença ou para o século XIX. Se compreendemos "interpretação" e "significado" em um sentido relativizado, novos significados surgem, mas nenhum morre. Assim, "significado" e "interpretação" são ou não relativos? São ambos, ou melhor, seguimos um uso relativizado e não-relativizado dos termos.

Além do fato de que as razões que as pessoas têm variam de acordo com suas circunstâncias, as razões que contam como relevantes para a interpretação da arte mudam com as mudanças na noção de arte. Os nomes de algumas "escolas" da arte sugerem tais mudanças: o expressionismo traz consigo uma nova compreensão do que trata a arte c de como deve ser compreendida; o uso de *objets trouvés*, colagens ou *ready-mades*, etc. efetua uma transformação em nossa compreensão do significado da arte, assim como o surgimento da *op-art*, o uso de estroboscópios, etc.

Essas reflexões sobre a instabilidade da interpretação, sobre o fato de que as interpretações, além de coexistir com suas rivais, vêm e vão, pressupõem que as interpretações são impostas à obra mais do que descobertas nela? E decorre daí que o julgamento de quão boa é uma interpretação tem de ser subjetivo, expressivo de nosso sentimento, mais do que objetivo? Nem um pouco. O julgamento do valor das interpretações não é mais subjetivo que o julgamento do valor de carros, embora, em ambos os casos, as razões por que é bom prestar atenção à obra ou ter o carro estejam, num sentido óbvio, não na obra, mas nas circunstâncias da nossa vida, como, por exemplo, em nossa necessidade diária de viajar longas distâncias.

## A rejeição da recuperação

O caráter normativo da interpretação, sua dependência de razões, ao explicar a possibilidade de mudança, refuta a imagem da interpretação como recuperação. Muitos autores exclamaram triunfalmente que o significado de um texto não está "no próprio texto", com base em que marcas sobre o papel, etc. não têm significado exceto no contexto de uma prática lingüística, que exige, em um tempo ou outro, a existência de uma população que compartilhe uma compreensão das mesmas práticas lingüísticas. Esse ponto trivial, nunca contestado por ninguém, não tem relação nenhuma com o sentido em que a interpretação de uma obra de arte pode ser nova, na acepção de que demonstra que a obra tem um significado que nem sempre teve. Se tudo o que houvesse a dizer fosse que as obras de arte também têm significado somente se houver uma sociedade cujas práticas estabeleçam os gêneros artísticos e os padrões que se aplicam a eles, então a imagem da recuperação seria precisa e não haveria nenhuma verdade no pensamento de que o significado está no olho do observador.

O que derrota a imagem da recuperação é a normatividade da interpretação, sua dependência de razões, e o fato de que essas razões podem variar e mudam. Duas dificuldades dessa sugestão devem ser mencionadas. Primeiro, como pode o significado de uma obra mudar sem que a própria obra mude? Segundo, o problema levantado acima: como pode uma interpretação ser nova? O significado de qualquer coisa não deve estar na superfície, isto é, ser conhecido para os que conhecem a "linguagem" relevante?

Nossos conceitos são complexos e flexíveis. Não devemos ser prisioneiros de algumas características de nossos conceitos em detrimento de outras. Com certeza, a motivação de Hamlet não pode mudar, exceto pelo fato de que o próprio Hamlet muda durante a peça. É por isso que algumas interpretações novas, por exemplo, uma interpretação psicanalítica, são descobertas a respeito da motivação de Hamlet. Mas essas, como todas as interpretações, são relativas a certa perspectiva da obra, certo conjunto de razões para vê-la como interessante. As perspectivas podem mudar à medida que mudam nossas razões para ter um interesse pela obra. Podemos compreender Hamlet como representando a desorientação de uma pessoa que, sob a influência de uma nova cultura (a da Renascença, neste caso), perde a posição segura que lhe oferecia a cultura em que foi criado e sofre um colapso de autoconfiança, um colapso que se torna manifesto pelo assassinato do pai e o apressado casamento da mãe.

Essa interpretação provém de uma perspectiva diferente da psicanalítica. Aqui, o interesse não está na psicologia individual, mas na interação da cultura e do senso de identidade. A partir dessa perspectiva, surgem proposições interpretativas que são, se verdadeiras, verdadeiras a respeito de Hamlet de um modo atemporal – o que sempre foi verdadeiro sobre ele. A peça não mudou, e o que era verdadeiro sobre ela sempre foi, como vimos, verdadeiro sobre ela. Mas a perspectiva em si é nova. Esse interesse pela peça é novo e, portanto, as interpretações oferecidas a partir dessa perspectiva são novas. Com o surgimento dessa perspectiva, a peça adquiriu um novo significado. Como o significado é relativo a uma perspectiva normativa, ele pode mudar quando essa perspectiva muda. Nossos conceitos são ricos o suficiente para acomodar ambas as maneiras de pensar no significado: como atemporal, a partir de uma mesma e única perspectiva, e como mutável, com a mudança de perspectiva.

As perspectivas surgem com as mudanças na cultura e nas condições de vida. Sendo normativas, surgem como novas razões para que novos interesses surjam. As interpretações revolucionárias capitalizam isso. São oferecidas por aqueles cuja visão da obra é impregnada pela nova perspectiva antes que ela chegue aos outros ou antes que encontre articulação nas mãos de outros. Elas captam a significação da obra a partir dessa perspectiva em surgimento. Suas interpretações podem apressar essa emergência e afetar a direção e o conteúdo da nova perspectiva. Menos revolucionária, mas ainda nova, a interpretação revela uma perspectiva que agora está bem estabelecida na cultura de uma obra que ainda não foi vista sob essa luz. Há, no caso, um amplo leque de casos diferentes a ser explorado pelo estudo das culturas. Todos eles exibem as combinações variadas e sutis do familiar e do novo, o leque de maneiras em que o significado está presente, e a interpretação meramente o articula, e os modos em que a articulação pode ser ela própria vista como contribuindo para o significado, como em parte investindo a obra de novo significado – o sentido em que a interpretação das obras de arte é parte integrante do empreendimento artístico criativo.

A interpretação de obras de arte pode ser considerada única nesse aspecto. Com certeza, a interpretação da história investe a história de significado; a história não é feita por meio de sua interpretação, mas pelas pessoas a que a história pertence. A arte é especial no sentido de que é parte da sua natureza – captada pela presunção em favor de interpretações que demonstrem que a obra interpretada tem influência em questões importantes – ser um espelho de nossas vidas e nosso mundo. A história e o Direito não são espelhos; estão aí, feitos pelos que os forjaram, e devem ser meramente compreendidos pelos que os interpretam. Ou não? A descrição oferecida aqui aplica-se diretamente apenas à interpretação de obras de arte. Exige modificação cuidadosa para aplicar-se a outros objetos de interpretação. Mas, segundo creio, as similaridades entre domínios diferentes da interpretação são, pelo menos, tão notáveis quanto as diferenças.

# Capítulo 6
## *Três conceitos de objetividade*
*Andrei Marmor*

Este ensaio é a respeito do conceito de objetividade e de seus possíveis papéis na interpretação de obras de arte. "Objetividade", porém, é uma daquelas noções que seria aconselhável que estudantes de filosofia evitassem em seus ensaios. Há pouca concordância quanto ao que significa e há um bocado de confusão quanto aos seus usos diferentes e conflitantes. Isto pode soar desconcertante e talvez seja: contudo, ao contrário de conceitos filosóficos como "realismo" e "cognitivismo", que receberam ampla atenção filosófica nas últimas duas ou três décadas, os conceitos de objetividade foram razoavelmente negligenciados. Conseqüentemente, qualquer discussão da objetividade ou subjetividade em determinada área deve começar com um esclarecimento do que se quer designar com esses termos. Começarei por delinear a distinção entre três conceitos de objetividade que, irei sugerir, são filosoficamente úteis. Assim que as fronteiras entre esses três diferentes usos de objetividade forem claramente traçadas, conseguiremos perceber que há vários aspectos da interpretação que podem ser caracterizados como "objetivos" ou "subjetivos" de maneira razoavelmente incontrovertida, isto é, dependendo do tipo de "objetividade" atribuída. Outros aspectos da objetividade da interpretação, porém, permanecem genuinamente controvertidos, e tentarei acrescen-

---

Sou grato a Meir Dan-Cohen, Chaim Gans, Ruth Gavison, Alon Harel, David Heyd, Dori Kimel, Brian Leiter, Ariel Porat, Joseph Raz, Timothy Williamson, Jeremy Waldron e Zahava Zevit por seus valiosos comentários a respeito de esboços anteriores deste ensaio.

tar algumas contribuições minhas a esse oceano da literatura filosófica. Não terei nada a dizer diretamente, porém, quanto à interpretação jurídica: minha preocupação principal será com a interpretação no domínio das artes.

## Parte I: *Algumas distinções básicas*

A dicotomia objetivo-subjetivo é uma invenção filosófica (e, na verdade, uma invenção com uma história um tanto peculiar)[1]. Há muito pouco a ganhar, então, com uma análise desses conceitos na linguagem comum. As definições da dicotomia objetivo-subjetivo devem ser baseadas em considerações teóricas, e sua utilidade deve ser testada em confronto com objetivos teóricos. Isto, pelo menos, considerarei como dado.

Também irei admitir que o par objetividade-subjetividade, como realismo e anti-realismo, é uma distinção aplicada utilmente a *classes* de enunciado. É apenas a respeito de certos tipos de enunciado, como um tipo, que normalmente queremos saber se são objetivos ou subjetivos. Os que afirmam, por exemplo, a objetividade de enunciados acerca de objetos físicos de tamanho médio fazem uma afirmação a respeito da situação objetiva de todo e cada enunciado nessa classe particular apenas como uma ocorrência singular do fato de pertencer à classe de enunciados sobre objetos físicos de tamanho médio. É a objetividade (ou subjetividade) da classe de enunciados como tal que normalmente é o tema da controvérsia filosófica, não a situação de um enunciado específico como tal.

Existem (pelo menos) três conceitos diferentes e, como argumentarei, basicamente independentes de objetividade. Primeiro, há a objetividade ou subjetividade no que designarei de

---

[1]. O discurso filosófico a respeito da dicotomia objetivo-subjetivo provavelmente origina-se do racionalismo do século XVII. De modo interessante, porém, o uso cartesiano dessas noções era quase que o oposto do presente; para Descartes, a idéia de objetividade trazia conotações céticas, ao passo que o domínio subjetivo era associado com a verdade e a certeza. Ver suas *Meditations on First Philosophy* (1641), trad. para o inglês por L. J. Laflens (Bobbs Merril, 1960).

sentido *semântico*. Nesse sentido, os enunciados (ou talvez, mais precisamente, os atos de fala) são semanticamente objetivos ou subjetivos, independentemente de sua validade ou verdade. No segundo sentido, a dicotomia objetivo-subjetivo é uma questão de *verdade metafísica*. A questão da objetividade nesse sentido metafísico é uma questão a respeito do mundo, não a respeito do significado dos enunciados. Finalmente, há o que designarei de *objetividade lógica*: certa classe de enunciados é objetiva nesse sentido se faz sentido atribuir valores de verdade a enunciados dessa classe.

Antes de procedermos à elaboração desses três conceitos de objetividade, porém, é necessário um esclarecimento: não se deve supor que esses três conceitos têm a intenção de esgotar todos os usos vigentes de objetividade na linguagem comum. Por exemplo, "objetividade" muitas vezes é usado como sinônimo ou quase sinônimo de "imparcialidade". Muitas vezes é nesse sentido que se exige que juízes e árbitros sejam objetivos, ou que procuramos pela objetividade dos cientistas, ou seja, como uma busca de imparcialidade no pronunciamento de julgamentos. Este e talvez outros usos vigentes de objetividade não serão parte da análise oferecida abaixo[2].

## A objetividade semântica

O sentido semântico da dicotomia objetividade-subjetividade é basicamente uma caracterização de um dado tipo de discurso. *Grosso modo*, um enunciado é semanticamente obje-

---

2. Pode-se questionar se os três diferentes usos de objetividade descritos na discussão que se segue são três diferentes *conceitos* de objetividade ou apenas diferentes *concepções* de um conceito. Como não é inteiramente claro por que a discussão teria importância no presente contexto, permita-me suspender o julgamento dela, e peço ao leitor que faça o mesmo. Caso se suponha, porém, que as concepções de um dado conceito devem ser concepções antagônicas, então, é claro, as noções de objetividade descritas abaixo não podem ser condições de um único e mesmo conceito, simplesmente porque não são mutuamente exclusivas. Sou grato a Joseph Raz por chamar minha atenção para isso.

tivo se e apenas se for um enunciado *sobre um objeto*, e é um enunciado subjetivo se e apenas se tratar de um aspecto do próprio eu, isto é, sobre algum estado mental do sujeito que faz o enunciado. Assim, um enunciado é subjetivo nesse sentido semântico se for a expressão (ou se for equivalente em significado à expressão) dos gostos, desejos, percepções, etc. do falante[3]. E um enunciado é objetivo se tiver como seu sujeito gramatical um objeto no mundo que não, por assim dizer, o estado mental do falante[4]. Este, suponho, é o sentido mais simples (mas não inútil) da dicotomia objetivo-subjetivo. A característica mais importante desse sentido de objetividade é que ele é puramente uma questão do significado do ato de fala em questão, independentemente da verdade ou falsidade do enunciado. Mais precisamente, uma dada classe de enunciados pode ser objetiva no sentido semântico, mesmo que não haja nenhuma verdade material sobre os objetos descritos por esses enunciados (por exemplo, porque absolutamente não existem). E, vice-versa, uma classe de enunciados pode ser subjetiva no sentido semântico, mesmo que haja uma verdade material no significado desses enunciados. Como exemplo do primeiro, considere o discurso sobre Deus; as pessoas podem falar sobre Ele (ou Ela, conforme o caso) mesmo que não exista tal entidade. E vice-versa: muitos tipos de enunciado subjetivo podem ser facilmente concebidos como determinadamente verdadeiros ou falsos. Por exemplo, "Eu amo Sarah" é um enunciado semanticamente subjetivo, mas, é claro, pode ser verdadeiro (ou falso) de maneira bastante padrão.

Quer dizer, então, que todos os enunciados são semanticamente objetivos ou subjetivos? Não necessariamente: primei-

---

3. De maneira mais formal, talvez possamos dizer que um enunciado como "*x* é P", tal como proferido por *S*, é semanticamente subjetivo se significa que *x* induz em *S* certa reação ou sentimento, etc., que é publicamente reconhecido ou expresso como "P". Ver, por exemplo, Wiggins (1991*b*: 185).

4. Para os que negam que exista um conceito metafisicamente plausível do próprio eu, qualquer coisa como a subjetividade semântica teria de ser analisada em termos de uma teoria do erro: o discurso semanticamente subjetivo iria revelar-se um erro difundido.

ro, podem existir tipos de enunciado misto, que envolvem inextricavelmente elementos subjetivos e objetivos[5]. Segundo, podem existir enunciados que não são objetivos nem subjetivos no sentido semântico, simplesmente porque tais enunciados não aparecem no que se poderia chamar de discurso ou contexto proposicional (por exemplo, como um movimento em um jogo, ou como parte de uma saudação, etc.). Seja como for, o ponto importante é que existe um sentido de objetividade e subjetividade que só diz respeito à caracterização do discurso dado, independentemente de sua objetividade ou subjetividade em qualquer outro sentido.

Pode-se perguntar por que essa distinção entre enunciados objetivos e subjetivos teria algum interesse filosófico especial, já que se diz que a objetividade de um enunciado nesse sentido não é uma indicação de sua verdade. A resposta encontra-se na distinção entre os níveis superficiais e mais profundos da gramática. É bastante comum que filósofos afirmem em vários contextos que a aparência superficial da gramática é enganosa; frases que parecem semanticamente objetivas podem revelar-se semanticamente subjetivas (ou vice-versa) em um exame mais detalhado. Tomando um exemplo familiar, considere a teoria meta-ética que Richard Hare (1981: 76) denominou "subjetivismo antiquado". Essa visão sugere que os julgamentos morais – apesar das aparências em contrário – são efetivamente equivalentes em significado a relatos do sujeito sobre o seu estado psicológico (por exemplo, de reprovação do ato que está sendo julgado). Assim, o julgamento "o ato $x$ é cruel", que parecer ser semanticamente objetivo, ou seja, um enunciado sobre as propriedades de um ato $x$, torna-se, segundo o "subjetivismo antiquado", semanticamente subjetivo: é um enunciado sobre certo tipo de reação experimentada e relatada pelo

---

5. Um caso de tal tipo ocorre quando o enunciado é basicamente a respeito do sujeito que o afirma, mas envolve certos pressupostos objetivos que tornem o enunciado inteligível. Outros exemplos poderiam ser enunciados expressando uma relação entre o sujeito e um objeto externo como, por exemplo, o enunciado "Sou o melhor amigo de Sarah". Sou grato a Chaim Gans por chamar minha atenção para isso.

sujeito que o afirma. Se essa é uma postura meta-ética plausível (ou, na verdade, se algum filósofo já sustentou tal visão)[6] não interessa para nossos propósitos. O que importa, porém, é a relevância filosófica desse sentido semântico da dicotomia objetividade-subjetividade. O "subjetivismo antiquado", como postura semanticamente subjetivista quanto à análise adequada do significado de julgamentos éticos, é tudo, menos trivial. Se verdadeiro (e novamente, com certeza, não afirmo que seja), tornaria nossa compreensão do discurso ético radicalmente diferente do que normalmente consideramos ser. Na verdade, tão radicalmente diferente a ponto de torná-lo implausível; como Hare (1981: 77) acertadamente assinala, o "subjetivismo antiquado" não pode entender disputas e discussões éticas. (Mas falarei disso, mais tarde.)

Além disso, embora deseje reiterar que a objetividade semântica nunca é uma indicação da verdade de um enunciado, ela não obstante tem de fato uma relação com o *tipo* de condições de verdade adequadas para o enunciado em questão. Segundo o "subjetivismo antiquado", por exemplo, as condições de verdade de um julgamento ético devem sempre referir-se ao estado mental do sujeito que o afirma. Se, por outro lado, os julgamentos éticos são semanticamente objetivos (como parecem ser, segundo sua gramática superficial), o estado mental do sujeito que faz o enunciado em questão não seria um constituinte das condições de verdade do enunciado.

A objetividade semântica, então, é basicamente uma questão de gramática, não necessariamente da gramática superficial. Enunciados que parecem objetivos podem revelar-se subjetivos e vice-versa[7]. A importância desse sentido de objetivi-

---

6. É importante enfatizar que o chamado "subjetivismo antiquado" não deve ser confundido com motivismo. O segundo talvez seja uma descrição subjetivista do discurso ético, mas não segundo as diretrizes sugeridas por essa versão "antiquada" (Hare 1981: 77). O segundo é às vezes associado ao subjetivismo de David Hume a respeito do discurso ético, mas não é certo que essa associação faça justiça adequada a Hume (ver, por exemplo, Wiggins 1991*b*).

7. Como exemplo de enunciados que parecem subjetivos mas são, na verdade, semanticamente objetivos, considere enunciados como "Tenho de visitar Jones";

dade, porém, encontra-se principalmente no que ele não implica: ou seja, verdade ou validade. Não envolve nenhuma contradição afirmar que uma dada classe de enunciados é objetiva no sentido semântico e, ao mesmo tempo, sustentar que não há objetos do tipo supostamente descrito pela classe de enunciados em questão.

Além disso, as pessoas muitas vezes tendem a falar em termos semanticamente objetivos mesmo quando estão perfeitamente conscientes do fato de que o discurso não é objetivo em nenhum outro sentido. Certos elementos dos discurso estético podem ser justamente desse tipo. Muitas pessoas falam sobre beleza, por exemplo, como *se* ela fosse uma propriedade de objetos no mundo, a despeito do fato de que realmente não acreditam que seja esse o caso. O discurso estético, em outras palavras, para muitas pessoas, é um pouco como o discurso do ateu sobre Deus. Ora, esse tipo de discurso "como se", ou seja, que é formulado em termos objetivos apesar da suposição comum de que não existem objetos no mundo do tipo supostamente descrito por ele, não é tão desconcertante como parece ser à primeira vista. Muitos tipos de discurso têm uma base racional social ou psicológica e servem a funções sociais e culturais de maneiras que têm muito pouco a ver com verdade ou falsidade. Certo tipo de discurso pode servir a funções como fortalecer a coesão cultural ou a identificação institucional, e coisas semelhantes, independentemente da verdade ou da validade. Em outras palavras, não esperamos sempre que as pessoas acreditem nas verdades de seus enunciados mesmo que esses enunciados sejam formulados em termos semanticamente objetivos[8].

---

este não é um enunciado sobre o sujeito que o faz, mas sobre uma razão que se diz aplicar-se ao sujeito. Os enunciados a respeito de razões são semanticamente objetivos – o que é muito plausível.

8. Ver, por exemplo, Dan-Cohen (1989).

## A objetividade metafísica

A objetividade no sentido metafísico realmente implica verdade, e de maneira um tanto especial. *Grosso modo*, implica que há uma verdade material que consiste no fato de que há um objeto com propriedades que correspondem à sua descrição pelo enunciado em questão. Seria seguro supor que a maioria dos filósofos (e leigos) interessados na objetividade ou subjetividade de certo tipo de enunciados tem em mente o sentido metafísico de objetividade. Prevalecem, porém, dois tipos de confusão quanto à objetividade metafísica. A objetividade nesse sentido funde-se muitas vezes com o realismo (e o subjetivismo com o anti-realismo)[9]. Embora haja um vínculo estreito entre esses dois pares de conceitos filosóficos, eles não são idênticos. Segundo, a objetividade metafísica é muitas vezes confundida com o terceiro sentido de objetividade, o lógico, e essa confusão, argumentarei, é fonte de muitas controvérsias supérfluas.

A dicotomia objetividade-subjetividade metafísica deve ser definida em termos das relações entre tipos de enunciado e a existência das categorias adequadas de objetos. Um dado tipo de enunciado é objetivo no sentido metafísico se, e apenas se, existirem objetos do tipo supostamente descrito por esse tipo de enunciado, e uma classe de enunciados é subjetiva se nenhum objeto desse tipo existir no mundo. Assim, um dado enunciado é *objetivamente verdadeiro* no sentido metafísico se, e apenas se, existir um objeto no mundo com as propriedades a ele atribuídas pelo enunciado em questão, e é *objetivamente falso* se o objeto que supõe descrever não tem as propriedades a ele atribuídas pelo enunciado. Um enunciado não pode ser objetivamente verdadeiro nem falso, porém, se não houver objetos do tipo supostamente descrito pelo tipo de enunciado em questão. Assim, a postura subjetivista ou cética

---

9. Brink (1989: 5-10, 14-22), por exemplo, usa os termos "objetividade" e "realismo" na meta-ética quase como intercambiáveis. Ver também a contribuição de Coleman e Leiter para este volume, *infra*, cap. 7.

típica quanto à objetividade de um dado tipo de enunciado consiste na alegação de que os enunciados semanticamente objetivos revelam-se subjetivos no sentido metafísico. (Note que o par objetivo-subjetivo não é sempre simétrico; a subjetividade no sentido metafísico é simplesmente a negação da objetividade e, portanto, é meramente uma visão negativa. No sentido semântico, porém, a subjetividade é um tipo de oposto da objetividade, não sua negação.)

A definição de objetividade metafísica parece implicar dois pressupostos: primeiro, que os enunciados que podem ser metafisicamente objetivos só podem ser do tipo *descritivo*. Devem ser enunciados que supõem descrever objetos no mundo, e são objetivos se, e apenas se, existirem objetos do tipo a que se refere a descrição. Segundo, como indicado pela última frase, a objetividade metafísica parece supor a *teoria de correspondência da verdade* (pelo menos no que diz respeito ao tipo de enunciados sobre os quais se é objetivista). Ambos os pressupostos são indispensáveis. Começando pelo segundo, é fácil perceber que a objetividade metafísica supõe que um enunciado é objetivamente verdadeiro se, e apenas se, houver uma correspondência precisa entre o enunciado e o mundo. Por exemplo, a proposição "esta cadeira é preta" seria objetivamente verdadeira nesse sentido metafísico se, e apenas se, houver um objeto, ou seja, a cadeira a que se refere, e se ela for preta. Isso implica que a verdade do enunciado consiste nessa relação de "correspondência"? Basicamente, sim. Quaisquer que sejam as falhas na teoria de correspondência da verdade, deve-se supor algo como ela para que as frases sejam metafisicamente objetivas. Mesmo se tomamos a noção de "verdade" como simples ou primitiva, não-analisável em termos de outras noções como "correspondência", deve-se supor, em algum nível intuitivo, que um enunciado se torna objetivamente verdadeiro ou falso pela constituição da realidade. Se não faz sentido dizer que a verdade, de certa maneira, consiste na relação entre as frases e o mundo, a objetividade metafísica também não faz sentido.

A objetividade metafísica é compreendida mais facilmente no que diz respeito a proposições atribuindo um predicado e um sujeito[10]. Portanto, o pronunciamento de julgamentos avaliatórios pode ser sumetido à análise exigida pela objetividade metafísica apenas se os julgamentos avaliatórios em questão *professam descrever* alguns aspectos da realidade. Não é surpreendente, então, que o objetivismo na ética, para tomar um exemplo ilustre, seja comumente associado ao descritivismo[11]. Isso é correto, tanto quanto possível. É um erro, porém, supor que o objetivismo metafísico (tal como definido aqui) seja o único tipo de objetividade de interesse na ética. Mas falarei disso mais tarde.

Há uma sobreposição considerável entre o objetivismo metafísico e o realismo. O realismo, como o objetivismo, é visto como uma posição na questão metafísica, uma visão da maneira como nossos pensamentos e linguagem relacionam-se com o mundo. Como boa parte do debate corrente sobre o realismo foi iniciado por Michael Dummett, pode ser útil basear a discussão na sua formulação de realismo, que é a seguinte. "O princípio primário do realismo, tal como aplicado a uma dada classe de enunciados, é que cada enunciado nessa classe é determinado como verdadeiro ou não-verdadeiro, independentemente de nosso conhecimento, por alguma realidade objetiva cuja existência e constituição, novamente, são independentes do nosso conhecimento" (1981: 434).

Somos tentados a dizer que a diferença entre o realismo e o objetivismo é que o realismo é até "mais metafísico" que o objetivismo metafísico, se é que posso usar essa péssima expressão. É assim, já que o realismo presume a existência de uma realidade objetiva ontologicamente *independente* do nosso conhecimento. Por outro lado, é possível ser um objetivista a respeito de tipos de objeto que não cumprem essa condição

---

10. Com isso não pretendo tomar partido na controvérsia antiqüíssima (e um tanto obscura) sobre a questão de se a "existência" é um predicado genuíno ou não. Realmente pretendo, porém, incluir na definição de objetividade metafísica os enunciados que afirmam ou negam a existência de um objeto no mundo. Ou seja, enunciados do tipo $(\exists x)\,Ax$ ou $\sim(\exists x)\,Ax$.

11. Cf. Mackie (1977: 24); Hare (1981: 85).

de independência. O objetivismo, em outras palavras, não envolve, como faz o realismo, a possibilidade de verdades transcendentes à verificação no âmbito acerca do qual se é objetivista[12]. Por exemplo, a existência e a constituição de muitos tipos de objeto é uma questão de produção social ou cultural. Não há nenhum motivo para negar a possibilidade de objetivismo a respeito de tais objetos culturais. Há, na verdade, todo um leque de conceitos e classes de enunciados sobre os quais faria perfeito sentido sustentar uma postura anti-realista e objetivista. Considere, por exemplo, enunciados que descrevem: a taxa anual de inflação no Reino Unido, as regras do xadrez, o limite de velocidade para dirigir na Califórnia, as percepções comuns das cores, o significado comum de palavras em uma língua natural (?!?), e, digamos, o enredo básico de *Orgulho e preconceito*. Seria totalmente obscuro negar, creio, a aplicabilidade do objetivismo metafísico a todos esses tipos de enunciado e, sem dúvida, a muitos outros. Ainda assim, parece igualmente claro que o realismo (dummettiano) não se aplica ao caso. A referência a conceitos como inflação, xadrez, limite legal de velocidade, etc. não pode ser ontologicamente independente de nosso conhecimento e cultura. Além disso, pelo menos no que diz respeito a alguns desses exemplos, não se pode separar o significado do conceito de suas considerações de verificação. Nosso conceito de inflação, por exemplo, está intimamente ligado à maneira como os economistas pensam que se pode verificar a existência e a constituição de sua referência.

O objetivismo sobre uma dada classe de enunciados, então, não acarreta necessariamente o realismo a respeito dessa classe. Por outro lado, seria seguro presumir que o realismo

---

12. Cf. Wright (1993: 9-10). Notavelmente, a versão modificada de realismo de Putnam – que ele nomeia "realismo interno" (1983: p. xvii) – baseia-se em uma noção epistêmica de verdade e, portanto, não acarretaria a possibilidade também de verdades transcendentes à verificação. Na verdade, talvez haja algumas afinidades entre o que descrevo aqui como objetivismo metafísico e a versão modificada de realismo de Putnam, mas não posso assinalar as afinidades e diferenças aqui. Ver também a contribuição de Coleman e Leiter a este volume, *infra*, cap. 7.

realmente acarreta o objetivismo. Quando somos realistas a respeito de uma dada classe de enunciados, somos, *ipso facto*, objetivistas metafísicos a respeito dessa classe de enunciados. Finalmente, surge a questão de se é possível ser um objetivista mesmo no que diz respeito a entidades inexistentes. O objetivismo metafísico faria algum sentido no que diz respeito, por exemplo, a enunciados sobre personagens ficcionais ou mitológicos? À primeira vista, pode parecer que tudo depende da definição adequada da idéia de "objetos que existem no mundo" que estamos dispostos a admitir. Assim que admitimos o objetivismo (enquanto oposto ao realismo) a respeito de objetos culturais, diria o argumento, não há nenhuma razão para negar sua aplicação também a objetos inexistentes. (Talvez o exemplo de personagens ficcionais seja potencialmente enganoso. Não pretendo negar que podem ser objetos, é claro, *qua* personagens ficcionais. A estranheza diz respeito à referência efetiva a tais personagens, que, presumo, não existem de nenhuma maneira perceptível.) Ora, se isso fosse verdade sem ressalvas adicionais, demonstraria que o objetivismo metafísico quase descamba para o objetivismo semântico: se não há nenhum limite quanto aos tipos de objeto sobre os quais se pode ser um objetivista, isto é, no sentido metafísico, então, potencialmente, todo e cada enunciado que gramaticalmente diz respeito a um objeto também poderia ser objetivo no sentido metafísico. Isto é, os sentidos semântico e metafísico de objetivismo podem revelar-se quase equivalentes em extensão. Mas isso, penso, seria uma grave distorção. As distinções entre os vários sentidos de objetividade são basicamente uma questão de conveniência teórica; não creio que possa haver uma verdade material independente sobre essas classificações filosóficas. A partir de uma perspectiva teórica, porém, há uma razão muito boa para sustentar a distinção entre os sentidos semântico e metafísico de objetividade. Falando de modo geral, o primeiro é uma postura sobre a caracterização do discurso, ao passo que o segundo é uma caracterização do mundo. Em outras palavras, deve ser possível descrever várias formas de discurso no sentido semanticamente objetivo, mesmo que o discurso seja tal que o tipo pertinente de objetos não exista realmente e, portanto, não possa haver nenhuma verdade no que concerne às propriedades desses objetos. Tudo isso é apenas outra maneira de dizer que o objetivismo metafísico deve ser sempre acompanhado de uma noção bem-definida dos tipos de objeto que estamos dispostos a admitir e de suas condições de existência. Não há nenhum limite lógico aos tipos de objeto aos quais o objetivismo metafísico é aplicável, contanto que o objetivista possa tornar claro o que distinguiria objetos do tipo sobre o qual ele é subjetivista, e que existem, daqueles que não existem. Com certeza, a existência de objetos não precisa ser, necessariamente, a espácio-temporal; mas deve ser distinguível da inexistência. Do contrário, o objetivismo metafísico faria bem pouca diferença, de fato[13].

## A objetividade lógica

O objetivismo metafísico a respeito de uma dada classe de enunciados, como vimos, só é aplicável a enunciados do tipo descritivo. Um enunciado pode ser objetivamente verdadeiro (ou falso), nesse sentido, apenas se for ou puder ser reduzido a

---

13. Algumas das pessoas que leram um esboço deste ensaio disseram que eu deveria especificar o que quero dizer com "objetos" neste caso, e o que considero ser suas condições de existência. Não me convenci, porém, de que deveria tentar levar a cabo essa tarefa assustadora, e por duas razões principais. Primeiro, não é parte de meu projeto argumentar a favor da plausibilidade do objetivismo metafísico em nenhum campo específico, e não estou tentando dizer que isso pode ser feito, apenas que isso é o que muitos filósofos vêm tentando fazer, e que muitos outros vêm tentando refutar. Mais importante, porém, não penso que seja possível dizer algo suficientemente geral a respeito do tipo de objetos que se está disposto a admitir, e acerca de suas condições de existência, isto é, na abstração de domínios particulares. Os que argumentam, por exemplo, a respeito da objetividade dos valores e os que argumentam a favor da objetividade de entidades matemáticas não têm de basear seus argumentos nos mesmos fundamentos, embora ambos tentem substanciar uma espécie de objetivismo metafísico em seus respectivos domínios. Essa, na minha opinião, é uma lição modesta que poderíamos aprender com o fracasso do platonismo.

uma descrição de um objeto no mundo[14]. Alguns filósofos acreditam que apenas proposições descritivas podem ser verdadeiras ou falsas. Segundo essa visão, nada além do objetivismo metafísico a respeito de uma dada classe de enunciados admite valores de verdade para os enunciados nessa classe. Não precisa ser assim, porém. Igualmente respeitável é a postura filosófica que admite a validade ou verdade de enunciados que não são descritos (ou não são redutíveis a enunciados descritivos). O construtivismo de Kant (mas talvez não o construtivismo "kantiano" contemporâneo) na ética é um exemplo proeminente[15]. O prescritivismo de R. M. Hare pode ser outro. Segundo essas visões, e, sem dúvida, segundo muitas outras, os enunciados que não alegam descrever nada podem, ainda assim, ser verdadeiros ou falsos, válidos ou inválidos. Isso indica que há, pelo menos, um espaço lógico para um terceiro tipo de objetivismo, que não exigiria necessariamente o descritivismo. O objetivismo lógico, como designarei essa visão, sustenta que uma dada classe de enunciados é objetiva se, e apenas se, todo e cada enunciado nessa classe tiver um determinado valor de verdade[16]. Conseqüentemente, o subjetivismo lógico é a negação desse acima e, portanto, equivale a uma das formas mais comuns de ceticismo sobre a classe de enunciados em questão. O subjetivista lógico nega a possibilidade de atribuir valores de verdade aos enunciados do tipo sobre o qual ele ou ela é subjetivista.

O objetivismo lógico tem afinidades muito próximas com o cognitivismo (particularmente na meta-ética); assim, antes de continuar, talvez devesse esclarecer algumas das diferenças (outras ficarão claras, espero, à medida que prosseguirmos). O

---

14. Isso pode incluir, como observamos, o próprio estado mental do sujeito.
15. Sobre as diferenças entre o construtivismo de Kant e o construtivismo kantiano contemporâneo, ver O'Neill (1989: cap. 11).
16. Surge aqui uma questão muito difícil, a saber, se o conceito da objetividade lógica deve ou não supor a regra do meio excluído e o princípio da bivalência. Tendo a pensar que o objetivismo, em oposição ao realismo, não exige necessariamente um compromisso com a bivalência, mas essa é uma questão complicada que não posso discutir aqui.

cognitivismo é uma doutrina complexa e normalmente envolve uma posição de duas etapas. Primeiramente, é uma visão sobre a possibilidade de alcançar o conhecimento no âmbito a respeito do qual somos cognitivistas. Se somos cognitivistas a respeito da moralidade, por exemplo, sustentamos que os julgamentos morais pretendem representar o conhecimento moral, e que essa aspiração é, pelo menos às vezes, atingível e garantida (Wiggins 1991*a*: 62). A segunda etapa envolve a noção de verdade. Espera-se que o cognitivista sustente que podemos vir a conhecer aquele *p*, porque *p* é verdadeiro (ou mais precisamente, talvez, podemos vir a conhecer aquele *p* se, e apenas se, pudermos vir a crer naquele *p* porque *p* é verdadeiro). Ora, é nessa segunda etapa que o cognitivismo e o objetivismo lógico mais ou menos convergem, isto é, contanto que a explicação cognitivista para a possibilidade de atingir o conhecimento seja baseada na disponibilidade da verdade (o que não é necessariamente o caso)[17]. Em outras palavras, o objetivismo lógico é um componente-padrão (mas, novamente, não necessário) do cognitivismo[18].

Não é necessário supor que a dicotomia lógica objetividade-subjetividade só é aplicável a enunciados não-descritivos (como se pode pensar que sugerem alguns dos exemplos mencionados acima). Isso se tornará evidente assim que examinarmos mais detalhadamente as relações entre os sentidos lógico

---

17. O intuicionismo na matemática pode muito bem ser uma tal exceção, mas é difícil generalizar no caso, já que o intuicionismo pode ser compreendido como abraçando uma noção construtiva de "verdade", que, segundo certas interpretações, pode muito bem ser compatível com o objetivismo lógico. Ver, por exemplo, Putnam (1983: 20); Dummett (1981: 66).

18. É possível concluir, então, que o objetivismo lógico implica o cognitivismo? A relação de implicação pareceria ser de decorrência direta, já que a possibilidade de verdade quanto a um dado domínio permitiria naturalmente também a possibilidade de conhecimento. Não decorre, porém, se alguém for um realista (no sentido dummettano) quanto a um dado domínio e um verificacionista quanto ao conhecimento. O realismo, é desnecessário dizer, implica o objetivismo lógico. Mas também implica, como vimos acima, a possibilidade de verdades que transcendem a verificação, e, portanto, muito curiosamente, o realismo poderia minar efetivamente a possibilidade do cognitivismo em certas áreas.

e metafísico da objetividade. Essas relações são um tanto complexas. Basicamente, o objetivismo metafísico a respeito de uma dada classe de enunciados implica o objetivismo lógico a respeito dessa classe, mas não vice-versa. A relação de implicação é bem clara. Alguém que sustenta que uma dada classe de enunciados pode ser objetivamente verdadeira ou falsa no sentido metafísico, *ipso facto*, deve também sustentar que se podem atribuir valores de verdade determinados aos enunciados nessa classe. Note que uma relação paralela de implicação é válida entre o subjetivismo lógico e o subjetivismo metafísico: se alguém nega a possibilidade do objetivismo lógico a respeito de uma dada classe de enunciados, deve também negar a possibilidade do objetivismo metafísico a respeito dessa classe, e pelo mesmo motivo. Ora, o ponto importante é que o inverso não é válido – o objetivismo lógico não implica o objetivismo metafísico – mesmo no que diz respeito a enunciados do tipo descritivo. Em outras palavras, há classes de enunciado sobre os quais é possível subscrever as três teses seguintes:

1. Os enunciados da classe A são semanticamente descritivos: pretendem descrever objetos do tipo $x$.
2. Os objetos do tipo $x$ não existem no mundo.
3. Todo e cada enunciado (bem formado) na classe A tem um valor de verdade determinado.

Como é possível, então, sustentar essas três teses sobre um dado tipo de enunciado? Que tipo de discurso poderia ajustar-se a tal caracterização? É preciso admitir que seria muito difícil pensar em exemplos incontrovertidos. Há um exemplo trivial e por isso, talvez, não muito interessante: sempre é possível simplesmente *construir* um jogo de linguagem artificial ou, na verdade, apenas um jogo, que preencha as condições mencionadas acima. Mas, novamente, tais exemplos não demonstrariam grande coisa[19]. Assim, considere a análise de nosso dis-

---

19. Outro exemplo fácil, mas talvez mais interessante, seria o exemplo de teoria da verdade de coerência. Para os que sustentam que o conceito de verdade consiste na relação de coerência, todos os enunciados podem ser objetivos apenas

curso que descreve eventos mentais segundo os que acreditam em algo como o materialismo do Estado centralizado. Segundo tal concepção reducionista do mental para o físico, os eventos mentais como tais, ou seja, como formando uma categoria ontológica separada, não existem realmente. Quando descrevemos um evento mental ou um processo mental, nossa descrição é de objetos (isto é, do tipo mental) que não existem realmente. Não obstante, o materialismo do Estado centralizado não precisa negar a possibilidade de atribuir valores de verdade a enunciados que descrevem eventos e processos mentais. Pelo contrário: como se supõe que todo e cada enunciado sobre a esfera mental é redutível a enunciados a respeito do físico, se alguém for um objetivista lógico quanto ao físico deverá também admitir o objetivismo lógico quanto à classe reduzida, isto é, quanto à esfera mental. É justamente isso, na verdade, o que se quer dizer com a possibilidade da redução completa. Assim, longe de negar a objetividade lógica de enunciados mentais, o materialismo do Estado centralizado a reforça, apesar de sua franca negação da objetividade metafísica da esfera mental[20].

Para tomar outro exemplo, considere a tradicional análise empirista de conceitos como a causalidade. Hume, por exemplo, presumivelmente não pretendia negar a possibilidade de verdade e falsidade a respeito de relações causais; o que ele pretendia negar era a objetividade metafísica de tais relações. Assim, pelo menos segundo uma interpretação bastante padrão de Hume, podemos dizer que ele defendia o subjetivismo metafísico – sem negar a possibilidade do objetivismo lógico – a respeito do conceito de causalidade. Então, por essa interpretação, Hume subscreveria todas as três condições mencionadas acima: (1) enunciados sobre relações causais são semanticamente descritivos; (2) tais enunciados sobre relações causais

---

no sentido lógico, mas não no metafísico. A questão quanto a se uma teoria do conhecimento de coerência admite a objetividade no sentido metafísico é muito difícil e envolve questões intricadas que não posso discutir aqui. Ver Davidson 1986.

20. Cf. a discussão de Dummett da distinção entre o realismo ingênuo e o refinado (1981: 448). Ver também Marmor (1992: 88-9).

descrevem objetos de certo tipo que não existem, como tais, no mundo; e (3) podem-se atribuir valores de verdade determinados a enunciados sobre relações causais.

Com certeza, não se deve compreender aqui nada que recomende uma teoria específica sobre o estado mental ou sobre a análise humeana da causalidade. Esses exemplos têm a intenção de ilustrar uma proposição bastante limitada, ou seja, que existe uma noção filosoficamente útil de objetividade lógica que não acarreta necessariamente a objetividade metafísica. Se estiver certo, isso nos permitirá perceber que há duas formas distintas de ceticismo que se podem sustentar quanto à objetividade de um dado tipo de discurso. Além disso, com muita freqüência, essas duas formas de ceticismo não são bem distinguidas quer por seus defensores, quer por seus inimigos. Elas consistem na negação, respectivamente, do objetivismo metafísico e do objetivismo lógico. O que geralmente não se nota é o fato de que a negação do primeiro não acarreta também o repúdio do segundo. No domínio da interpretação, essa confusão é de importância considerável. Antes de chegarmos à interpretação, porém, pode ser útil demonstrar isso por meio de um exemplo bem conhecido de ceticismo quanto à objetividade na ética.

## O erro na teoria do erro de Mackie

Em seu famoso livro *Ethics, Inventing Right and Wrong* (1977), John Mackie propõe-se a estabelecer o subjetivismo moral. Seu argumento no capítulo 1, chamado "A teoria do erro na meta-ética", diz basicamente o seguinte: o discurso ético, Mackie admite, é, de modo geral, semanticamente objetivo. A linguagem comum da moral inclui, de maneira muito penetrante, uma pretensão de objetividade: a suposição "de que existem valores objetivos"(35), isto é, no sentido metafisicamente objetivo. Mas essa pretensão de objetividade, Mackie argumenta, baseia-se em um erro factual/metafísico. Formulado de maneira simples, não há objetos no universo do tipo alegadamente descrito pelo discurso ético. Portanto, conclui ele, independentemente da gramática superficial do discurso ético (ou, mais precisamente, apesar dela), devemos adotar o ceticismo inequívoco a respeito de sua condição objetiva.

Mackie propõe dois argumentos bem conhecidos a favor de sua afirmação crucial de que o discurso ético baseia-se em um erro metafísico: o argumento da relatividade e o argumento da estranheza. O primeiro é inteiramente inconclusivo, mesmo na própria descrição de Mackie. Baseia-se na asserção (basicamente correta) de que o objetivismo moral exigiria atribuir uma quantidade muito considerável de erro moral a culturas e comunidades inteiras (1977: 36). Assim é, já que os códigos morais de diferentes culturas variam amplamente, e visões morais difundidas encontram-se em desacordo mútuo. O único problema para Mackie, porém, é que suas próprias conclusões metaéticas também exigem que se atribuia uma quantidade considerável de erro à maioria de nós. Ou seja, um erro metaético. A pretensão de objetividade, inerente ao discurso moral, revela-se, na própria descrição de Mackie, um erro. Assim, ou a moralidade é objetiva, caso em que culturas e comunidades inteiras são responsáveis por erros éticos, ou então a moralidade não é objetiva, caso em que culturas inteiras são responsáveis por um difundido erro meta-ético. Por que deveríamos preferir a atribuição de um tipo de erro a outro permanece inexplicado[21].

---

21. Não há nenhuma razão especial para supor que em geral estamos mais dispostos a aceitar a possibilidade de erros amplamente difundidos que são metateóricos em comparação com erros substantivos. No domínio da ciência, por exemplo, o contrário é verdadeiro: temos muito mais segurança sobre nossas concepções de "como proceder" ao fazer ciência do que sobre as teorias científicas substantivas que agora consideramos verdadeiras. Nada disso prova, é claro, que o argumento de Mackie é completamente equivocado, mas apenas que é absolutamente incompleto. O que é necessário, acima de tudo, é uma descrição cuidadosa e detalhada dos vários tipos de discordância moral e uma descrição da possibilidade de mudança moral (ao longo do tempo e das culturas). Apenas quando tivermos tal descrição, poderemos começar a avaliar a força do argumento da relatividade de Mackie. (Ver, por exemplo, Wiggins 1991*a*: 75-78.)

Seja como for, o argumento da estranheza é muito mais elucidativo para nossos propósitos. Afirma que, "se existissem valores objetivos, então seriam entidades ou qualidades ou relações de um tipo muito estranho, inteiramente diferentes de qualquer outra coisa no universo" (1977: 38). Essa estranheza das entidades ou qualidades morais, Mackie sustenta, é suficiente para lançar uma séria dúvida sobre a plausibilidade do objetivismo na ética. Sem dúvida, esse argumento está longe de ser completo e, como Mackie prontamente admite (39), há muito mais a ser demonstrado antes que se possam extrair as conclusões céticas que ele deseja extrair (por exemplo, por que o mesmo argumento da estranheza não pode ser aplicado a muitos outros conceitos, tais como números, identidade, solidez e assim por diante). Não obstante, um ponto importante parece ter escapado a Mackie no que diz respeito à possível amplitude de seu argumento: o argumento da estranheza pode demonstrar, no máximo, a implausibilidade do objetivismo *metafísico*. Não faz diferença para os que subscrevem o objetivismo lógico na ética. Em outras palavras, o argumento da estranheza tem efeito apenas contra os que concebem a objetividade na ética como consistindo em uma realidade moral objetiva "lá fora, no universo", por assim dizer. O objetivismo lógico permanece intacto. Portanto, Mackie pode ter estabelecido apenas uma das duas formas possíveis de ceticismo a respeito da moralidade, ou seja, sobre o objetivismo metafísico; o ceticismo quanto à possibilidade de atribuir valores de verdade a enunciados morais (isto é, quanto ao objetivismo lógico) simplesmente não pode decorrer de seu argumento.

A conclusão de que o argumento de Mackie estabelece, na melhor das hipóteses, apenas o subjetivismo metafísico é de importância considerável para a avaliação da teoria do erro na meta-ética. É assim principalmente porque as formas mais respeitáveis de objetivismo na ética esquivaram-se longamente do tipo metafísico[22]. Como vimos anteriormente, o objetivismo

---

22. O presente renascimento do realismo metafísico na ética (por exemplo, Brink 1989) pode lançar uma séria dúvida quanto à exatidão desse enunciado, já

metafísico só é aplicável ao discurso ético se pudermos entendê-lo em termos de enunciados descritivos. Ainda assim, o descritivismo na ética é extremamente problemático, para dizer o mínimo. Nada na teoria de Mackie pode abalar a convicção do não-descritivista na ética quanto à objetividade do discurso moral, já que se deve presumir que esta é, de qualquer modo, do tipo lógico[23].

É desnecessário dizer que não tentei estabelecer a plausibilidade do objetivismo lógico na ética nem em qualquer outro campo. Se alguém pode ou não entender o discurso moral como logicamente objetivo, continua sendo uma questão aberta, que não tentarei solucionar aqui. Meu propósito foi muito mais limitado; tentei ilustrar a importância da distinção entre esses três tipos de objetivismo. Na parte seguinte deste ensaio, buscarei solucionar alguns dos problemas referentes à objetividade da interpretação valendo-me dessas distinções.

## Parte II: A objetividade na interpretação

A objetividade no domínio da interpretação de obras de arte é quase universalmente desacreditada. Na sua manifestação popular, o subjetivismo associado à interpretação é muitas vezes manifestado por observações do tipo "é apenas a sua interpretação", ou algo assim, como se o rótulo "interpretação" equivalesse a subjetivismo. Esse ceticismo popular ecoa bastante também na literatura filosófica. As origens filosóficas desse ceticismo não são difíceis de descobrir. A maioria

---

que seria natural supor que o realismo pressupõe o descritivismo. Se isso é verdade (e não estou afirmando que é), então, talvez devêssemos considerá-lo como mais uma razão para nos alinharmos com os anti-realistas na ética, particularmente se aceitarmos a posição de Wiggins (como aceito), de que o anti-realismo é compatível com o cognitivismo moral. Ver Wiggins (1991a: 64).

23. Há indicações claras de que Mackie pretendeu que seus argumentos tivessem uma significação maior do que efetivamente têm. Por exemplo, ele achou que havia repudiado também o tipo de objetividade suposto por Kant (1977: 29); contudo, a ética kantiana não pode ser considerada uma espécie de descritivismo.

baseia-se em observações sensatas, mas as conclusões extraídas delas nem sempre são formuladas com cuidado. Falando de modo geral, tentarei demonstrar que a interpretação de obras de arte é tipicamente objetiva no sentido semântico; raramente objetiva, e apenas de maneira secundária, no sentido metafísico; e, sob certas condições, é muitas vezes objetiva no sentido lógico.

Pode ser útil, então, observar mais detalhadamente algumas das principais fontes do subjetivismo na interpretação, seguindo os três conceitos de objetividade distinguidos na Parte I.

## A interpretação e o subjetivismo semântico

A idéia de que interpretações de obras de arte são tipicamente subjetivas no sentido semântico é amplamente compartilhada, embora, é preciso admitir, mais por leigos do que por filósofos e críticos de arte. O primeiro ponto a notar aqui é que as pessoas são levadas à conclusão de que os enunciados interpretativos são tipicamente subjetivos no sentido semântico não por causa, mas apesar, da gramática superficial de tais enunciados. A maioria das interpretações de obras de arte não é apresentada pelo intérprete como um relato de seu estado mental; raramente, se é que alguma vez, um intérprete apresentaria a interpretação apenas como uma reação subjetiva ao objeto interpretado. Preferências subjetivas por certos aspectos de obras de arte, bem como as reações a eles, fazem perfeito sentido como expressões de gosto pessoal, sendo na verdade bastante comuns como tais. As interpretações, porém, raramente são apresentadas como expressões de gosto pessoal. Por que a suposição contrária, então? Por que é tão tentador sugerir que a gramática superficial é enganosa nesse caso?

O problema fica maior quando recordamos que a descrição subjetivista do discurso interpretativo tem um alto custo: torna inteiramente irracional o fenômeno de uma disputa ou discussão sobre a interpretação de uma obra de arte. Afinal, se enunciados interpretativos são semanticamente subjetivos, ou seja, relatos de impressões pessoais, não há absolutamente nenhum sentido em discutir a seu respeito. Mais precisamente, se o discurso interpretativo é semanticamente subjetivo, duas pessoas com visões diferentes da interpretação adequada de uma obra de arte nunca poderiam estar em real desacordo entre si; cada uma estaria simplesmente afirmando que tem certa postura, sentimento, ou seja o que for, e esses argumentos seriam sempre mutuamente compatíveis[24].

Sem dúvida, o fracasso em separar os sentidos semântico e metafísico da objetividade pode explicar, pelo menos, parte da tendência para descrever o discurso interpretativo em termos subjetivistas. Como a maioria dos comentaristas inclina-se a negar a possibilidade da objetividade no sentido metafísico (e com justiça, como argumentarei), eles supõem que, apesar da gramática superficial, os enunciados interpretativos são equivalentes em significado aos enunciados sobre o estado mental do sujeito. Mas essa manobra é inteiramente desnecessária, como foi argumentado longamente nas seções anteriores.

Existe, talvez, outra fonte para essa confusão, que se baseia em um ponto mais sensato. Muitas vezes se supõe, e corretamente creio eu, que a interpretação envolve uma noção um tanto especial de tolerância epistêmica. Um aspecto importante dessa tolerância é captado pela idéia de que, sempre que existe uma interpretação de uma obra de arte, deve também haver outras que não coincidem necessariamente com ela. Como diz Joseph Raz, "a própria idéia de interpretação implica a possibilidade de mais de uma interpretação, de várias interpretações boas ou aceitáveis"[25]. Essa é uma observação crucialmente importante e teremos de explicá-la com certo detalhe. Qualquer descrição da interpretação deve explicar essa sua característica paradoxal, a saber, que as interpretações admitem, por um lado, pluralidade e discordância e, por outro lado, atri-

---

24. Cf. Hare 1981: 77. Wiggins (1991b: 185 ss.) fez uma tentativa interessante de superar essa e outras dificuldades relacionadas, articulando uma versão mais refinada de subjetivismo, que afirma o relativismo e o cognitivismo. Uma avaliação das visões de Wiggins, porém, excede o âmbito deste ensaio.

25. Ver a contribuição de Raz para este volume, *supra*, cap. 5.

buições de bom ou ruim, certo e errado, e similares. Tentarei oferecer pelo menos uma explicação parcial disso na última seção. Por enquanto, é suficiente dizer que nada nessa tolerância epistêmica exige a caracterização do discurso interpretativo em termos semanticamente subjetivistas. Pelo contrário, os enunciados interpretativos não poderiam, de modo algum, ser bons ou ruins, aceitáveis ou inaceitáveis, se o subjetivismo semântico atribuído a eles fosse verdadeiro. As interpretações somente podem ser mensuráveis e sujeitas a apreciações e controvérsias inteligíveis se forem, de modo geral, objetivas (pelo menos) no sentido semântico.

Finalmente, há uma distinção importante entre a interpretação de uma obra de arte e a sua descrição, que poderia explicar a tendência de descrever a primeira em termos semanticamente subjetivistas. Mais uma vez, a conclusão subjetivista é injustificada, mas a confusão origina-se de uma observação sensata. Gramaticalmente, de modo geral, os enunciados interpretativos são descritivos; pretendem descrever certos aspectos da obra interpretada. Mas, nesse caso, devemos ter muito cuidado para não sermos enganados pela aparência superficial da gramática. Um enunciado que descreve um aspecto de uma obra de arte nunca é, por si, uma interpretação da obra em questão. A segunda sempre envolve, explícita ou implicitamente, julgamentos avaliatórios de vários tipos que oferecem à parte descritiva da interpretação sua significação particular. Quando essa significação avaliatória está ausente, ou talvez quando nos escapa, a descrição não é apreendida como uma interpretação da obra de arte. Dizer, por exemplo, que "o *American Gothic* é uma imagem de um homem e sua filha" é parte de uma interpretação do quadro apenas se for, de certo modo, significativo, ou importante, conhecer essa informação. Quando essa significação está ausente, como quando alguém nos informa que a extensão de um romance é de quinhentas páginas, a descrição em questão não é entendida como interpretativa[26]. É desneces-

---

26. É possível, naturalmente, que a extensão de um romance fosse relevante e significativa.

sário dizer que, muitas vezes, a mesma informação pode ser significativa em uma estrutura interpretativa e insignificante em outra. Não existe nenhuma linha rígida que se possa traçar aqui entre as descrições que são partes de interpretações e as que não são. O ponto importante, porém, é que os enunciados descritivos a respeito de uma obra de arte são sempre subordinados a uma estrutura maior da explicação interpretativa, e essa estrutura deve incluir julgamentos avaliatórios a respeito da significação das descrições oferecidas[27].

Não fornecemos ao subjetivista, porém, a arma de que ele precisa. O subjetivismo semântico decorreria das considerações mencionadas acima se, mas apenas se, também pudesse ser demonstrado que o tipo de julgamentos avaliatórios pertinentes à interpretação de obras de arte é, de modo geral, semanticamente subjetivo. Mas isso, é claro, não decorre das afirmações anteriores. Os julgamentos avaliatórios que oferecem a significação e relevância das partes descritivas de uma dada interpretação não precisam ser semanticamente subjetivos. Pelo contrário, como já observamos, o discurso interpretativo não faria muito sentido se fosse baseado em termos semanticamente subjetivistas. As pessoas só podem ter um debate ou discordância genuínos e inteligentes se seus julgamentos não tiverem a intenção de refletir apenas as preferências de gosto, por assim dizer; não é suficiente que estejam falando sobre um mesmo e único objeto se a primeira condição não for satisfeita. Se digo, por exemplo, que gosto deste quadro e você diz que não gosta, não resta muito sobre o que discutir, já que ambos os enunciados são mutuamente compatíveis. Podemos, é claro, tentar influenciar os gostos pessoais um do outro, mas normalmente não se consegue isso por meio de um argumento interpretativo. Às vezes, uma mudança no gosto pessoal ou na preferência de outra pessoa é uma conquista adicional (e, tal-

---

27. Cf. Dworkin (1986: 59-61) e Marmor (1992: 38). Desnecessário dizer que as avaliações sem absolutamente nenhum elemento descritivo normalmente também não são consideradas interpretações. Dizer algo como "este é um romance maravilhoso" não equivale a uma interpretação do romance.

vez, bem-vinda) de uma boa interpretação; mas, de modo geral, esse não é o objetivo principal das interpretações.

Como observação final sobre o subjetivismo semântico, deve-se ter em mente que estamos falando de generalizações que nem sempre são válidas. Minha asserção é que, de modo geral, não se pode presumir que o discurso interpretativo baseia-se em termos semanticamente subjetivistas. Isso não exclui a possibilidade de que às vezes se baseie. Interpretações impressionistas, por assim dizer, também fazem sentido como tais[28]. Mas, novamente, o importante é que elas não podem ser características do discurso; não apresentam o paradigma de interpretação de uma obra de arte.

**A interpretação e o subjetivismo metafísico**

Há muitas linhas de pensamento que professam repudiar a possibilidade do objetivismo metafísico no domínio da interpretação artística. A maioria delas, argumentarei, são basicamente sensatas. Permita-me começar, porém, com um tipo predominante de argumento que é erroneamente concebido, já que confunde subjetivismo com anti-realismo. O argumento em consideração seria basicamente o seguinte:

A interpretação de obras de arte é, paradigmaticamente, a interpretação de produtos culturais. As obras de arte, como objetos que existem no mundo, existem apenas como tais entidades culturais. Nenhum intérprete está interessado, por exemplo, no *Davi* de Michelangelo como um pedaço de mármore *qua* objeto físico; o objeto da interpretação é a estátua. Há um sentido claro, porém, em que é possível negar a realidade dessa estátua, ou seja, como um objeto cujas propriedades são independentes de nossas percepções, convenções, cultura, etc. Como um objeto que é totalmente independente de nosso conhecimento e cultura, o *Davi* de Michelangelo existe apenas como

---

28. Quando digo "interpretações impressionistas" refiro-me às que equivalem basicamente a uma articulação dos gostos, impressões pessoais, etc.

um pedaço de mármore. Ora, pode-se admitir isto sem muita dificuldade. A questão simples a respeito de sua significação, porém, é que ela apenas demonstra, na melhor das hipóteses, o repúdio do realismo tal como aplicado à elaboração da interpretação de obras de arte. Isto é, não se pode ser realista quanto à interpretação de obras de arte, já que não se pode supor que tais enunciados interpretativos tornam-se verdadeiros ou falsos por meio de alguma realidade objetiva cuja existência e constituição são independentes de nosso conhecimento. Mas, como observamos anteriormente, a negação do realismo a respeito de uma dada classe de enunciados não equivale necessariamente à negação do objetivismo, mesmo no sentido metafísico, quanto àquela classe de enunciados. O objetivismo sem o realismo, como vimos, faz total sentido.

Essa distinção entre o objetivismo metafísico e o realismo, porém, não resgata o primeiro; há outras considerações que apóiam o subjetivismo metafísico tal como aplicado à intepretação de obras de arte. Algo como o argumento da estranheza de Mackie poderia ser uma delas. Note que há uma distinção entre um argumento semelhante ao de Mackie, referente à estranheza da existência de objetos alegadamente descritos por interpretações de obras de arte, e o argumento anti-realista criticado acima. O segundo vale-se da natureza cultural dos objetos de arte. Isso, como já vimos, não é suficiente para lançar dúvida sobre a possível objetividade da interpretação. O argumento da estranheza, porém, visa demonstrar que as entidades, ou qualidades, ou caracteres, etc. alegadamente descritos por interpretações típicas de obras de arte absolutamente não existem; são entidades estranhas, por assim dizer. Em outras palavras, o argumento da estranheza negaria que as características das obras de arte cumprem alguma condição razoável de existência. É um tanto duvidoso se essa é ou não uma linha de pensamento plausível, mas, de qualquer modo, não tentarei desenvolvê-la. Oferecerei em seu lugar uma linha de pensamento diferente, valendo-me da idéia de que o objetivismo metafísico pressupõe o descritivismo. Em outras palavras, tentarei demonstrar que a objetividade metafísica a respeito das interpretações de obras de arte torna-se implausível, pois um relato descritivista da interpretação é equivocado. Há duas explicações predominantes da interpretação de obras de arte que são basicamente descritivas e, portanto, apóiam potencialmente a postura objetivista. A mais familiar é a doutrina da intenção autoral[29]. *Grosso modo*, ela sustenta que uma interpretação de uma obra de arte deveria esforçar-se para recuperar as intenções do autor no que diz respeito à obra que ele criou, e a interpretação é bem-sucedida – e objetiva – se, e apenas se, conseguir fazê-lo. Observe que não é necessário sustentar essa doutrina intencionalista *tout court* para os propósitos de nossa discussão: para demonstrar a *possibilidade* do objetivismo metafísico na interpretação é suficiente demonstrar que em certos casos (mas numa quantidade não-insignificante) a doutrina intencionalista é válida. Afinal, ninguém tem de afirmar que as interpretações de obras de arte são sempre objetivas. O segundo tipo de interpretação que parece descritivo no sentido exigido é a interpretação histórica. A interpretação de uma obra de arte às vezes descreve o modo como a obra foi concebida, apreciada, etc., pela cultura na qual foi criada ou por culturas posteriores em que desempenhou certo papel. Em outras palavras, as interpretações históricas são descrições da significação cultural da obra em questão e, portanto, são basicamente descritivas.

Nenhuma dessas duas explicações, porém, é suficiente para demonstrar a possibilidade do objetivismo metafísico como um aspecto significativo da interpretação de obras de arte. A falácia do intencionalismo é mais prontamente visível. É inteiramente correto, é claro, sustentar que se uma interpretação de uma obra de arte consiste na descrição das intenções de seus autores tal interpretação é objetiva no sentido metafísico (isso, é claro, contanto que faça sentido sustentar uma posição objetivista quanto ao tipo relevante de estados mentais); será objeti-

---

29. Notavelmente, o famoso ensaio de Hirsch (1967) defendendo o intencionalismo foi explicitamente motivado pelo objetivo de assegurar a objetividade da interpretação.

vamente verdadeira se a descrição corresponder às intenções que o autor tinha, e objetivamente falsa se não corresponder. Mas a questão é que uma interpretação nunca pode ser inteiramente descritiva nesse sentido, mesmo que o concentre nas intenções do autor e mesmo que isso faça perfeito sentido. Em outras palavras, uma descrição da intenção do autor não constitui por si uma interpretação da obra que criou. Há sempre a suposição implícita de que as intenções do autor são relevantes, importantes ou significativas para nossa compreensão da obra em questão. Mesmo os intencionalistas mais dedicados não acham que praticamente qualquer fato a respeito do estado mental do autor tem influência na interpretação de sua obra. O fato de que o autor teve uma dor de cabeça terrível ou foi incomodado por problemas domésticos pode ou não ter tal influência sobre o significado de sua obra, dependendo de muitas considerações, *inter alia*, avaliatórias. De modo similar, o fato de que o autor pretendeu que seus leitores compreendessem os motivos de um dos personagens de seu romance, digamos, de maneira sinistra pode ou não lançar luz sobre o significado de sua obra. Se o faz ou não, porém, isso não pode ser determinado por um exame mais detalhado de suas intenções. Primeiro, porque simplesmente pode não haver nada a descobrir (o que, muitas vezes, é o caso), mas, principalmente, porque seria absurdo supor que os autores são intérpretes infalíveis de suas próprias obras de arte. Não me deterei nesse ponto, já que é bem conhecido e raramente contestado. Sua significação, porém, precisa ser formulada. O importante é que, mesmo que certos aspectos de uma interpretação de uma obra de arte admitam a objetividade metafísica (por exemplo, a descrição do estado mental do autor), tais aspectos estão sempre *subordinados* a outros aspectos, mais avaliatórios, da interpretação em questão. Portanto, é simplesmente enganoso dizer que *a* interpretação é (metafisicamente) objetiva; apenas um aspecto dela, cuja significação sempre deve ser determinada sobre fundamentos não-descritivos, pode ser objetivo no sentido exigido.

Com certeza, não estive supondo que os julgamentos avaliatórios, como tais, não podem ser objetivos no sentido metafísico. O argumento apresentado aqui limita-se a demonstrar que a referência às intenções do autor, mesmo quando plausíveis, não torna, *por si*, a interpretação objetiva. O objetivista deve também demonstrar que os julgamentos avaliatórios que fundamentam a significação das intenções do autor são metafisicamente objetivos[30]. Mas esta, imagino, é uma tarefa desencorajadora.

Ora, considerações similares, mas não idênticas, aplicam-se às interpretações históricas. Tais interpretações variam bastante; algumas estão próximas das descrições inequívocas, outras são mais bem descritas como interpretações críticas colocadas contra um cenário histórico. A plausibilidade da objetividade metafísica depende, nesse caso, da sua plausibilidade no domínio das explicações históricas, geralmente. A segunda envolve questões intricadas que não podem ser discutidas aqui. Basta enfatizar um ponto, ou seja, que quanto mais uma interpretação é descritiva, menos é uma interpretação, por assim dizer. A história cultural da arte é o que professa ser, ou seja, história; e quanto mais o é, menos pode ser considerada como uma interpretação de uma obra de arte. O fato de não existir nenhuma linha rígida entre a história da arte e a sua interpretação não deve obscurecer as diferenças funcionais e conceituais entre as duas. Há uma diferença conceitual clara entre uma interpretação histórica, que tenta basicamente descrever como uma dada obra de arte foi compreendida *por outros*, e uma interpretação crítica que pretende sugerir como a obra deveria ser compreendida. Deve-se admitir prontamente que, na medida em que se pode ser objetivista a respeito da interpretação da compreensão dos outros acerca de uma obra de arte, a objetividade é aplicável a interpretações históricas. Nada decorre disso quanto à postura objetiva das interpretações críticas.

Mais uma vez, talvez seja útil enfatizar o âmbito limitado dos argumentos apresentados nesta seção. Não tentei negar nenhum possível papel aos enunciados metafisicamente objeti-

---

30. Cf. Barnes (1988: cap. 4).

vos no domínio da interpretação de obras de arte. Como vimos, certos aspectos da interpretação podem ser objetivos nesse sentido. O que permanece duvidoso, porém, é a suposição de que o objetivismo metafísico pode ser considerado um paradigma, ou um aspecto significativo, da interpretação de obras de arte.

## A interpretação e o subjetivismo lógico

Talvez não deva reclamar se o leitor ficou com a impressão de que estou simplificando em excesso as controvérsias sobre a objetividade da interpretação no domínio da arte. Essa impressão, porém, é prematura. A maior parte das controvérsias genuínas quanto à possibilidade do objetivismo nesse campo deve ser vista como referindo-se à possibilidade do objetivismo no sentido lógico. E, nesse caso, penso que devemos enfrentar um problema muito desconcertante, que diz respeito ao que chamei de tolerância epistêmica das interpretações de obras de arte. Reiterando, o problema é este: por um lado, devemos explicar o fato de que as interpretações admitem pluralidade – a própria idéia da interpretação de uma obra de arte implica a possibilidade de outras interpretações da mesma obra que sejam potencialmente incompatíveis com ela. Por outro lado, devemos também explicar o fato de que as interpretações de obras de arte podem ser boas ou ruins, interessantes ou tolas, certas ou erradas, etc. Naturalmente, se alguém abraça o subjetivismo lógico quanto a avaliações de interpretações em termos de certo ou errado, bom ou ruim, não resta muito do problema. Tal abordagem cética das interpretações de obras de arte simplesmente reforçaria a sua pluralidade. Se qualquer coisa vale na interpretação, por assim dizer, não é de admirar que devemos ser "tolerantes" no que diz respeito a interpretações conflitantes da mesma obra. Na verdade, para a maioria dos céticos é justamente essa pluralidade de interpretações que os leva a suas conclusões subjetivistas. Mas essa manobra, argumentarei, é injustificada. Em outras palavras, tentarei demonstrar que podemos explicar a tolerância epistêmica das interpretações de obras de arte sem nos esquivarmos à possibilidade de serem elas objetivas no sentido lógico. Esta é, sobretudo, uma pretensão moderada; não provaria a correção do objetivismo lógico tal como aplicado a interpretações de obras de arte, já que poderia haver outras razões para negá-lo, além dessa (isto é, o argumento da pluralidade). Mas, pelo menos, poderia demonstrar que uma fonte prevalecente do subjetivismo é infundada.

Considere esta questão: é possível que o objetivismo lógico seja compatível com o relativismo? Se a resposta for, basicamente, sim, como argumentarei agora, então temos a chave para solucionar nosso problema. Em resumo, a idéia é esta: as interpretações admitem pluralidade, tolerância epistêmica, principalmente porque se baseiam em estruturas de referência diferentes, por assim dizer; são sempre relativas a certo esquema – ou "mito", como Margolis (1980: cap. 7) o chamou –, e esses diferentes esquemas não precisam ser compatíveis entre si. Se for possível demonstrar, porém, que esse relativismo inerente à interpretação das obras de arte é compatível com o objetivismo lógico, o problema da tolerância epistêmica será solucionado. Vamos agora considerá-lo passo a passo.

As interpretações de obras de arte normalmente operam a partir de certo esquema, seja ele explícito ou apenas implícito. A intenção autoral, o contexto histórico, a psicologia freudiana, a religião católica, a teoria política marxista e a crítica feminista são alguns exemplos familiares de tais perspectivas ou esquemas que orientam as interpretações de obras de arte. Além disso, como vimos acima, o fato de haver tal perspectiva subjacente à interpretação é essencial para distinguir uma interpretação de uma obra de arte da mera descrição, por um lado, e de expressões de gostos e impressões pessoais, por outro. Ora, a pluralidade de interpretações no sentido relativista é assegurada não meramente por essa pluralidade de possíveis esquemas, mas, principalmente, pelo fato de que não se pode conferir a nenhum deles uma condição privilegiada. Ou, pelo menos, isso é o que o subjetivista supõe, e não precisamos discutir essa suposição. Além disso, a aceitabilidade da interpretação de uma obra de arte raramente é afetada pela verdade ou falsidade do esquema sobre o qual se baseia. Uma interpretação da *Comédia* de Dante, por exemplo, não poderia ser afetada pela verdade ou falsidade do catolicismo[31]. Ora, essas três proposições – ou seja, que as interpretações são tipicamente guiadas por certo esquema, que não se pode conferir a nenhum desses esquemas uma condição privilegiada, e que a verdade ou falsidade desses esquemas normalmente não afeta a aceitabilidade das interpretações que neles se baseiam – estabelecem uma posição relativista razoavelmente forte.

A única questão que precisamos perguntar, porém, é se essa característica de relativismo das interpretações de obras de arte é compatível com a objetividade lógica. A resposta aparentemente seria a seguinte: contanto que se possa sustentar uma postura objetivista quanto ao esquema de referência, deve-se também admitir a objetividade quanto às interpretações baseadas nele. Assim, por exemplo, contanto que se possa supor que certos tipos de enunciado a respeito, por exemplo, do catolicismo são objetivos no sentido lógico, deve-se admitir que o mesmo é verdadeiro a respeito de enunciados interpretativos referentes à *Comédia* de Dante que sejam baseados no esquema católico. Por exemplo, se há uma verdade na questão quanto ao significado de certo símbolo segundo o catolicismo, também pode haver uma verdade no que concerne ao significado desse símbolo na obra de Dante, se ela for interpretada a partir da perspectiva do esquema católico. Pode não haver uma verdade na questão relativa à escolha do esquema adequado, mas isso não prejudica a objetividade lógica, tal como oposta à metafísica, da interpretação específica oferecida. A partir da perspectiva católica, pode-se facilmente incorrer em erro quanto ao significado de certo símbolo na obra de Dante, e não há nenhuma razão para negar que isso seria um erro, objetiva-

---

31. Observe que há possíveis exceções: as interpretações psicanalíticas, e talvez até mesmo as marxistas, não são totalmente indiferentes às verdades científicas dessas teorias.

mente falando, mesmo que não fosse um erro esforçar-nos para interpretar a *Comédia* de Dante segundo um esquema totalmente diferente.

Deve-se conceder, porém, que as interpretações admitem pluralidade e incompatibilidade até em um único e mesmo esquema. Por exemplo, a partir da perspectiva da psicanálise pode ser controvertido se o caráter de Hamlet é mais bem descrito em termos de um complexo de Édipo ou não. Mas essa pluralidade interna de interpretações pode ser explicada da seguinte maneira: muitas vezes, as interpretações de obras de arte que se originam de certo esquema são, concomitantemente, interpretações tanto da obra em questão como de certos aspectos do próprio esquema. Uma interpretação psicanalítica de *Hamlet* pode ser uma interpretação da peça e de certos aspectos da teoria psicanalítica. Se a interpretação do esquema admite objetividade lógica ou metafísica, obviamente, depende da natureza do esquema específico e da natureza da controvérsia específica.

Falando de modo geral, então, a objetividade lógica não está necessariamente em conflito com o relativismo. Ainda assim, há uma importante condição que deve ser levada em conta aqui: devemos traçar uma distinção entre reivindicações interpretativas modestas e abrangentes. Uma reivindicação interpretativa é *modesta* se não reivindica a verdade (isto é, em termos de exclusividade, ou de alguma outra forma de posição privilegiada) para a escolha de seu esquema subjacente, mas apenas para a verdade da interpretação a partir da perspectiva do esquema escolhido; e a reivindicação interpretativa é *abrangente* se reivindica verdade também para a escolha do esquema. Obviamente, então, o relativismo não seria compatível com a objetividade lógica se as interpretações de obras de arte fossem tipicamente do tipo abrangente. Não creio que sejam, porém. A tolerância epistêmica é tão amplamente reconhecida nesse campo, justamente porque é característica das interpretações de obras de arte não serem abrangentes. Afinal, a arte é basicamente um produto cultural, e é razoável supor que há tantas maneiras de interpretar obras de arte quanto há esquemas imaginativos incorporados em nossas culturas[32]. Em outras palavras, intérpretes e críticos de arte normalmente supõem que não há nenhuma verdade na matéria referente à escolha do esquema adequado à interpretação de uma obra de arte. Observe que é a reivindicação da *verdade* da escolha do esquema subjacente que está sendo negada aqui, não a sua relevância ou importância relativa a partir de um ponto de vista cultural (ou de outro ponto de vista teórico). Podemos compreender perfeitamente, por exemplo, por que o esquema católico é mais adequado à obra de Dante que à de Shakespeare. Mas essa adequação, por assim dizer, é uma questão de significação cultural, não de verdade e falsidade.

O fato de que as interpretações de obras de arte são tipicamente do tipo modesto pode servir para ilustrar uma proposição bastante evidente, ou seja, que a objetividade é apenas um aspecto da apreciação de interpretações de obras de arte e, provavelmente, não o mais importante. A interpretação no Direito, por exemplo, só pode ser inteligível se reivindica ser abrangente. Se a interpretação jurídica pode ser objetiva no sentido metafísico ou no lógico é uma questão difícil, que pede um ensaio próprio.

### Referências

BARNES, A. (1988). *On Interpretation* (Oxford: Blackwell).
BRINK, D. (1989). *Moral Realism and the Foundations of Ethics* (Cambridge: Cambridge University Press).
DAN-COHEN, M. (1989). "Law, Community, and Communication", *Duke Law Journal*, 1654-76.
DAVIDSON, D. (1986). "A Coherence Theory of Truth and Knowlegde", em Le Pore (org.), *Truth and Interpretation: Perspectives on the Philosophy of Donald Davidson* (Oxford: Blackwell).

---

32. O modelo construtivo de interpretação de Dworkin pressupõe, penso, que as interpretações são tipicamente abrangentes. Do contrário, seria muito difícil compreender sua insistência na acessibilidade geral da "melhor" interpretação. Ver Dworkin (1986), principalmente cap. 2, e cf. Marmor (1992: 51-57).

DUMMET, M. (1981). *The Interpretation of Frege's Philosophy* (Londres: Duckworth).

DWORKIN, R. (1986). *Law's Empire* (Londres: Fontana Press).

HARE, R. M. (1981). *Moral Thinking* (Oxford: Clarendon Press).

HIRSCH, E. D. H. (1967). *Validity in Interpretation* (New Haven, Conn.: Yale University Press).

MACKIE, J. L. (1977). *Ethics, Inventing Right and Wrong* (Nova York: Penguin Books).

MARGOLIS, J. (1980). *Art and Philosophy* (Brighton: Harvester Press).

MARMOR, A. (1992). *Interpretation and Legal Theory* (Oxford: Clarendon Press).

O'NEILL, O. (1989). *Constructions of Reason* (Cambridge: Cambridge University Press).

PUTNAM, H. (1983). *Realism and Reason* (Cambridge: Cambridge University Press).

WIGGINS, D. (1991*a*). "Moral Cognitivism, Moral Relativism and Motivating Moral Beliefs", *Proceedings of the Aristotelian Society* (outono), 61-85.

—— (1991*b*). *Needs, Values, Truth,* 2ª ed. (Oxford: Blackwell).

WRIGHT, C. (1986, 1993). *Meaning, Realism, and Truth,* 2ª ed. (Oxford: Blackwell).

Capítulo 7
# *Determinação, objetividade e autoridade*
Jules L. Coleman e Brian Leiter

**Introdução**

Desde a década de 1970 a doutrina jurídica analítica tem sofrido ataques do que veio a ser conhecido como o movimento de Estudos Jurídicos Críticos (CLS)*. Juntaram-se aos CLS nesse ataque os proponentes da Jurisprudência Feminista e, mais recentemente, os proponentes da Teoria Racial Crítica. Quando as linhas de batalha são traçadas dessa maneira, a importância das distinções entre o Direito Natural e as tradições positivistas perde-se facilmente. Seja o que for que distingue Hart de Dworkin, e ambos de Lon Fuller, tem muito pouca importância,

---

   Versões anteriores deste artigo foram apresentadas na Conferência sobre Interpretação de Tel Aviv, onde se beneficiaram de excelentes comentários de Andrei Marmor, Joseph Raz, Jeremy Waldron e Michael Moore, e na Universidade de Oxford, onde se beneficiaram de mais comentários de Raz e Waldron, de um esplêndido comentário de Howard Chang e de críticas conscienciosas de Ruth Chang, Wil Woluchow, John Finnis, John Gardner, Carl Wellman e Liam Murphy. O artigo também foi melhorado como resultado de conversas com Peter Railton, Larry Alexander, Chris Kutz, Scott Shapiro e Jack Balkin.
   Este artigo é parte de uma série de dissertações dos autores sobre a objetividade no Direito. Alguns da série serão de autoria conjunta, outros não. O leitor deve encaminhar-se a Leiter, *infra*, notas 20, 29, 60, 113, e ao artigo não-publicado (em poder do autor) de Jules Coleman, "Razão, objetividade e autoridade" (em andamento) para discussões relacionadas com os materiais contidos neste artigo. No trabalho seguinte, em co-autoria, planejamos abordar a questão de se os fatos jurídicos são mínima ou moderadamente objetivos. Ver Coleman e Leiter, *infra*, n. 154.

   * Mantivemos as iniciais da denominação em inglês de Critical Legal Studies – CLS. (N. do T.)

a partir desse ponto de vista, em comparação com o que (pelo menos teoricamente) os une, e isso, segundo seus críticos, é um compromisso com os ideais do "liberalismo jurídico".

Se "The Player and the Cards: Nihilism and Legal Theory"[1], de Joseph Singer, é representativo da crítica do CLS, o compromisso do liberalismo visa a que o Direito seja determinado, objetivo e neutro. Segundo o CLS, o problema com o liberalismo é que nenhum desses ideais prevalece na prática jurídica. O Direito não é determinado, objetivo nem neutro[2].

---

1. Joseph W. Singer, "The Player and the Cards: Nihilism and Legal Theory", 94 *Yale LJ* 1 (1984).

2. Os teóricos raciais críticos foram especialmente críticos quanto à reivindicação de objetividade do Direito. Ver, por exemplo, Derrick Bell e Preeta Bansal, "The Republican Revival and Racial Politics", 97 *Yale LJ* 1609, 1611 (1988) (observando que muitos estudiosos identificaram a postura "objetiva" como distintamente branca e masculina); John O. Calmore, "Critical Race Theory, Archie Shepp, and Fire Music: Securing an Authentic Intellectual Life in a Multicultural World", 65 *S. Cal. L. Rev.* 2129, 2162 n. 107 (1992) ("A Teoria Racial Crítica desmascara certos temas que dominam a corrente principal da exposição jurídica, tais como igualdade formal, oportunidade individualizada, neutralidade, objetividade, irrelevância da cor e meritocracia."); Anthony E. Cook, "Beyond Critical Legal Studies: The Reconstructive Theology of Dr. Martin Luther King, Jr.", 103, *Harv. L. Rev.*, 985, 992 (1990) (mencionando "valores refutados de neutralidade e objetividade"); Kimberle W. Crenshaw, "Race, Reform, and Retrenchment: Transformation and Legitimation in Antidiscrimination Law", 101 *Harv. L. Rev.* 1331, 1341 (1988) (questionando as expectativas de Thomas Sowell de que finalmente identificará alguma versão determinada, claramente discernível do Direito); Richard Delgado, "The Inward Turn in Outsider Jurisprudence", 34 *Wm. & Mary L. Rev.* 741, 748 (1993) (refletindo sobre a observação de que "o feminismo e a Teoria Racial Crítica são definidos por um compromisso com os interesses das pessoas de cor e mulheres, pela rejeição da abstração e da "objetividade" imparcial); *id.*, "Shadowboxing: An Essay on Power", 77 *Cornell L. Rev.*, 813, 814 (1992) (argumentando que partes poderosas preferem padrões "objetivos" a "subjetivos"); *id.*, "Storytelling for Oppositionists and Others: A Plea for Narrative", 87 *Mich. L. Rev.* 2411, 2441 (1989) ("Sugerir que respostas objetivas, corretas podem ser dadas a questões jurídicas... obscurece os juízos de valor morais e políticos que se encontram no âmago de qualquer investigação jurídica."); Patricia J. Williams, "Alchemical Notes: Reconstructing Ideals from Deconstructed Rights", 22 *Harv. CR-CL L. Rev.* 401, 404 (1987) (especulando que o discurso dos direitos pode revelar-se "contraditório, indeterminado, reificado e marginalmente decisivo"). Ver, porém, Mari J. Matsuda, "Pragmatism Modified and the False Consciousness Problem", 63 *S. Cal. L. Rev.* 1763, 1769 (1990) (notando "a contradição entre a crí-

Embora o liberalismo seja às vezes associado à neutralidade no que diz respeito a concepções alternativas do bem[3] e, menos freqüentemente, a formas do diálogo neutro[4], a condição de neutralidade como característica que define o liberalismo é bastante contestável – mesmo entre liberais[5]. O liberalismo é uma filosofia política construída sobre a premissa de que as autoridades muitas vezes governam diante de *uma pluralidade* de concepções do bem. A autoridade legítima deve respeitar e mostrar-se sensível ao pluralismo, e, embora uma das formas de fazer isso seja manter-se neutra entre concepções divergentes do bem, essa não é a única maneira de fazê-lo nem a maneira exclusivamente liberal. Deixemos de lado, então, a questão de se as instituições jurídicas são adequadamente neutras e focalizemos a afirmação de que a autoridade jurídica pressupõe ou requer que os resultados das disputas jurídicas sejam determinados e que os fatos jurídicos aos quais se referem as opiniões judiciais sejam objetivos.

Identificamo-nos com muitas das preocupações substantivas que adeptos dos CLS, do Feminismo e da Teoria Racial Crítica expressaram a respeito de *práticas* jurídicas existentes. Temos dois problemas com a crítica predominante, porém. Primeiro, e de importância mais imediata, os argumentos contra a determinação e a objetividade são infundados. Segundo, a crítica predominante muitas vezes compreende erroneamente a natureza do argumento filosófico e a maneira como as teorias fi-

---

tica da objetividade e a crítica da injustiça presente... bem conhecida dos... adeptos da Teoria Racial Crítica"); simpósio, "Minority Critiques of the Critical Legal Studies Movement", 22 *Harv. CR-CL L. Rev.* 297 (1987); Veronica Gentilli, comentário "A Double Challenge for Critical Race Scholars: The Moral Context", 65 *S. Cal. L. Rev.*, 2361, 2366 (1992) (argumentando que a Teoria Racial Crítica está, no fim das contas, comprometida com uma forma de realismo moral).

3. Ver, por exemplo, Ronald Dworkin, *Taking Rights Seriously* (p. xiv 1977) Londres: Duckworth, John Rawls, *A Theory of Justice* (Oxford: Oxford University Press, 1972), 136-42.

4. Ver Bruce A. Ackerman, *Social Justice in the Liberal State* (New Haven, Conn.: Yale University Press, 1980), 357-9.

5. Ver Joseph Raz, *The Morality of Freedom* (Oxford: Clarendon Press, 1986), 113-4.

losóficas influem na nossa compreensão e avaliação da prática jurídica e na própria prática jurídica. Parece ser essencial à crítica que problemas substantivos com regimes jurídicos liberais sejam problemas na "filosofia do liberalismo" ou, então, que estejam ligados à "filosofia liberal", pois a prática e a filosofia liberais são, de algum modo, inseparáveis[6]. Assim, alguns críticos sugeriram que o problema com o liberalismo (e, por exemplo, por que ele é um inimigo das mulheres) é seu compromisso com a abstração e a teoria da verdade como correspondência[7]. Outros afirmaram que o problema é o essencialismo[8]. A confusão mais comum é a identificação da teoria liberal com o fun-

---

6. Ironicamente, as mesmas visões que estamos preocupados em rejeitar aqui gozaram de certa voga na Alemanha, nas últimas etapas da primeira onda do hegelianismo, nas décadas de 1830 e 1840. Na verdade, tais visões foram satirizadas por Marx e Engels em 1845-46. Ver Karl Marx e Frederick Engels, "The German Ideology: Part I", em *The Marx-Engels Reader*, org. Robert C. Tucker, 2.ª ed. (Nova York: W. W. Nortan, 1978), 146. É uma característica curiosa da história intelectual dos Estudos Jurídicos Críticos o fato de terem ressuscitado – aparentemente sem consciência disso – os próprios temas críticos neo-hegelianos que foram ridicularizados por Marx e Engels há mais um século. Para discussão adicional, ver *infra*, n. 12.

7. Ver, por exemplo, Ann C. Scales, "The Emergence of Feminist Jurisprudence: An Essay", 95 *Yale LJ* 1373, 1377 (1986) ("A base filosófica da abordagem [liberal] é a 'universalidade abstrata'... Subjacente a essa abordagem está a teoria da verdade como correspondência...").

8. Ver, por exemplo, Marie Ashe, "Inventing Choreographies: Feminism and Deconstruction", 90 *Colum. L. Rev.* 1123, 1132 (1990) [resenhando Zillah Eisenstein, *The Female Body and the Law* (Berkeley: University of California Press, 1988), que critica o "erro essencialista" de MacKinnon]; Drucilla Cornell, "Sexual Difference, the Feminine, and Equivalency: A Critique of MacKinnon's Toward a Feminist Theory of the State", 100 *Yale LJ* 2247, 2264 (1991) (afirmando que MacKinnon "continua a ser um tipo específico de essencialista"); Angela P. Harris, "Race and Essentialism in Feminist Legal Theory", 42 *Stan. L. Rev.* 581, 591 (1990) (sustentando que, "apesar de sua força, a teoria da dominação de MacKinnon peca por seu essencialismo"); Allan C. Hutchinson, "Inessentially Speaking (Is There Politics After Postmodernism?)", 89 *Mich. L. Rev.* 1549, 1560 (1991) [resenhando Martha Minow, *Making All the Difference* (Ithaca, NY: Cornell University Press, 1990) e observando "tendências essencialistas" da "epistemologia do ponto de vista" de MacKinnon]; Catherine A. MacKinnon, "From Practice to Theory, or What is a White Woman Anyway?", 4 *Yale JL & Feminism*, 13, 18-22 (1991) (respondendo a críticas de essencialismo de gênero); Jeanne L. Schroeder, "Abduction From the Seraglio: Feminist Methodologies and the Logic of Imagination", 70 *Tex. L. Rev.* 109, 193 (1991) (acusando MacKinnon de "com-

damentalismo epistemológico[9]. Então, citando Rorty, Kuhn e Wittgenstein como se estivessem citando a fundamentação de uma decisão unânime da Corte Suprema, os críticos satisfazem-se em rejeitar com uma só tacada o fundamentalismo, a possibilidade da epistemologia objetiva e o liberalismo.

O fundamentalismo, porém, é apenas uma das muitas epistemologias possíveis da opinião justificada e não a epistemologia preferida atualmente[10]. A teoria da verdade pela correspondência é simplesmente uma das muitas descrições possíveis da natureza da verdade e razoavelmente controvertida[11]. A pró-

---

preensão essencialista externa da natureza feminina"); Jeanne L. Schroeder, "Feminism Historicized: Medieval Misogynist Stereotypes in Contemporary Feminist Jurisprudence", 75 *Iowa L. Rev.* 1135, 1149 n. 33 (1990) (concordando com Robin West em que "parece haver laivo subjacente e não admitido de essencialismo ao longo do trabalho de MacKinnon").

9. Ver Steven L. Winter, "Bull Durham and the Uses of Theory", 42 *Stan. L. Rev.* 639 (1990) (criticando as negativas antifundacionalistas de um conceito de teoria); *id*., "Transcendental Nonsense, Metaphoric Reasoning, and the Cognitive Stakes for Law", 137 *U. Pa. L. Rev.* 1105 (1989).

10. Existiram pelo menos duas tradições fundamentalistas diferentes na epistemologia: o fundamentalismo cartesiano e o empirismo lógico. O fundamentalismo (*grosso modo*) é a visão de que as crenças, em última análise, somente são justificadas se repousam em crenças que, elas próprias, não são justificadas pelo recurso a outras crenças. Compreendido estritamente, o fundamentalismo é associado à visão de que as crenças que não são justificadas por outras crenças são indubitáveis ou então certas. Na tradição cartesiana da fundação está a convicção de que "penso, logo existo". Na tradição empirista lógica, as convicções últimas são normalmente associadas a relatos da experiência sensorial, por exemplo, "Parece que estou virando ecologista". Nenhuma das formas mais estritas de fundamentalismo tem sido adotada em filosofia desde a publicação, na década de 1950, de "Two Dogmas of Empiricism", de W. V. O. Quine ([em *From a Logical Point of View*, 3ª ed. (Cambridge, Mass.: Harvard University Press, 1980), 20]; ver também Wilfred Sellars, "Empiricism and the Philosophy of the Mind", em *Science, Perception and Reality* (Londres, Routledge & Kegan Paul, 1963), 127-56. Richard Rorty popularizou esses temas quineanos e sellarsianos em *Philosophy and the Mirror of Nature* (Princeton University Press, 1980), 170-209.

11. Ver, por exemplo, Donald Davidson, "A Coherence Theory of Truth and Knowledge", em *Truth and Interpretation: Perspectives on the Philosophy of Donald Davidson*, org. Ernest LePore (Oxford: Basil Blackwell, 1986), 307, 307-10 (dando preferência à teoria da verdade por coerência à teoria da verdade por correspondência); *id*., "The Structure and Content of Truth", 87 *J. Phil.* 279, 301-5 (1990) (o mesmo).

pria verdade não pode ser a inimiga. Observações como essas cometem um sério erro de compreensão quanto à filosofia e suas relações com a teoria e a prática jurídicas. Pior, pensar que algo de substância depende de teses metafísicas, epistemológicas ou de outras teses filosóficas pode muito bem ser contraproducente para os objetivos desejáveis de corrigir males substantivos e melhorar a vida das pessoas[12].

Expressões como "liberalismo jurídico" introduziram-se na doutrina jurídica moderna, mas fazem pouco para esclarecer as questões subjacentes. Não existe uma "filosofia liberal", isto é, uma filosofia abrangente que inclua, entre outras coisas, uma metafísica, uma epistemologia, uma filosofia da linguagem, uma metaética e uma ética normativa distintas. Alguns liberais são realistas metafísicos, outros são anti-realistas. Alguns são coerentistas epistêmicos, outros são externalistas. Alguns são deontologistas éticos, outros são conseqüencialistas. E assim por diante.

O mesmo se pode dizer da doutrina jurídica liberal. Nenhum teórico analítico do Direito – nem Dworkin, nem Hart, nem Fuller, nem Raz, nem ninguém – jamais se referiu a sua *doutrina* como "liberal". E isso apesar do fato de Dworkin, Hart

---

12. Esse ponto foi muito bem colocado há uns 150 anos por dois autores cujas credenciais na esquerda política são, imagino, ainda impecáveis: "Como [aqui, os adeptos dos Estudos Jurídicos Críticos] consideram concepções, pensamentos, idéias, na verdade todos os produtos da consciência... como as reais cadeias dos homens... é evidente que [os adeptos dos Estudos Jurídicos Críticos] têm de lutar apenas contra essas ilusões da consciência. Já que, segundo sua fantasia, as relações dos homens, todos os seus atos, suas cadeias e suas limitações são produto da sua consciência, [eles] impõem ao homem o postulado de trocar sua presente consciência pela consciência humana, crítica ou egoísta e, assim, de remover suas limitações. Essa exigência de modificar a consciência equivale a uma exigência de interpretar a realidade de outro modo, isto é, de reconhecê-la por meio de outra interpretação... Esquecem, porém, que a essas expressões [que constituem a antiga interpretação] eles próprios estão apenas opondo outras expressões e que não estão, de maneira nenhuma, combatendo o mundo existente real ao meramente combater as expressões existentes." Marx e Engels, *supra*, n. 6, em 149. Há emendas evidentes no texto acima. Não pretendemos sugerir que essa passagem se aplica a todos os escritos associados aos movimentos CLS. Ainda assim, é notavelmente adequada no que diz respeito à parte da obra mais conhecida do CLS.

e Raz estarem entre as figuras mais importantes do liberalismo político da segunda metade deste século.

Faremos duas coisas neste ensaio. Primeiro, iremos considerar e rejeitar certos argumentos a respeito da determinação e da objetividade. Segundo, recolocaremos o debate na trilha certa erradicando muitas combinações obscuras de idéias e conceitos. Seria um erro, porém, interpretar que estamos interessados principalmente em responder aos críticos do liberalismo. Portanto, em vez de argumentar que os críticos do liberalismo fracassaram ao tentar demonstrar que a filosofia política liberal está comprometida com a determinação jurídica, perguntaremos se algum dos compromissos profundos do liberalismo exige que os resultados das disputas jurídicas sejam determinados. Ao fazê-lo, esperamos dizer algo novo sobre o que constitui a determinação, bem como sobre sua relação com a previsibilidade, a estabilidade e a possibilidade do governo democrático. Similarmente, em vez de argumentar que seus críticos não conseguiram estabelecer o compromisso do liberalismo com a objetividade, argumentaremos que o liberalismo está comprometido com a objetividade e que nossa compreensão comum da prática judicial pressupõe uma forma de objetividade metafísica no que diz respeito aos fatos jurídicos. Ao comprovar essas afirmações, distinguimos entre vários sentidos de objetividade, introduzimos uma nova concepção dela e defendemos sua coerência e plausibilidade enquanto descrição do tipo de objetividade pressuposto por nossas práticas jurídicas.

Compreendidas dessa maneira, as críticas ao liberalismo apresentadas pelos CLS, da Teoria Racial Crítica e do Feminismo (entre outros) serão empregadas em boa parte como ponto de partida para uma discussão mais ampla da determinação e da objetividade em sua relação com a teoria política liberal e a legitimidade da autoridade jurídica.

Começamos por traçar algumas distinções simples, mas importantes. Inicialmente, há instituições políticas e jurídicas, por um lado, e há teorias filosóficas, analíticas e normativas sobre essas instituições, por outro lado. No que diz respeito às teorias filosóficas, podemos distinguir as analíticas e as normativas. As teorias analíticas oferecem descrições de práticas humanas, particularmente de seus compromissos teóricos e conceituais[13]. A afirmação de que as teorias filosóficas são descrições de práticas humanas poderia sugerir que elas são em grande parte *descritivas*, que a filosofia é realmente um ramo da sociologia, que a metafísica, ou a filosofia da ciência, parece mesmo uma sociologia da ciência, que a epistemologia é realmente a sociologia do conhecimento, e assim por diante.

Explanações filosóficas não são meras descrições, porém. São concepções ou caracterizações argumentadoras de suas práticas e de conceitos centrais. Oferecem *análises*, não relatos[14]. São imagens de nossas práticas, janelas pelas quais vemos as práticas de fazer e defender julgamentos morais, de realizar a investigação científica, de fazer e sustentar afirmações sobre o conhecimento, etc.

Nem todas as teorias filosóficas buscam explicar ou oferecer uma compreensão dos compromissos conceituais e teóricos das práticas humanas. Algumas são *normativas*. Em vez de elucidar os compromissos conceituais ou teóricos de nossas práticas, as teorias normativas especificam as condições sob as quais certas práticas e instituições poderiam ser *justificadas* ou defendidas. Embora as teorias analíticas e normativas sejam diferentes em seus propósitos, nem sempre estão separadas. Como o seguinte exemplo ilustra, certas teorias analíticas têm dimensões normativas.

---

13. Os problemas de uma teoria filosófica não constituem motivo para rejeitar a prática que ela tem o objetivo de esclarecer. Do mesmo modo, a indesejabilidade moral de prática não é uma razão para rejeitar a melhor descrição filosófica dela.

14. Um relato pressupõe um objeto bem definido ou compreendido. Isso não é verdadeiro em todas as descrições filosóficas, especialmente as metafísicas, que são, elas próprias, descrições dos objetos da compreensão. Uma descrição filosófica, além disso, ilumina uma prática a partir de um ponto de vista, à luz de certos interesses ou objetivos. Além disso, argumentos em favor de um tipo de descrição filosófica, digamos, uma teoria metafísica, podem indicar quão bem essa se ajusta a descrições filosóficas de outras práticas, digamos, a descrições mais consolidadas de nossas práticas linguísticas e epistêmicas. Muitas das considerações que sustentam uma descrição filosófica têm pouco a ver com a exatidão da descrição, o que não seria o caso se as teorias filosóficas fossem basicamente relatos.

Uma filosofia da linguagem oferece uma descrição dos compromissos conceituais e teóricos de nossas práticas lingüísticas, cujo aspecto central é a atribuição de significado. Como parte da prática de atribuir significado a palavras e frases, pretendemos que o significado da palavra ou da frase sirva para *limitar* os usos que se podem dar à palavra ou à frase. O limite lingüístico é um conceito normativo; assim, a análise do significado será parcialmente normativa, especificando as condições do uso *justificável* de palavras ou frases. Dessa maneira, uma descrição do significado que se concentrasse inteiramente na história do uso de um termo fracassaria por não poder explicar em que sentido o significado tinha como objetivo não meramente descrever a prática costumeira, mas limitar o uso futuro[15].

Portanto, podemos distinguir entre práticas jurídicas e políticas, por um lado, e teorias filosóficas dessas práticas, por outro lado. De modo similar, podemos distinguir entre teorias analíticas e normativas dessas práticas. As primeiras esclarecem a prática, especialmente seus pressupostos e compromissos teó-

---

15. Para uma discussão adicional dos aspectos normativos do significado, ver *infra*, Pt. II.A.2, que discute a rejeição de Kripkenstein e de Wright da semântica realista. Há dimensões normativas também para as teorias jurídicas. Nesse aspecto, considere a descrição de Dworkin da prestação jurisdicional. Sua visão é de que, ao interpretar textos jurídicos, os juízes têm o compromisso de ver o Direito na sua melhor luz; isso significa que estão comprometidos em vê-lo como normativamente defensável de certa maneira. Assim, sua visão é de que existe uma dimensão normativa ou aspirativa da prestação jurisdicional. Ver Dworkin, *supra*, n. 3, pp. vii-viii ("Uma teoria geral do Direito deve ser normativa além de conceitual... Deve ter uma teoria... da prestação jurisdicional [que veja] questões normativas do Direito a partir do ponto de vista de... um juiz.") Algumas vezes, os críticos de Dworkin acusam-no de confundir teoria jurídica normativa com teoria jurídica descritiva, mas eles entendem mal seu projeto. Tal como o positivismo, o projeto de Dworkin não é uma teoria jurídica normativa; é uma teoria jurídica *analítica* que afirma que o fato de parte da prática ser iluminada pela teoria é normativo. Os juízes compartilham o compromisso de ver o Direito como defensável *prima facie*, como justificadamente passível de ser imposto pelo uso de meios coercivos. O ponto importante de nossos propósitos é que o componente aspirativo é um elemento da prática, não um enunciado das condições sob as quais a decisão judicial poderia ser justificada.

ricos e conceituais, oferecendo análises dos conceitos implicados ou pressupostos por elas. As segundas especificam condições de justificação, isto é, critérios que devem ser satisfeitos para que uma prática ou instituição política seja defensável, digna de nossa dedicação ou moralmente aceitável[16].

---

16. A distinção entre teorias analíticas e normativas pode parecer artificial também de outra maneira. Dizemos que as teorias analíticas oferecem descrições de nossas práticas, ao passo que as teorias normativas expõem condições justificatórias. Mas, é claro, isso significa apenas que há uma prática da justificação – na verdade, há muitas práticas da justificação. Se as teorias filosóficas oferecessem descrições de nossas práticas, esperaríamos que houvesse descrições de nossas práticas justificatórias. Teorias diferentes aplicar-se-ão a diferentes práticas justificatórias. Uma teoria sobre a natureza da justificação política pode não coincidir com uma teoria sobre a natureza da justificação no debate jurídico.

Faz parte da prática da justificação política que as regras que expõem as condições sob as quais a autoridade deve ser justificada devem, elas próprias, transcender as práticas da comunidade, ou será que elas podem estar incorporadas, de alguma maneira, nas práticas da comunidade? Alguns pensam que é parte da nossa prática da justificação política que as regras da justificação sejam universais e a prática transcendente. Recentemente, porém, a teoria política liberal focalizou a possibilidade de compreender nossas práticas de justificação de maneira diferente; que, por exemplo, a justificação tem início com certas regras e práticas que, em certo nível de abstração, podem ser vistas como incorporadas em uma comunidade particular; que, além disso, a justificação é específica a comunidades de certo tipo e não precisam ser universais. Segundo John Rawls, "[O liberalismo político] não critica... nenhuma teoria específica da verdade dos julgamentos morais... Ele simplesmente supõe que os julgamentos... são feitos a partir do ponto de vista de alguma doutrina moral abrangente... Quais julgamentos morais são verdadeiros, consideradas todas as coisas, não é uma questão para o liberalismo político, já que ele aborda todas as questões a partir de seu próprio ponto de vista limitado." John Rawls, *Political Liberalism* (Nova York: Columbia University Press, 1993), pp. xix-xx. Como importante conseqüência, essa tendência na filosofia política mina a objeção-padrão, muitas vezes ouvida, de que, como estamos sempre situados em certo tempo e lugar, não podemos ter uma visão da questão que transcenda a nossa 'posicionalidade'. Como não podemos transcender nossa posição, a objeção prossegue, não podemos oferecer justificativas que sejam objetivas. Todas as nossas justificativas meramente refletem nossas posições (nossa contingência) e o fazem enquanto se escondem por trás de uma máscara de objetividade. Em primeiro lugar, pode não ser parte de nossa prática da justificação que a justificação derive um ponto arquimediano. Em segundo lugar, há uma variedade de sentidos de objetividade – como estudamos abaixo – que não pressupõem uma posição inteiramente exterior às práticas humanas. A justificação pode valer-se de regras que são constitutivas de práticas, não externas a elas. E o mero fato de que tais práticas ou regras têm uma história ou explicação causal não implica que careçam de força

Nessas categorias, onde o termo "liberalismo" se enquadra? O liberalismo pode referir-se a um conjunto de instituições e de práticas políticas e jurídicas *e* a uma teoria filosófica *normativa* das condições que devem ser satisfeitas para que certos aspectos de nossas práticas, por exemplo a prestação jurisdicional ou a coerção, possam ser justificados.

A qual dessas categorias se aplica a teoria jurídica? Evidentemente não a uma prática ou instituição política ou jurídica. Em geral, a teoria jurídica é uma teoria *analítica* sobre certas práticas jurídicas. Também há uma diferença entre a teoria jurídica analítica particular e a geral. A teoria jurídica particular oferece uma descrição da prática jurídica de uma comunidade particular; a teoria jurídica geral fornece uma descrição daquilo que é verdadeiro, se é que tal coisa existe, quanto ao conceito de Direito, quanto à prática jurídica em todos os lugares. Tipicamente, a teoria jurídica analítica tem um importante componente normativo: visa especificar as condições que devem ser satisfeitas para que algo seja tido como Direito. É normativa no que diz respeito às condições para aplicar o conceito; não é normativa no sentido de especificar as condições que devem ser satisfeitas para que a prática jurídica seja justificada[17].

Quando críticos afirmam que o problema com o liberalismo é que ele está comprometido (entre outras coisas) com a determinação e a objetividade, qual é, precisamente, o alvo? A indeterminação é uma objeção à *prática judicial liberal*, no

---

justificatória. Supor o contrário é supor, na verdade, que a justificação exige uma visão a partir de lugar nenhum.

17. Podem-se unir essas duas idéias, é claro, defendendo uma teoria jurídica normativa segundo a qual o termo Direito só poderia ser corretamente aplicado a uma prática se a própria prática fosse normativamente defensável. Não se poderia demonstrar que tal descrição é falsa assinalando-se que usamos o termo "Direito" para nos referir a muitas práticas que não satisfazem essa condição, porque, como descrição normativa, ela não faz nenhuma afirmação descritiva. Ela meramente recomenda ou prescreve. Em vez disso, teríamos de argumentar contra a atração do uso recomendado, e uma coisa óbvia a dizer é que tal proposta torna difícil, se não impossível, criticar regimes jurídicos como injustos. Em vez de tratá-los como injustos, resta-nos tratá-los como se não fossem, de forma alguma, Direito; é difícil perceber o que se poderia ganhar com tal estratégia.

sentido de que se tais instituições fossem indeterminadas isso as tornaria, em princípio, menos (ou in-) defensáveis? Ou trata-se de um problema do "liberalismo" como descrição "analítica" de nossas práticas, no sentido de que a melhor descrição "liberal" disponível de nossas práticas é coerente apenas porque trata a prestação jurisdicional como determinada? Ao estabelecer que o Direito é indeterminado, então, perdemos a esperança de encontrar uma maneira de ver nossas práticas como liberais? Ou a determinação da prestação jurisdicional é parte do liberalismo normativo no sentido de que o único tipo de processo de prestação jurisdicional que poderia ser defendido com fundamentos liberais é aquele no qual os resultados sejam determinados? Nesse caso, estabelecer a indeterminação do Direito demonstraria que nossos processos de prestação jurisdicional não estão à altura dos ideais liberais e não podem ser defendidos sobre esses fundamentos.

Observações similares devem ser feitas quanto à objetividade. O problema é que práticas jurídicas importantes, como a prestação jurisdicional, não são objetivas no sentido relevante e, portanto, são menos (ou in-) defensáveis em princípio? Ou será que a melhor doutrina "liberal" disponível dessa prática é coerente apenas porque vê a prestação jurisdicional como objetiva quando, na verdade, ela não é? O fracasso da objetividade, então, nos deixaria sem uma maneira de compreender nossas práticas como liberais. Ou o problema é que, enquanto o liberalismo como teoria política normativa está comprometido com a objetividade, nossas práticas de prestação jurisdicional não exemplificam a objetividade do tipo relevante e, portanto, não podem ser defendidas sobre fundamentos liberais?

Tal como as compreenderemos, as críticas ao liberalismo como indeterminado e não-objetivo têm a mesma estrutura básica. O argumento procede da seguinte forma:

(1) a teoria política liberal (o liberalismo como teoria normativa) está comprometida com a determinação (objetividade);

(2) a prática jurídica (prestação jurisdicional) é indeterminada (não-objetiva);

(3) portanto, as práticas liberais existentes não podem ser defendidas com fundamento nos princípios liberais (porque não são compatíveis com eles).

Ao produzir esse argumento, o crítico muitas vezes não argumenta a favor da premissa (1). Tipicamente, a citação de vários filósofos, como Rawls, é considerada suficiente para estabelecer sua verdade[18]. A premissa (2) é sustentada de várias maneiras, às vezes pelo recurso a interpretações contestáveis da prática existente; muitas vezes, porém, pelo recurso a teorias filosóficas, tipicamente sobre a natureza das razões em geral ou das razões jurídicas em particular[19]. Diz-se, então, que a proposição (3) decorre das premissas, assegurando, portanto, a validade do argumento. Dada sua validade, a verdade das premissas assegura a sua correção.

Não negamos a *validade* do argumento no que diz respeito a suas afirmações sobre a determinação ou a objetividade; negamos, porém, a sua *fundamentação* em ambos os casos. Conseqüentemente, este ensaio divide-se em duas partes distintas. Na primeira parte, avaliamos o argumento acima quanto a suas afirmações sobre a indeterminação. Nessa seção nosso primeiro objetivo é esclarecer a chamada "tese da indeterminação". Argumentamos, então, que o Direito pode ser e muitas vezes é indeterminado da maneira como os críticos consideram que seja. Embora aceitemos a verdade da segunda premissa no que diz respeito à determinação, sustentamos que muitas das afirmações feitas em nome dessa premissa baseiam-se em

---

18. Ver Singer, *supra*, n. 1, em 25 n. 74 (citando a afirmação de Rawls de que os princípios da justiça são objetivos).

19. Ibid., em 6 (afirmando que "o raciocínio jurídico é indeterminado e contraditório [e] não pode resolver questões jurídicas de maneira 'objetiva'"); ver também James Boyle, "The Politics of Reason: Critical Legal Theory and Local Social Thought", 133 *U. Pa. L. Rev.* 685, 695 n. 29 (1985) (concordando com os realistas jurídicos em que "o dogma da objetividade... no raciocínio jurídico serve para obscurecer o fato de que as opiniões judiciais surgem de uma matriz de forças sociais e políticas"); Gary Peller, "The Metaphysics of American Law", 73 *Cal. L. Rev.* 1151, 1152 (1985) (observando que "a análise jurídica não pode ser neutra e determinada").

confusões filosóficas e muitas vezes não são (com base em outros fundamentos) persuasivas. Ao contrário dos críticos do liberalismo, porém, rejeitamos a primeira premissa. Em lugar dela, sustentamos que o liberalismo como teoria política normativa não está comprometido com a determinação, embora tenha vários outros compromissos com os quais a determinação pode ser facilmente confundida.

Na segunda parte do ensaio rejeitamos o argumento no que diz respeito a suas afirmações sobre a objetividade. Quanto à objetividade, aceitamos a primeira premissa mas rejeitamos a segunda. Em nossa visão, a prática jurídica é objetiva em um sentido adequado, de modo que o argumento contra o liberalismo é falho.

Nosso primeiro pensamento é que, como primeira aproximação, os que se preocupam com a objetividade do Direito estão preocupados em saber se as decisões a que os juízes chegam são *objetivamente* corretas ou se são corretas apenas porque o juiz assim as considera. Caracterizemos isso como uma preocupação com a objetividade metafísica dos "fatos jurídicos". Sempre que um juiz profere uma decisão, ele afirma a existência do que estamos designando de fato jurídico; por exemplo, "Coleman ter deixado de inspecionar constitui negligência" ou "Leiter ter deixado de entregar constitui quebra de contrato". A questão da objetividade metafísica, então, é a questão da *condição* desses fatos, isto é, de saber se são válidos independentemente do que um certo juiz pensa ou, talvez, independentemente do que todos os advogados e juízes pensariam.

Distinguimos três concepções de objetividade metafísica: a mínima, a forte e a moderada. A objetividade mínima e a forte são, sob nomes diferentes, mais ou menos familiares aos filósofos do Direito; a objetividade moderada não é. O restante do ensaio é dedicado a explicar e defender a plausibilidade da objetividade moderada como o tipo de objetividade metafísica pressuposta por nossa prática jurídica da prestação jurisdicional.

*Parte I: A determinação*

A. Variedades de indeterminação jurídica

*1. Razões e causas*

Começamos por traçar a distinção entre a *(in)determinação das razões* e a *(in)determinação das causas*[20]. Muitas vezes queremos saber se um certo resultado jurídico é *justificado*. A justificação é oferecida por razões. A tese de que o Direito sofre de indeterminação de razões é uma afirmação sobre a relação entre o conjunto de razões jurídicas disponíveis e a justificação de resultados jurídicos. Em outras ocasiões, procuramos uma *explicação* do resultado a que um juiz (ou grupo de juízes) chegou em um caso particular. Na teoria de que as explicações são primariamente causais, a explicação de um resultado é fornecida pela identificação de suas causas. A tese de que o Direito sofre de indeterminação de causas é uma afirmação sobre a inadequação do conjunto de razões jurídicas como causas de opiniões judiciais. Em resumo, as teses de indeterminação fazem afirmações sobre a relação entre as razões jurídicas e os resultados dos casos: a tese da indeterminação das razões afirma que a relação das primeiras com as segundas é *justificativamente* inadequada; a tese da indeterminação das causas afirma que a relação das primeiras com as segundas é *explicativamente* inadequada.

Nossa preocupação imediata é com a indeterminação das razões. Dado isso, nossa tarefa seguinte é distinguir duas formas de indeterminação. Em certo sentido, uma norma é indeterminada se há mais de uma maneira de cumprir suas exigências. No outro sentido, dizer que uma norma é indeterminada é fazer uma afirmação sobre a falta de unicidade quanto ao que a norma é. A indeterminação do primeiro tipo não é apenas

---

20. Essa distinção é traçada e explorada em Brian Leiter, "Legal Realism and Varieties of Legal Indeterminacy" (27 de setembro de 1993) (original não-publicado, arquivado com os autores).

inevitável; é necessária e desejável. O dever de ser caridoso, por exemplo, impõe limites à conduta mesmo que nenhuma maneira de compreendê-lo elimine por completo a latitude de alguém no cumprimento do dever que impõe. O que não é legítimo é deixar de cumprir o dever de alguma maneira plausível. Um agente que atua segundo tais princípios não está sujeito a crítica simplesmente porque adotou um modo de conduta justificado em vez de outro. Pode-se mesmo argumentar que a ausência de latitude na satisfação das exigências de normas morais seria um defeito em uma teoria moral: um defeito porque estaria baseada em uma concepção inadequada da pessoa, das capacidades cognitivas e psicológicas humanas e da natureza da razão prática. Como a indeterminação desse tipo é inevitável e desejável em qualquer sistema de normas, não pode ser o tipo de indeterminação que perturba os críticos do liberalismo. Portanto, consideramos que o tipo de indeterminação que se acredita criar um problema para o liberalismo é a indeterminação sobre o que é a norma – não sobre como a norma deve ser cumprida.

A indeterminação das razões é uma tese sobre a inadequação das razões jurídicas como justificativas (completas) dos resultados aos quais são oferecidas como apoio. O conjunto das razões jurídicas é uma função de dois elementos: (*i*) o conjunto de fontes jurídicas válidas ou obrigatórias e (*ii*) o conjunto de operações *interpretativas* que podem ser legitimamente executadas com base nessas fontes (para gerar normas e princípios de Direito) e o conjunto de operações *racionais* que podem ser executadas com base no Direito e nos fatos (para gerar resultados). As fontes válidas invariavelmente incluirão, *pelo menos*, leis e jurisprudência; operações (interpretativas e racionais) típicas incluirão cânones de interpretação (por exemplo, para construir a "norma de uma decisão anterior") assim como formas de raciocínio jurídico, inclusive a dedução e a analogia.

Toda teoria de Direito oferece uma descrição das condições de inclusão na classe das razões jurídicas. A tese da indeterminação é a afirmação de que o conjunto das razões jurídicas, independentemente de seu conteúdo efetivo, será indeterminado quanto à sua relação justificatória com os resultados alcançados pelos juízes. Em seu cerne, a tese da indeterminação é uma afirmação sobre a capacidade das razões – das razões jurídicas em particular, mas talvez também das razões em geral – de justificar plenamente os resultados em favor dos quais são aduzidas. E essa é uma maneira em que se pode dizer que o argumento da indeterminação vale-se, pelo menos em parte, de teorias filosóficas tradicionais sobre o significado e a metafísica – nesse caso, o significado e a essência das razões. Antes de explorarmos até que ponto tais esforços são fundamentados, precisamos oferecer uma formulação mais precisa da tese da indeterminação. Em que sentido a classe das razões jurídicas é invariavelmente indeterminada? Que forma de inadequação justificatória é marcada pela indeterminação?

Uma formulação da tese da indeterminação das razões é a afirmação de que:

(1) O conjunto das razões jurídicas nunca é adequado para fundamentar algum resultado.

Compreendido dessa maneira, o Direito é indeterminado apenas se nenhum resultado jurídico puder ser justificado à luz da classe de razões jurídicas disponíveis. Se for assim, então, a possibilidade da autoridade jurídica legítima é colocada em dúvida, já que, no mínimo, a autoridade pressupõe que alguns dos resultados impostos pelo Direito sejam fundamentados pelo Direito. Essa formulação é muito forte, porém. É improvável que mesmo os indeterministas que acreditam na veracidade da proposição (1) acreditem que ela deva ser verdadeira para que a indeterminação constitua um obstáculo sério para a possibilidade do governo legítimo pelo Direito.

A afirmação pode ser enfraquecida de modo que:

(2) O conjunto das razões jurídicas é suficiente para fundamentar qualquer resultado.

Em vez de afirmar que nenhum resultado é fundamentado, essa versão da tese sustenta, teoricamente pelo menos, que todos os resultados são fundamentados pelo conjunto das razões jurídicas. Se todos os resultados podem ser fundamentados pelo conjunto das razões jurídicas disponíveis, então um juiz estaria justificado ao tomar absolutamente qualquer decisão. Isso também constituiria um problema para a autoridade jurídica, já que parte de nossa compreensão comum da autoridade é que os juízes não são geralmente livres para escolher qualquer resultado possível e impô-lo por meio do poder coercivo do Estado. Mais uma vez, é improvável que mesmo os indeterministas que acreditam ser verdadeira a proposição (2) acreditem que deva ser verdadeira para que a indeterminação constitua uma ameaça à possibilidade do governo legítimo pelo Direito.

Em vez de afirmar que quaisquer resultados são justificados pelas fontes jurídicas ou que nenhum o é, pode-se entender a afirmação do indeterminista da seguinte maneira:

(3) O conjunto das razões jurídicas nunca fundamenta (ou justifica) um único e mesmo resultado em um caso determinado.

Esse indeterminista não afirma que os recursos jurídicos disponíveis justificam todos os resultados ou nenhum resultado, nem nega que o conjunto das razões jurídicas restringe ou limita os resultados disponíveis. Em vez disso, afirma que o conjunto das razões jurídicas é inadequado para fundamentar resultados únicos. Se a proposição (3) constitui um problema para a possibilidade de governo legítimo pelo Direito, não pode ser apenas porque a legitimidade exige que os resultados tenham uma fundamentação única pelo conjunto das razões jurídicas. O indeterminista que aceita (3) claramente acredita que o liberalismo jurídico abraça o que poderíamos chamar de exigência "do resultado único". Não está claro se a teoria jurídica analítica está comprometida com tal afirmação[21]. Por muito tempo o principal teórico analítico, Ronald Dworkin, parece ter defendido a afirmação de que a prestação jurisdicional di-

---

21. Ver, por exemplo, Steven J. Burton, *Judging in Good Faith* (Cambridge: Cambridge University Press, 1992).

zia respeito a encontrar a resposta certa para disputas jurídicas²², embora não mais afirme que há respostas certas para todos os casos²³.

Embora o indeterminista típico possa muito bem crer que é verdadeira a proposição (1) ou a proposição (2), ele não tem de defender nenhuma delas para tornar a indeterminação uma tese potencialmente interessante; a proposição (3) pode ser bastante interessante. Por outro lado, mesmo (3) pode ser mais forte do que o necessário. Em vez de afirmar que o conjunto das razões jurídicas nunca fundamenta um resultado único, o indeterminista pode afirmar que, mesmo que as razões jurídicas às vezes fundamentem resultados únicos, elas não podem fazê-lo em casos importantes ou controvertidos – justamente os tipos de casos que chegam à etapa da apelação²⁴. Nessa visão, a indeterminação das razões afirma:

---

22. Ver Dworkin, *supra*, n. 3, em 81-130; *id.*, "No Right Answer?", 53 *NYU L. Rev.* 1 (1978).

23. Uma razão para a mudança é a seguinte. Em sua obra inicial, inclusive *Taking Rights Seriously*, Dworkin tinha uma teoria política "baseada nos direitos", segundo a qual o objetivo da decisão judicial era basicamente determinar qual dos litigantes tinha o direito preexistente. Ver Dworkin, *supra*, n. 3, 184-205. Se houvesse um direito preexistente em cada caso, então haveria uma resposta correta em cada caso, a saber, aquela que respondesse à questão: "qual litigante tem o direito?" Em seu trabalho mais recente, especialmente *O Império do Direito*, a prestação jurisdicional é uma prática dentro de uma moralidade política concebida de maneira diferente – que enfatiza os vínculos da comunidade liberal. Ver Ronald Dworkin, *O império do Direito* (São Paulo, Martins Fontes, 1999), 118-9. Em tal descrição não há necessidade de que a decisão judicial resolva-se unicamente em respostas corretas para todas as disputas, e, assim, Dworkin relaxa a restrição. Isso não significa que não acredita mais que existam respostas corretas quase o tempo todo. Seu uso contínuo do constructo de Hércules como maneira de fixar respostas certas para disputas jurídicas indica que ainda está comprometido com muito mais no sentido da determinação que a maioria dos positivistas. Mas, como sugerimos abaixo, a importância de juízes aspirarem a agir como Hércules modifica-se no trabalho mais recente; há uma teoria política diferente que motiva Hércules, e não é uma teoria que se baseia em respostas certas. Conseqüentemente, a reivindicação de determinação não está mais no cerne da teoria jurídica de Dworkin. (Note o leitor que estamos oferecendo uma interpretação do desenvolvimento do pensamento de Dworkin: há poucos reconhecimentos explícitos em Dworkin, se é que há algum, indicando que essa é a maneira como vê o desdobramento de seu trabalho.)

24. Os indeterministas não devem contestar a existência de casos fáceis, mas assinalar que a legitimidade da decisão judicial apóia-se apenas em casos que

(4) O conjunto das razões jurídicas nunca fundamenta (ou justifica) unicamente um único e mesmo resultado nos casos importantes ou difíceis.

De modo interessante, se Dworkin está certo sobre o positivismo, a proposição (4) representa a descrição positivista clássica da discricionariedade judicial. Nessa descrição há uma distinção entre casos "fáceis", nos quais há resultados únicos e determinados, e casos "difíceis", nos quais os juízes devem exercer a discricionariedade justamente porque o conjunto de razões jurídicas é inadequado para determinar ou fundamentar um resultado único.

Se aceitamos a proposição (4) como uma formulação plausível da tese da indeterminação das razões, podemos traçar algumas ligações interessantes entre os indeterministas, os positivistas e Dworkin. Em primeiro lugar, os indeterministas e Dworkin aceitam a afirmação de que, se verdadeira, a proposição (4) constitui um sério problema para a autoridade jurídica. Divergem no sentido de que os indeterministas acreditam que a proposição (4) é realmente verdadeira, ao passo que Dworkin acredita que é quase sempre falsa. Em segundo lugar, os indeterministas e os positivistas acreditam que a proposição (4) é verdadeira. Divergem no sentido de que os indeterministas acreditam que a verdade de (4) representa problemas para a concepção liberal de autoridade jurídica, ao passo que os positivistas não acreditam que a verdade de (4) seja incompatível com a autoridade jurídica liberal (nem, pode-se argumentar, o realista jurídico).

Temos agora uma formulação operacional da tese da indeterminação. Em seguida, precisamos distinguir entre os vários argumentos a favor da existência da indeterminação. Ao fazê-lo, estaremos em posição de avaliar a verdade da afirmação de que o Direito é indeterminado. Se o Direito for indeterminado, a questão será saber se, e até que ponto, a indeterminação cons-

---

são *realmente* decididos – ou seja, os casos difíceis, nos quais a indeterminação parece, indiscutivelmente, ser uma ameaça real.

titui um problema para a possibilidade de governo legítimo pelo Direito. Começamos com um resumo das possíveis fontes da indeterminação jurídica, tendo em mente que tipos ou fontes de indeterminação diferentes podem constituir desafios diferentes para a possibilidade do governo legítimo pelo Direito.

## 2. Fontes de indeterminação

Começamos por distinguir dois níveis de indeterminação: o *específico* e o *geral*[25]. A indeterminação específica das razões faz uma afirmação sobre o Direito. Não faz nenhuma afirmação sobre quaisquer outros domínios do discurso. Ao contrário, a indeterminação geral das razões é uma tese sobre todos os domínios do discurso doador de razão. Podemos distinguir, então, os argumentos a favor da indeterminação do Direito que decorrem de preocupações mais gerais sobre a linguagem ou o discurso doador de razão e os que decorrem de características peculiares do discurso jurídico. Comecemos pelos primeiros:

Um grupo de argumentos a favor da indeterminação jurídica apóia-se em considerações que se relacionam com a linguagem de maneira geral. Todas as línguas naturais contêm *predicados vagos* e *conceitos de semelhança de família*, e o discurso jurídico não é uma exceção. Pode ser impossível determinar se, em alguns casos, uma pessoa sem muito cabelo é careca, um garrancho é arte, uma compensação é justa ou um processo é devido.

No Direito, essas preocupações foram abordadas na discussão de H. L. A. Hart sobre a distinção entre o "cerne" e a "penumbra" de termos gerais[26]. Os juízes seguem o Direito quando as normas se aplicam a casos do "cerne" de termos gerais, mas devem exercer a discricionariedade quando a questão

---

25. Ver Leiter, *supra*, n. 20, em 6-7.
26. Ver H. L. A. Hart, "Positivism and the Separation of Law and Morals", 71 *Harv. L. Rev.* 593, 607-15 (1958).

é saber se a norma se aplica a um caso que se situa na "penumbra" de um termo geral. Quando diante de um caso que envolve a "penumbra" do significado jurídico, um juiz não tem nenhuma opção a não ser ajudar a fixar o significado por meio do exercício de uma autoridade discricionária. Em seus primeiros ensaios, Dworkin discorda desse argumento a favor da discricionariedade judicial[27]. Ao conceder que os princípios morais, assim como as políticas sociais, são fontes jurídicas obrigatórias em função das quais outras diretivas jurídicas devem ser compreendidas, Dworkin argumentou que o limite até o qual os juízes exercem uma autoridade discricionária seria significativamente reduzido[28]. Compreendido dessa maneira, o argumento da "penumbra" em favor da discricionariedade judicial parece depender em parte da pobreza das fontes jurídicas e é considerado atenuado por um domínio mais rico de padrões vinculantes.

Essa linha de argumentação, porém, não pode resolver uma preocupação a respeito dos predicados vagos; os princípios morais que se supõem enriquecer o domínio das fontes jurídicas conterão, eles próprios, predicados vagos – ou seja, morais (por exemplo, "justo", "imparcial", "eqüitativo"). Alguns autores – notavelmente Dworkin e Michael Moore – pensam que isso, em princípio, não cria um problema para a determinação jurídica; avaliar seus pontos de vista, porém, também exigiria examinar o significado da plausibilidade de suas opiniões sobre a determinação do raciocínio moral e a verdade do realismo moral. Em vez disso, propomos deixar essas tarefas para outra ocasião[29]. Queremos nos concentrar em uma preo-

---

27. Ver Ronald Dworkin, "Judicial Discretion", 60 *J. Phil.* 624 *passim* (1963) (daqui em diante Dworkin, "Judicial Discretion"); *id.*, "The Model of Rules", 35 *U. Chi. L. Rev.* 14, 3240 (1967) (daqui em diante Dworkin, "Model of Rules").

28. Para uma aplicação dessa linha dworkiniana de raciocínio aos vários argumentos da indeterminação, ver Ken Kress, "Legal Indeterminacy", 77 *Cal. L. Rev.* 283, 295 (1989).

29. Para algumas dúvidas, ver Brian Leiter, "Introduction: The Varieties of Objectivity", em *Objectivity in Law and Morals*, org. Brian Leiter (Nova York: Cambridge University Press, a ser publicado em breve).

cupação diferente e mais geral sobre a linguagem – a natureza do significado em geral.

Há várias considerações normalmente associadas com o argumento da linguagem privada, de Wittgenstein[30], que podemos classificar sob a rubrica de *ceticismo semântico*. O cético semântico nega que existam fatos objetivos de um tipo adequado que constituam ou determinem o significado de uma palavra ou de uma frase. Como não há nenhum fato que seja o significado de uma frase, o significado de uma frase, diretiva, comando ou pedido será invariavelmente indeterminado. Em outras palavras, o que uma frase significa não pode ser aduzido apontando-se algum fato que seja o seu significado. Assim, o significado de uma frase é indeterminado porque não há fatos objetivos que o tornem determinado. Se isso é verdadeiro sobre a linguagem em geral, então, *a fortiori*, é verdadeiro sobre o Direito.

O ceticismo semântico sustenta uma forma de indeterminação *geral* das razões, que se aplicam ao Direito assim como a qualquer outro domínio semântico. Queremos começar, porém, examinando formas de indeterminação que são *específicas* do Direito. Primeiro, uma preocupação quanto à determinação do Direito é que, em algum nível adequado de abstração, as fontes jurídicas são *incoerentes* ou fundamentalmente *contraditórias* (ou que as operações legítimas executadas sobre elas conduzem a normas ou princípios incoerentes). Se as fontes jurídicas são contraditórias no sentido formal, então qualquer resultado pode ser derivado delas: qualquer proposição, verdadeira ou falsa, pode ser derivada de uma contradição[31]. Se todos os resultados jurídicos possíveis decorrem de

---

30. Ver Ludwig Wittgenstein, *Philosophical Investigations*, traduzido para o inglês por G. E. M. Anscombe (Oxford: Basil Blackwell, 1953), § 203.

31. Frases da forma "se p, então q" são condicionais, escritas em lógica como "p → q". Tais frases são materialmente equivalentes a frases da forma "não p nem q", escritas em lógica como "p̄ v q". Essas duas frases têm o mesmo valor de verdade, o que significa que, sempre que uma for verdadeira (ou falsa), assim será a outra. "p̄ v q" será verdadeira sempre que "p" for verdadeira ou "q" for verdadeira. "p̄" será verdadeira sempre que "p" for falsa. Portanto, "p̄ v q" será verda-

premissas incoerentes, então o Direito é indeterminado nos sentidos expressos pelas proposições (4), (3) e (2), acima.

Uma segunda fonte da tese da indeterminação específica do Direito é a afirmação de que o conjunto de razões jurídicas é ou muito pobre ou muito rico. Isso tem um ar de paradoxo e, portanto, precisa de esclarecimento. Há uma maneira natural de pensar sobre as fontes jurídicas e as operações que podem ser executadas com base nelas que sugere ambas as fontes de indeterminação. Por um lado, é natural supor que um sistema jurídico que tivesse poucas fontes, poucos cânones de interpretação e poucas formas restritivas de raciocínio a partir dessas fontes ver-se-ia com recursos insuficientes para solucionar disputas jurídicas com autoridade. Os juízes ver-se-iam, inevitavelmente, tendo de recorrer a fontes e formas de argumento não-jurídicas para solucionar disputas. Essa maneira de pensar sugere que, quanto mais rico o estoque de fontes jurídicas e de operações com base nelas, menor a probabilidade de que os juízes recorram a normas extrajurídicas para solucionar as disputas que têm diante de si. A inferência natural é que o grau de indeterminação em um regime jurídico é uma função da riqueza do conjunto de razões jurídicas. Quanto mais rico o conjunto, mais completo ele é; quanto mais completo, menos lacunas tem; quanto menos lacunas, menos indeterminado é.

Esse argumento sugere que a indeterminação é um subproduto de uma pobreza de fontes disponíveis ou autorizadas e de operações com base nelas. É natural compreender esse argumento como fundado na idéia de que um conjunto pobre em padrões autorizados e recursos interpretativos produzirá muitas "lacunas". O Direito é necessariamente indeterminado simplesmente porque, não importa quão rico seja o conjunto de padrões e operações autorizados, sempre haverá casos que não

---

deira sempre que "p" for falsa. Uma contradição sempre tem o valor de verdade "falso". Portanto, sempre que "p" for uma contradição, "p" será falso: "p̄ v q" é verdadeira. Sempre que "p̄ v q" for verdadeira, assim será "p → q". Assim, a afirmação é que nada decorre de uma contradição. Seja o que for "q", "p → q" é verdadeira, desde que "p" seja uma contradição.

se classificam em nenhum padrão obrigatório; sempre haverá lacunas. Com certeza, o limite do problema da indeterminação resultante das lacunas será diminuído pelo enriquecimento contínuo do conjunto de padrões e fontes autorizados; ainda assim, não pode ser inteiramente eliminado. Sempre haverá lacunas no Direito.

Enriquecer o grupo das razões jurídicas reduzirá a indeterminação proveniente das lacunas, mas criará seu próprio conjunto de problemas e fontes de indeterminação. À medida que um sistema jurídico enriquece o conjunto de fontes jurídicas obrigatórias disponíveis, os juízes sempre terão mais de um modelo ou norma que, sustentavelmente, seja aplicável ou controladora. Se for assim, então, pode não haver nenhum modelo ou norma que só ele controle um caso. Pode haver então muitos padrões disponíveis para decidir um caso a fim de que se possa afirmar que existe apenas um único resultado fundamentado.

Os argumentos pela indeterminação, portanto, podem fundamentar-se em considerações de incoerência interna e inevitável do Direito, da pobreza ou riqueza relativa de razões jurídicas e do ceticismo semântico geral. Nas próximas seções exploramos essas fontes de indeterminação. Ao fazê-lo, tentaremos avaliar os méritos gerais dos argumentos a favor da indeterminação. Embora acreditemos que os argumentos a favor da indeterminação, tal como geralmente apresentados, são muitas vezes pouco convincentes e, tipicamente, exageram seu alcance, não negamos que existem maneiras importantes em que o conjunto de razões jurídicas será indeterminado. Tampouco pretendemos negar que certas formas de indeterminação podem constituir um problema para a possibilidade do governo legítimo pelo Direito. Não obstante, os problemas constituídos pela indeterminação não são, de maneira nenhuma, fatais para a possibilidade da autoridade legítima – ou assim argumentamos. Ao considerar as fontes da indeterminação, começamos por considerar um tipo de indeterminação geral das razões, o que estivemos chamando de ceticismo geral.

## 3. O ceticismo semântico

O cerne do ceticismo semântico é a afirmação de que não existem fatos que constituam ou determinem o significado de uma frase, de modo que a linguagem é indeterminada no nível mais básico: não existem fatos *objetivos* que façam com que a linguagem signifique uma coisa e não outra. Assim, não há nenhum sentido em afirmar que uma norma jurídica pode ser satisfeita por algumas ações, mas não outras, já que o significado da regra está sempre "esperando para ser capturado".

Essa linha de argumento é motivada em boa parte pela leitura cética feita por Saul Kripke do argumento de Wittgenstein acerca da linguagem privada[32]. Vamos expor brevemente a interpretação de Kripke do argumento de Wittgenstein[33]. Na filosofia, é costumeiro traçar uma distinção entre discursos que são *cognitivistas* (ou enunciadores de fatos) e os que são *não-cognitivistas*. Um discurso cognitivista é aquele em que as frases enunciam fatos e no qual o significado dessas frases é dado pelas condições no mundo sob as quais as frases seriam verdadeiras (isto é, o significado é dado pelas condições de verdade)[34]. Tipicamente, identificamos discursos cognitivistas pela sua forma *sintática*; assim, por exemplo, geralmente vemos frases que são *assertóricas* ou *declarativas* como cognitivas. Portanto, a frase "Guido está na sala" afirma um fato particular – que Guido está na sala –, e o significado da frase é dado pelas circunstâncias em que seria verdadeiro (isto é, Guido está realmente na sala).

---

32. Ver Saul A. Kripke, *Wittgenstein on Rules and Private Language* (Oxford: Basil Blackwell, 1982), 55-113. A leitura de Kripke é prefigurada por outros, notadamente Robert J. Fogelin, *Wittgenstein* (Londres: Routledge & Kegan Paul, 1976), e Crispin Wright, *Wittgenstein on the Foundations of Mathematics* (Cambridge, Mass.: Harvard University Press, 1980).

33. Seguimos, em um esboço geral, a esclarecedora descrição de Alexander Miller, "Kripke's Wittgenstein" (2 set. 1990) (original não-publicado, arquivado com os autores), 2-13.

34. Ver Donald Davidson, "Truth and Meaning", em *Inquiries into Truth and Interpretation* (Oxford: Blackwell, 1984), 17, 17-36; Alfred Tarski, "The Semantic Conception of Truth", 4 *Phil. and Phenomenological Res.* 341, 341-76 (1944).

Uma importante lição da filosofia do século XX é a de que a forma *sintática* pode ser enganosa no que diz respeito à *semântica* (ou significado). O *não-cognitivismo* é a visão de que um discurso particular não é primariamente descritivo ou enunciador de fatos e que, assim, o significado de suas frases não é dado por condições de verdade (isto é, pela obtenção dos fatos afirmados nas frases). Assim, os não-cognitivistas quanto à ética, de A. J. Ayer a Allan Gibbard[35], sustentam que, não obstante a sintaxe superficial do discurso moral ("Guido é um homem justo"[36]), tais discursos não enunciam fatos, mas dão *expressão* a certas atitudes: seu significado, então, provém não de suas condições de verdade (não existe nenhuma), mas antes de sua função expressiva.

Pode-se ler o Wittgenstein de Kripke – ou Kripkenstein – como argumentando que as frases que atribuem significado também são, apesar de sua aparência sintática, *não-cognitivas*; elas não enunciam nenhum fato, no sentido de que não há nenhum fato em virtude do qual a frase se tornaria verdadeira. Quando dizemos "esta norma *significa X*", não há nenhum fato que possamos identificar que constitua o *significado X* da norma. Conquanto Hume tenha argumentado que frases sobre moralidade ou causalidade são essencialmente não-cognitivas – tais frases não enunciam nenhum fato, no sentido de que não há fatos que constituam alguma coisa que *causa* alguma outra coisa – Kripkenstein defende a surpreendente posição de que frases sobre o próprio significado são não-cognitivas: não existe nenhum fato que constitua ou determine uma expressão que *significa* uma coisa e não outra.

Para estabelecer essa tese, Kripskenstein admite que pode haver dois domínios em que podemos procurar pelos fatos ob-

---

35. Ver A. J. Ayer, *Language, Truth and Logic* (1936, reimpr. Nova York: Doner, 1952), 20-2, 107-8, 110-2; Allan Gibbard, Wise Choices, Apt Feelings (Cambridge, Mass.: Harvard University Press, 1990), 105-25.

36. Compare isso com a sintaxe de "Guido é um homem grande", que somos inclinados a compreender em termos cognitivistas: isto é, enuncia um fato (sobre o tamanho de Guido) e seu significado é equivalente às condições nas quais o enunciado é verdadeiro (isto é, Guido é realmente grande).

jetivos relevantes: a conduta verbal e não-verbal anterior do falante e os estados mentais do falante. Kripkenstein admite então que temos informação completa sobre esses domínios. Seu argumento tem o intuito de demonstrar que não pode haver fatos que constituem significado, já que, mesmo com pleno acesso a esses domínios, não podemos encontrar nenhuma propriedade ou fato que constitua o significado da frase, isto é, nenhum fato que estabeleça que a frase *significa* uma coisa e não outra.

Kripke oferece o seguinte e (agora) famoso exemplo para ilustrar o argumento. Tome a frases "57 + 65 = 5" e compare-a com a frases "57 + 65 = 122". Suponha que quiséssemos saber o que o sinal "+" *significa*. O argumento cético é de que não há nenhum fato sobre a conduta passada de uma pessoa, no que diz respeito a "+", que fixe o seu significado de modo que um, e não o outro, dos usos acima seja correto. Para perceber isso, suponha que executei somas aritméticas simples no passado envolvendo números abaixo de 57. Então, a conduta passada é perfeitamente compatível com "+" significar ou "a soma dos números inteiros" (adição) ou "a soma dos números inteiros exceto quando somando números acima de 56, caso em que a resposta é sempre 5" (quadição).

Note que o argumento aqui é *não*. O argumento não é que não sabemos que 57 + 65 = 5 é errado enquanto 57 + 65 = 122 é correto. Sabemos que o primeiro é incorreto e que o segundo é correto. Em vez disso, o argumento é que não podemos identificar nenhum fato objetivo que justifique nossos julgamentos de correção: isto é, nenhum fato sobre nosso uso do sinal "+" que seja compatível com apenas uma das duas somas. Se ainda somos capazes de fazer julgamentos de correção sobre o significado – e somos – *não* é porque há fatos objetivos que constituem o significado: tal correção deve ter alguma outra fonte. Essa fonte é identificada no que Kripke chama de "solução cética".

Em resumo, a solução kripkensteiniana[37] é aceitar a conclusão do argumento cético – não há nenhum fato determinan-

---

37. Presumivelmente, essa solução não é de Wittgenstein porque seu problema original não é um problema cético. Ver John McDowell, "Wittgenstein on

te ou constitutivo do significado – mas sugerir que procuremos em outro lugar o critério de correção no que diz respeito ao significado: não em algum fato que faz com que X signifique Y, mas, antes, nas circunstâncias e condições sob as quais nossa comunidade permita-nos afirmar frases particulares. O significado, então, não é uma questão de condições de verdade, mas antes de *condições de assertibilidade* (isto é, as condições sob as quais uma comunidade de usuários da linguagem permite a asserção de uma frase específica). A frase "57 + 65 = 122" é correta não porque exista algum fato que constitua o significado do sinal "+", mas, antes, porque em nossa comunidade só temos permissão para usar o sinal "+" em compatibilidade com a adição, não com a quadição.

Os críticos do liberalismo podem interpretar que Kripkenstein demonstra que o Direito deve ser radicalmente indeterminado. Pois se os significados são indeterminados – no sentido de que não há fatos objetivos sobre o significado, apenas o que a comunidade nos permitirá ou não nos permitirá afirmar –, então o Direito, que depende do significado (por exemplo, de regras que significam uma coisa e não outra), também deve ser indeterminado. Se a própria linguagem é indeterminada, então, a linguagem jurídica é indeterminada *a fortiori*.

Há três respostas possíveis a essa linha de argumentação. A primeira é negar a fundamentação da interpretação que Kripke faz de Wittgenstein, pois a leitura de Kripke, na verdade, é muito controvertida[38]. Essa linha de resposta, porém, é irrelevante, já que não é a exatidão da leitura que Kripke faz de Wittgenstein que está em questão. Kripke pode estar inteira-

---

Following a Rule", 58 *Synthese* 325, 331 (1984) ("A resposta certa para o paradoxo, conta-nos Wittgenstein, é não aceitá-lo, mas corrigir a incompreensão na qual se apóia: isto é, perceber que há uma maneira de compreender uma regra que *não* é uma *interpretação*; Crispin Wright, "Kripke's Account of The Argument Against Private Language", 81 *J. Phil.* 759, 778 (1984) ("A conclusão de Wittgenstein, porém, *não* é, enfaticamente, a de que não existe algo como o cumprimento de uma intenção anterior – a conclusão, na verdade, do cético de Kripke").

38. Ver McDowell, *supra*, n. 37, em 330-2 (enfatizando a distinção entre o endosso de Kripke da "incompreensão" e a tentativa de Wittgenstein de corrigi-la).

mente errado quanto a Wittgenstein, mas certo quanto ao significado. Em vez de atacar a exatidão de atribuir o argumento a Wittgenstein, uma boa resposta terá de atacar o próprio argumento ou suas alegadas conseqüências. Nessa veia, uma segunda resposta pode ser esta: mesmo que Kripkenstein esteja certo em seu argumento cético, disso não decorre que o significado seja indeterminado em algum sentido que preocupe. Tudo o que decorre é que não há nenhum fato sobre o significado que seja completamente independente de quanto estamos dispostos a interpretar significados. O significado não é radicalmente indeterminado; em vez disso, o significado é público – fixado pela conduta, pelas crenças e pelas compreensões públicas. Não há nenhuma razão para supor que tais convenções não possam fixar o significado dos termos determinadamente. Na verdade, tal resposta seria inteiramente aceitável para o próprio Kripkenstein: a solução cética demonstra exatamente como pode haver fatos "comuns" – mas não fatos *objetivos* – sobre o significado. Além disso, mesmo que as convenções comuns sejam elas próprias indeterminadas em aspectos importantes, isso não ocorre pelos tipos de razões que estamos considerando nesta seção, ou seja, que o significado das frases não possa ser fixado por fatos vigorosamente objetivos sobre a conduta verbal e não-verbal anterior do falante ou por seus estados mentais[39].

Essa resposta está intimamente relacionada com uma terceira resposta ao argumento kripkensteiniano a favor da indeterminação jurídica. Como observamos na Introdução[40], os argumentos filosóficos muitas vezes são oferecidos primariamente com o propósito de oferecer uma explicação ou justifi-

---

39. Foram levantadas outras questões sobre a coerência e a viabilidade da solução cética. Por exemplo, alguns autores preocuparam-se com o fato de que o ceticismo quanto a fatos de significado também fundamentará o ceticismo quanto a outros fatos, como os fatos sobre as disposições comuns de uso. Para alguma discussão, ver Warren Goldfarb, "Kripke on Wittgenstein on Rules", 82 *J. Phil.* 471, 485 (1985); Wright, *supra*, n. 37, em 761-6. Não tratamos dessas difíceis questões aqui.

40. Ver *supra*, texto que acompanha nn. 6-12.

cativa de nossas práticas existentes. Críticas de teses filosóficas normalmente não têm a intenção de colocar em dúvida a prática subjacente; antes, são oferecidas para levantar dúvidas quanto a certa imagem ou maneira de compreender a prática. Esse é um ponto importante, mas facilmente ignorado.

A tese de indeterminação da tradução, de Quine, por exemplo, não tem o objetivo de nos impedir de comprar ou ler textos traduzidos, mas de levantar dúvidas quanto à imagem do significado que enfatiza a intencionalidade[41]. O mesmo pode ser dito sobre Wittgenstein. O objetivo de Wittgenstein – em oposição ao de Kripkenstein – é colocar em questão a imagem platônica da fundação da semântica, que, alguns podem pensar, explica ou justifica características importantes de nossas práticas lingüísticas. Se o argumento é totalmente bem-sucedido, ele não levanta dúvidas, por exemplo, quanto à nossa capacidade de conhecer o significado determinado de uma norma, mas apenas quanto à fonte desse conhecimento. Se a solução cética de Kripkenstein está certa, então essa fonte não é algum fato semântico no céu platônico, mas, antes, as convenções de uso compreendidas por nossa comunidade lingüística. A prática de seguir normas – por juízes ou quaisquer outros – permanece intacta, mas nossa imagem filosófica de sua possibilidade muda.

## 4. A contradição jurídica

Enquanto o ceticismo semântico argumenta que o discurso jurídico é fundamentalmente indeterminado, a afirmação de que o Direito é indeterminado porque é fundamental e internamente incoerente e contraditório depende de terem as normas jurídicas significados determinados ou significados suficientemente determinados que permitam que possam contradizer-

---

41. Ver W. O. Quine, *Word and Object* (Cambridge, Mass.: MIT Press, 1960), 26-79. Somos gratos a Chris Kutz, estudante de Direito de Yale, por sugerir essa ilustração para nosso ponto geral.

se mutuamente. Em algum nível, é obviamente uma questão empírica saber se o conjunto disponível de fontes jurídicas é incoerente. Suponha, por exemplo, que o conjunto de padrões jurídicos vinculantes encerra uma contradição interna. Como todo resultado é sugerido por uma contradição formal, quaisquer resultados são acarretados pelo conjunto de razões jurídicas e, portanto, todos os resultados são justificados. Nenhum resultado único é justificado, e o Direito é indeterminado[42].

Seria impossível negar que o Direito é indeterminado sob essas condições. Também é verdade, porém, que raras vezes os padrões jurídicos são formalmente contraditórios. Se fossem, o problema com a autoridade jurídica não seria o fato de que os resultados seriam contraditórios; antes, seria o de que o Direito seria formalmente contraditório. A indeterminação é apenas uma das muitas conseqüências indesejáveis da incoerência do Direito – e não é a mais inquietante. Se a tese da indeterminação é realmente a afirmação de que o Direito é formalmente contraditório, então, além de observar que o Direito raras vezes é formalmente contraditório da maneira como o argumento o imagina, não há como negar que sob essas condições o Direito seria indeterminado[43].

O teórico da indeterminação pode objetar que estamos subestimando a extensão em que os regimes jurídicos são contraditórios. Uma idéia, associada aos Estudos Jurídicos Críticos, é que o liberalismo sofre de uma "contradição fundamental"[44].

---

42. Ver *supra*, n. 31 e o texto que a acompanha.

43. Na próxima seção discutiremos uma fonte diferente – e genuína – da indeterminação jurídica sob a rubrica "normas conflitantes". Ver *infra*, Parte I.A.5. Essa rubrica é muitas vezes descrita como envolvendo "contradições". Esquivamo-nos a esse uso impreciso para distinguir esse caso dos casos discutidos na presente seção.

44. Ver, por exemplo, Roberto Unger, *Passion* (Nova York: Free Press, 1984), 20 ("Representamos uns para os outros uma necessidade ilimitada e um perigo ilimitado, e os próprios recursos pelos quais tentamos satisfazer a primeira agravam o segundo."); Duncan Kennedy, "The Structure of Blackstone's Commentaries", 28 *Buff. L. Rev.* 209, 213 (1979) ("A contradição fundamental – a de que as relações com os outros são ao mesmo tempo necessárias à nossa liberdade e incompatíveis com ela – não é apenas intensa. Ela permeia tudo.")

A contradição fundamental refere-se à tensão supostamente inescapável entre a nossa necessidade dos outros e o nosso medo deles, que tem como uma de suas mais significativas analogias políticas a nossa necessidade de poderes centralizados para proteger a nossa autonomia e o nosso medo de que esses mesmos poderes usurpem essa autonomia[45].

Como muitos autores já observaram, isso não é, naturalmente, uma contradição[46]. Na verdade, é uma questão complexa o modo como são mediadas a necessidade de poderes políticos coercivos para proteger a autonomia e a ameaça que esses mesmos poderes constituem para a autonomia; e tem sido um tema central da teoria política liberal explorar as fronteiras da coerção legítima. Mas complexidade não é contradição, e simplesmente chamá-la por outro nome não faz com que o seja. Com certeza, existem poderosas contestações filosóficas a esse programa liberal – por exemplo, de Robert Paul Wolff[47] – que encontraram respostas igualmente poderosas[48]. Mas, na ausência de alguma demonstração da impossibilidade da teoria política liberal – isto é, a impossibilidade de oferecer uma teoria dos termos da mediação legítima entre

---

45. A analogia é esta: *precisamos* dos outros para constituir nossa identidade individual (por meio da amizade, do amor, etc.); ainda assim, ao mesmo tempo, há o risco de que eles destruam nossa autonomia individual (rejeitando-nos, traindo-nos, objetificando-nos, etc.).

46. Ver, por exemplo, Philip E. Johnson, "Do You Sincerely Want to Be Radical?", 36 *Stan. L. Rev.* 247, 257 (1984) ("O que Kennedy chama de "contradição" não é absolutamente uma contradição lógica mas meramente um reflexo da complexidade do relacionamento humano.").

47. Ver Robert P. Wolff, *The Poverty of Liberalism* (Boston: Beacon Press, 1968), 3-50 (argumentando que, na medida em que nossos empreendimentos são inerentemente sociais, o problema central do governo não pode ser, como pressupõe o liberalismo, a regulação da infração de cada pessoa na esfera de ação das outras, mas, antes, a coordenação de ações e a escolha dos objetivos coletivos).

48. Ver, por exemplo, Raz, supra, n. 5, em 18 ("Embora sem negar que os governos podem constituir, como muitas vezes o fazem, uma ameaça para a liberdade individual, há ainda outra concepção que os considera como uma possível fonte de liberdade. [Os governos] podem criar condições que capacitem seus sujeitos a usufruir maior liberdade do que do contrário teriam.").

coerção e autonomia –, não há muito mais que se possa dizer nessa conjuntura[49].

## 5. Lacunas e normas conflitantes

A indeterminação que se pensa surgir por causa da pobreza ou riqueza relativas das fontes jurídicas e das operações interpretativas representa duas idéias diferentes, na verdade contrárias. Uma é a de que o Direito é indeterminado sempre que o conjunto de razões jurídicas é empobrecido; a outra é a de que o Direito é indeterminado sempre que o conjunto de razões jurídicas é muito rico. A afirmação de pobreza vale-se da noção de "lacunas" no Direito. A idéia é bem simples. Em um sistema jurídico primitivo ou imaturo, serão relativamente poucas as fontes juridicamente vinculantes para resolver dispu-

---

49. Falar sobre a "contradição fundamental" na literatura dos Estudos Jurídicos Críticos tem ecos dos argumentos antikantianos e antiliberais em Hegel. Os argumentos de Hegel, porém, *podem* ser reconstruídos de maneira que demonstrem o envolvimento de seus oponentes em contradições *lógicas* genuínas assim que se concedam a Hegel certas teses metafísicas fortes. Assim, na famosa seção sobre senhor e escravo da *Fenomenologia do Espírito*, Hegel demonstra que o ideal putativamente kantiano de uma autoconsciência independente é contraditório porque: (i) ser *independente* é não ser *dependente* de nenhuma coisa e de ninguém; mas (ii) ser *autoconsciente* é depender do reconhecimento de outras pessoas. Ver G. W. F. Hegel, *The Phenomenology of the Spirit*, traduzido para o inglês por A. V. Miller (Oxford: Oxford University Press, 1977), 111-9. Admitindo (ii), disso decorre que uma autoconsciência independente é uma contradição de termos. Podem ser elaborados argumentos hegelianos similares contra o ideal da liberdade como envolvendo uma esfera separada e protegida de autonomia, na qual a comunidade não pode intrometer-se. *Ibid.*, em 211-17. Mas, como a liberdade, para Hegel, envolve a ação racional, e a *ação racional* só é possível para a pessoa cujas ações harmonizam-se com os propósitos de uma comunidade *racional*, é uma contradição pensar em liberdade em termos da separação dos propósitos (talvez coercivos) da comunidade em vez de imersão nesses mesmos propósitos. Estes são resumos apressados de argumentos difíceis, mas devem lembrar-nos de que há um conjunto genuíno de argumentos antiliberais baseados em contradições da teoria liberal. Embora os adeptos dos CLS, por meio de seu engajamento superficial com Hegel e Lukács, tenham destacado temas aparentemente similares, na verdade abandonaram todo o conteúdo filosófico das genuínas posições antiliberais.

tas. Portanto, é inevitável que haja casos em que não existam fontes jurídicas de controle. Embora o enriquecimento do conjunto de fontes reduza o grau da indeterminação, ele nunca pode erradicar inteiramente a indeterminação; sempre será possível imaginar um caso em que não se aplica nenhum padrão jurídico vinculante. Assim, como sempre haverá lacunas no Direito, sempre haverá algum grau de indeterminação.

Sem negar a possibilidade de que um sistema jurídico desprovido de fontes jurídicas vinculantes será indeterminado em aspectos importantes, vale a pena observar que o argumento pela indeterminação a partir da existência de lacunas pode ser mais desorientador que esclarecedor, por três razões distintas. Em primeiro lugar, se há lacunas no Direito, é improvável que a sua existência dependa de características peculiarmente liberais da prática jurídica; as lacunas parecem não discriminar regimes jurídicos liberais e de outros tipos. Em segundo lugar, a existência de lacunas é insuficiente para estabelecer a tese da indeterminação, ou seja, a proposição (4) acima[50]. Tudo o que a possibilidade de lacunas no Direito estabelece é a possibilidade de casos novos, não regidos pelos padrões e recursos interpretativos existentes; não estabelece que casos importantes ou controvertidos (por exemplo, o aborto, a pena de morte) careçam de respostas determinadas. A existência de lacunas no Direito tampouco estabelece, sem o benefício de mais argumentação, que a indeterminação é difundida ou preocupante.

Mais importante, a afirmação de que há lacunas genuínas em sistemas jurídicos maduros (que é, presumivelmente, o caso dos regimes liberais) é, na melhor das hipóteses, enganosa. Dado o conjunto de padrões e de ferramentas aceitas para pensar sobre a relação entre padrões vinculantes e vários padrões de fatos disponíveis em um sistema jurídico razoavelmente maduro, é improvável que existam lacunas genuínas. Para quase qualquer disputa que possamos imaginar, existe algum modelo ou norma jurídica que influa na sua solução. Pode muito bem

---

50. Ver *supra*, Parte I.A.1.

ser que a relação entre as normas das quais os juízes podem legitimamente valer-se e a questão diante deles seja tão fraca, que não se poderia dizer que alguma decisão é justificada pelas normas, mas isso é muito diferente de dizer que nenhuma norma se aplica, que, em outras palavras, existe uma lacuna genuína no Direito.

Há uma importante distinção entre a afirmação de que nenhuma fonte vinculante – princípio ou norma – está disponível como recurso legítimo para permitir que um juiz pense proveitosamente sobre uma disputa que tem diante de si (uma lacuna genuína) e a afirmação de que na maioria dos sistemas jurídicos sempre haverá normas que influenciam cada disputa, mas que, em alguns casos, a relação entre as normas e qualquer resultado a que um juiz possa chegar é fraca demais para afiançar ou justificar a decisão. Em tais casos, poderíamos dizer que nenhum resultado é justificado pelo conjunto de padrões jurídicos, e que os resultados a que os juízes chegam nesses casos são indeterminados no sentido exigido. Assim, mesmo em sistemas jurídicos maduros, o Direito pode ser indeterminado sem que sua indeterminação decorra da existência de lacunas no Direito. Falar de lacunas é, na melhor das hipóteses, simplesmente uma maneira enganosa de fazer referência à indeterminação que surge quando a relação justificatória entre as razões jurídicas existentes e os resultados é fraca demais para sustentar a afirmação de que qualquer um dos resultados disponíveis a que um juiz pode chegar é justificado ou adequadamente afiançado pelo grupo das razões jurídicas. Apesar de não nos sentirmos confortáveis com a expressão "lacunas no Direito", não negamos que o tipo de indeterminação que se pretende assinalar com ela existe em todos os sistemas jurídicos. Ainda assim, como notamos acima, essa forma de indeterminação não faz discriminação entre regimes jurídicos liberais e não-liberais, nem sua existência estabelece a verdade da tese da indeterminação.

Se, em vez disso, focalizamos regimes jurídicos ricos em recursos jurídicos providos de autoridade, podemos identificar pelo menos duas fontes possíveis de indeterminação. A primeira consideramos acima[51]: a indeterminação que surge porque essas razões não sustentam suficientemente nenhum resultado em particular, embora o conjunto de fontes jurídicas proporcione recursos com os quais um juiz pode raciocinar produtivamente sobre os casos. Em contraste, podemos focalizar o caso em que elementos jurídicos diferentes justificam resultados conflitantes. A idéia é que em qualquer regime ricamente dotado de recursos argumentativos as fontes jurídicas obrigatórias, embora não estritamente contraditórias, irão, não obstante, sustentar resultados ou decisões conflitantes. Assim, em vez de nenhuma razão jurídica ser suficiente para justificar um resultado, o problema, com mais freqüência, será que razões jurídicas diferentes, com as quais estamos comprometidos, justificam resultados ou decisões conflitantes[52].

Uma resposta óbvia para essa linha de argumentação sustenta que mesmo normas conflitantes podem ser ordenadas por sua adequação ou importância, ou que seus pesos relativos podem ser explicados de alguma maneira que resolva o aparente conflito. Contra essa resposta, observe que é possível não existir nenhuma escala comum ao longo da qual os valores conflitantes devam ser comparados, medidos, avaliados e em virtude da qual devam ser ordenados. As normas e os valores

---

51. Ver *supra*, o texto que segue n. 31.

52. Às vezes, os críticos do liberalismo que falam sobre as "contradições" do Direito podem ser compreendidos para tornar tais "contradições" equivalentes à fonte da indeterminação que estamos agora considerando. Nesse sentido, duas ou mais fontes jurídicas válidas podem, cada uma delas, fundamentar plenamente resultados conflitantes. Assim, podemos dizer, imprecisamente, que as fontes contradizem-se. Em algumas visões, pensa-se que esse tipo de contradição surge por causa da existência da contradição mais fundamental, ou global, do liberalismo, discutida *supra*, Parte I.A.4. É importante notar, porém, que essa forma putativa de contradição em virtude de normas ou resultados conflitantes não é absolutamente contradição. É apenas outra maneira de dizer que normas diferentes que se aplicam a nós, que são parte do sistema de princípios e políticas que governa nossas ações, atraem-nos para direções diferentes. Não há nada contraditório nesse fato isolado, e é tanto um infortúnio da teoria política ou jurídica liberal como uma conseqüência ou característica de um sentido esclarecido da complexidade da motivação humana.

subjacentes que expressam podem ser incomensuráveis de maneiras importantes[53].

Precisamos distinguir entre duas conclusões que um crítico pode extrair da incomensurabilidade dos valores e dos padrões jurídicos que os expressam. A primeira é que os resultados jurídicos serão indeterminados. A segunda é que o argumento jurídico não pode ser racional. Se o argumento for fundamentado, os resultados serão indeterminados – no sentido de que nenhum resultado único é assegurado. Por outro lado, disso não decorre que o discurso jurídico não possa ser largamente racional. A discordância racional sobre o Direito (ou a moral) é perfeitamente compatível com a ausência de uma determinação única, e, portanto, do fato de que os resultados são indeterminados em alguns domínios ou tipos de casos não decorre que todas as escolhas sejam igualmente defensáveis e que nenhum exercício do julgamento racional possa ser defendido.

Em nossa descrição, a indeterminação é uma deficiência de *justificativa*, da relação justificatória entre as razões oferecidas pelas fontes jurídicas e os resultados que se presume que sustentam. Portanto, na medida em que o julgamento racional pode ser defendido diante da discordância gerada pelo fato de diferentes normas sustentarem conclusões conflitantes, disso não decorrerá que a indeterminação compreendida como deficiência de justificativa ou fundamento exista, ou, na medida em que existe, que a sua existência seja preocupante. A indeterminação é um problema quando permite pensar que o exer-

---

53. Ver Raz, *supra*, n. 5, em 321-66 (definindo o conceito de incomensurabilidade e explicando por que os valores são incomensuráveis); ver também Elizabeth Anderson, *Value in Ethics and Economics* (Cambridge, Mass.: Harvard University Press, 1993), 56 ("Quanto mais uma dada escala de valores abrange maneiras muito diferentes, categoricamente não-hierarquizadas de fazer frente a ela, maior o âmbito para a incomensurabilidade."); Charles Taylor, "The Diversity of Goods", em 2 *Philosophy and the Human Sciences: Philosophical Papers* 230, 230-47 [Charles Taylor (org.), Cambridge: Cambridge University Press, 1985] (argumentando contra as teorias éticas e políticas que, inspiradas pelo utilitarismo, ignoram o fato de que certos objetivos, tais como a integridade, a caridade e a liberação, merecem um tipo especial de busca e são incomensuráveis com nossos outros objetivos).

cício do julgamento racional não pode ser defendido contra um julgamento diferente. Se a existência de normas conflitantes acarretasse a impossibilidade de defender a escolha de uma em detrimento da outra, *isso* seria um problema.

Dito isso, não temos nenhuma razão para negar que às vezes os conflitos entre normas serão suficientemente grandes e os argumentos de todos os lados fortes o suficiente para justificar a afirmação de que nenhum resultado único pode ser defendido em detrimento dos outros. Nesse caso, não pretendemos negar que, em sistemas jurídicos maduros, as normas conflitantes podem apresentar casos genuínos de indeterminação. Tampouco pretendemos negar que às vezes, mesmo quando apenas normas coerentes e não-conflitantes aplicam-se a um caso, a relação justificatória entre as normas e qualquer resultado a que um juiz possa chegar seja fraca demais para afirmar que as normas justificam o resultado. Assim, aceitamos que a indeterminação é uma característica tanto de sistemas jurídicos maduros como de sistemas jurídicos menos desenvolvidos.

## 6. Resumo

Em resumo: primeiro, se empregados para estabelecer a indeterminação radical, os argumentos derivados de considerações semânticas gerais não são persuasivos. Segundo, o conhecido argumento a favor da indeterminação baseado na contradição liberal fundamental tem a infelicidade de basear-se em uma premissa falsa, ou seja, de que o liberalismo é profunda e fundamentalmente contraditório. Terceiro, há, não obstante, boas razões para pensar que o Direito será indeterminado em um grupo de casos importantes. As normas jurídicas podem não justificar suficientemente algum resultado em um caso. Normas diferentes, mas obrigatórias, dentro do sistema jurídico podem, cada uma delas, justificar resultados conflitantes.

## B. Indeterminação e autoridade

*1. Por que a indeterminação tem importância*

Seria tolice negar a possibilidade da indeterminação, embora a discordância razoável quanto à sua extensão em sistemas jurídicos particulares seja obviamente possível. Dada a probabilidade, se não a inevitabilidade, da indeterminação, é razoável perguntar por que alguém pode pensar que sua existência constitui um problema para a possibilidade do governo legítimo pelo Direito, ou para a possibilidade da autoridade liberal. Por que a indeterminação tem importância?

Existe uma variedade de respostas plausíveis que se poderia dar a essa questão, mas podemos destacar apenas algumas delas aqui. Uma idéia é que a indeterminação nos faz repensar a concepção que o advogado tem da prática jurídica. Nessa visão, a existência de respostas certas ou determinadas para disputas jurídicas é parte da estrutura operacional da prática jurídica na qual os advogados são socializados. Essa concepção é parte de uma rede maior de convicções ou pressupostos que formam a estrutura conceitual da cultura jurídica liberal. A existência de indeterminação considerável no Direito exige uma nova conceituação da cultura jurídica liberal[54].

Uma segunda razão para considerar a indeterminação importante é demonstrada pelo seguinte exemplo. Suponha que descubramos um padrão de decisões injustas em algum domínio do Direito. Podemos achar que é adequado criticar o Direito ou os juízes por essas decisões. Para fazer frente à nossa objeção, os juízes podem responder que também eles vêem os

---

54. Ver Mark Tushnet, "The Indeterminacy Thesis" (1993) (original não-publicado, arquivado com os autores). Tushnet argumenta que a concepção de prestação jurisdicional do advogado pressupõe a determinação. Assim, descobrir que o Direito é, na verdade, indeterminado força o advogado a repensar o relato *descritivo* dele. O problema com esse argumento é que ele provavelmente descreve erroneamente a concepção operacional de prática jurídica do advogado praticante. Apenas cidadãos comuns, alguns jurisconsultos e estudantes de Direito do primeiro ano têm uma concepção operacional do Direito como sendo determinado.

resultados como injustos, mas que são incapazes de fazer de outro modo; suas mãos estão atadas no sentido de que as decisões a que chegaram são determinadas unicamente pelo Direito que os obriga. A existência da indeterminação jurídica pode ser tida como importante na medida em que o recurso a ela ajudaria a minar argumentos desse tipo. Pois, se o Direito é indeterminado, não é possível para um juiz dizer que foi compelido pelo Direito a tomar e impor uma decisão injusta[55].

Esse argumento, porém, tem apenas uma plausibilidade superficial, e a indeterminação jurídica nada tem a ver com ela. Se um juiz chega a uma série de decisões obviamente injustas ao aplicar o Direito, então há algo moralmente repreensível no Direito, e o que há de repreensível nele nada tem a ver com o fato de ser determinado ou indeterminado. Além disso, a teoria liberal não permite que um juiz escape à reprovação ou à sanção moral afirmando que o Direito era determinado. Se o Direito é determinado e realmente exige resultados moralmente injustos – que de outro modo não seriam defensáveis (nem mesmo ligeiramente)[56] –, então a teoria liberal não exime o juiz de fazer o que moralmente deve fazer, ou seja, chegar a alguma outra solução, mais justa.

Há pelo menos três outras motivações para atribuir ao liberalismo (como teoria política normativa) um compromisso com a determinação como *ideal político*. Duas delas relacionam-se com considerações relativas ao "Estado de Direito". Primeiro, os resultados jurídicos devem ser determinados para que os indivíduos sejam informados quanto a seus deveres sob o Direito e tenham oportunidade para adequar sua conduta em conformidade com isso. Segundo, os resultados jurídicos são executáveis por meio da força, e, se esses resultados não são justificados pelo conjunto das razões jurídicas, então o exercício da coerção parece injustificado. A terceira preocupação do liberalismo que influencia a determinação do Direito relacio-

---

55. O professor Jack Balkin chamou nossa atenção para essa linha de argumentação.
56. Recorrendo, por exemplo, às expectativas estabelecidas dos litigantes.

na-se com a própria possibilidade do governo democrático. A democracia pressupõe que uma legislatura devidamente eleita pode formar um julgamento, aprová-lo pela legislação e fazer com que sua vontade seja seguida pelos tribunais. Esse pressuposto do governo democrático é incompatível com a indeterminação ou, pelo menos, com formas mais radicais dela. No restante desta parte do ensaio, destacarei cada um desses argumentos.

*2. Indeterminação e previsibilidade*

Às vezes não queremos saber se um certo resultado de um caso é justificado, ou seja, se há razões suficientes para fundamentá-lo, mas se um resultado pode ser *explicado* ou *previsto*. As razões podem figurar em explicações e previsões contanto que sejam causas[57]. O conjunto de razões jurídicas é causalmente indeterminado apenas se for inadequado para explicar ou prever os julgamentos a que o juiz chega. Se juntamos as duas teses da indeterminação, chegamos à afirmação de que o conjunto de razões jurídicas é insuficiente para justificar um resultado único ou para prevê-lo ou explicá-lo.

Leiter observou que o legado primário do realismo jurídico foi a indeterminação da hipótese das razões, ao passo que os próprios realistas estavam igualmente preocupados com a indeterminação causal[58]. Os realistas jurídicos tinham tanto interesse em compreender por que os juízes chegam às decisões a que chegam quanto em determinar se essas decisões podiam ou não ser justificadas[59]. Essa ênfase na explicação e na previsão é coerente com conhecidos lemas realistas, entre

---

57. Ver Donald Davidson, "Ações, Razões e Causas", em *Essays on Actions and Events* (Oxford: Clarendon Press, 1980), 3, 3-19 (defendendo a posição de que "a racionalização é uma espécie de explicação causal").
58. Ver Leiter, *supra*, n. 20.
59. Ver, por exemplo, Jerome Frank, *Courts on Trial: Myth and Reality in American Justice* (Princeton, NJ: Princeton University Press, 1949, reimpr. 1973), 20-1, 146-64, 262-89, 316-25.

os quais "o Direito é o que o juiz diz que é", ou "o Direito é a melhor previsão do que os juízes farão em um caso particular", etc.

Segundo o realista, o advogado ideal é aquele que está em melhor posição para aconselhar seus clientes quanto ao que esperar do litígio. Esse advogado precisará conhecer o que leva os juízes a decidir como decidem, não quais razões jurídicas, se houver alguma, justificariam suas decisões. Naturalmente, a maneira como os juízes, em sua maioria, são instruídos sugeriria que as razões jurídicas vinculantes desempenharão um papel proeminente na sua tomada de decisões, mas a tese da indeterminação (das causas) sustenta que, embora tendo papel causal, as razões jurídicas vinculantes são insuficientes para prever ou explicar as decisões judiciais. A melhor explicação das decisões judiciais pode incluir o conjunto de razões jurídicas vinculantes, mas não pode limitar-se a elas. Em vez disso, as explicações apontarão para fatos psicológicos e sociológicos sobre os juízes como parte, se não como o todo, do encadeamento causal[60].

Os realistas jurídicos afirmam que a classe das razões jurídicas é causalmente indeterminada. Por outro lado, tal como os positivistas, os realistas não parecem duvidar da possibilidade do governo legítimo pelo Direito[61]. Por quê? Não pode-

---

60. Para a imagem completa do realismo nesse aspecto, ver Leiter, *supra*, n. 20, em 145-67, e *id.*, "Legal Realism", em *A Companion to the Philosophy of Law and Legal Theory*, org. Dennis Patterson (Oxford: Blackwell, a ser publicado em breve, 1996).

61. Isso é mais claro em Karl N. Llewellyn, *The Common Law Tradition* (Boston: Little, Brown, 1960) (implicitamente reconhecendo que o governo legítimo pelo Direito é possível). Consideramos Llewellyn como representativo do cerne do realismo, embora, confessadamente, alguns dos que reclamaram o título tenham assumido visões mais extremas. Naturalmente, o próprio Llewellyn, em 1960, retrocedera demais, talvez, em alguns temas realistas importantes. Para uma discussão profícua, ver Charles E. Clark e David M. Trubek, "The Creative Role of the Judge: Restraint and Freedom in the Common Law Tradition", 71 *Yale LJ* 255, 256 (1961) (criticando *The Common Law Tradition*, de Llewellyn, por "reconhecer a criatividade judicial como parte da tradição do *common law*, mas... rejeitando a noção de liberdade judicial").

mos ter certeza, já que os realistas mantêm-se relativamente silenciosos sobre questões como essas. Ainda assim, uma razão plausível para pensar que os realistas não vêem a indeterminação como incompatível com a autoridade pode estar associada com a relação entre determinação e previsibilidade. Como a ênfase dos realistas na previsibilidade relaciona-se com a afirmação de que a autoridade jurídica requer determinação? Para responder a essa questão, temos antes de responder a outra, ou seja, qual é o interesse, ou problema, para o qual a determinação supostamente oferece a única solução aceitável? Eis uma possibilidade. O Direito é coercivo. No mínimo, para que o exercício do poder coercivo seja justificado, deve ser imposto a indivíduos que sejam capazes de adequar sua conduta às exigências dele e que tenham a oportunidade de fazê-lo. Assim, os agentes devem ser informados do que se espera deles. O Direito indeterminado é, presumivelmente, um problema para o Estado de Direito, porque, se o Direito é indeterminado, então os agentes ficam sem saber o que o Direito exige deles e são incapazes de adequar sua conduta em conformidade com isso.

É aqui que entra a ênfase dos realistas na previsão e na causalidade. Se a necessidade de que os agentes tenham a oportunidade de conformar sua conduta às exigências do Direito é o motivo da preocupação quanto à indeterminação, então, tudo o que realmente se exige é a previsibilidade. Se os indivíduos podem prever o que Direito exigirá deles, então, em princípio, estão informados e têm a oportunidade de conformar sua conduta às exigências do Direito. A informação exige previsibilidade, não determinação. E a proposição da tradição realista é justamente que resultados racionalmente indeterminados podem, não obstante, ser confiavelmente previsíveis – mesmo que a previsão não possa ser inteiramente feita com base na classe das razões jurídicas.

A segunda razão para pensar que os liberais exigem a determinação relaciona-se com o papel da autonomia na tradição liberal. A autonomia liberal requer estruturas estáveis, previsíveis, nas quais os agentes sejam livres para perseguir seus projetos, planos e aspirações[62]. Apenas contra esse pano de fundo, no qual muita coisa pode ser tida como certa, em vez de estar "no ar", é que os indivíduos podem formular projetos e objetivos significativos a longo prazo e ter confiança no seu investimento nos recursos necessários para executá-los. Esse é o tipo de teoria política liberal que Coleman começou a delinear em *Risks and Wrongs*[63]. Nesse tipo de estrutura liberal, pode-se pensar que os resultados determinados têm importância por causa de sua relação com a capacidade de um agente para formar expectativas confiáveis e com a racionalidade de seus investimentos nos recursos – inclusive o capital humano – necessários à sua execução. Mais uma vez, se a preocupação é que a determinação é necessária para a autonomia, então ela é infundada. Preocupações com a conformidade e a autonomia podem ser enfrentadas pela estabilidade e pela previsibilidade, não pela determinação. A capacidade de um agente para conformar sua conduta aos comandos do Direito *ex ante* depende de sua capacidade para prever o que os juízes farão ao aplicar o Direito aos vários padrões de fator, e o tipo de estabilidade requerida pela autonomia liberal também abre espaço para a preocupação subjacente com ações dotadas de autoridade que sejam previsíveis.

Em resumo, a indeterminação não constituirá, para o liberalismo, a ameaça que seria de esperar, desde que as decisões judiciais indeterminadas sejam, não obstante, confiavelmente previsíveis. Estabelecer que a indeterminação é compatível com a previsibilidade é parte do legado involuntário do realismo jurídico e, na verdade, é um pressuposto da doutrina dos críticos mais ríspidos do liberalismo[64]. Os realistas enfatizam

---

62. Ver, por exemplo, Loren Lomasky, *Persons, Rights and the Moral Community* (Nova York: Oxford University Press, 1987) (desenvolvendo um sistema de direitos baseado em uma visão de seres humanos como indivíduos preocupados com projetos pessoais).
63. Ver Jules Coleman, *Risks and Wrongs* (Cambridge: Cambridge University Press, 1992), 436.
64. Ver, por exemplo, Clare Dalton, "An Essay in The Deconstruction of Contract Doctrine", 94 *Yale LJ* 997, 1009-10 (1985) (afirmando que a idéia de tomada de decisões judiciais indeterminadas não é incompatível com a previsibili-

que os resultados indeterminados podem ser previsíveis, mas que razão temos para supor que estão certos? Afinal, os próprios realistas afirmam que a classe das razões jurídicas é, ela própria, causalmente indeterminada. Isso significa que as previsões não podem ser baseadas inteiramente em razões jurídicas[65]. Em que mais poderiam tais previsões estar baseadas? Uma sugestão é que as previsões confiáveis sobre como os juízes decidem casos exigem a existência de uma teoria sociocientífica adequada do julgar. Muitos realistas acreditaram na existência de tais teorias. Jerome Frank, por exemplo, achava que a teoria psicanalítica freudiana proporcionava, em princípio, o tipo certo de teoria sociocientífica para se obter justamente isso[66]. Underhill Moore algumas vezes deu preferência a uma forma de behaviorismo watsoniano[67].

As particularidades das várias teorias não importam para nossos presentes propósitos. Tudo que precisamos é supor que alguma teoria de tal tipo permite prever confiavelmente o que os juízes farão em casos particulares. Se há uma tal teoria disponível, todos os agentes, em princípio, podem prever com um grau razoável de confiança o que o Direito espera deles. Se for esse o caso, então, mesmo que o conjunto de fontes jurídicas possa ser indeterminado, como razões ou como causas, o próprio Direito é previsível e "determinado", no sentido exigido para a autoridade legítima. O problema, portanto, não é a indeterminação *per se*. Antes, é identificar e desenvolver o tipo certo e confiável de teoria sociocientífica da conduta judicial.

---

dade das decisões judiciais); David Kairys, "Legal Reasoning", em *The Politics of Law: A Progressive Critique*, org. David Kairys (Nova York: Pantheon, 1982), 11, 14-5 (afirmando que, embora as decisões judiciais sejam baseadas em valores e prioridades judiciais indeterminados, tais decisões não são necessariamente imprevisíveis).

65. Ver, por exemplo, Dalton, *supra*, n. 64, em 1009-10 (afirmando que, como as decisões judiciais são indeterminadas e, no entanto, previsíveis, a previsibilidade deve basear-se em outra coisa que não a doutrina jurídica).

66. Ver, de modo geral, Jerome Frank, *Law and the Modern Mind* (Londres: Stevens, 1930).

67. Ver Leiter, *supra*, n. 20, em 81-90 (discutindo a teoria da prestação jurisdicional de Underhill Moore).

*INTERPRETAÇÃO, OBJETIVIDADE E DETERMINAÇÃO*

Ironicamente, de maneira rudimentar, essa identificação e esse desenvolvimento são justamente o que a vasta maioria dos críticos do liberalismo estão realmente buscando.

*3. As teorias populares e a previsibilidade*

Os realistas jurídicos como Frank e Moore acreditavam em certas teorias sociocientíficas do julgar, mas talvez não haja nenhuma razão para pensar que a psicanálise de poltrona e o behaviorismo watsoniano são descrições corretas da conduta judicial. O problema não se encontra unicamente na possibilidade de que Frank e Moore estejam errados; antes, pode não haver nenhuma teoria sociocientífica do tipo adequado. E, se não existe nenhuma teoria do tipo adequado, então a previsão não é possível; e se a previsão não é possível estamos de volta ao começo – com interesses e preocupações liberais que não são atendidos pela prática existente. Isso é apenas metade do problema. Suponha que tal teoria existisse. A teoria pertinente seria insuficientemente bem conhecida para permitir que os cidadãos comuns se valessem dela (caso em que os resultados judiciais não seriam previsíveis para eles), ou seria suficientemente bem conhecida para que os próprios juízes tivessem conhecimento dela (caso em que os juízes reagiriam a ela de maneira que minariam seu poder de previsão)[68]. Agora temos de responder a duas objeções. A primeira é que a previsão exige uma teoria completa que pode não estar disponível. A segunda é que, se tal teoria estiver disponível, será inacessível ou, se acessível, derrotará a si mesma. Vamos examinar uma por vez.

A existência de uma teoria completa e satisfatória é menos importante do que parece à primeira vista: os advogados podem e realmente prevêem, com um grau elevado de exatidão, os resultados a que os juízes chegarão, e fazem-no sem nada semelhante à psicanálise de poltrona de Jerome Frank ou

---

68. Devemos essa objeção ao professor Andrei Marmor, da faculdade de Direito da Universidade de Tel Aviv.

ao behaviorismo de Underhill Moore. Como os advogados fazem isso, então? Presumivelmente, fazem-no com certo grau de conhecimento psicológico, político e cultural informal, que constitui uma teoria social-científica "popular" da prestação jurisdicional. O sucesso dessa teoria popular, que, no final das contas, é em boa parte coextensiva com os talentos dos advogados (isto é, sua capacidade de aconselhar os clientes quanto ao que fazer, quando ir a julgamento, quando entrar em acordo, etc.), pode constituir um sucesso suficiente para os propósitos da previsibilidade e da autoridade, independentemente dos pontos de vista das teorias sociocientíficas. Mesmo os críticos mais severos do liberalismo não parecem negar a possibilidade de teorias "populares" da conduta judicial[69]. Assim, os adeptos dos Estudos Jurídicos Críticos e do Feminismo correlacionam decisões judiciais com riqueza, gênero, raça, costumes culturais e ideologias. Na verdade, fazê-lo é essencial para parte de seu programa, que é estabelecer as bases ideológicas da prestação jurisdicional.

Se uma teoria sociocientífica correta do julgar realmente existisse, a maior parte dos cidadãos comuns não a conheceria. Então, mais uma vez, eles não precisam ter tal teoria em mente para esquivar-se à ira da lei. A maioria das pessoas, na maior parte do tempo, pode ordenar seus assuntos para evitar entrar em conflito com a lei; como os advogados, as pessoas comuns podem valer-se de conhecimento psicológico, político e cultural informal para antecipar o que os tribunais farão. Nos poucos casos em que têm dúvidas genuínas quanto ao que a lei exige deles, podem (e muitas vezes o fazem) buscar aconselhamento que empregue a teoria popular relevante. Assim, uma teoria que não é bem conhecida pela população como um todo é compatível com a autoridade jurídica contanto que exista a teoria popular relevante para preencher as lacunas de seu conhecimento.

---

69. Ver, por exemplo, Kairys, *supra*, n. 64, em 15 (afirmando que "os antecedentes, a socialização e a experiência compartilhados de nossos juízes... oferecem padrões definidos nas maneiras como categorizam, abordam e solucionam conflitos sociais e políticos").

Suponha, porém, que a teoria de previsão é bem conhecida. Podemos presumir que os juízes estão familiarizados com ela. Outra objeção possível sugere que os juízes não participarão passivamente de uma fraude enquanto o resto do mundo conhece os verdadeiros fundamentos de suas decisões. Com certeza, os juízes responderão tomando decisões com base em outros fundamentos, minando, assim, o poder de previsão da teoria relevante.

A plausibilidade dessa objeção depende do tipo de teoria de previsão em questão. Suponha que alguém tem a seguinte "teoria" de previsão: "Coleman e Leiter comem quando estão com fome." Suponha que essa hipótese é amplamente conhecida e torna-se conhecida para Coleman e Leiter. Daí não decorre que Coleman ou Leiter vão parar de comer quando estiverem com fome ou começar a comer quando não estiverem com fome. Na verdade, pode ser atraente para Coleman e para Leiter saber por que comem quando comem. Tal teoria pode dar-lhes uma compreensão de sua conduta que, de outra maneira, eles não teriam, e assim por diante.

Esse tipo de teoria de previsão ou de explicação *vindica* a conduta ou as decisões em questão. Mas algumas das teorias de previsão associadas ao realismo jurídico parecem não ter esse caráter. Por exemplo, se Jerome Frank está certo, então os juízes tomam decisões por causa de vários desejos neuróticos inconscientes[70]; trazer à luz essas causas da decisão com certeza mudaria a conduta judicial! Naturalmente, a psicanálise de poltrona de Frank nunca ofereceu uma teoria de previsão poderosa e, com certeza, não é a teoria popular de que se vale a maioria dos advogados. Mais promissor é o tipo de teoria imaginado por realistas como Karl Llewellyn e Underhill Moore, segundo a qual os juízes decidem casos do Direito comercial baseados mais em sua percepção do que seria justo ou adequado, no contexto comercial específico, do que em regras jurídicas ou decisões anteriores dos tribu-

---

70. Ver Frank, *supra*, n. 59, em 146-64.

nais[71]. Presume-se que esse tipo de teoria de previsão, se os juízes tivessem mais consciência dela, vindicaria suas decisões, em vez de fazê-los agir de outra maneira. Em resumo, a previsão não exige uma teoria completa da conduta judicial. Exige apena uma teoria "popular" informal da conduta judicial, ou justamente o tipo que a maioria dos advogados e muitos cidadãos parecem já ter. Além disso, nenhuma conseqüência danosa decorreria do conhecimento judicial dessa teoria.

Fechamos esta seção examinando uma preocupação final sobre a causalidade e a prestação jurisdicional. O argumento que oferecemos admite que as razões jurídicas podem ser causalmente inadequadas para explicar ou prever a conduta judicial. No entanto, baseia-se na idéia de que tal conduta é causalmente explicável. Assim, embora nosso argumento pareça aceitar a visão do realismo jurídico de que as razões jurídicas são causalmente indeterminadas, não é cético quanto à eficiência causal das razões em geral. É um problema? É incoerente? Nem uma coisa nem outra. Ao aceitar a tese da indeterminação das causas, aceitamos que as razões jurídicas podem não causar completamente as decisões judiciais. Não rejeitamos a possibilidade de que razões possam ser causas. Aceitar a noção de que a conduta judicial não é completamente causada pelas razões jurídicas às quais se pode esperar que os juízes recorram não implica que a conduta judicial seja ela própria misteriosa ou, então, que não está sujeita à explicação causal comum.

---

71. Ver Underhill Moore e Theodore S. Hope, Jr., "An Institutional Approach to the Law of Commercial Banking", 38 *Yale LJ* 703, 719 (1929); Underhill Moore e Gilbert Sussman, "Legal and Institutional Methods Applied to the Debiting of Direct Discounts–Institutional Method", 40 *Yale LJ* 555, 560 (1931); ver também Llewellyn, *supra*, n. 61. Nas obras posteriores de Llewellyn, e na obra de Moore, essa teoria assumiu uma bagagem consideravelmente mais teórica, mas seu cerne é eminentemente simples e plausível, e um componente central da teoria popular de qualquer advogado comercial. Era sabedoria comum entre os litigantes comerciais com quem Leiter exercia a prática em Nova York que os juízes querem "fazer o que é justo"; o trabalho do advogado era, primeiro, apresentar os fatos de tal maneira que a justiça parecesse exigir uma decisão a favor de seu cliente e, segundo, oferecer ao juiz alguma lei na qual ele pudesse "pendurar o chapéu".

## 4. Determinação e justificação pela razão

Até aqui, focalizamos as preocupações com a determinação que podem ser atendidas por resultados racionalmente indeterminados, mas previsíveis. Essas preocupações surgem em virtude do compromisso do liberalismo com o Estado de Direito e de certo tipo de teoria política liberal que enfatiza a centralidade da autonomia pessoal. À primeira vista, essas considerações sugerem que a indeterminação do Direito é incompatível com a teoria normativa liberal porque as considerações relativas ao Estado de Direito e à autonomia, essenciais para a teoria, exigem determinação. Se nossa análise é correta, o exame mais detalhado revela que essas preocupações exigem apenas que o Direito seja confiavelmente previsível, não que seja determinado[72]. Assim, o Direito indeterminado, mas previsível, satisfaz essas considerações do Estado de Direito e da autonomia, e não fica aquém, pelo menos não por esses fundamentos, do ideal normativo liberal.

Não há dúvida de que a previsibilidade e a estabilidade são elementos importantes da teoria normativa liberal. Existem, porém, outros aspectos da teoria normativa liberal que têm muito menos relação com a previsibilidade e a estabilidade; aspectos do liberalismo que, pode-se pensar, acarretam um compromisso com a determinação. Conceitualmente, pelo menos, a determinação e a previsibilidade são mutuamente exclusivas. Lembre que um resultado é determinado[73], desde que seja o único *justificado* pelo conjunto das razões jurídicas[74]. Os resultados podem ser unicamente justificados sem ser previsíveis. A decisão certa em um caso pode não ter sido previsível *ex ante*, mesmo que venha a ser vista como a solução natural *ex post*. A tese da determinação faz uma afirmação sobre a *justificação*: o conjunto das razões jurídicas justifica um resultado único. O foco sobre a previsibilidade não tem nenhuma re-

---

72. Ver *supra*, Parte I.B.3.
73. Determinado no sentido associado com a indeterminação das razões.
74. Ver *supra*, Parte I.A.1.

lação com a justificação, ao passo que a determinação tem tudo a ver com a justificação.

Nas seções anteriores examinamos os modos como certas restrições da teoria política liberal chamam nossa atenção para a previsibilidade e a estabilidade das decisões judiciais[75]. Que compromissos, se há algum, chamam nossa atenção para a relação justificatória entre as razões jurídicas e as decisões judiciais?

Mais uma vez, o candidato óbvio é o fato de que os resultados jurídicos são coercivamente aplicáveis[76]. Como as decisões a que os juízes chegam são coercivamente aplicáveis, não é suficiente que essas decisões sejam previsíveis. Para que a coerção seja justificada, os indivíduos devem ser capazes de conformar sua conduta às exigências do Direito e ter oportunidade de fazê-lo. Essa condição não é suficiente, porém. Resultados previsíveis mas injustificados não podem ser justificadamente aplicáveis por meio de coerção. Para que o poder coercivo do Estado seja legitimamente empregado, as decisões dos juízes devem ser justificadas por algo mais.

Para serem justificadas, as decisões judiciais devem ser fundamentadas pelo conjunto disponível de razões jurídicas. Dependendo da teoria de justificação (e do Direito) que se tem, ser fundamentado por razões jurídicas pode também ser insuficiente para justificar a aplicação coerciva, já que mesmo resultados juridicamente exigidos podem às vezes mostrar-se moralmente indefensáveis. No mínimo, porém, o assentimento obrigatório às decisões judiciais só pode ser justificado se esses resultados são fundamentados pela classe das razões jurídicas. Assim, a previsibilidade pode minimizar algumas das preocupações que os liberais têm quanto à coerção, mas não pode minimizar todas. O componente que falta é a determinação.

Esse argumento indica corretamente que as preocupações com a justificação não são redutíveis a considerações de previsibilidade. Para ser justificada, a coerção deve, pelo menos,

---

75. Ver *supra*, Partes. I.B.1-3.
76. Ver *supra*, Parte I.B.1.

aplicar resultados fundamentados pelo conjunto das razões jurídicas. Isso parece certo. Mas não decorre daí que tais resultados devam ser determinados, isto é, fundamentados unicamente pela classe das razões jurídicas. A coerção política é injustificada quando empregada para aplicar uma decisão *injustificável*, não quando usada para aplicar uma decisão justificável (ainda que não unicamente). O problema com a coerção é seu uso para aplicar resultados que não são justificados; não que a coerção esteja sendo empregada para impor resultados justificados que porventura não sejam fundamentados unicamente. A coerção exige fundamento, não unicidade. A unicidade, como argumentaremos, não é uma exigência da autoridade legítima.

É suficiente dizer que o argumento da coerção exige fundamentação apenas por meio de razões jurídicas e não de unicidade (determinação)? Considere a situação do litigante perdedor, digamos, o queixoso de um caso. É suficiente que uma decisão a favor do réu seja fundamentada pela classe das razões jurídicas mesmo no caso em que uma decisão em favor do litigante perdedor também pudesse ter sido fundamentada pela classe das razões jurídicas? Sem dúvida, o queixoso sentirá que o poder do Estado foi imposto a ele injustamente.

Certamente, dois resultados podem ser fundamentados pela classe das razões jurídicas, mas um pode ser mais fundamentado que o outro. A fundamentação tem um limiar e uma dimensão ordinal. Não é que os resultados ou são fundamentados ou não, e que os fundamentados são igualmente fundamentados, e os não-fundamentados são igualmente não fundamentados. Entre os resultados que são fundamentados haverá alguns que são mais bem fundamentados que outros pela classe de razões relevantes. Portanto, o fato de que o queixoso perdedor "tem suas razões" (isto é, uma decisão em seu favor seria racionalizável segundo a classe das razões jurídicas) não leva à conclusão de que ele tem um direito na justiça quando foi emitida uma decisão contra ele[77]. Para tornar interessante essa linha de

---

77. O queixoso perdedor pode ter uma queixa válida, porém, quando uma decisão a seu favor é mais bem sustentada pela classe das razões jurídicas que pela

argumentação, temos de restringi-la a casos em que uma decisão a favor de qualquer das partes teria sido igualmente fundamentada pela classe das razões jurídicas.

Antes de considerar o que dizer a respeito desse tipo de caso, note como essa linha de argumentação poderia levar um teórico consciencioso a perguntar-se se a melhor interpretação da prática refletirá um compromisso com a determinação jurídica. O queixoso diz, na verdade, "para justificar uma decisão contra mim não é suficiente que o réu tenha uma boa razão; a razão do seu lado tem de ser melhor que a minha". A coerção pode ser justificada apenas para sustentar a melhor razão, não uma razão que seja meramente bastante boa. Um modo aceitável de compreender a noção de uma resposta correta é exatamente nesse sentido: a resposta correta é a melhor. Assim, os litigantes podem ter uma concepção da prática que os leva a perceber que há respostas corretas para as disputas jurídicas; do contrário, o exercício da coerção contra eles carece de justificação. Esse é um tipo de razão que pode levar um teórico a tentar entender a prestação jurisdicional como estando comprometida com resultados determinados[78].

Voltando à nossa questão: estamos imaginando um caso em que as decisões para o queixoso e para o réu são igualmente fundamentadas pelo conjunto das razões jurídicas. O que podemos dizer, em tal caso, para o queixoso perdedor que pudesse justificar (para ele) o uso da coerção para forçar sua anuência (se necessário)? Ajudaria a questão se a decisão contra ele fosse o resultado *previsível*? A previsibilidade não dará

---

decisão obtida em apoio à reivindicação do réu – mesmo que esse resultado seja fundamentado pela classe das razões jurídicas. Nesse caso, não é suficiente que um resultado seja fundamentado pela razão para compelir justificadamente a aquiescência a ele. Se ambos os resultados são fundamentados, então apenas o argumento que recebe mais sustentação pela classe das razões jurídicas é justificadamente passível de imposição. O verdadeiro dilema ocorre quando ambos os resultados são igualmente fundamentados. Consideramos esse problema a seguir.

78. Um argumento muito parecido com este é parte da argumentação de Dworkin a favor da tese da resposta certa, antes de *O império do Direito*. Ver Dworkin, *supra*, n. 22, em 28 [citando *id.*, "Hard Cases", 88 *Harv. L. Rev.* 1057 (1976), reimpr. em Dworkin, *supra*, n. 3, em 81].

conta de todo o trabalho necessário. Inicialmente, a defesa original da coerção baseada na previsibilidade dos resultados não se destinava à aplicação a todo e qualquer caso; destinava-se, de fato, a justificar o uso geral da força. Tudo o que se exigia era que os resultados fossem previsíveis o bastante para servir de orientação e permitir que os indivíduos adequassem sua conduta ao Direito. O argumento não exigia que cada resultado fosse previsível com certeza, e a decisão em nosso exemplo pode não ter sido.

Para fins de argumentação, suponha que a perda do queixoso fosse previsível para ele. Nesse caso, ele não teria justificativa para criar expectativas de vencer a causa. Se sua queixa é de que a decisão contra ele é injusta porque frustra suas expectativas de ganhar, a resposta seguinte é apropriada: suas expectativas não são bem fundadas, de modo que não é injustificado frustrá-las. Isso sugere que a eficácia da previsibilidade do resultado para rechaçar a acusação de injustiça vai depender, em parte, da origem da queixa de tratamento injusto.

Pode ser que a queixa do querelante, afinal, não seja que suas expectativas foram frustradas. Pode ser simplesmente que ele considere ter um pleito tão sólido quanto o do réu. Ele se pergunta por que o poder coercivo do Direito está sendo usado contra ele, não a seu favor.

Há várias observações a fazer nesse contexto. Primeiro, quando a classe das razões jurídicas é inadequada para distinguir o litígio do queixoso do litígio do réu, não decorre daí que a decisão do juiz em favor do réu seja arbitrária, no sentido de ser *desarrazoada* ou *irracional*. A acusação de injustiça não pode ser vista como a acusação de que a decisão carece de uma razão que a justifique. É mais provável que a objeção seja de que a decisão carece de uma razão conclusiva. Mas pode ser também que não seja isso. Lembre-se da importante distinção entre a classe das razões jurídicas e a classe das razões que o Estado tem autoridade para implementar ou pôr em vigor[79].

---

79. Ver *supra*, Parte I.B.3.

Nem todas as áreas nas quais um Estado tem autoridade para agir têm sua autoridade totalmente implementada na legislação ou em decisões judiciais anteriores. A classe das razões jurídicas pode inserir-se no conjunto das razões que o Estado pode implementar, mas não é idêntica a esse conjunto. O âmbito das razões jurídicas será estabelecido por uma "regra de reconhecimento" ou por fontes e convenções obrigatórias, ao passo que o âmbito das razões que legitimam o agir será determinado pela teoria política pertinente do Estado.

Caso haja um empate, de acordo com o julgamento da classe das razões jurídicas, pode haver outras razões que um juiz esteja autorizado a aplicar. Embora, estritamente falando, estas não sejam razões jurídicas, inserem-se na autoridade *discricionária* que tem o juiz para implementá-las. Tais razões podem fundamentar uma decisão favorável a um litigante e não a outro mesmo quando a classe das razões jurídicas não o possa. Talvez faça parte de nossa prática jurídica que, quando as razões jurídicas são indeterminadas, um juiz tenha autoridade para recorrer a razões extrajurídicas aplicáveis para resolver uma disputa. Nosso queixoso perdedor certamente teria motivos para reclamar se o juiz recorresse a razões que não se aplicassem ao caso, ou a razões que o juiz não estivesse autorizado a levar em conta, mas do contrário ele não teria uma reclamação[80].

---

80. A maioria dos comentaristas concorda que algo semelhante a isso é o que ocorre em nossas práticas, mas discorda quanto ao modo de descrevê-lo. Dworkin, por exemplo, argumentou que, ao recorrer a tais razões, os juízes recorrem, na verdade, a padrões *jurídicos*, não a razões para além do Direito (que ele, não obstante, tem autoridade para consultar). É fácil perceber como essa visão da classe das razões jurídicas ajusta-se às visões anteriores de Dworkin quanto à determinação e às respostas corretas. Os positivistas, notavelmente Raz e Coleman, argumentam que nem toda razão a que um juiz pode recorrer é, só por essa razão, uma razão jurídica, isto é, uma razão que, dados os critérios da juridicidade, ele pode consultar. Parte da diferença é que Dworkin elabora sua teoria do Direito – sua descrição do que é o Direito – a partir de uma teoria da prestação jurisdicional, ao passo que os positivistas, como Hart, Raz e Coleman, afirmam que as teorias do Direito e da prestação jurisdicional são componentes distintos, mas relacionados, de uma teoria jurídica. Ver Dworkin, *supra*, n. 3, em p. xii (identificando os direitos jurídicos como um "direito institucional à decisão de um tribunal na sua função de julgar"); Joseph Raz, *The Authority of Law: Essays on Law and Morality* (Oxford: Cla-

Porém, nosso queixoso perdedor não ficaria satisfeito se, além da razão extrajurídica aduzida em favor do réu, existissem razões similares a apoiar sua causa. Seus interesses simplesmente se manifestariam em um nível diferente. Em vez de se queixar de que o resultado é injusto porque, segundo o Direito, ele tem uma causa tão boa quanto a do réu, ele agora reclama que também tem uma causa igualmente boa dadas quaisquer outras fontes ou razões legítimas que um juiz pode ter para decidir. O que podemos dizer quando não existe nenhuma razão substantiva de Direito ou de moralidade política que distinga o litígio do queixoso do litígio do réu?

Há pelo menos duas coisas que podemos dizer. Em alguns casos, haverá normas e práticas culturais que são partilhadas tanto pelos queixosos quanto pelos réus. Essas normas e convenções podem tornar um resultado mais conspícuo que outro; em certos contextos, a comunidade entende que a decisão certa é de um certo tipo. Na medida em que os dois litigantes participam da mesma cultura, adotam as mesmas práticas e seguem as mesmas normas, essas considerações informais irão reforçar a decisão mesmo que não exista nenhuma razão que obrigue ou autorize que se a exija. Essa visão reflete a concepção dos realistas sobre a esfera comercial[81].

Esse tipo de resposta, porém, tem apenas uma aplicação limitada. O argumento mais geral é simplesmente que, em casos em que as razões oferecidas são igualmente fortes em ambos os lados, se o juiz decidisse contra o réu, o réu estaria em posição de fazer a mesma alegação. Na medida em que optamos por um sistema de resolução de disputas formal, alguém tem de vencer e alguém tem de perder. Contanto que a teoria política operativa do Estado seja a de que as decisões baseadas em um julgamento razoável são melhores que nenhuma decisão, que é melhor ter decisões autorizadas que nenhuma decisão, o julgamento contra o queixoso pode ser justificado. Afinal,

---

rendon Press, 1979), 180, 206-9; Jules L. Coleman, "Negative and Positive Positivism", 11 *J. Legal Stud*. 139, 148-9 (1982).

81. Ver Moore e Hope, *supra*, n. 71, em 719: Moore e Sussman, *supra*, n. 71, em 560; ver também Llewellyn, *supra*, n. 61.

uma decisão a favor do queixoso ou do réu será arbitrária, mas daí não decorre necessariamente que a decisão será inteiramente desarrazoada ou irracional. Assim, a objeção de que decidir contra o queixoso é injusto parece vazia.

## 5. *A determinação e a democracia*

A autonomia liberal exige instituições políticas, sociais e econômicas estáveis. (Estável não significa "fixo".) Ao mesmo tempo, as restrições liberais à coerção exigem a previsibilidade e a fundamentação por meio das razões jurídicas. Não encontramos nenhum comprometimento profundo do liberalismo que exija a determinação. Além disso, embora o liberalismo exija que as decisões a que chegam os juízes sejam fundamentadas pela classe das razões jurídicas, não encontramos nenhum argumento que exija que as mesmas decisões sejam *causadas* pela classe das razões jurídicas. Por tudo o que demonstramos, um juiz poderia decidir casos com outras bases que não as classes das razões jurídicas, contanto que sua decisão pudesse ser fundamentada independentemente pela classe das razões jurídicas[82]. Isso é um problema?

A resposta é "sim" e "não". O problema não envolve a determinação das razões, que é uma afirmação acerca da justificação e da fundamentação por meio da razão. A indeterminação das causas e a indeterminação das razões ocupam lugares diferentes na teoria liberal. Não obstante, a teoria política liberal imagina juízes agindo responsavelmente, chegando a decisões baseados nas razões que se aplicam a elas. Se acontece que os juízes tipicamente decidam casos com base em outros fundamentos, nos quais a classe das razões jurídicas não desempenha nenhum papel causal ou apenas um papel insignificante, então isso pode muito bem assinalar uma séria deficiência na prática, não na teoria. A teoria não a endossaria nem a racionalizaria. A objeção da determinação chama nossa atenção para o âmbito da

---

82. Ver *supra*, Parte I.B.4.

liberdade de movimento ou arbítrio judicial, não para o mecanismo causal pelo qual se chega às decisões.

Antes de encerrar esta parte do artigo, permita-nos discutir brevemente um último argumento a favor da afirmação de que o liberalismo está comprometido com a determinação: o argumento da democracia. A idéia básica é que os legislativos devidamentes eleitos só podem assegurar a vontade da população se os juízes forem, no sentido adequado, obrigados pela legislação criada democraticamente. Como o liberalismo comumente está comprometido com alguma forma de legislação democrática, o liberalismo está comprometido com a determinação, já que os juízes devem decidir casos com base nas razões que os legislativos proporcionam. Na medida em que essas razões deixam de limitar a conduta judicial, a própria possibilidade do governo democrático é duvidosa[83].

Há muitas coisas a notar a respeito do argumento, das quais nem todas, estritamente falando, têm influência no problema da determinação. Primeiro, o argumento implica que os juízes devem ser restringidos pelas razões oferecidas na legislação, não apenas que suas decisões sejam defensáveis pelo recurso a essas razões. Se tiver fundamento, o argumento do governo democrático é o de que os resultados a que chegam os juízes devem, de alguma maneira significativa, ser *causados* pelas razões que a legislação proporciona. Essa não é uma questão de determinação, apesar de que os críticos da conduta judicial estariam justificados em reclamar que os juízes que não considerassem a classe das razões jurídicas de tal modo estariam agindo de má fé.

Em segundo lugar, mesmo que a regra democrática exija que os resultados a que chegam os juízes sejam limitados pela legislação, disso não decorre que os juízes não tenham limites quando as razões que a legislação provê não fundamentam resultados únicos. Ter liberdade de ação dentro de limites, afinal, é ser restringido.

---

83. O argumento aplica-se basicamente ao Direito legislado e não ao *common law*, no qual não se pensaria no surgimento de nenhum problema análogo a respeito do governo democrático.

O argumento desta parte do artigo pode ser resumido de maneira muito concisa. A teoria política liberal está comprometida com uma variedade de ideais que podem ser confundidos com um compromisso com a determinação. Na verdade, porém, o liberalismo não está comprometido com a determinação no sentido de resultados com fundamentação única. A existência da indeterminação na prestação jurisdicional, portanto, não constitui uma ameaça substancial à possibilidade de governo legítimo pelo Direito.

## Parte II: A objetividade

### A. A importância da objetividade

*1. A objetividade processual*

Recorde-se o argumento sobre a objetividade:

(1) a teoria política liberal está comprometida com a objetividade;

(2) a prática jurídica, na verdade, não é objetiva no sentido relevante;

(3) portanto, as práticas existentes não podem ser defendidas com fundamentos liberais.

O ônus de estabelecer as premissas (1) e (2) normalmente caberia ao crítico que fizesse a proposição (3). Na verdade, nenhum crítico ainda tomou a si esse fardo por duas razões diferentes, mas relacionadas. Primeiro, há muitas teorias políticas que afirmam ser liberais, de modo que, como questão prática, é simplesmente muito difícil *estabelecer* que o "liberalismo político" está comprometido com a objetividade da prestação jurisdicional. Segundo, o próprio conceito de objetividade é muito complexo, estendendo-se por uma variedade de disciplinas filosóficas, incluindo a epistemologia, a semântica e a metafísica. Nenhuma discussão crítica existente tentou sequer enfrentar problemas de objetividade em todas essas áreas da filosofia ou examinou a possível ligação de cada uma com uma concepção de prestação jurisdicional distintamente liberal.

Como ninguém jamais apresentou um argumento satisfatório ao alegar que o liberalismo está comprometido com uma espécie de objetividade que a prática jurídica deixa de exibir, talvez devamos simplesmente sugerir que, até que se ofereça tal argumento, não há nenhuma razão para supor que o liberalismo tem compromisso com a objetividade ou que, se tem, o tipo de objetividade com o qual está comprometido não é, na verdade, exemplificado pela prática jurídica. Não é esse o caminho que escolhemos. Nossa visão é que o liberalismo pode muito bem estar comprometido com a objetividade e, mais importante, que a prática jurídica é objetiva no sentido relevante[84]. Para expressar isso nos termos do argumento sobre a objetividade esboçado acima, aceitamos a premissa (1), mas rejeitamos a premissa (2).

Antes de partirmos para uma discussão da premissa (2), gostaríamos de delinear algumas das razões para pensar que o liberalismo está comprometido com a objetividade. Fazê-lo trará o benefício adicional de permitir que apresentemos sentidos diferentes de objetividade, identificando, ao mesmo tempo, domínios diferentes em que se manifestam as preocupações com a objetividade. Podemos distinguir entre dois tipos de razões para pensar que a prática jurídica é objetiva em um sentido importante. A primeira delas tem relação com problemas da *filosofia política*; a segunda com problemas da teoria jurídica. Consideramos cada uma delas.

No que diz respeito à objetividade e à teoria política liberal, a distinção importante é entre a objetividade processual

---

84. Argumentamos abaixo que existem boas razões para atribuir objetividade ao liberalismo, mas o argumento nessa parte do artigo não depende de ser plenamente justificada essa atribuição. Porque, mesmo que o liberalismo não esteja, e não precisa estar, comprometido com nenhum tipo de objetividade, os aspectos importantes da prática jurídica são, na verdade, objetivos. O crítico que afirma que o liberalismo deixa de justificar a prática jurídica existente porque essa prática não é objetiva está errado, na medida em que a prática jurídica é realmente objetiva. A questão central não é se o liberalismo está comprometido com a objetividade, mas se o Direito é objetivo no sentido adequado. Assim, uma boa porção desta parte do artigo é dedicada a especificar a concepção relevante de objetividade.

(ou epistêmica) e a objetividade metafísica. Uma visão familiar a respeito dos fundamentos do liberalismo começa com a idéia de que, para perdurar, as associações políticas devem encontrar uma solução conciliatória entre concepções conflitantes de valor e do bem, assim como entre teorias filosóficas abrangentes e conflitantes. Em sua comunidade política liberal, o Direito permite que indivíduos com concepções conflitantes coexistam (mais ou menos) pacificamente[85].

Os processos de tomada de decisões jurídicas têm como objetivo forjar soluções conciliatórias entre interesses conflitantes, além de estabelecer regras básicas sobre as quais indivíduos com teorias ou concepções políticas e filosóficas abrangentes possam concordar. Esses processos são defensáveis não porque proporcionem respostas corretas para disputas jurídicas e políticas, mas porque resolvem tais disputas de maneira justa

---

85. "Objetividade" neste sentido processual envolve essencialmente ausência de *parcialidade*: um processo para chegar a decisões é objetivo em virtude da sua ausência de parcialidade para com um lado ou outro. Poderíamos pensar também nesse tipo de objetividade como *epistemológica*, isto é, pertencente aos processos cognitivos pelos quais formamos crenças a respeito de qual lado tem direito a uma decisão a seu favor. Em geral, formamos nossas concepções de quais traços deveriam compreender um processo epistêmico objetivo por meio de referência a alguma concepção de quais resultados seriam corretos: um processo epistemologicamente objetivo é um "rastreador da realidade". Portanto, a imparcialidade é uma marca da objetividade epistêmica na prestação jurisdicional porque a parcialidade preexistente para um lado ou outro não é relevante para qual resultado o direito julga correto; imparcialidade ajuda a tomada de decisões a rastrear a realidade (jurídica) porque a realidade jurídica não é parcial. ("Realidade jurídica", aqui, significa "o que o Direito exige", não "o que efetivamente aconteceu no tribunal", que pode estar contaminado de parcialidade e, portanto, não ser objetivo.) Como observamos no texto abaixo, a objetividade processual ou epistemológica, embora caracterizada tipicamente por referência implícita a uma concepção de uma realidade a ser rastreada, não precisa ser defendida por meio de referência ao que é real e juridicamente correto. Pode, em vez disso, ser defendida com base no fundamento de que se trata de um processo imparcial para resolver disputas que é aceitável para indivíduos comprometidos com afirmações conflitantes a respeito do que é correto. Os objetivistas processuais não precisam negar que existem respostas corretas para disputas políticas, nem precisam crer que os processos objetivos de tomada de decisão não estão ligados a essas respostas. Seu argumento é de que a defesa desses processos é independente da relação entre os processos e a correção (ou incorreção) das respostas que são asseguradas por se seguirem os processos.

e imparcial, isto é, objetiva. Essa é uma formulação prática da concepção clássica da objetividade processual ou epistêmica. As decisões a que chegam os juízes ao aplicar tais processos podem ou não ser corretas no sentido de corresponder a algum conjunto independente de fatos morais ou políticos; na verdade, alguns proponentes da objetividade processual são, eles próprios, céticos quanto à existência de tais fatos (embora o ceticismo não seja uma condição necessária para concordar com a objetividade processual). Quer motivados pelo ceticismo quer não, os objetivistas processuais compartilham a visão de que o que justifica os resultados das disputas jurídicas é o fato de que os juízes chegam a eles seguindo processos objetivos.

Embora a objetividade seja tudo o que tem importância para o objetivista processual, ela tem importância, para os diferentes objetivistas processuais, por diferentes razões. Já consideramos o caso do cético que é dúbio quanto às respostas objetivamente corretas para questões jurídicas, morais e políticas. Para ele, os processos objetivos são tudo o que poderia esperar. Podemos distinguir entre, pelo menos, dois outros tipos de objetivistas processuais cujo compromisso não depende de ceticismo quanto à existência de respostas corretas para questões jurídicas, morais e políticas prementes. Primeiro, há os "hobbesianos". Os "hobbesianos" vêem a objetividade processual como um *modus vivendi* – uma solução conciliatória estrategicamente motivada entre partes com interesses pessoais[86]. Decisões obtidas por processos objetivos são a única maneira de forjar a conciliação entre indivíduos com interesses e concepções filosóficas conflitantes. Processos de decisão objetivos podem ser defendidos com fundamentos "hobbesianos" mesmo que existam respostas corretas para a maioria das questões jurídicas, morais e políticas prementes. Tudo o que se exige para apoiar a concordância quanto a processos objetivos são (i) discordância suficiente quanto ao que são essas respostas e (ii) um interesse coletivo em esforços cooperativos mutuamente vantajosos.

---

86. Ver, por exemplo, Thomas Hobbes, *Leviathan* (1650, reimpr. Dutton & Co. 1950), 228.

Podemos agora distinguir os "rawlsianos" dos "hobbesianos". Como os "hobbesianos", os "rawlsianos" não precisam ser céticos quanto à existência de respostas corretas para questões morais, jurídicas e políticas prementes. Ao contrário dos hobbesianos, porém, os rawlsianos acreditam que há fundamentos substantivos da moralidade política, não meramente de interesse pessoal ou conveniência, para que se concorde com processos de decisão objetivos; os rawlsianos acreditam que o liberalismo exige que sejam empregados processos objetivos para solucionar disputas em um contexto pluralista[87]. Em suma, a objetividade processual pode ser defendida com fundamentos céticos (como no caso de James Buchanan[88]), fundamentos de moralidade política (como no trabalho posterior de Rawls[89]) ou fundamentos estratégicos (como em Hobbes[90]).

Em contraste com a objetividade processual, podemos distinguir a objetividade *metafísica*. Segundo a objetividade metafísica, há respostas corretas para questões jurídicas, políticas e morais prementes: respostas cuja correção independe das crenças das pessoas com respeito a elas e que são, em um sentido a ser esclarecido abaixo, objetivamente corretas. A legitimidade da autoridade depende não de os juízes seguirem processos objetivos, mas, antes, da exatidão de suas decisões ao relatar fatos jurídicos objetivos[91]. Lembre que um "fato jurídico" é simplesmente qualquer enunciado do que o Direito exige em certo ponto: por exemplo, "é um fato jurídico que a abstenção de Coleman em inspecionar constitui negligência" apenas no caso de ser verdade que, como questão de Direito, a abstenção de Coleman em inspecionar realmente constitui negligência. A prestação jurisdicional é objetiva no sentido metafísico quando o resultado da decisão judicial coincide com o fato jurídico pertinente. Algumas teorias políticas liberais aceitam a

---

87. Ver, por exemplo, Rawls, *supra*, n. 16, em 38.
88. Ver, de maneira geral, James M. Buchanan, *The Limits of Liberty: Between Anarchy and Leviathan* (Chicago: University of Chicago Press, 1975).
89. Ver Rawls, *supra*, n. 16, em 137.
90. Ver Hobbes, *supra*, n. 86, em 107-8.
91. Ver *infra*, Parte II.A.2.

visão de que a justificação da coerção depende parcialmente de ter o Estado um sistema de prestação jurisdicional cujos resultados rastreiam fatos jurídicos objetivos; na verdade, os adeptos do Direito natural sustentam tal visão[92].

Para perceber por que o liberalismo político pode estar comprometido com a objetividade no sentido processual ou no metafísico, note em que consistiria a subjetividade. A prestação jurisdicional é subjetiva no sentido processual apenas no caso de os juízes chegarem a decisões valendo-se de seus sentidos de predisposição e parcialidade para com um lado ou outro. A prestação jurisdicional é subjetiva no sentido metafísico quando algo é um fato jurídico em virtude de o juiz individual acreditar que seja um fato jurídico. Se a prestação jurisdicional fosse subjetiva em qualquer um dos sentidos, haveria pouca razão para supor que um cidadão teria um dever ou razão moral *prima facie* para aquiescer ao julgamento das autoridades. De modo similar, seria difícil perceber que o uso da coerção para impor tais decisões poderia ser justificado. A concepção liberal de obrigação política e as condições sob as quais a coerção é justificada apóiam a visão de que o liberalismo está comprometido com a objetividade epistêmica ou metafísica.

Os argumentos acima a favor da objetividade são extraídos de considerações normativas. A visão de que a prática jurídica tem um importante componente objetivo não precisa, porém, valer-se inteiramente de concepções normativas. Isso porque é parte de nossa concepção comum de prestação jurisdicional que os juízes procuram resolver disputas determinando que resultado o Direito exige. O que o Direito exige, por sua vez, é tido como independente de como os juízes consideram o Direito, no sentido de que os juízes e advogados podem estar errados quanto ao que o Direito exige e no sentido adicional de que a decisão judicial trata da descoberta das exigências do Direito. Isso sugere que a concepção comum dos fatos jurídicos trata-os como objetivos em algum sentido. Nosso propósito é especificar esse sentido de objetividade.

---

92. Ver, por exemplo, Michael Moore, "Moral Reality Revisited", 90 *Mich. L. Rev.* 2424, 2477 (1992).

Uma conseqüência de defender a objetividade com fundamentos normativos liberais é que, se os críticos do liberalismo estão corretos ao argumentar que a prática jurídica não é objetiva nem no sentido processual nem no sentido metafísico, então a prática jurídica corrente não pode ser defendida com fundamentos liberais. Para que nossas práticas correntes possam ser defendidas, teremos de recorrer a outras concepções políticas. Se, porém, a afirmação a respeito da objetividade é motivada por considerações de teoria jurídica analítica e não pela teoria política substantiva, o fato de não serem metafisicamente objetivos os fatos jurídicos implicaria outra coisa: não que a prática jurídica liberal seja indefensável, mas que nossa concepção da prática jurídica está profundamente equivocada. Se fosse verdade que os objetos a que nos referimos no domínio do discurso jurídico não são objetivos, precisaríamos oferecer outra explicação para nossa prática de nos referirmos aos fatos jurídicos como se fossem objetivos quando, na verdade, eles não são.

Como nossa missão aqui é descobrir a concepção relevante de objetividade, não supomos que a prestação jurisdicional irá revelar-se objetiva em todos os sentidos. Alguma espécie de objetividade metafísica pode ser um compromisso teórico ou conceitual de nosso discurso sobre o Direito, mas, em um exame mais detalhado, pode muito bem revelar-se que nosso discurso é enganoso e que nosso evidente compromisso com a objetividade baseia-se em um erro. John Mackie sustentou celebremente uma visão similar a respeito de nosso discurso ético[93]. Isto é, quando fazemos julgamentos morais, falamos como se os fatos morais fossem parte da estrutura do universo, da mesma maneira como o são as mesas e cadeiras. Nosso discurso ético baseia-se em um compromisso com esse tipo de objetividade dos fatos morais. Assim, porque os fatos morais não são objetivos nesse sentido, Mackie argumenta que nossas visões éticas são baseadas em um erro[94].

---

93. Ver J. L. Mackie, *Ethics: Inventing Right and Wrong* (Harmondsworth: Penguin, 1977), 40.

94. Mais precisamente, Mackie concorda com o realista em que o discurso ético é essencialmente cognitivo, isto é, tem como objetivo descrever e enunciar fa-

O mesmo pode ser verdadeiro quanto ao nosso discurso jurídico. Falamos como se algumas decisões jurídicas fossem corretas e outras não, e não apenas porque um juiz assim as considera. Isso sugere que os julgamentos não são meramente relatórios da preferência de um juiz, mas que existe um sentido em que os fatos jurídicos que tornam tais julgamentos certos ou errados são, ou podem ser, objetivos. É perfeitamente possível que estejamos errados e que nosso discurso seja enganoso. Não podemos supor que nosso discurso encerra uma compreensão correta. Isso é o que precisa ser discutido.

É importante, neste ponto, não confundir objetividade com determinação[95]. Dizer que o Direito é determinado significa dizer que existem respostas corretas para disputas jurídicas. Uma resposta é correta se coincide com o fato jurídico pertinente na matéria. Assim, a decisão do juiz de que a abstenção de Coleman de inspecionar é negligente é correta se o fato jurídico da questão é que a abstenção de Coleman de inspecionar constitui negligência. A tese da determinação afirma, na verdade, que, em todos os casos, existem fatos jurídicos na matéria: o objetivo na prestação jurisdicional é chegar a decisões que coincidam com o que são esses fatos.

A preocupação com a objetividade diz respeito à condição desses fatos jurídicos – quando existem tais fatos. Eles são fa-

---

tos. Contudo, por várias razões, Mackie argumenta que não existem tais fatos. Portanto, o discurso ético está sistematicamente errado porque propõe-se descrever e enunciar fatos quando eles não existem. Ver *ibid.* em 35. Na metaética essa doutrina é chamada de "teoria do erro". A maioria dos que concordam com Mackie a respeito da proposição metafísica – de que não existem fatos morais – discordam dele na proposição semântica – de que o discurso ético é essencialmente cognitivo. Embora seja difícil compreender o argumento de um discurso putativamente enunciador de fatos que nunca consegue enunciar quaisquer fatos, o discurso ético parece desempenhar *algum* papel importante em nossas vidas. O não-cognitivista sugere que procuremos por esse papel não na capacidade da linguagem ética de enunciar fatos, mas, antes, na sua capacidade de *expressar* certos tipos de posturas e sentimentos importantes.

95. A tendência natural de fundir objetividade e determinação origina-se do fato de que, às vezes, dizemos que o Direito é objetivo somente no caso de amplamente determinar resultados em casos individuais. Apesar dessa tendência, e talvez por causa dela, precisamos distinguir as afirmações de determinação das afirmações de objetividade.

tos porque um juiz ou a maioria dos advogados os consideraria como tais, ou são fatos a despeito de como os juízes ou advogados os consideram? Nesta seção do artigo, presumimos que, na medida em que o Direito é determinado (como é, por exemplo, em casos fáceis), as respostas corretas devem ser *objetivamente* corretas; nossa preocupação, porém, diz respeito a qual sentido de objetividade está em questão aqui. Naturalmente, a indeterminação ainda é compatível com a autoridade legítima pelas razões dadas na primeira metade deste artigo[96]. Mas, na medida em que o Direito é determinado, a objetividade (de algum tipo ainda a ser especificado) é exigida.

Aceitar a indeterminação, então, é reconhecer que, às vezes, não existem fatos jurídicos na matéria: por exemplo, não é um fato jurídico que a abstenção de Coleman em inspecionar constitua negligência, e não é um fato jurídico que a abstenção de Coleman em inspecionar não constitua negligência. Aceitar a subjetividade (metafísica) é reconhecer que, onde existem tais fatos, o que os faz assim é o fato de que os juízes ou advogados assim os consideram.

Enquanto estamos explorando as relações entre determinação e objetividade, vale a pena notar que existe uma importante ligação entre *in*determinação e subjetividade, uma ligação que levanta um sério interesse pela força convincente do ataque crítico ao liberalismo. Os críticos do liberalismo rejeitam tanto a determinação quanto a objetividade e, portanto, aceitam tanto a indeterminação quanto a subjetividade. O problema é que não se pode sustentar coerentemente nem a indeterminação nem a subjetividade. Assim que aceitamos a subjetividade, comprometemo-nos com a visão de que os fatos jurídicos são como os juízes os consideram porque eles os consideram como tais. Como as respostas corretas são as que correspondem aos fatos, e os fatos são simplesmente aqueles que o juiz considera como tais, devem existir respostas determinadas para todas as disputas jurídicas. Assim, como a subjetividade acarreta a determinação, nenhum crítico do liberalismo pode sustentar

---

96. Ver *supra*, Parte I.B.

coerentemente a subjetividade e a indeterminação. Isso significa que, quando os críticos do liberalismo afirmam que o Direito é indeterminado, eles devem ter mesmo em mente uma descrição objetivista dos fatos jurídicos! No que vem a seguir, rejeitamos a concepção processual da objetividade em favor da concepção metafísica, pelo menos como uma primeira aproximação. Estamos tentando oferecer uma teoria jurídica analítica, isto é, uma descrição filosófica das nossas práticas – incluindo a prestação jurisdicional –, e nossa visão pré-teórica é de que o discurso jurídico pressupõe uma forma de objetividade metafísica[97].

Com essas preliminares fora do caminho, voltemos agora a nossa atenção para a segunda premissa.

## 2. Metafísica e semântica

Afirmações a respeito da objetividade do Direito podem ser colocadas em termos metafísicos ou semânticos. Isto é, podem ser expressas como afirmações a respeito do discurso jurídico (semântica) ou a respeito dos objetos aos quais nos referimos por meio do discurso (metafísica). Enquanto nos concentramos no lado metafísico da divisão será útil compreender a relação entre a objetividade na metafísica e a objetividade na semântica. Começamos com a metafísica. Na sua forma mais simples e básica, a metafísica preocupa-se com "o que existe"[98]. O realismo metafísico[99] é a visão de que o que existe – o

---

97. Como observamos anteriormente, pode muito bem acontecer que não exista nenhuma concepção satisfatória de objetividade metafísica que se aplique ao Direito. Sendo esse o caso, os fatos jurídicos não seriam objetivos, mas subjetivos. Mas não decorreria daí, e esse é o ponto importante, que a decisão judicial seria subjetiva, pois ela poderia ser processualmente ou epistemicamente objetiva. Essa forma de objetividade é compatível com a subjetividade metafísica a respeito dos fatos jurídicos e com a nossa tradição liberal no que diz respeito aos termos da coerção legítima.

98. Há razões e contextos nos quais faz sentido distinguir a metafísica da ontologia; em nosso uso aqui, a metafísica abrange a ontologia.

99. O leitor não deve confundir o realismo jurídico, que é o nome de uma escola jurisprudente, com o realismo metafísico ou semântico, que são teses a respei-

mundo – é independente das mentes humanas em dois sentidos. Primeiro, a existência e o caráter do mundo não são simplesmente a extensão da mente humana (independência metafísica ou constitutiva). Segundo, a existência e o caráter do mundo não dependem das ferramentas probatórias que estão à nossa disposição para ganharmos acesso a ele (independência epistêmica). Por enquanto, falaremos simplesmente da "independência do mundo ante a prova e a crença", e isso porque, dada a sua concepção da independência do mundo, o realismo metafísico está comprometido com a "objetividade forte" do "que existe".

O anti-realismo metafísico nega que o mundo seja independente em um ou ambos os sentidos, embora o sentido epistêmico tenha sido o mais importante no século XX (o "que existe" depende do que consideramos existir). Se o realismo implica a objetividade forte, seria natural supor que o anti-realismo implica a subjetividade. Mas isso seria um erro, ou argumentaremos que assim é. A visão que queremos defender abaixo é que se pode rejeitar o realismo metafísico e, mesmo assim, abraçar a objetividade.

Considere duas proposições adicionais. Primeiro, é possível ser um realista metafísico a respeito de certos objetos em certos domínios (objetos físicos de tamanho médio como, por exemplo, mesas e cadeiras) e um anti-realista a respeito dos objetos de outros domínios (por exemplo, as propriedades morais ou as entidades teóricas de teorias científicas). Segundo, o realismo metafísico envolve tipicamente mais de uma visão a respeito da objetividade do mundo. Crispin Wright caracterizou eficientemente o realismo metafísico como a conjunção de

---

to da natureza do que existe e do significado, respectivamente. Os realistas metafísicos acreditam que há uma maneira como o mundo é que independe das crenças e mentes humanas, ao passo que os realistas jurídicos às vezes parecem acreditar, entre outras coisas, que os fatos jurídicos são o que os juízes determinam que sejam. Portanto, uma razão para insistir em que o leitor conserve a distinção em mente é que, embora as duas visões compartilhem a palavra "realismo", defendem duas afirmações quase opostas no que diz respeito à condição dos fatos (jurídicos).

uma tese modesta e uma presunçosa[100]. A modéstia deriva sua visão do mundo como independente de nossas experiências dele e de nossas crenças a seu respeito. A presunção deriva da visão de que, apesar dessa independência, os indivíduos podem vir a conhecer verdades importantes sobre o mundo, inclusive as que dizem respeito a sua estrutura profunda. Assim, a modéstia metafísica do realismo está tipicamente conjugada com uma presunção epistemológica: sim, o mundo é como é, independentemente de nossas crenças e evidências; não obstante, podemos vir a saber coisas sobre como o mundo realmente é.

Precisamos agora de outro conjunto de distinções preliminares entre o realismo e o anti-realismo na semântica. As teorias semânticas oferecem descrições do que constitui o significado – isto é, que tipo de propriedade ele é – e também de como as frases (ou palavras) ganham seu significado. Os realistas semânticos fazem duas afirmações. A primeira é a de que o significado de uma frase é dado pelas suas condições de verdade; a segunda é a de que essas condições de verdade podem, elas mesmas, transcender as evidências. Assim, a transcendência das evidências é um elemento central tanto no realismo metafísico quanto no realismo semântico.

O anti-realismo na semântica é caracterizado pela negação de qualquer uma dessas afirmações ou de ambas. Portanto, uma *semântica* anti-realista pode negar que o significado seja dado pelas condições de verdade, ou pode negar que o significado transcenda as evidências. A semântica anti-realista pode aceitar que o significado das frases seja dado pelas condições de verdade e negar que as condições de verdade possam transcender as evidências[101]. Ou pode negar que o significado seja

---

100. Ver Crispin Wright, *Realism, Meaning and Truth* (Oxford: Blackwell, 1987), 1-2 (afirmando que "realismo é uma mistura de modéstia e presunção").

101. Esse é um tema constante na forma de anti-realismo de Crispin Wright. Ver, por exemplo, Crispin Wright, "Realism, Antirèalism, Irrealism, Quasi-Realism", em 12 *Midwest Stud. in Phil.* 25, 27 (org. Peter A. French *et al.*, 1988) [afirmando que o anti-realismo "é exatamente a visão de que a noção de verdade não

dado por condições de verdade. Em vez disso, por exemplo, pode sustentar que o significado de uma sentença é dado pelas suas "condições de assertibilidade" (isto é, as condições nas quais pode ser afirmada); essa é a abordagem que muitos semanticistas influenciados por Wittgenstein adotaram[102]. Resta o fato, porém, de que a maioria dos anti-realistas negam os dois princípios centrais do realismo semântico.

Antes de prosseguirmos, temos de dizer algo sobre o convencionalismo na sua relação com o realismo e o anti-realismo. Há muitos sentidos de convencionalismo, mas existe um uso de "convencionalismo" que é comum ao realismo e ao anti-realismo. Observamos esse uso porque deixar de distingui-lo de outros sentidos de convencionalismo abre espaço para a visão desconcertante e equivocada de que todas as teorias de significado são, em última análise, convencionais. Escolher uma palavra determinada para representar algo é convencional. Escolhemos a palavra "água" para nos referirmos a uma coisa, quando poderíamos facilmente escolher outra palavra para cumprir a mesma função, como, digamos, "wetski". As línguas são sempre convencionais nesse sentido, mas esse tipo de convencionalidade é independente da divisão realista–anti-realista. Para o realista, assim que usamos a palavra "água" para representar algo que tem a propriedade química de ser $H_2O$, o significado de água é fixado pela maneira como o mundo é. A palavra "água" não pode ser corretamente empregada de alguma outra maneira para referir-se a objetos que não têm a estrutura química adequada. Pelo contrário, para o anti-realista, água é simplesmente qualquer coisa que a comunidade de usuários da língua nos permita dizer que é, tenha ou não a propriedade $H_2O$[103].

---

pode ser inteligivelmente irrestrita no tocante às evidências... (mas que um anti-realista não tem) nenhum motivo para rejeitar todo uso da noção de verdade"].

102. Ver, por exemplo, Kripke, *supra*, n. 32, em 74.

103. A confusão é similar a outra confusão que se aplica à metafísica. É comum aceitar o realismo a respeito de mesas e cadeiras, o que significa que mesas e cadeiras existem independentemente das crenças humanas a respeito delas. Mas ouvimos muitas pessoas, inteligentes em outros sentidos, negar a objetividade de

O realismo semântico pressupõe o realismo metafísico. A afirmação de que o significado é fixado pelo modo como o mundo é (realismo semântico) pressupõe que há um modo em que o mundo é independente da evidência e da crença humana (realismo metafísico). O realismo metafísico, porém, não implica nem pressupõe o realismo semântico. Pode-se acreditar que o caráter do mundo é independente de nosso acesso epistêmico a ele, mas que a natureza do significado não é. Em tal caso, os anti-realistas semânticos nos ofereceriam um retrato da linguagem que seria inadequado para representar o mundo tal como o realista metafísico o concebe; não é surpresa, então, que, comumente, os realistas metafísicos sejam realistas semânticos.

Dadas as nossas preocupações no que diz respeito à objetividade, o realismo é importante por causa de sua relação com a objetividade. Se quiséssemos estabelecer a objetividade do discurso jurídico, poderíamos nos inclinar a defender a perspectiva do domínio jurídico de um realista semântico. E, se quiséssemos defender a objetividade dos fatos ou objetos a que nos referimos no domínio jurídico, uma maneira natural de fazer isso seria defender uma concepção realista metafísica dos fatos jurídicos. Entre os teóricos do Direito contemporâneos, Michael Moore defende o realismo no que diz respeito aos fatos jurídicos e à semântica do discurso jurídico[104].

Há, porém, sérios problemas para todas as formas do realismo semântico, no domínio jurídico ou não, e há problemas específicos em ir atrás de uma concepção realista metafísica dos fatos jurídicos. Consideramos abaixo alguns dos problemas enfrentados pelo realismo a respeito dos fatos jurídicos. Por ora, queremos chamar a atenção do leitor para preocupações familiares a respeito do realismo semântico em

---

mesas e cadeiras com base no fundamento de que são as pessoas que constroem mesas e cadeiras. Nenhuma delas existe na natureza como espécie natural. Elas são construídas por humanos. Mas a afirmação do realista metafísico não é a de que mesas e cadeiras sejam *causalmente* independentes da conduta humana, mas, antes, que são epistêmica e constitutivamente independentes das mentes humanas.

104. Ver Moore, *supra*, n. 92, em 2469-70.

todos os domínios do discurso. Os argumentos centrais são associados aqui com Kripkenstein, Michael Dummett e Crispin Wright[105].

Uma maneira de compreender o ceticismo semântico associado com Kripkenstein é vê-lo como uma tentativa de solapar o que poderíamos chamar de platonismo semântico: a visão de que o significado é dado por fatos que existem independentemente das práticas e crenças semânticas dos humanos[106]. Kripkenstein não está sozinho nesse esforço. Os influentes ensaios de Dummett levantaram dúvidas quanto à capacidade do realismo semântico de explicar a "aquisição de significado" e a "manifestação"[107], e Crispin Wright formulou uma objeção nova e importante para a semântica realista que se baseia na normatividade do significado (da qual o argumento de Kripkenstein pode ser apenas um caso especial)[108]. Eis a idéia básica por trás da objeção de Wright[109].

Segundo o realista, o significado de uma sentença é dado pelas suas condições de verdade, o conjunto de condições que

---

105. Apenas por razões de aceitação geral em filosofia, *não* de irrefutabilidade, concentramo-nos em Kripkenstein e Wright.

106. Ver Wright, *supra*, n. 32, em 10.

107. Ver, de maneira geral, Michael Dummett, *Truth and Other Enigmas* (Cambridge, Mass.: Harvard University Press, 1978) (discutindo a inter-relação filosófica entre significado e compreensão). McDowell, ao criticar Dummett, identifica um núcleo de suposições compartilhadas por Dummett e platonistas e propõe uma nova maneira de ultrapassar ambos. Ver John McDowell, "Antirealism and the Epistemology of Understanding", em *Meaning and Understanding*, orgs. Herman Parret e Jacques Bouveresse (Berlim: W. de Gruyter, 1981), 225, 242.

108. Ver Wright, *supra*, n. 100, em 23-6.

109. Não queremos diminuir Dummett, embora pensemos que o argumento de Wright seja particularmente significativo no contexto jurídico. Dummett argumentou que o realista semântico terá problemas para explicar como podemos obter novos significados e como podemos manifestar nossa compreensão acerca de um significado, quando o significado, para o realista, é dado por condições de verdade que possivelmente transcendem as evidências. Ver Dummett, *supra*, n. 107, em 420-30. Isto é, o dilema com que se defronta o realista é que, se é possível que nunca pudemos detectar as condições que constituiriam o significado de uma sentença, como podemos então obter esse significado (i.e., vir a compreendê-lo) ou manifestar nosso entendimento do significado (i.e., exibir nossa compreensão dele)?

deve prevalecer para que seja verdadeira. As frases, para o realista, podem ser verdadeiras mesmo que não sejamos capazes de compreender sua verdade ou de ter acesso a ela. Por outro lado, é central para nosso conceito de significado que ele desempenhe um papel normativo ao restringir os usos que se podem dar legitimamente à frase. Por exemplo, o *significado* de "o gato está em cima do tapete" restringe os usos que se podem dar à frase; portanto, impede-nos de usá-la "corretamente" para referir-nos a um porco que está em cima da minha cama[110]. Mas, se o significado de uma sentença é dado pelas suas condições de verdade em um mundo independente de nossas capacidades probatórias de ter acesso a ele, como pode o significado restringir o uso que dele faremos? Como podemos ser limitados por algo que está, possivelmente, além de nosso acesso?[111]

Em resumo, o significado restringe o uso. Mas o significado que é dado pelos fatos aos quais não podemos ter nenhum acesso não pode restringir o nosso uso da maneira adequada. O realismo semântico tem o problema de explicar de que maneira o significado pode ser normativo, isto é, como pode restringir o uso. A semântica anti-realista do comunitário Kripkenstein, por exemplo, não enfrenta esse problema. Se o significado é estabelecido pelo que a comunidade de usuários da linguagem permitirá que Leiter afirme, o significado de "o gato está em cima do tapete" pode não impedir Leiter de usar a mesma frase para referir-se a um porco que está em cima da cama, se essa for uma afirmação permissível na prática vigente. Portanto, o que restringe o uso é a prática da comunidade de

---

110. Ou seja, não podemos usar *corretamente* a frase "o gato está no tapete" para nos referir a um porco em cima da minha cama em circunstâncias normais, isto é, quando estou tentando afirmar uma proposição verdadeira.

111. Ou, como Nietzsche exprimiu a mesma proposição no tocante à tentativa de Kant de dar um fundamento metafísico para a moralidade: "Como algo desconhecido poderia nos obrigar?" Friedriech Nietzske, *Twilight of the Idols* (1888), em *The Portable Nietzsche*, traduzido para o inglês por Walter Kaufmann (Nova York: Viking, 1954), 463, 485.

usuários da língua com a qual cada usuário da língua está adequadamente familiarizado[112].

Pelas razões anteriores, rejeitamos a aplicação do realismo semântico ao discurso jurídico. Como observamos anteriormente, é possível (logicamente) aceitar o realismo metafísico, mas rejeitar o realismo semântico. Contudo, observamos também que, se tomássemos esse caminho, estaríamos comprometidos com a visão incomum de que o discurso em questão não poderia descrever o mundo tal como o realista metafísico o concebe. Portanto, o realismo semântico e o realismo metafísico, tipicamente, estão de mãos dadas. As considerações que nos convidam a abandonar o realismo semântico em um domínio do discurso parecem sugerir que também abandonemos o realismo metafísico também nesse domínio. E, se renunciamos ao realismo semântico e ao realismo metafísico, isso não implica que abandonamos toda esperança de oferecer uma concepção objetiva do discurso relevante ou dos objetos referidos pelo discurso como objetivos?

O realismo implica a objetividade, mas a objetividade não implica o realismo. O anti-realismo, em outras palavras, não implica a subjetividade. Pretendemos defender uma forma de objetividade anti-realista. Mas como pode ser compatível com a objetividade uma posição que nega que o mundo seja independente das maneiras como o interpretamos? Nossa tarefa é demonstrar como um discurso e os objetos a que se refere podem ser objetivos, mesmo que o domínio do discurso não permita uma interpretação realista. Essa é a tarefa para a qual agora nos voltamos.

### 3. Objetividade e subjetividade

Começamos atentando mais cuidadosamente para o que significa falar sobre "objetividade" e "subjetividade". Conside-

---

112. Uma questão adicional, que ultrapassa o âmbito da presente investigação, diz respeito a como as convenções ou práticas restringem. Como a mera convergência de comportamento (como em uma convenção) impõe restrições normativas?

re, nesse aspecto, a distinção entre o que "parece certo" (no que diz respeito à verdade de algum julgamento) e o que "é certo" (isto é, o que é realmente o caso)[113]. O *subjetivismo* é a visão que nega a distinção. Dizer que algo *é* certo no subjetivismo é dizer que parece certo para mim, não mais, não menos. Poderíamos denominar essa doutrina "protagoranismo" puro[114] já que, literalmente, sugere que *cada* indivíduo é a medida de todas as coisas[115].

Na outra ponta do contínuo a partir do subjetivismo está a doutrina que chamamos de "objetivismo forte". Segundo essa visão, o que "parece certo" nunca determina o que "é certo". Segundo o objetivista *metafísico* forte, o que é verdade a respeito do mundo nunca depende do que os humanos consideram ser (mesmo em condições epistêmicas ideais). Segundo o objetivista *semântico* forte, o significado de uma sentença nunca depende do que algum falante ou comunidade de falantes considera ser. Chamaremos de objetivismo forte a posição "platônica"[116]. Assim, em um extremo da divisão subjetivismo-objetivismo temos o subjetivismo protagoriano; no outro extremo temos o objetivismo platônico.

A "objetividade mínima"[117] ocupa parte do espaço entre esses dois extremos. Segundo a objetividade mínima, o que parece certo para a maioria da comunidade determina o que é certo. No que diz respeito à teoria do significado, isso é sim-

---

113. Para um desenvolvimento mais completo dessas distinções, ver Brian Leiter, "Objectivity and the Problem of Jurisprudence", 72 *Tex. L. Rev.* 187, 192-6 (1993). Também ignoramos aqui certos detalhes e dificuldades filosóficos que são abordados no artigo de Leiter.

114. Essa doutrina é uma alusão aos *Theaetetus* de Platão (152a, 166a-b).

115. Qual é, alguém poderia perguntar, o significado ou conteúdo do pensamento: "Parece certo para mim que X significa Y"? Se o subjetivismo é verdadeiro, deve ser apenas: "Parece certo para mim que parece certo para mim que X significa Y." Mas qual é, então, o conteúdo desse pensamento? Claramente, uma regressão infinita é iminente. Essa pode ser uma razão – uma entre várias, sem dúvida – para rejeitar o subjetivismo quanto ao significado.

116. Ver Platão, *Phaedo* 74*a*-75*b*; *Republic* 475-80, 508d-e; *Symposium* 211a-b.

117. Ver Leiter, *supra*, n. 113, em 192-3.

plesmente uma forma de "comunitarismo lingüístico": o modo como a maioria dos falantes está disposto a usar uma palavra fixa o seu significado. A objetividade mínima preserva o antropocentrismo essencial da doutrina de Protágoras no sentido de que nem o significado das frases no discurso, nem a condição metafísica dos objetos referidos por meio dessas frases são independentes das práticas humanas com respeito a eles. Mas introduz um elemento de objetividade que consiste em tirar do indivíduo a medida de todas as coisas e colocar esse poder na comunidade como um todo. Segundo a objetividade mínima, os indivíduos não são a medida de todas as coisas, mas suas práticas coletivas ou convergentes são. Como nega a transcendência epistêmica de significado e ontologia, a objetividade mínima é essencialmente anti-realista; como nega que o mundo seja exatamente como qualquer pessoa considera que seja, é essencialmente objetivista. Resta saber se é uma concepção de objetividade poderosa o suficiente para dissipar nossos temores quanto à subjetividade da decisão judicial.

Temos agora duas concepções de objetividade que podem ser aplicáveis ao domínio jurídico: a objetividade forte e a mínima. Ambas as concepções de objetividade desempenham um papel em várias de nossas práticas não-jurídicas. A objetividade forte, por exemplo, figura em nossa concepção da investigação científica. Vemos os cientistas como tentando descobrir como o mundo realmente é; e como o mundo é independe das crenças ou teorias de qualquer pessoa a seu respeito, as quais podem revelar-se falsas[118].

Por outro lado, há vários predicados que são naturalmente interpretados como minimamente objetivos. Estar na moda é um exemplo óbvio[119]. Alguma coisa é moda (objetivamente)

---

118. Essa pode até ser a maneira como os cientistas vêem a sua prática, mas, de modo interessante, não é a única maneira como os filósofos da ciência vêem a prática científica e seus compromissos metafísicos. Quanto a esse aspecto, ver Larry Laudan, *Science and Relativism* (Chicago: University of Chicago Press, 1990), p. xii.

119. Ver Leiter, *supra*, n. 113, em 195.

contanto que a maioria da comunidade a trate como tal. É impossível conceber a propriedade de estar na moda de alguma outra maneira. Não faz sentido, por exemplo, dizer que um estilo de roupa está na moda e com isso querer dizer apenas que somente eu assim o considero. Ao mesmo tempo, não faz nenhum sentido dizer que determinar se um estilo de roupa está na moda é inteiramente independente de como as pessoas o consideram. Portanto, estar na moda não é nem puramente subjetivo nem fortemente objetivo; é minimamente objetivo.

Só para completar a imagem, também é óbvio que alguns predicados naturalmente admitem uma interpretação subjetiva. Um bom exemplo diz respeito ao paladar[120]. Quando tentamos entender a afirmação de alguma pessoa de que certo sabor de sorvete é gostoso, compreendemos que ela está afirmando que é gostoso para ela. Não faz nenhum sentido compreender que ela está afirmando que é gostoso independentemente de como qualquer um considera o seu sabor, e faz apenas um pouco mais de sentido compreender que ela está afirmando que é gostoso porque a maioria das pessoas assim o consideraria.

As várias concepções de objetividade e subjetividade desempenham todas um papel em nossas descrições e compreensões das diferentes características de nossa experiência. É simplesmente falso, e não meramente inútil, afirmar que "tudo é subjetivo". Se nossas teorias devem iluminar nossas práticas, vale a pena observar que boa parte do nosso discurso emprega predicados que convidam a interpretações objetivistas. O único esforço significativo ou valioso é tentar determinar quais domínios do discurso admitem descrições objetivas e subjetivas. Qual concepção de objetividade ou subjetividade se aplica a um domínio particular? Qual se aplica ao domínio jurídico?

Tão importante quanto não misturar preocupações a respeito da objetividade com preocupações a respeito da determinação é não misturar teorias de objetividade *metafísica* com afirmações semânticas gerais. As primeiras estão preocupadas

---

120. *Ibid.*, em 194.

com o grau de independência dos fatos de vários tipos diante da mente e das evidências[121]; as segundas oferecem uma descrição do significado em algumas ou em todas as regiões do discurso. Por exemplo, o objetivismo mínimo a respeito dos *fatos morais* (a visão de que a comunidade determina o que é moralmente certo e errado) é uma visão metafísica – uma visão a respeito da condição dos fatos morais. Embora possa ser uma visão metafísica plausível, obviamente não é uma descrição muito plausível da semântica do discurso moral. Em um discurso moral – em nossas discussões e debates a respeito de questões morais – não justificamos nossos julgamentos sobre a moralidade e a imoralidade de vários atos evitando o fato de que "a maioria das pessoas por aqui acredita que seja assim". A superfície de nosso discurso moral parece aspirar a formas superiores de objetividade. O que isso significa é que, mesmo que a objetividade mínima ofereça a melhor interpretação da maneira como são considerados os fatos morais, ela não oferece uma semântica particularmente plausível do discurso moral. Mesmo que os fatos morais sejam fixados por práticas comunitárias, o discurso do argumento moral convida a uma interpretação um tanto diferente. Não é parte da prática de fazer e defender os julgamentos morais que aqueles que o fazem fiquem satisfeitos em demonstrar que a maioria dos membros de uma comunidade consideram a conduta como boa, má, certa, errada, etc.

Conseqüentemente, um filósofo que pensa que os fatos morais são subjetivos ou minimamente objetivos (como uma questão metafísica)[122] ainda deve alguma descrição da semântica do nosso discurso moral: o que realmente queremos dizer

---

[121]. Podemos pensar nas teorias da objetividade semântica – teorias sobre a objetividade do significado – como um subconjunto de teorias da objetividade metafísica. Em vez de se preocuparem com a independência dos fatos em geral diante da mente e das evidências, as teorias da objetividade semântica estão interessadas no grau de independência dos fatos semânticos (ou fatos a respeito do significado) diante da mente e das evidências.

[122]. Nossa locução, aqui, pode não ser padrão: um filósofo que pense que os fatos morais são metafisicamente subjetivos no sentido definido acima talvez preferisse dizer que, absolutamente, não existem fatos morais, sugerindo que o próprio conceito de fato moral pressupõe alguma forma de objetividade.

quando alegamos defender afirmações morais sem nos reportarmos ao que o falante ou a comunidade de falantes considera verdadeiro. O trabalho filosófico recente demonstrou que pode haver uma descrição da semântica do discurso moral e das suas supostas reivindicações a formas fortes de objetividade ("o que os sérvios estão fazendo na Bósnia é realmente errado, quer eles saibam, quer não saibam disso") que é compatível com a negação de formas relativamente fortes de objetividade (metafísica)[123]. Pode não haver nenhum fato moral, mas, ainda assim, podemos ter uma descrição do significado do discurso ético que proceda como se houvesse.

Não surpreende que haja casos em que a mesma teoria de objetividade será suficiente para a metafísica e para a semântica. O que está na moda é determinado pelo que a maioria da comunidade considera como na moda. Além disso, em discussões sobre o que está na moda, podemos adequadamente nos reportar à opinião da maioria como padrão da correção ou incorreção de determinados julgamentos acerca da moda. Como sugerimos acima, porém, mesmo que os fatos morais sejam – metafisicamente – subjetivos ou minimamente objetivos, não faz parte do discurso moral significativo estabelecer a imoralidade da tortura recorrendo ao repúdio do falante ou da comunidade a ela.

Tal como no discurso moral, pode haver razões para pensar que posições céticas quanto à metafísica dos fatos jurídicos (por exemplo, o subjetivismo ou o objetivismo mínimo) podem ter de ser combinadas com diferentes visões da semântica jurídica. Os juízes, afinal, realmente oferecem razões para suas decisões e, ao fazê-lo, parecem aspirar a certas formas de objetividade que são mais fortes que o subjetivismo e o objetivismo mínimo – um ponto explorado com bom efeito por Ronald Dworkin ao longo dos últimos vinte e cinco anos[124].

---

123. Ver Allan Gibbard, *Wise Choices, Apt Feelings: A Theory of Normative Judgement* (Cambridge, Mass.: Harvard University Press, 1990), 153-250 (oferecendo um tratamento seminal dessa questão).

124. Ver, por exemplo, Dworkin, "Model of Rules", *supra*, n. 27, em 14, reimpr. em Dworkin, *supra*, n. 3, em 14.

Reportar-se à semântica do discurso jurídico como maneira de estabelecer afirmações metafísicas tem sido parte do arsenal de Dworkin contra seu inimigo, o positivista jurídico. Há dois exemplos. Primeiro, ao argumentar que são padrões jurídicos obrigatórios outros princípios e políticas que não as normas jurídicas, Dworkin afirma que os juízes não parecem escrever ou falar como se tratassem tais padrões como extrajurídicos. Então, ao defender a afirmação de que existem respostas certas para disputas jurídicas, Dworkin diz que os juízes argumentam como se houvesse respostas certas, mesmo se não concordam no que diz respeito a quais são essas respostas. Em ambos os casos, Dworkin emprega características dos discursos como uma maneira de sugerir ou estabelecer afirmações sobre a condição dos objetos referidos no discurso[125].

Os conceitos de objetividade mínima e forte estão longe de ser desconhecidos na teoria jurídica, mesmo não tendo sido discutidos anteriormente nesses termos. A objetividade mínima está muito próxima do convencionalismo, e a maioria dos positivistas jurídicos contemporâneos (Coleman é uma exceção) favoreceu uma ou outra versão dela. A objetividade forte está

---

125. Coleman, por exemplo, é um positivista que nunca considerou persuasiva essa linha de argumentação, já que ela se baseia numa forma filosoficamente ambígua de argumento, empregando características da semântica do discurso jurídico para estabelecer uma afirmação metafísica a respeito dos objetos a que se refere o discurso.

A analogia com o caso da ética é, novamente, adequada e pode ser esclarecedora. Muitos autores que concordam a respeito da questão metafísica (sobre a condição dos fatos morais) discordam quanto à semântica. Ayer, Gibbard, Mackie e Stevenson são todos antiobjetivistas metafísicos a respeito da moralidade (isto é, o nosso mundo é um mundo sem fatos morais), e todos discordam, em alguns casos de maneira radical, quanto à melhor descrição do significado da linguagem moral e do discurso moral. Ver A. J. Ayer, *Language, Truth and Logic* (Nova York: Dover, 1952); Gibbard, *supra*, n. 123; Mackie, *supra*, n. 93; Charles Stevenson, *Ethics and Language* (New Haven, Conn.: Yale University Press, 1944). Achamos que é mais produtivo começar com a questão metafísica – o que existe – e lidar com a semântica depois. A semântica sempre tem a opção do revisionismo (isto é, talvez as pretensões da linguagem não possam ser concretizadas e, portanto, devem ser revistas), mas o revisionismo na metafísica, como retrato do que existe e da sua condição, parece menos promissor.

associada com a tradição do Direito Natural e, mais recentemente, com os trabalhos de Michael Moore e David Brink[126]. Tanto a objetividade mínima como a objetividade forte estão sujeitas a importantes críticas, especialmente quando interpretadas como teorias semânticas. Algumas dessas críticas são bastante gerais; outras limitam-se mais a uma ou outra como concepção de objetividade no Direito. Ao levantar essas objeções, não queremos apenas suscitar dúvidas quando à aplicabilidade de cada uma ao Direito; queremos também motivar a consideração de uma outra concepção de objetividade, que é bem pouco conhecida na cultura jurídica, a objetividade modesta.

### B. Preparando o palco para a objetividade modesta

*1. Problemas com a objetividade forte*

Seguindo Crispin Wright, caracterizamos o realismo metafísico como a conjunção de duas premissas: uma afirmando a independência dos fatos diante de nosso acesso epistêmico a eles (sua independência diante da evidência e da crença humanas); a segunda afirmando a possibilidade de assegurar o conhecimento de tais fatos[127]. O problema mais urgente com o realismo metafísico a respeito dos fatos jurídicos relaciona-se com a tensão entre essas duas afirmações. Se a existência e a natureza dos fatos jurídicos são independentes daquilo em que crêem (ou em que teriam razão para crer) todos os advogados e juízes, como os juízes acedem a eles? Colocando de maneira diferente, que razão existe para pensar que as práticas decisórias convencionais envolvem mecanismos confiáveis para identificar os fatos jurídicos?

O realista quanto aos fatos jurídicos pode simplesmente negar que exista um problema aqui. Pode oferecer duas respos-

---

126. Ver, de maneira geral, David O. Brink, "Legal Theory, Legal Interpretation, and Judicial Review", 17 *Phil. & Pub. Aff.* 105 (1988); Michael S. Moore, "A Natural Law Theory of Interpretation", 58 *S. Cal. L. Rev.* 279 (1985).

127. Ver Wright, *supra*, n. 100, em 1-2.

tas. Primeiro, pode dizer que não importa se os juízes têm ou não acesso aos fatos jurídicos da questão. A autoridade legítima depende apenas de existirem respostas corretas para disputas jurídicas, não da capacidade de algum juiz de ter acesso a elas. Mas isso não deve ser convincente. O fato de existirem respostas corretas contaria muito pouco se os juízes chegassem invariavelmente às conclusões erradas a respeito delas. Por que alguém teria uma razão para aquiescer às exigências do Direito se não houvesse nenhuma razão para crer que as decisões a que o juiz chega são geralmente corretas? Para que a coerção seja justificada, ela deve ser empregada para aplicar respostas que são geralmente corretas, não apenas respostas a que os juízes chegam. Assim, não há como escapar ao problema do acesso.

Os realistas metafísicos a respeito de fatos jurídicos, como Michael Moore[128], sabem muito bem que essa resposta não serve. Em vez dela, oferecem um segundo tipo de resposta: os juízes podem ter acesso às respostas corretas para as disputas jurídicas da mesma maneira que os cidadãos comuns podem ter acesso a fatos comuns da questão. O problema, porém, é um tanto diferente no caso de julgar. As evidências em que um juiz baseia suas crenças a respeito do que é a resposta correta para uma disputa são apresentadas de maneira especial por meio de um processo de decisão judicial. Nossa questão, portanto, torna-se determinar que razão temos para pensar que as práticas decisórias que desenvolvemos fornecerão julgamentos ou crenças que sigam com exatidão o que o Direito, na verdade, exige (objetivamente).

Se pensamos em um processo decisório como o mecanismo pelo qual um juiz forma *crenças justificadas* a respeito do que o Direito exige, a questão torna-se qual concepção do processo decisório irá assegurar que essas crenças justificadas

---

128. Embora digamos "como Michael Moore", Moore e David Brink (assim como alguns jusnaturalistas) são provavelmente os únicos a adotar a visão de que os fatos jurídicos são fortemente objetivos. Ver *supra*, n. 126 e texto que a acompanha; cf. Leiter, *supra*, n. 113, em 201-2.

também são verdadeiras, que coincidem com o que o Direito efetivamente exige. Filosoficamente, colocaríamos a questão desta maneira: que *epistemologia* do julgar é adequada à concepção realista metafísica dos fatos jurídicos?

O principal realista metafísico quanto aos fatos jurídicos, Michael Moore, é um *coerentista* no que diz respeito à justificativa. As crenças justificadas sobre o que o Direito exige das autoridades são as crenças que apresentam coerência adequada com o conjunto de crenças que o juiz já tem acerca do Direito. As crenças são coerentes na medida em que, por exemplo, são compatíveis e trazem por inferência um máximo de sustentação mútua[129]. O processo de julgar, então, é visto da melhor maneira como o veículo pelo qual o juiz tenta oferecer uma descrição de Direito que torne as exigências do Direito coerentes de maneira pertinente. O resultado que um juiz deve dar em um caso particular é aquele que tenha máxima coerência, e, contanto que o juiz tenha procedido de maneira correta, está justificado na crença de que o resultado a que chega é o que o Direito *realmente* exige. Espera-se que a coerência de nossas crenças siga as exigências fortemente objetivas do Direito[130].

O problema é que a coerência como descrição da crença justificada (isto é, como uma epistemologia do julgar) não está suficientemente à altura do realismo metafísico no que diz respeito ao conteúdo dos julgamentos jurídicos e à condição dos fatos jurídicos. Por que o fato de que um conjunto de crenças coerentes para um juiz (ou para nós) deve ser uma razão para pensar que essas crenças estão de acordo com o que o mundo

---

129. Ver Laurence Bonjour, *The Structure of Empirical Knowledge* (Cambridge, Mass.: Harvard University Press, 1985), 93-101.

130. Há numerosas formulações das exigências da coerência, e o leitor interessado faria melhor consultando a literatura de epistemologia que a literatura jurídica. Ver, porém, Joseph Raz, "The Relevance of Coherence", 72 *B. U. L. Rev.* 273 (1992) (que oferece um tratamento esclarecedor do tópico). Há problemas bem conhecidos com as descrições coerentistas da crença justificada, mas nosso interesse aqui está voltado para o problema mais restrito de se misturar uma descrição coerentista da crença justificada com um retrato realista metafísico dos fatos jurídicos.

realmente é? Essa é apenas a preocupação filosófica conhecida de que, na ausência de um mecanismo pelo qual um conjunto coerente de crenças venha a se ligar a fatos a respeito do mundo que sejam independentes dessas crenças, não há fundamentos para crer que crenças justificadas, assim concebidas, estão de acordo com o que é o mundo. O problema não é eliminado mesmo supondo que o mundo é coerente ou compatível. Afinal, por que a coerência entre as nossas crenças (que é justificativa ou inferencial) deveria corresponder à compatibilidade ou coerência das coisas no mundo? A coerência entre crenças não tem nenhuma relação com o tipo de coerência que se pensa que os objetos no mundo exibem[131].

Nossa objeção, aqui, não é para com a objetividade forte a respeito dos fatos jurídicos *per se*. Em vez disso, é uma objeção a que se conjugue a objetividade forte com a teoria de coerência da crença justificada como uma descrição satisfatória de como os juízes podem ter acesso a fatos jurídicos fortemente objetivos (que, na visão considerada, é uma condição prévia para a autoridade jurídica). Em áreas fora do Direito, a vasta maioria dos realistas metafísicos contemporâneos é "externalista" na epistemologia[132]. O externalismo sustenta que

---

131. Suponha que a coerência exigida *inclui* a coerência entre nossas crenças previsivas (por exemplo, a água ferverá a 100°C) e nossas crenças baseadas na experiência subseqüente (por exemplo, a água realmente ferveu a 100°C). Esse tipo de coerência não justificará a inferência de que nossas crenças previsivas descreveram o mundo como ele realmente é? Embora essa estratégia possa parecer completamente inadequada no caso jurídico, parece harmonizar o coerentismo e o realismo metafísico em outros domínios. Não consideramos essa estratégia de argumentação aqui, exceto para observar que é parasitária do que se conhece como argumento explanatório para o realismo. Para críticas vigorosas desse argumento explanatório subjacente, ver Arthur Fine, "The Natural Ontological Attitude", em *Scientific Realism*, orgs. Jarrett Leplin (Berkeley: University of California Press, 1984), 83, 84-91 (discutindo falhas inerentes às várias defesas metodológicas do realismo); Peter Railton, "Explanation and Metaphysical Controversy", em *Scientific Explanation*, orgs. Philip Kitcher e Wesley C. Salmon (Minneapolis: University of Minnesota Press, 1989), 220, 224-30; Bas C. Van Fraassen, *Laws and Symmetry* (Oxford: Clarendon Press, 1989), 142-9.

132. Ver, por exemplo, Richard Boyd, "How to Be a Moral Realist", em *Essays on Moral Realism*, org. G. Sayre-McCord (Ithaca, NY: Cornell University

as crenças são justificadas se resultam de um mecanismo causal confiável; isto é, se o fato do qual afirmamos ter conhecimento nos faz ter as crenças que temos de maneira adequada, então as crenças são justificadas. A coerência não tem nenhuma relação com a justificação de crenças em uma descrição externalista; o tipo certo de relação causal entre fato e crenças é tudo o que se exige para que uma crença seja justificada. O externalismo não está sujeito às mesmas críticas que dirigimos às descrições de coerência porque o externalismo exige um mecanicismo (causa) pelo qual a maneira como o mundo é ligue-se a crenças justificadas, de modo que o conjunto dessas crenças esteja de acordo com esse mundo. As crenças justificadas são causadas (de uma maneira adequada e confiável) por esses fatos.

Se o externalismo soluciona o problema de mecanicismo que assombra o coerentismo, por que um realista metafísico a respeito dos fatos jurídicos simplesmente não abandona as descrições coerentistas da crença justificada a respeito dos fatos jurídicos em favor de alguma forma de externalismo? Felizmente, podemos responder a essa questão sem entrar nos detalhes das várias formas de externalismo. Na verdade, seguir a abordagem externalista pode muito bem mostrar-se proveitoso em uma variedade de domínios[133], mas há boas razões para se ficar perturbado com sua aplicação ao conhecimento jurídico. O problema é que o externalismo rejeita a exigência doxástica da crença justificada[134]. As crenças de uma pessoa são justificadas externamente, isto é, independentemente da sua própria

---

Press, 1988), 181, 181-228 (explorando como a filosofia realista da ciência pode ser empregada na articulação e defesa do realismo moral); Peter Railton, "Moral Realism", 95 *Phil. Rev.* 163, 166-71 (1986) (argumentando que uma visão realista naturalista da epistemologia exige a adoção de critérios externos). Talvez o principal externalista contemporâneo seja Alvin Goldman. Para sua articulação original da visão, ver Alvin I. Goldman, "A Causal Theory of Knowing", 64 *J. Phil.* 357 (1967).

133. Para algumas dúvidas gerais a respeito do externalismo, porém, ver Bonjour, *supra*, n. 129, em 41-5.

134. Para uma discussão da exigência doxástica, ver *ibid.*, 101-6.

experiência ou consciência delas como justificadas. E tal descrição, mesmo que plausível em outras áreas do conhecimento, parece especialmente inadequada ao processo de julgar. Um juiz vê-se justificado ao defender um resultado específico de acordo com o que é exigido pelo Direito ao considerar os fundamentos para seu julgamento. É uma atividade inteiramente autoconsciente. O externalismo requer apenas um mecanismo causal adequado, do qual o agente não precisa ter consciência. E isso parece terrivelmente fora de lugar no contexto da prestação jurisdicional, em que a justificativa da crença tem tudo a ver com o raciocínio autoconsciente do juiz.

O realista tem certa razão ao afirmar que a concepção comum da prestação jurisdicional parece comprometida com a idéia de que os juízes tentam determinar o que o Direito exige – de que, na verdade, os juízes encontram o Direito, não que o fazem no sentido em que o subjetivismo afirma que devem fazer. O problema é que, se o Direito que os juízes encontram é epistemicamente transcendente – se a sua existência e o seu caráter independem de como os juízes e os outros o consideram –, como podem os juízes vir a considerar verdadeiras as crenças a respeito de suas exigências? A coerência entre um conjunto de crenças a respeito do que o Direito exige simplesmente não o fará.

*2. Problemas com a objetividade mínima*

Com essa discussão em mente, é fácil compreender a atração da objetividade mínima. Segundo a objetividade mínima, os fatos jurídicos são fixados pelo que a maioria dos juízes considera que eles sejam. Assim, não há problema nenhum de acesso epistêmico. Na verdade, o próprio conceito de objetividade mínima é definido em termos epistêmicos, em termos de como a comunidade pertinente considera que as coisas sejam. Embora o discurso jurídico possa parecer sugerir fatos fortemente objetivos, os objetos desse discurso, os fatos jurídicos, são apenas minimamente objetivos.

A objetividade mínima não é desprovida de problemas, porém. Há, pelo menos, três diferentes tipos de objeções que foram oferecidas à objetividade mínima como teoria semântica e como teoria metafísica. A primeira diz respeito à sua dificuldade de explicar a possibilidade do erro global ou em larga escala; a segunda diz respeito à sua incapacidade de explicar a discordância racional que não seja solucionada pela convenção; a terceira diz respeito ao que chamaremos de problema da ideologia dominante. Começamos com a última, não porque seja a mais reveladora ou perturbadora, mas porque versões dela estão na moda.

Lembre que os críticos do liberalismo argumentam, erroneamente, que considerações à moda de Kripkenstein estabelecem uma indeterminação radical de significado, quando, na verdade, esse significado é fixado pelas práticas humanas convencionais[135]. As práticas humanas que fixam o significado são, podemos recear, como outras práticas humanas, reflexos das hierarquias dominantes e das relações de poder dentro da comunidade. E isso convida à objeção de que, no fim, o significado das várias normas e princípios que constituem o Direito refletirá a cultura dominante de maneiras que ameaçam a legitimidade do Direito como árbitro entre interesses conflitantes e concepções do bem. O Direito, na realidade, nada mais é que agente de imposição da ideologia e da cultura dominantes, escondendo-se atrás de uma máscara de objetividade. Essa é a versão semântica da objeção da ideologia dominante.

A versão metafísica tem uma força inicial ainda maior. Se os fatos jurídicos são fixados pelas práticas dos juízes, os fatos jurídicos refletirão como os juízes os consideram. Os juízes geralmente são homens brancos bem-sucedidos. Assim, o que consideramos como fatos jurídicos objetivos revelam ser nada mais que expressões das preferências de homens brancos ricos.

Essas objeções têm méritos diferentes. A versão semântica da objeção, para começar, é simplesmente confusa e implau-

---

135. Ver *supra*, Parte I.A.3. O significado assim determinado ainda pode ser bastante determinado.

sível. Que práticas da comunidade fixem o significado de palavras e sentenças *específicas* não impede que essas palavras e sentenças significativas sejam empregadas de novas maneiras para expressar novo conteúdo semântico. As sentenças "os trabalhadores são explorados no capitalismo" e "em sociedades patriarcais, os homens, em média, usufruem benefícios e privilégios não usufruídos, em média, pelas mulheres" são perfeitamente inteligíveis, mesmo que o convencionalismo semântico seja verdadeiro[136]. Os escritos de marxistas, de membros do movimento dos Estudos Jurídicos Críticos ou de feministas parecem perfeitamente inteligíveis, apesar de Kripkenstein.

A objeção ao convencionalismo metafísico é um pouco mais preocupante. Há bons fundamentos para esperar algumas correlações entre raça, gênero e classe, ideologia ou sistema de crença[137]. Mas a correlação não é óbvia nem uniforme, e, no caso jurídico, certamente requer certa explicação detalhada para demonstrar que existe uma relação de determinação real entre raça, gênero e classe dos juízes e o universo metafísico dos fatos jurídicos. Com certeza, também, vale a pena lembrar, neste contexto, a lição da ala "sociológica" do realismo jurídico (a ala de Karl Llewellyn/Underhill Moore)[138]: dos fatos psicossociais a respeito de juízes que explicam e determinam o que fazem, deve-se atribuir peso significativo ao fato de que são socializados como juízes, não como jornalistas, eruditos, revolucionários ou psicoterapeutas. O fato sociológico de que os juízes são, surpreendentemente, pessoas dotadas de uma per-

---

136. Ver *infra*, texto que acompanha n. 139 (discutindo uma preocupação mais séria a respeito do convencionalismo como teoria da semântica jurídica).

137. Entre raça, gênero e classe, as afiliações de classe parecem ser os mais poderosos previsores e determinantes da ideologia, embora raça e gênero tenham sido tópicos mais populares para acadêmicos burgueses nas escolas de Direito americanas e de outros lugares. Uma sutileza maior na aplicação dessas categorias seria bem-vinda em todos os casos. A maioria dos grandes teóricos radicais, afinal, veio das classes burguesas. E será que precisamos observar as diferenças raciais pertinentes entre William Brennan, jurista dotado de excepcionais poderes de empatia e imaginação, e Clarence Thomas, jurista de insensibilidade e estreiteza de visão igualmente excepcionais?

138. Ver Leiter, *supra*, n. 60.

cepção autoconsciente de si mesmos como juízes, como pessoas que ocupam papéis com expectativas e normas definidas, significa que qualquer correlação simplista entre raça, gênero, classe e decisão jurídica pode ser antes a exceção que a regra. Dito isso, acreditamos ser genuína a preocupação a respeito da objetividade mínima como descrição da condição metafísica dos fatos jurídicos. Uma correlação média, mas não uniforme, entre raça, gênero e classe e decisões jurídicas seria significativa o suficiente para suscitar dúvidas quanto a determinar se a objetividade mínima bastaria como o tipo de objetividade dos fatos jurídicos que seria compatível com a autoridade jurídica. Na verdade, essa objeção provê parte do ímpeto para explorar uma concepção do Direito como *modestamente* objetivo, um tópico para o qual nos voltaremos daqui a pouco.

O convencionalismo (ou objetividade mínima) como teoria semântica confronta outro problema: se a prática convencional fixa o significado de uma palavra, os participantes da prática não podem estar errados ao usar a palavra como usam. Esse problema leva a problemas filosóficos bastante gerais, especialmente para conceitos em torno dos quais se desenvolve o nosso conhecimento. Se todo mundo concorda, por exemplo, a respeito do significado de "ouro" ou "morte", a compreensão convencional fixa a referência de ouro ou morte. Suponha, porém, que, como resultado de desenvolvimentos na química e na biologia, o metal a que antes nos referíamos como ouro e os estados de ser a que antes nos referíamos como morte não são mais vistos plausivelmente dessa maneira. Suponha que, como conseqüência, as práticas lingüísticas pertinentes mudam para refletir essa mudança no estado do conhecimento científico. O convencionalismo, ou objetividade mínima, oferece uma caracterização um tanto estranha do que ocorreu. Em vez de dizer que os falantes anteriores da língua estavam errados, deve dizer que o significado dos termos mudou porque as propriedades convencionalmente associadas aos termos mudaram.

Uma descrição mais plausível, ao que parece, afirmaria que os químicos e os biólogos aprenderam mais sobre como as coisas realmente são. Faz mais sentido dizer que a descoberta científica justifica a conclusão de que os falantes anteriores da língua simplesmente estavam errados a respeito de como as coisas realmente são, não que as coisas foram de certa maneira um dia e hoje não são mais. Faz menos sentido ainda dizer que as coisas mudaram apenas porque as convenções adotadas pelos falantes da língua mudaram. E parece que, para os que se persuadiram por tais objeções, a única possibilidade plausível é rejeitar o convencionalismo (ou, na linguagem usada até agora, a tese de que os fatos semânticos são "minimamente objetivos") em favor de alguma forma de realismo semântico (isto é, a visão de que o significado é fixado pela referência, e não o contrário)[139].

Há um problema final para a objetividade mínima: o problema da discordância racional. Suponha que existe uma prática geral entre os membros de uma comunidade que tem um limite razoavelmente bem definido. Todo mundo, digamos, pára no sinal vermelho. Suponha agora que entra em cena alguém que não conhece as pessoas muito bem, mas quer produzir o tipo certo de impressão. Quer fazer o que todo mundo faz. Tal pessoa pode fazer a seguinte pergunta: o que devo fazer para conformar minha conduta ao que os outros fazem como norma? Essa é apenas outra maneira de perguntar: que norma os outros estão seguindo?

O objetivista convencionalista ou mínimo sustenta a visão de que a dimensão normativa da norma é fixada pela conduta convergente. Se um agente quer saber o que deve fazer para seguir a norma, deve fazer o que os outros fazem ou aquilo que se compreende convencionalmente como sendo o que a norma exige. Isso significa que, na medida em que há discordância quanto ao que a norma exige, não há nenhuma ação que a regra exija dele, e isso porque o que a norma exige é fixado pela conduta convergente. Em resumo, o problema é este: segundo a objetividade mínima, ou convencionalismo, o âmbito do dever im-

---

139. Ver Moore, *supra*, n. 126, em 323-8.

posto pelas normas é estabelecido pela conduta convergente. Não havendo convergência, não há nenhum dever. Isso significa, no caso do farol vermelho, que todo mundo tem o dever de parar no sinal vermelho, mas, se as pessoas discordam quanto ao dever de parar ou não no caso de uma emergência, então não há nenhum dever de parar.

Isso é apenas uma nova maneira de levantar uma dúvida a respeito da capacidade da objetividade mínima de oferecer uma descrição plausível da discordância racional. Uma razão pela qual os indivíduos podem não convergir em uma prática referente à emergência é que eles discordam quanto ao significado da norma relacionada com parar no sinal vermelho. Sua conduta convergente "subdetermina" qual norma estão seguindo[140]. Eles podem discordar quanto ao que a norma exige, embora todos acreditem que a norma efetivamente exige alguma coisa. Em outras palavras, nenhum deles realmente acredita que a regra não exige nada só porque discordam quanto ao que ela exige. Isso é um problema para a objetividade mínima porque é compreendido como a afirmação de que o que uma norma exige é fixado pela prática convergente. Presumivelmente, parte do compromisso com a objetividade no Direito é a idéia de que existem respostas objetivas para as disputas jurídicas, respostas que podem estar ligadas a práticas judiciais mas que não são fixadas absolutamente por elas, respostas que são corretas apesar, até mesmo, da difundida discordância a respeito do que elas são[141].

---

140. X "subdetermina" Y quando X não justifica apenas Y.
141. Não pretendemos sugerir que os convencionalistas não têm nada a dizer em resposta a essas objeções. Andrei Marmor, por exemplo, responde persuasivamente a pelo menos uma versão do problema dos erros. Ver Andrei Marmor, *Interpretation and Legal Theory* (Oxford: Clarendon Press, 1992), 124-54. Além disso, quando Coleman era um convencionalista comprometido, não achava convincente a linha de argumentação dworkiniana. Ver Coleman, *supra*, n. 80, em 139, 150.

## 3. A objetividade modesta

Fizemos um apanhado de alguns dos problemas mais perturbadores e mais ou menos familiares que enfrentam a objetividade forte e a mínima, respectivamente. A objetividade mínima e a objetividade forte não são, porém, as únicas candidatas ao tipo de objetividade envolvida na decisão judicial; há uma concepção adicional de objetividade que queremos desenvolver e que chamamos de "objetividade modesta". Segundo a objetividade modesta, o que parece certo em "condições epistêmicas ideais" determina o que é certo[142]. No subjetivismo "protagórico" puro, o indivíduo é a medida de todas as coisas no sentido bastante inequívoco de que, se algo lhe parece certo, é certo[143]. A objetividade mínima tira o julgamento das mãos de cada pessoa, de modo que é possível que uma pessoa possa estar errada ao afirmar que alguma coisa está certa tomando como fundamento o fato de que lhe parece certa. A objetividade mínima introduz a possibilidade de um agente estar errado quanto a alguma coisa ser certa ou não sem que o fato de ele estar errado dependa, de alguma maneira, de alguma forma de realismo.

A objetividade modesta reconhece a possibilidade de que todos podem estar errados quanto ao que uma norma exige; o que parece certo, mesmo para todos, quanto ao que uma norma exige pode não estar certo. Apenas o que parece certo para indivíduos colocados em uma posição epistemicamente ideal determina o que é certo. Ao mesmo tempo, a objetividade modesta oferece um sentido em que as frases podem ser objetivas sem que suas condições de verdade independam totalmente de nossos recursos epistêmicos e de nosso acesso a elas. Como teoria metafísica, torna a existência e o caráter dos fatos de vários tipos dependentes de nós, mas não de nossas crenças e evidências efetivas ou existentes.

---

142. Desenvolvemos o conteúdo de "condições epistêmicas ideais" *infra*, Parte II.C.2, mas, por ora, digamos que tais condições são as melhores para obter conhecimento confiável a respeito de alguma coisa.

143. Ver *supra*, nn. 114-5 e o texto que acompanha.

## 4. A objetividade modesta, o acesso e o erro

Ainda não dissemos muita coisa sobre o conceito de objetividade modesta, além de assinalar que ela compartilha com a objetividade mínima uma postura anti-realista metafísica, e que compartilha com a objetividade forte a idéia de que o mundo não é necessariamente como a maioria considera que seja. Por que preferir a objetividade modesta como descrição da prestação jurisdicional e do Direito? Não faria muito sentido tentar desenvolver o conceito de objetividade modesta com muita meticulosidade, a menos que houvesse alguma razão para crer que ele aumentaria nossa compreensão da prática jurídica. Uma maneira de fazer isso é demonstrar como a objetividade modesta evita alguns dos problemas que atormentam a objetividade forte e a objetividade mínima.

A objetividade modesta não está comprometida com uma metafísica realista ou fortemente objetiva. Segundo a objetividade modesta, os fatos jurídicos não transcendem as evidências. Os fatos jurídicos são fixados por julgamentos em condições epistemicamente ideais. Portanto, a objetividade modesta não enfrenta o mesmo problema que o realismo ao explicar como um juiz pode ter acesso a fatos fortemente objetivos[144].

Se os significados são minimamente objetivos, a prática convergente existente fixa o significado. Isso é o que gera o problema dos erros porque, quando a prática muda (por exemplo, por causa de novas descobertas científicas sobre a composição química do ouro), o significado também muda. Mas essa descontinuidade radical – na qual a nossa compreensão do ouro não *aumenta*, mas em que o sujeito simplesmente muda quando descobrimos algo mais a seu respeito – é evitada se pensamos no significado como modestamente objetivo. Isto é, o que o ouro significa depende do que os falantes da língua considerariam que significa sob *condições epistemicamente ideais*.

---

144. Enfrenta outro problema, porém, de demonstrar como a prestação jurisdicional aproxima ou exemplifica condições epistêmicas ideais. Ver *infra*, Parte II.C.5.

Para termos de tipo natural como "ouro", as condições epistemicamente ideais devem, é claro, incluir o conhecimento científico relevante sobre o ouro. Assim, o significado do termo é fixado não pela prática convergente existente, mas pela convergência que ocorreria em condições de informação científica máxima.

Aplicam-se mais ou menos as mesmas considerações quando se trata de determinar a dimensão prescritiva das normas (jurídicas). Um juiz decidido a fazer o que a norma exige não procuraria fazer o que os juízes, via de regra, fazem; pode não haver nenhuma convergência de conduta. Em vez disso, um juiz deveria tentar descobrir o que um juiz ou um grupo de juízes faria em condições epistêmicas ideais. Isto é, segundo a objetividade modesta, o âmbito do dever em uma norma não é fixado por práticas convergentes existentes nem é estabelecido pelo que é o Direito, independentemente das crenças de qualquer pessoa a seu respeito; em vez disso, o âmbito do dever é dado pelo tipo de convergência que ocorreria em condições ideais. Assim, um juiz que quer saber o que é o âmbito desse dever (modestamente objetivo), quer saber o que os juízes fariam nas condições relevantes. As disputas quanto às exigências de uma norma, então, são compreendidas da melhor forma como disputas quanto à prática na qual os juízes convergiriam em condições ideais (condições que, presumivelmente, incluiriam, por exemplo, informação plena e capacidades racionais e jurídicas máximas).

Em resumo, temos razão para continuar aprofundando o conceito de objetividade modesta. Ao fazê-lo, teremos de dizer um pouco mais a respeito da sua idéia central, as "condições epistêmicas ideais", conceito do qual nos valemos acima, mas que, até agora, talvez tenhamos deixado irritantemente impreciso. Voltamo-nos agora para o início, mas apenas o início, da difícil tarefa que é remediar tal situação.

## C. O conteúdo da objetividade modesta

*1. A objetividade como a ausência de subjetividade*

Note, em primeiro lugar, que alguém que defenda a objetividade modesta não precisa defendê-la como uma metafísica geral aplicável a todos os domínios. Em outras palavras, é possível pensar que a objetividade forte é aplicável a objetos de tamanho médio como mesas e cadeiras e, simultaneamente, achar que a objetividade modesta é adequada para os nossos conceitos do domínio moral, social ou jurídico[145]. Ou pode-se defender a objetividade modesta com respeito a objetos de tamanho médio e o subjetivismo ou objetividade mínima com respeito aos domínios moral e social.

Em segundo lugar, seja qual for a descrição das condições epistêmicas ideais que escolhemos, ela pode variar de um domínio para outro. Aquilo que poderia constituir as condições ideais para fixar a existência de fatos científicos (se estes forem modestamente objetivos) pode não ter nenhuma relação com o que deve ser considerado como condições ideais para a fixação da existência de fatos jurídicos ou morais.

Em terceiro lugar, existe pelo menos um tema geral que sublinha a nossa concepção das coisas como modestamente objetiva (e isso também sublinha, conseqüentemente, a especificação das condições ideais relevantes). Todas as concepções de objetividade – forte, modesta, mínima – envolvem eliminar a dependência de alguma entidade ou propriedade diante de elementos da nossa "subjetividade", como as nossas crenças, preconceitos, ideologias e características pessoais. Nos casos em que a objetividade forte parece inviável (seja qual for a razão), somos atraídos pela objetividade modesta, na qual ainda parece ser importante eliminar pelo menos alguns dos vínculos entre a existência e o caráter de algum objeto ou propriedade e a nossa subjetividade imediata; nossa condição subjetiva exis-

---

145. Ver Leiter, *supra*, n. 113, em 194-5, 201-2.

tente tende mais a distorcer o objeto do que apresentá-lo em sua "verdadeira" luz. Uma tentativa de especificar as condições idealizadas para que o que "parece certo" determine o que "é certo" é apenas a tentativa de abstrair alguns desses elementos de nossa subjetividade.

Assim, a objetividade modesta não é objetividade no sentido de um mundo cujo caráter é independente das nossas ferramentas epistêmicas para ganhar acesso a ele; em vez disso, é a objetividade que envolve a ausência substancial (mas não total) de subjetividade. É uma tentativa de nos abstrair dos tipos de subjetividade que poderiam interpor-se entre nós e itens do mundo que concebemos como dotados de certa medida de independência diante de nossas propensões subjetivas existentes. Contudo, não é (como veremos em breve) um tipo de objetividade que exija a abstração de todos os aspectos da experiência humana subjetiva.

*2. Compreendendo as condições epistemicamente ideais*

Considere o caso das propriedades das cores. Suponha, como parece provável, que concebemos as cores como modestamente objetivas; algo é vermelho apenas se parece vermelho para observadores em condições ideais. Quais são essas condições? Bem, as observações teriam de ser feitas na luz, não na escuridão; a luz teria de ser razoavelmente brilhante; teria de ser luz branca (uma lâmpada Day-Glo não serviria); os observadores precisariam ter visão normal e ser capazes de distinguir as cores (não poderiam ver tudo como se fosse azul). Mas essas condições *ideais* não são necessariamente as nossas condições normais ou existentes no momento. Não queremos dizer que a cor de um objeto é determinada pelo modo como consideramos que seja agora, independentemente da nossa condição subjetiva existente. Portanto, existe uma necessidade de idealização.

Mas como sabemos quais são as condições ideais? Não temos nenhum outro recurso nesse ponto a não ser nosso *con-*

*ceito existente* da propriedade em questão; simplesmente analisamos o nosso conceito de cor, de como as propriedades da cor figuram em nossas práticas em seus diversos elementos. Se a especificação das condições idealizadas é precisa, então a afirmação deve ser a de que qualquer pessoa que usa conceitos de cor de outra maneira (por exemplo, alguém que afirma que algo é vermelho se parece ser vermelho à luz de uma lâmpada Day-Glo) simplesmente não compreendeu o nosso conceito de cor.

Note, então, que uma propriedade só pode ser modestamente objetiva quando existe um conceito suficientemente claro a ser analisado. A maioria de nós inclina-se a dizer, por exemplo, que o gosto bom dos sabores de sorvete não é objetivo, justamente porque não temos nenhuma concepção de quais são as condições adequadas ou ideais para proferir julgamentos a respeito do gosto bom. Se chocolate parece gostoso para Coleman e baunilha parece gostoso para Leiter, não há realmente mais nada a dizer; não há nenhum fato objetivo a respeito de qual sabor é realmente gostoso (isto é, nenhuma condição que poderíamos especificar para *fixar* o gosto bom dos sabores de sorvete).

Os julgamentos morais apresentam um caso especial e mais problemático. Se a moralidade é modestamente objetiva, poderíamos querer dizer que X está moralmente certo apenas se juízes em condições adequadas assim o julgam. Mas quais são as condições adequadas? Elas não serão contestáveis em aspectos importantes, que não podem ser resolvidos a não ser pelo argumento moral substantivo, se é que podem ser resolvidos? Ainda assim, todos certamente concordariam que os juízes da moral devem ter informações factuais completas e precisas, devem ser imparciais e livres de tendenciosidade, que devem pesar igualmente todos os interesses em jogo, e assim por diante? Essas condições não são parte do conceito de moralidade que figura nas nossas práticas? Uma pessoa que não estivesse disposta a considerar que essas são as condições adequadas ou ideais para o julgamento moral não se revelaria como alguém que não compreende o conceito de moralidade? Não seria exatamente como a pessoa que achasse que as propriedades da cor devem ser fixadas pela observação sob a luz de Day-Glo?

Pode ser plausível afirmar que essas condições de julgamento são parte do nosso conceito de moralidade do mesmo modo que as condições de observação são parte do nosso conceito de cor. Mas só pode ser plausível se possuímos um conceito suficientemente coerente e bem definido de moralidade (do que significa alguma coisa ser moralmente certa), de modo que haja algo no conceito a ser analisado. A questão de determinar se a moralidade é suficientemente coerente e bem definida é apenas uma das questões que separam os realistas morais dos anti-realistas morais. Se o realista está certo, então o nosso conceito de moralidade tem coesão suficiente para que possamos especificar as condições em que as pessoas entenderiam adequadamente do que estamos falando quando falamos da moralidade de um ato. Quando dizemos que um ato é moralmente incorreto, talvez estejamos apenas dizendo que "tem um efeito negativo sobre o bem-estar agregado". Nesse caso, as condições adequadas nas quais os juízes fixarão a moralidade de um ato incluirão a informação completa a respeito dos efeitos sobre o bem-estar, a capacidade de pesar os interesses em jogo e a imparcialidade quanto ao bem-estar das diferentes partes.

O anti-realista nega tudo isso. Segundo o anti-realista, às vezes, quando dizemos que um ato é "moralmente incorreto", queremos nos referir àquilo que o utilitarista pensa que isso quer dizer, mas, às vezes, queremos dizer que ele "deixa de respeitar a dignidade das pessoas" (ou algum outro substituto kantiano adequado). Outras vezes, ainda, usamos a linguagem da moralidade para expressar outros julgamentos em outras circunstâncias. Para o anti-realista, em resumo, o nosso conceito de moralidade não condiz com um grupo de propriedades descritivas ou empíricas (como fatos sobre o bem-estar); falar sobre a moralidade de um ato tem um papel inteiramente diferente – não de destacar algum aglomerado de fatos, mas, talvez, de expressar aprovação, recomendar ou endossar uma ação[146].

---

146. Ver Gibbard, *supra*, n. 123, em 6-22.

## 3. *A objetividade no Direito e na moral*

As propriedades só podem ser modestamente objetivas se são suficientemente coerentes para nos permitir identificar quais poderiam ser consideradas as condições para que os julgamentos a respeito de tais propriedades fixassem sua existência e suas características. Sugerimos que nosso conceito de cor é suficientemente coerente para admitir uma descrição dele como modestamente objetivo. É menos claro se o mesmo poderia ser dito acerca das propriedades morais. Assim, por exemplo, a imparcialidade é realmente uma condição do julgamento *moral* adequado? Uma sensibilidade moral refinada não pode incluir a *parcialidade* para com a família e os amigos próximos? A moralidade realmente diz respeito ao bem-estar agregado, à dignidade e à autonomia das pessoas, ou a alguma outra coisa?

Se o Direito e a moralidade estão ligados no sentido forte em que a verdade das proposições jurídicas muitas vezes depende da verdade dos julgamentos morais, essa disputa entre realistas e anti-realistas morais pode ser extremamente relevante para certas formas de teoria jurídica. Algumas teorias jurídicas, incluindo todas as formas de teoria do Direito Natural substantivo, fazem da verdade de algumas afirmações morais parte das condições de verdade de várias afirmações jurídicas. Michael Moore chamou essa visão de "relacionalismo"[147]. Para tais teorias, a objetividade da moralidade é, então, uma condição necessária da objetividade do Direito. Se a autoridade do Direito depende da sua objetividade, então a autoridade jurídica depende justamente de ser possível a objetividade da moralidade. A moralidade deve ser objetiva em algum sentido se o Direito o for. O próprio Moore defende uma forma de realismo moral[148]. Para ele, tanto o Direito como a moralidade são fortemente objetivos.

---

147. Ver Moore, *supra*, n. 92, em 2425.
148. *Ibid.*, em 2491-533.

O caso interessante é Dworkin. O positivismo pode ser compreendido como a afirmação de que as condições de verdade dos juízos jurídicos não implicam, tipicamente, a verdade dos julgamentos morais[149]. Os positivistas rejeitam o relacionalismo. Na condição de um dos primeiros e mais vigorosos críticos do positivismo, Dworkin aceita certa versão da tese relacional[150]. Por outro lado, ao contrário de Moore, Dworkin (tal como o lemos) rejeita o realismo moral e a objetividade forte dos fatos jurídicos. Para ele, os fatos jurídicos não fazem parte da "'estrutura' do universo"[151]. Tanto o Direito como a moralidade devem ser objetivos para Dworkin, mas não fortemente objetivos. Momentaneamente, argumentaremos que Dworkin está comprometido com a objetividade modesta do Direito e da moralidade[152].

O debate entre realistas e anti-realistas morais tem uma influência menor nas visões de teoria jurídica que sustentamos. Ambos somos positivistas, o que significa que rejeitamos uma interpretação forte da tese relacional, isto é, a visão de que a verdade das afirmações jurídicas está invariavelmente ou com freqüência relacionada com a verdade de certas afirmações morais. A objetividade do Direito, ao nosso ver, é independente da objetividade da moralidade em parte porque as condições de verdade das proposições jurídicas não implicam a verdade das afirmações morais. Somos livres para adotar uma visão anti-realista a respeito da moralidade, o que ambos estamos inclinados a fazer, e, ao mesmo tempo, sustentar a visão de que os fatos jurídicos ainda podem ser minimamente (Leiter) ou modestamente (Coleman) objetivos[153]. Como so-

---

149. Essa não é exatamente a concepção de positivismo que Coleman defende. Ver, de maneira geral, Coleman, *supra*, n. 80.
150. Ver Dworkin, *supra*, n. 3, em 2245.
151. Dworkin, *supra*, n. 23, em 80. O uso de Dworkin desse tipo de retórica parece trair várias confusões a respeito das questões metafísicas. Não obstante, parece correto dizer que Dworkin sustenta uma visão mais fraca da objetividade da moralidade que, digamos, Moore.
152. Ver *infra*, Parte II.C.7.
153. Pode valer a pena enfatizar nossas diferenças com Moore e Dworkin. Cada um de nós está comprometido com a objetividade do Direito como questão

mos positivistas, não existe nenhuma necessidade aqui de aprofundar a questão de como a moralidade, que parece tão diferente da cor, pode ser modestamente objetiva; é suficiente que o Direito o seja.

## 4. A objetividade modesta é convencional?

Chegamos agora a uma série de proposições filosoficamente exigentes e importantes. A objetividade de um conceito (por exemplo, a cor, a moralidade ou o Direito) pressupõe uma prática coerente com respeito ao uso desse conceito. Apenas tais práticas podem admitir as condições ideais de observação ou julgamento. Quando as propriedades podem ser modestamente objetivas, o fato de serem assim depende da existência de condições epistemicamente ideais para o julgamento. No caso das propriedades da cor, é bastante óbvio quais são essas

---

conceitual ou normativa. (Sendo um cético e uma espécie de realista jurídico, Leiter, de certa maneira, tem menos certeza a respeito da prática jurídica efetiva.) Ao contrário de Dworkin e de nós, Moore abraça a tese de que o Direito é fortemente objetivo. Tanto Dworkin como Moore aceitam a tese relacional, ou seja, a afirmação de que as condições de verdade para as proposições jurídicas implicam a verdade das afirmações morais. Rejeitamos essa tese. Moore adota a objetividade forte a respeito do Direito e da moral. Dworkin aceita a objetividade do Direito e, porque adota a tese relacional, está comprometido com a objetividade da moralidade. Rejeita, porém, a objetividade forte de ambos. A nosso ver, está comprometido com a objetividade modesta de ambos.

Como rejeitamos a tese relacional, nossas visões a respeito da objetividade do Direito e da moral não estão ligadas da maneira como estão para Moore e Dworkin. Coleman compartilha com Dworkin a concepção do Direito como modestamente, não fortemente, objetivo. E ambos discordamos com Moore e Dworkin a respeito da moralidade. Moore defende que a moralidade é fortemente objetiva; Dworkin, pensamos, defende que o Direito é modestamente objetivo; duvidamos que a moralidade seja objetiva em qualquer um desses sentidos.

Defendemos o que poderia ser chamado de "cognitivismo jurídico". Adotamos a afirmação de que os enunciados da forma "é a lei de nossa comunidade que P" podem ser verdadeiros ou falsos; enunciados sobre o que a lei exige são adequados a predicados de verdade. Não abraçamos a idéia de que existem respostas corretas para todas as disputas jurídicas. Contudo, como estamos comprometidos com a objetividade do Direito, temos compromisso com a objetividade das afirmações de que existem respostas corretas para disputas jurídicas.

condições. Não será sempre assim. Suponha que haja discordância quanto ao que deve ser considerado como posição epistemicamente ideal. Como essa discordância deve ser resolvida? Existe algum fato relacionado com o que deve ser considerado como restrição adequada à observação e ao julgamento? Se existir, qual é a sua fonte? A resposta parece ser (como sugerimos acima) que o que deve ser considerado como restrição adequada à observação é dado pelas práticas aceitas em um domínio do discurso. Os cientistas concordam em que apenas as observações feitas sob luz branca são adequadas para a formação de julgamentos sobre as propriedades da cor, e assim por diante; o bom senso acompanha a ciência nesse aspecto. Mas, se é esse tipo de concordância científica e de bom senso que torna legítimas ou adequadas as condições de observação, por que, então, a objetividade modesta simplesmente não cai no convencionalismo?

Há uma diferença, porém, entre dizer que a natureza de X é determinada por aquilo que a comunidade acredita a respeito de X (convencionalismo ou objetividade mínima) e dizer que a natureza de X é determinada por aquilo em que as pessoas, em condições *adequadas ou ideais*, acreditariam a respeito de X. Mesmo quando o que pode ser considerado como idealização depende da nossa prática "convencional" (como no caso dos conceitos de cor), a descrição da objetividade ainda difere obviamente. Tudo o que a objeção demonstra é que a objetividade modesta ainda honra a doutrina protagórica de que "o homem é a medida de todas coisas", valendo-se, nesse caso, das nossas práticas que envolvem o conceito de gerar a idealização. Mas isso não demonstra que não existe nenhuma diferença entre a objetividade mínima a respeito da cor e a objetividade modesta.

Duas outras proposições precisam ser enfatizadas. Primeiro, em casos como esse, não temos nenhuma outra maneira de proceder senão tentar analisar os conceitos que figuram em nossas práticas. O fato de que esses conceitos figuram em nossas práticas não torna a tarefa de analisá-los uma versão do convencionalismo. As práticas podem ser convencionais, mas as práticas convencionais podem estar comprometidas com conceitos transcendentes à prática ou não-convencionais.

Segundo, é extremamente enganoso afirmar que, ao explicar conceitos que são modestamente objetivos, como as propriedades da cor, as condições epistemicamente ideais são *estabelecidas* ou *fixadas* por convenções. Essas condições não são estabelecidas nem fixadas. Em vez de aceitar que as condições de observação adequadas às propriedades da cor são estabelecidas pela convenção, deve-se entender que estamos tentando descobrir as condições de observação pressupostas pelo conceito das propriedades das cores. Essas condições fazem parte do conceito; elas não são estabelecidas nem determinadas independentemente. Toda a questão de como as condições epistemicamente ideais são estabelecidas ou fixadas compreende erroneamente a investigação. Em todos os casos em que uma propriedade ou fato tem o potencial de ser modestamente objetivo, observamos para ver se conseguimos identificar as condições de observação ou julgamento que pressupõem as práticas que envolvem esse conceito. Quando somos incapazes de identificar um conjunto de tais condições, não fixamos um conjunto arbitrariamente. Em vez disso, o fracasso em descobrir um conjunto de tais condições dá-nos motivo para duvidar de que o conceito em questão seja ou possa ser modestamente objetivo. Assim, o pensamento de que a objetividade modesta leva ao convencionalismo porque as condições de julgamento são fixadas por convenção torna-se simplesmente irrelevante.

## 5. O conteúdo da objetividade modesta e o problema do acesso

Os fatos jurídicos são modestamente objetivos quando o que é um fato jurídico é o que os juízes, em condições epistêmicas ideais, considerariam que esse fato o fosse. Por exemplo, Coleman é, *de fato*, responsável por sua negligência quando os juízes, em condições epistêmicas ideais, julgam que ele é responsável por sua negligência. Ao sugerir que esse conceito de objetividade está implícito em nossa prática jurídica, afirmamos que, entre outras coisas, ele pode oferecer a melhor explicação para várias características dessa prática[154]. Por exemplo, admitimos de boa vontade que os juízes podem estar errados quanto aos fatos jurídicos, que uma comunidade jurídica inteira, durante um determinado período histórico, pode estar errada quanto ao que é o Direito (por exemplo, o Tribunal na era de *Plessy contra Ferguson*[155]), mas que aquilo que o Direito é depende, em algum nível, do julgamento dos juristas. Um fato jurídico indetectável, em princípio – do tipo cuja existência é possível na objetividade forte –, não é, sugerimos, parte do aparelho conceitual de nossa prática jurídica.

Tentemos agora ser mais precisos e analisar essa noção de objetividade com alguns detalhes. Existe um fato jurídico a respeito de Coleman ser ou não responsável por sua negligência apenas se os juízes em condições ideais julgarem que ele é responsável. Quais são essas condições? O conceito de "Direito", ou do "jurídico", condiz o bastante para a caracterização de modestamente objetivo? O Direito será mais semelhante ao caso da "cor" (no qual as condições ideais parecem fáceis de especificar) ou à "moralidade" (na qual pode ser impossível especificar tais condições)?

Queremos sugerir que o Direito é mais como a cor do que a moralidade nesse aspecto[156]. Pelo menos algumas das condições ideais para proferir um julgamento jurídico (objetivo) – em oposição a um julgamento moral – parecem fáceis de especificar. O juiz ideal deve:

(1) estar plenamente informado a respeito de
   (a) toda a informação factual relevante e

---

154. Lidamos com essa questão mais detalhadamente em Jules Coleman e Brian Leiter, "Legal Objectivity: Minimal or Modest?" (em andamento; original arquivado com os autores).
155. 163 US 537 (1896).
156. Embora seja desnecessário dizer, as condições ideais para proferir julgamentos de cor não são em nada semelhantes às condições ideais para proferir julgamentos jurídicos.

(b) todas as fontes jurídicas autorizadas (leis, decisões anteriores);
(2) ser plenamente racional; observar todas as regras da lógica, por exemplo;
(3) ser livre de parcialidade pessoal a favor ou contra cada uma das partes;
(4) ser empático e imaginativo ao máximo em casos que exijam, por exemplo, a ponderação dos interesses em jogo;
(5) conhecer e ser sensível ao conhecimento sociocultural informal do tipo essencial ao raciocínio analógico, no qual as diferenças e distinções devem ser assinaladas como "relevantes" ou "irrelevantes".

Nossa afirmação, então, é a de que um julgamento jurídico proferido em condições como essas fixaria o que é o Direito nesse ponto[157]. A idéia de que um julgamento jurídico proferido nessas condições não fixaria o Direito nesse ponto, se a objetividade modesta for correta como descrição da metafísica dos fatos jurídicos, é alheia à nossa prática jurídica. Inversamente, a idéia de que um julgamento proferido em condições comuns (de informação incompleta, parcialidade, irracionalidade e assim por diante) fixa o fato jurídico no caso em questão também é, se a objetividade modesta estiver correta, alheia à prática jurídica. Aquilo em que os juízes acreditam tem importância, mesmo que todos os juízes possam hoje estar errados a respeito do Direito. Mas os juízes nas condições ideais do tipo especificado não podem estar errados.

Agora, porém, surge a objeção "natural": com certeza, os juízes do mundo real não estão, na verdade, proferindo julgamentos em condições ideais! Assim estruturada, contudo, essa não é uma objeção à posição que se acaba de descrever, porque nossa afirmação aqui é apenas a de que o conceito adequado de objetividade no Direito é o da objetividade modesta. A afirma-

---

157. Não afirmamos, definitivamente, que o julgamento nessas condições sempre identificaria um fato jurídico; como aceitamos que o Direito pode ser indeterminado, o julgamento jurídico em condições ideais às vezes não identificará nenhum fato jurídico concernente à matéria.

ção não é a de que a decisão judicial efetiva seja necessariamente objetiva no sentido metafísico de relatar com segurança fatos jurídicos objetivos. A objetividade modesta é uma concepção normativa de objetividade, no sentido de que oferece um critério para avaliar se a decisão judicial é legítima ou justificável. O crítico do liberalismo que culpa a prestação jurisdicional por não ser objetiva, necessita justamente de uma descrição do conceito de objetividade adequada ao Direito que a prestação jurisdicional não alcança. A objetividade modesta oferece critérios para *criticar* a prática decisória efetiva como deficiente em objetividade, por exemplo, por sua falta de imparcialidade, de informação completa, de empatia imaginativa, de lógica, etc.

Dito isso, a objeção natural que ensaiamos aponta para uma dificuldade filosófica muito mais importante na teoria da objetividade modesta. Recorde que a objetividade modesta foi apresentada anteriormente como uma objeção à objetividade forte, pelo fato de tornar inacessíveis aos juízes, em princípio, os fatos jurídicos, ao mesmo tempo que a acessibilidade era considerada uma condição da autoridade jurídica. E se os juízes reais não são juízes ideais, e se o Direito é modestamente objetivo no sentido que se descreveu, então os fatos jurídicos não serão igualmente inacessíveis aos juízes efetivos que proferem decisões para litigantes efetivos?[158] Se é assim, uma concepção do Direito como modestamente objetivo não será culpada da mesma objeção que dirigimos à objetividade forte e, ao fazê-lo, não minará as condições para a autoridade jurídica?

Mais uma vez, temos de ter cuidado para não misturar duas noções distintas; vamos chamá-las de "inacessibilidade *de jure*" e "inacessibilidade *de facto*". Segundo a objetividade forte, os fatos jurídicos são inacessíveis *de jure* porque, dados os termos da teoria, o que somos capazes de determinar não determina o que é o caso[159]. Pelo contrário, os fatos jurídicos

---

158. Cf. "Normativity Argument" em Leiter, *supra*, n. 113, em 207-8.

159. Isso não implica, porém, a visão de que fatos jurídicos inacessíveis *de jure* sejam incognoscíveis para os humanos, apenas que o fato de serem fatos jurídicos não depende de serem cognoscíveis.

modestamente objetivos serão inacessíveis *de jure* apenas se as condições ideais especificadas pela teoria forem, elas próprias, inacessíveis *de jure* (isto é, em princípio ou pelos termos da teoria) a humanos. As condições ideais para proferir o julgamento jurídico, porém, não parecem estar além do alcance humano; na verdade, parece que os juízes às vezes aproximam-se delas o suficiente ao relatar fatos jurídicos (como em qualquer "caso fácil" padrão). Tal como estruturada, a objeção demonstra apenas que os fatos jurídicos às vezes são inacessíveis *de facto*, isto é, desconhecidos (ou não detectados) porque os juízes não são objetivos exatamente no sentido especificado pelos critérios das condições ideais. Os fatos jurídicos modestamente objetivos – ao contrário dos fortemente objetivos – são acessíveis *de jure*, ou em princípio, e, portanto, podem sobreviver à objeção anterior de que as condições da objetividade acabam por minar a concepção liberal de autoridade jurídica em vez de apoiá-la.

## 6. A objetividade modesta e a doutrina jurídica contemporânea

Tal como normalmente concebido, o debate acerca da objetividade no Direito é um debate entre convencionalistas e realistas. Tentamos demonstrar que existe uma concepção alternativa de objetividade, a objetividade modesta, que explica a possibilidade do erro geral e oferece um sentido de dever jurídico objetivo que ultrapassa a conduta convergente e o faz sem compromisso com um realismo pleno a respeito dos fatos jurídicos. A nossa visão é a de que essa não apenas é uma concepção coerente de objetividade, mas também que é a concepção de objetividade em vigor em boa parte do debate doutrinário atual. É, como sugerimos, a concepção de objetividade com a qual está comprometido Dworkin, e com a qual também deviam estar comprometidos os teóricos raciais críticos (e também os feministas). Nas seções que encerram este artigo, procuramos defender essas afirmações. As nossas observações são provisórias, em parte porque Dworkin e os teóricos raciais críticos podem ser compreendidos como rejeitando explicitamente a noção de objetividade no Direito[160]. Mas não podemos permitir que a sua rejeição explícita da objetividade nos impeça de demonstrar que existe uma forma viável de objetividade no domínio jurídico, com a qual poderiam e deveriam comprometer-se.

## 7. Dworkin e a objetividade modesta

É evidente que Dworkin pretende rejeitar o convencionalismo, e é plausível (se bem que menos evidente) que queira resistir à objetividade forte do realismo. Ele pretende oferecer uma descrição da maneira como as proposições jurídicas podem ser verdadeiras sem que as suas condições de verdade sejam estabelecidas por convenção ou pela correspondência com fatos que são parte da "estrutura do universo"[161]. Embora ele não adote explicitamente uma metafísica jurídica, quere-

---

160. Qualquer um que acredite na existência de respostas corretas para disputas jurídicas abraça, inevitavelmente, a idéia da objetividade. Assim, apesar de protestos no sentido contrário, Dworkin certamente está comprometido com fatos jurídicos metafisicamente objetivos. Observações similares aplicam-se a muitos dos seus críticos mais fervorosos. Ver *supra*, n. 2. Muitos escritos de feministas e teóricos raciais críticos, por outro lado, parecem ter se deixado influenciar por um bocado de má filosofia, e o resultado é que tais autores muitas vezes parecem acreditar que não existem fatos objetivos a respeito do mundo. Em vez de oferecer novas perspectivas (femininas, minoritárias) que enriqueçam nossa compreensão de um mundo objetivo, ou de fornecer novos modos discursivos (por exemplo, narrativa) que permitam acesso a fatos até então ignorados a respeito desse mundo objetivo, os autores críticos muitas vezes parecem oferecer simples alternativas à perspectiva "masculina branca" (se é que existe tal coisa), alternativas que podem ter méritos éticos e estéticos mas que, certamente, não possuem méritos epistêmicos (como ser verdadeiras). Instamos para que esses autores não abandonem com tanta rapidez as pretensões de objetividade. Parece uma vantagem distinta poder rejeitar visões sexistas e racistas não simplesmente porque não são ética ou esteticamente atraentes para nossa "perspectiva", mas porque são objetivamente falsas, isto é, fundadas em afirmações falsas a respeito de gênero, raça, estrutura social e causa social. Sugerimos no texto uma descrição de objetividade que é compatível com o espírito de tal trabalho crítico.

161. Dworkin, *supra*, n. 23, em 80.

mos sugerir que a metafísica com a qual está comprometido é a que chamamos de objetividade modesta, pelo menos no que diz respeito à condição de "respostas corretas"[162].

Há uma diferença entre a tese da resposta correta de Dworkin, tal como apresentada na sua discussão dos "casos difíceis"[163], e o argumento que ele oferece em *O império do Direito*[164]. Nos seus primeiros ensaios, por exemplo, "Judicial Discretion"[165] e "Model of Rules"[166], o alvo de Dworkin era o compromisso do positivismo jurídico com a discricionariedade judicial em casos difíceis. Parecia, de início, que a principal proposição de Dworkin era a de que o positivismo empobrecera demais a concepção de padrões jurídicos vinculantes. Aumente-se o conjunto de padrões jurídicos vinculantes, e o âmbito ou extensão da discricionariedade judicial diminuirá de maneira correspondente. Quando se chega ao capítulo sobre "casos difíceis", deve-se ler Dworkin como se ele estivesse desenvolvendo uma teoria geral da prestação jurisdicional, aplicável a todos os casos e não apenas aos difíceis. Na descrição desenvolvida ali, as respostas corretas para as disputas jurídicas foram definidas como aquelas às quais chegaria o juiz idealizado de Dworkin, Hércules[167]. O julgamento de Hércules fixa o que deve ser considerado como resposta correta para uma disputa jurídica. Portanto, o tipo de objetividade envolvido na tese da resposta correta não é independente do acesso

---

162. Essa também pode ser a visão de Kent Greenawalt. Ver Kent Greenawalt, *Law and Objectivity* (Nova York: Oxford University Press, 1992), 210; cf. Leiter, *supra*, n. 113, em 198-200.

163. Dworkin, *supra*, n. 3, em 81-130.

164. Ver Dworkin, *supra*, n. 23.

165. Ver Dworkin, "Judicial Discretion", *supra*, n. 27, em 624 (argumentando que a visão de arbítrio que "se baseia na percepção" de que algumas das razões que os tribunais oferecem para decisões não operam como regras é inexata e enganosa).

166. *Ibid.*, em 31 (avaliando criticamente a aceitação positivista da discricionariedade judicial em casos difíceis quando existem outros princípios para guiar e obrigar juízes).

167. Ver Dworkin, *supra*, n. 3, em 105-30 (delineando o processo de tomada de decisões de Hércules).

epistêmico aos fatos jurídicos. Na verdade, Hércules nada mais é que um juiz equilibrado justamente no alto de uma condição epistêmica ideal. Ele tem todo o Direito diante de si. Ele é plenamente racional e informado. Tem capacidades máximas para a reflexão filosófica e moral. O tipo de objetividade exibido pelos fatos jurídicos nessa descrição é o modesto.

Na teoria dos "casos difíceis", os juízes têm o dever de aspirar a decidir casos como Hércules decidiria, de modo que possam desenvolver uma prática que os capacite a encontrar as respostas certas para as disputas jurídicas.

Quando chegamos a *O império do Direito*, o argumento de Dworkin muda significativamente, embora seus compromissos filosóficos básicos (especialmente os metafísicos) permaneçam os mesmos. Ele ainda está comprometido com a existência de respostas corretas que são, em nossos termos, modestamente objetivas, e isso porque as respostas são corretas se são as decisões a que chegou Hércules. O argumento a favor de os juízes aspirarem a decidir casos como Hércules alterou-se significativamente, porém. Os componentes relevantes da teoria da prestação jurisdicional não são defendidos porque são essenciais para fixar ou encontrar respostas corretas para as disputas jurídicas. Em vez disso, são defendidos sobre bases diferentes de moralidade política. A teoria da prestação jurisdicional relevante é defendida sobre o fundamento de que incorpora as virtudes políticas da integridade, da justiça e do devido processo[168]. O processo de tomada de decisões de Hércules incorpora esses ideais, e os juízes devem aspirar a alturas hercúleas, não porque fazer isso é necessário para assegurar respostas corretas, mas porque esses ideais políticos exigem que assim seja feito[169]. Esses ideais políticos são defendidos em termos de uma teoria de comunidade política, que é, ela própria, defendida pela sua relação com o valor da fraternidade[170]. Enquanto o argumento a favor da tese de resposta certa dos

---

168. Ver Dworkin, *supra*, n. 23, em 225.
169. *Ibid.*, em 176-216.
170. *Ibid.*, em 187.

"casos difíceis" deriva, em última instância, de uma teoria política liberal, que considera os direitos individuais como fundamentais, o argumento de *O império do Direito* fundamenta-se na idéia de comunidade liberal.

Quaisquer que sejam as diferenças entre a moralidade política subjacente de *Taking Rights Seriously* e *O império do Direito*, e elas são substanciais, Dworkin continua comprometido com uma concepção de respostas corretas para disputas jurídicas: respostas que podem ser corretas quaisquer que sejam as convenções vigentes entre os juristas, respostas que podem ser corretas sem que a sua correção exija objetividade forte, respostas que são corretas e modestamente objetivas.

## 8. A teoria racial crítica e a objetividade modesta

Concluímos com algumas breves observações sobre a relação entre as teorias raciais críticas e a objetividade modesta. Começamos revisitando uma observação feita anteriormente a respeito do sentido em que a objetividade modesta busca abstrair-se dos aspectos da experiência humana subjetiva que poderiam contaminar o julgamento.

Embora seja verdade que a objetividade sugere a rejeição da subjetividade, não é verdade que a posição epistemicamente preferida irá sempre abstrair-se dos aspectos subjetivos da experiência. De modo bem geral, na medida em que existem fatos objetivos a respeito da experiência subjetiva, as condições ideais para proferir julgamentos sobre esses fatos necessariamente irão incorporar aspectos da experiência subjetiva. Mais especificamente, na medida em que a aplicação de certas categorias jurídicas exige que se ponderem os interesses individuais em jogo, as condições ideais para proferir julgamentos sobre tais matérias exigirão informação a respeito da experiência subjetiva.

Sob essa luz, a conhecida ênfase da teoria racial crítica na "narrativa" pode ser compreendida não como uma rejeição da objetividade – "é narrativa do começo ao fim" – mas como uma especificação das condições para detectar fatos jurídicos objetivos em certos tipos de casos[171]. Supõe-se, afinal, que as narrativas relatam a experiência subjetiva, tipicamente a da opressão pelo Direito ou por outros meios. São mais bem compreendidas como oferecendo acesso a fatos reais sobre a opressão que seriam inacessíveis aos modos discursivos comuns de raciocínio jurídico. Logo, nos casos em que os interesses da minoria estão em jogo (tem de ser "pesados", "ponderados", etc.), a afirmação de que os fatos jurídicos são modestamente objetivos equivale à afirmação de que as condições ideais para proferir o julgamento incluem o acesso a representações narrativas das partes afetadas.

Provavelmente é desnecessário dizer, mas talvez valha a pena repetir, que o subjetivismo não é amigo dos que se vêem como alienados e destituídos de poder. A afirmação de que tudo se resume ao poder não pode ajudar os que se vêem fora dos corredores do poder. O tipo de descrição dos fatos jurídicos compatível com a possibilidade de sua objetividade e com a centralidade da narrativa é, como sugerimos, a objetividade modesta.

## Conclusão

As teses filosóficas prestam-se a nos ajudar a compreender e, quando surge a ocasião, defender as nossas práticas. O liberalismo é oferecido como a descrição de uma prática jurídica e política defensável. Seus críticos levantaram uma série de objeções ao liberalismo como descrição de nossas práticas existentes e como um ideal ao qual os arranjos sociais e políticos devem aspirar. Nossa ambição não foi defender o liberalismo contra todas as críticas dirigidas a ele. Em vez disso, focalizamos duas objeções diferentes, mas relacionadas ao liberalismo como família de teses de doutrina jurídica: as afirmações de que o Direito é indeterminado e subjetivo.

---

171. Ver *supra*, n. 2.

Nosso argumento é de que o liberalismo, na verdade, não está comprometido com a determinação jurídica. Está antes comprometido com uma variedade de ideais políticos, inclusive as afirmações de que a coerção política deve ser justificada, os indivíduos devem ter uma oportunidade de conformar sua conduta às exigências do Direito, as instituições devem promover a autonomia e o bem-estar, e o governo democrático deve ser possível. Nenhum deles implica um compromisso com a determinação no sentido de garantia de um resultado único. A determinação não é parte da concepção liberal de Direito. A objetividade sim.

Para alguns, a objetividade não é metafísica, mas processual ou (falando amplamente) epistêmica; é motivada pelo compromisso com certos valores que não dependem da verdade de nenhuma afirmação metafísica. Por razões similares às que Joseph Raz levantou contra o liberalismo político sem a metafísica[172], escolhemos não aprofundar essa abordagem do conceito de objetividade implícito no Direito. Em vez disso, procuramos uma concepção metafísica de objetividade. Ao fazê-lo, distinguimos entre uma série de concepções de objetividade e tentamos formular uma nova concepção de objetividade para o campo da doutrina jurídica, a objetividade modesta[173].

Ao formular o conceito de objetividade modesta, tentamos dar-lhe substância, estabelecer sua coerência e explorar sua relação com a objetividade mínima e a objetividade forte. Delineamos algumas das maneiras em que a objetividade modesta responde a objeções importantes levantadas contra a ob-

---

172. Ver Joseph Raz, "Facing Diversity: The Case of Epistemic Abstinence", 19 *Phil. & Pub. Aff.* 3, 4 (1990) (desafiando a irrefutabilidade das razões oferecidas por John Rawls e Thomas Nagel para a abstinência epistêmica).

173. Quando dizemos "novo", não queremos dizer que essa concepção de objetividade seja original para nós – embora acreditemos que sua aplicação ao domínio jurídico careça de linhagem filosófica. Para um retrato metafísico geral da objetividade modesta, ver Hilary Putnam, *Reason, Truth and History* (Cambridge: Cambridge University Press, 1981), 49-74. Para uma descrição do valor como modestamente objetivo, ver Bruce Brower, "Dispositional Ethical Realism", 103 *Ethics* 221, 222 (1993), e Mark Johnston, "Dispositional Theories of Value", 63 *Proc. Aristotelian Soc'y*. 134, 145 (1989).

jetividade mínima e a objetividade forte. Também argumentamos que a noção de "condições epistêmicas ideais" é central para boa parte do debate atual na teoria jurídica, figurando com proeminência tanto nos argumentos mais importantes de Dworkin como nos de seus críticos mais vigorosos. Nessa medida, sugerimos (implicitamente, pelo menos) que o pensamento de que o Direito é modestamente objetivo é parte da concepção operacional das práticas jurídicas de muitas teses diferentes na teoria jurídica.

Resta muito trabalho. Não terminamos de analisar a idéia das "condições epistêmicas ideais" tal como aplicadas ao Direito. Ainda não demonstramos que nossa concepção operacional é suficientemente coerente para admitir qualquer tipo de objetividade (metafísica). Em resumo, resta-nos demonstrar que a objetividade modesta figura não apenas nas várias descrições da prática jurídica feitas pela teoria jurídica, mas também em nossas próprias práticas jurídicas. Essa é uma tarefa formidável, sobre a qual divergimos e que esperamos explorar em breve. Por enquanto, temos de nos contentar em trazer à mesa a objetividade modesta.

# Capítulo 8
# *Contra os princípios jurídicos*
*Larry Alexander e Kenneth Kress*

## I. Introdução

A sabedoria da teoria jurídica anglo-americana convencional confere aos princípios jurídicos uma condição central e até mesmo honorífica na determinação de como o raciocínio jurídico procede e deveria proceder e de como os casos são e deveriam ser interpretados e julgados. A referência aos princípios jurídicos permeia o comentário filosófico e a discussão doutrinária do Direito, da interpretação e da prestação jurisdicional. Na verdade, a referência aos princípios jurídicos é um elemento básico da instrução de estudantes de Direito e dos argumentos de advogados praticantes. Para muitos – inclusive Ronald Dworkin – as regras, na verdade, saem de cena, deixando o campo para os princípios[1]. Assim como os físicos do século XIX invocavam o éter para explicar observações passadas e prever observações futuras, o raciocínio jurídico tradicional e as teorias de interpretação invocam princípios jurídicos para explicar os resultados de casos passados e justificar as conclusões sobre como devem ser decididos casos futuros. E, como a invocação do éter, a invocação dos princípios jurídicos é mal orientada. As teorias tradicionais de interpretação e de raciocínio

---

Os autores gostariam de agradecer a Steven Burton, William Edmundson, Brian Leiter, Frederick Schauer e Jeremy Waldron pelos úteis comentários às idéias discutidas aqui.

1. Ver Frederick Schauer, "The Jurisprudence of Reason", 85 *Mich. L. Rev.* 847 (1987) (resenhando Ronald Dworkin, *Law's Empire*, 1986).

jurídico, e as teorias jurídicas construídas sobre elas, baseiam-se em um erro fundamental. Pelo menos é o que pretendemos sustentar.

Estabeleceremos a proposição contra os princípios jurídicos da seguinte maneira. Na seção II, baseando-nos em grande parte na obra de Ronald Dworkin, descreveremos vários tipos de normas e mostraremos onde os princípios jurídicos se encaixam no universo dos tipos de normas. Na seção III, assinalaremos a ubiqüidade das referências aos princípios jurídicos na literatura jurídica, na cultura jurídica e na jurisprudência. Concluiremos essa seção retornando à teoria jurídica de Dworkin, que é a teoria mais influente que existe dentre as baseadas em princípios jurídicos, em boa parte porque segue fielmente a metodologia jurídica tradicional. Então, na seção IV, exporemos argumentos diferentes, mas, no fim, relacionados, explicando por que os princípios jurídicos não podem existir, exceto, talvez, como entidades teoricamente possíveis, mas praticamente inertes. Mais importante, mostraremos que é falho o argumento de Dworkin a favor da aplicação de princípios jurídicos moralmente incorretos que manifestam integridade. É melhor seguir princípios morais corretos. Finalmente, na seção V, exporemos as implicações para a metodologia jurídica que decorrem da inexistência e do vazio normativo dos princípios jurídicos.

## II. O princípio jurídico como tipo de norma

As normas jurídicas podem ser divididas de duas maneiras. Primeiro, existe a conhecida dicotomia de regras e padrões. As regras são as normas jurídicas formais e mecânicas. São acionadas por algumas questões factuais facilmente identificadas e são opacas, na aplicação, aos valores que se destinam a servir. Os padrões, por outro lado, são normas jurídicas flexíveis, sensíveis ao contexto, que exigem julgamentos avaliatórios na sua aplicação. Uma regra paradigmática é "dirija a 55 milhas por hora ou menos". Um padrão paradigmático é "dirija com segurança". A maioria das normas jurídicas é híbrida, no sentido de que possuem elementos semelhantes a regras e semelhantes a padrões.

A dicotomia regra-padrão foi um tópico favorito do grupo de estudiosos dos Estudos Jurídicos Críticos desde que Duncan Kennedy, um de seus fundadores, escreveu um artigo esclarecedor sobre o tema do formalismo jurídico[2]. Freqüentemente, mas não sempre, as regras são o saco de pancadas dos estudiosos e os padrões, o seu tipo de norma favorito[3]. Por outro lado, as regras e o formalismo metodológico com o qual são associadas também tiveram seus paladinos na literatura, sendo o mais notável Fred Schauer[4].

A segunda maneira de dividir as normas é separá-las em regras e princípios. É essa categorização das normas jurídicas que constitui o foco deste artigo.

A dicotomia regra-princípio deve ser claramente distinguida da dicotomia regra-padrão. Essa distinção deve ser observada porque o termo "regra" aparece em ambas mas significa algo diferente em cada uma, e porque, muitas vezes, o termo "princípio" é usado no lugar do termo "padrão" em discussões da dicotomia regra-padrão. Para os propósitos da dicotomia regra-princípio, as regras e os princípios não são distinguíveis pelo grau em que são mecânicos ou flexíveis na forma, nem pelo grau em que são factuais ou avaliatórios no conteúdo. Em vez disso, podem ser distinguidos por serem ou não postulados de forma canônica por uma instituição específica em determinada época ou por serem ou não determinantes dos resultados de quaisquer transações que se incluam em seus termos. Para os propósitos dessa dicotomia de tipos de normas jurídicas, as regras – que podem incluir regras *e* padrões (a primeira dicotomia) – são identificadas por terem sido postuladas por uma instituição específica em uma época específica e em uma forma

---

2. Ver Duncan Kennedy, "Legal Formality", 2 *J. Legal Stud.* 351 (1973).
3. Kennedy parece preferir padrões a regras. Ver Duncan Kennedy, "Form and Substance in Private Law Adjudication", 89 *Harv. L. Rev.* 1685 (1976).
4. Ver Frederick Schauer, "Formalism", 97 *Yale LJ* 509 (1988).

canônica específica. Além disso, as regras determinam como as transações que se enquadram em seus termos devem ser tratadas juridicamente[5]. Inversamente, os princípios não são postulados e não têm nenhuma forma canônica, embora, supostamente, reflitam e possam ser modificados por mudanças nas normas (regras) jurídicas canônicas postuladas[6]. Além disso,

---

5. Casos em que duas regras jurídicas válidas entram em conflito são contra-exemplos à nossa afirmação de que as regras determinam os resultados em todas as transações que se enquadram em seus termos? Achamos que não. Freqüentemente, tais casos são manipulados por regras de ordem superior que designam quais das regras conflitantes são aplicáveis (por exemplo, a regra posterior no tempo anula regras anteriores incompatíveis, ou a regra de um tribunal superior anula regras incompatíveis de tribunais inferiores). Nesses casos, a regra inaplicável é considerada emendada ou anulada e, portanto, não é formulada com precisão se a formulação resulta em um conflito. Nos raros casos em que nenhuma regra de ordem superior de tal tipo resolve o conflito, o tribunal deve essencialmente criar uma regra que opere como regra de ordem superior para os propósitos do conflito. Em qualquer caso, a formulação *ex post* das regras não produz um conflito mas antes resolve um ao tornar uma das regras determinadora do resultado.

6. Isso não é negar que o legislativo às vezes tente aprovar princípios. Ver, por exemplo, *California Civil Code Maxim of Jurisprudence*, § 3517: "Ninguém pode tirar vantagem de seu próprio erro." Mas, se tais leis são verdadeiramente princípios e não regras, são restringidas no seu efeito das seguintes maneiras. Primeiro, se as leis estão se referindo a princípios *jurídicos*, elas não têm nenhum efeito, já que os princípios jurídicos não podem ser diretamente transformados em lei. Os princípios jurídicos só podem originar-se – vir depois de – outros materiais jurídicos postulados (regras, decisões). Sua própria natureza como princípios, com a dimensão do peso, significa que os princípios jurídicos não podem ser legislados, já que o peso não pode ser postulado para todos os contextos. Na verdade, dada a descrição de Dworkin de princípios jurídicos, não há nenhuma garantia de que o legislativo ou os tribunais possam sequer formular ou aprovar um princípio jurídico: os princípios devem originar-se dos materiais jurídicos, e mesmo os princípios legislados somente teriam autoridade se formassem parte do conjunto de princípios moralmente melhor que respeite ou exceda o limiar de ajuste – e não meramente por terem sido legislados. Ver *infra*, n. 22-5.

Em segundo lugar, se as leis são referentes a princípios morais, seu efeito depende de se esses princípios (1) existem efetivamente como princípios morais e (2) são princípios morais independentes – e podem, portanto, ser tratados como tais – de outros princípios morais e da teoria moral da qual todos fazem parte. (Considere, por exemplo, se o "princípio" da liberdade de expressão é um princípio independente. Ver Lawrence Alexander e Paul Horton, "The Impossibility of a Free Speech Principle", 78 *Nw. U. L. Rev.* 1319, 1346-52 (1983). Note, porém, que, mesmo sendo cumpridas essas condições – o princípio a que se faz referência

os princípios não determinam resultados jurídicos em todos os casos em que se aplicam, embora possam influenciar os resultados jurídicos acrescentando *peso* normativo a um resultado em oposição a outro[7]. (Diz-se, às vezes, que as regras, que se aplicam na base do tudo ou nada, não têm nenhum peso; contudo, a maneira mais exata de caracterizar as regras é dizer que, pelo menos na ausência de conflito com outras regras, pelo fato de serem determinantes quando aplicadas, seu peso é infinito[8].)

O expoente principal da distinção regra-princípio é Ronald Dworkin. Ele introduziu a distinção no capítulo 2 de *Taking Rights Seriously*, em que distinguiu as regras postuladas, canônicas, aplicáveis, do tipo tudo-ou-nada, das normas que "operam... como princípios, políticas e outros tipos de padrões"[9]. Ofereceu como exemplo de princípio jurídico que "nenhum homem pode lucrar com seu próprio erro", o princípio que Dworkin afirmou ser decisivo no caso de *Riggs contra Palmer*[10]. Outro exemplo foi o princípio da liberdade de contrato, um princípio que foi operativo mas, não obstante, suplantado no caso de *Henningsen contra Bloomfield Motors,*

---

em uma lei ou sentença realmente existe como princípio moral e é independente de outros princípios morais –, o único possível efeito de sua positivação é convertê-lo de princípio – cujo peso pode ser superado por princípios não decretados – em regra, que tem um peso de infinito artificial, ou em norma com peso indeterminado (porque o peso em si não pode ser postulado). Portanto, como princípio, não pode ser legislado.

7. Os princípios somente podem determinar resultados quando não absolutos ou quando não há princípios opostos.

8. Em correspondência privada, Jeremy Waldron sustentou que não lidamos com a possibilidade de normas que têm forma canônica, e peso e normas que não têm forma canônica mas aplicam-se na base do "tudo-ou-nada". (Correspondência com Ken Kress, 27 de abril de 1994.) Não acreditamos que tais tipos de normas sejam importantes para os nossos propósitos. O primeiro tipo é impossível porque o peso, em oposição ao ordenamento léxico, não pode ser especificado canonicamente, e o peso é uma parte integral de qualquer norma que tenha tal dimensão. O segundo tipo é apenas um princípio absoluto de âmbito menos que universal, isto é, um que supera o peso de todos os princípios rivais dentro de uma esfera específica. Ver *supra*, n. 7.

9. Ronald Dworkin, *Taking Rights Seriously* (ed. revista, 1978), 22.

10. 115 NY 506, 22 N.E. 188 (1889).

*Inc.*[11] pelos princípios rivais de que "os tribunais devem examinar contratos de compra e venda para verificar se os interesses do consumidor e do público são tratados justamente"[12], e de que "os tribunais não se permitirão ser usados como instrumentos de desigualdade e injustiça" e "se recusarão de modo geral a prestar-se à imposição de barganhas [injustas]"[13].

Para Dworkin, os princípios distinguiam-se das políticas pelo fato de que os princípios expressavam os padrões básicos de justiça e moralidade, ao passo que as políticas – tais como a redução de acidentes automobilísticos ou a proteção do meio ambiente – formulavam objetivos sociais a serem alcançados[14]. Essa diferença entre princípios e políticas, que foi criticada por muitos comentaristas da obra de Dworkin[15], é menos visível em *O império do Direito*. Os princípios, que geram direitos jurídicos, tornaram-se predominantes. Isso porque, em parte, o oponente de Dworkin deixou de ser o utilitarismo, como em *Taking Rights Seriously*, e passou a ser o comunitarismo, em *O império do Direito*.

A distinção crucial para os nossos propósitos é a que Dworkin traça entre os princípios jurídicos e as regras jurídicas.

> A diferença entre princípios jurídicos e regras jurídicas é uma distinção lógica. Ambos os conjuntos de padrões apontam para decisões específicas a respeito da obrigação jurídica em circunstâncias particulares, mas eles diferem quanto ao caráter da direção que oferecem. As regras são aplicáveis à maneira do tudo-ou-nada. Se os fatos que uma regra estipula são dados, então a regra ou é válida, caso em que a resposta que oferece deve ser aceita, ou não é válida, caso em que não contribui em nada para a decisão.

---

11. 32 NJ 358, 161 A.2d 69 (1960).
12. *Ibid.*, em 387, 161 A.2d em 85.
13. *Ibid.*, em 389, 161 A.2d em 86.
14. Dworkin, *supra*, n. 9.
15. Ver, por exemplo, Lawrence Alexander e Michael Bayles, "Hercules or Proteus? The Many Theses of Ronald Dworkin", 5 *Social Theory & Practice* 267, 286-93 (1980); Kent Greenawalt, "Policy, Rights, and Judicial Decisions", 11 *Ga. L. Rev.* 991 (1977).

O [caráter] de tudo-ou-nada é percebido mais claramente se olhamos como as regras operam, não no Direito, mas em... um jogo, por exemplo. No beisebol, uma regra estipula que, se o batedor não rebate a bota por três vezes, ele está fora. Uma autoridade não pode reconhecer com coerência que essa é uma formulação precisa de uma regra do beisebol e decidir que o batedor que perdeu três bolas não está fora. Naturalmente, uma regra pode ter exceções (o batedor que perdeu três bolas não está fora se o apanhador deixa de agarrar a terceira). Contudo, uma formulação precisa da regra levaria em conta essa exceção, e qualquer uma que não o fizesse seria incompleta[16].

Os princípios, por outro lado, não operam como as regras. Existem muitos exemplos no sistema jurídico de pessoas a quem se permitiu lucrar com seus próprios erros (por exemplo, o usucapião)[17]. Não se trata de repúdios ou exceções ao princípio de que as pessoas não devem lucrar com seus próprios erros. Um princípio é meramente "uma razão que argumenta numa direção mas não torna necessária uma decisão específica"[18]. Pode competir com princípios que argumentam na direção oposta. "Os princípios têm uma dimensão que as regras não têm – a dimensão de peso ou importância."[19]

Dworkin argumenta que os princípios são padrões jurídicos tanto quanto as regras jurídicas e que isso refuta a descrição positivista do Direito. Isso porque a validade e o peso jurídicos dos princípios jurídicos não podem ser especificados ou explicados por uma regra principal como a regra de reconhecimen-

---

16. Dworkin, *supra*, n. 9, em 24-5.
17. Ver também *Simon & Schuster, Inc. v. New York Crime Victims Board*, 112 S. Ct. 501 (1991) (a liberdade de expressão supera a política estatal de impedir que criminosos lucrem com os relatos de seus crimes).
18. Dworkin, *supra*, n. 9, em 26.
19 *Ibid.* Dworkin deixa de observar que suas definições substantivas e lógicas a favor de políticas e princípios são incoerentes. Quando um padrão de justiça ou moralidade – um princípio – supera o peso de todas as normas rivais, ele é absoluto e funciona como uma regra, como uma razão conclusiva para a ação, não como uma razão *prima facie* para a ação, a ser pesada na balança. Ver David Lyons, "Principles, Positivism and Legal Theory", 87 *Yale LJ* 415 (1977) (resenhando *Taking Rights Seriously*).

to de H. L. A. Hart[20] ou, de qualquer outra maneira, inseridos em um sistema de regras. Dworkin afirma que o positivismo, com sua estrutura piramidal de regras válidas, exige que a verdade de todas as proposições jurídicas possa ser testada por meio de referência a regras, e que os princípios, por causa de sua dimensão de peso, não podem ser reformulados como regras complexas. Além disso, Dworkin argumenta que a determinação dos princípios jurídicos e seu peso é, muitas vezes, uma questão de argumentação moral e teórica complexa e, assim, é um contra-exemplo à afirmação positivista de que o Direito e a moralidade são logicamente separados e de que o Direito é público e certo[21].

O que é crucial a respeito da teoria de princípios jurídicos de Dworkin não se torna plenamente evidente até o capítulo 4 de *Taking Rights Seriously*. Até esse ponto, seria possível considerar que Dworkin afirma que existem princípios *morais* bem como regras *jurídicas,* e que os juízes do nosso sistema jurídico freqüentemente reportam-se a esses princípios morais quando decidem casos, mesmo quando uma regra jurídica clara é aplicável.

No capítulo 4 ("Casos difíceis"), porém, Dworkin deixa claro que os princípios que lhe interessam são, nitidamente, princípios *jurídicos* e não necessariamente morais. Em um sistema jurídico maduro e decente, deveríamos esperar uma sobreposição significativa entre as classes dos princípios jurídicos e morais, mas nenhuma identidade entre elas ou subordinação de uma à outra.

No capítulo 4 de *Taking Rights Seriously* e ao longo de todos os seus escritos posteriores, Dworkin distingue de duas maneiras os princípios jurídicos de (meros) princípios morais.

---

20. H. L. A. Hart, *The Concept of Law* (1961), 92-107.
21. Dworkin, *supra*, n. 9, em 66-8. Alguns escritos positivistas recentes afastaram-se da afirmação de que o Direito seja certo, mas não de que Direito e moralidade sejam logicamente separados. Ver, por exxemplo, Joseph Raz, "Authority, Law and Morality", 68 *The Monist* 295 (1985); Jules L. Coleman, "Negative and Positive Positivism", 11 *J. Leg. Stud.* 139 (1982).

Primeiro, os princípios legais devem ter sustentação institucional no sistema jurídico. Isto é, sua influência deve se refletir no Direito constitucional, legislativo, administrativo e jurisprudencial[22].

Se a sustentação institucional fosse tudo o que distingue os princípios morais dos princípios jurídicos, os princípios jurídicos poderiam ser meramente um subconjunto de princípios morais, o subconjunto que se manifestou no Direito positivo. Mas e se, como é certamente o caso, o Direito positivo não é completamente compatível com os princípios morais, ou com qualquer subconjunto de princípios morais? Em outras palavras, e se nenhum subconjunto de princípios morais, com pesos morais adequados, tivesse produzido as regras jurídicas existentes? Ou, colocando ainda de outra maneira, se as regras jurídicas existentes não podem ser conciliadas perfeitamente com o conjunto inteiro de princípios morais corretos, ou com qualquer conjunto de princípios morais corretos menor que o conjunto inteiro, não os refletindo, portanto, adequadamente? Dizemos então que não existem "princípios" refletidos no sistema jurídico?

A resposta de Dworkin a essa questão é "não", e o que é significativo, e constitui o tópico deste artigo, é a sua manobra para salvar os princípios *jurídicos* diante do afastamento entre o sistema jurídico e os princípios morais. Em essência, a manobra de Dworkin é divorciar os princípios jurídicos dos princípios morais na seguinte medida: os princípios jurídicos são princípios que justificariam a maioria do Direito positivo existente – que "se ajustam" ao Direito positivo além de um nível de limiar (impreciso) – e são moralmente os melhores princípios (tal como avaliados por princípios morais corretos) dentre todos os princípios possíveis que atingem ou ultrapassam o limiar de "ajuste". Em outras palavras, os princípios jurídicos são princípios que podem, alguns ou todos, não ser moralmente corretos mas que obtêm uma nota elevada no eixo da "acei-

---

22. Ver Dworkin, *supra*, n. 9, em 110-23, 340-1.

tabilidade moral", ao mesmo tempo que respeitam a exigência de "ajuste"[23]. Essa possibilidade de incorreção moral é o segundo sentido em que os princípios jurídicos diferem dos princípios morais para Dworkin.

Assim, em primeiro lugar, por meio do critério da aceitabilidade moral, Dworkin separa os princípios jurídicos das normas que se ajustam perfeitamente ao sistema jurídico[24], e, em segundo lugar, por meio do critério do limiar de ajuste, diferencia os princípios jurídicos dos princípios de teoria político-moral pura. Ao fazê-lo, solapa as motivações e justificativas óbvias para seguir os princípios jurídicos: a autoridade e a certeza em favor de teorias dominadas pelo ajuste; a justiça para teorias que seguem a teoria político-moral[25].

Em que sentido os princípios jurídicos são "jurídicos"? Sabemos que não são necessariamente princípios morais porque os princípios morais podem não satisfazer as exigências de "ajuste". Isto é, pode haver um número insuficiente de regras jurídicas que sejam compatíveis com o que ditariam os princípios morais. Os princípios morais desempenham o papel de fundo de avaliar a atração moral relativa de todos os princípios possíveis que se ajustam às regras jurídicas. Os princípios que se ajustam às regras jurídicas e que são avaliados pela atração moral não são, eles próprios, princípios morais.

O que torna os princípios em questão "jurídicos" é a exigência de ajuste. Embora os princípios jurídicos sejam diferentes das regras jurídicas no sentido de não serem postulados –

---

23. Ver *ibid.*, em 340-1, 360; Dworkin, *supra*, n. 1, caps. 6, 7; Larry Alexander, "Striking Back at the Empire: A Brief Survey of Problems in Dworkin's Theory of Law", 6 *Law & Philosophy* 419, 420-1 (1987); Alexander e Bayles, *supra*, n. 15, em 276-8 (1980); Kenneth J. Kress, "Legal Reasoning and Coherence Theories: Dworkin's Rights Thesis, Retroactivity, and the Linear Order of Decisions", 72 *Cal. L. Rev.* 369, 378, n. 53 (1984).

24. Cf. Sartorius, que sustenta que o Direito é composto do que decorre dos princípios que implicam as regras superficiais, decisões e dispositivos constitucionais. R. Sartorius, *Individual Conduct and Social Norms* (1975), 192.

25. Para um exame mais completo, ver a discussão de Alexander e Bayles, *supra*, n. 15; examinado também *infra*, nn. 69-76.

não são estabelecidos por instituições específicas em uma época específica – e de carecerem de uma formulação canônica, eles surgem do corpo de regras jurídicas canônicas, postuladas. São entidades teóricas, como o éter dos físicos, no sentido de que justificam o grosso das regras jurídicas. E, embora no capítulo 2 de *Taking Rights Seriously* ("O modelo das regras – I") seja possível interpretar que é uma exigência, para Dworkin, que os juízes, em seus arrazoados, efetivamente recorram aos princípios jurídicos para que estes "existam", Dworkin exprime bastante claramente em seus escritos subseqüentes que os princípios jurídicos são os melhores princípios (moralmente) entre os que se ajustam às regras e à decisão, sejam ou não mencionados ou mesmo conscientemente levados em consideração por qualquer autoridade[26].

### III. Os princípios jurídicos na teoria do Direito

Ninguém explicou a distinção entre regras jurídicas e princípios jurídicos com tanto cuidado e atenção como Dworkin. Tampouco alguém ofereceu uma descrição tão precisa de como os princípios jurídicos se relacionam com os princípios morais, apesar de serem diferentes deles. Não obstante, ao traçar essas distinções, Dworkin fala não meramente por si, mas a partir de (e para) uma tradição inteira de teoria jurídica, uma tradição que deu forma não apenas ao pensamento acadêmico sobre essas matérias, mas também ao modo como os advogados e juízes pensam e operam.

Nesta seção, examinaremos algumas obras representativas da teoria do Direito para testemunhar a segurança das distinções entre regras jurídicas e princípios jurídicos e entre princípios jurídicos e princípios morais, que são tão fundamentais na obra de Dworkin. Retornaremos então à explicação de Dworkin dessas distinções, a qual, acreditamos, é a descrição mais clara e mais

---

26. Ver especialmente Dworkin, *supra*, n. 9, caps. 4 (pp. 118-9), 6, 7.

influente. E para ilustrar sua influência concluiremos demonstrando a abrangência com que reflete metodologias profundamente arraigadas de estudiosos do Direito, advogados e juízes.

## A. Os princípios jurídicos em outras teorias jurídicas

Steven Burton, em seu recente livro *Judging in Good Faith*[27], argumenta que, ao decidir casos, os juízes devem consultar não apenas regras jurídicas formais, mas também razões morais e seus pesos. Para Burton, uma razão jurídica (para a ação) consiste em um fato mais um padrão jurídico no contexto concreto[28]. Ignorando o aspecto factual, as razões jurídicas são os princípios morais, políticas sociais e outros padrões "que formam a justificativa de fundo para o padrão jurídico específico compreendido no seu contexto jurídico"[29]. O peso das razões jurídicas varia de contexto para contexto[30], e é uma função de todas as outras razões jurídicas relevantes[31]. Razões que não prevalecem na etapa legislativa são excluídas de consideração pelo juiz[32], embora possam ser relevantes nas partes do Direito em que prevaleceram[33].

Embora Burton discorde de Dworkin em certos pontos[34], ele acredita, como Dworkin, que existem princípios distintamente *jurídicos*, que, em casos específicos, ele chama de razões jurídicas.

Cass Sunstein, no seu recente artigo "On Analogical Reasoning"[35], descreve o conhecido processo de raciocínio

---

27. (1992)
28. *Ibid.*, em 39.
29. *Ibid.*, em 48.
30. *Ibid.*, em 61.
31. *Ibid.*, em 57, 88-9.
32. *Ibid.*, em 48.
33. Ver *ibid.*, em 59-60, 64.
34. *Ibid.*, em 188-9. Por exemplo, Burton acredita que o caráter de autoridade dos padrões jurídicos está fundamentado em convenções jurídicas, não na interpretação dworkiniana ao longo dos eixos de ajuste e aceitabilidade moral.
35. 106 *Harv. L. Rev.* 741 (1993).

jurídico em que são postulados princípios de nível médio que abrangem as regras e decisões judiciais existentes e em função do qual essas regras e decisões são análogas ou não-análogas às decisões judiciais em consideração. Esses princípios de nível médio não são os princípios moralmente corretos que se poderiam alcançar pelo processo de raciocínio moral pelo qual se chega ao equilíbrio reflexivo entre julgamentos morais específicos e princípios morais gerais[36]. Isso porque, ao contrário de julgamentos morais específicos, que são passíveis de revisão, muitas regras e decisões jurídicas específicas não são passíveis de revisão, mesmo que sejam moralmente falhas[37]. Sunstein assinala a similaridade entre identificar princípios pelos quais decisões examinadas são análogas às que foram obtidas pelo sistema jurídico e pelo método de decisão judicial de Dworkin, com sua exigência de que os princípios jurídicos "ajustem-se" ao corpo existente de Direito assente[38]. Mais que Dworkin, porém, Sunstein enfatiza a inferência a partir dos materiais jurídicos existentes "até" os princípios jurídicos e enfatiza, menos que Dworkin, o eixo da aceitabilidade moral.

Kenneth Henley, em "Abstract Principles, Mid-Level Principles, and the Rule of Law"[39], argumenta a favor dos princípios de nível médio na tomada de decisões judiciais de maneira similar à de Sunstein. Para Henley, os princípios de nível médio, ao contrário das regras, têm a dimensão do peso[40]. Eles "justificam" o corpo de regras existente e pode-se recorrer a eles quando as próprias regras não solucionam uma disputa jurídica. Em contraste com os princípios morais abstratos, aos quais, teoricamente, também se poderia recorrer em casos não determinados pelas regras jurídicas, os princípios de nível médio são muito mais vinculantes e oferecem um controle melhor para a discricionariedade oficial desmedida.

---

36. *Ibid.*, em 778.
37. *Ibid.*, em 778, 782-3.
38. *Ibid.*, em 784-7.
39. *Law and Philosophy* 121 (1993).
40. *Ibid.*, em 122-3.

Henley, porém, nunca revela como o peso desses princípios de nível médio deve ser verificado, postulando apenas que haverá "algum senso compartilhado de avaliação"[41]. Tampouco indica se esses princípios possuem alguma formulação canônica. E, se possuem, por meio de qual processo são formulados e como esse processo influencia o seu peso? Se não possuem, como devem ser identificados? Portanto, não fica claro como ele imagina que os princípios efetivamente vinculam.

### B. *A descrição de Dworkin dos princípios jurídicos e as metodologias-padrão da análise jurídica*

Retornemos agora à descrição de Dworkin dos princípios jurídicos, a qual, como dissemos, é o tratamento doutrinário mais cuidadoso dispensado a eles na literatura. Na descrição de Dworkin, os princípios jurídicos podem ser distinguidos das regras jurídicas em três aspectos: os princípios jurídicos não são postulados; não têm formulação canônica; e não possuem a característica de peso (finito). Estão ligados às regras jurídicas – aquelas normas jurídicas que são postuladas, que realmente têm formulações canônicas e que possuem aplicação tudo-ou-nada (peso infinito) – no sentido de que são os princípios moralmente melhores que justificariam a aprovação de uma elevada porcentagem das regras jurídicas existentes. Estão ligados aos princípios morais no sentido de que os princípios morais determinam qual conjunto de princípios jurídicos, dentre os que se "ajustam" às regras jurídicas, é o conjunto de princípios moralmente melhor. Em outras palavras, as regras jurídicas governam o "eixo de ajuste"[42], os princípios morais governam o eixo de aceitabilidade, e os eixos de ajuste e aceitabilidade determinam o conjunto de princípios ponderados

---

41. *Ibid.*, em 127.
42. Em conjunção com outros aspectos do fato institucional: precedentes, história legislativa, regulamentos administrativos, efetivos e propostos, anulações de leis e similares.

que são princípios jurídicos. Esses princípios jurídicos são as entidades teóricas que justificam as regras jurídicas, determinam como elas devem ser ampliadas e modificadas e solucionam conflitos entre elas. Os princípios jurídicos – os (moralmente) melhores princípios (moralmente) incorretos que se "ajustam" – determinam, no fim, todas as decisões jurídicas, mesmo as que são claramente abrangidas por regras não-conflitantes, já que a decisão de aplicar as regras, em vez de anulá-los ou modificá-los, é um produto dos princípios jurídicos[43].

A descrição de Dworkin dos princípios jurídicos, naturalmente, é abstrata e teórica. Mas sua força como descrição resulta do êxito com que capta as metodologias-padrão dos estudiosos do Direito, advogados e juízes. Qualquer um que já tenha escrito sumários, pareceres ou artigos acadêmicos no nível médio da doutrina estará familiarizado com o seguinte procedimento. Você tem uma questão específica que, como acadêmico, juiz ou advogado, deseja solucionar. Primeiramente, você recolhe os casos na área especial do Direito. Então, procura um princípio ou política atraente que, se seguido coerentemente, teria gerado a maioria dos resultados nesses casos. Em outras palavras, você procura por uma teoria normativamente atraente que abranja os casos. A teoria não precisa ser moralmente correta, já que os princípios morais corretos podem produzir muitos resultados divergentes dos resultados existentes na área. A teoria tem de ser apenas uma teoria tão moralmente atraente quanto pode ser uma teoria incorreta e que, ainda assim, dê conta dos resultados[44]. Além disso, a teoria não precisa dar conta de todos os resultados, embora quan-

---

43. Ver Dworkin, *supra*, n. 9, em 37-8; Kress, *supra*, n. 23, em 394-5.

44. Brian Leiter sugeriu que, em vez de caracterizar os princípios jurídicos como princípios morais "incorretos", deveríamos caracterizá-los como princípios morais "não-ideais" (correspondência com Larry Alexander, 19 de abril de 1993). Presumivelmente, um princípio moral é "não-ideal" se segui-lo é compatível com seguir princípios morais ideais em alguns (muitos?) casos. Na verdade, um autor realmente caracteriza os princípios jurídicos de Dworkin como "não-ideais". Ver David Lyons, *Moral Aspects of Legal Theory: Essays on Law, Justice, and Political Responsibility* (1993), 208.

to mais o faça, melhor. Alguns resultados podem ser considerados "erros" se a teoria abrangente é moralmente atraente. A teoria precisa apenas dar conta da maioria dos resultados. Chamaremos essa metodologia de teoria reconstrutiva[45].

Esse método é tão lugar-comum que poderia ser quase invisível para nós. É a metodologia dominante tanto na prática do Direito quanto na cultura jurídica[46]. "O (moralmente) melhor conjunto de princípios (moralmente) incorretos que se 'ajusta' às regras jurídicas" – princípios jurídicos – parece ser o fundamento teórico da prática jurídica[47].

A técnica dworkiniana de fazer um apanhado das decisões passadas em uma área do Direito e destilar um princípio jurídico dessas decisões que não seja (necessariamente) o fundamento declarado para qualquer uma delas é tão corriqueira que é o padrão da ortodoxia. Na verdade, um caso que exemplifica esse uso dos princípios dworkinianos, *MacPherson contra Buick Motor Company*[48], e os casos em que este se baseia

---

45. Ver Ken Kress, "Legal Indeterminacy", 77 *Cal. L. Rev.* 283, 299-301 (1989).

46. Ver *supra*, § III. A., e *infra*, texto em nn. 48-66.

47. Outra maneira de compreender a descrição de Dworkin dos princípios jurídicos é vê-los como princípios morais contrafactuais. Assim, poderíamos dizer que os princípios jurídicos são princípios que seriam princípios morais corretos em um mundo no qual a maioria das regras jurídicas vigentes e decisões, inclusive as que são moralmente incorretas, fossem moralmente corretas. Ver n. 96 *infra* (penúltimo parágrafo). Tal abordagem contrafactual é, na verdade, a melhor descrição da metodologia dominante para lidar com a restrição do precedente, o que Alexander chamou de modelo de resultados do precedente. Ver Larry Alexander, "Constrained by Precedent", 63 *S. Cal. L. Rev.* 1, 28-34, 38 (1989). Segundo o modelo de resultados, um caso precedente decidido incorretamente obriga o tribunal em um caso subseqüente na medida em que, em relação ao caso subseqüente, o caso precedente é um caso *a fortiori* a favor de um resultado particular, mesmo se na ausência do precedente nenhum caso deva ser decidido dessa maneira. O que torna um caso precedente um caso *a fortiori* é que, *em um mundo em que a sua decisão incorreta fosse correta*, a decisão análoga no caso subseqüente também seria correta e até mesmo sustentada com mais vigor. O teste contrafactual para empregar o modelo de resultados da vinculação pelos precedentes é idêntico à descrição de Dworkin dos princípios jurídicos, os princípios que seriam moralmente corretos em um mundo no qual certas decisões e regras moralmente incorretas fossem moralmente corretas. *Ibid*, em 38-9.

48. 217 NY 382, 111 N.E. 1050 (1916).

são os casos selecionados por expoentes da metodologia do *common law* como Melvin Eisenberg, Edward Levi, Henry Hart e Albert Sacks para ilustrar o raciocínio jurídico do Direito *common law*[49].

Em *MacPherson*, o réu fabricou um automóvel, que vendeu a um revendedor, que, por sua vez, o vendeu ao queixoso. O carro desmontou ao ser dirigido pelo queixoso, causando-lhe ferimentos. A causa do desmonte foi uma roda com defeito, que o réu comprara de outro fabricante e que, aparentemente, deixou de inspecionar de maneira adequada.

A dificuldade em obter uma indenização para o queixoso originou-se do fato de que não havia nenhuma relação de contrato entre o queixoso e o réu. O caso principal em que a ausência de contrato não foi considerada como impedimento para a indenização, *Thomas contra Winchester*[50] – um caso envolvendo a venda e a revenda de veneno rotulado falsamente –, fora considerado por tribunais subseqüentes como representando uma distinção entre artigos inerentemente perigosos (como veneno) e artigos perigosos apenas se possuíssem defeitos, com as considerações de relação jurídica postas de lado apenas em casos envolvendo os primeiros. (A fundamentação em *Thomas* parece rejeitar explicitamente a responsabilidade em casos como *MacPherson*.)

Não obstante, o juiz Cardozo, escrevendo pela maioria do Tribunal de Apelação de Nova York, sustentou que um fabricante tem o dever de inspecionar se seus bens apresentam defeitos que previsivelmente poderiam ferir alguém, independentemente da existência de relação de contrato entre o fabricante e as vítimas potenciais. Além disso, Cardozo alegou inferir esse princípio de um caso precedente, embora os casos anteriores nunca houvessem anunciado um princípio tão abrangente. Car-

---

49. Melvin Aron Eisenberg, *The Nature of the Common Law* (1988), 58-61; Edward H. Levi, *An Introduction to Legal Reasoning* (1948), 7-18; Henry Hart e Albert Sacks, "The Legal Process" (materiais mimeografados publicados pela *Harvard Law Review*, 1958), 574-7.

50. 6 NY 397 (1852).

dozo admitiu que alguns dos primeiros casos subseqüentes a *Thomas* não se ajustavam ao princípio que ele estava anunciando e que julgava implícito em *Thomas*: "Na aplicação ... [do princípio de *Thomas contra Winchester*] é possível, ocasionalmente, ter havido incerteza ou mesmo erro."[51] Ele prosseguiu discutindo algumas dessas decisões "errôneas", que, assinalou, haviam sido criticadas por estudiosos[52], além de casos ingleses, como *Winterbottom contra Wright*[53], que também eram incompatíveis com o princípio de responsabilidade por negligência por todos os prejuízos previsíveis[54].

O método de Cardozo em *MacPherson* – o método reconstrutivo – ajusta-se perfeitamente à descrição de Dworkin de como são derivados os princípios jurídicos. Cardozo alega derivar seu princípio do Direito existente, não da moralidade. Além disso, vale-se do que foi decidido em casos anteriores, não dos fundamentos anunciados dessas decisões. (Em outras palavras, não se limita a aplicar uma regra canônica previamente postulada.) Finalmente, está disposto a transigir com um ajuste menos que perfeito a essas decisões passadas. Em outras palavras, o princípio de Cardozo é um princípio jurídico dworkiniano paradigmático porque, apesar de Cardozo considerá-lo moralmente mais atraente que os fundamentos enunciados para decisões anteriores, é derivado, não obstante, da maioria dessas decisões (mas não de todas) e não diretamente da moralidade.

Levi afirma que o método de Cardozo em *MacPherson* é paradigmático da prestação jurisdicional do *common law*. Concordamos com isso e ofereceremos uma ilustração adicional. Em *Hannah contra Peel*[55], o queixoso, um soldado britânico, estava na casa do réu, que fora requisitada para o uso de militares. Enquanto ajeitava as cortinas de *black-out*, o queixoso encontrou um broche valioso na fenda do batente da janela. O

---

51. 217 NY em 385; 111 N.E. em 1051.
52. 217 NY em 385-6; 111 N.E. em 1051-2.
53. 10 Meeson and Welsby 109 (1842).
54. 217 NY em 394; 111 N.E. em 1054.
55. 1 KB 509 (King's Bench, 1945).

queixoso entregou o broche à polícia, que, por fim, o entregou ao réu. O queixoso foi à justiça por causa do broche. O tribunal julgou a favor do queixoso, com base em um princípio que favorece quem encontra bens pessoais numa propriedade em detrimento dos donos.

Ao formar sua opinião, o tribunal teve de enfrentar muitas autoridades problemáticas, particularmente *South Staffordshire Water Company contra Sharman*[56]. Nesse caso, um trabalhador, que fora empregado para drenar um tanque, encontrou dois anéis de ouro no fundo. O tribunal decidiu que os anéis deveriam ficar com os proprietários, embora eles desconhecessem a existência dos anéis. A razão expressa pelo tribunal para essa decisão foi que a posse da terra implica a posse do que está vinculado a ela. O tribunal, em *Hannah*, porém, ignorou a razão do tribunal em *Sharman*, assinalando que neste caso quem encontrara o objeto, ao contrário do queixoso em *Hannah*, estava a serviço do proprietário[57]. (*Sharman* havia "reinterpretado" um caso anterior, *Bridges contra Hawkesworth*[58], no qual alguém que encontrara cédulas no chão de uma loja foi favorecido ante o proprietário da loja.)

*Hannah*, como *MacPherson*, deduziu um princípio abrangente para os casos anteriores que não havia sido anunciado em nenhum deles e pelo qual alguns dos casos anteriores eram "erros". Portanto, sustenta a nossa alegação de que a descrição de Dworkin dos princípios jurídicos reflete a metodologia jurídica dominante[59].

Os argumentos doutrinários dos estudiosos do Direito emprestam apoio adicional a essa alegação. Em sucessivos artigos e tratados, os estudiosos do Direito pesquisam um campo doutrinário e concluem que os materiais jurídicos nesse campo são

---

56. 2 QB 44 (Court of Queen's Bench, 1896).
57. 1 KB em 517-8.
58. 21 L.J., N.S., 75 (Court of Queen's Bench, 1851).
59. Outro caso que ilustra o método reconstrutivo é o tratamento de *Christensen v. Thornby*, 255 N.W. 620 (1934) em *Sherlock contra Stillwater Clinic*, 260 N. W. 2d. 169 (1977). Para uma discussão esclarecedora desses casos, ver Eisenberg, *supra*, n. 49, em 56-8.

mais bem justificados como expressões deste ou daquele conjunto de princípios jurídicos. Seus argumentos não são de que tais princípios são princípios morais, pois eles podem não ser moralmente ideais, e devem sua própria existência a decisões humanas específicas. Tampouco seus argumentos dependem de que esses princípios tenham sido adotados explicitamente por tribunais ou legislaturas, pois, muitas vezes, nenhum tribunal ou legislatura o fez. Em vez disso, seus argumentos a favor desses princípios consistem em mostrar que os princípios são moralmente atraentes, mesmo que não sejam os ideais, e que seguir esses princípios teria resultado na maioria das decisões jurídicas daquele campo, ainda que não fossem os seus fundamentos lógicos efetivos. Ilustraremos esse método acadêmico com dois exemplos.

Em "The Right of Privacy"[60], Brandeis e Warren argumentam que as decisões dos tribunais em várias áreas doutrinárias indicam a emergência de um novo princípio jurídico que rotulam como "direito à privacidade" ou "o direito de ser deixado em paz"[61]. Eles consideraram esse princípio como altamente desejável, dada a intromissão cada vez maior na vida particular possibilitada pela tecnologia moderna. Contudo, não foi o princípio da desejabilidade que levou Brandeis e Warren a afirmar sua existência. O princípio existia porque estava implícito em inúmeras decisões judiciais.

É importante notar que os casos de que Brandeis e Warren se valeram para estabelecer o direito geral à privacidade não afirmam tal princípio geral. Eram casos de proteção à propriedade artística e intelectual, de cumprimento das relações contratuais e de proteção dos segredos comerciais. O que Brandeis e Warren dizem a respeito do primeiro conjunto de casos estende-se a todos os casos que eles discutem:

> Essas considerações levam à conclusão de que a proteção conferida a pensamentos, sentimentos e emoções, expressos por

---

60. Samuel D. Warren e Louis D. Brandeis, "The Right of Privacy", 4 *Harv. L. Rev.* 193 (1890).
61. *Ibid.*, em 195, 205.

meio da escrita ou das artes, na medida em que consiste em impedir a publicação, é meramente um exemplo do cumprimento do direito mais geral de ser deixado em paz.[62]

Brandeis e Warren, como o Hércules de Dworkin e os tribunais de *common law* em *MacPherson* e *Hannah*, descobriram, portanto, um princípio que, ao contrário dos princípios morais, surgia de decisões de casos jurídicos, mas, ao contrário das regras criadas nesses casos, não era, ele próprio, uma norma criada intencionalmente e podia ultrapassar e rever as regras que constituíam sua fonte[63]. A metodologia de Brandeis e Warren, que é o modelo dominante do estudo jurídico doutrinário, reflete perfeitamente a descrição reconstrutiva de Dworkin dos princípios jurídicos.

Nosso exemplo final é uma passagem representativa de *The Law of Torts* de William Prosser e Page Keeton[64]. Ao discutir a doutrina do dano, Prosser e Keeton apontam uma decisão do Supremo Tribunal de Wisconsin permitindo que uma fazenda de criação de *mink* obtivesse compensação por danos advindos da operação de um depósito de lixo preexistente. O tribunal nesse caso afirmara que, "embora o início da atividade possa ser adequadamente considerado quando se pesam os interesses em uma ação, é irrelevante em uma ação judicial por danos"[65]. Prosser e Keeton respondem: "Tal proposição geral pareceria questionável. O resultado alcançado no caso pode ser justificado por outras circunstâncias..."[66]

O que é notável nessa resposta é que ela não invoca considerações estritamente morais nem regras jurídicas postuladas.

---

62. *Ibid.*, em 205.
63. Ver Dworkin, *supra*, n. 9, em 119 (discutindo Brandeis e a análise da privacidade de Warren como exemplo do método de Hércules); Kress, *supra*, n. 45, em 304.
64. W. Page Keeton, *et al.*, *Prosser and Keeton on the Law of Torts* (5ª ed. 1984).
65. *Kellogg v. Village of Viola*, 67 Wis. 2d 345, 349, 227 N.W. 2d 55, 58 (1975).
66. *Prosser e Keeton, supra*, n. 64, em 635.

Um argumento moral contra a posição do Supremo Tribunal de Wisconsin não teria exigido "justificar" o resultado obtido no caso. E não se pode contestar o Supremo Tribunal de Wisconsin quanto à questão de qual regra jurídica governa Wisconsin no que diz respeito a danos. Rejeitar a fundamentação do tribunal de Wisconsin, mas aceitar a materialidade de seu resultado, exige recorrer a um princípio que provém de tais resultados, não da moralidade isoladamente, mas que não é, ele próprio, postulado por nenhum tribunal ou legislador. Em outras palavras, o tipo de princípio de que Prosser e Keeton se valem ajusta-se à teoria reconstrutiva dos princípios jurídicos: os princípios jurídicos não precisam ser os fundamentos pretendidos por nenhuma decisão judicial e não precisam ser princípios morais; são influenciados por ambos, mas não são necessariamente idênticos a nenhum.

### IV. Os argumentos contra os princípios jurídicos

Não obstante o seu domínio na prática jurídica, o argumento a favor da existência de princípios jurídicos é muito falho[67]. Nosso argumento concentra-se na descrição de Dworkin dos princípios jurídicos, que acreditamos ser a descrição mais cuidadosa na literatura. A maioria das outras descrições dos princípios jurídicos compartilha a falha crucial da descrição de Dworkin, pois baseia-se na suposição errônea de que podem existir normas que não são normas morais corretas, que não são postuladas em forma canônica como regras jurídicas, mas que se originam das regras jurídicas postuladas[68].

---

67. Ver n. 96 *infra*, para a discussão de se a alegação contra o emprego de princípios jurídicos é uma alegação contra a sua existência. Acreditamos que é, apesar do fato de que teremos alcançado nosso objetivo se estabelecermos não que os princípios jurídicos não existem, mas que não devem ser empregados na tomada de decisões jurídicas.

68. A descrição de Joseph Raz evita essa falha porque aceita como dotados de autoridade apenas os princípios postulados. Ver Joseph Raz, "Legal Principles and the Limits of Law", 81 *Yale LJ* 823, 848 (1972). A descrição de Raz, porém, incorre no problema de determinar se os princípios podem ser legislados. Ver *supra*, n. 6.

## A. Argumentos anteriores contra os princípios jurídicos de Dworkin

### 1. A falta de atração normativa dos princípios jurídicos

Um dos primeiros argumentos contra os princípios jurídicos é encontrado na crítica de Alexander e Bayles a *Taking Rights Seriously*[69]. Alexander e Bayles assinalam que os princípios morais são moralmente atraentes porque *são* os nossos ideais morais. São os próprios padrões da atração moral. São os princípios morais que devem idealmente governar nossa conduta em todos os casos, dentro e fora do sistema jurídico[70].

As *regras* jurídicas podem ser moralmente atraentes porque podem ser formuladas para oferecer melhor orientação que os próprios princípios morais[71]. A maneira como os princípios morais aplicam-se a casos particulares será muitas vezes controvertida. Fazer que todas as pessoas determinem individualmente como se aplicam os princípios morais pode levar a erros morais, falta de coordenação e outros males. Assim, o estado de coisas resultante, à luz dos próprios princípios morais, é moralmente inferior ao estado de coisas que se origina de regras formais claras, diretas. E isso mesmo que as regras, por causa de sua natureza direta, formal, produzam resultados moralmente incorretos (em termos dos princípios morais) em alguns casos específicos[72]. Na verdade, pode ser assim mesmo que existam regras disponíveis melhores do que as efetivamente adequadas, pois pode haver regras de ordem superior que autorizem regras de ordem inferior (não ideais) e que sejam, elas próprias, ideais (ou quase tão ideais quanto permite o consenso e moralmente preferíveis à anarquia)[73].

---

69. Ver Alexander e Bayles, *supra*, n. 15, em 271-8.
70. *Ibid.*, em 277.
71. *Ibid.*, em 272.
72. Ver Alexander, *supra*, n. 47, em 48-51; *id.*, *supra*, n. 23, em 432-3; Larry Alexander, "Pursuing the Good – Indirectly", 95 *Ethics* 315, 317-30 (1985); Larry A. Alexander, "Modern Equal Protection Theory: A Meta-theoretical Taxonomy and Critique", 42 *Ohio St. LJ* 3, 12-14 (1981).
73. Ver Larry Alexander, "The Constitution as Law", 6 *Const. Comment* 103, 107-9 (1989).

Os princípios morais têm a virtude da correção moral; as regras jurídicas têm as virtudes de serem criações dos que têm autoridade para criarem o direito e de oferecerem orientação clara. Os princípios jurídicos, porém, não têm nenhuma dessas virtudes. Não são moralmente corretos nem incontrovertidos na aplicação. Tampouco foram aprovados por autoridades cujo poder de criar normas é baseado em regras, pois não são normas postuladas[74]. Representam o pior de todos os mundos[75].

---

74. Ver *supra*, n. 6. Novamente, os princípios jurídicos não são apenas aqueles princípios morais corretos explicitamente reconhecidos como juridicamente normativos na jurisprudência, na legislação e nas constituições. Tal descrição dos princípios jurídicos como princípios morais legislados não explica o papel que os princípios jurídicos supostamente desempenham na justificação da maioria dos materiais jurídicos, boa parte dos quais pode ser moralmente incorreta. A afirmação de que os princípios jurídicos são princípios morais legislados exige uma ontologia de regras jurídicas, princípios morais juridicamente legislados e princípios morais que não foram juridicamente elaborados. Essa ontologia depende de uma improvável capacidade de separar os princípios morais uns dos outros (para que alguns, mas não os outros, possam ser juridicamente elaborados). Na maioria das teorias morais que conhecemos, porém, os princípios morais estão muito inter-relacionados para se prestarem à separação jurídica.

75. Alexander assinalou que, por causa de sua natureza de "pior de todos os mundos", as leis legislativas que parecem ser princípios serão interpretadas como princípios morais corretos (na medida em que isso é possível – ver *supra*, nn. 6 e 74) ou como regras. Ver Alexander, "Modern Equal Protection Theory", *supra*, n. 72, em 15-6.

Brian Leiter assim objetou à nossa caracterização dos princípios jurídicos como o "pior de todos os mundos": "Com certeza [os princípios jurídicos] ... têm essa virtude: propiciam alguma orientação em casos em que as regras não oferecem nenhuma, e aproximam-se da correção moral ao fazê-lo. Orientação parcial de correção moral aproximada em casos nos quais não haveria nenhuma orientação parece-me uma virtude na prestação jurisdicional." (Correspondência, *supra*, n. 44.) Leiter, porém, ignora um ponto crucial – ou seja, que, para conhecermos os princípios jurídicos e seus pesos, já devemos conhecer os princípios morais corretos e seus pesos, ou, pelo menos, saber o que é mais ideal moralmente que os princípios jurídicos (que são restringidos pela exigência de ajuste). Os princípios morais corretos governam o eixo da aceitabilidade moral que, juntamente com o eixo de ajuste, determina os princípios jurídicos. Não podemos ser guiados por princípios jurídicos, a menos que também sejamos guiados por princípios morais. Mas por que deveríamos ser guiados pelo que Leiter chama de "princípios morais aproximadamente corretos" quando podemos ser guiados por princípios morais plenamente corretos ou, pelo menos, quase corretos?

Alexander e Bayles concluíram que Dworkin não demonstrara nenhum argumento a favor dos princípios jurídicos como normas adequadas[76].

### 2. Os princípios jurídicos e as falsas alegações de igualdade e integridade

Em *O Império do Direito*, Dworkin continua a defender a argumentação a favor dos princípios jurídicos derivados dos eixos do ajuste e da aceitabilidade moral, mas sustenta a argumentação a favor de tais princípios jurídicos por meio de argumentos que recorrem à "integridade"[77]. Integridade é o nome que Dworkin dá a uma versão particular da igualdade, ou seja, a igualdade que se manifesta quando se atua "com base em princípios" e se aplicam a X os mesmos princípios jurídicos que foram aplicados a Y. Quando alguém determina quais são os princípios moralmente mais atraentes que se "ajustam"

---

O argumento acima, dirigido a Leiter, responde a qualquer afirmação de que a descrição de Dworkin dos princípios jurídicos é convincente como teoria da prestação jurisdicional adequada, mesmo que não seja convincente como teoria de Direito. Cada teoria da prestação jurisdicional que requer que os juízes recorram a princípios morais corretos, mas que não os sigam ao decidir casos, encontra-se em distinta desvantagem em comparação com uma que exige que os juízes sigam princípios morais corretos (como uma estratégia indireta para que os juízes cheguem a resultados moralmente corretos com mais freqüência que outras estratégias). Ver Alexander, *supra*, n. 23, em 434.

Devemos também assinalar que argumentos a favor de "princípios de nível médio" como parte de uma teoria da prestação jurisdicional – argumentos como os apresentados por Kenneth Henley, *supra*, n. 39, e Cass Sunstein, *supra*, n. 35 – são mais convincentes como argumentos para vários níveis (em termos de abstração) de *regras*. Em outras palavras, são mais convincentes como argumentos para regras razoavelmente abstratas, que são especificadas de modo incompleto e potencialmente conflituosas. Quando ocorrem conflitos entre essas regras de ordem superior, obrigando ao refinamento, não são os seus pesos (como *princípios* de nível médio), mas os pesos dos princípios morais dos quais são derivadas, que deveriam determinar sua especificação.

76. Alexander e Bayles, *supra*, n. 15, em 277-8.
77. Dworkin, *supra*, n. 1, caps. 6, 7. Em *Taking Rights Seriously*, a argumentação a favor dos princípios fundamenta-se no dever das autoridades políticas de atuar com base em uma justificativa articulada e coerente, que se aplique a ações governamentais passadas, presentes e hipotéticas. Dworkin, *supra*, n. 9, em 162-3.

a decisões jurídicas passadas no nível do limiar e, depois, aplica esses princípios no presente, está tratando os litigantes atuais com princípios e mantendo a igualdade entre eles e os litigantes passados. Dworkin também requer que os princípios subjacentes aos vários aspectos da doutrina apliquem-se e ajustem-se coerentemente a um esquema geral de princípios que expresse "uma visão única e abrangente de justiça"[78].

Ao comentar *O império do Direito*, Alexander argumenta que a sustentação de Dworkin aos princípios jurídicos por meio de referência à igualdade é confusa[79]. Se a "igualdade" é um valor, não é um valor independente. Antes, é dependente da teoria. Em outras palavras, cada teoria moral – cada conjunto de princípios morais – irá gerar sua própria concepção de igualdade. E cada teoria moral ditará a busca da igualdade seguindo a própria teoria. Assim, não pode haver uma razão coerente, em termos do valor moral da igualdade, que se afaste sempre das exigências da teoria moral correta. O verdadeiro valor moral da igualdade é interior à teoria moral correta, não uma razão para abandoná-la em favor de princípios jurídicos moralmente incorretos[80].

---

78. Ken Kress, "Coerência e Formalismo", 16 *Harv. J. L. Pub. Pol'y* 639, 652-3 n. 46 (1993); Dworkin, *supra*, n. 9, em 134.

79. Alexander, *supra*, n. 23, em 426-31.

80. Embora Dworkin seja vago nesse ponto, parece que a integridade serve como princípio obrigatório a outros princípios morais e como (ambiguamente) apenas um princípio moral entre iguais. Enquanto apenas um princípio entre outros seria, presumivelmente, dependente da teoria, exatamente como o são a "justiça" e o "devido processo". No seu papel de princípio obrigatório para outros, serviria como um teste que os outros princípios devem cumprir. A integridade não pode desempenhar ambos os papéis coerentemente.

Para fazer frente à crítica no texto da integridade como um teste dos princípios morais independente de teoria, Dworkin poderia reconhecer que a integridade é dependente da teoria e argumentar que é apenas um dos nossos princípios liberal-igualitários. O problema com tal resposta é que ela leva a dificuldades teóricas intratáveis por meio da referência a si mesma. A integridade (I) é parte da teoria moral correta (TMC). I, quando ligada a decisões jurídicas que são incompatíveis com TMC (decisões jurídicas moralmente incorretas), exige que adotemos princípios abrangentes que são incompatíveis com TMC. Em outras palavras, I exige que mudemos os princípios morais abrangentes dos quais ela própria é um

## 3. A retroatividade dos princípios jurídicos

Em *Taking Rights Seriously*, e daí em diante, Dworkin argumenta que julgar por meio de referência a princípios jurídicos protege os direitos jurídicos contra os transtornos retroativos[81]. Os positivistas jurídicos, que argumentam que as regras jurídicas exaurem as normas jurídicas disponíveis na prestação jurisdicional, devem decidir casos com base em outros fundamentos que não os fundamentos jurídicos sempre que esses casos não forem abrangidos por regras jurídicas. Isso, alega Dworkin, leva à aplicação de novas regras jurídicas – aquelas formuladas em casos sem regras jurídicas preexistentes –, a transações que surgem antes da aprovação das regras jurídicas, o que é similar à legislação retroativa. Os princípios jurídicos, por outro lado, já são imanentes nas decisões passadas, definem os direitos jurídicos aos quais essas decisões passadas dão origem e podem determinar resultados em casos não governados por regras jurídicas.

Alexander e Bayles, juntamente com outros, sustentam que o argumento da retroatividade de Dworkin é confuso e incorre em petição de princípio[82]. É confuso porque quaisquer argumentos morais contra a retroatividade poderiam ser adequados pelos juízes por meio do recurso a princípios morais corretos sempre que as regras jurídicas não conseguissem resolver um caso. (Em outras palavras, ao decidir com base em princípios morais corretos qual parte deve prevalecer em um processo judicial, as expectativas das partes, o grau de sua confiança nessas expectativas e os benefícios compensatórios de perturbar essas expectativas estariam entre os fatores que os princípios morais corretos ditariam que fossem levados em

---

componente. Assim, I exige que ela própria seja mudada. I exige ~I. A integridade, portanto, não pode ser, a um só tempo, dependente da teoria *e* um teste para selecionar os princípios que constituem as teorias morais. Para uma elaboração mais completa da concepção de Dworkin de integridade e de suas dificuldades, ver *infra*, § IV.E.

81. Ver Dworkin, *supra*, n. 9, em 30, 44, 84.
82. Ver Alexander e Bayles, *supra*, n. 15, em 284-5.

conta)[83]. Incorre em petição de princípio porque supõe que existem direitos jurídicos e, portanto, que poderiam ser perturbados retroativamente em casos não abrangidos por regras jurídicas, uma proposição que os positivistas jurídicos contestariam. Talvez a crítica mais interessante ao argumento da retroatividade seja uma resposta *tu quoque* de Kress[84]. Kress demonstra que a própria teoria da decisão judicial de Dworkin, fundada em princípios jurídicos, resulta na aplicação retroativa dos direitos jurídicos.

O argumento de Kress baseia-se no papel de atos soberanos, tais como constituições, leis e decisões judiciais, na teoria de Dworkin. Os princípios com autoridade jurídica e os direitos que eles descrevem são, para Dworkin, uma função da história institucional e da teoria político-moral. Os resultados em casos judiciais concretos são, por sua vez, uma função da aplicação e elaboração de princípios (e direitos) jurídicos. Assim, pela transitividade, os resultados corretos são uma função da história institucional (juntamente com a teoria político-moral). Tudo isso é óbvio. As diferentes disposições constitucionais e legislativas, precedentes e regulamentos administrativos resultam em direitos e princípios jurídicos variáveis, isto é, em um direito diferente.

Suponha que, como conseqüência de uma decisão judicial, ocorra uma mudança no Direito após os fatos darem origem a

---

83. Valores de apoio, como a igualdade, são dependentes de teoria, isto é, internos a qualquer teoria moral que seja correta. Nenhum conjunto de decisões incorretas, por mais numerosas que sejam, pode algum dia oferecer uma razão para deixar de aplicar princípios morais corretos. Decisões incorretas, é claro, são parte do mundo ao qual se aplicam princípios morais corretos, e podem afetar, como certamente afetam, o modo como esses princípios se aplicam (e se os princípios devem ser diretamente ou indiretamente aplicados). Isto é, decisões incorretas no passado podem alterar o que são resultados corretos no presente. Decisões incorretas no passado, porém, nunca podem alterar os princípios pelos quais se mede a correção. Ver Alexander, *supra*, n. 23, em 430; Alexander e Bayles, *supra*, n. 15, em 272.

84. Ver Kress, *supra*, n. 23. Os argumentos nas páginas seguintes são desenvolvidos com maior detalhe em Ken Kress, "Precedent, Coherence and Moral 'Mathematics' in Adjudication" (original em andamento).

uma ação judicial, mas antes que o caso seja julgado. Com apenas raras exceções[85], o caso será julgado com base no Direito existente na época do julgamento (e da decisão final) e não com base nos Direitos que existiam na época dos eventos que deram origem à ação judicial. Se o Direito que se modifica em conseqüência da decisão judicial é decisivo na ação judicial, o litigante que teria vencido (com base no Direito existente na época dos eventos subjacentes) perderá, e o litigante que teria perdido, vencerá. Isso nada mais é que aplicação retroativa do Direito.

O mesmo resultado pode ser estabelecido de maneira mais elegante observando primeiro que, na teoria de Dworkin, os princípios jurídicos – os princípios moralmente melhores, $T_1$, que cumprem ou excedem o limiar de ajuste – sempre estarão justamente no limiar mínimo de ajuste. Isso pode ser demonstrado por *reductio ad absurdum*. Suponha que os princípios jurídicos $T_1$ excedam o limiar de ajuste. $T_1$ poderia, então, ser transformado em um conjunto moralmente mais atraente de princípios, $T_2$, substituindo um ou mais princípios sem atração moral de $T_1$, $p_1$, que se ajustam bem à história institucional, por princípios moralmente mais atraentes, $p_2$, que se ajustam não tão bem mas, mesmo assim, deixam $T_2$ acima do limiar de ajuste. Mas, então, $T_2$ é um conjunto de princípios melhor do que $T_1$ porque é moralmente melhor que $T_1$ e, no entanto, excede o limiar de ajuste. Isso contradiz a suposição de que $T_1$ era o conjunto de princípios moralmente melhor excedendo o limiar de ajuste. *Quod erat demonstratum*.

A mesma conclusão pode ser obtida por meio de um argumento positivo. Se o conjunto de princípios jurídicos alegado excede o limiar de ajuste, podemos substituir os princípios, trocando o ajuste pela atração moral maior até alcançarmos o limiar de ajuste mínimo e a atração moral máxima nesse limiar. O conjunto de princípios alcançado nesse ponto são os princípios jurídicos verídicos.

---

85. A principal exceção é quando os tribunais aplicam a lei apenas prospectivamente, em qualquer uma de muitas variações. Ver fontes citadas em Kress, *supra*, n. 23, em 386 n. 77; Linda Meyer, "'Nothing We Say Matters': *Teague* and New Rules", 61 *U. Chi. L. Rev.* 423 (1994).

Alguns podem objetar que os princípios não são tão abundantes nem tão refinadamente discrimináveis como exige a prova. Dworkin é impedido de levantar essa objeção. Ele argumenta que nenhum teste hartiano para o Direito poderia distinguir princípios jurídicos de princípios não-jurídicos com base no apoio institucional. *A fortiori*, ele afirma, nenhum teste de apoio institucional poderia "fixar o peso [de um princípio] em uma ordem particular de magnitude"[86]. Além do *ad hominem* contra Dworkin, a diferenciação infinita de princípios pode ser justificada de várias maneiras. Os pesos dos princípios podem variar ao longo de um contínuo de valor real. A linguagem natural, a normativa ou a jurídica podem ser ricas o suficiente para oferecer articulações sutilmente diferentes dos princípios e seus pesos. Considerações normativas podem exigir discriminabilidade infinita. A construção matemática pode oferecê-la. Um princípio metafísico de razão suficiente pode estabelecê-la. Mesmo que os princípios não fossem infinitamente divisíveis, mas o fossem apenas sutilmente, isso significaria apenas que o melhor conjunto de princípios pode exceder levemente o limiar de ajuste, mas não precisa ser exatamente igual a ele. Sob essa condição, os resultados a seguir ainda seriam verdadeiros, embora suas provas fossem menos elegantes.

O fato de os princípios jurídicos dworkinianos estarem sempre no limiar de ajuste implica que os princípios estão continuamente mudando. Aplicar esses novos princípios a eventos que surgem antes que os novos princípios passem a ter autoridade jurídica equivale à aplicação retroativa da lei. Vamos desenvolver essas afirmações.

Suponha que o limiar mínimo de ajuste em uma dada jurisdição é de oitenta por cento das decisões judiciais. (Ignore, por simplicidade, decretos, regulamentos, hierarquias judiciais, etc. O argumento é bem fundado mesmo sem essas complicações.) Suponha que tenha havido cem decisões até a data e que exista apenas um juiz.

---

86. Dworkin, *supra*, n. 9, em 40.

Acabamos de ver que os princípios jurídicos dworkinianos apenas chegarão ao limiar. Como o limiar é de oitenta por cento, os princípios jurídicos dworkinianos $T_1$ irão ajustar-se a oitenta por cento dos casos. Explicarão oitenta e deixarão de explicar vinte dos cem casos.

Suponha agora que surjam cem novas decisões e que o juiz aplique corretamente os princípios dworkinianos $T_1$ ao resolver os casos. $T_1$ ajusta-se a cem dos novos casos, já que foi seguido na decisão deles. Existem agora duzentas decisões. $T_1$ ajusta-se a oitenta dos primeiros cem, e a cem dos segundos cem. Assim, $T_1$ ajusta-se a 180/200 = 90 por cento das decisões totais. Isso excede o limiar de ajuste, oitenta por cento, de modo que $T_1$ não pode mais ser os princípios jurídicos dworkinianos pelo resultado que se acaba de provar, já que excede substancialmente o limiar de ajuste. Podemos construir um $T_2$ com oitenta por cento de ajuste e princípios moralmente melhores, trocando o ajuste pela atração moral até atingirmos o limiar de ajuste.

Para um ou mais princípios, $T_2$ difere de $T_1$. Isso significa que $T_2$ decidirá alguns casos de maneira diferente de como $T_1$ decidiria. Os litigantes cuja causa de ação surge quando $T_1$ é o conjunto de princípios jurídicos, mas cujos casos são decididos quando $T_2$ é o conjunto dos princípios jurídicos, estarão sujeitos à aplicação retroativa do Direito sempre que as diferenças entre $T_1$ e $T_2$ forem relevantes para sua ação judicial. Se um princípio modificado for decisivo, o litigante que teria vencido perde e vice-versa.

Na verdade, $T_1$ deixará de estar no limiar de ajuste antes de cem decisões terem sido proferidas, e o Direito, portanto, mudará mais cedo. Os princípios evoluem continuamente na teoria jurídica dworkiniana. (Isso pode explicar alguns dos enunciados confusos no capítulo 11 de *O império do Direito*, a respeito de um Direito além do Direito, e de um Direito tornando-se [moralmente?] puro.)

Susan Hurley rejeita o argumento do caso interveniente de Kress para a retroatividade na teoria de Dworkin[87]. Embora

---

87. Susan Hurley, "Coherence, Hypothetical Cases, and Precedent", 10 *Ox. J. Leg. Stud.* 221 (1990).

sua exposição seja sutil e complexa, a essência de sua objeção pode ser comunicada de maneira simples.

Hurley argumenta, seguindo uma sugestão de Dworkin, que o precedente muda o valor de verdade das proposições jurídicas apenas quando os juízes cometem erros e nunca quando tomam as decisões corretas[88]. A retroatividade que resulta de decisões judiciais equivocadas não é de importância teórica substancial e abstrata – embora seja significativa para teorias que levam em conta as conseqüências e para teorias que estão preocupadas com as limitações humanas. Também não tem grande importância prática. Se a retroatividade do caso interveniente pudesse restringir-se aos casos em que os juízes cometem erros, o dano seria limitado.

Hurley propõe o seguinte "desafio": "Como, com base em suposições coerentistas, a força de precedente de uma decisão poderia... mudar o próprio Direito, oposição às nossas crenças a seu respeito, se essa decisão fosse *ex ante* correta?"[89]

Parece que Hurley compreendeu erroneamente o argumento do caso interveniente de Kress. O argumento do caso interveniente não supõe que, quando um juiz toma uma decisão correta, a verdade da proposição decidida com base nessa fundamentação foi mudada pelo juiz. Em vez disso, a posição é de que, quando o juiz toma uma decisão correta, ele pode muito bem aumentar o peso dos princípios ou proposições que sustentam essa decisão (não necessariamente o seu valor de verdade). Como conseqüência do aumento no peso desses princípios ou proposições, a decisão pode mudar o valor de verdade de algumas outras proposições relacionadas (logicamente? teoricamente? normativamente?), resultando em retroatividade para algum litigante cujo caso dependa dessas outras proposições.

Portanto, Hurley está errada quando escreve: "suponha que a decisão fosse *ex ante* correta e estabelecida [e o juiz decide-a corretamente]. Nesse caso, não há mudança no Direito

---

88. *Ibid.*, em 228, n. 40. Dworkin fez mais ou menos a mesma sugestão a Kress em uma conversa informal em 7 de março de 1985.
89. Hurley, *supra*, n. 87, em 247.

nem nas crenças a respeito dele, de modo que não pode surgir nenhum problema de retroatividade"[90]. Pode não haver nenhuma mudança no que diz respeito às crenças ou à verdade do Direito no tocante à decisão, mas os princípios (ou políticas) que sustentam a decisão podem ganhar peso ou força, levando, assim, a uma mudança no Direito que diz respeito à proposição relacionada.

Hurley e, pelo que diz Hurley, Dworkin[91] foram vítimas da seguinte falácia. Tiveram uma visão míope das possibilidades das teorias coerentistas do raciocínio jurídico. Sua visão das teorias de coerência do Direito é muito tosca e ignora a riqueza potencial da metodologia coerentista. Parecem pressupor ou crer que, na metodologia coerentista, tudo o que pode ser relevante para uma proposição de Direito, antes ou depois de um juiz decidi-la, é o seu valor de verdade. Esquecem, o que cada um percebeu em outras ocasiões, que as proposições de Direito ou, pelo menos, os princípios que as sustentam, têm uma dimensão de peso[92], ou esqueceram a importância dessa dimensão para a tomada de decisões judiciais. Quando o juiz decide corretamente um caso em que a questão decisiva é P, e o juiz assim sustenta, o valor de verdade de P não muda, mas muda o seu peso ou o peso dos princípios subjacentes. Esse aumento no peso é o que torna possível a mudança no peso e no valor de verdade de outros princípios em casos subseqüentes, o que dá origem às repercussões nas decisões e à retroatividade.

A interpretação do precedente de Hurley é indesejável por razões independentes. Não consegue explicar como o Direito evoluiu de uma tábula rasa para seu presente estado. Mais importante, que justificativa se pode oferecer para uma doutrina do precedente que opera apenas quando os juízes tomam decisões erradas? Segundo Hurley, a afirmação de Dworkin é a de que, quando um juiz toma uma decisão correta, essa decisão

---

90. *Ibid.*, em 249.
91. *Ibid.*, em 248 e n. 40. Ver também *supra*, n. 88 (conversa de Dworkin com Kress).
92. *Ibid.*, em 225, 240, 247; Dworkin, *supra*, n. 9, em 26-7.

não muda o valor de verdade da proposição decisiva (ou de qualquer outra). Contudo, quando um juiz comete um erro e sustenta que P, quando antes da decisão não-P era verdadeiro, a doutrina do precedente às vezes irá operar para tornar P verdadeiro a partir de então. Pode ser assim, por exemplo, quando a competição entre P e não-P é relativamente feroz, com não-P não conseguindo ultrapassar P, de modo que os valores adicionais que decorrem de seguir os precedentes sejam suficientes para dar vantagem a P após a decisão. Portanto, parece que, segundo Hurley e Dworkin, o precedente só faz diferença quando os juízes cometem erros. Qual poderia ser a justificativa moral subjacente para uma doutrina que atua para dar às pessoas um direito às mesmas decisões incorretas que foram tomadas anteriormente, mas que é ineficaz para fazer alguma diferença quando um juiz toma uma decisão correta?[93]

Naturalmente, pode haver razões de atenção, eficiência, confiança justificada, liberdade, incerteza prática, separação de poderes, justiça comparativa e similares, sustentando uma doutrina de precedente que, às vezes, torna uma proposição juridicamente equivocada, digamos P, e a torna correta em conseqüência de uma decisão judicial que a sustenta. Mas tais razões também terão algum efeito ao dar apoio adicional a uma proposição jurídica correta P, que é decidida dessa maneira por um juiz.

Ofereceremos mais uma razão pela qual a doutrina do precedente de Hurley não se harmoniza com a prática jurídica. Suponha que Q seja juridicamente verdadeiro, mas nunca foi assim decidido explicitamente. Segundo Hurley, quando é decidido explicitamente pela primeira vez, isso não acrescenta nenhuma força ou peso adicional aos princípios que recomendam

---

93. Se Dworkin verdadeiramente assume essa posição, isso demonstra que o Direito como integridade diverge do pragmatismo (Direito Natural puro) mais do que teriam suposto os leitores de *O império do Direito*. Para uma argumentação de que o pragmatismo é normativamente superior ao Direito como integridade, ver Ken Kress e Jeremy Waldron, "Integrity is Our Vulcan" (original em andamento, apresentado em ITT–Chicago Kent College of Law, 6 de abril de 1990); Alexander, supra, n. 23, em 432-4; *infra*, § IV.E.

Q. Tampouco, presume-se, a segunda vez em que Q é explicitamente decidido, ou a quinta vez, ou a centésima vez. Assim, que Q seja explicitamente decidido em cem decisões. Segundo Hurley, a melhor teoria do Direito será justamente a mesma após cem decisões de Q, como era antes mesmo que Q fosse decidido uma vez correta ou explicitamente. Suponhamos agora, porém, que houve três decisões, ou cinco ou algum outro número moderado, em que Q foi explicitamente rejeitado. Onde há *cem* decisões que encerram Q e três, uma ou um número modesto que rejeita Q, a melhor teoria do Direito em uma descrição coerentista terá mais probabilidade de incluir Q do que quando não houver *nenhuma* decisão decidindo explicitamente Q e uma, três ou um número moderado proclamando não-Q. A decisão explícita de que Q, particularmente a decisão explícita repetida de que Q, tem certa força ao resistir a um número pequeno de decisões incorretas do que não-Q. Que maneira melhor de compreender esse fenômeno dentro de uma estrutura coerentista do que as decisões explícitas de Q aumentarem o peso de Q e de seus princípios subjacentes e dos princípios que esses princípios sustentam e dos quais se valem para sustentação? Que melhor maneira de explicar esse fenômeno em uma estrutura coerentista do que dizer que essas decisões têm reflexos por toda a trama inconsútil? E, se isso é correto, o argumento da retroatividade de Kress, contra a metodologia coerentista de Dworkin, permanece válido.

*B. Argumentos novos e conclusivos contra os princípios jurídicos: os argumentos do peso e do ajuste*

**1. O argumento do peso**

Princípios jurídicos, como dissemos, não são a mesma coisa que princípios morais corretos. São, em vez disso, princípios morais incorretos ou, simplesmente, princípios incorretos. Mas existem tais coisas?

Existem, é claro, *regras* incorretas, normas estabelecidas por certas pessoas em certo tempo e com uma forma canônica específica e estrutura intencional que demarcam sua extensão. As regras, corretas ou incorretas, não têm peso. Elas se aplicam ou não se aplicam, mas não podem ser "ponderadas". (Na verdade, as regras não são desprovidas de peso; antes, demonstram ter peso *infinito* nos casos em que se aplicam.) Supõe-se que os princípios, porém, têm peso (finito). Na verdade, o peso é essencial para que sejam princípios, já que não possuem forma canônica nem dependência das intenções datáveis de pessoas específicas para governar sua aplicação. Sua aplicação é uma função do seu peso.

Um princípio *incorreto*, na medida em que é um princípio, deve, portanto, ter peso. De que outra maneira poderíamos determinar, em um caso específico, se os princípios incorretos superam os princípios rivais? (Se os princípios incorretos nunca superam os princípios rivais, corretos e incorretos, nunca podem determinar o resultado de nenhum caso, já que sempre há princípios rivais disponíveis para governar o caso. Em um nível mínimo, todo o conjunto de princípios moralmente corretos está disponível.) Mas que peso terão os princípios incorretos e como tal peso será determinado? Nenhum conjunto de casos passados, por maior que seja o conjunto, pode fixar, como questão de vinculação lógica, o peso, no contexto de um caso presente, de qualquer princípio que explicasse esses casos passados, como demonstra a tese da indeterminação de Quine.

Podemos, é claro, "atribuir" um peso a um princípio incorreto decidindo um caso em concordância com ele ou em oposição a ele. Ao fazê-lo, estamos declarando que o princípio incorreto $P_1$ superará o princípio correto $P_C$ no caso C. Não estamos *descobrindo* que é esse o caso, porém, pois não há nada a descobrir. Nossa declaração de que é esse o caso não pode ser correta nem incorreta. O peso de $P_1$ no caso C não determina o resultado no caso C; em vez disso, o resultado no caso C determina o peso de $P_1$ no caso C.

Suponha que alguém argumentasse que inferimos o peso da mesma maneira que inferimos o princípio correto, examinando casos passados. Suponha, por exemplo, que houve N casos em que queixosos chamados Green venceram, não obstante o fato de que os princípios corretos $P_C$ teriam ditado que eles perdessem. Suponha que inferimos a existência do princípio incorreto $P_G$, "queixosos chamados Green devem ter preferência". Suponha que tenhamos um novo caso com um queixoso chamado Green em que $P_C$ ditaria que Green perdesse. O peso de $P_C$ supera o de $P_G$ ou o peso de $P_G$ supera o de $P_C$? Tudo o que sabemos é que o peso de $P_G$ superou o de $P_C$ em casos passados CN. Isso não nos diz se o peso de $P_G$ supera o de $P_C$ no caso presente. Que outros argumentos poderiam determinar o peso de $P_G$ nesse caso? Argumentos sobre como esse caso (realmente) devia terminar? Esses argumentos serão todos baseados nos princípios corretos $P_C$. Eles ditarão que $P_G$ seja seguido, de agora em diante, apenas quando compatível com $P_C$, o que significa que $P_G$ não tem nenhum peso próprio, o que significa não existe. O argumento para inferir o peso de princípios incorretos vê, equivocadamente, o empreendimento da prestação jurisdicional como preditivo, quando, na verdade, é normativo.

Suponha que não inferimos o princípio incorreto "correto" e seu peso a partir dos casos passados. Suponha, em vez disso, que nos valemos da *aprovação* do princípio incorreto. Considere a liberdade de escolha, por exemplo. Suponha que não exista nenhum princípio moral independente de liberdade de expressão. Em vez disso, a liberdade de expressão que devíamos endossar é o produto de princípios morais referentes à liberdade e ao antipaternalismo.

Suponha agora que os autores da constituição declaram que "o princípio da liberdade de expressão será reconhecido". Não há nenhum problema em tratar isso como uma regra (com peso infinito no âmbito da sua aplicação), como o juiz Black tentou (sem sucesso) tratar a primeira emenda[94]. Mas suponha que tentemos interpretar literalmente os constituintes e tratemos a livre expressão como um princípio, apesar de incorreto. Que peso damos a ele quando entra em conflito com $P_C$? Não o seu peso real (pois, sendo incorreto, qual seria o seu peso *real*?). Sua aprovação não pode ajudar-nos aqui, pois, a menos

---

94. Ver, por exemplo, *Kongisberg v. State Bar of California*, 366 U.S. 36, 60-71 (1961) (Black, J., divergindo).

que os constituintes nos digam como deve ser aplicado em cada caso possível – caso em que o tornaram uma *regra*; tudo o que sabemos a partir de sua aprovação é sua aprovação. Não sabemos seu peso. Nem podemos saber. O que há para saber?[95]
Os princípios incorretos têm uma condição metafísica problemática[96]. Nosso argumento é que determinar seu peso pode

---

95. Ver também *supra*, n. 6, para outra versão do argumento neste parágrafo.
96. De início, pretendíamos afirmar que os princípios jurídicos eram estritamente análogos ao éter porque nossa argumentação contra os princípios jurídicos, como a proposição científica contra o éter, demonstrava que os princípios jurídicos não existiam. Resistimos a essa inclinação porque poderia ser mal compreendida. Alguns poderiam pensar que a argumentação contra os princípios jurídicos é estritamente análoga à argumentação científica contra o éter, talvez até o ponto de afirmar que, exatamente como se revelou que o éter não existia fisicamente, também os princípios jurídicos não têm nenhuma existência similar. Essa, porém, não é a afirmação que pretendemos, por causa do caráter normativo dos princípios jurídicos.

Pensava-se que o éter existia no domínio do fato. A melhor explicação corrente dos dados referentes ao domínio do fato é incompatível com a existência do éter. Os princípios jurídicos são normas, e exatamente em que sentido as normas existem, como essa existência é estabelecida e como o domínio ontológico das normas relaciona-se com o domínio ontológico dos fatos são questões metafísicas muito controvertidas. Os princípios jurídicos existem no espaço social, platônico/realista, ou no espaço meinongiano, metafísico. Afinal, os profissionais do Direito e os acadêmicos acreditam neles e os invocam, e, sem dúvida, a crença e a invocação influenciam as decisões legais. Na verdade, é por serem tão influentes assim que pensamos ser importante nossa argumentação contra eles. Portanto, se a crença e a invocação dos princípios jurídicos podem estabelecer sua existência metafísica – apesar de, no domínio ontológico dos fatos, as crenças ou referências ao éter (ou a unicórnios) não estabelecerem *sua* existência metafísica –, os princípios jurídicos existem. (De maneira menos problemática, os agentes jurídicos podem sustentar certos princípios incorretos e atuar como se esses princípios tivessem um peso específico *vis-à-vis* outros princípios que os agentes sustentam. Os princípios jurídicos que atacamos, porém, não existem no domínio das crenças de agentes jurídicos específicos; antes, supõem-se que existam independentemente de qualquer agente jurídico sustentá-los ou atuar com base neles.)

Nossa argumentação contra os princípios jurídicos é, basicamente, uma argumentação normativa. Os princípios jurídicos são, normativamente, sem atrativos ou supérfluos. Se os princípios jurídicos ditam resultados diferentes daqueles ditados por princípios morais e regras jurídicas, são normativamente sem atrativos. Se, por outro lado, ditam os mesmos resultados que ditam as regras jurídicas e os princípios morais, são normativamente supérfluos. Se falta de atração ou superfluidade normativa vai contra a existência metafísica de uma norma, a argumentação que fazemos contra os princípios jurídicos é uma argumentação contra sua existência.

ser como atribuir uma propriedade ao "éter"; não pode ser feito correta ou incorretamente, já que não há nada no mundo que seja "o éter com (ou sem) a propriedade"[97].

---

Devem ser feitas algumas proposições adicionais no que diz respeito à condição metafísica dos princípios jurídicos. Em primeiro lugar, as regras jurídicas existem e pertencem ao domínio ontológico do fato. Sua existência consiste na sua formulação canônica e nas intenções possivelmente complexas e combinadas dos autores das regras, representadas por sua formulação canônica. A condição ontológica dos princípios morais, é claro, é a matéria do debate metafísico. Não precisamos e não tomamos aqui nenhuma posição sobre a condição ontológica dos princípios morais, se eles são ou não supervenientes às questões de fato, se são ou não questões de interpretação ou projeção, etc.

Em segundo lugar, os princípios jurídicos não podem reivindicar, sem problemas, a mesma condição ontológica das regras jurídicas. Embora os princípios jurídicos, como as regras jurídicas, sejam formulados por juízes e legisladores, a formulação e o princípio jurídico são ontologicamente distintos. A formulação de um princípio jurídico *refere-se* a ele, ao passo que a formulação de uma regra jurídica é a regra jurídica.

Em terceiro lugar, se os princípios jurídicos existem, então, segundo a compreensão convencional, devem ser potencialmente infinitos em número. Cada variação substantiva possível no desenvolvimento das regras jurídicas produzirá sua própria configuração distintiva de princípios jurídicos com seus pesos distintos.

Em quarto lugar, os princípios jurídicos têm a seguinte estranheza metafísica. Originam-se não do domínio do fato ou do domínio do valor, mas da combinação de fato e valor. Ao contrário da superveniência inequívoca aos fatos, que muitos filósofos afirmam ser a melhor descrição ontológica dos valores morais, a superveniência dos princípios jurídicos é uma combinação de fatos (regras jurídicas) e valores morais. Assim, se os valores morais são, eles próprios, supervenientes aos fatos, os princípios jurídicos são supervenientes aos fatos direta e indiretamente (por meio dos valores morais). Essa é uma ontologia muito estranha: se as normas morais são metafisicamente "esquisitas" [ver John Mackie, *Ethics: Inventing Right and Wrong* (1977), 38-42], os princípios jurídicos são metafisicamente superesquisitos. Ver Larry Alexander, "Practical Reason and Statutory Interpretation", 12 *Law and Philosophy* 319, 322, 327, n. 15 (1993).

Finalmente, como explicamos, a melhor descrição dos princípios jurídicos é a de que eles são princípios morais contrafactualmente corretos, isto é, são princípios que seriam princípios morais corretos se o mundo fosse de tal maneira que certas decisões e regras jurídicas que são de fato moralmente incorretas fossem moralmente corretas. Assim, os princípios jurídicos possuem qualquer realidade metafísica que as moralidades contrafactuais possuam.

A discussão nesta nota de rodapé foi motivada pelos comentários e críticas de Brian Leiter e Jeremy Waldron a um esboço anterior. Correspondência com Ken Kress, *supra*, n. 8; correspondência com Larry Alexander, *supra*, n. 44.

97. T. R. S. Allan compartilha nossas intuições a respeito dos princípios incorretos. Ele argumenta também que os princípios não podem existir sem peso e que

## 2. O argumento do ajuste

Se existem princípios jurídicos que são princípios moralmente incorretos, então a descrição que Dworkin faz deles é a melhor. Ou seja, os princípios incorretos ($P_I$) que existem são os princípios que se "ajustam" acima de certo limiar às ações governamentais passadas e que são moralmente os melhores princípios de tal tipo, a medida de "melhores" sendo dada pela distância normativa para com os princípios corretos ($P_C$). Na verdade, porém, $P_I = P_C$. A argumentação de Dworkin a favor dos princípios jurídicos nada mais é que uma argumentação a favor de princípios morais corretos. Por quê?

---

os princípios jurídicos de Dworkin, sendo moralmente incorretos, têm seu peso sempre suplantado pelos princípios corretos: "É importante perceber que o peso de um princípio é uma função dos fatos relevantes. É a natureza de um princípio argumentar a favor de certo resultado, mas não conclusivamente: ele não dita uma decisão à maneira de uma regra, que se aplica absolutamente (sujeita apenas a exceções formuladas ou reconhecidas). O peso de um princípio só pode ser determinado pelo tribunal encarregado do caso particular e ciente dos fatos provados... Uma regra pode ser aplicada, pelo menos no caso de leis, por um processo de definição. Quando um conjunto de circunstâncias enquadra-se no âmbito da regra, tal como determinado por seus termos estabelecidos, normalmente nenhuma deliberação adicional é exigida: a regra dita um resultado específico. É precisamente a função das regras excluir tal deliberação antes que surjam casos particulares a serem decididos. Um princípio, ao contrário, recorre diretamente à razão. Decorre que Hércules só pode aplicar um princípio que compreende, compartilha e, portanto, valoriza. Como o peso de um princípio depende inevitavelmente de todas as circunstâncias do caso, sua aplicação é sempre uma questão de julgamento – julgamento necessariamente pessoal.

É difícil perceber como Hércules poderia determinar o peso de um princípio cujos resultados considerou infelizes, talvez perniciosos. Se aplicasse o princípio na medida em que o julgasse verdadeiramente adequado – averiguando seu peso –, ele inevitavelmente o rejeitaria por completo. Não poderia então discriminar entre casos particulares, distinguindo ou seguindo precedentes em toda a sua complexidade, com base em uma concepção geral do princípio que ele próprio rejeitou. Decorre daí que não faz nenhum sentido tentar comparar os princípios que aceitamos com os que rejeitamos, mesmo que estes sejam populares. A comparação seria inteiramente teórica: não poderia obter nenhuma influência nos fatos particulares de casos concretos." T. R. S. Allan, "Justice and Fairness in *Law's Empire*", 52 *Cambridge LJ* 64, 69-71 (1993) (notas de rodapé omitidas). Ver também M. J. Detmold, *The Unity of Law and Morality* (1984), 83-93; Alexander, *supra*, n. 23, em 431-2, n. 20.

Suponha que existam no passado casos N, $C_N$, que não foram decididos de acordo com princípios corretos $P_C$. De todos os princípios incorretos $P_1$ que se "ajustariam" aos casos passados, há um princípio que se "ajusta" perfeitamente e é também moralmente o melhor. Esse é o princípio que é coextensivo com $P_C$, exceto pelos casos $C_N$ (onde dita os resultados obtidos em $C_N$). Chamemos esse princípio $P_C - C_N$.

Está claro que nenhum conjunto de princípios incorretos $P_1$ ajusta-se melhor que $P_C - C_N$, já que o segundo exibe 100 por cento de ajuste. Tampouco nenhum conjunto é moralmente melhor, já que $P_C - C_N$ ditará exatamente os mesmos resultados em todos os casos futuros e casos hipotéticos como $P_C$. Portanto, Dworkin teria de instar para que decidíssemos baseados no princípio incorreto $P_C - C_N$.

Há alguma coisa errada nisso? Bem, $P_C - C_N$ não é um princípio *elegante*. Mas por que isso deveria desqualificá-lo *normativamente*, em oposição a esteticamente, dado que obtém a posição mais elevada tanto na dimensão moral como na de ajuste?

$P_C - C_N$ pode ser condenado como arbitrário e *ad hoc*. Isso é verdade. Mas, se for assim, *todos* os princípios incorretos são arbitrários e *ad hoc*, formulados de modo a "justificar" decisões erradas[98].

Ronald Dworkin argumenta que um sistema que manifesta princípios *ad hoc* sem integridade é incapaz de gerar os vínculos associativos necessários para a obrigação jurídica e para a legitimidade moral. Na seção E, abaixo, responderemos a essa afirmação.

---

98. Dworkin às vezes trata seu valor de "integridade", refletindo os ideais da comunidade e da fraternidade, como estando no mesmo nível de outros valores, tais como a justiça, o devido processo, etc., e, às vezes, trata-o como um valor capaz de sobrepujar outros valores. No segundo sentido, a integridade como rainha dos valores poderia insistir na rejeição de princípios que, embora mais justos, são complexos demais para formar a base de uma "comunidade de princípio" relativa a princípios mais simples, embora menos justos. Julgamos que tal visão, baseada como está na fragmentação da teoria moral, é contestável. Ver *supra*, n. 80, e *infra*, § IV.E.

$P_C - C_N$ pode ser acusado de não oferecer às pessoas tratamento igual nos casos futuros que sejam "semelhantes" a casos $C_N$, mas nos quais $P_C - C_N$ terão um resultado "diferente" (em conformidade com $P_C$, não $C_N$). Essa objeção é confusa. A igualdade, em certo sentido, depende completamente de princípios substantivos[99]; portanto, $P_C - C_N$ gera a sua própria concepção de igualdade. Por outro lado, se a proposição é de que a igualdade verdadeira, aquela ordenada por $P_C$, difere de $P_C - C_N$, a proposição é correta mas sustenta $P_C - C_N$. Os litigantes em $C_N$ e em $P_C$ – Cn estão sendo tratados igualmente no sentido de que nossa melhor visão do que é justo na ocasião está sendo aplicado a cada um deles. $C_N$ está no passado e não pode ser desfeito. $P_C - C_N$ produzirá toda a igualdade verdadeira (igualdade $P_C$) que se pode alcançar agora[100].

Portanto, as objeções baseadas na deselegância, os princípios *ad hoc* e a igualdade não conseguem desalojar $P_C - C_N$ como o princípio incorreto $P_1$ preferido.

Finalmente, como o passado é passado, e como $P_C - C_N$ dita exatamente os mesmos resultados no futuro que $P_C$, não há nenhuma diferença prática entre $P_C - C_N$ e $P_C$. E, como $P_C - C_N$ é o princípio incorreto – $P_1$ – que supostamente iremos escolher, $P_1 = P_C$. Não existe nenhum princípio incorreto com alguma conseqüência prática (que outro tipo?).

## C. *Uma analogia enganosa: os princípios jurídicos e a metodologia do equilíbrio reflexivo*

Alguns poderiam dizer que a argumentação a favor dos princípios jurídicos baseia-se no argumento a favor do empre-

---

99. Ver Peter Westen, "The Empty Idea of Equality", 95 *Harv. L. Rev.* 537 (1982).

100. Não podemos fazer melhor, em termos de tratamento igual moralmente significante, que tratar todos de acordo com nossa melhor visão corrente de justiça. Uma injustiça passada não cria nenhuma razão para cometer uma injustiça no presente. Ver Alexander, *supra*, n. 47, em 9-13; *id.*, supra, n. 23, em 426-31; *infra*, § IV.E.

go da metodologia do equilíbrio reflexivo. No domínio moral, o equilíbrio reflexivo é defendido como o método epistemológico correto para descobrir (formular?) princípios morais corretos[101]. Movemo-nos entre o que consideramos julgamentos morais referentes a casos específicos e princípios mais gerais que explicariam tais julgamentos, ajustando os princípios e reconsiderando julgamentos específicos até que os princípios e os julgamentos alcancem um estado de equilíbrio. Não poderíamos dizer, por analogia, que os princípios jurídicos são esses princípios que estão em equilíbrio com os casos (com a maioria deles)?[102]

A resposta é "não". Em primeiro lugar, no equilíbrio moral reflexivo, considera-se que são julgamentos que temos de colocar em equilíbrio reflexivo com os nossos princípios (e vice-versa). No Direito, são atos jurídicos com autoridade que devem ser colocados em equilíbrio com uma teoria de justiça.

Em segundo lugar, e de modo relacionado, na metodologia moral do equilíbrio reflexivo, consideramos tudo o que pode influenciar nossos julgamentos (o que sabemos a respeito de psicologia, sociologia, economia, etc.)[103]. Ao formular princípios jurídicos, porém, limitamo-nos a materiais jurídicos primários (sentenças, leis, etc.) e, o que é importante, não podemos considerar mais que certa porcentagem desses materiais como errada (o limiar de "ajuste"). Não existe tal limitação no equilíbrio reflexivo moral[104].

Finalmente, suponha, como seus proponentes afirmam, que o método do equilíbrio reflexivo realmente conduz a princípios morais corretos. Se é assim, o método também conduziria a princípios morais corretos quando aplicado a materiais jurídicos. Isso porque, embora esses princípios morais corretos

---

101. Ver John Rawls, "Outline of a Decision Procedure for Ethics", 60 *Phil. Rev.* 177 (1951); John Rawls, *A Theory of Justice* (1971), 14-21 (esp. 19-21), 43-53, 578-82; Norman Daniels, "Wide Reflective Equilibrium and Theory Acceptance", 76 *J. Phil.* 256 (1979).
102. Ver Dworkin, *supra*, n. 9, em 159-66.
103. Ver Daniels, *supra*, n. 101.
104. Ver Sunstein, *supra*, n. 35, em 778, 781.

possam não ser necessariamente compatíveis com nenhuma porcentagem específica dos materiais jurídicos primários – o método, presumivelmente, levaria à rejeição de *todos* os materiais jurídicos moralmente extraviados e à sua suplantação por noções moralmente corretas que poderiam não ter nenhuma linhagem jurídica –, esses princípios morais *seriam* compatíveis com os nossos julgamentos ponderados *a respeito* dos materiais jurídicos primários.

Portanto, o equilíbrio reflexivo não sustenta o uso de princípios jurídicos moralmente incorretos.

Os argumentos do peso e do ajuste são dois lados da mesma moeda. Suponha que argumentássemos que todos os princípios incorretos possíveis, com todos os pesos possíveis, existem de maneira platônica. Então, entre esses princípios incorretos com existência platônica, haveria um princípio incorreto com um peso tal que seria sempre superado pelos princípios morais corretos, exceto nos casos passados que fossem decididos incompativelmente com princípios morais corretos. Na verdade, esse princípio incorreto seria o princípio incorreto moralmente melhor que poderíamos escolher, além de ser um princípio com ajuste total: seria moralmente o melhor por ser completamente compatível com os princípios morais corretos para todos os casos futuros, e teria o ajuste total por coerir com todos os casos passados. Mas *esse* princípio "incorreto" é realmente idêntico, para todos os propósitos práticos, aos princípios morais corretos e, portanto, não é um contra-exemplo para a afirmação de que os princípios incorretos, para todos os propósitos práticos, não existem em nenhum sentido importante. Ou os princípios jurídicos são princípios morais justos (corretos) ou não são nada.

D. *Os princípios jurídicos e a concordância entre profissionais competentes*

Uma objeção final a nossa argumentação contra os princípios jurídicos é a seguinte: Os princípios jurídicos, como as regras jurídicas, estão estabelecidos por meio das práticas e convenções de profissionais competentes. Nos casos em que as regras jurídicas não determinam os resultados, essas práticas e convenções estabelecem os princípios jurídicos vigentes e seus pesos. Os princípios jurídicos e os seus pesos são qualquer coisa que profissionais competentes concordariam em que fossem[105].

Temos várias respostas para essa objeção. Em primeiro lugar, a objeção implica que, quando profissionais competentes discordam quanto aos princípios jurídicos e seus pesos, não há princípios jurídicos quanto aos quais concordar ou discordar. Se os princípios jurídicos e seus pesos são completamente determinados pelas convenções dos profissionais, a ausência de convenção significa a ausência do princípio jurídico. Os profissionais nunca poderiam discordar de maneira significativa quanto ao que são os princípios jurídicos[106].

Quando os profissionais realmente concordam, porém, poderiam estar concordando quanto aos princípios jurídicos, como afirma este argumento que estamos elaborando, ou poderiam estar concordando quanto a princípios morais e estabelecendo uma regra jurídica de nível superior para governar o caso baseada nesses princípios morais. Quando os profissionais con-

---

105. Owen Fiss, "Objectivity and Interpretation", 34 *Stan. L. Rev.* 739 (1982); Dworkin, *supra*, n. 1, cap. 3 (discutindo o convencionalismo).

106. Teorias convencionalistas que não exigem concordância ou quase concordância foram advogadas em anos recentes. Ver, por exemplo, Steven J. Burton, *An Introduction to Law and Legal Reasoning* (1985) (o Direito é a reconstrução coerente das práticas e disposições da comunidade jurídica); Coleman, *supra*, n. 21. Temos sérias dúvidas de que o convencionalismo possa algum dia dispensar a concordância. De qualquer modo, contra essas teorias convencionalistas, insistiríamos na superioridade normativa de seguir princípios *morais* corretos em vez de princípios jurídicos convencionais. Não queremos insinuar que os princípios morais não são, em certo nível profundo, questões de concordância. Ver Jürgen Habermas, *Legitimation Crisis* (1973); Rawls, *A Theory of Justice, supra*, n. 101, em 11-7. Os princípios jurídicos que fossem questões de concordância *naquele* nível seriam idênticos a princípios morais (corretos). Portanto, se os princípios jurídicos são distintos de princípios morais corretos, devem sê-lo em um nível mais superficial; e, nesse nível, a discordância mina sua existência.

cordam a respeito de um caso não determinado por regras jurídicas, como poderíamos dizer se estão concordando a respeito de princípios jurídicos ou estabelecendo uma regra jurídica de ordem superior baseada em seus princípios morais? Sugerimos que, na medida em que a concordância é o que constitui os princípios e seus pesos, nunca seremos capazes de distinguir princípios jurídicos de regras jurídicas de ordem superior. O argumento da convenção não sustenta os princípios jurídicos[107].

A argumentação que acabamos de fazer contra a idéia de que é a concordância entre profissionais competentes que estabelece os princípios jurídicos supõe que aquilo sobre o qual os praticantes estão concordando diz respeito a como resolver casos específicos. Nesse nível, argumentamos, os princípios jurídicos não podem ser distinguidos de regras jurídicas de ordem superior. Suponha, porém, que se argumente que os objetos dessas concordâncias não são resultados específicos, mas os próprios princípios jurídicos (e seus pesos). Em outras palavras, o que estabelece os princípios jurídicos *é* a concordância entre profissionais competentes quanto ao que são esses princípios jurídicos.

Essa posição tem duas variantes, nenhuma das quais é defensável. Em uma, os profissionais *postulam* os princípios jurídicos por meio da sua concordância. Como já observamos, porém, os princípios jurídicos não podem ser postulados[108].

A alternativa é argumentar que é a concordância dos praticantes a respeito do que *são* os princípios jurídicos que os estabelece. Essa alternativa, no entanto, envolve a fatal auto-referência. Se a concordância estabelece princípios jurídicos, como os praticantes podem concordar *a respeito* de princípios jurídicos?

---

107. Dworkin concordaria conosco nesse ponto. Ver Dworkin, *supra*, n. 1, em 120-39.
108. Ver *supra*, n. 6.

## E. Existe um argumento moral para estender decisões passadas ao futuro?[109]

Até agora argumentamos que os princípios jurídicos dworkinianos, que correspondem ao método reconstrutivo do raciocínio do *common law*, representam uma resposta sem interesse para decisões erradas do passado.

(1) Os princípios jurídicos produzem resultados diferentes daqueles produzidos pelos princípios morais.

(2) Os princípios jurídicos não têm as virtudes conseqüencialistas indiretas de regras determinadas, que, embora capazes de produzir resultados moralmente incorretos em aplicações específicas, podem produzir, ao fim e ao cabo, mais resultados moralmente corretos, de modo geral.

(3) Os princípios jurídicos não têm de tratar litigantes presentes e passados "igualmente"; a concepção correta de igualdade é interna à teoria moral correta e nunca pode exigir o abandono dessa teoria[110].

(4) Os princípios jurídicos produzem retroatividade no Direito[111].

(5) Se os princípios jurídicos diferem dos princípios morais corretos, o peso dos princípios jurídicos será indeterminado, o que significa que os próprios princípios serão indeterminados. A metodologia reconstrutiva não pode produzir peso determinado, nem pode o peso ser postulado ou ser questão de concordância[112].

(6) O método pelo qual os princípios jurídicos são derivados exige ajuste. O ajuste não é suficiente por si para produzir princípios jurídicos (porque um número indefinido de princí-

---

109. O material incluído aqui no § IV.E. foi desenvolvido ao longo de anos de discussão dessa matéria entre Ken Kress e o professor e decano associado Jeremy Waldron, Universidade da Califórnia, Berkeley, e em um original a que estão dando andamento (*supra*, n. 93). Somos gratos ao professor Waldron pela permissão de incluir aqui material desse esboço.

110. Ver *supra*, texto em n. 99.

111. Ver *supra*, § IV.A.3.

112. Ver *supra*, § IV.B.1.

pios diferentes pode ajustar-se a qualquer conjunto de materiais jurídicos, por maior que seja) nem é capaz de restringir seu complemento necessário de aceitabilidade moral. Os melhores princípios incorretos que se ajustam a erros passados são princípios moralmente corretos com exceções que correspondem precisamente a esses erros. Tais princípios incorretos serão os equivalentes práticos dos princípios corretos. Os princípios jurídicos derivados corretamente, portanto, sempre recairão em princípios morais[113].

(7) A metodologia jurídica exige apenas materiais jurídicos postulados e princípios morais corretos. Nos termos de Dworkin, exige "pragmatismo"[114], embora um pragmatismo que demonstre consideração adequada para com o valor jurídico das convenções[115]. Os princípios jurídicos serão ociosos (se não atuarem de maneira diferente dos princípios morais corretos) ou moralmente perniciosos.

Uma conseqüência do nosso argumento é que não há nenhuma razão para estender decisões moralmente incorretas ao futuro, afastando-se dos princípios morais corretos. Isso não quer dizer que decisões anteriores moralmente incorretas não deixam vestígios, tais como regras, confiança, etc. Antes, quer dizer que decisões moralmente corretas no presente levarão na devida conta os vestígios de decisões incorretas passadas.

A argumentação a favor dos princípios jurídicos exige, portanto, um argumento a favor do *abandono* dos princípios morais corretos no presente quando eles entram em conflito com os princípios jurídicos, não, meramente, um argumento de que os princípios morais corretos levem em conta o passado e seus vestígios. Suporemos, contrariamente aos pontos (5) e (6) acima, que é possível derivar princípios jurídicos que possuem peso determinado e que, ainda assim, não recaem em princípios morais corretos. Qual é o argumento *a favor* deles, dados os poderosos argumentos contra eles?

---

113. Ver *supra*, § IV.B.2.
114. Ver Dworkin, *supra*, n. 1, em 147-53.
115. Ver Alexander, *supra*, n. 23, em 432-4.

Nesta seção, explicaremos e responderemos ao mais vigoroso desses argumentos que conhecemos: a afirmação de Dworkin, em *O império do Direito*, de que devemos seguir o passado, no sentido de que nossos atos de governo correntes devem manifestar integridade.

Antes de descrever e criticar detalhadamente o argumento de Dworkin, de que a integridade é necessária para os vínculos associativos exigidos para a obrigação e a legitimidade, desejamos fazer algumas observações breves sobre as conotações e implicações do termo "integridade".

Dworkin consegue uma pátina de legitimidade ao chamar sua teoria de "Direito como integridade", enquanto as de seus oponentes ele denomina "pragmatismo" e "convencionalismo"[116]. Também obtém uma indevida vantagem retórica ao estender, de maneira ilegítima, a analogia da integridade como virtude pessoal à integridade como virtude institucional. Isto é, a integridade é uma virtude em uma pessoa que age coerentemente segundo algum conjunto de princípios.

Ainda assim, para Dworkin, a integridade como *virtude institucional* não implica que o governo aja com base em princípios ou motivações coerentes. Antes, a integridade é uma virtude das instituições na medida em que o *intérprete* pode reconstruir ou interpretar imaginosamente a história institucional para refletir um conjunto de princípios, mesmo que os agentes governamentais cujos atos constituem as práticas institucionais agissem a partir de princípios ou motivações muito diferentes. Portanto, é possível que um agente governamental tenha agido com base em motivações de direita, outro com base em motivações moderadas e um terceiro com base em motivações de esquerda. Não obstante, pode-se dizer que todos os três atos exibiram integridade se o intérprete puder reinterpretar esses três atos como emanando todos de um conjunto coerente de princípios que se ajustam razoavelmente bem aos atos. Essa preocupação pode ser tida como exagerada, porque um aspecto do ajuste é ajustar as justificativas oferecidas pelos agentes

---

116. Ver Dworkin, *supra*, n. 1, em 114-7.

governamentais. Contudo, embora esse seja um aspecto do ajuste, não precisa ser o mais importante e parece que, para Dworkin, não é um aspecto crucial ou necessário do ajuste.

Na esfera pessoal, por contraste, não se diria que um agente está exibindo integridade se seus atos foram motivados por conjuntos de princípios muito diferentes, mesmo que possam ser reconstruídos de modo que sejam vistos como emanando de um único conjunto de princípios. Portanto, Dworkin obtém uma indevida vantagem retórica com o uso do termo "integridade", ao transferi-lo da esfera pessoal para a institucional.

Mais importante, "integridade", no uso comum, requer uma interpretação jusnaturalista de pragmatismo. Estabeleceremos essa afirmação em três etapas.

Em primeiro lugar, a integridade como virtude pessoal certamente exige – com uma ressalva a ser discutida posteriormente – coerência nas suas justificativas subjacentes. Não diríamos que uma pessoa tem integridade se alguns dos seus atos fossem baseados em um conjunto de princípios, enquanto outros se apoiassem em princípio incoerentes e outros ainda fossem executados sem absolutamente nenhuma justificativa (se isso é possível). Além disso, o termo "integridade" só pode ser aplicado a agentes cujas justificativas, fundamentos lógicos ou motivações sejam inteligíveis para nós[117]. Em terceiro lugar, parece que a integridade exige não apenas a aplicação coerente de algum conjunto de princípios, mas também que o conjunto de princípios esteja inserido em certo âmbito de princípios considerados plausíveis. Se os princípios são tidos como tolos ou, pior ainda, incoerentes, não chamaríamos de íntegra uma pessoa que os segue.

Finalmente – e esse é o aspecto mais controvertido, se bem que da maior importância –, uma pessoa que age com base em um conjunto de justificativas, embora admita a existência de um esquema justificativo melhor, não exibe integridade. A integridade exige não apenas ação compatível com um conjunto de

---

117. Essa noção de inteligibilidade é sensível ao contexto.

princípios, mas também ação baseada no conjunto de princípios que se acredita ser o melhor. Assim, por exemplo, um indivíduo que seguiu coerentemente os princípios do nepotismo e se convenceu de que a igualdade de oportunidades é melhor careceria de integridade se continuasse a seguir princípios nepotistas. Suponha que ele dissesse: "Você me convenceu de que a igualdade de oportunidades é moralmente melhor que o nepotismo. Ainda assim, sou uma pessoa íntegra. Para manter minha integridade, continuarei a agir com base em justificativas nepotistas, apesar de agora concordar em que a igualdade de oportunidades é superior em termos de moralidade e justiça." Tal pessoa carece de integridade. A integridade requer que uma pessoa aja com base nos princípios que acredita serem os melhores. Em outras palavras, a integridade implica o Direito Natural, que a pessoa aja com base em princípios morais corretos.

Retornamos agora aos detalhes do argumento de Dworkin. Com integridade, Dworkin pretende designar que, pelo menos:

(a) os princípios subjacentes aos atos oficiais devem ser coerentes individualmente, devem ser inteligíveis e devem ser aplicados coerentemente;

(b) os princípios, como um todo, devem ser aplicados coerentemente, com princípios aplicáveis aplicando peso similar a situações relevantemente similares; e

(c) os princípios, como um todo, devem ajustar-se em uma visão única e abrangente de justiça[118].

Além disso, a razão para cada um de (a)-(c) é a mesma: "A coerência de princípios... exige que os vários padrões que governam o uso da coerção pelo Estado contra seus cidadãos seja coerente no sentido de expressar uma visão única e abrangente de justiça."[119]

---

118. Dworkin, *supra*, n. 1, em 88, 116-17, 134, 166; Kress, *supra*, n. 78, em 653 e nn. 45, 46.

119. Dworkin, *supra*, n. 1, em 134. A expressão de Dworkin, "visão única e abrangente da justiça", é enigmática. Se todos os funcionários governamentais

Que descrição Dworkin oferece da proposição da integridade? Por que a integridade é uma virtude política, a ser colocada no mesmo nível que virtudes inquestionadas como a justiça substantiva, a eqüidade política e o devido processo? Dworkin oferece duas ou mais respostas (depende de como se contam) para essa questão, as quais examinaremos. Primeiro, porém, gostaríamos de examinar o que diz a respeito da *forma* geral que tal resposta tende a assumir.

No capítulo 3 de *O império do Direito,* sugere que muitos juristas (embora não todos) concordarão com a descrição um tanto abstrata do objetivo ou função do *Direito* na vida política de uma comunidade. A proposição diz respeito à legitimidade da coerção governamental:

> Os governos têm objetivos: pretendem tornar as nações que governam prósperas, poderosas, religiosas ou eminentes; também pretendem permanecer no poder. Usam a força coletiva que monopolizam para esses e outros fins. Nossas discussões a respeito do Direito supõem, de modo geral, que o objetivo mais abstrato e fundamental da prática jurídica é restringir o poder do governo da seguinte maneira. O Direito insiste em que a força não seja usada, não importa quão útil seria para os fins em vista, por mais benéficos e nobres que fossem esses fins, exceto quando autorizada ou requerida pelos direitos e responsabilidades individuais emanados de decisões políticas passadas quanto às ocasiões em que se justifica o uso da força pública[120].

Esse, segundo Dworkin, é o *conceito* de Direito ou legalidade: "O Direito de uma comunidade... é o esquema de direitos e responsabilidades que atendem a um padrão complexo: eles autorizam a coerção porque emanam de decisões passadas do tipo certo. São, portanto, direitos e responsabilidades 'jurídicos'."[121]

---

sempre atuassem segundo a *mesma e única* visão de justiça, não haveria necessidade da virtude da integridade.
120. *Ibid.,* em 93.
121. *Ibid.*

Contudo, uma teoria particular ou, como Dworkin a chama, uma *concepção* particular de Direito precisa ser mais detalhada do que isso. Precisa dizer detalhadamente qual é o objetivo dessa restrição ao uso da coerção governamental. Precisa esclarecer essa metáfora de "emanar de". Exatamente qual relação deve prevalecer entre o ato governamental cuja legitimidade está em questão e o conjunto de "decisões políticas passadas" para o qual nos voltamos? E, é claro, precisa indicar, mais uma vez detalhadamente, quais ações passadas na história da comunidade são elementos do conjunto do qual se deve demonstrar que emana o ato em consideração no presente.

É como se, então, fôssemos descobrir a nossa defesa ou justificativa da virtude da integridade na primeira dessas questões. Qual é o objetivo de insistir em que as decisões políticas presentes devem "emanar de" decisões políticas tomadas no passado?

Observe várias coisas a respeito dessa questão. Em primeiro lugar, é uma questão complexa. O que está em jogo não é a justificabilidade da coerção *simpliciter*; antes, o que está em jogo é a justificabilidade de impor certa restrição à justificativa da coerção. Alguns críticos que leram *O império do Direito* muito rapidamente consideraram que Dworkin sugere que o objetivo da integridade é justificar a coerção governamental. Mas, na descrição de Dworkin (pelo menos nesta passagem), a justificativa básica para qualquer ato governamental provém dos objetivos e metas para o qual é orientado – por exemplo, o objetivo de tornar a sociedade mais próspera, mais civilizada ou mais justa. Esses objetivos são os tipos de razões pelas quais a coerção governamental é levada a cabo em primeiro lugar, e têm pouca ou nenhuma relação com a integridade. A idéia da integridade opera no sentido de restringir o exercício do poder político mesmo quando ele é exercido em nome desses fins valorosos. Diz ao funcionário governamental: "Sabemos que você tem uma razão muito boa, de política econômica ou justiça social, para a ação que está prestes a executar. Mas a existência dessa razão, por si só, não é suficiente para legitimar o uso do poder que você tem em mente. É preciso *também* demonstrar que a ação que você tem em mente emana de outras ações que foram executadas no passado em nome da comunidade, ou é coerente com elas. Do contrário, seu uso da força, apesar de toda a motivação valorosa, deve ser condenado como ilegítimo." O objetivo da integridade é o objetivo de insistir nisso. Por sua vez, a posição que Dworkin denomina "pragmatismo", e que interpretaremos aqui em uma versão do Direito Natural, não restringiria atos valorosos simplesmente porque não são coerentes com o passado[122].

Existe, porém, uma ambigüidade interessante na formulação da posição por Dworkin. Tal como a lemos, tem a forma de uma condição necessária para a justificabilidade da coerção:

(I) um ato coercivo, A, do governo é justificado *apenas se* A emana do conjunto relevante, S, de decisões políticas passadas.

Como argumentamos anteriormente, isso é compatível com o fato de A ser justificado substantivamente por alguma consideração de justiça ou política, P, que é formulada no primeiro caso de maneira inteiramente independente de S. Tudo o que a condição necessária exige é que A emane de S. Por exemplo, se "A emana de S" for lido como "o princípio, P, que justifica que A não é incompatível com o conjunto de princípios que justifica os elementos de S", então pode-se dizer que A emana de S, embora P não seja um elemento desse conjunto de princípios.

Poderíamos, porém, ler "emana de" de maneira mais restrita. "A emana de S" poderia significar que A ou o princípio aduzido para justificar A deve ser *implicado pelo* conjunto de princípios que justifica os elementos de S. Nessa leitura de "emanar de", A não pode ter uma justificativa independente da maneira como imaginamos acima. Isso porque o efeito de (I) agora seria formular, como condição necessária para a justifi-

---

122. O Direito Natural, é claro, levaria em conta vestígios presentes do passado, inclusive regras postuladas.

cativa de A, que a justificativa de A esteja inserida em certo conjunto dado de justificativas (a saber, as justificativas já subjacentes a S), ou delas emane.

Naturalmente, não discutimos ainda que relação lógica "emanar de" deve reter. Mas já dividimos as possibilidades em duas classes. Na classe das interpretações mais livres de "emanar de", diremos que A emana de S apenas se A não é repugnante a S, nem incompatível ou excluído por S. O traço distintivo dessas interpretações mais livres é que A pode ser inteiramente *novo* em si ou em suas justificativas no que diz respeito aos elementos de S. Na classe das interpretações mais estritas de "emanar de", não se dirá que A emana de S, a menos que entre S (ou seus princípios subjacentes) e A exista alguma relação semelhante à implicação. Nesse sentido, A não pode ser inteiramente novo. Quando Dworkin usa a expressão "autorizada ou requerida por" como glosa em "emanar de", fica claro que está tentando manter suas opções abertas entre uma interpretação mais livre e mais estrita de coerência.

Sabemos que S é um conjunto de decisões políticas que remontam ao passado. Está claro que pelo menos alguns dos elementos de S devem ter tido justificativas que foram formuladas e julgadas obrigatórias por outros fundamentos que não a integridade. Considere o elemento mais antigo de S. A justificativa para essa decisão não pode ter sido o fato de emanar de S, no sentido mais estrito de "emanar de" que identificamos. A decisão mais antiga deve ter sido tomada porque parecia desejável ou justa com base em algum fundamento independente. Apenas quanto tal justificativa independente foi postulada, pode surgir uma relação estrita entre S e seus elementos putativos. É claro que, normalmente, assim que a decisão mais antiga é estabelecida como elemento de S, S acarreta essa decisão. Atemporalmente, pode-se dizer que essa decisão emana do conjunto de decisões do qual ela é o elemento mais antigo. Mas a justificação é uma questão prática e, portanto, sensível ao tempo. Se (I) for lido como uma restrição na época em que se cogita a decisão de executar ou não executar A, então não pode ter sido interpretado no sentido mais estrito com respeito a todos os atos políticos da comunidade.

Tudo isso pode ser estabelecido *a priori*. Além disso, sabemos que comunidades vivas reais tomaram iniciativas políticas novas de tempos em tempos. Algumas dessas iniciativas serão consideradas como novas no sentido de que nunca se recorreu antes aos princípios a elas subjacentes. Por exemplo, uma comunidade cujo governo orientou-se de maneira lockiana para a preservação da vida, da liberdade e da propriedade pode, repentinamente, decidir desenvolver programas para incentivar a arte dramática ou seu governo pode decidir oferecer seus serviços como mediador ou mantenedor da paz em disputas internacionais. Um princípio de integridade seria inteiramente sem interesse, pensamos, se operasse no sentido de excluir todas as iniciativas políticas de tal tipo ou se insistisse em que o governo deve sempre dedicar-se aos contorcionismos intelectuais necessários para estabelecer *alguma linha* entre o novo conjunto de justificativas e as justificativas a que se recorreu no passado.

Isso nos traz a um ponto extremamente interessante. Na recente teoria de Direito anglo-americana, a maioria das decisões da natureza do Direito tenderam a se concentrar nos tribunais e nos processos de raciocínio seguidos pelos juízes. Questões a respeito de respostas corretas, arbítrio, ajuste, coerência e precedente são todas compreendidas em termos de como os juízes (particularmente nos tribunais de apelação) devem dispor das questões jurídicas que enfrentam. Mas, em sua descrição do conceito de Direito, Dworkin interpreta (I) como uma restrição à justificativa de *todos* os atos governamentais que envolvem a coerção, não meramente às decisões dos juízes. Isso indica que (I) é uma restrição aos legisladores também, e Dworkin reconhece isso.

Contudo, na sua exposição subseqüente, Dworkin sugere que (I), tal como se aplica aos legisladores, será diferente de (I) tal como se aplica aos juízes:

> Será útil dividir as afirmações de integridade em dois princípios mais práticos. O primeiro é o princípio da integridade na legislação, que pede aos que criam o Direito por legislação que mantenham o Direito coerente em princípio. O segundo é o princí-

pio da integridade na prestação jurisdicional: ele pede aos que são responsáveis por decidir o que é o Direito que o vejam e o façam cumprir como coerente nesse sentido[123].

Uma maneira de interpretar essa distinção é dizer que os legisladores são obrigados apenas por uma das compreensões mais livres de coerência que mencionamos acima, ao passo que a restrição da coerência que se aplica aos juízes é mais estrita. Para um legislador, é suficiente que seu novo projeto de lei não rompa nenhuma coerência entre as decisões políticas existentes. A decisão de um juiz, ao contrário, é restringida pela exigência de que ela deve, em algum sentido, emanar do conjunto de decisões existentes (tomadas por juízes *e* legisladores anteriores) ou ser acarretada por ele. Essa interpretação é atraente já que oferece espaço, em uma teoria do Direito como integridade, para novas iniciativas; contudo, essas iniciativas virão do legislativo, não dos tribunais. Os tribunais podem, ocasionalmente, dizer coisas novas e notáveis, é claro; mas, quando o fizerem, devem esforçar-se para demonstrar como seus novos princípios emanam do conjunto de princípios que consideram já ter sido aceitos. Além disso, embora essa capacidade de acomodar novas iniciativas seja uma vantagem, ela não justifica a distinção entre legisladores e juízes. O cerne das novas iniciativas provê um argumento de que, pelo menos, *alguns* funcionários devem ser governados por uma concepção mais livre que estrita de coerência. Mas, se é assim, por que não aplicar a concepção livre a *todos* os funcionários? Até agora, não há nenhuma razão para restringir alguns funcionários (como juízes) com uma concepção de integridade mais estrita do que a que se aplica a outros.

Infelizmente, Dworkin nunca oferece tal argumento em *O império do Direito*. Ele diz que os juízes são "os responsáveis por decidir o que é o Direito"[124]. Mas "o que é o Direito" é uma expressão cujo significado está em questão. A é parte de "o que

---

123. Dworkin, *supra*, n. 1, em 167.
124. *Ibid.*

é o Direito" se emana do conjunto S de decisões políticas anteriores. Como ali a questão entre concepções mais livres e mais estritas de "emanar de" ainda é notável, essa descrição específica do papel dos juízes não defende que eles sejam obrigados por uma concepção mais estrita, não mais livre, de integridade. Alternativamente, mesmo que a descrição de Dworkin do papel judicial não restrinja os juízes com uma concepção mais estrita de coerência, ele ainda deve defender essa descrição do papel judicial. Por que dizer que o papel do juiz é decidir o que é o Direito, nesse sentido? Por que não dizer que o juiz (tanto quanto o legislador) tem o dever de decidir o que é o Direito, obrigado apenas pela exigência mais livre de coerência com decisões passadas?

Essas questões não têm respostas óbvias. Devemos lembrar, mais uma vez, que o pragmatista está acuando a teoria de Dworkin a cada passo. O tempo todo, o pragmatista quer perguntar: "Por que o juiz é impedido de tomar a decisão que melhor conduz à justiça substantiva?" O pragmatista pensa que deveríamos abandonar inteiramente a integridade (exceto quando algumas exigências da integridade são geradas por princípios de justiça). Mas também pensará que, se *devemos ter* integridade como uma virtude política *distinta*, deveríamos ter dela a versão mais fraca possível. Dessa maneira, no mínimo, promovemos as chances de que realmente se faça a justiça substantiva. O desafio do pragmatista é a pressão a que reagimos quando varremos *O império do Direito* em busca das defesas da concepção específica de integridade que Dworkin prefere.

O argumento a favor da integridade, como virtude política distinta, é apresentado principalmente no capítulo 6 do livro. Ao estabelecer a "agenda" para esse capítulo, Dworkin insiste em que é a integridade para os legisladores que estará defendendo: "Nosso maior interesse é o princípio jurisdicional, mas não ainda... Se o princípio legislativo de integridade é poderoso nessas duas dimensões, então o argumento em favor do princípio jurisdicional e da concepção do Direito que defende já terá começado bem."¹²⁵ Parece uma promessa de que, nos capítulos posteriores, ele oferecerá um argumento que nos leve do princípio mais livre da integridade para os legisladores a um princípio mais estrito de integridade para os juízes. Mas ele nunca cumpre essa promessa. A afirmação a respeito dos juízes é reiterada várias vezes, mas nunca defendida¹²⁶. Em uma passagem, Dworkin realmente defende a visão de que os juízes são vinculados pela integridade em alguns dos casos em que os legisladores não o são – casos em que os legisladores são livres para tomar decisões com base em fundamentos de política em vez de princípio¹²⁷. Nunca, porém, defende a visão de que os juízes são obrigados por um dever de integridade que é mais estrito que o dever que obriga os legisladores nos casos em que os legisladores *são* vinculados pela integridade.

No capítulo 6 de *O império do Direito*, Dworkin sugere vários argumentos a favor da integridade, inclusive argumentos a favor da vedação aos legisladores de aprovar projetos de lei que introduzam incoerência no Direito, seja em seus termos, seja na coexistência com leis e precedentes vigentes. Os argumentos que menciona são os seguintes:

(*a*) *O argumento da comunidade:* "Uma sociedade política que aceita a integridade como virtude política se transforma desse modo, em uma forma especial de comunidade, especial num sentido que promove sua autoridade moral para assumir e mobilizar monopólio de força coercitiva."¹²⁸

(*b*) *O argumento anticorrupção:* "A integridade protege contra a parcialidade, a fraude ou outras formas de corrupção oficial... Existe mais espaço para o favoritismo ou o revanchismo em um sistema que permite que os fabricantes de automóveis e

---

125. *Ibid.*, em 213.
126. Ver, por exemplo, *ibid.*, em 261, 271-2, 291.
127. *Ibid.*, em 292. Essa distinção permanece terrivelmente esquiva em *O império do Direito*, e sua defesa na passagem a que estamos nos referindo não é muito mais que um anúncio de que Hércules pensará que ela tem importância.
128. *Ibid.*, em 228.

de máquinas de lavar sejam governados por princípios de responsabilidade diferentes e contraditórios."[129]

(c) *O argumento da mudança orgânica:* "Se as pessoas aceitam que são governadas não apenas por regras explícitas, estabelecidas por decisões políticas tomadas no passado, mais por quaisquer outras regras que decorrem dos princípios que essas decisões pressupõem, então o conjunto de normas públicas reconhecidas pode expandir-se e contrair-se organicamente, à medida que as pessoas se tornem mais sofisticadas em perceber e explorar aquilo que esses princípios exigem sob novas circunstâncias, sem a necessidade de um detalhamento da legislação ou da jurisprudência de cada um dos possíveis pontos de conflitos."[130]

(d) *O argumento da autolegislação:* "Muitas de nossas atitudes políticas, reunidas em nosso instinto de responsabilidade coletiva, pressupõem que em certo sentido somos os autores das decisões políticas tomadas por nossos governantes, ou, pelo menos, que temos boas razões para pensar assim. Kant e Rousseau fundamentaram suas concepções de liberdade nesse ideal de autolegislação. Esse ideal, porém, precisa de integridade, pois um cidadão não pode considerar-se o autor de um conjunto de leis incoerentes em princípio, nem pode ver tal conjunto como algo patrocinado por alguma vontade geral rousseauniana."[131]

Desses argumentos, (a) é o que Dworkin desenvolve mais plenamente. Note que (a) não é simplesmente uma reafirmação do *conceito* de Direito que discutimos anteriormente: o princípio de que a força não deve ser usada pelo governo, exceto de maneira que seja coerente com decisões políticas passadas[132]. O argumento (a) é uma *defesa* desse princípio. O argumento é o de que uma exigência de coerência com decisões políticas passadas ajuda-nos a ingressar em um tipo especial

---

129. *Ibid.*
130. *Ibid.*
131. *Ibid.*, em 229.
132. *Ibid.*, em 115.

de *comunidade*. Tal comunidade nos dá uma percepção especial de *participação* e um sentido particular do que Dworkin chama de "obrigação associativa". Ele argumenta que o senso de obrigação que emana dessa participação comunitária é a base de nosso reconhecimento de que a comunidade tem autoridade moral sobre nós. Quando o governo exerce seu poder, não precisamos ver isso como força bruta por parte de uma organização que por acaso domina esse território. Ligamos o exercício do poder governamental à nossa percepção conjunta de participar, e isso fornece uma base melhor para a legitimação do poder do que quaisquer outras descrições tradicionais de legitimidade e obrigação que os teóricos políticos tradicionalmente oferecem.

A comunidade, então, é o termo crucial no argumento. Dworkin, na verdade, está procurando demonstrar que existe um senso de comunidade que satisfaz as duas condições seguintes:

(i) sua tomada de decisões políticas é caracterizada pela integridade; e

(ii) gera um senso de participação que serve de base para a obrigação política e para a legitimidade política.

Naturalmente, precisamos estabelecer que (ii) é verdadeiro em virtude de (i). Além disso, precisaremos demonstrar que (i) é necessário para (ii). Se existem formas de comunidade que satisfazem (ii), mas não (i), esse primeiro argumento de Dworkin terá fracassado.

Não será suficiente que ele demonstre o inverso, ou seja, que não existe nenhuma forma de comunidade que satisfaça (i) e não (ii). Demonstrar isso é demonstrar simplesmente que a integridade é suficiente para a obrigação e a legitimidade. Se é suficiente, mas não necessária, ter-se-á demonstrado que a integridade é, no máximo, uma coisa boa, mas não algo que seja necessário ou um dever. Em particular, demonstrar que a integridade é meramente uma condição suficiente não salvará o argumento de Dworkin se o seu oponente puder demonstrar que uma sociedade que busca apenas a justiça (e não a integridade como virtude distinta) pode gerar o senso requerido de participar. E, mais uma vez, o oponente que temos em vista é o pragmatista[133].

Examinemos, então, os passos da argumentação de Dworkin. O contorno geral do argumento é assim:

(1) Um sistema político é legítimo (no seu uso da força coerciva) apenas se é capaz de gerar a obrigação política.

(2) As descrições tradicionais das características que um sistema político deve ter para gerar obrigações não funcionam.

(3) A descrição que chega mais perto de funcionar é o argumento do jogo limpo: se uma pessoa recebeu [aceitou receber?] os benefícios de alguma organização ou esquema, tem a obrigação de também suportar os fardos.

(4) Mas o argumento do jogo limpo funciona apenas se há um pano de fundo associativo para a recepção dos benefícios e a exigência de suportar os fardos. Em outras palavras, deve-se demonstrar que a obrigação política é um caso de obrigação associativa.

(5) Obrigações associativas que surgem de uma dada associação devem ter (e os membros devem saber que têm), cada uma delas, as quatro seguintes características:

(i) devem ser especiais (para os que estão na associação), e não aplicar-se a todos, quer as pessoas sejam membros da associação, quer não;

(ii) devem ser pessoais, isto é, devidas aos outros membros da associação como indivíduos, não à própria associação;

(iii) cada obrigação específica deve ser considerada como emanação de uma preocupação subjacente e generalizada para com os outros membros; e

(iv) devem ser baseadas não apenas na preocupação com os outros membros, mas no respeito igual e recíproco.

---

133. Embora Dworkin apenas diga que o Direito como integridade é mais legítimo que o pragmatismo, o argumento acima demonstra que sua posição exige que o Direito como integridade seja necessário para a legitimidade.

(6) Ora, as obrigações políticas de uma pessoa devem incluir obrigações estabelecidas em regras de Direito explícitas. Mas, para satisfazer a condição (iii) acima, as obrigações da pessoa não podem ser consideradas exauridas pelas regras explícitas. As pessoas devem pensar em si mesmas como tendo quaisquer obrigações e direitos que se possam demonstrar que emanam dos valores de igualdade de consideração, subjacentes às regras explícitas.

(7) As pessoas podem inferir tais obrigações e direitos inexplícitos a partir dos valores subjacentes às regras explícitas apenas se suas regras explícitas são coerentes.

(8) *Portanto*, traçando a linha das condições necessárias através dos passos (7) a (1), um sistema político só tem legitimidade se suas regras explícitas são coerentes.

Tal como colocado, o argumento de (1) a (8) é vulnerável em vários pontos. Os passos (3) e (4) supõem que, se o argumento do jogo limpo não pode ser modificado para explicar a obrigação política, então nada pode explicar a obrigação política. Mas podem existir outros argumentos a favor da obrigação política que Dworkin não considerou. Ou o seu argumento a favor do passo (2) – isto é, suas objeções às defesas tradicionais da obrigação política – pode ser infundado. Um tanto sumariamente, ele rejeita o dever de sustentar instituições justas e o argumento tradicional do jogo limpo.

Queremos supor, porém, à guisa de argumento, que os passos de (1) a (5) são aceitáveis. O que nos interessa é o argumento de (5) a (8), isto é, o argumento da integridade que diz respeito às condições da obrigação associativa.

A condição que parece particularmente pertinente ao argumento de Dworkin é a condição (iii). Podemos minar esse argumento considerando uma forma de comunidade que exibe a condição (iii) mas não satisfaz nenhuma exigência de coerência ou integridade.

Suponha a existência de uma comunidade que tenha algumas partes do Direito injustas. Muitas do Direito injusto é injusto pela mesma razão. Por exemplo, a lei que rege o emprego em órgãos estatais e a lei que rege as práticas de emprego em grandes corporações permitem e encorajam o nepotismo. Uma legislação específica é aprovada revogando uma (mas apenas uma) dessas leis injustas: a lei que rege o emprego em órgãos públicos é revogada para proibir o nepotismo e permitir a igualdade de oportunidades. A nova lei é mais justa que a antiga, mas seus promotores foram incapazes de assegurar apoio político suficiente para fazer mudanças consoantes na legislação que rege o emprego privado. Portanto, o efeito da sua ação é o que Dworkin chama de "tabuleiro de xadrez": o nepotismo é permitido e encorajado na indústria privada e proibido e condenado no setor público, e não há nenhuma distinção de princípio entre esses contextos no que diz respeito ao nepotismo. Como resultado dessa legislação, a integridade da lei referente ao emprego foi diminuída[134].

Isso diminuiu a capacidade dos cidadãos de se considerarem participando conjuntamente dos vínculos de obrigação associativa? Vamos supor que todos os cidadãos compreendem os argumentos substantivos a favor da nova lei, embora alguns deles se oponham a ela.

Suponha agora que vários cidadãos nessa sociedade estão debatendo a respeito de alguma matéria sobre a qual a lei explícita não se pronuncia. Há um órgão para distribuir dinheiro para as artes, mas a lei não estabelece nenhum critério para tal distribuição, deixando-a ao arbítrio de algum funcionário. Os cidadãos estão discutindo se esse funcionário deve ter permissão para favorecer artistas que sejam amigos ou parentes seus, ao distribuir os fundos que tem à sua disposição.

Pela condição (iii), no passo (5), é importante que esses cidadãos sejam capazes de recorrer aos princípios profundos subjacentes às leis explícitas de sua comunidade ao resolver

---

134. Leitores que negariam que a integridade do Direito relacionado com o emprego foi diminuída porque o governo deve agir imparcialmente, ao passo que cidadãos privados não precisam agir dessa forma, podem mudar o exemplo de maneira que a nova legislação crie oportunidades iguais apenas no setor privado, ou escolher seu próprio exemplo. Se Dworkin afirma que qualquer mudança no Direito, por meio de reinterpretação imaginativa, é vista como coerente, então a restrição da coerência é vazia.

essa questão. Devem ser capazes de dizer: "Zelamos uns pelos outros de certa maneira nesta comunidade, e eis o que esse zelo exige no que diz respeito à distribuição de fundos para as artes." Para isso, deve haver alguma concepção coerente de zelo, subjacente ao direito deles, à qual possam recorrer.

Pela legislação antiga, eles poderiam dizer: "Nossas práticas de emprego incorporam valores tradicionais de nepotismo. Esse é o tipo de comunidade que somos. E esse modo de igual interesse gera a conclusão de que o funcionário das artes deve ter permissão, ou melhor, deve ser até mesmo encorajado a distribuir os fundos para as artes a seus amigos e sua família." Mas eles não podem dizer isso agora porque a legislação de emprego da sua comunidade é ambivalente quanto ao nepotismo: algumas leis o favorecem e algumas o proíbem. Portanto, ficarão confusos quanto ao que fazer. É como se o novo direito, levando, como leva, a uma situação de tabuleiro de xadrez, dificultasse mais esse tipo de discussão entre os cidadãos. Torna mais difícil para eles inferir direitos e obrigações implícitos a partir dos princípios e preocupações subjacentes à lei existente. Essa é a manobra que Dworkin quer que façamos.

Mas isso é precipitado demais. Os que aprovam a nova legislação podem dizer, pelo menos, isto: "Embora a nova legislação só afete explicitamente o emprego no setor público (não o emprego no setor privado nem a concessão de fundos do setor público), ela própria se baseia em uma concepção nova e melhorada do respeito que devemos uns aos outros nesta comunidade. Podemos usar *essa* concepção para enfrentar nosso problema (a respeito da concessão de fundos para as artes). Como o nosso novo direito é baseado em uma boa concepção de igual respeito, e como essa concepção proíbe o nepotismo ou qualquer coisa semelhante, podemos argumentar que o funcionário das artes deve evitar qualquer favorecimento à família e aos amigos." Essa é uma linha perfeitamente possível para quem apóia a nova legislação ao argumentar sobre as obrigações implícitas do funcionário das artes.

Portanto, embora a nova lei destrua a coerência (em termos de princípios subjacentes) do direito sobre o emprego existente, traz consigo um novo conjunto de princípios coerentes de igual respeito ao qual os cidadãos podem recorrer ao debater seus direitos e obrigações implícitos. A condição (iii) é satisfeita, embora a exigência de manter a integridade da lei existente não seja. Não apenas isso, mas não há absolutamente nenhuma perda no que diz respeito à condição (iii): não fizemos nenhuma barganha aqui. Os cidadãos podem debater suas obrigações implícitas com base nos princípios subjacentes ao novo Direito tão facilmente quanto podiam debatê-las segundo os princípios subjacentes ao antigo, embora a conjunção do primeiro com o segundo seja radicalmente incoerente.

Essas idéias também demonstram a fraqueza da visão de Dworkin sobre a prestação jurisdicional. Suponha que um juiz está decidindo a questão do financiamento das artes *antes* da aprovação da nova legislação que afeta o emprego no setor público. Suponha que o juiz creia (corretamente) que o nepotismo é injusto. Então, parece-nos que ele deveria simplesmente condenar o nepotismo do funcionário das artes, sem qualquer consideração pela força gravitacional dos princípios nepotistas subjacentes à legislação corrente. Esses princípios, dirá ele, são repugnantes à justiça. A coisa justa a fazer é exigir que o funcionário das artes simplesmente evite o nepotismo na sua tomada de decisão. A decisão do juiz nesse aspecto não é caprichosa: ela serve à justiça. Embora essa decisão e sua justificativa não se ajustem bem ao direito existente, realmente emanam da concepção de justiça à qual está recorrendo o juiz, e essa concepção será, é claro, internamente coerente.

Alguém pode fazer a objeção de que tudo isso é um pouco duro para com os que desaprovaram a nova legislação. Exige-se que *eles* usem a concepção de igual respeito subjacente ao direito que desaprovam para inferir seus direitos e responsabilidades associados? Duas respostas são possíveis. Eles poderão recorrer aos princípios subjacentes à antiga legislação, se quiserem, ao debater com seus concidadãos a respeito de direitos e obrigações implícitos, mas receberão a resposta: "essa não é mais a concepção de igual respeito que temos por aqui". A outra resposta reconhece sua dificuldade mas insiste em que, *em qualquer descrição* (na de Dworkin, assim como na nossa) da natureza de uma sociedade pluralista, algumas pessoas não serão simpáticas à concepção corrente de igual respeito subjacente ao Direito. Isso é inevitável e, talvez, aflitivo, mas não é uma objeção à nossa descrição em particular.

A objeção, porém, pode ser usada como base para reformular o argumento de Dworkin. Há uma expressão que ele usa na elaboração de seu argumento que sugere que devemos um respeito mais profundo para com aqueles cuja concepção de justiça é repudiada quando se introduz nova legislação. Segundo Dworkin, a idéia de comunidade "ordena que ninguém seja excluído, que estamos todos juntos na política, para melhor ou para pior, que ninguém pode ser sacrificado, como feridos deixados no campo de batalha, à cruzada pela justiça em geral"[135]. Isso sugere um argumento diferente a favor da integridade, baseado no respeito que aqueles que sustentam qualquer concepção de justiça (ou igual respeito) devem aos membros da comunidade que sustentam uma visão oposta. Supusemos que a nova concepção de justiça é a melhor e que venceu, pelo menos no que diz respeito ao emprego no setor público. Os defensores do nepotismo perderam essa batalha em particular. A questão agora é: como os vencedores dessa batalha devem tratar os perdedores? Os perdedores devem ser "sacrificados, como feridos deixados no campo de batalha, à cruzada [aos vencedores da cruzada] pela justiça"? Ou os vencedores devem fazer uma pausa na cruzada e oferecer seu respeito àqueles cujas visões (equivocadas) eles derrotaram?

Um argumento pela coerência, baseado no respeito que os vencedores devem aos perdedores "na cruzada pela justiça", poderia ser assim:

(9) Há diferentes visões a respeito da justiça em qualquer comunidade. Algumas decisões políticas na história da comunidade terão sido tomadas com base em uma visão; algumas terão sido tomadas com base em outra.

---

135. Dworkin, *supra*, n. 1, em 213.

(10) Qualquer ato político será baseado na visão de justiça sustentada pela facção que tem o poder político quanto a essa decisão na época em que ela é tomada. (Vamos chamá-la de "os vencedores".) Terá a oposição de uma facção que carece do poder político para derrotá-lo. (Vamos chamá-la de "os perdedores".)

(11) Embora os perdedores tenham perdido essa batalha específica, é provável que existam decisões anteriores nas quais *eles* foram os vencedores, decisões anteriores nas quais prevaleceu a visão de justiça *deles*.

(12) Se existem obrigações associativas na comunidade, elas devem (entre outras coisas) unir os vencedores e os perdedores em vínculos de respeito mútuo.

(13) O respeito mútuo requer que os vencedores não tratem os perdedores como se suas visões não tivessem nenhuma importância.

(14) Se os vencedores recorrem apenas à concepção de justiça subjacente aos seus próprios atos políticos (com o propósito de inferir obrigações implícitas, etc.), estão tratando os perdedores como se as visões destes não tivessem nenhuma importância.

(15) Assim, com o propósito de inferir obrigações implícitas, etc., os vencedores devem recorrer a uma concepção de justiça que dê atenção às visões dos perdedores.

(16) Mas a concepção de justiça a que se recorre com esse propósito deve ser uma concepção coerente; do contrário, não pode realizar o trabalho especificado na condição (iii) do passo (5) do argumento.

(17) Portanto, os vencedores devem ter cuidado para não tomar suas decisões de uma maneira que exclua a possibilidade de uma concepção coerente de justiça que respeite as visões dos perdedores.

(18) Portanto, os vencedores devem tomar suas decisões de maneira que se preserve uma coerência de princípio subjacente entre os seus atos e quaisquer atos políticos dos perdedores que sejam notáveis na história da comunidade.

O que devemos dizer a respeito desse argumento? Parece constituir uma argumentação melhor a favor da integridade porque defende diretamente o espírito de moderação e deferência para com os precedentes que a integridade parece envolver.

Contudo, uma objeção preliminar é que, tal como se encontra, o passo (17) revela-se excessivo. Uma maneira de evitar um Direito de "tabuleiro de xadrez", os tipos de concessões que, na opinião de Dworkin, violam a exigência da integridade[136], é que os vencedores revoguem *todas* as decisões dos perdedores quando ganharem o poder. Então, todo o Direito vigente será sustentado pela concepção coerente de justiça dos vencedores. O passo (17), porém, parece excluir isso. Sugere que, mesmo que os vencedores tenham o poder de revogar todo o Direito velho e mau, deveriam conservar algumas parte dele em vigor e modificar sua própria legislação para que seja coerente com elas, puramente por respeito aos perdedores. Na verdade, se os perdedores nunca conseguiram conquistar o poder político, apesar de suas visões serem correntes em certos setores da comunidade, o passo (17) parece sugerir que os vencedores devem modificar sua legislação para que ela seja justificada por uma concepção que *teria sido* consoante com as decisões tomadas pelos perdedores se estes algum dia tivessem influência política suficiente para tomar uma decisão. Mas isso é bizarro e ofende muito mais o bom senso (para não mencionar a sanidade básica) que as leis do tipo do tabuleiro de xadrez.

Uma objeção mais profunda concentra-se no passo (14). Mesmo se (13) for aceito – isto é, mesmo se aceitamos que os vencedores devem algum respeito aos perdedores –, por que o respeito deve assumir *essa* forma particular? Por que não é suficiente que as decisões dos perdedores permaneçam (embora os perdedores não estejam mais no comando) a menos e até que sejam explicitamente revogadas? Do ponto de vista dos vencedores, isso já é uma concessão – e, na sua visão, uma concessão à custa da justiça. (Não é a respeito de questões levianas que os vencedores e perdedores estão discordando.) Os vencedores poderiam considerar que todas as decisões tomadas pelos perdedores não têm mais efeito oficial. Não o fazer é

---

136. *Ibid.*, em 178-84.

um sinal de respeito por seus oponentes. É acrescentar insulto ao prejuízo, porém, exigir que os vencedores não apenas permitam que a legislação dos oponentes permaneça (até ser revogada), mas também modificar sua própria legislação para que seus princípios sejam coerentes com os princípios subjacentes à legislação dos oponentes.

Outra maneira de exprimir o argumento é a seguinte. O respeito mútuo entre vencedores e perdedores potenciais já está incorporado no princípio de eqüidade política. Incorporá-lo também em uma exigência distinta de integridade é levar muito longe o respeito mútuo. Os vencedores dizem aos perdedores que estão dispostos a submeter-se às visões (injustas) dos perdedores toda vez que os perdedores puderem comandar uma maioria (ou seja o que for necessário para conquistar o poder político). Isso é respeitoso. Por que *também* exigir que moderem suas iniciativas de legislação para que a concepção de justiça a que recorrem os cidadãos possa refletir as visões dos oponentes além das suas?

Assim, o passo (14) parece não oferecer atrativos. Talvez existam outros argumentos a favor do passo (15) além dos que tomam esse caminho. O passo (15), lembre-se, é o seguinte:

(15) Assim, com o propósito de inferir obrigações implícitas, etc., os vencedores devem recorrer a uma concepção de justiça que dê atenção às visões dos perdedores.

Pode haver argumentos a favor de (15) que se baseiem não tanto no respeito mútuo entre vencedores e perdedores, mas em dúvidas que os vencedores possam ter a respeito da teoria de justiça que sustentam. Escrevemos como se os vencedores tivessem certeza de que suas visões de justiça são superiores. Mas, em questões complexas, eles podem não ter essa confiança de que estão totalmente certos e seus oponentes totalmente errados. Eles podem pensar que a verdade provavelmente encontra-se no meio e, assim, devem adequar sua legislação para que seja possível uma concepção "mediana" coerente.

Mas isso se baseia em uma visão ingênua de onde é provável encontrar a verdade em qualquer discordância política. (Por exemplo, muitos democratas nos EUA que têm dúvidas quanto à justiça de suas posições suspeitam que a verdade da questão se encontra, se é que se encontra em algum lugar, à esquerda da sua posição, não meio caminho à direita, em uma administração republicana.)

Outro argumento a favor de (15) poderia basear-se na visão de Mill do mercado de idéias, ou seja, de que a verdade raramente pode ser apreendida por uma única mente e geralmente surge de uma luta entre visões rivais. E, assim, talvez seja melhor abraçar a tensão insatisfatória de uma conciliação que a confiança precisa da visão de uma única facção.

O problema disso, como interpretação de Dworkin, é o fato de que fornece um argumento positivo *a favor do direito semelhante a um tabuleiro de xadrez*. Pois o que poderia ser mais tenso e conflituoso que isso? As tensões e desconfortos gerados pela legislação "tabuleiro de xadrez" nos manterão alerta, e talvez, com o tempo, a verdade surgirá.

Vamos resumir brevemente os resultados a que nos levou a argumentação desta longa seção. Para os propósitos desta seção supusemos, à guisa de argumento, contrariamente ao que tínhamos demonstrado nas seções anteriores, que a metodologia reconstrutiva, a metodologia da integridade, podia produzir determinados princípios jurídicos e respectivos pesos, que eram diferentes dos princípios morais corretos e seus pesos. Examinamos então os argumentos de Dworkin recomendando a integridade e os julgamos deficientes como resposta a decisões moralmente erradas. Decisões passadas moralmente erradas não devem exercer nenhuma força na tomada de decisões presente. Os princípios morais corretos levarão em conta o passado e seus vestígios presentes da maneira adequada. Dworkin não oferece nenhum argumento sólido para que se abandonem as visões morais corretas meramente porque essas visões não foram seguidas no passado.

Rejeitamos o argumento a favor da integridade de Dworkin como resposta à discordância moral manifestada em ações governamentais oficiais, incoerência que comumente estará entre ações de tempos diferentes. Argumentaremos agora, brevemente mas, acreditamos, vigorosamente, que a integridade é uma resposta inadequada para o problema da eqüidade política: ela não pode resolver discordâncias presentes entre funcionários (ou cidadãos).

O que a integridade exige não é a conciliação – Dworkin exclui explicitamente as conciliações como leis "tabuleiro de xadrez" –, mas que cada um abandone seus próprios princípios morais. Em outras palavras, a integridade exige uma forma de alienação moral, pelo menos na esfera da ação governamental.

Em primeiro lugar, se todos os funcionários compartilham os mesmos princípios morais, mas um pequeno segmento da comunidade sustenta princípios diferentes, os funcionários devem abandonar seus princípios morais em favor de princípios que nem eles nem a minoria sustentam. Os funcionários têm o poder de fazer justiça segundo seu próprio entendimento, mas a integridade impede-os de fazê-lo. Devem fazer agora o que é injusto pela perspectiva de todos. Com certeza, essa é uma exigência desarrazoada.

Se os próprios funcionários têm visões morais diferentes, os conflitos serão inevitáveis pela metodologia jusnaturalista que recomendamos. Visões morais diferentes sustentadas por diferentes pessoas encarregadas de tomar decisões certamente acolherão um conjunto de decisões que não representará o que a teoria moral de qualquer um recomendaria.

*O método da integridade não mudará isso.* Lembre que a integridade tem dois eixos, o ajuste e a aceitabilidade moral. O segundo eixo será interpretado diferentemente por funcionários com visões morais diferentes. Em outras palavras, se há uma discordância entre as visões morais básicas dos funcionários, haverá discordância entre eles no que diz respeito aos princípios que a integridade exige. A integridade, então, quando os funcionários discordam moralmente, não resulta na produção de um conjunto coerente de decisões, mas, antes, na produção de decisões que são, ao mesmo tempo, incoerentes como conjunto e, do ponto de vista individual, moralmente repugnantes para cada funcionário (já que não representam os princípios morais de nenhum). Com ou sem a integridade, haverá discordância "em todos os níveis"; sem integridade, porém, pelo menos algumas decisões serão corretas no entender de cada funcionário, e nenhum funcionário será forçado a se afastar de seus próprios princípios. Com certeza, a maneira correta de responder a discordâncias morais atuais não é abandonar os princípios que acreditamos ser moralmente corretos em favor de princípios que ninguém sustenta. Tal alienação é o oposto da verdadeira integridade, como argumentamos acima. E é difícil perceber como poderia fornecer uma base mais firme para os vínculos associativos e o diálogo comunitário do que os princípios morais que alguém considera corretos[137].

## V. A metodologia jurídica na ausência de princípios jurídicos

A metodologia jurídica requer apenas dois tipos de normas: *princípios morais* corretos e *regras jurídicas* postuladas. Não requer *princípios jurídicos*. Os próprios princípios morais ditam a postulação das regras jurídicas – de modo que, por razões conseqüencialistas indiretas triviais, os próprios princípios morais serão mais bem concretizados ao longo do tempo –, embora a relação entre princípios morais e regras jurídicas (mesmo ideais) venha a ser um tanto paradoxal (por causa da lacuna potencial, em qualquer caso particular, entre o que as regras ideais irão ditar e o que os princípios morais irão ditar)[138].

A existência de decisões moralmente incorretas no passado e regras jurídicas moralmente incorretas que atualmente

---

137. A integridade de Dworkin como resposta a diferenças intratemporais nos princípios morais tem notável similaridade com a visão do liberalismo como conjunto de princípios políticos que podem ser aceitos pelos que discordam a respeito de teorias abrangentes do Bem, embora essas teorias ditem princípios políticos diferentes. Em outras palavras, a integridade de Dworkin como valor moral que é, de certa forma, independente e, em certos sentidos, está acima dos princípios e teorias morais que medeia, funciona como o princípio de neutralidade do liberalismo (entre teorias do Bem) e está sujeita às mesmas críticas teóricas que foram dirigidas a este. Ver Larry Alexander, "Liberalism, Religion, and the Unity of Epistemology", 30 *San Diego L. Rev.* 763 (1993).

138. Ver Larry Alexander, "The Gap", *Harv. J. of Law & Pub. Pol'y* 695 (1991); *id., supra*, n. 47, em 39, n. 50, 53; *id., supra*, n. 23, em 432-4.

governam algumas esferas jurídicas não altera essa conclusão. Os princípios morais corretos sempre levarão em conta o mundo ao qual se aplicam, um mundo que inclui decisões incorretas passadas e presentes e o Estado de Direito, a separação de poderes, a igualdade e as considerações de legitimidade que afetam o modo como essas decisões incorretas influenciam o que agora é moralmente correto. A afirmação de que a aplicação de princípios morais corretos muda à medida que mudam as regras jurídicas postuladas – uma afirmação que é verdadeira – é diferente da falsa afirmação de que os princípios morais corretos devem ceder a princípios diferentes e, o que é inevitável, moralmente incorretos, isto é, a princípios jurídicos[139].

No fim, o pragmatista ou adepto do Direito Natural, que sempre segue princípios morais corretos, mas que compreende que esses princípios devem ser implementados por meio das regras postuladas e instituições dos convencionalistas, sempre ocupa o campo normativamente superior[140]. E os princípios jurídicos, que não oferecem as virtudes de orientação das regras nem a virtude da correção moral, não têm nenhum lugar na sua metodologia jurídica.

---

139. Ver Alexander, *supra*, n. 47, em 39-41, 52; *id., supra*, n. 23, em 430-1; Alexander e Bayles, *supra*, n. 15, em 277.
140. Ver Alexander, *supra*, n. 23, em 432-3.

# III. Interpretação e intenção legislativa

Capítulo 9
# *As intenções dos legisladores e a legislação não-intencional*
Jeremy Waldron

## I. Um argumento a respeito da autoridade

Nesta dissertação, discutirei a última tentativa na teoria jurídica analítica de reviver a opinião de que a referência às intenções dos legisladores deve desempenhar um papel na interpretação de leis cujos textos deixam indistintas ou controvertidas as questões de significado, propósito ou aplicação.

Uso "reviver" deliberadamente: a referência à intenção legislativa em uma forma ou outra é razoavelmente comum entre os juízes nos Estados Unidos[1], e o recurso à "intenção original" também é comum nos princípios políticos do Direito constitucional americano[2]. Filosoficamente, porém, a idéia de ultrapassar o texto da lei e recorrer ao que se considera que os legisladores pretenderam esteve sujeita a críticas tão enérgicas,

---

Versões anteriores deste trabalho foram apresentadas em 1993, numa Conferência sobre Direito e Interpretação na Universidade de Tel Aviv e numa oficina no Brasenose College, Oxford, organizada pelo Oxford/USC Institute for Legal Philosophy. Sou grato a Andrei Marmor, Martin Levine e Joseph Raz pelos convites nessas ocasiões, a Chaim Gans e Martin Levine pelas respostas que prepararam e, de modo geral, a Jules Coleman, John Finnis, Andrei Marmor, Michael Moore, Joseph Raz, Carol Sanger e David Slawson pelas úteis sugestões e críticas.

1. É menos comum na Inglaterra, mas, para uma mudança recente de abordagem, ver a decisão da Câmara dos Lordes em *Pepper contra Hart* 2 All E.R. [1993].
2. Ver Edwin Meese III, "Interpreting the Constitution", em Jack Rakove (org.), *Interpreting the Constitution: The Debate Over Original Intent* (Boston: Northeastern University Press, 1990).

especialmente por parte de Ronald Dworkin[3], que ficamos surpresos ao vê-la ressurgindo de outra forma, que não a trivial, na doutrina acadêmica respeitável[4].

Ainda assim, em um livro recente, intitulado *Interpretation and Legal Theory*, Andrei Marmor propõe um argumento a favor da tese intencionalista que é não apenas respeitável, mas novo e quase persuasivo[5]. Sua originalidade consiste em esquivar-se a qualquer argumento baseado em considerações democráticas. Marmor não propõe nenhuma versão da afirmação de que os juízes devem aquiescer às intenções dos legisladores porque os legisladores são eleitos e os juízes não são[6]. Em vez disso, a argumentação baseia-se em uma consideração da teoria da autoridade do Direito, de Joseph Raz. A justificativa normal para que X tenha autoridade sobre Y, diz Raz, é a de que é mais provável que Y siga as razões que se aplicam objetivamente às suas decisões se seguir as diretrizes de X do que se tentar ele próprio formular as razões[7]. Na opinião de Marmor, se isso é verdadeiro para as diretrizes de X, é provável que também seja no que diz respeito às intenções que se encontram por trás dessas diretrizes, mesmo quando tais intenções não

---

3. Ronald Dworkin, *O império do Direito*, 377-404.
4. Para uma versão trivial do intencionalismo, ver Stanley Fish, "Play of Surfaces: Theory and Law", em Gregory Leyh (org.), *Legal Hermeneutics: History, Theory and Practice* (Berkeley: University of California Press, 1992), 300-1: "O intencionalismo propriamente compreendido não envolve nenhuma metodologia, nenhuma direção prescritiva... [Não pode haver uma distinção entre intérpretes que atentam para a intenção e intérpretes que não o fazem, apenas uma distinção entre as diferentes descrições de intenção propostas por intérpretes rivais... Todos os que são intérpretes estão ocupados com a intenção, e não há nenhum valor metodológico em declararmos (ou mesmo acharmos) que somos intencionalistas porque não poderíamos ser nenhuma outra coisa."
5. Andrei Marmor, *Interpretation and Legal Theory* (Oxford: Clarendon Press, 1992), especialmente cap. 8.
6. Certamente, a maioria dos juízes de apelação não são eleitos, isto é, a maioria dos juízes cujas interpretações serão influentes no sistema jurídico. Além disso, os juízes eleitos raramente são considerados pelos votantes (e quase nunca se consideram) representantes populares da maneira como são os legisladores.
7. Ver Joseph Raz, *The Morality of Freedom* (Oxford: Clarendon Press, 1986), 53.

são plenamente reveladas nas próprias diretrizes e têm de ser recuperadas por outros meios.

A aplicação desse argumento geral ao caso da legislação é óbvio o bastante. Uma lei é concebida como obra de um legislador, X, e diz-se que ela tem autoridade apenas no caso de X ter algum tipo de conhecimento técnico ou moral no campo a que se dirige a lei. X é o especialista e, portanto, será melhor para os cidadãos comuns aquiescer às suas diretrizes que confiar no seu próprio julgamento da matéria. Ora, esse conhecimento é revelado, em primeira instância, nas palavras explícitas da lei que X escreveu. Contudo, é improvável que se esgote com isso. Se o seu texto se revela vago ou inapropiado, seus destinatários talvez tenham de recorrer ao seu conhecimento de outras maneiras, colhendo pistas referentes aos pensamentos e propósitos que ele tinha em mente quando a lei original foi aprovada. A autoridade do Direito, afinal, é uma questão da autoridade de X, e essa autoridade é definida prescritivamente como a probabilidade de que será melhor para os outros aquiescer a ela. Assim, um argumento a favor da autoridade do Direito baseado no fato de que o legislador é mais esclarecido que seu público pode gerar um argumento para que se recorra também à intenção legislativa como base adicional de esclarecimento na determinação do que um cidadão ou funcionário deve fazer.

Ora, um argumento desse tipo depende, pelo menos para que seja atrativo inicialmente, de uma imagem um tanto primitiva da legislação. Ganha maior plausibilidade ao enfatizar as características que as leis têm em comum com comandos simples. Se compreendemos a legislação à maneira hobbesiana – "onde um homem diz '*faça isto*' ou '*não faça isto*', sem esperar outra razão além do Arbítrio, daquele que o diz"[8] –, podemos, realmente, estar propensos a nos voltarmos para as intenções do legislador como base para interpretar as leis que ele aprovou. Isso porque, se há algo a respeito da sua vontade que confere autoridade ao seu comando original, parece natural

---

8. Thomas Hobbes, *Leviathan*, ed. Richard Tuck (Cambridge: Cambridge University Press, 1988), cap. 25, p. 176.

recorrer a essa vontade – tanto quanto é possível determiná-la – quando se necessita de orientação adicional para colocar o comando em vigor.

Não é meu objetivo aqui recitar as dificuldades desse estilo de teoria jurídica. Elas são conhecidas desde as críticas da "Teoria do Comando" de H. L. A. Hart[9], críticas que vão muito mais fundo que aquela que será o foco de interesse neste ensaio. Para os meus propósitos, o que a descrição que acabo de esboçar deixa de fora é que as leis modernas não são a obra de autores especialistas isolados. São produzidas pelas deliberações de grandes assembléias com vários membros, cuja reivindicação à autoridade, no sentido de Raz (se, na verdade, eles podem fazer tal reivindicação), consiste na sua capacidade de integrar uma diversidade de propósitos, interesses e objetivos entre seus membros no texto de um único produto legislativo. A situação moderna, em outras palavras, não é a de uma pessoa ter autoridade, mas (no máximo) de um grupo possuir autoridade, e de ter essa autoridade apenas em virtude da maneira como combina os interesses e os conhecimentos de seus membros no ato de legislar. Nessa situação, não é prudente fazer nenhuma inferência partindo da autoridade da legislação para a autoridade de qualquer coisa dita ou de qualquer propósito expresso por membros da legislatura que não sejam em si equivalentes a um ato legislativo. Essa, em linhas gerais, é a argumentação que desenvolverei.

É verdade, por outro lado, que às vezes as condições sob as quais uma lei é aprovada podem ser tais que a teoria de um único autor parece mais adequada. Um Direito específico pode ter sido concebido por apenas um legislador e sua equipe e aprovado "com um aceno afirmativo", por assim dizer, por outros na câmara, em deferência ao seu conhecimento na área. No que diz respeito a essa peça específica de legislação, um argumento a favor da autoridade da lei pode oferecer a base para um argumento a favor do recurso às intenções do legisla-

---

9. Ver H. L. A. Hart, *The Concept of Law* (Oxford: Clarendon Press, 1961).

dor, mesmo quando elas não são reveladas no texto, seguindo as diretrizes que Marmor sugeriu[10].

Ainda assim, devemos lembrar que as teorias da autoridade jurídica (e quaisquer teorias concomitantes de interpretação) geralmente são adquiridas por atacado, não no varejo. A questão não é a respeito da autoridade ou da interpretação desta ou daquela lei, mas a respeito da relação entre autoridade e interpretação em geral. Devemos perguntar, então, se existe algo verdadeiro, de modo geral, acerca da maneira como as leis são produzidas, que torne o recurso às intenções dos legisladores uma estratégia de interpretação adequada. O modo como respondemos a essa questão dependerá do que consideramos ser o modelo geral mais útil do processo legislativo, no que diz respeito às teorias da autoridade. Minha hipótese é de que, nesse nível, será melhor evitarmos qualquer modelo que considere a legislação como, mais comumente, o produto intencional de um único autor-legislador.

O argumento a seguir se desenvolverá em três etapas. Após algumas preliminares, tratarei da questão geral da intencionalidade das leis. Argumentarei, na seção 3, que, nas condições da legislação moderna, muitas vezes é implausível descrever os atos legislativos como atos intencionais, mesmo que ocorram em um contexto intencionalmente organizado. Na seção 4, demonstrarei como a tese de Raz a respeito da autoridade (ou uma versão plausível dessa tese) poderia, não obstante, aplicar-se a atos legislativos, apesar do fato de não serem concebidos como atos intencionais. Depois, na seção 5, demonstrarei que os melhores argumentos a favor da autoridade das leis produzidas nessas condições são argumentos que efetivamente excluem qualquer recurso às intenções de legisladores específicos como estratégia interpretativa geral. Terminarei o ensaio, na seção 6, com mais alguns comentários gerais a respeito do significado das considerações sobre a legislação em que estive baseando meus argumentos.

---

10. Chaim Gans insistiu vigorosamente nesse ponto nos comentários críticos que fez na Conferência de Tel Aviv, e estava certo ao fazê-lo.

## 2. Algumas assunções

Primeiramente, quero lidar com algumas questões preliminares, para limpar o terreno, por assim dizer. Como Marmor, considero que o assunto desta discussão é a interpretação das leis, não a constitucional[11].

O caso mais difícil para um oponente da estratégia intencionalista – e, portanto, o caso do qual tenho de tratar – é uma lei aprovada recentemente, em uma sessão deliberativa da qual existe um registro público incontestado, por legisladores familiarizados com as condições da sociedade à qual se aplica. Se surgem questões a respeito da interpretação de uma lei aprovada nessas condições, não é implausível sugerir que possam ser respondidas atentando para o registro público dos debates, deliberações de comitê, etc., para ver o que os legisladores tinham em mente. Naturalmente, tais exercícios nem sempre são bem-sucedidos. Ainda assim, mesmo que os juízes compreendam erradamente as intenções dos legisladores, ou que os legisladores, por alguma razão, estejam insatisfeitos com a resposta dos juízes, eles sempre podem aprovar outra lei para impor a interpretação ou o propósito que preferem[12].

Nada disso aplica-se aos julgamentos sobre matéria constitucional. Apesar de sua popularidade entre os políticos conservadores, o recurso às intenções dos autores da Constituição americana é ridiculamente implausível. Os que lançam mão do recurso discordam quanto a quem deve ser considerado um autor. São os que esboçaram o texto, os membros da Convenção de Filadélfia, os que o ratificaram ou o povo que elegeu aqueles que o ratificaram? Não apenas isso, mas, quaisquer que sejam aqueles considerados como autores, suas intenções efetivas são, em boa parte, uma questão de conjectura e, pelo menos, tão controvertidas quanto qualquer forma menos histórica de "interpretação". Não sabemos "praticamente nada", por exemplo, sobre o que ocorreu nas legislaturas estaduais durante os debates

---

11. Marmor, *supra*, n. 5, em 172-3.
12. *Ibid.*, em 173.

de ratificação[13]. Além disso, mesmo se conhecêssemos as intenções dos autores, não seria prudente valer-nos delas. Os autores viveram dois séculos atrás e, apesar da sua virtude revolucionária, não tinham conhecimento nenhum das condições da política e da sociedade modernas nos Estados Unidos. Viviam em um conjunto livremente federado de estados esparsamente povoados, pós-coloniais, de supremacia branca, cujas economias baseavam-se na exploração de escravos africanos na agricultura e cuja política era reservada aos que possuíam escravos, mulheres ou propriedade. Para os propósitos do argumento Raz-Marmor, esses homens nem sequer teriam compreendido, e muito menos compreendido melhor que nós, as condições para a subsistência de uma superpotência continental como uma república livre e constitucional, em condições de diversidade étnica, igualdade democrática e crise pós-industrial. Pode haver razões para considerar o texto da Constituição como uma estrutura estável e indispensável para abrigar a volatilidade e as vicissitudes da política moderna[14]. Mas essa função estabilizadora tem mais em comum com a autoridade coordenadora – que, Marmor reconhece, não pode gerar nenhuma justificativa para um recurso à intenção original[15] – que com a autoridade do conhecimento moral especializado sobre o qual geralmente se baseia a deferência para com as intenções dos autores.

Considero, então, que devemos discutir o papel da intenção legislativa na interpretação de leis ordinárias em condições modernas.

Suporei, além disso, que, quando falamos de legislação, visamos ao trabalho de um congresso, um parlamento ou uma assembléia estadual, isto é, um corpo que compreende certo número de membros (geralmente centenas) de várias convicções

---

13. Bernard Schwartz, *The Bill of Rights: A Documentary History*, ii (Nova York: Macmillan, 1971), 1171; devo essa referência a Robert Post, "Theories of Constitutional Interpretation", em Robert Post (org.), *Law and the Order of Culture* (Berkeley: University of California Press, 1991), 22.

14. Ver Hannah Arendt, *On Revolution* (Harmondsworth: Penguin Books, 1963), especialmente cap. 4.

15. Marmor, *supra*, n. 5, em 179-80.

políticas, eleitos como representantes pelo povo do estado ao qual a legislação será aplicada. Suporei também que os legisladores são um corpo diversificado de pessoas, provenientes de grupos diferentes, em uma sociedade heterogênea e multicultural. Suporei, em outras palavras, que não são transparentes um para o outro, da maneira como muitas vezes se considera que sejam os membros de uma *Gemeinschaft* firmemente unida ou uma "rede de camaradas", e que existe muito pouco no que diz respeito a compreensões culturais e sociais compartilhadas entre eles, além da linguagem um tanto rígida e formal com que se dirigem uns aos outros nos debates legislativos. Se qualquer um deles disser a outro, na linguagem confortável das pessoas que compartilham compreensões tácitas, "ora, você sabe o que eu quero dizer", é provável que a resposta seja: "Não, não sei o que quer dizer. É melhor você explicar."

Suporei, finalmente, que a legislatura possui processos minuciosamente definidos para determinar como uma peça de legislação é apresentada, debatida e aprovada, o que compreende (isto é, qual é o seu texto final autorizado) e quando entra em vigor. Esses processos equivalem à constituição da legislatura, e a referência a eles formará parte da regra de reconhecimento para o sistema jurídico.

Embora essas assunções sejam bastante evidentes no mundo moderno, irão se revelar cruciais para a minha argumentação contra recursos às intenções dos legisladores; conseqüentemente, gastarei algum tempo examinando seus fundamentos na seção 6.

### 3. A legislação sem intenção

Muitas vezes se diz, como se fosse um truísmo, que qualquer coisa que interpretamos deve ser necessariamente concebida como produto da intenção de alguém[16]. A proposi-

---

16. Para o argumento recente mais conhecido nesse sentido, ver Steven Knapp e Walter Benn Michaels, "Against Theory", *Critical Inquiry*, 8 (1982), 723-42.

ção é considerada elementar a respeito do que concerne aos objetos lingüísticos. A ação das ondas na areia ou o murmúrio do vento podem produzir marcas ou ruídos que parecem ou soam como um texto. Mas não se pode tratá-los como um texto – dizem – e empreender a compreensão do seu significado, a menos que se atribua à sua aparência as intenções de algum autor inteligente. Stanley Fish formula a proposição desta maneira:

> Para discernir sentido em sons ou marcas produzidos arbitrariamente temos de ouvir esses sons e marcas na pressuposição de que foram produzidos por algum agente dotado de propósito, isto é, temos de ouvi-los como *não produzidos arbitrariamente*, mesmo que, para fazê-lo, devamos atribuir propósito e intenção às ondas ou ao vento ou ao grande espírito que percorre todas as coisas[17].

O postulado da intenção vem em primeiro lugar nesse relato; o postulado do significado em segundo[18].

Exatamente da mesma maneira, muitos teóricos jurídicos pensam ser óbvio que uma lei deve ser concebida como algo que foi produzido intencionalmente; e inferem disso que o único objeto possível de interpretação no Direito é o significado considerado por aqueles cujos propósitos constituem a intencionalidade do dispositivo em consideração[19].

Assim, imagine que um pedaço de papel devidamente certificado, em conformidade com o processo parlamentar adequado, surge na frente de um juiz com marcas parecidas com o seguinte:

---

17. Fish, *supra*, n. 4, 299.
18. Stanley Fish, *Doing What Comes Naturally: Change, Rhetoric and the Practice of Theory in Literary and Legal Studies* (Durham: Duke University Press, 1989), 296.
19. Ver, por exemplo, Steven Knapp e Walter Benn Michaels, "Intention, Identity and the Constitution: A Response to David Hoy", em Leyh (org.), *supra*, n. 4, 187.

*Lei de veículos no parque 1993*. (1) Com a exceção de bicicletas e ambulâncias, nenhum veículo terá permissão para entrar em nenhum parque estadual ou municipal. (2) Qualquer pessoa que traga um veículo para dentro de um parque estadual ou municipal estará sujeita a uma multa de não mais que $100.

Segundo Stanley Fish e os outros que adotam a visão que discuto nesta seção, se o juiz vê isso como uma lei e dá início ao laborioso processo de determinar, por exemplo, se suas estipulações aplicam-se ao proverbial jipe em cima de um pedestal[20], deve estar tratando as marcas no papel como o produto da intenção de alguém.

Fish reconhece que é outra questão determinar se devemos pesquisar o registro legislativo para descobrir pistas intencionalistas para a solução do problema do jipe em cima de um pedestal. Reconhecer a intencionalidade legislativa, diz ele, não é a mesma coisa que aquiescer às intenções do legislador, especialmente quando estas não são as intenções reveladas imediatamente no texto da própria lei. Podemos terminar respondendo à nossa questão sobre o jipe lendo a lei de maneira que teria surpreendido seus autores[21]. Ainda assim, a proposição essencial, segundo Fish, "é que não se pode ler ou reler independentemente da intenção, isto é, independentemente da suposição de que se está lidando com marcas ou sons produzidos por um ser intencional, um ser situado em certo empreendimento em relação ao qual ele tem um propósito ou um ponto de vista"[22]. O fato de que "intenção" e "significado" são termos com uma pesada carga de teoria não abala, segundo Fish, a proposição de que interpretar um texto é sempre uma questão

---

20. O caso é de Lon Fuller, "Positivism and Fidelity to Law: A Reply to Professor Hart", *Harvard Law Review*, 71 (1958), 633: "O que o professor Hart diria se alguns patriotas locais quisessem colocar em um pedestal no parque um caminhão usado na II Guerra Mundial, enquanto outros cidadãos, considerando o monumento proposto muito feio, sustentassem sua posição pela norma de 'nenhum veículo'? Esse caminhão, em perfeito funcionamento, iria encaixar-se no 'centro' ou na 'penumbra'?" O caso é discutido por Marmor, *supra*, n. 5, em 130.
21. Daí a trivialidade prescritiva do intencionalismo de Fish: ver *supra*, n. 4.
22. Fish, *supra*, n. 18, em 99-100.

de determinar o que quis dizer o ser intencional que o produziu. Trata-se sempre, diz ele, de uma questão de determinar qual significado se pretendeu que o texto da lei expressasse[23].

Embora essa posição possa parecer indiscutível no que diz respeito a romances e poemas, ela é confusa – e significativamente confusa – no que diz respeito à legislação moderna.

A legislação, assim presumi, é o produto de uma assembléia de múltiplos membros, abrangendo uma quantidade de pessoas com objetivos, interesses e históricos radicalmente diferentes. Nessas condições, as estipulações específicas de uma lei em particular são muitas vezes o resultado de compromissos e de votação por partes. É perfeitamente possível, por exemplo, que a nossa lei imaginada sobre veículos no parque, considerada como um todo, não reflita os propósitos ou intenções de quaisquer dos legisladores que a aprovaram conjuntamente. Permita-me explicar essa possibilidade. No que diz respeito à seção (1) da lei, os legisladores poderiam ter divergido quanto à exceção às bicicletas (que chamarei B), quanto à exceção às ambulâncias (A), e quanto à inclusão, além dos parques municipais, dos parques estaduais (E). Suponha que os legisladores dividiram-se em três facções iguais quanto a essas questões:

| Facção 1 | Facção 2 | Facção 3 |
|---|---|---|
| B | B | ~B |
| A | ~A | A |
| ~E | S | S |

A votação majoritária sucessiva dessas várias questões produziria a nossa conhecida lei – B, A, E – mesmo que essa combinação não correspondesse à preferência de ninguém.

Alguém poderia responder: com certeza, depois de incorporadas as emendas, os legisladores votarão o projeto de lei como um todo, na sua forma final (B, A, E). Portanto, mesmo se discordarem inicialmente, a lei aprovada, pelo menos, refle-

---

23. Fish, *supra*, n. 4, em 302.

tirá as intenções de uma maioria nessa última etapa, levando em conta sua percepção do que era *politicamente possível, dadas as visões de seus colegas*. Isso, porém, parece-me puramente um produto dos nossos processos parlamentares específicos – que temos um debate e uma terceira leitura, por exemplo, após a etapa de emendas. Poderíamos imaginar um legislativo que procedesse de maneira inteiramente diferente. Poderia haver uma discussão preliminar durante a qual todas as questões que pudessem provocar divergência fossem identificadas. Seguir-se-ia o debate geral, na conclusão do qual os membros colocariam os seus votos a respeito das várias questões em uma máquina que produziria a lei na sua forma final, com base na votação, e a promulgaria automaticamente para juízes, funcionários e a população como um todo. A possibilidade de tal máquina foi considerada por Richard Wollheim em seu famoso artigo "A Paradox in the Theory of Democracy":

> Quero agora prosseguir e imaginar a democracia nos termos de certa máquina que opera segundo [o seguinte] método ou regra. A máquina – que, por conveniência, podemos chamar de máquina democrática de – opera de maneira descontínua. Nela são colocadas, em intervalos regulares, as escolhas dos cidadãos individuais. A máquina então os agrega segundo regra ou método preestabelecido e, assim, surge com o que pode ser denominado uma "escolha" própria. Diz-se que o governo democrático é conseguido se, ao longo de todo o período em que a máquina não está funcionando, age-se com base na escolha mais recente feita pela máquina[24].

Ora, os teóricos da escolha social estão familiarizados com os vários emaranhados de ciclicidade em que tal máquina poderia envolver-se. Suponhamos, porém – como fez Wollheim –, que estes não são um problema para os casos que estamos con-

---

24. Richard Wollheim, "A Paradox in the Theory of Democracy", em Peter Laslett e W. G. Runciman, *Philosophy, Politics and Society*, segunda série (Oxford: Basil Blackwell, 1969), 75-6.

siderando[25]. O objetivo dessa experiência fictícia (que não é igual ao uso que Wollheim faz dela)[26] é que ela nos capacita a imaginar um exemplar de lei que não pode ser concebido, nas palavras de Fish, como algo produzido "por um ser intencional... situado em algum empreendimento em relação ao qual ele tem um propósito ou ponto de vista".

Naturalmente, é apenas um modelo: no mundo real, as leis nunca são produzidas exatamente assim. Mas, também, no mundo real, as leis nunca são produzidas exatamente como o produto da intenção coerente de uma pessoa. A questão *interessante* é qual imagem é mais útil para a nossa reflexão sobre a intencionalidade das leis nas condições legislativas modernas. Dado o importante papel desempenhado pelo consenso, pela assistência mútua e pelas emendas de última hora na legislação contemporânea, aposto na máquina.

Fish poderia dar outra resposta. Ele poderia dizer: mesmo que seja o produto da máquina de Wollheim, ainda assim, o texto de nossa lei é inteiramente diferente dos casos mencionados anteriormente de marcas feitas pelas ondas na areia ou por ruídos no vento.

Ele está certo. Há três diferenças importantes. (1) A máquina faz o que faz com base nos insumos dos legisladores, e

---

25. *Ibid.*, 75. Também quero evitar uma queixa que Ronald Dworkin poderia fazer de que a máquina de Wollheim poderia fornecer algo como "uma lei semelhante a um tabuleiro de xadrez", isto é, uma lei que não tivesse coerência interna. (Dworkin, *supra*, n. 3, 216-23.) Mesmo que Dworkin esteja certo ao pensar que existe algo reprovável a respeito de uma lei tão comprometida que não reflete nenhum conjunto coerente de princípios ou políticas, ele não pode negar que é um texto e que um juiz pode fazer um esforço de boa fé para interpretá-lo. Lembre também que "integridade", o valor que Dworkin afirma estar em jogo aqui, é apenas um valor jurídico entre muitos, e deve, muitas vezes, ser avaliado em relação aos outros. De qualquer modo, a máquina não precisa produzir leis que careçam de integridade. No máximo, uma exigência de integridade implicaria apenas que o resultado da máquina *poderia* ser interpretado como o produto da intenção de alguém, não que *deveria* ser assim interpretado.

26. Em resumo, Wollheim estava interessado na questão de por que uma pessoa, cujo insumo para a máquina fosse um voto firme e sincero contra a política A, deveria considerar o resultado da máquina como fornecendo-lhe uma razão para atuar a favor de A.

esses insumos são completamente intencionais. (2) A máquina está programada para produzir os sinais particulares (palavras) que produz (sob condições de insumo específicas) porque os que a programam consideram que esses sinais são dotados de certos significados. É a intenção dos programadores, por exemplo, que as palavras inglesas "com a exceção de bicicletas" sejam produzidas pela máquina no caso de uma maioria de legisladores apertar o botão "B". Essa é a sua expectativa de como o produto da máquina – seja qual for – será compreendido por aqueles aos quais é enviado: eles o lerão como um conjunto de frases em inglês. E é a expectativa que os legisladores compartilham quando inserem seus votos. (3) Todo o sistema, a própria máquina e as convenções em torno do seu uso foram estabelecidos intencionalmente, em busca de certas aspirações processuais democráticas. O exercício inteiro, então, é um exercício intencional, e isso é suficiente para distingui-lo de ondas na areia[27].

Mas não é suficiente estabelecer a conclusão de Fish de que o texto deve ser considerado como incorporando *uma intenção particular*, por exemplo uma intenção de assegurar que veículos, exceto bicicletas e ambulâncias, não entrem em parques estaduais ou municipais. Isso porque nem essa intenção nem nada semelhante a ela figura entre os elementos intencionais (1)-(3) que acabamos de identificar. Conseqüentemente,

---

27. O ponto (2) é suficiente para nos dirigir ao argumento de Knapp e Michaels, "Intention, Identity and the Constitution", *supra*, n. 19, 190-2, de que a atribuição de significado a marcas produzidas pelo acaso envolve uma escolha arbitrária entre todas as linguagens efetivas e possíveis que poderiam dar valor semântico a tais marcas. Knapp e Michaels dizem que "a única razão plausível para restringir os significados do texto à linguagem na qual o autor o escreveu é estarmos interessados na intenção do autor; de outra maneira, a escolha dessa regra entre um número infinito de outras seria arbitrária" (192). Mas esse argumento é inválido, pelo menos quando se aplica ao nosso exemplo legislativo. Os que instalaram a máquina de Wollheim determinam intencionalmente que as marcas que ela produz devem ser entendidas como palavras e frases inglesas. Mas não decorre daí que as marcas particulares que surgem da máquina devem ser consideradas como expressando as intenções particulares de qualquer usuário da língua inglesa.

quando a lei é lida pela primeira vez por um funcionário ou um cidadão (ou, a propósito, por um legislador interessado em saber o que ele e seus colegas "decidiram"), Fish não tem direito de dizer que o objetivo da leitura deve ser determinar o que alguém quis dizer.

Max Radin escreveu certa vez que a função de um legislativo é aprovar leis, *não formar intenções*[28]. *Um legislativo é um agente artificial, e a aprovação de uma lei é* a sua ação: na verdade, referimo-nos às leis como *atos* do Congresso, Parlamento ou seja o que for. Contudo, embora usemos a linguagem do órgão legislativo dessa maneira, não devemos nos deixar enganar por uma analogia obsessiva com as ações de pessoas naturais ao buscar um equivalente legislativo para todos os eventos ou estados associados com a ação na psicologia de agentes individuais. Poucos diriam, por exemplo, que as legislaturas (em oposição a legisladores específicos) têm, além de intenções, motivos associados com atos específicos; poucos estariam dispostos a colocar sobre a distinção motivo–intenção o tipo de peso que aplicamos ao caso individual[29]. Assim, por que, afinal, insistir em um correlato para a intenção? Por que não dizer simplesmente que o ato de uma legislatura é um resultado artificial dos atos de legisladores individuais, estruturados e relacionados mutuamente por meio de certos processos, funções de decisão e, talvez, máquinas? Por que não dizer que, enquanto cada um dos últimos atos – os atos individuais – é, naturalmente, o produto de uma intenção, o ato resultante – o ato da legislatura em si – não precisa ser?[30]

---

28. Max Radin, "Statutory Interpretation", *Harvard Law Rev.*, 43 (1930), 863; devo esta referência a Michael Moore, "A Natural Law Theory of Interpretation", *South. Calif. Law Rev.*, 58 (1985), em 355.

29. Cf. a discussão de Marmor, *supra*, n. 5, em 167.

30. Então, o que acontece com as investigações de intenção legislativa que são empreendidas ocasionalmente no Direito constitucional – por exemplo, quando se questiona se uma certa legislação teve a intenção indevida de oprimir alguma prática religiosa? O que aconteceu com a conhecida distinção entre (a) impactos neutros e não-neutros e (b) intenções neutras e não-neutras? Não há lugar aqui para aprofundar essa questão. No entanto, sempre achei que a distinção mais útil é entre (a) a investigação conseqüente da neutralidade dos impactos e (b*) a investiga-

Parte da confusão que nos tenta a atribuir intenções a legislaturas está relacionada com o conceito de significado. Pode-se pensar que o próprio fato de que a legislação seja um ato de *fala* – a produção de uma elocução ou texto com significado – quer dizer que não pode ser considerado como não-intencional[31]. O que é, afinal, dizer: "Nenhum veículo terá permissão para entrar em qualquer parque estadual ou municipal", senão emitir uma seqüência de sons com a intenção de produzir certo efeito ou resposta no público em virtude do seu reconhecimento dessa intenção?[32] Mesmo que evitássemos a idéia de um único emissor para casos como esse e nos concentrássemos apenas no significado da frase, resta o argumento de que nossas descrições mais plausíveis do significado da frase tornam essa noção uma função (se bem que uma função complexa) da intenção individual.

Ainda assim, essas considerações não deveriam impelir-nos rumo a alguma noção de intencionalidade legislativa. Já observei – item (2) acima – que mesmo uma máquina de Wollheim teria de ser programada e operada com base em certos pressupostos a respeito dos significados de vários signos e sons. Um legislador que vota a favor (ou contra) um dispositivo como "Nenhum veículo terá permissão para entrar em qualquer parque estadual ou municipal" faz isso com base na suposição de que – colocando toscamente – aquilo que as palavras significam para ele é idêntico ao que significarão para aqueles a quem são dirigidas (no caso de o dispositivo ser aprovado). Ele pode alimentar essa suposição apenas sob a condição de que as palavras são elementos significativos em uma linguagem – isto é,

---

ção justificatória para saber se existem *razões* neutras favorecendo a legislação, se essas razões se manifestaram ou não nas intenções de alguém na época. Se um tribunal pode descobrir uma boa razão neutra para uma dada lei, o fato de ter sido aprovada para um propósito não-neutro certamente não é uma justificativa para suprimi-la. Estaríamos nos privando de algo útil por pura retaliação às más intenções dos legisladores.

31. Devo a Joseph Raz essa proposição.
32. Ver Paul Grice, *Studies in the Way of Words* (Cambridge, Mass.: Harvard University Press, 1989), 92.

apenas sob a condição de que existe uma comunidade na qual é bem sabido que os membros comumente usam tais palavras para produzir certo efeito ou resposta no público em virtude do reconhecimento dessa intenção pelo público[33]. O fato de que tais suposições impregnam o processo legislativo mostra como o Direito depende da linguagem, das convenções compartilhadas que constituem uma linguagem, e da reciprocidade de intenções que as convenções compreendem[34]. Contudo, embora indiquem um lugar para a referências às intenções – as intenções dos usuários da língua como tais – em qualquer descrição abrangente do que está ocorrendo, não oferecem nenhuma justificativa para a visão de que, simplesmente porque uma peça específica de legislação tem um significado lingüístico, deve incorporar uma intenção particular atribuível a um usuário da língua.

**4. Autoridade sem intenção**

Uma coisa é jogar com a possibilidade da legislação não-intencional, seguindo as diretrizes do meu experimento fictício envolvendo a máquina de Wollheim. Mas no que se converte a autoridade de uma legislatura se suas leis não são concebidas como atos intencionais? Como pode um dispositivo jurídico ser considerado autorizado se a legislatura emprega uma máquina de Wollheim para gerar suas leis? Para responder a essa questão, temos de examinar novamente a noção de autoridade.

A tese a respeito da autoridade que Marmor invoca a partir do livro de Joseph Raz fala sobre a "maneira normal de estabelecer que uma pessoa tem autoridade sobre outra pessoa"[35]. Nessa descrição, são as pessoas que têm autoridade, não as or-

---

33. *Ibid.*, 117-37.
34. A legislação também pode valer-se de certas convenções quase lingüísticas comuns aos que esboçam a legislação e à comunidade jurídico-judicial. Devo a Joseph Raz essa proposição.
35. Raz, *supra*, n. 7, 53 (ênfase minha).

ganizações ou o Direito. Em um capítulo subseqüente do livro, Raz pergunta se alguma coisa muda quando nos deslocamos de uma situação entre indivíduos para uma questão envolvendo a autoridade do Estado. Contudo, a mudança que parece interessá-lo ali é o fato de que as "autoridades políticas governam grupos de pessoas", não indivíduos particulares[36]. Ele não parece estar *interessado nas ramificações para a sua tese do fato de que as autoridades políticas, como as* legislaturas, *são* grupos de pessoas.

O mais próximo que Raz chega de considerar a questão é a seguinte passagem, que Marmor cita a partir de um artigo publicado antes de *The Morality of Law*: "uma diretriz somente poderá ter autoridade obrigatória se for, ou se, pelo menos, for apresentada como a visão de alguém de como seus sujeitos devem conduzir-se"[37]. Marmor glosa isso como "a idéia de que apenas um agente capaz de comunhão com os outros pode ter autoridade sobre eles"[38]. (Ele usa isso para argumentar contra a visão de Ronald Dworkin de que as normas que os juízes devem considerar como autorizadas são normas que eles mesmos produzem mediante um processo de construção interpretativa.)

A falácia na tese de Raz (ou, pelo menos, na apresentação que Marmor faz da tese de Raz) a respeito da justificação normal da autoridade encontra-se no fato de forjar uma ligação muito estreita entre autoridade e autoria. A autoridade não pode ser sistêmica, pela descrição de Raz-Marmor: deve ser atribuível a um autor. Sua afirmação parece ser de que as razões dos cidadãos comuns só podem ser afetadas da maneira como a autoridade afeta as razões se há alguma pessoa identificável (natural ou artificial) que tem a autoridade em questão.

Assim, Marmor supõe que uma lei, L, somente pode ter autoridade se é verdade o seguinte a respeito da pessoa, X, que

---

36. *Ibid.*, 71.
37. Joseph Raz, *Authority, Law and Morality"*, The Monist, 68 (1985), 303, citado por Marmor, *supra*, n. 5, 114.
38. Marmor, *supra*, n. 5, 115.

a publicou: a saber, que, para qualquer pessoa Y à qual se dirige a lei, é melhor seguir a visão que X tem das razões que se aplicam à conduta de Y do que tentar determinar essas razões por si. Isso porque uma lei ter autoridade, nessa descrição, é o seu autor ter (ou ter tido) uma visão, e uma visão que seja superior, em algum aspecto, a qualquer visão que possa ser formada pela pessoa a quem se dirige a lei.

Quero sugerir, contudo, que a situação em que a autoridade da lei pode ser remontada até a autoridade pessoal é, no máximo, um caso especial. Em outros casos, deve ser possível conversar sobre a autoridade da lei *tout court*, e desenvolver uma versão da tese da justificação normal que se refira apenas à probabilidade de ser melhor para uma pessoa sujeita a ela seguir suas disposições. O que tenho em mente é algo nas seguintes linhas (que classificarei de "tese [J]", porque quero referir-me a ela depois):

> [J]: Uma lei (ou qualquer texto) L tem autoridade sobre uma pessoa Y apenas se é provavelmente melhor para a pessoa Y aquiescer às razões que se aplicam a ela seguindo as disposições de L do que tentar seguir essas razões diretamente.

Ora, [J] pode ser verdadeira na descrição de algo a respeito das visões ou intenções da pessoa X, que é autora ou que votou a favor da lei. Mas essa não precisa ser a razão para a sua verdade: L pode satisfazer [J] apesar do fato de L não ter nenhum autor, ou satisfazê-la em virtude das características que não fazem nenhuma referência ao conhecimento especializado de qualquer pessoa.

Marmor, naturalmente, não considera [J] – pois acabei de inventá-la. Contudo, na sua discussão dos argumentos de Dworkin, ele parece sugerir que, sempre que algo como [J] é verdadeiro, devemos localizar um X individual, cuja visão da matéria em questão é considerada superior à de Y, ou devemos *fingir* que existe algum indivíduo de tal tipo. Essa insistência em produzir ou imaginar um X nunca é defendida (exceto recorrendo às formulações de Raz). Suspeito, porém, que se deve a uma incapacidade de conceber como poderia ser melhor para

Y seguir as disposições de L do que seguir suas próprias razões, a menos que L fosse uma expressão da visão de alguma outra pessoa (alguém mais esperto ou com mais conhecimento que ele). Portanto, permita-me explicar como isso poderia ser possível.

Primeiro, um exemplo trivial. Sou muito ruim para acompanhar transações de cartão de crédito. Uso o meu cartão várias vezes por semana, mas não guardo os recibos nem anoto as quantias e, portanto, nunca tenho certeza de quanto foi debitado da minha conta. Qualquer tentativa que fizesse de determinar o valor seria, provavelmente, inexata. Felizmente, o Bank of America oferece um número "800" para o qual posso telefonar. Marco o número da conta do meu cartão de crédito e os quatro últimos dígitos do meu número da Previdência Social, e a voz desencarnada de uma máquina dirá algo assim:

> O seu saldo atual é de QUATROCENTOS e *trinta* e CINCO dólares e *sessenta* centavos. O crédito disponível é de CINCO mil, QUINHENTOS e *sessenta* e QUATRO dólares e *quarenta* centavos.

Ora, não tenho a ilusão de que existe alguma pessoa no banco que calculou tudo isso e está esperando para comunicá-lo a mim, assim como não penso que a "voz" que ouço é a de algum indivíduo na sede do Bank of America, sentado pacientemente ao lado do telefone à espera que pessoas como eu liguem. O pronunciamento que acabo de citar nada mais é que o produto de uma máquina respondendo imediatamente ao meu insumo de toque e pulso, aos vários insumos de comerciantes e ao seu registro do meu limite de crédito. Ninguém calculou o meu saldo: há somente os ruídos registrados acima. Na verdade, a máquina talvez nem sequer armazenou o registro do meu saldo; exceto pelo envio da minha fatura mensal, ele só pode ser computado como resposta ao meu telefonema. Ainda assim, o resultado da máquina tem autoridade para mim em termos da tese [J]: é melhor para mim confiar nesse texto no que diz respeito às informações sobre o saldo do meu cartão de crédito do que confiar nos meus cálculos sem memória.

Sei, é claro, que alguém programou intencionalmente a máquina para produzir resultados tais (em resposta a certos insumos), que as pessoas que tratarem seus sons como frases em inglês terá motivo para confiar nas informações que tais frases comunicam convencionalmente. É como as condições (1)-(3) para a máquina Wollheim que mencionei na seção anterior. Posso reconhecer tudo isso, porém, sem dizer (ou fingir) que alguém está me comunicando intencionalmente a mensagem de que o meu saldo é de $435.60. O fato de que minha confiança no resultado da máquina tem a ver com as intenções de alguém (ao programar a máquina) não faz da máquina, para mim, um sistema intencional[39].

No caso do computador do banco, tenho bons motivos para respeitar o resultado da máquina mais do que respeito os resultados dos meus cálculos: o banco tem interesse de manter registros precisos e nenhum interesse, tanto quanto sei, em ocultar de mim a verdadeira situação da minha conta. Que razões poderia haver para respeitar os pronunciamentos da máquina Wollheim?

Considerarei três linhas de argumento: (A) o argumento utilitarista, de que uma máquina Wollheim poderia agregar preferências individuais da maneira exigida pela função aplicável do bem-estar social; (B) o teorema de Condorcet, de que a visão determinada por uma máquina Wollheim é a da maioria, tem uma probabilidade maior de estar correto que a probabilidade de qualquer uma das visões consideradas ser correta; e (C) a afirmação aristotélica de que uma multidão de pessoas, por meio de um processo de síntese deliberativa, pode forjar uma visão melhor até mesmo do que a visão a que chegaria sozinha a mais sábia delas.

---

39. O filósofo Daniel Dennett é famoso, entre outras coisas, pela afirmação de que, às vezes, é adequado tratar as máquinas como sistemas intencionais. Ver Daniel Dennett, "Intentional Systems". Mas minha afirmação não chega a isso aqui (mesmo supondo que se aceite o argumento de Dennett). Parece-me que o resultado S de uma máquina pode às vezes ser dotado de autoridade para uma pessoa em termos da tese [J] quer a máquina seja um sistema intencional, quer não.

Nenhum desses argumentos é inviolável. Mas, como Marmor e Raz, não quero produzir uma argumentação inviolável a favor da autoridade de tal legislação. A afirmação de Marmor que está em consideração é apenas a de que, *se* (e *na medida em que*) há motivo para conferir autoridade a uma lei, pode também haver razão para conferir autoridade às intenções de alguns ou de todos os membros da legislatura que a aprovou, mesmo quando essas intenções não são reveladas no texto da própria lei. Minha afirmação, na seção 5, será a de que essa inferência da afirmação de Marmor é inválida, pelo menos na medida em que a autoridade de uma lei se baseia no argumento (A), argumento (B) ou argumento (C).

Antes de passarmos para isso, permita-me esboçar as três linhas de argumentação um pouco mais detalhadamente.

*(A) O argumento utilitarista*

Historicamente, o argumento utilitarista a favor da democracia tem sido o de que um processo de decisão pela maioria, no nível da escolha pública, às vezes pode modelar uma função agregadora de bem-estar social no nível da moralidade utilitarista. Para ambos os casos – isto é, para um processo de decisão pela maioria e uma função de bem-estar social benthamiana –, o fato de um curso de ação promover a satisfação de alguma preferência conta a seu favor, e, quando se torna evidente que as preferências de todos não podem ser satisfeitas, adota-se o curso de ação que satisfaz tantos deles quanto possível. Assim, como democratas, seguimos a vontade da maioria, e, como utilitaristas, tentamos promover o máximo de felicidade agregada. As duas podem ser mais ou menos a mesma coisa se os votos individuais forem um guia confiável para as condições de felicidade individual[40].

---

40. Este parágrafo e o seguinte são adaptados de meu texto "Rights and Majorities: Rousseau Revisited", em Jeremy Waldron, *Liberal Rights: Collected Papers 1981-91* (Cambridge: Cambridge University Press, 1993), 394-7. O artigo

Ora, é claro que existem todos os tipos de dificuldade nessa equação. Ela pressupõe que os indivíduos estão votando para sua própria felicidade; supõe que são juízes confiáveis dela; e evita inteiramente a questão da intensidade de suas preferências. Além disso, no caso de uma legislatura representativa (em oposição a uma democracia direta), deve-se acrescentar certo número de epiciclos para assegurar que os votos dados por cada legislador particular representem precisamente a proporção entre as várias preferências de seus eleitores.

Contudo, mesmo que essas dificuldades não possam ser totalmente superadas, é fácil imaginar que uma máquina Wollheim, registrando e agregando um grande número de preferências expressas pelos indivíduos, possa produzir um resultado cujas credenciais utilitaristas seriam muito melhor do que qualquer cálculo tosco que pudesse ser feito por um cidadão individual. Se um indivíduo sabe que os seus cálculos de utilidade social são ainda menos precisos que os da máquina e, talvez, também tendenciosos por causa do desejo a seu próprio favor, poderia ser mais prudente para ele renunciar a confiar em si mesmo e, em vez disso, confiar nos resultados menos falíveis da máquina como guia para o que exige a felicidade geral. Nessas circunstâncias, qualquer um que acredite que a verdade acerca do que deve ser feito é utilitarista terá razão para considerar os resultados da máquina como dotados de autoridade no sentido da tese [J].

*(B) O teorema de Condorcet*

No tópico anterior presumimos que legisladores individuais faziam-se diferentes questões enquanto votavam: cada um deles perguntava "O que eu quero?" (de modo que o legislador W perguntava "O que W quer?", e o legislador X "O que

---

foi originalmente publicado em John Chapman e Alan Wertheimer (orgs.), *Nomos XXXII: Majorities and Minorities* (New York University Press, 1990).

X quer?"). O mesmo seria verdadeiro se cada legislador se perguntasse "Quais são as preferências dos meus eleitores?". Imaginamos que a máquina Wollheim tomaria as preferências de cada pessoa e as agregaria usando uma função de bem-estar social para produzir, pela primeira vez nesse processo, uma conclusão a respeito do bem geral.

Muitas vezes, porém, os legisladores consideram estar fazendo a *mesma* pergunta: "O que é bom para todos, ou para a sociedade em geral, ou o que é mais justo?" Muitas vezes, *cada um* considera estar expressando uma visão a respeito do bem-estar geral. Quando isso é a base dos votos dos legisladores individuais, existe algum motivo para acreditar que uma máquina Wollheim produzirá um resultado dotado de autoridade, no sentido da tese [J]?

Existe, e o argumento é uma questão de simples aritmética. Suponha que os mesmos votantes estão tratando de uma única questão com duas respostas, uma correta e uma incorreta (por exemplo, são jurados decidindo se alguém cometeu ou não um crime). Suponha que a probabilidade de cada votante escolher a resposta correta é maior que 0,5, isto é, que cada um tem mais probabilidade de acertar pensando a respeito da questão e, então, votando pelo seu melhor julgamento do que simplesmente tirando cara ou coroa. Depois, desde que os votos sejam dados independentemente[41], a probabilidade de que a resposta escolhida por uma maioria simples seja a resposta correta é um tanto maior que 0,5 e cresce rumo ao limite de certeza à medida que aumenta o tamanho do grupo de pessoas votando[42].

---

41. Ver também *supra*, n. 45.

42. Suponha que há três votantes – V, W e X – votando independentemente, cada um com uma chance de 0,6 de estar certo. Quando V dá o seu voto, há uma chance de 0,6 de ele estar certo e uma chance de 0,4 de estar errado. Quando W dá o seu voto, há uma chance de 0,6 x 0,6 = 0,36 de que uma maioria compreendendo pelo menos W e V estará certa; uma chance de 0,6 x 0,4 = 0,24 de que V estará certo e W errado; e uma chance de 0,4 x 0,6 = 0,24 de que V estará errado e W certo. Agora X dá o seu voto. Se V estava certo e W errado, há uma chance de 0,24 x 0,6 = 0,144 de que uma maioria compreendendo apenas V e X estará certa. E, se

Esse teorema, que se deve ao marquês de Condorcet, tem seus limites[43]. O mesmo raciocínio leva à conclusão de que, se a competência média dos votantes individuais cai abaixo de 0,5, a competência majoritária tende a zero à medida que aumenta o tamanho do grupo. Em outras palavras, o teorema oferece um fundamento para a autoridade do resultado se há a probabilidade maior, na média, de os votantes individuais estarem certos quanto à alternativa que escolhem; oferece, porém, razão para duvidar da autoridade do resultado se há mais probabilidades, na média, de que os votantes escolham incorretamente. O próprio Condorcet acreditava que, historicamente, a competência individual média tendia a declinar à medida que aumentava o tamanho do grupo (em uma legislatura, por exemplo). É claro, porém, que não há nenhuma razão para pensar que essa verdade (se é uma verdade) da sociologia política cancele exatamente o efeito aritmético que estivemos discutindo[44].

---

V estava errado e W certo, existe a mesma chance (0,144) de que uma maioria compreendendo apenas W e X estará certa. A probabilidade geral de que uma maioria estará certa é, então,

0,36 (VWX ou VW) + 0,144 (VX) + 0,144 (WX) = 0,648

que é mais elevada que a competência individual de 0,6 com que começamos.

Para uma percepção da diferença que pode fazer um aumento no tamanho do grupo, considere que, se acrescentamos ao grupo dois votantes adicionais com a mesma competência individual (0,6), obtemos uma competência de 0,68256 para os cinco membros decidindo por uma maioria. Para obter uma competência grupal maior que 0,9, precisamos apenas acrescentar 36 membros adicionais com competências individuais de 0,6. Ver Bernard Grofman e Scott Feld, "Rousseau's General Will: A Condorcetian Perspective", *American Political Science Review*, 82 (1988), 571.

43. Marquês de Condorcet, "Essay on the Application of Mathematics to the Theory of Decision-making", em Keith Michael Baker (org.), *Condorcet: Selected Writings* (Indianapolis: Bobbs-Merrill, 1976), 33-70.

44. *Ibid.*, 49: "Uma assembléia muito numerosa não pode ser composta de homens muito esclarecidos. É até mesmo provável que os que compõem [*sic*] essa assembléia combinem, em muitas matérias, grande ignorância com muitos preconceitos. Assim, haverá um grande número de questões sobre as quais a probabilidade da verdade de cada votante será baixa. Decorre daí que, quanto mais numerosa a assembléia, mais estará exposta ao risco de tomar decisões falsas." Ver a discussão em Jeremy Waldron, "Democratic Theory and the Public Interest: Condorcet and Rousseau Revisited", *American Political Science Review*, 83 (1989), 1322-8.

De qualquer modo, o teorema de Condorcet indica uma razão para conferir autoridade ao resultado de uma máquina Wollheim em, pelo menos, algumas circunstâncias. Se um grande número de legisladores volta-se escrupulosamente para alguma questão objetiva, e se cada um tem uma chance acima da provável de estar certo, seria prudente o cidadão comum confiar na decisão gerada por uma máquina majoritária a partir dos votos individuais. Na verdade, no raciocínio de Condorcet, seria muito melhor *cada legislador individual* acatar a autoridade da legislação produzida pela máquina do que confiar no raciocínio que levou ao seu voto individual. Isso, como veremos, é fatal para o argumento de Marmor. Contudo, antes de considerar isso, vamos examinar o terceiro dos nossos argumentos a favor da autoridade legislativa.

*(C) A síntese aristotélica*

O resultado de Condorcet é irritantemente mecânico. Esqueça a verdade, a objetividade e a justiça: o mesmo raciocínio aritmético fala-nos das perspectivas de que a maioria das bolas tiradas aleatoriamente de uma urna sejam negras, dado que mais de metade das bolas na urna seja negra. Além disso, o resultado de Condorcet não leva em conta a discussão, a deliberação e a persuasão – os próprios processos que têm probabilidade de produzir um registro legislativo ao qual possa recorrer o juiz em busca da intenção de Marmor[45].

A terceira linha de argumento que quero considerar concentra-se um pouco menos na máquina Wollheim e na cegueira aritmética de suas operações, e um pouco mais nas perspec-

---

45. Ver *ibid.*, para um exame da visão de Grofman e Feld (*supra*, n. 42) de que a aplicação do teorema de Condorcet exclui efetivamente a deliberação entre os cidadãos. Essa visão é, naturalmente, incorreta. Não importa, em absoluto, como as competências individuais foram obtidas, se por discussão ou por talento inato. O que importa para o resultado de Condorcet é que as competências individuais sejam determinadas no momento de votar, e que os votos sejam lógica e mutuamente independentes.

tivas do mundo real de que uma legislatura com múltiplos membros possa chegar a algum resultado que satisfaça a condição [J]. Como o argumento anterior (e ao contrário da teoria utilitarista), este também supõe que os legisladores estão se voltando de boa-fé – enquanto deliberam e votam – para uma única questão com uma resposta objetiva.

O argumento, dessa vez, deve-se a Aristóteles. A questão discutida no meio do Livro III da sua *Política* é se o poder político deve estar nas mãos de muitos ou nas mãos de poucos homens (ou mesmo de um único homem) de extraordinária sabedoria e virtude. Existe, diz Aristóteles, certa verdade na visão de que o poder político deve estar nas mãos da multidão:

> Isso porque os muitos, dentre os quais nem todo indivíduo é um bom homem, quando se unem, podem ser melhores do que os poucos bons, se considerados não individualmente, mas coletivamente, da mesma maneira que um banquete para o qual muitos contribuem é melhor que um jantar pago por uma única bolsa. Pois cada indivíduo dentre os muitos tem uma parcela de excelência e sabedoria prática e, quando se juntam, do mesmo modo que se tornam, de certa maneira, um só homem, com muitos pés, mãos e sentidos, assim também é no que diz respeito ao seu caráter e pensamento. Portanto, os muitos são melhores juízes de música e poesia que um único homem, pois alguns entendem uma parte, outros entendem outra, e, entre si, entendem o todo[46].

Pouco depois, ele repete a idéia:

> Ora, qualquer membro da assembléia, tomado isoladamente, é, certamente, inferior ao homem sábio. Mas o Estado é formado por muitos indivíduos. E um banquete para o qual todos os convivas contribuem é melhor que um banquete oferecido por um único homem; portanto, uma multidão é melhor juiz de muitas coisas do que qualquer indivíduo[47].

---

46 Aristóteles, *The Politics*, org. Stephen Everett (Cambridge: Cambridge University Press, 1988), III. xi. 1281$^b$1-10 (p. 66).

47. *Ibid.*, III. xv. 1286$^a$27-31.

O que se encontra por trás dessa teoria trivial da política é a idéia de que muitos indivíduos podem introduzir uma diversidade de perspectivas que influenciem as questões complexas em consideração e são capazes de unir essas perspectivas para obter decisões melhores do que as que poderiam ser alcançadas por qualquer um deles sozinho.

Suponha, por exemplo, que a *ecclesia* ateniense está considerando se deve preparar uma invasão da Sicília. Um homem pode conhecer a geografia do litoral siciliano; outro pode conhecer o caráter dos habitantes da ilha; um terceiro pode ter a experiência de expedições anfíbias a outras regiões; um quarto pode estar a par do estado atual da frota ateniense; um quinto pode ser um amargo veterano de catástrofes militares do passado; um sexto pode saber o que pode ser ganho com a expedição; e assim por diante. Nenhuma pessoa pode ter, sozinha, todas essas informações e experiências. A maneira mais racional de tomar a decisão, então, é unir o conhecimento dos vários indivíduos[48].

É por isso que Aristóteles considera a marca da natureza política do homem o fato de ele ter sido dotado da faculdade da *fala*[49]. Cada um pode comunicar ao outro experiências e discernimentos que complementam ou qualificam as que o outro já possui, e, quando isso acontece em interação densa em toda uma comunidade, possibilita que o grupo como um todo atinja um grau de sabedoria e conhecimento prático que ultrapassa inclusive aquele do membro individual de maior excelência.

Ora, há duas maneiras de dar forma ao que acontece nessa reunião de conhecimento e experiência: (i) a *síntese individual* e (ii) a *síntese grupal*.

---

48. Este e os parágrafos seguintes são adaptados de meu trabalho "Religious Contributions in Public Deliberation", publicado em *Univ. of San Diego Law Rev.*, 30 (1993), 817-48.

49. Aristóteles, *supra*, n. 46, I. ii. 1253ª.

## (i) Síntese individual

Cada legislador escuta cuidadosamente as visões de cada um dos outros e dá-lhes forma em uma síntese que depois se reflete no seu voto. Se possui um mínimo de racionalidade e compreensão, a visão que acaba por sustentar deve ser considerada como dotada de autoridade, pelo menos em comparação com as visões de quaisquer pessoas que não foram expostas a uma tal diversidade de perspectivas. Além disso, a visão da maioria de tais legisladores teria qualquer autoridade que emana do fato de que parece incorporar a mais persuasiva das sínteses alcançadas dessa maneira.

## (ii) Síntese grupal

Ou, então, se a questão é complexa e sutil, uma síntese dotada de autoridade pode surgir no nível da ação de grupo sem necessariamente surgir no nível da compreensão individual. Esse é o modelo da deliberação pública – às vezes designado como "o mercado das idéias" – apresentado por John Stuart Mill:

> A verdade, nas grandes preocupações práticas da vida, é em tal grau uma questão de conciliar e combinar opostos que pouquíssimos podem ter mentes suficientemente capazes e imparciais para ajustar-se a uma abordagem que leve à correção, e isso tem de ser feito pelo rude processo de uma luta entre combatentes lutando sob estandartes hostis[50].

Aqui, a sugestão é que as pessoas simplesmente jogam as suas experiências e opiniões no fórum público e, se os outros as compreendem exatamente ou não, elas terão o seu efeito, e a verdade surgirá por meio de uma espécie de processo de "mão invisível", análogo àquele pelo qual Adam Smith pensava que a eficiência surgiria da operação do mer-

---

50. J. S. Mill, *On Liberty* (Indianapolis: Bobbs Merril, 1955), cap. 2, § 36 (p. 58).

cado. A diferença entre esse modelo e o primeiro é que Mill não pressupõe que a contribuição de cada pessoa está sendo cuidadosamente recolhida por todas as outras pessoas e sintetizada por elas com as suas próprias visões antes que emitam suas opiniões modificadas para um embate com as visões de outros de maneira similar. Segundo o modelo de Mill, idéias inteiramente incomensuráveis podem ter um efeito dialético mútuo, de modo que algo melhor surge na discussão, mesmo que o "ajuste" entre as várias visões não tenha sido feito pela atividade sintética deliberada de uma "*única mente*".

Se algo assim acontece, então, mais uma vez, há uma razão para atribuir ao resultado de tal processo o tipo de autoridade sugerido na tese [J], embora não exista um motivo de tal tipo para conferir autoridade às visões particulares de nenhum participante individual.

## 5. Reduzindo o valor da intenção dos legisladores

Penso que agora deve estar claro qual será a minha argumentação contra a tese de Marmor. Não é, simplesmente, que se pode conceber uma legislação útil surgida sem intenção, por meio dos processos impessoais ou mecânicos que estivemos discutindo. Quero argumentar também que, em cada um desses casos, qualquer razão que eu tenha para conferir autoridade à legislação resultante também é uma razão para reduzir o valor da autoridade das visões ou intenções dos legisladores específicos considerados isoladamente.

Há algo curioso aqui acerca do Estado de Direito. O modelo de autoridade usado por Raz e Marmor pressupõe que existe uma pessoa ou grupo X cujo conhecimento ou situação é tal que qualquer cidadão comum Y deva confiar nas diretrizes de X em vez de confiar no próprio raciocínio. Trata-se, porém, de uma parte importante do nosso conceito normativo de autoridade jurídica que os próprios legisladores devem ser obrigados pelas leis que aprovam[51]. Na abordagem Raz-Marmor, é impossível que uma lei possa ter *autoridade* para com um legislador, pois não faz nenhum sentido dizer que X tem mais razão para confiar nas diretrizes de X do que no seu próprio raciocínio na questão de que X está tratando. Por contraste, os três argumentos que apresentei possuem a atraente capacidade não apenas de satisfazer a tese [J] no que diz respeito à justificação normal da autoridade, mas também de tornar claro por que as leis devem ter autoridade sobre os que as votam.

Permita-me agora repassar os argumentos, para discutir suas implicações para o respeito que devemos conferir às visões, intenções e outras opiniões não-canônicas dos legisladores individuais.

*(A) O argumento utilitarista*

Nessa descrição, cada legislador individual está votando a favor do seu interesse ou dos interesses de seus eleitores particulares. A autoridade da legislação resultante baseia-se na sua reivindicação de representar o interesse *geral*. As razões que levaram o legislador a votar como votou, então, não são as razões que existem para respeitar o resultado: este deve ser respeitado porque incorpora uma conclusão a respeito da utilidade *social*, ao passo que a primeira reivindica ser considerada com base no fundamento de que incorpora a utilidade individual ou grupal. O fundamento da autoridade do Direito, portanto, não reflete as visões ou propósitos de algum legislador particular.

Talvez em casos muito simples possamos dizer que o interesse geral apenas é o interesse compartilhado por uma maioria de votantes. Em um caso inequívoco de medida com fins políticos regionais, por exemplo, a questão pode ser entre benefi-

---

[51]. Ver F. A. Hayek, *The Constitution of Liberty* (Londres: Routledge & Kegan Paul, 1960), 155. "A principal salvaguarda é a de que as regras devem aplicar-se aos que as estabelecem e aos que as aplicam – isto é, ao governo bem como aos governados."

ciar a costa leste com uma nova estrada ou beneficiar a costa oeste com uma nova represa (quando não podemos fazer ambas as coisas). Se a preponderância de preferências individuais favorece a segunda, pode-se pensar que *podemos* tomar os propósitos egoístas dos votantes da costa oeste como o nosso melhor guia para a implementação da política socialmente favorecida. A decisão social é sobre quem beneficiar; uma vez decidido isso, podemos também considerar os interesses dos vitoriosos como o nosso melhor guia para o que a utilidade geral exige.

Contudo, um caso tem de ser tremendamente simples para ter essa característica. Se a escolha legislativa é complexa, se benefícios e custos são indiretos, além de imediatos, ou se o interesse geral dita alguma forma de conciliação, então a autoridade com fins políticos regionais dos votantes individuais na maioria (tal como é) simplesmente evapora-se.

*(B) O teorema de Condorcet*

O teorema de Condorcet equivale justamente à afirmação de que será melhor seguir a decisão da maioria do que seguir o julgamento de um dado legislador. E ainda, *ceteris paribus*, quanto mais prudentes são os legisladores na média, mais razão há para seguir a decisão da maioria do que seguir as visões de qualquer legislador escolhido aleatoriamente.

Suponha, porém, que não se está escolhendo o legislador aleatoriamente, mas escolhendo um membro da maioria. (Essa, afinal de contas, é a sugestão de Marmor quanto a *quais legisladores* são aqueles a cujas intenções devemos aquiescer[52].) Com certeza, Marmor poderia argumentar que o fato de que um

---

52. Há uma discussão interessante e sutil em Marmor, *supra*, n. 5, em 159-65. Embora ele reconheça certas dificuldades, a visão de Marmor parece ser a de que vale a pena consultar a intenção de um legislador quando o legislador em questão é um membro da maioria que votou a favor da lei, e quando a intenção em questão também é sustentada pela maioria (todos?) dos outros membros dessa maioria.

dado legislador, L, é um membro da maioria vencedora demonstra (pelo teorema de Condorcet) que será igualmente bom seguir as visões de L e seguir a visão que surgiu pela votação da maioria.

O argumento seria falho, por duas razões. Em primeiro lugar, o teorema de Condorcet diz respeito a probabilidades *ex ante* e funda-se na multiplicidade de maneiras em que pode ser construída uma maioria. Assim que a maioria chegou a um resultado, o fato de L ser um membro da *maioria particular* que sustentou o resultado não confere nenhuma autoridade adicional ao seu julgamento, além da competência individual com que começou.

Em segundo lugar, a única maneira de determinar se L é um membro da maioria – para os propósitos do seu argumento – é verificar se sua visão ajusta-se aos termos precisos da decisão a que se chegou pela votação. É apenas no que diz respeito a essa questão que as competências individual e majoritária foram estabelecidas. Na medida em que suas visões se afastam disso, nada pode ser inferido quanto à sua confiabilidade. Se for ainda que sutilmente diferente, então os números podem diferir – e toda a substância do resultado de Condorcet é a de que pequenas diferenças podem fazer uma grande diferença, por assim dizer.

Além disso, não se pode escapar a essa dificuldade insistindo na consulta às intenções de L apenas quando elas correspondem exatamente à questão que foi votada; pois apenas na medida em que as intenções de L sejam um tanto diferentes da *ipissima verba* da legislação é que podem lançar alguma luz sobre os problemas interpretativos enfrentados pelos tribunais, superior à luz lançada pelo próprio texto.

Permita-me formular esta última proposição de um modo que a retira levemente da mecânica da estrutura de Condorcet. Todas as sugestões sobre consultar as intenções de legisladores são sugestões sobre consultar visões, propósitos e idéias que não são diretamente reveladas no texto da própria legislação. (Se não, para que fazer isso?) Mas foi apenas o texto que se votou, e é apenas no que diz respeito a esse texto que podemos falar de uma visão majoritária. Relativamente a qualquer outra compreensão, a identificação de uma visão como sendo sustentada pela maioria é sempre tendenciosa, e é improvável que algum dia será menos controvertida que a questão sobre a qual sua alegada autoridade supostamente lança luz.

*(C) A síntese aristotélica*

Mais uma vez, o argumento imediato é evidente. A doutrina de Aristóteles da sabedoria da multidão é precisamente a visão de que, às vezes, deve-se confiar mais em uma decisão grupal do que no julgamento do seu membro mais sábio e distinto. Este, então, deve aquiescer, como bom cidadão, à decisão da qual participou; e, se ele deve aquiescer, então, com certeza, todos os membros do grupo devem. Assim, as opiniões e intenções que ele está subordinando ao texto não podem ser consideradas por nós como uma base para suplementá-lo.

Substantivamente, a proposição aqui é a de que as intenções de um legislador específico podem revelar apenas uma visão parcial da síntese incorporada na legislação. Interpretar a legislação à luz de tais intenções seria distorcer um todo integrado fazendo-o tender para uma das suas partes.

É preciso admitir que isso não leva em conta a situação *ex post*. Pois, após a deliberação e a reunião do conhecimento e da experiência, pode ser verdade que algum dos legisladores (ou, até mesmo, talvez, todos) esteja mais bem-informado sobre a questão do que ele ou qualquer outra pessoa poderia estar se a enfrentassem a partir do zero, com o benefício apenas do seu julgamento, sem nenhum auxílio. Essa é a implicação do modelo (i), da síntese *individual*, que consideramos perto do fim da seção 4.

Pode-se pensar, além disso, que tais sínteses individuais têm de fundir-se em *alguma* etapa do processo; do contrário, a votação por membros individuais nunca revelaria a sabedoria da multidão. O modelo (ii), de John Stuart Mill, pode ser satisfatório como descrição do surgimento informal de crenças verídicas em uma cultura. É, porém, um dos nossos pressupostos básicos a respeito de uma legislatura o fato de que suas decisões são tomadas por processos *explícitos* de votação. Não há mãos invisíveis aqui; não há nada além de mãos reais, individuais, nos botões de votação.

Ainda assim, uma consciência do segundo modelo ajuda-nos a perceber quão estritamente circunscrito o primeiro pode ser para os propósitos da interpretação das leis. Pois, se um juiz recorre, para além do texto de uma lei, às intenções de legisladores específicos, está recorrendo a coisas ditas ou feitas durante o curso da aprovação do projeto de lei. Nessa etapa, a síntese decisiva pode não ter surgido nem se cristalizado nas mentes individuais, e podemos estar lidando com o que só pode ser descrito *pro tem* como "a conciliar e combinar opostos... pelo rude processo de uma luta entre combatentes lutando sob estandartes hostis"[53]. Nessa etapa, considerar as inscrições em qualquer um dos estandartes como indicação da síntese definitiva subjacente à lei pode ser muito inseguro.

Se, por outro lado, esperamos que a síntese final surja, estaremos esperando, na verdade, pelo texto final da lei. Assim, mesmo que o modelo (i) seja a imagem correta da síntese aristotélica, é pouco reconfortante para qualquer um que queira estabelecer a autoridade das intenções dos legisladores expressas de outra maneira que não no capítulo e versículo do texto que incorpora o que a legislatura finalmente decidiu.

### 6. Legisladores *versus* legislatura

Quero concluir com algumas observações sobre as suposições que estive fazendo a respeito do caráter da legislação moderna. Presumi que qualquer legislatura que valha a pena discutir seria uma assembléia grande, de múltiplos membros, compreendendo centenas de pessoas com diversas visões, afi-

---

53. Mill, *supra*, n. 50, 58.

liações e alianças. Presumi também que tal corpo precisaria de processos formalmente especificados para determinar o que deveria ser considerado como suas decisões. E presumi implicitamente que quaisquer projetos de lei que considerasse e quaisquer leis que aprovasse seriam complexos quanto ao conteúdo e, conseqüentemente, complexos quanto ao processo da sua aprovação. Essas suposições, reconheço, tendem a minar qualquer discussão a respeito das "intenções do autor" de uma lei. Na medida em que existe um autor, este é a legislatura, considerada como um corpo e como distinta dos membros individuais (ou qualquer subconjunto dos membros individuais) que ela abarca. No que diz respeito a esse "autor", tudo o que temos de examinar são seus atos formalmente especificados; não há nenhuma dúvida quanto a sermos capazes de discernir ou atribuir a ele quaisquer pensamentos, intenções, motivos ou crenças para além dela. Argumentei na seção 3 que é melhor para nós abandonar todas as discussões de tal intencionalidade ao considerar tais corpos. Uma maneira um pouco mais conciliatória de expressar a mesma coisa é dizer que abandonamos toda a discussão acerca das intenções legislativas, exceto a intencionalidade que é parte integrante do significado lingüístico (isto é, o significado convencional ou, na expressão de Grice, "significado da frase")[54] do próprio texto legislativo. Além dos significados incorporados convencionalmente no texto da lei, não há nenhum estado ou condição correspondente à "intenção da legislatura" para a qual alguma outra coisa – como o que indivíduos ou grupos de legisladores específicos disseram, escreveram ou fizeram – pudesse oferecer uma pista.

O principal, em outras palavras, é isto. Não existe simplesmente nenhum fato pertinente às intenções da legislatura que não a especificação formal do ato que executou. Com certeza, a especificação fornecida pelo processo de decisão (isto é, pela constituição da legislatura) será de uma ação em certa

---

54. Grice, *supra*, n. 32.

descrição intencional, pois a legislação, como disse antes, é um ato de fala. A descrição intencional será a de que tais e tais palavras foram usadas com o seu significado inglês convencional. Isso, porém, é *tudo o que há a dizer* a respeito das intenções das instituições. No caso de uma pessoa natural, podemos ir além disso. Quando o significado de X é impreciso, sempre podemos perguntar: "Bem, o que você tinha em mente, no que estava pensando, quando fez (ou disse) X?". A resposta da pessoa, embora não necessariamente definitiva quanto ao conteúdo da sua intenção na ocasião, pelo menos oferece-nos uma pista, pois existe *algum* vínculo no caso de uma pessoa natural, embora, com certeza, não um vínculo direto, entre intenção e pensamento efetivo. No caso de uma legislatura ou corporação, não há tal pista, pois não há nada que seja equivalente aos *pensamentos efetivos da instituição*.

O que dizer, então, a respeito dos pensamentos e esperanças específicos de legisladores individuais? Eles não têm nenhuma relação com a ação ou intencionalidade da legislatura? A resposta estrita é "não". Os atos discursivos intencionais da legislatura são funções constitucionais dos atos de votação intencionais dos membros individuais, mas o que interessa aqui é simplesmente a intencionalidade de "sim" ou "não" em relação a um dado texto, não quaisquer esperanças, aspirações ou compreensões que possam ter acompanhado o voto. Uma legislatura é impotente – incapaz de ação – a menos que exista uma regra para agregar ou combinar os votos de seus membros: o princípio das regras de maioria, por exemplo. Mas não precisa, além disso, de nenhuma regra para combinar seus pensamentos, esperanças e compreensões em algo que seja considerado como os pensamentos ou propósitos da instituição. Sua intencionalidade – tal como é – está inteiramente segura independentemente disso.

Mais uma vez, o mesmo pode ser formulado de maneira mais conciliatória. Naturalmente, legisladores individuais têm pensamentos e intenções, e, naturalmente, estes podem estar associados frouxamente com a autoria humana da lei. O essencial é que não existe nenhuma maneira de ir além desse chavão sociológico para resolver qualquer disputa interpretativa. As pessoas apenas recorrem às intenções dos legisladores quando há uma discordância, por exemplo, em um tribunal, a respeito de qual propósito (ou seja o que for) atribuir à lei. Se as duas visões rivais (ou qualquer par como elas) são representadas entre as intenções não-canônicas dos legisladores, não há nenhuma maneira de distinguir qualquer visão de tal tipo como dotada de autoridade, com a finalidade de solucionar a disputa.

Marmor poderia dar uma última resposta. Com certeza – dirá ele – é importante determinar se a visão que temos em mente corresponde às intenções da maioria ou da minoria na legislatura. Com certeza, a visão majoritária – em razão das regras que permitem que ela prevaleça – é a mais canônica.

Penso que isso se baseia em uma compreensão profundamente equivocada a respeito da autoridade política de uma legislatura e a respeito do princípio do governo da maioria. Uma lei aprovada no Parlamento é um *ato do Parlamento*, não um ato do partido da maioria. Certamente, ele afirma qualquer autoridade que tenha na comunidade com base nessa caracterização apartidária[55]. Se acreditamos, por exemplo, que os cidadãos comuns que apóiam um partido minoritário são obrigados a respeitar a legislação patrocinada pela maioria, é porque devem esse respeito à *legislatura* e aos processos e formas institucionais que a constituem, não porque o devem à maioria como tal[56]. Mesmo que os processos legislativos e eletivos sejam majoritários, a lealdade do cidadão é para com o princípio

---

55. Argumentei mais detalhadamente a favor disso em Jeremy Waldron, *The Law* (Londres: Routledge, 1990), 8-28.
56. Cf. Thomas Hobbes, *Leviathan* (Cambridge: Cambridge University Press, 1991), cap. xviii, p. 121: "Diz-se que uma comunidade foi instituída quando uma multidão de homens concordam e estipulam, todos com todos, que a qualquer homem ou assembléia de homens será dado pela maioria o direito de representar a pessoa de todos eles (isto é, de ser o seu representante); todos, o que votou a favor e o que votou contra, autorizarão todas as ações e julgamentos desse homem, ou assembléia de homens, da mesma maneira, como se fossem seus, até o fim, para viverem pacificamente entre si e estar protegidos contra outros homens."

do governo da maioria, não para com a maioria ou os membros da maioria.

Essa questão tem a ver, em parte, com a complexidade da legislação moderna, com a multiplicidade de visões e considerações que devem ser empregadas nos debates e nas comissões, e com a contribuição que os membros dos partidos minoritários podem oferecer ao conteúdo de um projeto de lei, por meio de retórica, acordo ou emenda. Na minha opinião, nossa discussão da síntese aristotélica compreende como isso pode ser importante e como solapa qualquer simples recurso às visões de uns poucos membros privilegiados por oferecer-nos uma intenção legislativa canônica.

Acima de tudo, porém, é um reconhecimento de que a circunstância elementar da política moderna é a *pluralidade*[57], e que a forma da legislação, como de toda tomada de decisão coletiva, é *pluribus unum*. A autoridade de uma lei é o seu surgimento, sob processos especificados, como um *"unum"* a partir de uma pluralidade de idéias, interesses e propostas, nas circunstâncias em que reconhecemos a necessidade de uma decisão tomada em conjunto, não de muitas tomadas por cada um de nós, sozinho. O *"unum"* não abole a pluralidade nem é insensível a ela. É de uma *decisão* que precisamos, não necessariamente de uma personalidade, e, portanto, não é meramente por uma questão de lógica que devemos nos abster de atribuir estados mentais à legislatura. Do mesmo modo, porém, não há nenhuma justificativa para privilegiar os estados mentais de qualquer facção na legislatura como canônicos no que diz respeito à decisão que foi tomada pelo todo. A decisão é tomada em nome e no interesse de toda a comunidade, e espera-se que se tenha chegado a ela de uma maneira que encoraje em vez de excluir a pluralidade de contribuições provenientes

---

57. Cf. Hannah Arendt, *The Human Condition* (University of Chicago Press, 1958), 234: "Nenhum homem pode ser soberano porque não um homem, mas homens habitam a terra." Uso "circunstância da política" nessa frase mais ou menos da mesma maneira que John Rawls descreve a escassez e o altruísmo limitado entre as "circunstâncias" da justiça: ver John Rawls, *A Theory of Justice* (Oxford: Oxford University Press, 1971), 126-30.

de uma variedade de direções. O que é a decisão – o que *nós* fizemos – é o texto da lei como determinado pelos processos da instituição. Esse processos nos tornam *um* na ação, e sua identificação de algo como o texto de uma lei nos torna *um* como os autores de um feito. Antes disso, porém, e para além disso, somos muitos, e nenhuma condição adicional como parte do *unum* pode ser atribuída a qualquer coisa que qualquer um de nós diga ou pense.

O outro lado da moeda é que não devemos subestimar as dificuldades que se colocam no caminho de um corpo de legisladores ao tentarem compreender-se mutuamente enquanto avançam pelas etapas da legislação. Disse, na seção 2, que devemos supor que não estamos lidando com pessoas transparentes entre si ou que compartilham um conjunto abrangente de compreensões comuns. Os legisladores chegam à câmara vindos de diferentes comunidades, com ideologias diferentes e perspectivas diferentes quanto ao que consideram uma boa razão ou uma consideração válida na discussão política. A única coisa que têm em comum, na sua diversidade e na confusão de retórica e incompreensão mútua que é valiosa para o debate político moderno, é o texto da medida em consideração no momento. Este é constituído pelas convenções da linguagem oficial compartilhada como o único marco, o único ponto de referência ou coordenação em um mar de incompreensão possível – e, mesmo então, é bastante frágil e sempre sujeito a desintegrar-se por causa da fragilidade dos significados compartilhados. O importante é que o texto da lei, cuidadosamente esboçado, proposto e emendado em concordância com os processos mais formalistas, tem uma posição canônica na legislação que é de tipo diferente de qualquer visão comum ou senso compartilhado de propósito que se possa discernir nas salas dos comitês ou nos corredores parlamentares. Estes são sempre tendenciosos, sempre propensos a ser o domínio exclusivo de uns poucos legisladores de idéias semelhantes, cujas confortáveis compreensões tendem a derrotar o propósito de uma reunião solene de *todos* os representantes da nação. Ao recorrer a tais visões, os tribunais assumem o lado do que estava "implícito" ou "compreendido", e isso pode ser bastante inócuo em uma legislatura pequena e homogênea. Ocorre-me, porém, que em uma sociedade multicultural os legisladores têm direito de insistir na autoridade do texto, e nada além do texto, como a única coisa que se pode ter certeza de que esteve em primeiro plano nos esforços legislativos de cada membro.

Uma proposição final – um pouco menos pedante, espero. Sugeri no início deste trabalho que alguns juízes americanos têm o costume de recorrer a certas declarações no registro legislativo (um relatório formal de comitê, por exemplo, ou a declaração incontestada do relator de um projeto de lei) que tradicionalmente não são consideradas como parte do texto da lei que estão examinando. Parece-me que Ronald Dworkin formula isso com exatidão ao dizer que, na verdade, os juízes estão desenvolvendo a prática de reconhecer tais declarações como *atos da legislatura*, e que os legisladores estão respondendo a esse reconhecimento produzindo declarações que têm a intenção de ser consideradas dessa maneira[58].

Nada do que eu disse é incompatível com essas práticas: elas representam, na verdade, uma modificação gradual da regra do reconhecimento do sistema jurídico[59] da parte dos juízes, e, no que diz respeito ao legislativo, representam uma modificação gradual dos seus processos constitutivos.

Na medida em que essas práticas estão bem estabelecidas, podem exigir que modifiquemos nossa visão (muito sutilmente, talvez) a respeito do que vale como *o texto* da nossa lei. Mas não exigem que neguemos que o nosso melhor guia para o que vale como texto são as razões (relacionadas com as considerações e *pluribus unum* que mencionei há pouco) para identificar certas coisas e não outras como atos dos legisladores na sua capacidade *coletiva*. E, o que é mais importante para os propósitos deste trabalho, essas práticas não reforçam o argumento de Andrei Marmor de que as intenções de um legislador

---

58. Dworkin, *supra*, n. 3, 411 ss.
59. Duvido, porém, que Dworkin aceitaria esta parte da minha caracterização. Para suas opiniões sobre a "regra de reconhecimento" de Hart, ver *ibid.*, 43-4.

podem ter autoridade acima da sua condição, como revelada no que quer que se mostre válido de fato como texto autorizado da própria legislação.

O que espero ter demonstrado neste trabalho é que a força do argumento de Marmor restringe-se estritamente àqueles casos muito raros em que a legislação é produzida por um autor individual, cujo conhecimento e saber especializado oferecem as mesmas razões para que se respeitem suas intenções que para respeitar o texto que ele produziu. Mais objetivamente, espero que disso decorra um reconhecimento maior, na doutrina das condições que se relacionam com a pluralidade, que são justamente a substância e a circunstância da política.

Capítulo 10
## *Tudo ou nada?*
## *As intenções das autoridades*
## *e a autoridade das intenções*

Larry Alexander

A cena é a reunião da câmara municipal em Nossa Cidade. A proposta no recinto é – sim, você já ouviu esta antes – uma postura municipal que diz: "Nenhum veículo será permitido no parque." Os membros da câmara – Alice, Barbara, Charles, David e Edith – estão votando.

Alice vota "sim". Preocupa-se com a segurança dos pedestres, especialmente das crianças, que, na opinião dela, é ameaçada pelo grande número de carros, caminhões e motocicletas que agora trafegam pelo parque.

Barbara vota "sim". Suas preocupações são principalmente estéticas. Acha que a visão, o som e o cheiro do tráfego de veículos diminuem a beleza e a serenidade que ela gostaria que o parque oferecesse.

Charles vota "sim". Ele próprio e muitas das pessoas que representa têm se irritado cada vez mais com as manobras radicais de skatistas e patinadores. Não consegue a adesão dos outros para banir skatistas e patinadores especificamente, uma proibição que ele preferiria à proibição proposta aos veículos. Prefere, porém, proibir todos os veículos a não proibir nenhum, se a proibição inclui skatistas e patinadores, como ele acredita que inclui. (Não procurou, porém, esclarecimento quanto a estarem ou não incluídos os skatistas e patinadores.)

---

O autor gostaria de agradecer às seguintes pessoas pelos comentários muito úteis a respeito das idéias discutidas aqui: Paul Campos, Richard Kay, Brian Leiter, Stephen Perry, Steven Walt e Cristopher Wonnell.

David vota "não". Representa os interesses de skatistas e patinadores, assim como de muitos vendedores ambulantes com carrinhos que trabalham no parque. Acredita que a postura abrange aqueles que representa, embora, como Charles, não tenha obtido uma opinião definitiva sobre essa questão junto ao resto dos vereadores.

Edith também vota "não". É quase uma anarquista e geralmente opõe-se a todas as regulamentações que vão além do Direito criminal e das leis de trânsito básicas. (Não acredita que existe um problema de segurança no parque que justifique mais restrições no trânsito.)

A votação final é de três a dois a favor da postura. Como o legislativo municipal tem poder legal para aprovar regulamentos desse tipo por voto majoritário, a postura torna-se direito.

A cena agora desloca-se para algum tempo depois. A postura está na legislação de Nossa Cidade. Um grupo de veteranos quer saber se a postura proíbe a colocação de um tanque militar no parque, como monumento aos veteranos de Nossa Cidade. Unem-se a eles os skatistas, os patinadores, os ambulantes com carrinhos, as babás com carrinhos de bebê e uma empresa de propaganda que deseja que um helicóptero jogue um carro no parque, para demonstrar a solidez do veículo e a qualidade da sua suspensão. Todos esses grupos procuram determinar se a postura aplica-se a eles.

A cena desloca-se novamente, desta vez para um futuro muito mais distante. O parque ainda está lá e a postura municipal também continua na legislação de Nossa Cidade. Agora, porém, as pessoas se locomovem em aparelhos semelhantes a bolhas, que se deslocam sobre uma almofada de ar e são essencialmente invisíveis, não emitem nenhum som ou poluente e não causam ferimento ou dor quando se chocam com alguém. Surge a questão de se esses aparelhos são ou não permitidos no parque na ausência de anulação da postura.

Essas cenas são virtualmente os únicos elementos de que preciso para explorar a sempre irritante dificuldade judicial: qual é a metodologia adequada para interpretar textos jurídicos?

## I. A intenção das autoridades

Gastou-se muita tinta na questão de como devem ser interpretadas normas jurídicas como a postura municipal de "nenhum veículo no parque"[1]. Contudo, com poucas exceções, notáveis e razoavelmente recentes, a maioria das quais envolve os colaboradores deste livro, o debate sobre a metodologia interpretativa desenvolveu-se, em boa parte, independentemente da questão de teoria jurídica "qual é a natureza do Direito?". As duas questões estão intimamente relacionadas, porém. Saber como interpretar o Direito exige saber o que *é o Direito*.

No que se segue, tentarei ilustrar como uma teoria a respeito da natureza do Direito encerra as sementes de uma teoria da interpretação jurídica. Também tentarei demonstrar que muitas questões que hoje são consideradas parte de uma teoria da interpretação jurídica são, na verdade, parte de uma teoria da autoridade. Os debates sobre a interpretação jurídica foram confundidos, desnecessariamente, pelo emaranhamento das questões de autoridade com as questões de metodologia interpretativa.

### A. A tarefa das autoridades jurídicas

A teoria do Direito que julgo mais persuasiva é uma teoria associada intimamente a Joseph Raz. Segundo essa teoria, Direito são as determinações das autoridades do que deve ser feito[2]. Essa teoria não é uma teoria do Direito completa: tal como formulada, não abrange a posição das normas que designam quem são as autoridades e o âmbito da sua autoridade, as-

---

1. Ver, por exemplo, Paul Brest, "The Misconceived Quest for the Original Understanding", *Boston Univ. Law Rev.*, 60 (1980), 204-38, 209-13; Lon Fuller, "Positivism and Fidelity to Law – A Reply to Professor Hart", *Harv. Law Rev.*, 71 (1958), 630-72; H. L. A. Hart, "Positivism and the Separation of Law and Morals", *Harv. Law Rev.*, 71 (1958), 593-629.

2. Ver Joseph Raz, "Authority, Law and Morality", *The Monist*, 68 (1985), 295-324.

sim como certas outras questões de autoridade que mencionarei na segunda metade deste trabalho. Essas normas, "normas de autoridade", como as chamarei, são normas jurídicas ou são normas morais? A teoria, na versão simplificada com que trabalharei, não nos diz.

Apesar de negligenciar questões de autoridade, essa teoria do Direito realmente tem implicações importantes. Em primeiro lugar, o Direito relaciona-se com a moralidade, mas é distinto dela. A moralidade diz respeito ao que deve ser feito e, na maioria das descrições meta-éticas, deve-se considerar que as suas afirmações anulam todas as considerações não-morais. A tarefa do Direito é tornar os princípios morais definidos de modo que as pessoas possam verificar o que deve ser feito mais facilmente do que recorrendo a princípios morais abstratos[3]. Isso significa, porém, que, apesar de o Direito ser servo da moralidade, ao influenciar as pessoas quanto ao que devem fazer, ele pode errar. As determinações das autoridades com respeito ao que a moralidade exige podem estar erradas. O Direito e a moralidade podem separar-se. Assim, essa teoria do Direito é uma teoria positivista. O empreendimento do Direito é necessariamente um empreendimento moral, mas a correção moral de seus resultados é apenas contingente[4].

A segunda implicação dessa teoria é que o Direito consiste num número finito de determinações datáveis. (Deixo de lado as "normas de autoridade".) Se o Direito é o que as autoridades determinam que deve ser feito, então é composto dessas determinações específicas que, sendo determinações, ocorreram em tempos e locais específicos. Novamente deixando de lado as "normas de autoridade", não há regras jurídicas flutuando à deriva, regras não atribuíveis a autoridades específicas em tempos e locais específicos.

(Um corolário dessa segunda implicação é que não existem coisas como "princípios" jurídicos no sentido de Ronald

---

3. *Ibid.*, 304, 306.
4. Ver Joseph Raz, *The Authority of Law* (Oxford: Clarendon Press, 1979), em 233-49.

Dworkin, normas que não são idênticas a normas morais e que surgem das determinações das autoridades mas que não podem ser reduzidas a elas[5]. Na minha descrição, as autoridades ou determinam o que deve ser feito aprovando o que, na terminologia de Dworkin, são regras jurídicas, ou exortam as pessoas a agir moralmente, uma injunção totalmente supérflua, dada a natureza já derrogatória das afirmações morais. Se elas "aprovam" um "princípio" jurídico – digamos, o "princípio" da liberdade de expressão –, ou esse "princípio" é um princípio moral que não precisava receber juricidade ou é uma regra jurídica incipiente cujo conteúdo ainda tem de ser determinado. Não pode ser nenhuma outra coisa[6].)

Uma terceira implicação dessa teoria do Direito decorre do fato de que o papel do Direito é essencialmente epistêmico. Isto é, o papel do Direito é tornar determinado, mais cognoscível, o que a moralidade exige daqueles a quem o Direito governa. (A função de coordenação e de estabelecer convenções, própria do Direito, pode, por fim, ser incluída no objetivo de tornar mais determinadas as exigências morais[7].) Uma implicação desse papel é que as autoridades jurídicas falham na sua tarefa, não apenas quando simplesmente formulam de novo as normas morais, mas também quando é difícil verificar o significado das regras que aprovam como a aplicação de normas morais. Lon Fuller tinha muito a dizer sobre esse aspecto da tarefa legislativa[8].

Uma questão nas teorias de Direito como a que estive descrevendo é se a lei possui autoridade prática ou apenas autoridade teórica. Em outras palavras, quando as autoridades determinam o que a moralidade exige e formalizam suas determina-

---

5. Ver Ronald Dworkin, *Taking Rights Seriously* (Cambridge, Mass.: Harvard University Press, 1977), 105-23.
6. Ver, neste volume, Larry Alexander e Kenneth Kress, "Against Legal Principles", *supra*, cap. 7.
7. Ver Larry Alexander, "Law and Exclusionary Reasons", *Philosophical Topics*, 18 (1990), 5-22, 16-9.
8. Lon Fuller, *The Morality of Law*, ed. rev. (New Haven, Conn.: Yale University Press, 1969). Ver também Raz, *supra*, n. 4, em 163-79.

ções como regras jurídicas, os governados pelas regras devem tratá-las como tendo prioridade diante de suas próprias avaliações morais independentemente do que deve ser feito (autoridade prática) ou meramente como conselho prudente mas não prioritário na prática?[9] Embora minha resposta preferida seja uma resposta mista e paradoxal – a lei só tem autoridade teórica (potencial), mas deve reivindicar autoridade prática[10] –, essa é uma questão que não preciso solucionar para meus presentes propósitos. Penso que a metodologia para interpretar as autoridades independe de qual tipo de autoridade – prática ou teórica – as autoridades possuem.

Resumindo, segundo a teoria de Direito que adoto, o papel do Direito é tornar mais determinadas as exigências morais. Esse papel acarreta o seguinte: que o Direito e a moralidade são separados e que o Direito deriva de fontes sociais, ou seja, dos atos das autoridades (positivismo jurídico); que o Direito é composto de um conjunto finito de regras datáveis; e que o Direito fracassa na sua tarefa, não apenas quando as autoridades determinam erroneamente o que a moralidade exige, mas também quando suas regras deixam de ser um guia melhor do que as normas morais não-mediadas.

### B. O Direito, os textos e as intenções autorais

O Direito consiste nas determinações das autoridades quanto ao que deve ser feito. Sua função é tornar o que é exigido moralmente mais determinado que as normas morais abstratas. Isso significa que as determinações das autoridades devem ser comunicadas aos governados.

Nas sociedades modernas, a comunicação das determinações das autoridades é geralmente conseguida por meio de textos escritos. Embora uma ordem específica possa ser comunicada oralmente – caso em que sua formulação consiste em um

---

9. Ver Heidi M. Hurd, "Challenging Authority", *Yale LJ* 100 (1991), 1611-77.
10. Ver Alexander, *supra*, n. 7, 19-20.

texto oral –, a maioria das ordens específicas, assim como todas as constituições, leis e regras administrativas, são incorporadas em textos escritos.

Todos os textos são tentativas dos autores de comunicar, geralmente a outras pessoas, mas, ocasionalmente, aos próprios autores em algum tempo posterior. Os textos jurídicos são tentativas das autoridades de comunicar as determinações do que deve ser feito àqueles que governam. Os romances são tentativas dos romancistas de comunicar detalhes do enredo e dos personagens aos leitores. Os textos científicos são tentativas dos cientistas de comunicar suas descobertas científicas ao público-alvo. E assim por diante.

Se os textos são tentativas dos autores de comunicar, então, *os textos pretendem dizer o que os seus autores pretendem que digam.* Retirando as intenções dos autores deixamos de ter um texto. Se os proverbiais mil macacos brincando em máquinas de escrever produzissem *Moby Dick*, seria incoerente perguntar, por exemplo, o que "quer dizer" a busca de Ahab pela baleia branca. Na verdade, não poderíamos nem perguntar em que língua *Moby Dick* foi escrito, já que os nossos macacos não pretendiam comunicar-se em linguagem nenhuma. *Moby Dick*, o romance, não existiria[11]. A mesma proposição é válida

---

11. Que as marcas dos macacos lembrem marcas feitas por escritores em inglês não faz nenhuma diferença. O mastro de bandeira do lado de fora do meu escritório é a letra "i"? E suponha que houvesse uma linguagem, Shmenglish, que lembrasse o inglês em todos os aspectos, exceto pelo fato de que os nomes e verbos fossem trocados, de maneira que "cão" significasse um animal doméstico que mia, "gato" um animal doméstico que late, "baleia" um molusco que esguicha tinta, "arpão" uma arma de fogo rápido, "andar" mover as pernas tão rapidamente quanto possível, e assim por diante. Poderíamos interpretar o romance dos macacos em tal caso? Visto que não tinham nenhuma intenção lingüística, como podemos decidir em qual das infinitas línguas possíveis em que poderiam empregar tais marcas foi datilografado o seu "romance"? Nesse aspecto, considere a seguinte coluna de David Barry na *San Diego Union*, 4 de dezembro de 1993: "Enquanto isso, em Pinedale, Wyo., temos uma situação que envolve: ARTISTAS PINTANDO EM VACAS. Talvez você tenha ouvido falar disso. Três artistas conseguiram uma concessão de $4.000, parte dos quais do governo federal, para pintar palavras do diário de uma pioneira nos flancos de vacas vivas. Não estou inventando. A idéia era que as vacas, com palavras escritas nos flancos, sairiam perambulando e carregando representações simbólicas dos contribuintes americanos.

para os textos jurídicos. Presumimos que a Constituição dos Estados Unidos é a tentativa dos legisladores de comunicar, em inglês, as suas determinações quanto a como estruturar e limitar um governo nacional. Se descobríssemos que a Constituição foi o produto acidental de tinta derramada, ou que foi escrita no código privado dos criadores, ou em uma língua exótica que se assemelha ao inglês apenas superficialmente, nossa postura perante ela mudaria completamente. Se não fosse um produto do desígnio humano, não seria um texto, e não teria nenhum significado como tal. Se fosse uma comunicação, mas uma comunicação em língua diferente, teria significado como texto, mas seu significado não seria o que agora pensamos que é, baseados na suposição de que os criadores estavam escrevendo em inglês. As marcas "canard" significam

---

Não, falando sério, a idéia, segundo explicou um dos artistas, era que as vacas, ao perambularem, misturariam as palavras para 'criar um novo texto'. Penso que é uma idéia fantástica e acredito que o governo deveria considerar seriamente o uso de vacas pintadas perambulando para gerar as instruções para o preenchimento dos formulários de impostos federais. Aposto que as vacas fariam um trabalho MUITO melhor do que aqueles que o estão fazendo agora (meu palpite é que são *hamsters*)."

Para uma boa amostragem da literatura que apóia a proposição geral de que os textos *qua* textos significam apenas o que os seus autores pretenderam que significassem, ver Steven Knapp e Walter Benn Michaels, "Intention, Identity, and the Constitution", em Gregory Leyh (org.), *Legal Hermeneutics: History, Theory, and Practice* (Berkeley: University of California Press, 1992), 187-99, 190; Richard S. Kay, "Original Intentions, Standard Meanings, and the Legal Character of the Constitution", *Const. Comm.*, 6 (1989), 39-50, 40-5; E. D. Hirsch, "Counterfactuals in Interpretation", em Sanford Levinson e Steven Mailloux (orgs.), *Interpreting Law and Literature* (Evanston, Ill.: Northwestern University Press, 1988), 55-68, 57; Steven Knapp e Walter Benn Michaels, "Against Theory 2: Hermeneutics and Deconstruction", *Critical Inquiry*, 14 (1987), 49-68, 54, 60; *id.*, "Against Theory", *Critical Inquiry*, 8 (1982), 723-42, 725-30; Walter Benn Michaels, "The Fate of the Constitution", *Texas Law Rev.* 61 (1982), 765-76, 774. Mesmo Stanley Fish, geralmente associado com a chamada "teoria de interpretação da resposta do leitor", que minimiza o papel do autor e das suas intenções – ver, por exemplo, Robin West, "The Aspirational Constitution", *Northwestern Univ. Law Rev.*, 88 (1993), 241-68, 257-8 – endossou efetivamente o caráter central da intenção autoral para a interpretação. Ver Stanley Fish, "Play of Surfaces: Theory and the Law", em Leyh (org.), *Legal Hermeneutics*, 297- 316, 299-300.

coisas diferentes em diferentes línguas e não significam nada se são resultado da ação das ondas em uma praia de areia[12].

Um texto é a tentativa de um autor específico de comunicar-se numa língua específica, ou em algum tipo de código semelhante a linguagem, e os textos querem dizer o que seus autores queriam que dissessem. Isso não é dizer que coisas que não são textos não podem ser apropriadas por autores e convertidas em textos. Se alguém houvesse derramado tinta em Filadélfia em 1787 e as manchas no papel fossem exatamente como letras que formavam palavras em inglês, palavras que expressassem melhor que quaisquer outras exatamente o que os criadores tinham determinado que devia ser a lei fundamental dos Estados Unidos, os criadores poderiam adotar esse papel manchado de tinta para representar suas determinações e, com isso, convertê-lo em texto. De modo similar, Melville poderia julgar que o apertar aleatório de teclas pelos macacos produziu exatamente as marcas que ele teria feito para comunicar as suas idéias de enredo e personagem. Na verdade, todos os autores apropriam-se de marcas e sons que, em si, não têm nenhum significado e que poderiam ter sido, e muitas vezes são produzidos sem nenhuma intenção de comunicar, exatamente como as nuvens podem assumir formas de objetos conhecidos sem por isso tornar-se arte figurativa.

Além disso, assim como os criadores ou Melville podem apropriar-se de não-textos para usá-los como seus textos, da mesma forma podem alguns autores apropriar-se dos textos de outros autores para usá-los como se fossem seus[13]. Se os cria-

---

12. Naturalmente, estou falando aqui de textos como comunicação. Os textos podem ter muitos significados além do seu significado de comunicações feitas pelos autores, exatamente como acontece com as marcas feitas na areia pelas ondas. Um texto pode ser um signo da ocorrência de algum evento no sentido de que é indício de tal evento. Uma lei pode "significar" que a legislatura se reuniu no ano passado ou que o encarregado de registrar leis estava trabalhando, nesse sentido de "significar", exatamente como nuvens podem "significar" chuva ou as marcas na praia podem significar que houve maré alta. Ver Heidi M. Hurd, "Sovereignty in Silence", *Yale LJ* 99 (1990), 945-1028, 953-67 (discutindo a análise griceana da comunicação).

13. Ver o exemplo em "Three Mistakes About Interpretation", de Paul Campos, *Mich. Law Rev.*, 92 (1993), 388-97, 389-90.

dores pretendiam algo estrito com a expressão "devido processo legal", tal como regularidade jurídica, mas o Supremo Tribunal ignora sua intenção e declara que a expressão abrange uma ampla série de direitos substantivos, então o Tribunal tornou-se, na verdade, o novo autor da Constituição. Tomou as palavras da Constituição e transformou-as em algo mais do seu agrado que o texto dos criadores. O mesmo é válido para "interpretações" de *Moby Dick* que não são o que Melville tinha em mente. (Observe a relevância dessa proposição para a questão de determinar se os "criadores" da Constituição, para propósitos da sua interpretação, são os que se encontraram em Filadélfia, as legislaturas estatais que ratificaram o produto de Filadélfia ou outros: cada grupo poderia usar as mesmas palavras para comunicar diferentes determinações.)

Em resumo, um texto é sempre o texto de algum autor. É qualquer coisa que o autor tenha pretendido comunicar por meio das marcas ou sons[14]. Mas as marcas ou sons de uma pessoa podem ser apropriados por outros autores para usá-los como *seus* textos, exatamente como alguém pode cortar a palavra "canard" de um livro de culinária francês, onde se refere a um pato, para usá-la em uma anotação em inglês, onde se refere a uma inverdade.

*C. As intenções autorais das autoridades jurídicas*

O Direito consiste nas determinações das autoridades jurídicas quanto ao que deve ser feito. Essas determinações são comunicadas ao público pretendido por meio de textos jurídicos. Os textos jurídicos, como todos os textos, são os veículos simbólicos para comunicar o que os seus autores pretendem comunicar, o que, no caso do Direito, são as determinações do que deve ser feito.

---

14. Ver Jorge J. E. Garcia, "Can There Be Texts Without Historical Authors?", *Amer. Phil. Q.*, 31 (1994), 245-53, 251-2; Paul Campos, "Against Constitutional Theory", *Yale J. of Law & Hum.*, 4 (1992), 279-310, 301-2; *id., supra*, n. 13, 395-6. Ver também autoridades citadas *supra*, n. 11.

Se queremos saber qual é o Direito, devemos verificar o que as autoridades determinaram que deve ser feito. Para verificar isso, devemos atentar para os seus textos com o intuito de descobrir as intenções autorais. Isso porque os *seus* textos (em oposição aos textos que outros poderiam fazer a partir das marcas e sons) são os seus veículos para comunicar-nos o que elas determinaram que devemos fazer, e querem dizer apenas o que pretenderam que quisessem dizer, que é o significado que procuramos descobrir se procuramos descobrir o Direito. Isso é válido não importa quem sejam as autoridades.

**1. O significado do falante e o significado do dicionário**

Neste ponto, objetar-se-á que minha análise é muito simplista. Quando digo que os textos querem dizer o que os seus autores queriam que dissessem, não negligenciei distinções óbvias como a que existe entre o significado do falante, por um lado, e o significado do dicionário e da frase, por outro? Embora devamos nos referir à intenção de um autor para verificar que as marcas são um texto e são escritas em uma língua específica, não podemos dispensar as intenções do autor nesse ponto e perguntar o que o texto quer dizer na língua, independentemente do que o autor pretendia que quisesse dizer? Em outras palavras, não podemos dizer que o autor pretendia usar o inglês ao fazer as marcas "hipopótamo" e pretendia com isso comunicar a idéia de um animal com um tronco largo, mas que "hipopótamo" *quer dizer* outra coisa que não o que o autor pretendia que quisesse dizer?

A resposta para essa pergunta é, como se poderia suspeitar, bastante complicada. Digamos que a palavra "hipopótamo" *quer dizer* um mamífero africano robusto que gosta de chafurdar na lama e nadar em rios *neste sentido*: o leitor médio de inglês que vê a palavra e presume que o autor pretendeu que fosse uma palavra da língua inglesa presumiria que a intenção era referir-se a tal animal (já que é a esse animal que a maioria dos falantes do inglês pretende referir-se quando usam a palavra). Em outras palavras, a palavra quer dizer o que um dicionário-padrão definiria que quer dizer. Vamos chamar esse tipo de significado $S_D$, significado do dicionário, e distingui-lo do significado do falante, $S_F$, as idéias que o falante pretende comunicar.

Por outro lado, os autores podem usar marcas e sons que possuem um $S_D$ particular em uma língua específica para comunicar idéias que não são parte do $S_D$. As palavras podem ser usadas de maneiras fora do padrão e bastante idiossincráticas. Naturalmente, os autores que usam palavras de maneiras fora do padrão freqüentemente não conseguem comunicar o que pretendem, porque o público presume que as palavras estão sendo usadas de maneira padrão. Basicamente, contudo, todos os significados $S_D$ dependem das intenções dos autores, no sentido de que as compreensões do público são tentativas de decifrar essas intenções. Usos fora do padrão e idiossincráticos podem tornar-se padrão. O $S_D$ poderá mudar se os significados dos falantes – $S_F$ – mudarem[15].

Neste ponto, então, podemos distinguir entre os seguintes itens: a intenção do autor de comunicar certas idéias, tal como, no caso das autoridades jurídicas, o que deve ser feito (significado do falante $S_F$); a intenção do autor de comunicar essas idéias por meio de certas marcas, sons ou gestos (símbolos); a intenção do autor de que esses símbolos sejam compreendidos numa língua específica; e o significado $S_D$ que esses símbolos

---

15. Naturalmente, também é verdade que a comunicação bem-sucedida de significados não-padrão geralmente depende de significados-padrão ou $S_P$. Não posso comunicar a você com sucesso que estou usando "mau" para designar "bom" ou que eu tocar o meu nariz significa "dar cabeçada", a menos que eu o faça usando alguns significados ingleses padrão. Se tudo o que eu disse fosse não-padrão, não estaria falando inglês mas uma linguagem inventada por mim. (Se podem existir linguagens verdadeiramente privadas que não são construídas a partir de linguagens públicas – ou se todas as linguagens são privadas no sentido de que nenhum significado do usuário pode ser traduzido perfeitamente por outro – é uma questão que não preciso solucionar.) Ver Anthony Dardis, "How the Radically Interpreted Make Mistakes", *Dialogue*, 33 (1994), 415-35.

Sobre a relação geral entre o que chamei de significado$_D$ e siginificado$_F$, ver Donald Davidson, "A Nice Derangement of Epitaphs", em Ernest LePore (org.), *Truth and Interpretation: Perspectives on the Philosophy of Donald Davidson* (Oxford: Basil Blackwell, 1986), em 433-46, 434, 439-40; Kay, *supra*, n. 11, 41. Ambos igualam o significado$_D$ com o significado costumeiramente pretendido.

transmitem na língua pretendida. Vimos que $S_F$ e $S_D$ podem separar-se. A questão, então, é se a comunicação pode "querer dizer" $S_D$ quando $S_D$ difere de $S_F$. Colocado de maneira diferente, as comunicações podem querer dizer alguma outra coisa que não o que os seus autores pretendem que queiram dizer, mesmo se o significado $S_D$, em geral, depender, em algum nível, das intenções autorais ($S_F$) e mesmo se $S_F$, em todos os casos, depender de um intento autoral de comunicar e de comunicar em uma língua específica? Podemos dizer que as comunicações "querem dizer" o que um autor pretenderia que quisessem dizer se o autor estivesse falando ou escrevendo na versão-padrão correta da língua que o autor está pretendendo usar?

Não vejo nenhuma razão para que não possamos falar a respeito do significado de uma comunicação em tal sentido. Por outro lado, no contexto dos textos jurídicos, a questão é por que deveríamos nos importar com qual é o significado do dicionário $S_D$ de uma comunicação (na língua pretendida pelas autoridades) se o significado $S_F$ das autoridades é diferente. O texto *deles* é sua tentativa de comunicar o que determinaram que devia ser feito, e o significado *desse* texto é $S_F$, não $S_D$, ou assim pareceria ser[16]. Isso porque, se desconsideramos $S_F$ e damos preferência a $S_D$, por que não deveríamos também desconsiderar a linguagem que as autoridades pretendiam e dar preferência a uma linguagem em que $S_D$ é mais do nosso agrado? Colocado de maneira diferente, por que deveriam as autoridades ser autorizadas a determinar os símbolos de textos jurídicos e a linguagem que esses símbolos representam, mas não ser autorizadas a determinar o que a linguagem significará quando a usarem?[17]

---

16. Considere, quanto a esse aspecto, o cartum The Far Side, de Gary Larson, reproduzido adiante (cortesia de Richard Kay).

17. Ver Campos, "Against Constitutional Theory", *supra*, n. 14, em 283, n. 14. Pergunta: podemos alguma vez dizer que as autoridades determinaram a linguagem dos símbolos que escolheram se a linguagem recebe um dado significado, diferente do que pretendiam? (Ver 1.C.1. acima) Em outras palavras, como podemos dizer que escolheram "inglês" em vez de "Shmenglish"? E o mesmo problema existe para os símbolos que escolheram? O que faz deste "a" o mesmo símbolo que este "a"? Ver Knapp e Michaels, "Intention, Identity, and the Constitution", *supra*, n. 11, 191-2.

**THE FAR SIDE**    By GARY LARSON

"Espere! Espere! ... Cancele o socorro. Parece que está escrito 'socoro'."

Há uma resposta óbvia para essa questão, naturalmente, que se relaciona com o Estado de Direito e, particularmente, com a virtude dos comandos jurídicos compreensíveis. Tratarei dessa resposta e dos seus efeitos na interpretação de textos jurídicos, na Parte II. No momento, quero presumir que uma argumentação *prima facie* a favor de tornar a intenção autoral a pedra de toque da interpretação jurídica foi estabelecida sobre os seguintes fundamentos: (1) o papel das autoridades jurídicas é determinar o que deve ser feito; (2) os textos jurídicos são comunicações de autoridades jurídicas, a cidadãos e a outras autoridades jurídicas, das determinações do que deve ser feito; (3) esses textos querem dizer o que as autoridades pretendem que querem dizer, $S_F$, ou seja, o que elas determinaram que devia ser feito. As intenções das autoridades são centrais por causa da combinação do que significa ser uma autoridade e do que significa ser um texto.

## 2. As variedades das intenções do falante

Até agora, tratei o significado do falante $S_F$ como um termo unívoco, baseado em uma concepção unívoca da intenção do falante. Neste ponto, porém, é útil considerar as distinções de Gregory Bassham entre vários tipos de intenções e crenças do falante e, então, perguntar o que depende de tais distinções[18].

Bassham distingue entre as crenças das autoridades jurídicas a respeito dos efeitos jurídicos do que criaram, por um lado, e as outras mudanças que eles esperavam ou tinham esperanças de que fossem realizadas por aquilo que pretendiam que tivesse efeitos jurídicos[19]. (Um exemplo do segundo, no nosso caso hipotético, seria a crença da câmara municipal de que o uso do parque irá aumentar se a resolução de "nenhum veículo" for aprovada e aplicada, ou de que os membros do legislativo municipal serão reeleitos. Nenhuma dessas crenças, se errada, afeta os efeitos jurídicos da postura[20].)

Na primeira categoria, das crenças das autoridades quanto aos efeitos jurídicos das leis que elaboram, Bassham distingue entre (1) crenças de âmbito, (2) crenças de âmbito contrafactuais

---

18. Gregory Bassham, *Original Intent and the Constitution* (Lanham, Md.: Rowman & Littlefield Publishers, 1992), 28-34.

19. *Ibid.*, 69-71.

20. Bassham chama essas últimas intenções de intenções não-obrigatórias e inclui entre elas coisas como as intenções das autoridades no que diz respeito à sua autoridade. *Ibid.*

e (3) intenções semânticas[21]. Crenças de âmbito são as crenças efetivas que as autoridades sustentam, na ocasião da aprovação, a respeito dos efeitos jurídicos dessa lei[22]. Colocado de maneira diferente, são as crenças efetivas das autoridades sobre quais mudanças jurídicas determinaram que fossem implementadas.

As crenças de âmbito contrafactuais são as crenças sobre esses efeitos jurídicos que as autoridades teriam sustentado se houvessem considerado a aplicação específica (do seu texto) à questão[23]. Bassham oferece como exemplo de crença de âmbito contrafactual a crença que os criadores da Constituição dos Estados Unidos teriam sustentado no que diz respeito a ser ou não o seqüestro de aviões um crime "infame", no sentido da cláusula do grande júri da quinta emenda[24]. Obviamente, os criadores não teriam tido crenças efetivas sobre seqüestro de aviões em 1791. Não obstante, Bassham considera significativo e sensato perguntar que crenças teriam sustentado a respeito da condição jurídica do seqüestro de aviões na quinta emenda se houvessem considerado o seqüestro de aviões. Os intencionalistas estritos são, para Bassham, todos os que interpretariam os textos jurídicos unicamente segundo crenças de âmbito e crenças de âmbito contrafactuais, embora o mais estrito dos intencionalistas estritos atente apenas para as crenças de âmbito.

As intenções semânticas das autoridades são as suas intenções no que diz respeito ao *significado* dos seus textos jurídicos[25]. Ora, isso em si é inteiramente inútil porque crenças de âmbito e crenças contrafactuais poderiam ser os determinantes exclusivos do *significado* dos textos, caso em que as intenções semânticas seriam meramente intenções para efetivar crenças de âmbito e crenças de âmbito contrafactuais. Bassham assinala, porém, que uma legislatura que proíbe substâncias tóxicas

---

21. *Ibid.*, 29.
22. *Ibid.*
23. *Ibid.*
24. *Ibid.*
25. *Ibid.*

pode ter em mente um conceito particular de toxicidade ou uma definição ou descrição particular de toxicidade – intenções semânticas –, assim como alguns exemplos específicos de substâncias tóxicas que acreditava estar proibindo (crenças de âmbito)[26]. Pode-se revelar que os exemplos específicos de substâncias tóxicas podem, na verdade, não ser tóxicos segundo a definição contemplada de toxicidade. Ou pode-se revelar que os exemplos específicos de substâncias tóxicas *e* a definição contemplada de toxicidade são incompatíveis com a melhor teoria da natureza da toxicidade como conceito.

Bassham classifica como "intencionalistas moderados" aqueles que seguiriam as intenções semânticas das autoridades quando estas entrassem em conflito com as intenções de âmbito e as intenções de âmbito contrafactuais[27]. No que diz respeito a qual das intenções semânticas das autoridades deveria dominar – suas intenções "frugais", realistas, para usar os termos de maneira compatível com a verdadeira natureza dos referentes dos termos, ou suas intenções "substanciosas", convencionalistas, para usar os termos em conformidade com as definições ou descrições que eles têm em mente –, Bassham, aparentemente, seguiria as intenções das autoridades nessa própria questão[28]. (Se você descobrisse que sua concepção de toxicidade era incompatível com a verdadeira natureza da toxicidade, qual desejaria que fosse controladora em termos do efeito jurídico?)[29] O próprio Bassham acredita que, no que diz respeito à Constituição dos Estados Unidos, as intenções semânticas dos criadores foram geralmente substanciosas, não frugais[30]. Conclui que a forma mais defensável de intencionalismo na inter-

---

26. *Ibid.*, 32
27. *Ibid.*
28. *Ibid.*, 32, 80-2.
29. *Ibid.*, 32.
30. *Ibid.*, 79. Eles podem não ter sido sempre ricos, porém. Bassham dá o exemplo de uma questão que pode surgir sob a 25ª. emenda, a saber, se um presidente que sofreu paralisação da atividade cerebral mas não da respiração nem da circulação está "morto" ou não. No caso, pode-se argumentar que os constituintes pretenderam que as suas intenções realistas suplantassem as suas intenções convencionalistas. *Ibid.*, 82.

pretação constitucional é o intencionalismo moderado, no qual as substanciosas intenções semânticas dos idealizadores superam suas intenções de âmbito e intenções de âmbito contrafactuais[31].

## 3. Quando as intenções das autoridades se separam: contrafactualidade e significado

Embora Bassham lidaria com esses vários tipos de intenções de autoridades – de âmbito, de âmbito contrafactual e semânticas, substanciosas e frugais – escolhendo qual deveria ser dispositiva, sugiro que a questão não é uma questão da escolha do intérprete. A questão é o que as autoridades pretendiam comunicar que tinham determinado que devia ser feito. E, *prima facie*, esse parece ser um dado da realidade, não uma questão de escolha.

*Escolher* qual das categorias de intenção de Bassham deve ser a base da interpretação parece artificial por duas razões. Em primeiro lugar, sempre que as várias intenções entram em conflito, não há nenhuma razão para perguntar quais intenções as autoridades desejariam que dominassem em tal caso. Se as intenções semânticas entram em conflito com as intenções de âmbito, não há nenhuma razão para escolher as intenções semânticas como o que as autoridades "pretendiam" se as autoridades tivessem preferido que suas intenções de âmbito dominassem suas intenções semânticas.

Em segundo lugar, acredito que as distinções de Bassham – e outras distinções análogas – acabam por ruir. Acredito, por exemplo, que nas intenções semânticas a distinção entre sentido e referência desaparece. Por fim, aquilo a que um termo se refere não pode ser determinado sem uma definição ou descrição, mas definições e descrições pretendem ser definições e descrições *de* algo[32]. (Não saberíamos a que coisa "morte" se

---

31. *Ibid.*, 51-6.
32. Ver, geralmente, Ralph Shain, "Mill, Quine, and Natural Kinds", *Metaphilosophy*, 24 (1993), 275-92 (discutindo problemas com o conceito de "tipos naturais"). Ver também Andrei Marmor, *Interpretation and Legal Theory* (Oxford: Clarendon Press, 1992), 144-5.

refere sem alguma descrição dela, embora, de maneira similar, pensemos que a morte pode ser descrita erroneamente.) Além disso, a distinção entre intenções semânticas e intenções de âmbito contrafactuais desaparece. Nossas definições e descrições podem ser generalizações falíveis a partir de particularidades, e as particularidades podem ser inferências falíveis a partir de generalizações.

No fim, não vejo nenhuma razão por que uma noção ampla de crenças/intenções de âmbito contrafactuais não pode compreender todas as categorias de intenções das autoridades de Bassham. O que queremos saber – dadas alguma situação de fato, as compreensões semânticas das autoridades, a verdadeira natureza daquilo a que os seus termos se referem, e assim por diante – é o que elas determinaram que devia ser o efeito jurídico da sua ação. Como os exemplos das autoridades podem ser incompatíveis com as definições dos termos que elas empregam, e as definições podem ser incompatíveis com a verdadeira natureza dos referentes dos termos, a questão é qual elas pretendiam que dominasse em casos de tal incompatibilidade[33]. Em alguns casos, talvez, os referentes dominarão as definições e os exemplos[34]. Em outros casos, as definições ou exemplos dominarão[35].

---

33. Tenha em mente que, na minha opinião, exemplos, definições e referentes são, por fim, inter-relacionados e não podem ser exatamente opostos.

34. Observe que, como o papel das autoridades é determinar o que deve ser feito – para tornar os princípios morais concretos o suficiente para guiar cidadãos e funcionários –, quando as autoridades pretendem que a verdadeira natureza dos referentes dos termos que empregam dominem as suas definições e exemplos incoerentes, estão, em certo sentido, violando o seu papel. Ao fazer os efeitos jurídicos dependerem da verdadeira natureza dos termos morais, qualquer que seja a sua natureza, as autoridades deixaram de oferecer orientação moral; e, ao fazer os efeitos jurídicos dependerem da verdadeira natureza dos tipos naturais, deixaram muita coisa para o desconhecido (é por isso que acredito que a referência não pode abandonar completamente o sentido).

35. A melhor discussão de por que a interpretação não deve ser vinculada à verdadeira natureza das coisas às quais se referem as palavras do texto jurídico é encontrada em Stephen R. Munzer, "Realistic Limits on Realist Interpretation", *South. Calif. Law Rev.*, 58 (1985), 459-75. Munzer, ao responder à teoria realista de Moore da interpretação jurídica, assinala que muitas palavras não nomeiam "tipos"

O que propus, portanto, é ampliar a noção de crenças e intenções de âmbito contrafactuais de Bassham e torná-la a pedra de toque do significado $S_F$ das autoridades. O que as autoridades querem dizer por meio da aprovação de uma lei é governado pelo modo como descreveriam os efeitos jurídicos da aprovação em cada circunstância possível. Por exemplo, se a legislação, como aquela postura hipotética do início, é uma proibição de alguma conduta, seu significado é o que as autoridades diriam que eram seus efeitos jurídicos pretendidos – a proibição ou não-proibição – nas circunstâncias em questão. Se Alice, Barbara e Charles têm em mente Chevrolets azuis quando votam "sim", mas, se indagados sobre se a postura proibiria Fords verdes respondessem que "sim", sua intenção contrafactual e, portanto, o significado da sua aprovação é o de que Fords verdes são proibidos.

Estamos neste ponto do argumento. A interpretação jurídica adequada dos textos jurídicos deve harmonizar-se com o papel das autoridades jurídicas autoras. Esse papel é determinar o que deve ser feito, qual determinação é o que as autoridades pretendem comunicar aos cidadãos e funcionários por meio dos textos jurídicos. O significado de tais textos, portanto, é apenas o que as autoridades desejam comunicar por meio deles. E, embora as autoridades possam ter várias crenças e intenções incompatíveis incorporadas nos seus textos, quando esse é o caso, os significados dos textos ainda são que efeitos

---

de espécie alguma (461-2), que as palavras que nomeiam "tipos funcionais" não pressupõem uma verdadeira natureza subjacente desses tipos (466-8), que os termos morais e termos de tipo natural podem não mapear a realidade de maneira precisa (462, 464), e, finalmente, que, para muitos textos jurídicos, as compreensões convencionais devem dominar a verdadeira natureza dos referentes dos termos (468-70). Na última categoria, Munzer coloca uma lei limitando a colheita de "peixe" escrita em um tempo em que se pensava que as baleias fossem peixes. Dados certos propósitos à lei, ela deve ser lida de modo que inclua baleias (468-70). E ver Dardis, *supra*, n. 15, 423-5 (discutindo os parônimos mal empregados, casos clássicos em que as intenções semânticas se rompem, não em termos de referente em oposição a definição, mas em termos de palavra escolhida em oposição a palavra pretendida).

jurídicos as autoridades declarariam que os textos possuem quando confrontadas com tais conflitos e incoerências[36].

Restam dois obstáculos, porém, antes que o argumento em favor de dirigir a atenção para as crenças e intenções de âmbito contrafactuais das autoridades esteja assegurado, e ambos surgem da natureza filosoficamente problemática dos contrafactuais. O primeiro obstáculo é o problema de distinguir traduções e correções: devemos deixar espaço para a possibilidade de que, ao imaginar o diálogo contrafactual com as autoridades, possamos imaginá-las dizendo: "Queríamos dizer X mas agora percebemos que X era um erro." O segundo obstáculo é se a investigação contrafactual é determinada: existe um fato concernente à matéria no que se refere àquilo em que as autoridades teriam acreditado e pretendido com respeito a alguma situação que não estivesse perante elas?

### 4. Intenções de âmbito contrafactuais: deixando espaço para a possibilidade de erros

Determinar intenções de âmbito contrafactuais – quais intenções, argumentei, são as chaves para interpretar textos jurídicos – leva-nos à seguinte questão. É possível distinguir: (1) o que as autoridades realmente *determinaram* quanto a uma situação factual para a qual não atentaram na época em que foram autoras da sua comunicação sobre o que deve ser feito, e

---

36. Essa abordagem da interpretação – freqüentemente designada "originalismo" – tem uma adesão impressionante. Por exemplo, William Eskridge, que não é um originalista, define o originalismo de maneira quase idêntica ao que chamei de significado dos textos jurídicos das autoridades: "Essa abordagem [originalista] 'intencionalista' pergunta como... [as autoridades] originalmente pretenderam que a pergunta fosse respondida, ou como pretenderiam que a pergunta fosse respondida se... [eles] tivessem pensado a respeito da questão quando... [eles] aprovaram a lei." William N. Eskridge, Jr., "Dynamic Statutory Interpretation", *Univ. Penn. Law Rev.*, 135 (1987), 1479-1555, 1479-80. Ver também Steven D. Smith, "Law Without Mind", *Mich. Law Rev.*, 88 (1989), 104-19, 105-6; Earl Maltz, "Some New Thoughts on An Old Problem – The Role of the Intent of the Framers in Constitutional Theory", *Boston Univ. Law Rev.*, 63 (1983), 811-51, 815-6 n. 14; Brest, *supra* n. 1, 222-3.

(2) o que as autoridades *deviam ter determinado* quanto a tal situação. Em outras palavras, podemos distinguir entre crenças e intenções de âmbito contrafactuais e crenças e intenções corretas (a partir de nossa perspectiva)?

Considere uma das tentativas recentes mais cuidadosamente arrazoada e persuasiva de descrever a interpretação adequada em circunstâncias não imaginadas pelas autoridades autoras. Em "Fidelity in Translation", Lawrence Lessig equipara a interpretação, em tais circunstâncias, à tradução[37]. A tradução, diz Lessig, exige dois passos[38]. O primeiro passo é ler o texto pelo significado que ele traz no seu contexto original – como as autoridades imaginaram que a sua determinação operaria. O segundo passo é traduzir esse significado no contexto corrente da aplicação. A interpretação como tradução exige que o significado de um texto seja preservado quando mudam os contextos da aplicação. Contanto que o significado do texto na aplicação seja preservado por meio da mudança contextual, pode-se dizer que os intérpretes estão levando a cabo o que as autoridades determinaram e comunicaram que deve ser feito, e não atuando segundo sua própria visão (a visão dos intérpretes) do que deve ser feito.

Lessig prossegue descrevendo a tradução de textos jurídicos – como o significado na aplicação é preservado por meio de mudanças contextuais[39]. O contexto original do qual deriva o significado é composto dos pressupostos das autoridades[40]. Estes, categorizados amplamente, consistem em pressupostos a respeito de matérias de fato, pressupostos a respeito de matérias de Direito e pressupostos a respeito de valores. Por exemplo, os criadores da quinta emenda postularam um privilégio contra a auto-incriminação em um ambiente factual em que não havia forças policiais e interrogadores policiais como os que encontramos hoje[41]. Portanto, mesmo que os criadores imagi-

---

37. *Texas Law Rev.* 71 (1993), 1165-1268.
38. *Ibid.*, 1211.
39. *Ibid.*, 1211 ss.
40. *Ibid.*, 1213-4.
41. *Ibid.*, 1234-6.

nassem a aplicação da cláusula como restrita a interrogatórios, durante ou antes do julgamento, por magistrados ou promotores, o seu significado para a cláusula é preservado por sua aplicação ao contexto moderno do interrogatório, ou seja, o interrogatório de custódia do réu pela polícia. Uma diferença em pressupostos factuais entre 1791 e hoje leva-nos da quinta emenda para *Miranda contra Arizona*[42], de modo que podemos dizer que a decisão de *Miranda* é o que os criadores da quinta emenda determinaram. Nos termos de Lessig, *Miranda* é uma tradução fiel do privilégio da quinta emenda contra a auto-incriminação.

Lessig oferece-nos como exemplo de mudança em pressupostos jurídicos o caso em que um texto jurídico é premissa implícita na existência de outras doutrinas jurídicas, doutrinas que, no ínterim entre a promulgação dos textos e as aplicações em questão, são anuladas judicialmente ou revogadas legislativamente[43]. Como exemplo, Lessig aponta a doutrina federal *silver platter* – as provas são admissíveis nos tribunais federais mesmo se obtidas por funcionários do Estado mediante busca e apreensão que teriam violado a quarta emenda, caso os Estados estivessem sujeitos a essa emenda, e mesmo se as provas tivessem sido excluídas de tribunais federais, caso funcionários federais estivessem envolvidos – e argumenta que a doutrina subseqüentemente anunciada de incorporação deveria ditar uma modificação na aplicação da doutrina a provas apreendidas por funcionários do Estado[44]. Como outro exemplo de mudança em pressupostos jurídicos que, pode-se argumentar, exigem mudança na aplicação, Lessig aponta a expansão do poder federal nas interpretações judiciais modernas da cláusula de comércio, uma mudança em pressupostos jurídicos que, pode-se argumentar, exerce influência quando se determina se a décima emenda, que, originalmente, pode não ter sido nada além de um truísmo jurídico, agora tem ou não algum vigor

---

42. 384 U.S. 436 (1966).
43. Lessig, *supra*, n. 37, 1215-7.
44. *Ibid.*

jurídico afirmativo para preservar um domínio significativo da soberania do Estado[45].

O problema com a abordagem de Lessig, como o próprio Lessig reconhece, é que ela ameaça apagar a distinção entre a interpretação – a fidelidade ao traduzir as determinações da autoridade – e a emenda, que corrige as determinações que, do ponto de vista do intérprete, são erros[46]. Em casos de interpretação, o papel das autoridades de determinar o que deve ser feito é respeitado. Na emenda, esse papel é usurpado pelo intérprete, que começa a ser a autoridade final.

Para entender por que é assim, imagine qualquer caso em que o intérprete tem uma visão sobre o que deve ser feito, uma visão que, superficialmente, está em conflito com o que as autoridades determinaram. Para tomar um dos exemplos de Lessig[47], considere que, em 1864, o Congresso inseriu um dispositivo no Código dos Estados Unidos limitando a 10 dólares a taxa que um veterano podia pagar a um advogado pela representação em uma ação de benefício a veteranos. Em 1864, 10 dólares podiam comprar serviços jurídicos adequados. A intenção do Congresso era meramente limitar o que os advogados podiam cobrar dos veteranos, não excluir os advogados inteiramente dos processos por benefícios aos veteranos. Hoje, porém, por causa de mais de um século de inflação, o limite de 10 dólares funcionaria para excluir a representação jurídica. A questão, então, é se a fidelidade no traslado exige que, ao lermos "10 dólares", interpretemos isso como querendo dizer "o custo da quantia de serviços jurídicos que 10 dólares comprariam em 1864".

Lessig tem consciência da importância dessa questão, e ele a examina no contexto de estabelecer limites para o seu modelo de traslado[48]. O limite importante para os meus propósitos é o que Lessig chama de "humildade estrutural"[49]. A hu-

---

45. *Ibid.*, 1224-8.
46. *Ibid.*, 1251.
47. *Ibid.*, 1176-7.
48. *Ibid.*, 1251 ss.
49. *Ibid.*, 1252-61.

mildade no traslado requer que o intérprete não melhore o texto original, isto é, que não corrija erros contidos no texto. O trabalho do intérprete é encontrar equivalentes de significado entre contextos, não melhorar o significado.

Nem todas as melhorias, porém, são inadequadas, mas apenas as melhorias que afetam a tarefa pelas quais responsabilizamos os autores[50]. Portanto, não há problema se quem traslada uma poesia melhora a caligrafia do poeta, mas não a sua poesia. Não julgamos o poeta pela caligrafia. Por outro lado, há problema em melhorar a caligrafia no trabalho de uma criança se a caligrafia é parte do trabalho da criança a ser avaliado. Lessig resume essa proposição: "O que a humildade exige, então, é uma afirmação a respeito da compreensão do pano de fundo daquilo pelo qual o autor está sendo considerado responsável. Contra esse pano de fundo, a humildade aconselha que quem traslada se abstenha de pressupostos que afetem a responsabilidade do autor."[51]

De quais pressupostos das autoridades jurídicas os intérpretes jurídicos devem abster-se? Lessig responde que devem abster-se de pressupostos "políticos" ou de valor, mas não de pressupostos factuais ou jurídicos[52]. Em outras palavras, o intérprete, ao traduzir fielmente um texto jurídico, pode corrigir pressupostos factuais e jurídicos que se revelam falsos, mas não pressupostos de valor dos quais o intérprete discorda.

Como a análise de Lessig funciona no contexto do limite de 10 dólares do Congresso aos honorários do advogado? Lembre-se que as perguntas importantes para Lessig são se houve mudança nos pressupostos (uma mudança que teria resultado em um texto diferente) e se os pressupostos mudados são factuais ou avaliatórios. O pressuposto em questão que Lessig atribui ao Congresso de 1864 – de que 10 dólares pagam a representação jurídica adequada – parece ser um pressuposto factual no esquema de Lessig. Portanto, o intérprete fiel, que con-

---

50. *Ibid.*, 1253-4.
51. *Ibid.*
52. *Ibid.*, 1254-5.

sidera o Congresso responsável pelas suas escolhas de valor, mas não pelas suas crenças factuais, "interpretaria" 10 dólares como qualquer quantia de dólares que agora seja necessária para pagar o que 10 dólares teriam pago em serviços de advogado em 1864. Além disso, suporíamos que resultados similares poderiam ser adequados à exigência constitucional de que o presidente tenha mais de 35 anos e um mandato de quatro anos, que os membros da Câmara dos Deputados tenham mandato de dois anos e os senadores mandatos de seis anos, ou mesmo que os limites de velocidade sejam considerados literalmente.

Lessig não justifica sua conclusão de que devemos considerar as autoridades jurídicas autoras como responsáveis pelos seus pressupostos de valor mas não pelos seus pressupostos factuais e jurídicos. Lessig percebe que corrigir todos os pressupostos das autoridades jurídicas autoras agora percebidos como errôneos torna, na verdade, os intérpretes, não as autoridades jurídicas autoras, responsáveis pelo governo[53]. Assim, ele tenta limitar tais correções distinguindo entre a correção de crenças de valor errôneas e corrigindo crenças factuais errôneas. A distinção de Lessig, porém, é insatisfatória, porque a relação de fato e valor é muito confusa e porque – como sugere o exemplo dos honorários do advogado – desejamos tornar as autoridades responsáveis pelas determinações factuais.

Para considerar o último ponto em primeiro lugar, muitas discordâncias que os intérpretes têm com as autoridades cujas leis devem interpretar são discordâncias sobre matérias de fato. O limite de velocidade de 55 milhas por hora salva vidas? Os limites de mandato do Congresso aumentarão a responsabilidade política? Tetos de taxas de seguro irão funcionar efetivamente como previsão? E, embora os exemplos de Lessig de fidelidade no traslado envolvam a correção de pressupostos factuais e jurídicos que eram corretos quando foram feitos mas que se tornaram incorretos ao longo do tempo (um tempo rela-

---

53. *Ibid.*, 1253.

tivamente longo), não vejo nenhuma razão, em princípio, para que Lessig não queira que os intérpretes corrijam pressupostos factuais e jurídicos que eram errôneos quando foram feitos. Por que não devemos responsabilizar as autoridades jurídicas por não conseguirem prever com exatidão o futuro e, ao mesmo tempo, responsabilizá-las por não analisar com precisão o presente? No esquema de Lessig, fica impossível para as autoridades jurídicas dizerem que o Direito que estabeleceram tinha como premissa um erro factual ou jurídico que deveria levar à sua revogação. Isso porque, fielmente intepretados, os pressupostos factuais e jurídicos da lei são todos corrigidos. Revogações por causa de erro factual ou jurídico nunca são necessárias. Como, porém, acreditamos que tais revogações são muitas vezes necessárias, deve haver algo errado na visão de interpretação de Lessig. Em outras palavras, pensamos que freqüentemente existe uma lacuna entre o que as autoridades autoras *realmente determinaram* que devia ser feito e o que, *à luz dos fatos*, elas *deviam ter determinado*. O modelo de Lessig de fidelidade no traslado, porém, torna tal lacuna uma impossibilidade conceitual[54].

---

54. Lessig poderia ser interpretado como endossando um teste contrafactual para determinar as intenções das autoridades – por exemplo, suas intenções são o que teriam estabelecido se houvessem percebido o conflito entre seus propósitos específicos e seus propósitos gerais ou abstratos. David Brink endossa justamente tal teste, embora perceba que, como as autoridades sempre resolveriam tal conflito entre níveis de generalidade de propósito a favor do nível mais abstrato, a abordagem ameaça fazer de todas as leis uma injunção, "fazer a coisa certa", o que não seria uma determinação com autoridade nem limitaria os intérpretes. David O. Brink, "Legal Theory, Legal Interpretation, and Judicial Review", *Phil. & Public Affs.*, 17 (1988), 105-48, 126-9. Mas ver Marmor, *supra*, n. 32, em 171-2 (defendendo a confiança nos propósitos de nível mais elevado das autoridades). (Marmor acredita que é incoerente dar precedência a como os legisladores pretendem que seu direito seja aplicado em dadas circunstâncias em detrimento do que pretendem conseguir por meio de tais aplicações. Parece-me, porém, que posso pretender banir a bomba para promover a paz e, sem nenhuma incoerência, sustentar que banir a bomba é o que pretendia, mesmo quando confrontado com argumentos de que a paz é mais bem assegurada com armas nucleares.) Ver também Ronald Dworkin, *Life's Dominion* (Nova York: Alfred A. Knopf, 1993), 136-7; *id., supra*, n. 5, em 134-6.

A distinção de Lessig entre pressupostos factuais e jurídicos, que podem ser corrigidos pelo intérprete, e pressupostos de valor, que não podem ser corrigidos, também é problemática. Ela subestima seriamente o número de discordâncias de valor que podem ser finalmente reduzidas a discordâncias a respeito de fatos ou a erros de raciocínio. Por exemplo, Lessig argumenta que algo saiu errado se corrigimos como errôneo o pressuposto dos autores constitucionais de que o bicameralismo é uma forma "melhor" de governo que o unicameralismo[55]. Esse pressuposto era um julgamento de valor pelo qual os autores deviam ser considerados responsáveis. É difícil imaginar, porém, como esse julgamento de "valor" é outra coisa que não um julgamento sobre fatos – isto é, sobre quão eficientes, protetores da liberdade e receptivos serão os dois tipos de governo. E os pressupostos de valor por trás da preferência pela forma superior de governo em termos de eficiência, proteção à liberdade e receptividade não foram modificados nem um pouco desde a criação da Constituição.

O próprio Lessig admite que a linha entre pressupostos de valor e factuais não será clara nem mesmo estável[56]. Por fim, a

---

O problema com tal teste contrafactual é que, no fim, ele não consegue distinguir duas coisas que devem ser distinguidas para que as autoridades desempenhem o seu papel: o que as autoridades *fizeram* e o que as autoridades *teriam feito* (se não tivessem cometido vários erros). Ver Win-Chiat Lee, "Statutory Interpretation and the Counterfactual Test for Legislative Intention", *Law & Phil.*, 8 (1989), 383-404, 397-401, 403-4.

No que diz respeito a erros factuais e jurídicos, a abordagem de Lessig derruba a distinção entre o que está implícito *na* lei e o que é implícito *pela* lei. Muitas coisas sobre o mundo são implícitas pelas leis mas não estão nelas no sentido de serem juridicamente operacionais. Uma lei que criminaliza a prostituição pode implicar que a legislatura sustenta uma visão de mundo tal que seria desejável recusar-se a fazer valer os contratos feitos por prostitutas. Não obstante, não decorre imediatamente dessa implicação a respeito do mundo que a lei que criminaliza a prostituição torne, ela própria, inaplicáveis os contratos de prostitutas. Ou uma lei impondo um dever referente à discriminação sexual pode implicar que a legislatura, se considerasse a questão, veria um direito à ação privada para fazer cumprir esse dever como uma boa idéia. Para julgar, porém, que tal direito de ação privada pode estar implícito no direito que impõe o dever, a idéia tem de ser tão boa que possamos inferir que a legislatura efetivamente determinou que existe.

55. Lessig, *supra*, n. 37, 1253.
56. *Ibid.*, 1255.

questão importante é pelo que consideramos responsáveis as autoridades jurídicas autoras. Infelizmente para a análise de Lessig, ele não propõe nenhuma argumentação a favor do pressuposto de que devemos considerar as autoridades jurídicas autoras responsáveis por suas crenças de valor, não por suas crenças factuais. Na verdade, se o papel das autoridades jurídicas é tornar mais determinadas as noções morais abstratas, compartilhadas, o papel das autoridades ao determinar questões factuais é, em certo sentido, mais importante que o seu papel na determinação de valores.

Iniciei esta seção perguntando se é possível distinguir entre o que as autoridades realmente determinaram e o que as autoridades deveriam ter determinado com respeito a situações factuais para as quais não atentaram. Lessig não distingue entre essas coisas, ou seja, quando aquilo que os autores determinaram muda com o contexto da aplicação e quando o contexto da aplicação demonstra ser incorreto aquilo que os autores determinaram. A fidelidade no traslado de Lessig apaga essa distinção no que diz respeito às distinções factuais e presume-a no que diz respeito a determinações de valor. Minha pergunta permanece sem resposta.

### 5. A posição ontológica das intenções contrafactuais

A possibilidade de distinguir entre o que as autoridades realmente determinaram com respeito a aplicações para as quais não estavam atentando e o que deviam ter determinado com respeito a essas aplicações depende, no fundo, de determinar se existe uma verdade no tocante a crenças e intenções contrafactuais. Se perguntássemos às autoridades jurídicas o que elas determinaram que devia ser feito quanto a uma aplicação que não tinham em mente na época do estabelecimento da norma jurídica, existe algum fato real na época da aprovação que torna as respostas "determinamos X" ou "determinamos não-X" corretas ou incorretas? Ou todas essas respostas refletem não meramente relatos de fatos da realidade, mas também normas de interpretação, de modo que se poderia dizer que duas autoridades com exatamente os mesmos estados mentais determinaram coisas diferentes porque as normas interpretativas que as governam são diferentes?

Para ilustrar essa questão, suponha que quando Alice proíbe veículos no parque ela tem em mente um Ford azul como o que recentemente atropelou um pedestre no parque. Na época em que a postura deve ser aplicada, porém, o carro em questão é um Chevrolet verde. Alice pretendia proibi-lo? Existe uma verdade a respeito disso?

Ou suponha que lhe dê o meu talão de cheques e peça-lhe que compre *curry* para um jantar indiano que estou planejando oferecer hoje à noite. Você volta com o *curry* e um débito de $2.500 no talão de cheques; há uma carência mundial de *curry* e o merceeiro quis $2.500 pelo último vidro da cidade. Ou, em vez de voltar com o *curry*, você traz brotos de alfafa, explicando que, como eu queria o *curry* porque gostava de comida indiana, o que eu realmente queria era o máximo de prazer gustativo, algo que os brotos de alfafa proporcionarão. É verdade que eu realmente não pretendia comprar nem o *curry* de $2.500 nem brotos de alfafa talvez mais gostosos?[57]

---

57. Ver também Stanford Levinson, *Constitutional Faith* (Princeton, NJ: Princeton University Press, 1988), 82 ss. (colocando um caso similar.). Considere, nesse aspecto, o famoso exemplo de Wittgenstein: "Alguém me diz: 'Mostre um jogo às crianças.' Eu as ensino a jogar dados e a pessoa me diz: 'Não me referia a esse tipo de jogo'. Será que lhe ocorreu a exclusão do jogo de dados quando ela me deu a ordem [para tornar este último enunciado verdadeiro]?" Ludwig Wittgenstein, *Philosophical Investigations*, 3ª. ed., G. E. M. Abscombe, trad. (Nova York, Macmillan, 1958), 33.

Considere também a discussão sobre a determinação do comando de Jeremy Waldron, "Feche a porta", dado por Beth (a superiora na companhia) a Sam (o subordinado) quando Sam entra no escritório de Beth, um exemplo dado por Kent Greenawalt em *Law and Objectivity* (Nova York, Oxford University Press, 1992), 16-18, que Waldron está comentando. "Quando Sam vai fechar a porta, vê o presidente da companhia aproximando-se da entrada, evidentemente com a intenção de entrar. Ele deve interpretar a diretiva de Beth como instruindo que feche a porta na cara do presidente? Claramente não...". Jeremy Waldron, "Assurances of Objectivity", *Yale J. Law & Hum.*, 5 (1993), 553-68, 559. A resposta de Waldron – "claramente não" – sugere que ele pensa que há uma verdade referente ao significado do comando. Ele rejeita corretamente a própria linguagem como fonte da resposta. Mas também observa corretamente os problemas que encontramos se o significado de uma norma ou comando está localizado nos propósitos e objetivos mais gerais

Ou considere a legislatura de Arkansas que, ao aprovar uma lei, truncou a cláusula-padrão "ficam revogadas todas as leis"[58]. A legislatura pretendeu revogar todo o código anteriormente aprovado, como um litigante oportunista alegou? Existe alguma verdade nisso?[59] Compare esse exemplo à situação em *Estados Unidos contra Locke*[60], no qual a lei em questão exigia que os requerimentos fossem protocolados "antes de 31 de dezembro". O Congresso realmente pretendia barrar requerentes que os protocolassem em 31 de dezembro? Existe uma verdade sobre isso?

Numa reflexão prévia, pelo menos, parece existir uma verdade sobre tais intenções. Alice provavelmente se apressaria a dizer que pretendia proibir Chevrolets verdes. Tenho certeza de que eu não queria brotos de alfafa, mesmo que devesse. E a legislatura de Arkansas seria inflexível ao dizer que não pretendia revogar todas as leis anteriores[61].

Por outro lado, é menos claro para mim que não pretendi, em oposição a que não deveria ter pretendido, comprar o *curry*

---

subjacentes a ele. Embora Waldron não expresse dessa maneira, a dificuldade com a última abordagem é que ela faz a norma recair naquilo que a norma deveria ter sido (já que todo objetivo de ordem mais elevada de todo legislador é fazer o melhor). Ela não dá espaço para erros. Waldron não responde à questão sobre o que determina o comando de Beth, no sentido de que sabemos que ele não exige que se feche a porta na cara do presidente da companhia. Se há uma verdade a respeito do que Beth pretendeu para essa aplicação, embora nunca tenha pensado nela, então é a sua intenção que torna correta a resposta – Beth não está ordenando que Sam feche a porta na cara do presidente.

58. Ver *Cernauskas contra Fletcher*, 21 Ark. 678, 201, S. W.2d 999 (1947).

59. Ver também *In re Adams*, 619, F.2d 216, 222 (2d Cir. 1980), *cert. denied* 449 U.S. 843 (1980) (tribunais não fazem cumprir erros evidentes).

60. 471 U.S. 84, 93-6 (1985).

61. O caso da "revogação" de Arkansas ilustra o papel dual que o absurdo desempenha na interpretação. Às vezes, o absurdo desempenha o papel de restrição normativa à autoridade das intenções das autoridades. Assim, poderíamos dizer que, se um resultado é muito absurdo (ou injusto), então está além do âmbito da autoridade das autoridades, mesmo se estiver claro que elas pretendiam tal resultado. Discuto isso e pontos relacionados na Parte II.

Por outro lado, o absurdo, às vezes, é usado à maneira de indício, isto é, para estabelecer quais eram (ou não eram) efetivamente as intenções das autoridades. Esse uso do absurdo parece ajustar-se ao caso de "anulação" de Arkansas melhor que o outro uso. Ver também Kay, *supra*, n. 11, em 44.

de $2.500. Do mesmo modo, o Congresso poderia ter problemas para responder se pretendia erroneamente impedir requerentes no dia 31 de dezembro ou se não pretendia impedi-los. E o legislativo municipal de Nossa Cidade poderia ficar genuinamente perplexo quanto a determinar se havia realmente proibido que o carro fosse atirado do helicóptero[62].

Essa questão, creio, encontra-se no âmago das controvérsias sobre a interpretação. Não se trata da gasta questão de quão transparentes são as intenções com respeito aos seus objetos (se eu pretendo $x$, e $x$ acarreta $y$, eu pretendo $y$?), uma questão que parece consistir em como usar o termo "intenção" e não no que são as intenções em toda parte. A questão reside antes na esfera da própria transparência. Se digo que, ao pretender proibir veículos, com um Ford azul como meu exemplo, pretendi proibir Chevrolets verdes, coisa que eu não tinha em mente e posso nunca ter visto nem imaginado, estou relatando um fato universal ou aplicando certas normas de interpretação ao meu próprio ato passado, normas que são derivadas de valores?[63]

Creio que, em parte, são dúvidas a respeito da facticidade das intenções no tocante a aplicações não-consideradas que levam os teóricos a abandonar as intenções autorais como chave

---

62. Ver também Brest, *supra*, n. 1, 210-1 (discutindo tal exemplo).
63. Essa questão referente à facticidade das intenções foi notada por outros. Ver, por exemplo, Hirsch, *supra*, n. 11, 66-8 (perguntando se, dado que o mundo do futuro, no qual as intenções se projetam, será diferente do mundo do autor, podemos dizer que as intenções do autor sobrevivem nesse mundo). Alguns teóricos insistem bastante em que o conteúdo das intenções é uma questão de fato. Ver, por exemplo, Marmor, *supra*, n. 32, 156; Knapp e Michaels, "Intention, Identity, and the Constitution", *supra*, n. 11, 192-3. Outros negam isso. Ver Fish, *supra*, n. 11, 300; *id.*; "Wrong Again", em *Doing What Comes Naturally* (Durham, NC: Duke University Press, 1989), 99.

Há certa relação entre a questão da opacidade-transparência do conteúdo e a questão de haver ou não uma verdade metafísica a respeito das intenções. Os que a negam – os céticos da intenção – afirmariam que as intenções são totalmente opacas a todas as circunstâncias imprevistas e, assim, não podem ter aplicações futuras – isto é, absolutamente nenhuma aplicação. Ver, de maneira geral, Michael E. Bratman, *Intentions, Plans, and Practical Reason* (Cambridge, Mass.: Harvard University Press, 1987).

para a interpretação[64]. Os céticos da intenção rejeitam, finalmente, qualquer distinção entre "O que você *pretendeu* quanto à situação S não-considerada?" e "O que você teria pretendido quanto a S se a houvesse considerado?" A segunda pergunta não tem uma resposta única, porém, já que o que você teria determinado quanto a S se a houvesse considerado depende daquilo em que você teria acreditado a respeito de S. E como você poderia ter acreditado em várias coisas a respeito de S, daquilo em que eu acredito a respeito de S até crenças muito diferentes, não existe nenhuma verdade sobre o que você teria determinado. E, como o que você realmente determinou quanto a S é o que você teria determinado, não existe nenhuma verdade a respeito do que você realmente determinou.

Contudo, ser céticos quanto à facticidade das intenções no que diz respeito a situações não-consideradas nos torna céticos quanto à facticidade de todas as intenções[65]. As intenções voltam-se para o futuro e, não obstante, esse futuro, não importa a exatidão com que foi imaginado na ocasião da intenção, será, freqüentemente, se não quase sempre, um tanto diferente, de maneiras relevantes, na ocasião da consumação. Mais importante, o conjunto de intenções no tocante a situações não-consideradas contém todas as intenções sobre as quais pensamos que as autoridades estavam erradas (já que os erros sempre indicam uma falha de consideração em algum nível da análise). Portanto, o ceticismo quanto à facticidade das intenções no tocante a situações não-consideradas leva a uma negação da exis-

---

64. Além de dúvidas a respeito da facticidade das intenções, o outro ímpeto importante para abandonar as intenções autorais está relacionado com a natureza paradoxal da autoridade: como é possível ter boas razões para que as autoridades nos digam que devemos fazer $x$, e talvez nos punir por não fazer $x$, quando também temos boas razões para não fazer $x$? Se, ao interpretar as prescrições das autoridades, podemos dispensar o que determinaram que devíamos fazer em favor do que agora acreditamos que deviam ter determinado, podemos eliminar o paradoxo. Naturalmente, ao eliminar assim o paradoxo, eliminamos efetivamente as autoridades *qua* autoridades, o que, por hipótese, temos boa razão para fazer.
65. Ver Fish, "Wrong Again", *supra*, n. 63, 99 (sobre a nossa necessidade de interpretar até mesmo as nossas próprias intenções).

tência de verdade a respeito das intenções das autoridades em qualquer caso em que essas intenções poderiam impedir-nos de fazer o que é certo na nossa opinião. Tal ceticismo solapa completamente o papel das autoridades.

Ainda assim, mesmo os céticos da intenção deviam abominar a inclusão de todas as intenções na categoria de interpretações governadas por normas a respeito das quais não existe nenhuma verdade. Não apenas devemos dizer que, embora o papel das autoridades jurídicas seja determinar o que deve ser feito no futuro, nunca existe nenhuma verdade a respeito do que determinam; devemos também negar às autoridades jurídicas mesmo os papéis mais limitados que a maioria dos teóricos lhes atribuiria, tais como determinar as palavras a serem interpretadas ou a língua dessas palavras. Se não existe nenhuma verdade sobre as intenções no que diz respeito a situações nãoconsideradas, então não existe nenhuma verdade a respeito de, digamos, em que língua foi escrita a Constituição dos Estados Unidos. Isso porque dizer que está escrita em inglês normalmente significa que essa é a língua que os seus autores pretendiam usar. E, se o inglês revela ser, de alguma maneira relevante, diferente do que os autores consideraram, seja no que diz respeito ao sentido, seja no que diz respeito à referência – como quase sempre será[66] –, de modo que não existe nenhuma verdade em terem ou não os autores pretendido *aquele* inglês, então não haverá nenhuma verdade a respeito da língua da Constituição[67].

---

66. Para problemas relacionados, ver Shaim, *supra*, n. 32 (discutindo problemas na classificação de objetos como tipos naturais); Dardis, *supra*, n. 15, 424, 428 (discutindo o uso incorreto de parônimos); Thomas S. Kuhn, "Commensurability, Comparability, Communicability", *Phil. of Science Assoc.*, 2 (1982), 669-88 (discutindo o traslado de linguagens que encerram erros a respeito do mundo).

67. Paul Campos tem algumas coisas úteis a dizer a respeito disso. Ver, por exemplo, "Against Constitutional Theory", *supra*, n. 14, 283-4. Michael Moore, em "A Natural Law Theory of Interpretation", *South. Calif. Law Rev.*, 58 (1985), 277-398, fica preso nessa situação difícil. Moore não quer negar inteiramente a facticidade das intenções. Por exemplo, ele pensa que há uma verdade em determinar se as autoridades jurídicas pretendem que suas marcas ou sons sejam um texto jurídico e se pretendem que seu texto seja lido em inglês. Por outro lado, ele nega que

Ficamos, então, no seguinte impasse. A facticidade das intenções é problemática. Com certeza, há casos em que mesmo aquele cuja intenção está em questão não pode responder com confiança que pretendeu ou não pretendeu *isso*[68]. E, mesmo quando tem a confiança de que pretendeu ou não pretendeu *isso*, não está claro em que se baseia tal confiança. Por outro lado, temos confiança, na maioria dos casos, quanto ao que pretendemos, inclusive em casos em que acreditamos que devíamos ter pretendido alguma coisa diferente. E o preço de negar a facticidade das intenções é bastante alto. Se a intenção do autor não pode estender-se para além do seu universo, tal como ele o vê no momento da autoria, não há nada a não ser normas e crenças do intérprete para determinar o que deve ser feito em qualquer tempo posterior, normas e crenças que não podem ser projetadas no futuro com autoridade.

### 6. Resumindo: um retorno à postura municipal de Nossa Cidade

Permita-me juntar os pontos da Parte I retornando à postura de Nossa Cidade que proíbe veículos no parque. Como a postura será aplicada ao tanque militar, aos skates, patins, carrinhos de venda e de bebê, carros atirados de helicóptero e os silenciosos, limpos e seguros veículos do futuro (as bolhas móveis)? Se a postura nada mais é que a comunicação do que as autoridades pretenderam proibir, quais são suas intenções no que diz respeito a essas aplicações?

---

existe uma verdade em determinar se alguém como Alice, que proíbe veículos no parque imaginando um Ford azul, tem uma intenção igual a respeito de Chevrolets verdes (342-3). Moore, após ter usado as intenções das autoridades para estabelecer que o texto em questão é realmente um texto jurídico em inglês (ver 355-7), nega a existência dessas intenções depois.

68. Dizer que deve haver alguma verdade a respeito de intenções contrafactuais (isto é, todas) não é dizer que todas as aplicações possíveis devem ser cobertas por essas intenções. No que diz respeito a algumas aplicações, é possível que as autoridades não tivessem nenhuma intenção, caso em que nada foi determinado com autoridade a respeito do que deve ser feito. Mas em alguns casos, pelo menos, devemos poder dizer que, *de fato*, as autoridades realmente determinaram o que deve ser feito, mesmo que agora acreditassem estar erradas no que determinaram.

É improvável que a intenção dominante de Alice ou Barbara seja uma intenção semântica, substanciosa ou frugal. Em outras palavras, é improvável que tenham pretendido que o significado convencional de "veículo" ou a verdadeira natureza dos veículos como tipo funcional[69] dominasse suas intenções de âmbito e intenções de âmbito contrafactuais. Embora provavelmente saibam que muitos "não-veículos" causam problemas de segurança ou de estética e que alguns veículos não causam tais problemas, o que elas pretendem proibir, o que estão tentando descrever por meio da palavra "veículo", pode revelar-se diferente da definição de dicionário de "veículo" ou da verdadeira natureza de "veículo" como tipo funcional.

Alice, cuja preocupação é a segurança, pode, por exemplo, ter uma intenção de âmbito contrafactual que incluiria trens, bondes e carrinhos de golfe elétricos, mesmo que não os considerasse quando deu o seu voto. Por outro lado, pode ter pretendido proibir as bolhas móveis porque são suficientemente similares ao que ela tinha em mente como "veículos", mesmo que não coloquem ninguém em risco. E pode ser incerto, *mesmo para ela*, se pretendia proibir skates e patins.

Barbara, cujas preocupações são estéticas, pode ter certeza de que *não* pretendia proibir skates e patins – são suficientemente marginais como "veículos" e não despertam preocupações estéticas –, embora, como Alice, provavelmente tenha pretendido proibir as silenciosas e não-poluentes bolhas móveis, por se aproximarem, em essência, do que ela quer dizer com "veículos".

Charles pretende claramente que a proibição a "veículos" compreenda skates e patins. Sua preferência, é preciso lembrar, é eliminar *apenas* skates e patins, mas sente que tem de se unir a Alice e Barbara na proibição aos veículos para conseguir seu objetivo. Sua compreensão de "veículos" deve ser bastante ampla para abranger skates e patins e, sem dúvida, estende-se a muitas coisas que ele lamenta proibir (mas que, não obstante, pretende proibir).

---

69. Ver Michael S. Moore, "Law as a Functional Kind", em Robert P. George (org.), *Natural Law Theory* (Oxford: Clarendon Press, 1992), 188-242.

Poderíamos então computar os votos "sim" de Alice, Barbara e Charles da seguinte maneira. Nenhum pretende proibir o tanque. No máximo um (Charles) pretende proibir carrinhos de bebê, carrinhos de vendedor e o automóvel a ser atirado. No máximo dois (Charles e, talvez, Alice) pretendem proibir skates e patins. Todos os três, porém, pretendem proibir as bolhas móveis, embora lamentassem tê-lo feito. (As bolhas móveis são apenas vítimas imprevistas de uma regra de abrangência excessiva que deve ser emendada para isentá-las.)

Naturalmente, os céticos da intenção negariam que existe qualquer verdade quanto ao que Alice, Barbara e Charles determinaram quanto a skates, patins, carrinhos de vendedor e de bebês e automóveis atirados de helicópteros ou, na verdade, quanto ao tanque ou às bolhas móveis. Suas intenções são um produto das normas de interpretação que impomos a suas ações; suas intenções não estão simplesmente presentes, independentemente dos nossos valores, como a gravidade, as azáleas e a estrela Sirius. Mas, como disse, os custos do ceticismo da intenção são muitos altos. Se as autoridades não podem pretender para o futuro imprevisto, não podem executar o papel que a teoria jurídica postula para elas. Ações passadas não podem determinar ações presentes, e ações presentes não podem determinar ações futuras. Nada pode ser solucionado e nenhuma orientação pode ser dada.

O que podemos dizer sobre a posição de skates, patins, carrinhos de vendedor, carrinhos de bebê e do carro atirado do helicóptero? Qual é o significado do fato de que Charles teria votado "não" se skates e patins não fossem proibidos, e de que Alice e Barbara não pretendiam proibi-los? E como devemos, se devemos, considerar as intenções de David e Edith, que votaram "não"? Quando aqueles que votam a favor de um termo em uma lei querem dizer coisas diferentes com esse termo, o que devemos dizer que se determinou que esse termo significasse para os propósitos da condição jurídica da conduta em questão? E os significados vinculados ao termo pelos que votam contra são material para o que o termo quer dizer? Essas são perguntas a que as intenções das autoridades não podem responder porque dizem respeito à autoridade jurídica das próprias intenções das autoridades. E esse é o tópico da próxima parte.

## II. A autoridade das intenções

Argumentei que o papel das autoridades jurídicas é determinar o que deve ser feito no sentido de que devem traduzir princípios morais abstratos em normas mais concretas e definidas. (Mesmo que houvesse concordância unânime sobre princípios morais e disposição universal para segui-los, as autoridades jurídicas ainda teriam tal papel, porque os limites gerais de conhecimento tornam necessário traduzir princípios morais abstratos em normas mais cognoscíveis e determinadas.) Também argumentei que os textos que representam a comunicação das autoridades jurídicas de suas determinações sobre o que deve ser feito querem dizer apenas o que as autoridades pretendem que queiram dizer. Qualquer outro significado que seja atribuído a tais textos representa uma apropriação e uma recriação dos textos por outros. Na verdade, os que recriam os textos atribuindo-lhes um significado diferente do significado dos autores suplantaram os autores e tornaram-se as autoridades jurídicas. Mais exatamente, *eles* (os novos autores) são as autoridades jurídicas para os propósitos do texto em questão se reconhecemos a legitimidade da nova autoria, isto é, a sua atribuição de significado diferente do significado pretendido pelas autoridades autoras originais.

Um sistema jurídico em que um grupo de autoridades teve o papel de escolher as palavras (as marcas?) das normas jurídicas para que, depois, um segundo grupo atribuísse o *seu* significado às palavras seria decididamente um sistema estranho. Na verdade, o segundo grupo de autoridades estaria efetivamente desempenhando o papel de determinar o que deve ser feito, mas estaria em desvantagem na capacidade de comunicar suas determinações pela escolha de palavras (marcas?) do primeiro grupo[70].

*Existe*, porém, algo a favor de um sistema que limita a autoridade das determinações das autoridades originais. Embora seja a função principal das autoridades determinar o que deve ser feito, as mesmas "normas pré-constitucionais" que estabelecem quem são as autoridades também podem limitar as determinações das autoridades. Tais restrições poderiam assumir a forma de limites à substância das determinações das autoridades. Além disso, ou alternativamente, tais restrições poderiam assumir a forma de limites à forma das determinações das autoridades. Para simplificar, chamarei de substantivo o primeiro conjunto de restrições e de procedimental o segundo.

Antes de tratar das restrições substantivas e procedimentais às determinações das autoridades, devo dizer algo a respeito da condição das normas pré-constitucionais que impõem tais restrições[71]. Há um grande corpo de literatura jurídica tratando de questões como saber se uma regra de reconhecimento hartiana é, ela própria, uma norma jurídica, uma convenção pré-jurídica, uma norma moral ou alguma combinação ou relação dessas possibilidades; se uma regra de reconhecimento é uma regra simples ou um conjunto complexo de regras; e como as regras de reconhecimento relacionam-se com normas e práticas jurídicas de ordem superior, tais como constituições e instituições de revisão judicial[72]. Não entrarei nessas discussões aqui. Tudo o que preciso supor é que as normas que limitam as determinações das autoridades – determinações que são, paradigmaticamente, "Direito", estão no mesmo nível jurídico das normas que estabelecem quem são as autoridades jurídicas finais. E o ponto importante é que, embora algumas autoridades jurídicas sejam designadas como tais por determinações de auto-

---

70. Não obstante, algumas teorias de interpretação jurídica chegam perto de recomendar tal sistema.
71. O conceito de normas preconstitucionais é explicado em Richard S. Kay, "Preconstitutional Rules", *Ohio State LJ* 42 (1981), 187-207.
72. Ver, por exemplo, Michael D. Bayles, *Hart's Legal Philosophy* (Dordrecht: Kluwer Academic Publishers, 1992), 69-85, 97-9, 168-72.

ridades jurídicas de nível superior, as autoridades jurídicas do nível supremo – por exemplo, os "autores" constitucionais – são designadas por normas que não são determinações feitas por (outras) autoridades jurídicas. Como essas normas pré-constitucionais não são determinações de autoridades jurídicas, não precisam ser "interpretadas" à maneira de textos[73]. São convenções derivadas de nossas várias visões do que seria moralmente ideal, associadas ao nosso reconhecimento de que os nossos ideais morais podem ser mais bem concretizados se estabelecemos convenções de consenso com outros que têm ideais morais diferentes dos nossos ou que compartilham de nossos ideais, mas não de nossas visões de como implementá-los da melhor maneira. Como essas normas convencionais são convergências na prática, não textos criados por autores, não entram no âmbito desta discussão da interpretação de textos com autor, não pelo menos como textos a serem interpretados. Entram na discussão da interpretação jurídica apenas na medida em que limitam as determinações das autoridades substantivamente e/ou processualmente.

A. *Restrições substantivas*

Restrições substantivas às determinações das autoridades, apesar de muito importantes na prática, são relativamente pouco problemáticas na teoria jurídica. Estamos bastante acostumados com a idéia de limites constitucionais substantivos aos atos legislativos, executivos e judiciais. Não há nada fundamentalmente diferente a respeito de restrições pré-constitucionais substantivas aos autores de constituições. Por exemplo, como questão pré-constitucional, poderíamos aceitar uma norma que estabelece como lei fundamental as determinações dos autores constitucionais, *exceto na medida em que essas determinações sejam substantivamente absurdas, injustas, etc.*

Limitações substantivas como uma limitação que nega a autoridade de qualquer norma jurídica que seja absurda ou gros-

---

73. Ver Kay, *supra*, n. 71, 191-3.

seiramente injusta (pelos padrões do intérprete) são diferentes dos princípios epistemológicos que ajudam os intérpretes a descobrir o que as autoridades jurídicas pretendiam que fosse feito. Que algum resultado seria absurdo ou grosseiramente injusto pode ser indício – muitas vezes um indício forte – de que as autoridades não pretendiam esse resultado[74]. Não obstante, as autoridades podem pretender resultados absurdos ou injustos, mesmo que não assim apresentados. Ou seja, é possível que: (1) as autoridades desejem apenas exigir o que é justo e não absurdo; (2) as autoridades pretendam que X seja feito; e (3) X seja injusto ou absurdo. Colocado de maneira simples, as autoridades podem pretender resultados injustos ou absurdos porque cometem erros[75]. E uma norma que orienta os intérpretes a desconsiderar resultados pretendidos que sejam absurdos ou injustos funciona como uma restrição ao poder das autoridades de determinar o que deve ser feito em vez de funcionar como auxílio para compreender o que as autoridades determinaram realmente.

Limitações substantivas às determinações das autoridades podem funcionar como limites absolutos, em boa parte, do mesmo modo que as normas constitucionais que limitam a autoridade dos atores governamentais. Ou podem funcionar como pressupostos indiciais artificiais, orientando os intérpretes a resolver incertezas a respeito das intenções das autoridades dando preferência a certos resultados. Portanto, se as intenções das autoridades não são claras, tais normas substantivas podem orientar os intérpretes a resolver a ambigüidade dando preferência ao resultado que parece ser o mais justo ou prudente, em vez de dar preferência ao resultado que melhor se sustenta pelos indícios referentes às intenções das autoridades, indícios que incluem o fato de que um resultado é mais justo ou prudente que o outro[76].

---

74. Ver os exemplos na Parte I.C.5. mostrando como resultados absurdos podem ser indício de que tais resultados não foram pretendidos.

75. Ver a discussão de Lessig, Parte I.C.4.

76. Os cânones de Cass Sunstein de interpretação das leis parecem funcionar antes como suposições indiciais substantivamente motivadas que como normas

## B. Limitações procedimentais

As limitações mais interessantes às determinações das autoridades são procedimentais. As limitações procedimentais são normas que ditam a forma que as determinações das autoridades devem assumir e que tratam de casos em que as autoridades, aparentemente, mas não realmente, determinaram o que deve ser feito. As normas que ditam a forma refletem o valor da acessibilidade do Direito próprio do Estado de Direito. As normas que lidam com casos de Direito ineficaz refletem o valor de acessibilidade do Estado de Direito e o valor mais substantivo da política coerente.

### 1. Normas de forma

Estamos bastante familiarizados com certas restrições formais às determinações das autoridades que devem ser satisfeitas antes que se considere que essas determinações têm efeito jurídico. Por exemplo, temos normas que abrangem o que vale como "voto", "voto" que não apenas significa que a intenção da autoridade votante será considerada, mas também marca o momento no tempo em que a intenção relevante deve existir. Uma pessoa que vota "sim" quando chamada é considerada como a favor do projeto de lei proposto, para os propósitos de determinar se o projeto tornou-se lei, mesmo que ela se oponha subjetivamente ao projeto e mesmo que, além disso, acredite que "sim" significa "contrário".

Observe que, no caso da autoridade que vota "sim" pensando que significa "não", se a autoridade oferece o voto necessário para a aprovação, a norma jurídica é considerada aprovada,

---

que definem o que a legislação "significa" ou normas que atuam como limites absolutos à autoridade desse significado. Cass R. Sunstein, "Interpreting Statutes in the Regulatory State", *Harv. Law Rev.*, 103 (1989), 405-508. Pois Sunstein insiste em que sejam seguidos os seus cânones *a menos que* seja claro que a lei "*significa*" *algo em conflito com os cânones*. Ver, por exemplo, *ibid.* 423, 434, 450, 456 (sugerindo que a lei poderia ter um significado distinto do "significado" dado pelos cânones).

mesmo que a maioria das autoridades pretendesse que não fosse. Em tal caso, o Direito não é o que as autoridades (a maioria delas) determinaram que devia ser feito. Quando o Direito vem a ser aplicado, o que ele "quer dizer"?

Poderíamos ter uma norma estipulando que, no caso que acaba de ser descrito, o Direito quer dizer o que as autoridades que votam a favor pensaram que queria dizer e pretendem que queira dizer na aplicação, exceto que, para a autoridade que vota "sim" equivocadamente, a lei significa meramente o que ela pensava que significaria se aprovada. Ela não pretendia que significasse coisa alguma na aplicação porque não pretendia que existisse como Direito.

Precisamos de alguma norma procedimental de tal tipo porque temos uma lacuna a preencher: a lacuna entre o que as autoridades (a maioria delas) determinou que deve ser feito – nada – e o que a nossa norma com respeito à votação estipula ser o caso, a saber, que uma lei foi aprovada. Se dizemos que, por causa do voto "sim" equivocado e central, foi aprovada uma lei, mas que ela não tem nenhuma aplicação, solapamos a norma referente aos que são considerados votos "sim" e votos "não". E, sem essa norma, haverá incerteza contínua quanto a quais leis existem, uma incerteza que solapa o valor da cognoscibilidade e acessibilidade do Direito, características do Estado de Direito.

Um pequeno passo leva das normas procedimentais familiares sobre a votação para normas processuais similares, mas, talvez, menos evidentes. Considere as seguintes normas procedimentais que podem limitar as determinações das autoridades: (1) Todos os textos devem ser interpretados como se fossem escritos no inglês-padrão da data da aprovação, no que diz respeito aos significados das palavras usadas e também no que diz respeito à gramática e à pontuação[77]. (2) Todos os textos com mais de cem anos de idade serão julgados como destituídos de efeito jurídico (ou, mais limitadamente, destituídos

---

77. Ver Kay, *supra*, n. 11, 48-50.

de efeito jurídico se os significados no inglês-padrão de qualquer uma das palavras do texto tiver mudado no período de cem anos).

A norma (1) reflete o valor da acessibilidade jurídica próprio do Estado ou Direito. Impede a autoria de textos jurídicos no código privado das autoridades ou em uma língua diferente da usada pela população. Portanto, impede a lei secreta.

A norma (2) reflete o mesmo valor. A norma (2) reflete o fato de que recuperar as intenções das autoridades torna-se mais e mais difícil à medida que o momento da aprovação torna-se mais distante no passado. Sem a existência da norma (1), a norma (2) talvez seja menos importante, mas, com certeza, não é desnecessária, especialmente se modificada como indicado nos parênteses.

As normas (1) e (2) devem ser comparadas com propostas que podem parecer similares. Por exemplo, alguns propuseram que se atribuísse às leis o significado que suas palavras teriam, segundo o padrão, se criadas na época da interpretação ou aplicação[78]. Um dos motivos de tal proposta é tornar o significado do Direito ainda mais acessível do que seria sob a norma (1), embora também existam preocupações substantivas quanto à obsolescência política subjacente a essa proposta. Essa forma de "atualização" das leis tem, porém, um efeito marcadamente diferente da norma (1) sobre a capacidade das autoridades de desempenhar o seu papel. A norma (1) força as autoridades a consultar os dicionários e gramáticas do seu tempo para maximizar sua capacidade de efetuar sua determinação do que deve ser feito. A proposta de "atualização", por outro lado, reduz seu controle à seleção da língua (o inglês) e das marcas, mas deixa a tradução da sua determinação à eventualidade de mudanças subseqüentes na língua[79].

---

78. Ver T. Alexander Aleinikoff, "Updating Statutory Interpretation", *Mich. Law Rev.*, 87 (1988), 20-66. Para respostas a Aleinikoff, ver Smith, *supra*, n. 36, 104-19; Larry Alexander, "Of Two Minds About Law and Minds", *Mich. Law Rev.*, 88 (1990), 2443-9.

79. Pergunta: Temos critérios para distinguir quando uma língua sofreu uma mudança e quando uma nova língua a suplantou? Ver Dardis, *supra*, n. 15, 420-1.

Calabresi propôs que as leis fossem declaradas sem efeito jurídico quando se tornassem "obsoletas"[80]. Ao contrário da norma (2), a proposta de Calabresi não é motivada primariamente por preocupações do Estado de Direito, mas baseia-se em considerações políticas substantivas. O teste de obsolescência da lei de Calabresi não é apenas um teste de idade ou mesmo de obscuridade de significado, mas de compatibilidade substantiva com leis e decisões judiciais mais modernas[81].

As normas (1) e (2) são puramente normas procedimentais que tentam harmonizar o papel das autoridades – determinar o que deve ser feito – com o valor da acessibilidade jurídica do Estado de Direito. A norma (2) efetua a harmonização ao restringir o âmbito temporal da autoridade das autoridades. A norma (1) efetua a harmonização mais ou menos bem dependendo da habilidade das autoridades de redigir de maneira a comunicar suas determinações com exatidão, segundo a gramática e a elocução da época. Quando a harmonização é imperfeita – quando as autoridades não conseguem redigir de modo a comunicar suas determinações em inglês-padrão –, o Direito não será o que determinaram que devia ser feito. Em vez disso, o Direito será um produto da sua determinação no que diz respeito a marcas ou sons e do processo independente de codificar significados e gramática do inglês-padrão. Será, em certo grau, "insensata", uma vez que a codificação de significados e gramática não será um reflexo da determinação de ninguém do que deve ser feito além dos dicionários e livros de gramática. (Ao contrário da proposta de Aleinikoff[82], a norma (1) não as priva do controle de efetuar as suas determinações. Exige habilidades lingüísticas, mas não presciência lingüística.)

---

80. Guido Calabresi, *A Common Law for the Age of Statutes* (Cambridge, Mass.: Harvard University Press, 1982), 2.
81. *Ibid.*, 2, 129-31.
82. Aleinikoff, *supra*, n. 17.

## 2. Normas para o Direito imperfeito*

As normas procedimentais nessa categoria são um tanto diferentes das normas de forma porque, em vez de lidar com o problema de como tornar mais acessíveis as determinações das autoridades, enfrentam o problema do que fazer quando as autoridades parecem ter determinado uma questão, mas não o fizeram. Tais casos da imperfeição, como os chamo, são fenômenos associados com corpos legislativos de múltiplos membros. Ocorrem quando as autoridades legislativas pretendem individualmente aplicações diferentes e, portanto, querem dizer coisas diferentes, apesar de terem concordado quanto à linguagem do seu texto legislativo. Em outras palavras, as normas para a lei imperfeita lidam com problemas de intenções conflitantes em um corpo legislativo de múltiplos membros.

Quando a norma legislativa geral é a de que as determinações das autoridades somente têm força de lei se a maioria (maioria qualificada) das autoridades concorda, e os membros da maioria (aparente) fizeram determinações diferentes e potencialmente conflitantes quanto ao que deve ser feito, apesar de terem concordado quanto às palavras de um texto, então, é possível que não exista nenhuma determinação da maioria com força de lei. Corpos legislativos com múltiplos membros não têm nenhuma intenção quanto ao que deve ser feito. Ou, em outras palavras, as únicas intenções que têm, em compatibilidade com o papel que as autoridades jurídicas supostamente desempenham, são certo agregado de intenções individuais dos membros. O agregado de intenções individuais não é problema se a maioria tem intenções idênticas. Quando essas intenções se desagregam, porém, a aprovação de uma lei pode ser ilusória neste sentido: apesar da aparência de concordância legislativa (da maioria) de que existe tal Direito, toda aplicação possível desse Direito teria a oposição da maioria do corpo legislativo. Em outras palavras, nenhuma maioria determinou que qualquer aplicação possível deve ocorrer.

---

* "Failed Law", no original. (N. do T.)

Uma norma de forma que pressuponha, irrefutavelmente, que todas as leis têm a intenção de querer dizer o que querem dizer no inglês-padrão da data da aprovação, pode poupar a algumas leis o fracasso em ordenar uma maioria de intenções individuais compatíveis. Tais normas não tratarão de todos os casos, porém, pois mesmo o inglês-padrão deixará aberta a possibilidade de obscuridade e ambigüidade. O termo "veículo" na postura municipal de Nossa Cidade, para além de algumas aplicações centrais, é obscuro. O termo "canard" é ambíguo no sentido de que significa "mentira" ou "pato" e não tem um âmago de significado único. Em qualquer um dos casos, por meio da aplicação do teorema de Arrow, enfrentamos a possibilidade de maiorias a favor de uma lei e de sua linguagem, mas contra todas as aplicações possíveis dessa linguagem.

Considere um caso parecido com o nosso, envolvendo veículos. Os legisladores A, B e C votam no termo T. T é obscuro e pode significar W, W e Y ou W, X e Z. A vota "sim", tendo como intenção W, X e Y. B vota "sim", tendo como intenção W, X e Z. C vota "não". A não teria votado "não" se houvessem lhe apresentado a definição de B como única escolha. B teria votado "não" se lhe fosse apresentada a definição de A como única escolha. Além disso, uma versão truncada de T, uma que abrangia apenas W e X, mas não Y nem Z, teria sigo igualmente rejeitada. Está claro que, neste caso, não temos nenhuma maioria das autoridades a favor de qualquer possível significado de T, apesar de termos uma maioria a favor do próprio T[83].

Ou considere um caso simples de ambigüidade, tal como ocorreria se houvesse uma lei municipal proibindo "canards no parque". A votou a favor da proibição da mentira. B votou a favor da proibição de patos. C votou contra, como teriam feito A e B se "canard" quisesse dizer claramente o que os outros pretendiam que dissesse.

Uma maneira de tratar de tais casos de lei ineficaz é enfrentar bravamente a situação e dizer que, apesar das aparên-

---

83. Ver Kenneth A. Shepsle, "Congress is a 'They', Not an 'It': Legislative Intent as Oxymoron", *Int. Rev. of Law & Economics*, 12 (1992), 239-56.

cias em contrário, esses textos jurídicos não são Direito. São apenas leis aparentes.

Alternativamente, pode-se decidir que ter Direitos aparentes nos repertórios é indesejável por duas razões relacionadas. Em primeiro lugar, a existência de leis aparentes confronta os que estão sujeitos às leis com o espectro da incerteza. Em muitos casos ou na maioria dos casos, será difícil para o sujeito do Direito médio determinar se uma lei específica é real e significativa ou apenas aparente. A incerteza afeta o valor de acessibilidade do Estado de Direito.

Em segundo lugar, a existência de leis aparentes e a conseqüente incerteza tornam difícil para as autoridades jurídicas desempenhar sua função. Isso porque, se não tiverem certeza quanto ao conteúdo das normas jurídicas existentes, estarão em séria desvantagem para decidir como legislar da melhor maneira.

Poderia ser desejável, portanto, ter normas pré-constitucionais que orientem os intérpretes oficiais a insuflar significado nas leis que efetivamente não têm significado; na verdade, a adotar a linguagem das leis existentes mas "dar nova autoria" a essas leis, de modo que elas reflitam as determinações dos intérpretes do que deve ser feito (dentro dos limites das normas da forma). Tais normas transformariam os intérpretes oficiais nos autores jurídicos primários, embora limitados pela escolha de linguagem das primeiras autoridades[84]. Embora muitos comentaristas proponham tais normas, freqüentemente cometem o erro de confundir ações tomadas na execução de tais normas com a *interpretação* das leis ou dispositivos constitucionais imperfeitos. Essas leis e dispositivos constitucionais não estão sendo interpretados, porém, pois a interpretação concluiria que são marcas sem significado. Em vez disso, as leis e dispositivos constitucionais estão sendo objeto de nova autoria por um novo conjunto de autoridades jurídicas.

---

84. Observe que o mesmo problema de Direito defeituoso surgiria no que diz respeito às determinações dos intérpretes se os intérpretes fossem corpos de múltiplos membros, como os tribunais de apelação.

## 3. Níveis de generalidade das intenções das autoridades

É uma observação comum que as intenções das autoridades jurídicas podem ser definidas em vários níveis de generalidade. Portanto, as autoridades podem pretender que uma lei produza resultados específicos R para promover um propósito mais geral P, propósito esse que promove um propósito ainda mais geral $P_1$, que promove a bondade e a justiça. As autoridades pensam que essas várias intenções são compatíveis, e foi por isso que aprovaram a lei em questão. As intenções podem revelar-se incompatíveis na visão dos que interpretam o Direito em qualquer dos níveis. Assim, R pode não promover P, P pode não promover $P_1$ e $P_1$ pode ser incompatível com a bondade e a justiça. Se os intérpretes devem executar o que as autoridades jurídicas pretenderam, em que nível de generalidade a intenção deve ser definida?[85]

Anteriormente, acreditava que essa questão só podia ser respondida por meio de referência a uma norma pré-constitucional escolhida por causa de seus bons resultados antecipa-

---

85. Um caso excelente para ilustrar como a possibilidade de definir as intenções das autoridades em vários níveis de generalidade pode afetar a decisão judicial é a decisão do Supremo Tribunal dos EUA em *Home Building & Loan Association contra Blaisdell*, 290 U.S. 398 (1934). *Blaisdell* lidou com uma lei de moratória de hipoteca de Minnesota que foi contestada sob a alegação de violar a cláusula no Art. 1, § 10, proibindo a aprovação de qualquer lei que "diminua a obrigação de contratos". O juiz Sutherland, divergindo da decisão do Tribunal, que sustentou a constitucionalidade da lei, assinalou que a lei não apenas violava o comando literal da cláusula do contrato mas era também o tipo exato de lei que os autores da cláusula do contrato tinham em mente quando a cláusula foi escrita, isto é, uma lei de alívio ao devedor, decretada em um período de depressão econômica (448-50, 472). O juiz Hughes, por outro lado, escrevendo pela maioria, caracterizou a intenção por trás da cláusula do contrato em um nível mais alto de generalidade. Segundo Hughes, os autores pretendiam proscrever as leis de alívio do devedor que não fossem razoáveis (427-43). Embora possam ter pensado que todas essas leis fossem irrazoáveis, mesmo em depressões, a sua intenção era apenas prescrever leis irrazoáveis. Ver também Marmor, *supra*, n. 32, 171-2; Brink, *supra*, n. 54, 126.

Para uma implicação constitucional diferente dos vários níveis de generalidades das intenções das autoridades, ver Note, "Legislative Purpose, Rationality, and Equal Protection", *Yale LJ*, 82 (1972), em 123-54.

dos, e que a questão não podia ser respondida na ausência de tal norma[86]. Acreditava que, quando as intenções nos vários níveis de generalidade da definição fossem mutuamente incompatíveis, não haveria nenhuma verdade a respeito do que as autoridades pretendiam. O que elas pretendiam era, antes, o produto de uma norma que selecionasse o nível de generalidade adequado, no qual caracterizar sua intenção. Minha visão dessa questão era, aparentemente, compartilhada por muitos[87].

Agora creio que essa opinião é errada. Uma norma que orienta os intérpretes a corrigir os erros das autoridades com respeito a como suas intenções específicas ajustam-se a suas intenções mais gerais é uma norma que ameaça minar completamente o papel das autoridades de determinar o que deve ser feito. Como as autoridades sempre pretendem o bem e a justiça – ou, se estão atuando legitimamente, pode-se presumir que pretendem o bem e a justiça –, o intérprete pode substituir qualquer intenção específica das autoridades pelas suas próprias visões a respeito do que exigem a bondade e a justiça e, ainda assim, afirmar que está honrando a intenção delas (mais geral). Isso porque o intérprete acreditaria, sem dúvida, que se as

---

86. Ver, por exemplo, Larry Alexander, "The Constitution as Law", *Constit. Comm.*, 6 (1989), 103-13, 111. Ver também *id., supra*, n. 78, 2447.

87. Talvez o mais destacado proponente da visão de que aquilo que as autoridades pretendem não é uma questão de fato mas antes o produto de um argumento normativo é Ronald Dworkin. Ver, por exemplo, Ronald Dworkin, "Bork's Jurisprudence", *Univ. of Chicago Law Rev.*, 57 (1990), 657-77, 663-4. Essa é também a visão oficial de Cass Sunstein, embora ele se equivoque em alguns pontos. Cf. Sunstein, *supra*, n. 76, 411 ("As leis não têm significados pré-interpretativos, e o processo de interpretação exige que os tribunais valham-se de princípios de fundo"), com *ibid.*, 423, 434, 450, 456 (sugerindo que as leis realmente têm significados que são independentes dos princípios de fundo). Para uma visão similar à visão oficial de Sunstein, ver Note, "Figuring the Law: Holism and Tropological Inference in Legal Interpretation", *Yale LJ*, 97 (1988), 823-43.

Para uma boa formulação da opinião oposta, a que agora endosso, ver Campos, "Against Constitutional Theory", *supra*, n. 14, 281-2 (argumentando que a interpretação é uma questão empírica, não teórica, já que busca revelar o "fato" da intenção do autor). Ver também *id.*, "That Obscure Object of Desire: Hermeneutics and the Autonomous Legal Text", *Minn. Law Rev.*, 77 (1993), 1065-95, 1092-3.

autoridades tivessem sido desenganadas de todos os seus erros de fato, erros de raciocínio de meios/fins e erros de raciocínio sobre valores, teriam estabelecido o que os intérpretes estabeleceriam. Na verdade, uma norma permitindo ao intérprete desconsiderar intenções mais específicas a favor de intenções mais gerais converterá o intérprete em autoridade jurídica (e, é claro, tornará a determinação do intérprete sujeita a correção por um intérprete subseqüente e assim por diante)[88]. Como disse antes, na minha discussão da teoria da interpretação de Lessig[89], se os erros das autoridades devem sempre ser corrigidos por intérpretes, não haverá autoridades: se os intérpretes equiparam-se às autoridades, não pode haver autoridades para os intérpretes interpretarem.

Seria possível responder que, enquanto uma norma que orienta os intérpretes a seguirem as intenções mais gerais das autoridades minaria esse papel das autoridades, uma norma que orienta os intérpretes a seguirem as intenções caracterizadas em algum nível intermediário de generalidade não minaria esse papel. Os intérpretes poderiam corrigir a intenção mais específica das autoridades referindo-se a intenções um tanto mais gerais, mas não por referência à bondade e à justiça.

Há dois problemas com tal resposta, porém. Em primeiro lugar, falar de níveis de generalidade da intenção, como se houvesse um número distinto de maneiras em que as intenções das autoridades pudessem ser descritas é, em alguns aspectos, bastante enganoso. Não há como descrever os níveis de generalidade ou contá-los. Portanto, é impossível uma norma especificar o nível preciso de generalidade para o qual deviam atentar os intérpretes ao seguir as intenções das autoridades.

Em segundo lugar, e mais importante, a escolha de corrigir as intenções específicas das autoridades à luz das suas in-

---

88. Ver Richard A. Epstein, "A Common Lawyer Looks at Constitutional Interpretation", *Boston Univ. Law Rev.*, 72 (1992), 699-727, 703. "O ponto crítico é que teorias da... interpretação não são teorias de transformação substantiva. Ninguém devia poder vencer por meio da interpretação o que perdeu na redação inicial."

89. Ver Parte I.C.4.

tenções mais gerais parece inteiramente arbitrária. Em alguns casos, por exemplo, as autoridades podem pretender especificamente um resultado que seja incompatível com uma intenção sua mais geral, mas que, na verdade, é compatível com o bem e a justiça. Em tal caso, fizeram a coisa certa, embora tenham cometido dois erros, ao raciocinar dos meios para os fins, que, felizmente, cancelam-se mutuamente. A norma hipotética que orienta os intérpretes a seguirem as intenções das autoridades caracterizadas em um nível intermediário de generalidade resultaria em que os intérpretes atuassem contrariamente ao bem e à justiça, quando as autoridades legiferantes, tendo cometido alguns felizes erros, teriam atuado de maneira compatível com o bem e a justiça.

Não obstante, se não existisse nenhuma verdade no que diz respeito ao que as autoridades pretendiam, no sentido de determinar em qual nível de generalidade caracterizar essa intenção, não teríamos nenhuma escolha além de construir uma norma que prescreveria o nível de generalidade a ser seguido pelos intérpretes[90]. Se existe uma verdade, como creio que existe – de modo que, por exemplo, existe uma verdade em virtude da qual é verdade que eu não pretendia que você me trouxesse *curry* de $2.500, mas que realmente pretendia que você me trouxesse *curry*, mesmo que o meu prazer total na vida fosse maximizado por brotos de alfafa –, então o papel das autoridades exige que se dê atenção à verdade.

Essa factualidade a respeito do que as autoridades determinaram que devia ser feito diante dos vários níveis de generalidade nos quais os seus propósitos podiam ser definidos é o que torna possíveis regras jurídicas formais – regras que são opacas aos seus propósitos de fundo. Se existe uma verdade a

---

90. Naturalmente, se não houvesse nenhuma verdade com respeito ao nível de generalidade das intenções da autoridade, poderia muito bem não haver uma verdade com respeito às palavras ou mesmo à língua pela qual pretendiam comunicar-se, o que deixaria os intérpretes sem nada para caracterizar em nenhum nível de generalidade.

respeito do que as autoridades determinaram que deve ser feito, então esse fato, tal como filtrado pelas normas de forma e normas para leis imperfeitas, deve orientar os intérpretes. Do contrário, os intérpretes não estão interpretando e o papel das autoridades não existe.

*C. Resumo*

Duas questões básicas confrontando os intérpretes são fácil e freqüentemente fundidas: (1) o que as autoridades determinaram que deve ser feito? (2) que normas substantivas e procedimentais limitam as determinações das autoridades? A segunda questão é tão importante quanto a primeira, mas é importante ressaltar que, ao contrário da primeira, a segunda não é uma questão sobre a interpretação no sentido de descobrir o significado de um texto ou criar um novo texto. A falta de distinção entre as duas questões só pode levar a confusão, como demonstrará a Parte III.

### III. Combinação e abstenção: outras teorias de interpretação recentes

A pesquisa recente no campo da interpretação jurídica tende a se classificar em uma ou outra de duas categorias. Há a pesquisa que se concentra principalmente no que significa interpretar um texto mas que evita envolver-se em questões relativas à autoridade jurídica do texto. Irei chamá-la de "pesquisa abstencionista". E existe uma pesquisa que se preocupa muito com a questão da autoridade jurídica dos textos, mas que funde tal questão com as questões de interpretação textual. Irei chamá-la de "pesquisa fusionista". Nesta parte final oferecerei alguns breves exemplos de cada categoria.

## A. Pesquisa abstencionista

É com os estudiosos abstencionistas que tenho mais afinidade, pois foram eles que enfatizaram, como fiz na Parte I, o caráter central das intenções das autoridades na interpretação dos textos jurídicos.

Por exemplo, Paul Campos escreveu uma série de artigos negando que um texto *qua* texto possa significar alguma outra coisa senão o que o autor pretendeu que significasse[91]. Campos vale-se muito das obras de Steven Knapp e Walter Benn Michaels[92], que, não sendo juristas, estão muito mais preocupados com a interpretação textual em geral do que com a interpretação jurídica em particular.

A questão que nem Campos nem Knapp nem Michael abordam de maneira consistente é que autoridade devem ter os textos das autoridades jurídicas. Deveriam existir normas de formas, normas substantivas e normas para lei imperfeita que circunscrevessem, suplantassem ou suplementassem as determinações das autoridades, e, sendo assim, o que deveriam ser essas normas? Campos preocupou-se em desmascarar a idéia, associada aos fusionistas – a que me refiro adiante –, de que os textos jurídicos podem querer dizer alguma outra coisa que não o que os autores pretenderam. Essa preocupação, embora útil, deixou Campos com uma posição sobre a interpretação do texto, mas nenhuma sobre a autoridade do texto.

Richard Kay, como Campos, enfatizou o caráter central da intenção autoral na interpretação jurídica[93]. Ao contrário de Campos, porém, atentou, pelo menos, para alguns dos problemas que acompanham o intencionalismo consumado, no contexto da interpretação constitucional. Kay argumenta que as teorias mais plausíveis para explicar por que a Constituição

---

91. Ver Campos, *supra*, n. 13, *supra*, n. 87, e "Against Constitutional Theory", *supra*, n. 14.
92. Ver Knapp e Michaels, artigos citados *supra*, n. 11.
93. Ver Kay, *supra*, n. 11; *id.*, "Adherence to the Original Intentions in Constitutional Adjudication: Three Objections and Responses", *Northwestern Univ. Law Rev.*, 82 (1988), 226-92.

tem autoridade tornariam a intenção autoral determinadora do significado jurídico da Constituição[94]. Assim, ele realmente relaciona o seu intencionalismo com o papel que as autoridades jurídicas desempenham.

Quando Kay volta-se para o problema das intenções de grupo e o espectro de um texto cujo significado pretendido não é compartilhado por nenhum grupo de autoridades grande o suficiente, ele reconhece a possibilidade de que algumas porções do texto constitucional sejam "palavreado jurídico" sem sentido – o que denominei "lei imperfeita"[95]. Ele geralmente minimiza a possibilidade de ocorrência da lei imperfeita muito mais do que eu o faria, especialmente a possibilidade de que a porção significativa de um texto jurídico – o domínio das intenções autorais sobrepostas – fosse suficientemente pequena para que ninguém votasse a favor dela por si mesma (ou tão pequena em relação ao significado aparente do texto a ponto de tornar o texto enganoso)[96]. Como Kay minimiza a possibilidade da lei imperfeita, não diz virtualmente nada sobre o que os intérpretes autorizados devem fazer diante da lei imperfeita.

Ainda assim, embora Kay enfatize as intenções das autoridades (constitucionais) e não a autoridade dessas intenções, ele não negligencia inteiramente a segunda. Mais do que qualquer outro estudioso, Kay produziu uma teoria do que *são* textos jurídicos e em que deve consistir sua autoridade, pelo menos no contexto do Direito constitucional americano. Sua discussão sobre a autoridade do texto constitucional é superficial e incompleta diante de sua discussão do que é o texto, mas ele não evita totalmente a primeira questão.

*B. Pesquisa fusionista*

Os fusionistas são, de longe, o grupo mais numeroso dos que ofereceram teorias de interpretação jurídica. Embora os

---

94. Kay, *supra*, n. 93, 231-4.
95. *Ibid.*, 249.
96. *Ibid.*, 249-50.

detalhes das teorias fusionistas sejam diferentes, todas exibem um ou outro de dois padrões gerais. Um padrão consiste em "combinar" questões de intenções autorais e questões da autoridade de tais intenções. Como não há nenhuma maneira de combinar significativamente matérias de fato, tais como o que autores específicos queriam dizer com um texto jurídico, com questões de valor (a autoridade do texto), essas teorias são, em última análise, incoerentes.

O outro padrão das teorias fusionistas consiste não em combinar questões de intenção com questões de autoridade, mas em reduzir as questões de intenção a questões de autoridade. Para esses teóricos, as intenções não têm nenhuma importância, o que significa que textos e autoridades não têm importância. Em última análise, apenas o que é moralmente correto tem autoridade. As autoridades práticas – os legisladores humanos – são oximóricos.

Colocando de maneira um pouco diferente, enquanto um grupo de fusionistas tenta combinar *vontade* (o que as autoridades determinaram) e *razão* (o que deviam ter determinado), o outro elimina inteiramente a vontade reduzindo-a à razão[97]. O segundo grupo é, talvez, menos fusionista que eliminativista. Para eles, a interpretação jurídica é desnecessária porque, em um sentido muito real, não existe Direito feito pelos homens.

**1. Fusionistas que "combinam" fato e valor (vontade e razão)**

Argumentei que os textos jurídicos representam as determinações das autoridades quanto ao que deve ser feito e que eles querem dizer o que as autoridades pretenderam que quisessem dizer. Argumentei que as intenções das autoridades são matéria de fato, não questões de teoria impelida pelo valor, e que, se não fossem matéria de fato, o papel das autoridades seria impossível.

O primeiro grupo de fusionistas não nega a facticidade das intenções das autoridades, mas acredita que essas intenções

---

97. Cf. Alexander, *supra*, n. 78 (discutindo a relação paradoxal de vontade e razão na lei).

devem ser "combinadas" com certos valores na interpretação de textos jurídicos. Embora existam muitos fusionistas desse tipo, talvez o melhor exemplo seja Cass Sunstein, no seu artigo "Interpreting Statutes in the Regulatory State". Sunstein começa o artigo como se estivesse argumentando a favor do eliminativismo, isto é, transformando a intenção autoral numa questão de teoria normativa. Assim, Sunstein escreve:

> O significado de uma lei depende inevitavelmente dos preceitos com os quais os intérpretes abordam o seu texto. As leis não têm significados pré-interpretativos, e o processo de interpretação exige que os tribunais recorram a princípios de fundo... extraídos da cultura jurídica[98].

Sunstein, porém, afasta-se do eliminativismo que essa passagem expressa. Em vez disso, endossa a opinião de que o significado de uma lei é produto, *simultaneamente*, da intenção legislativa e de vários valores substantivos e procedimentais, tais como o respeito às regras de validade constitucional, o federalismo, a responsabilidade política, o Estado de Direito, a rejeição a motivações de grupos de interesses evidentes, a preocupação com a propriedade e os direitos contratuais, preocupações com os direitos ao *Welfare**, a deferência para com órgãos públicos, o "*stare decisis*"**, etc.[99] Sunstein não oferece nem um ordenamento lexical desses valores nem qualquer algoritmo para demonstrar como esses diversos valores devem ser combinados. Tampouco fica evidente como, por exemplo, valores substantivos como a preocupação com a propriedade e os direitos contratuais podem ser "combinados" de alguma maneira com valores processuais como o federalismo.

Mais importante, porém, Sunstein nunca explica como o significado de uma lei pode ser, parcialmente, o que os seus

---

98. *Supra*, n. 76, 411.

\* No original: "Welfare Rights". Manteve-se a expressão em inglês, por ser consagrada e mais rica em conteúdo jurídico que "bem-estar" ou "previdência". (N. do T.)

\*\* Princípio jurídico anglo-saxão referente ao respeito à jurisprudência. (N. do T.)

99. *Ibid.*, 468-89.

autores pretendiam que significasse e também, parcialmente, o que diversos valores poderiam sugerir que deve significar. Em outras palavras, Sunstein não explica como o *fato* da intenção autoral pode ser "combinado" significativamente com *valores* substantivos e processuais. Naturalmente, isso não surpreende; fatos e valores não podem ser "combinados" significativamente.

Há várias indicações de que Sunstein não está realmente apresentando uma descrição do significado da lei, mas oferecendo, em vez disso, um conjunto de normas de autoridade que limitariam a autoridade do significado da lei. Em vários lugares ele faz declarações no sentido de que os seus cânones não deverão ser seguidos se entrarem em conflito com o "significado claro" de uma lei[100]. Tais declarações sugerem que, não obstante a passagem citada acima, Sunstein acredita em um significado da lei que *é* independente de normas interpretativas baseadas em valor. Se é nisso que Sunstein acredita, seus cânones não determinam o que as leis querem dizer. Em vez disso, são normas de autoridade que limitam a autoridade desse significado criando pressupostos refutáveis de que o significado pretendido de uma lei é compatível com os diversos valores que Sunstein identifica. (A restrição não é absoluta porque as leis poderão contestar os valores de Sunstein se os legisladores deixarem bem clara a sua intenção de fazê-lo. Se deixarem de tornar suficientemente clara a sua intenção, seu texto será lido como se fosse da autoria de legisladores com os valores de Sunstein.)

Se essa leitura de Sunstein está correta, sua posição não é incoerente, como seria se estivesse efetivamente advogando "combinar" intenções autorais e valores. Se está meramente propondo normas para restringir a autoridade das intenções autorais, sua proposta é, pelo menos teoricamente, defensável. Infelizmente, a avaliação dessa leitura do projeto de Sunstein é seriamente impedida pela linguagem fusionista na qual é envolvido.

---

100. Ver, por exemplo, *ibid*., 423, 434, 450, 456.

Se Sunstein pode ser lido para escapar do fusionismo, há muitos outros teóricos da interpretação que não podem. Tenho em mente principalmente aqueles estudiosos que advogam a abordagem da "razão prática" na interpretação das leis. A abordagem da razão prática sugere que, ao interpretar leis, deve-se atentar para os significados das palavras, os propósitos dos autores, as normas referentes a relações constitucionais, às virtudes do Estado de Direito, às normas sociais, à eficiência e à justiça[101]. Além disso, ao atentar para essa mistura de fatos históricos e tipos diferentes de preocupações normativas, devemos rejeitar qualquer algoritmo ou ordenamento lexical. Em vez disso, devemos combinar esses itens de maneira não-mecanicista[102].

A abordagem da "razão prática" da interpretação é puro fusionismo. As perguntas sobre o que as autoridades pretendiam com uma lei e que autoridade essa intenção deve possuir são unidas em uma única pergunta sobre a interpretação da lei que supostamente dá "peso" a ambos os fatores. Contudo, os dois fatores, um factual, o outro normativo, não podem ser "pesados" na mesma balança[103].

---

101. Ver, por exemplo, Richard A. Posner, *The Problems of Jurisprudence* (Cambridge, Mass.: Harvard University Press, 1990), 130-2, 299-300; William N. Eskridge, Jr., "Gadamer/Statutory Interpretation", *Columbia Law Rev.*, 90 (1990), 609-81, 633, 647-51; *id.* e Philip P. Frickey, "Statutory Interpretation as Practical Reasoning", *Stanford Law Rev.*, 42 (1990), 321-84, 351-2; William N. Eskridge, Jr., *supra*, n. 36, 1479-555, 1483-4.
Ver, de maneira geral, Larry Alexander, "Practical Reason and Statutory Interpretation", *Law & Phil.*, 12 (1993), 319-28, 319-20.
102. Ver Alexander, *supra*, n. 101, em 326-8.
103. As normas podem designar as autoridades cujas determinações estão em questão, as normas podem limitar essas determinações e as normas podem ter o seu peso confrontado, algorítmica ou não algoritmicamente, dependendo da estrutura da teoria de valor da qual as normas derivam. Mas as normas não podem ser comparadas com fatos. Como questão ontológica, portanto, os textos jurídicos não podem ser o que os proponentes da abordagem da razão prática aparentemente acreditam que são. Os textos jurídicos podem ser as determinações das autoridades no que diz respeito ao que deve ser feito, ou podem ser o que as normas da autoridade ditam que deve ser feito à luz das determinações das autoridades. Não podem ser uma combinação dessas coisas. Às vezes, a abordagem da razão

## 2. Fusionistas que eliminam as intenções autorais

Muitos teóricos eminentes assumem posições a respeito da interpretação que pretendem eliminar as intenções das autoridades de qualquer papel na interpretação jurídica. Por exemplo, Jeremy Waldron acredita que a referência à intenção legislativa deveria restringir-se "aos casos, bem raros, em que a legislação é produzida por um autor individual cujo conhecimento e especialização oferecem a mesma razão para que se respeitem suas intenções e para que se respeite o texto que ele produziu"[104]. No caso-padrão de legislação produzida por corpos com múltiplos membros, a ausência de intenções compartilhadas e/ou a presença de intenções conflitantes torna insustentável a teoria da interpretação[105]. Os textos legislativos devem ser interpretados sem considerar as intenções do legislador ou de facções do legislativo. Mais importante, esse tipo de interpretação é possível e até mesmo comum. Fazemos isso diariamente, como, por exemplo, quando "interpretamos" a voz sintetizada do computador que nos informa o saldo bancário[106].

O principal foco de Waldron encontra-se no que chamei de lei imperfeita, casos em que a intenção legislativa compartilhada é suficiente para abranger os símbolos a serem aprovados mas não seu significado no que diz respeito ao que os sujeitos do Direito devem fazer. Em tais casos, que Waldron possivelmente vê como regra e não como exceção, precisamos de uma norma de autoridade que nos diga como proceder, dado que as próprias autoridades não determinaram o que devemos fazer. Waldron, porém, sustentaria tal norma de controle da autoridade mesmo nos casos em que as autoridades comparti-

---

prática da interpretação parece ser antes epistemológica que ontológica. Isto é, os seus proponentes parecem estar defendendo um método para obter o significado dos textos jurídicos, não para dar uma descrição ontológica do que são os textos jurídicos. Sem uma descrição ontológica, porém, a proposta epistemológica não pode ser avaliada. É apenas uma nota promissória. (Ver, de maneira geral, *ibid.*)

104. Jeremy Waldron, "Legislator's Intentions and Unintentional Legislation", neste volume, *supra*, cap. 9.
105. *Ibid.*, 331-2.
106. *Ibid.*, 341-2.

lham intenções de maneira suficiente para que possamos dizer que *determinaram* o que devemos fazer.

Há duas questões bem distintas aqui que não devem ser confundidas. Uma diz respeito às intenções das autoridades, isto é, ao que as autoridades determinaram que devemos fazer. A outra diz respeito a normas de autoridade, isto é, ao que devemos fazer quando as autoridades aprovaram símbolos, mas não determinaram o que esses símbolos significam. Não estamos "interpretando" os símbolos quando seguimos alguma norma de autoridade que nos orienta a tratá-los como, digamos, símbolos em inglês, talvez com ambigüidades solucionadas a favor do que o "intérprete" acredita ser mais justo. Esse processo não é interpretação do texto, mas apropriação dos seus símbolos, como seria evidente se o corpo legislativo inteiro estivesse falando esperanto[107].

É claro que podemos interpretar enunciados irracionais, tais como os da voz sintetizada que nos dá o saldo bancário. Fazemos isso por referência implícita às intenções dos que programam o computador do banco. Se, por exemplo, descobríssemos que os programadores queriam designar por "mil" o

---

107. Percebo que estou caminhando em terreno calorosamente disputado quando afirmo que atribuir a símbolos um significado que, sabemos, não é o significado que o autor dos símbolos pretendeu com eles não é "interpretar" os símbolos. No fim, como os meus interesses estão na natureza do Direito e no papel das determinações das autoridades, não na verdadeira natureza do conceito de "interpretação", admitiria que a atribuição a símbolos de significados não-pretendidos em obediência a alguma norma poderia ser considerada interpretação, embora de um tipo inteiramente diferente da tentativa de descobrir o que os autores querem dizer com os símbolos que usam. Prefiro o uso mais estrito de interpretação, porém, por duas razões. Primeiro, parece mais próximo do significado coloquial. Segundo, e mais importante, permite-me que evite decidir que tipos de atribuição de significados pretendidos estão dentro do conceito de interpretação e que tipos estão fora. Alguns diriam que atribuir aos símbolos o seu significado de dicionário em uma língua particular vale como interpretação, mesmo sendo claro que o significado não é o pretendido; mas eles traçariam a fronteira nesse ponto. Outros, porém, iriam além e declarariam que fazer dos textos "o melhor que podem ser" também vale como interpretação. Ver Ronald Dworkin, *O império do Direito* (São Paulo, Martins Fontes, 1999), pp. 377-54. Como nego que as atribuições de significado sejam interpretações, ainda que justificadas, posso evitar esse debate. Para mais observações sobre esse ponto, ver o Apêndice.

que designamos por "cem", poderíamos imediatamente deixar de emitir cheques, com medo de estourar o saldo. Se o computador fosse verdadeiramente irracional – se fosse programado para dar saldos bancários recitando números aleatoriamente –, interpretaríamos o que ele nos diz de maneira bem diferente da que fazemos hoje.

Também é verdade que as autoridades podem determinar que o que devemos fazer deve ser decidido por um processo irracional, tal como ler as entranhas de um boi, jogar cara ou coroa ou o que Waldron denomina "máquina de Wollheim"[108]. Em algum ponto, as autoridades, ao assim determinarem, deixam de ser autoridades e abandonam o seu papel a esse processo irracional. Não obstante, delegações específicas e estritas a processos irracionais são inteiramente compatíveis com o papel das autoridades.

Assim, seria concebível haver uma norma de autoridade que nos orientasse a considerar como dotados de autoridade apenas os símbolos aprovados pelo legislativo e a atribuir significado aos símbolos que teriam se fossem da autoria de alguém que quisesse comunicar-se no inglês-padrão da época. Se a legislatura aprova uma proibição de "gatos em restaurantes", acreditando que gatos são animais que abanam a cauda e latem, o que seria proibido seriam os gatos, não os cães.

Naturalmente, mesmo nesse caso, o recurso à intenção legislativa é necessário para definir os símbolos aprovados. Para além daquela intenção mínima, porém, delega-se a determinação do que deve ser feito a processos relativamente irracionais, por meio dos quais as palavras adquirem os significados-padrão dos dicionários.

O importante aqui, e que Waldron negligencia, é sustentar a distinção entre interpretar o texto das autoridades e apropriar-se dos símbolos das autoridades para produzir um texto diferente. As normas de autoridade podem orientar-nos a fazer a segunda opção, mas a segunda opção não é a interpretação do

---

108. Waldron, *supra*, cap. 9, 336-8.

texto das autoridades. Se tomamos o exemplo da proibição de "gatos em restaurantes" por uma legislatura que confundiu gatos com cachorros e seguimos uma norma de autoridade que nos orienta a considerar o texto como sendo de autoria de um falante competente de inglês, mesmo sabendo que não é esse o caso, devemos banir o Bichano, mas não o Rex. Se o fizermos, não será porque as autoridades determinaram que assim deveríamos – não o fizeram –, mas porque determinaram os símbolos sobre os quais operou uma norma de autoridade independente. Além disso, se alguém tenta entrar num restaurante com um guepardo de estimação, será inútil perguntar qual dos significados possíveis de gato é pretendido pelo texto. A própria legislatura queria referir-se a cachorro, e a norma de autoridade orienta o intérprete a ler o texto como se significasse o que significaria em inglês-padrão, norma que deixa por resolver a condição de guepardos em restaurantes. Solucionar a condição exigiria outra norma de tal tipo. Quando as normas de autoridade se esgotam, não faz nenhum sentido perguntar o que o texto quer dizer em um ponto não-solucionado. Como foi separado das intenções autorais, não quer dizer nada[109].

Muitos outros teóricos seguem Waldron em abandonar o que as autoridades pretendem em favor das normas de autoridade. Assim, no contexto de interpretar a Constituição americana, Paul Brest e Gregory Bassham instam os "intérpretes" a

---

109. Waldron oferece três argumentos para explicar por que a sua norma de autoridade – a legislatura seleciona os símbolos, que devem ser lidos como se escritos por falantes competentes do inglês-padrão – é superior a uma que postule a autoridade na legislatura para determinar diretamente o que deve ser feito, mesmo quando há suficientes intenções compartilhadas entre os legisladores. Esses argumentos são: um utilitarista a respeito de agregar as preferências individuais dos legisladores; um que se vale do teorema de Condorcet a respeito de uma maioria ter mais probabilidade de estar correta que um único indivíduo; e uma que se vale das afirmações aristotélicas a respeito de formar visões por meio da deliberação. *Ibid.*, 346-8. Todos esses argumentos, porém, parecem basear-se em alguma concepção da visão da maioria, que deve, ela própria, basear-se em intenções compartilhadas. O processo irracional de escolher símbolos cujo significado não é transparente para a legislatura que escolhe, não obtém a opinião de nenhuma maioria ou pessoa.

permitir que o precedente e os valores correntes prevaleçam sobre o que os autores da Constituição quiseram dizer[110]. (Mesmo Andrei Marmor, cuja opinião a respeito da interpretação encontra-se, no restante, bem próxima da minha, distingue a interpretação das leis, onde perguntaria o que as autoridades pretenderam com o seu texto, da interpretação constitucional, onde reluta em fazê-lo)[111]. Não há nada teoricamente problemático em fazer com que normas pré-constitucionais de autoridade subordinem a Constituição às regras de precedentes do Supremo Tribunal, mesmo que estas pretendam ser interpretações da Constituição, ou a certos valores substantivos. O que é problemático é considerar os resultados de tais casos de subordinação como *interpretações* do texto da Constituição[112]. Não são. São, antes, normas com autoridade que, de acordo com normas pré-constitucionais, ultrapassam em importância o texto da Constituição.

Finalmente, deve-se observar que geralmente haverá (mas não sempre) uma convergência entre o que as autoridades querem dizer com um texto e o que as normas de autoridade ditam que o texto significará de maneira autorizada, *contanto que as normas de autoridade sejam de certo tipo*. Por exemplo, uma norma de autoridade que fizesse os textos significarem, de maneira autorizada, o que seus símbolos significariam no inglês-padrão na época da aprovação, seria uma norma que uma legislatura competente poderia levar em conta ao escrever a legislação. Por outro lado, se a norma de autoridade transforma o texto mais irracionalmente – como faria se ditasse que se devem atribuir aos símbolos significados de uma língua desconhecida da legislatura, como o inglês-padrão *na época da interpretação* –, então será improvável a convergência entre o que as autoridades querem dizer e o significado que será considerado como provido de autoridade[113]. Em qualquer caso, só estamos

---

110. Ver Bassham, *supra*, n. 18, 98-102, 107; Brest, *supra*, n. 1, 228-9.

111. Marmor, *supra*, n. 32, 172-3.

112. Novamente, quero recordar que não estou restringindo o termo interpretação a determinar o que foi significado *por* um texto e não estou incluindo as atribuições de significado *a* um texto em obediência a alguma norma.

113. Ver Smith, *supra*, n. 36.

*interpretando* o texto das autoridades se procuramos determinar o que quiseram dizer com ele. Do contrário, estamos atribuindo significado a ele, mesmo que o significado atribuído coincida com o significado pretendido.

(É interessante notar que aqueles que desconsiderariam as determinações das autoridades não discutem como devem ser interpretadas as decisões dos tribunais que "interpretam" leis e dispositivos constitucionais. Afinal, os tribunais muitas vezes são corpos de múltiplos membros. E os precedentes podem ser antigos. Os tribunais futuros são obrigados apenas pelos símbolos dos tribunais precedentes e não pelo que os tribunais precedentes queriam dizer com eles?)

Waldron, Bassham e Brest combinam as questões quanto ao que significa o texto das autoridades e a que autoridade deveria ter *esse* texto porque se concentram no caso patológico da lei imperfeita, no qual as autoridades não foram autoras de um texto significativo, ou se concentram em preocupações a respeito da estabilidade (precedente) ou norma da mão morta (obsolescência). Ronald Dworkin, porém, reduziria a vontade das autoridades à doce razão da correção moral para todos. Dworkin é um fusionista que elimina os textos com autoridade e o próprio papel da autoridade, sem deixar nada a ser interpretado pela interpretação comum. Ele o faz por meio de duas técnicas diferentes que, por fim, levam à mesma conclusão.

Em primeiro lugar, Dworkin argumenta a favor de interpretar os textos jurídicos para incorporar conceitos morais e não as concepções específicas dos seus autores acerca do que exigem esses conceitos[114]. Como se pode presumir que todos os autores de textos jurídicos estão tentando alcançar o que é *realmente* justo, imparcial, correto, prudente, etc., devemos "interpretar" seus textos como orientando-nos a alcançar o que é realmente justo, imparcial, correto e prudente. Nesse nível de abstração, nível em que as autoridades autoras e os seus intérpretes sempre "concordarão", o papel da autoridade é eliminado. O intérprete nunca encontrará uma situação em que aquilo

---

114. Ver Dworkin, *supra*, n. 54, 136-7; *supra*, n. 5, 134-6.

que as autoridades determinaram que deve ser feito difere do que ele acredita que deve ser feito. Assim, as autoridades são redundantes.

A segunda técnica de Dworkin é argumentar a favor de "interpretar" os textos jurídicos como sendo "o melhor que podem ser"[115]. Mas se os textos não são nada antes da interpretação, então, "o melhor que podem ser" é ser um texto ideal (aos olhos do "intérprete"). Os textos não são questões de vontade (do outro), mas refletem sempre a razão (do intérprete). Se, por outro lado, os textos *são* algo anterior à interpretação – se têm uma facticidade que não pode ser esgotada pela "interpretação" –, então eles são o que são. Se são ou não o melhor que podem ser, é uma questão contingente. Por essa razão, deve-se interpretar que Dworkin nega a facticidade dos textos jurídicos, o que significa, na verdade, eliminá-los em favor daquilo que (aos olhos do "intérprete") é o que realmente deve ser feito[116].

As opiniões de Michael Moore a respeito da interpretação constitucional são paralelas às de Dworkin sobre a interpretação em geral e às de Waldron sobre a interpretação das leis[117]. Moore acredita que os autores da Constituição não são autoridades para nós[118]. Como não há autoridades, o que eles pretenderam estabelecer por meio da Constituição não tem autoridade. O seu texto, porém, tem[119].

---

115. Ver Dworkin, *supra*, n. 107, 313-54.

116. Considere a crítica de Raz à teoria de interpretação de Dworkin: "Se você considera a Constituição como um amontoado de rabiscos de tinta não-interpretado e considera a teoria jurídica (a interpretação) como destinada a dar-lhe significado em conformidade com a melhor teoria moral que existe, então não há nenhuma lacuna entre Direito ideal e interpretação do Direito existente. Sob essas condições, podemos interpretar a Constituição de modo que signifique qualquer coisa. Pode ser lida de modo que signifique o mesmo que o *Hamlet* de Shakespeare." Joseph Raz, "Dworkin: A New Link in the Chain', *Calif. Law Rev.*, (1986), 1103-19, 1103.

117. Ver Michael S. Moore, "Interpreting Interpretation", neste volume, *supra*, cap. 1.

118. *Ibid.*, 14.

119. *Ibid.* Ver também Michael S. Moore, "Do We Have an Unwritten Constitution?", *South. Calif. Law Rev.*, 63 (1989), 107-39, 117-8. A posição de Moore foi criticada por Kay. Ver Kay, *supra*, n. 11, 43.

Como pode o texto dos autores constitucionais – a Constituição – ter autoridade se o que eles pretenderam não tem autoridade? Para Moore, a Constituição com autoridade consiste, meramente, nos símbolos que os autores pretenderam produzir[120]. Esses símbolos são o texto constitucional, que, de outra forma, não tem autor.

E como os símbolos podem ser "interpretados" sem o recurso às intenções dos seus autores? A resposta de Moore é notavelmente similar à de Dworkin: "No caso da Constituição americana... a interpretação correta da Constituição é aquela que promove ao máximo a solução pacífica das disputas políticas fundamentais ... [contanto que] o documento... [não cometa] muitos erros morais."[121] Embora Moore reconheça que às vezes – como ao interpretar o pedido de um amigo – "os valores que nos justificam a tratar certos fenômenos como textos, justificam-nos a interpretar esses fenômenos recorrendo... ao que o seu autor queria dizer"[122], no caso de interpretar a Constituição, uma interpretação válida é aquela que serve ao valor da solução pacífica da disputa política (de um modo geralmente compatível com a justiça e outros valores morais)[123].

Moore reconhece e preocupa-se com o problema que obceca Dworkin: se o texto constitucional sempre deve ser "interpretado" como sendo o melhor possível na resolução de disputas políticas fundamentais, por que consultar o texto?[124] (Ou, colocado de outra maneira, de que modo o texto restringe sua interpretação?). A resposta de Moore é que:

> Quando temos razão para tratar algum fenômeno como texto, não é apenas que temos razão para tratá-lo como *qualquer* tipo de texto. A legitimação potencial da Constituição americana, por exemplo, não somente nos dá razão para considerar esse documento como *algum* tipo de texto; além disso, o tipo de texto a

---

120. Moore, *supra*, cap. 1, 9-10, 17.
121. *Ibid.*, 17.
122. *Ibid.*, 17-8.
123. *Ibid.*, 17.
124. *Ibid.*, 18-20.

que ela dá aos cidadãos razão para interpretar é um que respeita o potencial legitimador do documento, *o que significa que os significados ingleses comuns das palavras que o documento emprega devem ser respeitados*[125].

Moore, portanto, está argumentando que a Constituição servirá a seu papel se julgarmos que os autores tiveram autoridade para determinar os símbolos da nossa lei suprema mas não o significado que esses símbolos possuem. Este é oferecido por, nos meus termos, uma norma de autoridade que nos orienta a atribuir a esses símbolos o significado que teriam em inglês-padrão (de 1787? de hoje?).

Moore ainda não se livrou completamente das barreiras que prendem Dworkin, como ele reconhece. E se os significados em inglês-padrão desses símbolos são inferiores, em termos do valor ou dos valores de orientação, como a paz social, em relação a algum significado não-padrão? A pressão dos valores de orientação não suplanta as restrições, digamos, do significado evidente, obliterando por fim o texto?[126]

A resposta de Moore a essa preocupação não é inteiramente clara. Por um lado, ele argumenta que se trata de uma não-preocupação, porque os intérpretes devem primeiramente tratar o texto como um texto, não como algo que gostariam que fosse[127]. Ainda assim, esse argumento não funciona, a menos que o texto tenha uma solidez que vá além dos seus símbolos e abranja o que os seus autores quiseram dizer com ele. Afinal, segundo Moore, atribuímos o significado em inglês-padrão ao texto constitucional não porque isso é o que os autores quiseram dizer com ele, mas porque isso é o que seria instrumentalmente útil. E, se resulta não ser instrumentalmente útil atribuir

---

125. *Ibid.*, 18-19 (itálico final acrescentado).
126. *Ibid.*, 19-20. Em alguns dos artigos mais antigos de Moore, ele parece adotar a política dos fusionistas "combinatórios" de submeter as intenções autorais e as normas de autoridade a um processo de pesagem e equilíbrio. Ver, por exemplo, Michael S. Moore, "The Semantics of Judging", *South. Calif. Law Rev.*, 54 (1981), 151-293, 277-81; *id.*, *supra*, n. 67, 277-398, 396-7.
127. Moore, *supra*, cap. 1, 20.

aos símbolos o significado em inglês-padrão, que razão resta para fazê-lo? O que Moore pretende aqui, creio eu, é dizer que a Constituição só pode servir ao objetivo da paz social – ou a qualquer outro objetivo do tipo – se os seus símbolos são interpretados como sendo de autoria de falantes competentes de inglês, mesmo que as instruções produzidas por tal leitura sejam, em termos desse objetivo, inferiores ao que seriam outras instruções. Em outras palavras, Moore está executando a conhecida manobra conseqüencialista por regra, em contraposição à interpretação da Constituição conseqüencialista por ato: interpretar a Constituição como se significasse o que seus símbolos significariam em inglês-padrão é uma estratégia melhor, a longo prazo, para a obtenção da paz social, do que tentar obter a paz social sem as restrições resultantes de interpretar a Constituição como se estivesse em inglês-padrão.

Acredito que o raciocínio de Moore para adotar essa norma de autoridade – os símbolos constitucionais com seus significados em inglês-padrão têm autoridade – é o tipo correto de raciocínio a empregar na escolha de normas de autoridade, isto é, o raciocínio conseqüencialista de longo prazo[128]. O que se deve observar, porém, é que também é o tipo de raciocínio que poderia sustentar a posição que Moore rejeita, a saber, que os autores constitucionais são autoridades. E a segunda posição nos orientaria a atentar para *o texto deles* (dos autores), não apenas para os seus símbolos. Em outras palavras, o argumento de Moore somente terá sucesso se o ato de tratar os autores como autoridades e o seu texto – o que determinaram que deve ser feito – como provido de autoridade produzir conseqüências inferiores (em termos dos nossos valores) ao ato de tratá-los como autoridades apenas para o propósito limitado de determinar símbolos. E não vejo que Moore nos tenha dado alguma razão para crer que é esse o caso.

---

128. Ver Alexander, "The Constitution as Law", *supra*, n. 86, 111.

## IV. Conclusão

As autoridades jurídicas têm o papel de tornar mais definido o que é moralmente exigido. Seus textos são comunicações referentes às suas determinações do que deve ser feito por nós. Se estamos buscando compreender essas determinações, devemos ler os textos das autoridades como querendo dizer o que elas quiseram dizer com eles.

Por outro lado, poderíamos desejar restringir a autoridade das autoridades jurídicas de várias maneiras, tanto em termos substantivos como procedimentais. Essas limitações poderiam orientar-nos a ignorar e suplantar os textos das *autoridades* em favor de textos que sejam parcialmente nossos. Quando observamos essas limitações, seguimos nossas normas de autoridade, não as normas das autoridades. As descrições da interpretação jurídica seriam mais condizentes se preservassem a distinção entre os textos das autoridades e as restrições que limitam esses textos.

*Apêndice*

Para que não me compreendam mal no que diz respeito a macacos com máquinas de escrever, marcas feitas pelas ondas na areia, etc., permitam-me expor brevemente uma posição que torna lingüisticamente significativos o produto dos macacos, as marcas das ondas e outros itens do tipo sem reportar-se às intenções autorais, que, é claro, estão ausentes. (Ao qualificar "significativos" com o advérbio "lingüisticamente", quero distinguir essa posição da posição de que marcas e sons não-intencionais podem ser significativos como sinais de eventos no mundo, como o comportamento curioso e brincalhão dos macacos ou os padrões que as ondas do oceano assumem.) A posição que considero aqui é mais ou menos assim. Formas e sons que não são produzidos por um autor que pretende comunicar algo com eles ainda podem ser símbolos de letras em um alfabeto, e uma seqüência de tais marcas e sons pode ser símbolos de palavras em uma língua específica. Que tais formas e sons são palavras em uma língua específica é estabelecido por uma convenção pública nesse sentido, não pela intenção autoral. É claro, a própria convenção pública é o produto das intenções de falantes passados, mas, assim que a convenção se estabelece, formas e sons e as palavras que produzem têm os significados que a convenção pública estabelece, independentemente de qualquer intenção do autor ou falante. Em outras palavras, o que chamei de significado do dicionário (significado$_D$) pode ser atribuído a objetos sem nenhum intento autoral – tais como as marcas das ondas na praia, as formações de nuvens ou a digitação dos macacos – ou a palavras que foram escritas ou faladas com um significado do falante (significado$_F$) diferente do significado$_D$. Assim, uma formação de nuvens que tem a forma das letras "v" e "a" significa "vá". Se os macacos digitam "baleia", o significado$_D$ é um grande mamífero aquático. E, quando a sra. Malaprop refere-se a um "belo desarranjo de epitáfios", "desarranjo" e "epitáfios" têm o significado$_D$ de "desarranjo" e "epitáfio" em um dicionário-padrão de inglês, embora a sra. Malaprop pretendesse um significado$_S$ diferente deles. Além disso, a proposição permanece verdadeira caso se revele que a sra. Malaprop está pretendendo falar gleinglês, não inglês, sendo gleinglês uma língua falada pela sra. Malaprop e alguns de seus amigos que é idêntica ao inglês, exceto pelo fato de que "desarranjo" em gleinglês significa "arranjo" em inglês, e assim por diante.

Nada do que disse ou direi tem a intenção de negar esse sentido no qual formas, sons, palavras e arranjos de palavras podem ter significados independentes das intenções dos autores, significados que surgem de convenções públicas. (Tampouco nego a grande utilidade de tais convenções públicas – dicionários, regras gramaticais, etc. – para comunicar aos outros com sucesso o que pretendemos comunicar.) Com certeza, quando alguém acidentalmente dá uma trombada com uma máquina de escrever e a tecla "e" atinge o papel que está na máquina, a marca no papel *é* a letra "e". Se as letras "e" e "u" atingem a página, essas marcas são o pronome "eu". Essa posição, porém, tem significado prático bastante limitado e não tem absolutamente nenhum significado para questões de interpretação jurídica.

O que realmente decorre da posição é que podemos usar as formações de nuvens, as marcas de ondas na praia, a datilografia dos macacos e o emprego errado de parônimos para ensinar o reconhecimento de letras, os significados de dicionário e os usos errôneos da língua. Se as ondas fazem as marcas de "v" e "a" lado a lado, podemos perguntar aos nossos filhos, que estão aprendendo a língua, que letras essas marcas formam, e que palavras as letras formam, mesmo que nós e nossos filhos saibamos que nenhuma pessoa com intento comunicativo fez aquelas marcas.

Por outro lado, se o nosso interesse não é aprender alfabetos, significados de dicionário ou gramática, nem aprender sobre os padrões de ondas oceânicas ou sobre o comportamento dos macacos, a ausência de intenções autorais exclui qualquer outra investigação quanto ao significado de tais formas e sons. Quer nosso empreendimento seja a crítica literária, quer seja a interpretação jurídica, precisamos das intenções dos autores. Se as formas ou sons produzem uma palavra com significados diferentes em línguas diferentes ("canard"), uma palavra que poderia ser uma palavra com diferentes significados em diferentes línguas ("desarranjo" em inglês e gleinglês) ou uma palavra com dois ou mais significados diferentes na mesma língua ("bear" em inglês), não faria nenhum sentido, na ausência das intenções dos autores, perguntar que língua essas marcas representam ou qual dos dois significados elas têm.

Portanto, o importante é que sejamos claros quanto a qual é o nosso empreendimento prático. O menos importante – ou talvez completamente insignificante – é se o significado$_F$ ou o significado$_D$ é mais básico como questão teórica do que como questão prática. A interpretação jurídica é um empreendimento prático, e meu argumento é de que, dado o papel prático das autoridades jurídicas, e com as ressalvas que discuti, são suas intenções autorais, não os significados do dicionário, que devem ser de importância primordial.

## Capítulo 11
## *Interpretando as autoridades*
*Heidi M. Hurd*

Apesar da tentativa de exorcismo, a interpretação jurídica é assombrada pelo intencionalismo. Isso desconcertou aqueles que julgavam ter conseguido demonstrar a indefensabilidade conceitual e normativa da interpretação intencionalista. Neste capítulo, argumentarei que o persistente espectro do intencionalismo não deveria representar uma surpresa para os teóricos jurídicos cujas batalhas com o intencionalismo foram travadas à sombra das concepções tradicionais da autoridade do Direito. Pois, enquanto se conferir ao Direito o tipo de autoridade que ele historicamente reivindicou, ao intencionalismo será necessariamente conferido o tipo de respeito que ele não merece.

Na Parte II começarei demonstrando que as teorias-padrão de autoridade jurídica situam a autoridade do Direito nas crenças dos legisladores. Assim, exigem necessariamente, em um ponto ou outro, que se busquem as intenções da legislatura ao interpretar leis aprovadas democraticamente. Na Parte II retratarei rapidamente as muitas razões para pensar que a interpretação intencionalista da legislação é conceitualmente confusa ou empiricamente impossível. Conjuntamente, esses argumentos sustentam a conclusão proposta no fim da Parte II, de que é melhor para quem busca o conteúdo da legislação esquivar-se de qualquer investigação das intenções autorais dos seus criadores. Na Parte III proporei uma compreensão alternativa da autoridade do Direito – uma que confere a autoridade do Direito aos textos jurídicos, não aos autores jurídicos[1]. Tal teoria, argumentarei, livra-nos da necessidade de interpretar os textos das leis à luz das intenções dos que os criaram e preserva a função do Direito de orientar as ações. A estrutura da argumentação, portanto, é esta:

1. Se adotamos qualquer uma das teorias-padrão sobre a autoridade do Direito (autoridade por influência, autoridade prática ou autoridade teórica), sentimo-nos obrigados a situar a autoridade do Direito nas crenças dos legisladores.
2. Se situamos a autoridade do Direito nas crenças dos legisladores, somos obrigados a interpretar os textos jurídicos à luz das intenções dos seus autores.
3. Não podemos e não devemos procurar interpretar a legislação à luz das intenções dos seus autores.
4. Portanto, não podemos e não devemos atribuir à legislação nenhuma das concepções-padrão de autoridade jurídica.
5. Se adotamos a teoria não-padrão de autoridade jurídica que defenderei na Parte IV, precisamos situar a autoridade do Direito nos textos jurídicos, não nas crenças dos seus autores.
6. Se situamos a autoridade do Direito nos textos jurídicos, não nos autores jurídicos, então não temos o compromisso de interpretar esses textos à luz de nenhuma intenção autoral, mas temos liberdade de usar técnicas interpretativas menos problemáticas.
7. Devemos escolher entre adotar uma das teorias-padrão, que situam a autoridade jurídica nos legisladores, ou adotar a teoria não-padrão, que situa a autoridade jurídica nos textos jurídicos.
8. Portanto, deveríamos adotar a teoria não-padrão, que situa a autoridade jurídica nos textos jurídicos[2].

---

1. Desenvolvi com detalhes consideráveis o argumento de que não se deve considerar a legislação como um empreendimento comunicativo em Heidi M. Hurd, "Sovereignty in Silence", *Yale LJ*, 99 (1990), 945-1028. A mesma conclusão é proposta neste volume por Jeremy Waldron, *supra*, cap. 9.

2. Ao longo de todo este ensaio, farei referências gerais à autoridade jurídica e aos textos jurídicos em vez de falar sempre em termos de autoridade legislativa e textos legislativos. Faço isso porque boa parte do que digo é verdadeiro a res-

## I. Teorias-padrão de autoridade e as implicações para a interpretação intencionalista

Muitos dos que contribuíram para esta coletânea convergiram na afirmação inteiramente nova de que uma teoria da interpretação jurídica está necessariamente relacionada e, na verdade, é mesmo dependente de uma teoria anterior a respeito da natureza da autoridade do Direito[3]. Penso que isso é verdade[4]. Embora não seja o caso de dizer que cada teoria da autoridade acarreta logicamente uma teoria distinta e separada de interpretação, existem alianças naturais entre campos particulares de teóricos da autoridade e campos particulares de teóricos da interpretação. No que se segue, proponho descobrir até que ponto cada uma das teorias tradicionais da autoridade jurídica está comprometida com uma aliança com o intencionalismo. Especificamente, demonstrarei que o intencionalismo está necessariamente implícito, de uma forma ou de outra, em todas as teorias-padrão da autoridade jurídica.

*A. Autoridade inspiradora*

Permita-me começar com um tipo de autoridade que, pelo que sei, não é atribuída ao Direito (pelo menos não no Direito

---

peito da autoridade reivindicada em nome de todas as fontes de Direito e todos os tipos de textos jurídicos. Contudo, faço uso particular dos problemas interpretativos gerados pela aplicação de teorias-padrão da autoridade jurídica à legislação. Considero que esses problemas desacreditam tais teorias da autoridade jurídica em todas as arenas do Direito, embora não faça nenhuma tentativa de defender essa suposição. Quando o que disser for aparentemente verdadeiro apenas no que diz respeito (ou particularmente) à legislação, tentarei delimitar minha tese falando unicamente a respeito da autoridade e da interpretação de leis.

3. Ver, por exemplo, Andrei Marmor, *Interpretation and Legal Theory* (Oxford, Clarendon Press, 1992), 155-84; Larry Alexander, "Tudo ou nada? As intenções das autoridades e a autoridade das intenções", neste volume, *supra*, cap. 10; Waldron, *supra*, cap. 9. Ver também Larry Simon, "The Authority of the Framers of the Constitution: Can Originalist Interpretation be Justified?", *Calif. Law Rev.*, 73 (1985), 1482, 1486-9 (discutindo a relação entre autoridade constitucional e interpretação constitucional).

4. Na verdade, assim argumentei. Ver Hurd, "Sovereignity in Silence", 1006-28.

anglo-saxão), mas para a qual a interpretação naturalista se inclina naturalmente. É uma espécie de autoridade que muitos podem atribuir a Deus, mas é, penso, também o tipo de autoridade exercido pelas pessoas queridas e amigos, mentores e líderes espirituais. Joseph Raz descreveu esse tipo de autoridade como "autoridade inspiradora", e empregarei sua terminologia[5].

Considere uma afirmação-padrão da autoridade inspiradora. É comum meu marido descobrir uma nova caminhada que quer que eu faça. Quando sugere que a faça, quer que eu faça mais do que simplesmente percorrer as nove milhas que ele descreveu como quatro. Quer que eu aprecie! E os critérios dessa apreciação não são livres. Ele quer que eu goste da caminhada pelas razões específicas que o fizeram gostar dela, ou seja, porque é bonita, desafiadora e diferente. Quer que eu diga no final: "Você tinha razão. É uma grande caminhada, em todos os sentidos que você descreveu!" Sua sugestão de que eu faça a caminhada, portanto, tem o intuito de me oferecer uma razão complexa para a ação: uma razão para fazer a caminhada e gostar dela pelas mesmas razões que ele a faria e apreciaria, ou seja, porque é bonita, desafiadora e diferente.

Na medida em que meu marido pode me oferecer tais razões complexas para a ação, ele possui, para mim, autoridade inspiradora. Colocado em termos precisos:

> X tem autoridade inspiradora sobre Y se, e somente se, quando X disser "Faça A", Y tiver uma razão para fazer A pelas mesmas razões, e somente por elas, que X valoriza fazer A.

A prescrição de uma autoridade inspiradora, portanto, oferece-nos uma razão de segunda ordem para fazer uma ação apenas pelas razões de primeira ordem que são valorizadas pela autoridade[6]. Se digo ao meu marido: "Está bem, vou fazer a

---

5. Joseph Raz, *The Morality of Freedom* (Oxford, Clarendon Press, 1986), 32.
6. Aqui, posso estar me afastando da concepção de Raz de autoridade inspiradora. Raz diz periodicamente que uma autoridade inspiradora oferece uma razão para que se faça o que é sugerido em consideração a ela. Fazer alguma coisa ape-

caminhada – mas só porque você quer que eu a faça", ele com certeza dirá que estou deixando de agir pela sua autoridade inspiradora. Como ele diria: "Não faça porque quero. Faça-a porque é bonita, desafiadora, diferente." Se, então, faço a caminhada por alguma outra razão que não essas (inclusive pela razão de que isso o deixará feliz), deixo de agir segundo sua autoridade (inspiradora)[7].

Considere um segundo exemplo. Os que atribuem autoridade inspiradora aos mandamentos de Deus inclinam-se a insistir em que não é suficiente simplesmente seguir a letra da Sua lei. Não é suficiente dar aos pobres: deve-se fazer isso pelas razões valorizadas por Deus. Se alguém dá aos pobres para impressionar os vizinhos ou para conseguir uma isenção de impostos, deixa de cumprir a vontade de Deus. O mandamento de Deus é ser caridoso, e caridade equivale a sacrificar algo que se valoriza verdadeiramente pelo bem de outro. Quem dá o que não valoriza ou quem dá por preocupar-se com os seus próprios interesses, deixa de agir pela autoridade

---

nas por consideração a ela é diferente de fazer algo pelas razões que a autoridade inspiradora valorizaria? O próprio Raz parece ambivalente quanto à resposta. Como ele diz: "Alguém pode, por exemplo, vir a gostar da música de Byrd porque seu amante gosta e ficaria contente que seu gosto fosse compartilhado." *Ibid.*, em 32-3. Isso sugere a minha formulação da autoridade inspiradora. Mas, como ele diz depois: "O ponto é que se passa a gostar da música de Byrd por ela própria." Podem-se imaginar essas formulações divergindo. Se uma autoridade inspiradora quer que uma pessoa amada faça algo por prestígio, então, na minha formulação, o amado age segundo uma autoridade inspiradora se o faz por prestígio. Mas fazer o ato por prestígio não é o mesmo que fazer o ato pelo próprio ato. Portanto, se a concepção raziana de autoridade inspiradora exige a ação pela ação, deve ser distinguida da concepção que estarei desenvolvendo aqui sob o nome de "autoridade inspiradora".

7. Como formula Raz: "A afeição por outro muitas vezes leva as pessoas a conceber desejos e vontades porque a pessoa a quem se dirige a afeição teria prazer se elas tivessem tais desejos e vontades ou se agissem a partir deles... Os desejos que tenho em mente devem ser distinguidos estritamente dos desejos de fazer certas coisas para agradar a outra pessoa." (*Ibid.*, em 32) "Ele pode ficar contente porque quero escutar Byrd para agradá-lo, mas não quer que eu escute Byrd por essa razão... Ele tem outro desejo, a saber, que eu goste de Byrd. No caso, deseja que eu o faça por uma razão específica. Fazê-lo por outra razão não seria fazer como ele deseja." *Ibid.*, em 33.

inspiradora de Deus, e isso é verdade mesmo quando se dá uma fortuna.

Existe claramente uma relação íntima entre uma teoria da autoridade inspiradora e uma teoria da interpretação intencionalista. O conteúdo das razões nas quais devem basear-se as nossas ações é dado pelas intenções da autoridade. Se as razões por trás das diretrizes de uma autoridade inspiradora são imprecisas, não interpretar essas razões com precisão provavelmente significará uma violação dessa autoridade. Uma pessoa não pode defender-se de sua violação simplesmente dizendo: "Fiz o que você me pediu." Pois não é suficiente agir de acordo com o significado evidente das palavras de uma autoridade inspiradora (não é suficiente dar aos pobres; não é suficiente percorrer as milhas recomendadas). Deve-se fazer isso pelas razões certas – pelas razões que motivaram a autoridade a prescrever a ação. E, se essas razões estão todas disfarçadas, somos obrigados a nos engajar na interpretação intencionalista. Somos obrigados a perguntar: "Por que você quer que eu faça isso?" Só então podemos satisfazer uma autoridade inspiradora, pois somente então podemos atuar de acordo com as razões pelas quais a autoridade deseja que ajamos.

Atribuir autoridade inspiradora ao Direito claramente nos comprometeria com uma teoria intencionalista da interpretação jurídica. Agiríamos pela autoridade do Direito apenas quando e na medida em que fizéssemos o que o legislador exigisse pelas razões que motivaram o legislador a criá-lo. Se o objetivo de proibir veículos no parque fosse reduzir a poluição, um juiz conferiria à regulamentação autoridade inspiradora apenas se permitisse skates e interditasse automóveis *porque skates* não emitem poluentes, mas automóveis sim. Se, por outro lado, o objetivo da regulamentação fosse aumentar a segurança dos pedestres, o juiz conferiria à regulamentação autoridade inspiradora apenas se banisse skates e permitisse ambulâncias *porque*, ao fazê-lo, aumentaria a segurança dos pedestres. Nos casos em que as razões para a regulamentação fossem imprecisas, o juiz teria de pesquisar as intenções dos seus criadores. Pois atuar de acordo com as suas motivações é a condição *sine qua non* para conferir ao Direito autoridade inspiradora. Enquanto cumprir as vontades e os desejos das pessoas amadas no que diz respeito às motivações pelas quais atuamos é, plausivelmente, parte do que significa amá-las[8], cumprir as vontades e os desejos dos legisladores no que diz respeito às motivações pelas quais obedecemos a suas leis é, muito menos plausivelmente, parte do que significa respeitar a lei. O fato de genuinamente imbuirmos de autoridade inspiradora as pessoas amadas, portanto, pouco serve como precedente para conferir autoridade similar aos legisladores. Não é meu objetivo, porém, questionar nenhuma das teorias da autoridade que colocarei ao lado do intencionalismo. Meu projeto é simplesmente determinar o grau em que as várias teorias se valem do intencionalismo. Embora existam boas razões para pensar que seria um erro conferir autoridade inspiradora ao Direito, não direi mais nada sobre elas aqui.

## B. Autoridade influente

Permita que me volte agora para um tipo de autoridade que é predicado do Direito[9] – o que chamei alhures de "autoridade influente"[10]. Assim como as orientações da autoridade inspiradora, as orientações de uma autoridade influente têm o poder de dar aos atores novas razões para a ação. Ao contrário, porém, das orientações de uma autoridade inspiradora, as orientações de uma autoridade influente não exigem que ajamos

---

8. Como sustenta Raz: "O surgimento de tais desejos é um atributo necessário para que a afeição seja considerada amor." *Ibid.*, em 32.
9. Ver Richard Flathman, *The Practice of Political Authority* (Chicago, University of Chicago Press, 1980); Frederick Schauer, *Playing by the Rules: A Philosophical Examination of Rule-Based Decision-making in Law and in Life* (Oxford, Clarendon Press, 1991); Michael S. Moore, "Authority, Law and Razian Reasons", *South. Calif. Law Rev.*, 62 (1989), 829-96.
10. Heidi M. Hurd, "Chalenging Authority", *Yale LJ*, 100 (1992), 1611-77, 1641-4.

com nenhuma motivação especial. Temos simplesmente uma nova razão para agir do modo como nos orienta a autoridade influente; não temos nenhum motivo para agir pela razão que motivou a autoridade influente a emitir a orientação. Assim, imagine que uma amiga pede dinheiro emprestado. Se a nossa amiga funciona como uma autoridade influente, o pedido dela, por si só, oferece-nos uma nova razão (não necessariamente uma razão suficiente) para lhe dar dinheiro. Não importa por que razão precisa do dinheiro e nem precisamos dar-lhe o dinheiro pela razão por que ela o deseja. Agimos segundo sua autoridade influente se acrescentamos o fato de ela ter pedido dinheiro às razões antecedentes para emprestar-lhe dinheiro – sua evidente necessidade de comida e roupas, o fato de ter emprestado dinheiro em circunstâncias parecidas, a contribuição que o empréstimo faria a nossa amizade de longa data, etc. Temos liberdade para pesar todas essas razões com as razões antecedentes para não lhe emprestar dinheiro – a probabilidade de que ela gaste o dinheiro em drogas e álcool, a possibilidade de que nunca pagará o empréstimo, o fato de que outros precisam do dinheiro mais do que ela, etc. – e agir pelo equilíbrio da totalidade de razões para a ação.

Podemos definir mais formalmente o conceito de autoridade influente da seguinte maneira:

X tem autoridade influente sobre Y se, e somente se, quando X diz "Faça A", Y tem uma nova razão para fazer A.

Esse conceito de autoridade decorre do reconhecimento de que os pedidos (e atos de fala semelhantes) são peças únicas da máquina moral. Servem para regular a caridade e a interferência da polícia. Embora tenhamos razões para dar a quem necessita, tais pessoas podem não apreciar nossa interferência em suas vidas. O poder de pedir (e rejeitar), portanto, as equipa com um meio de sinalizar quando querem que ajamos a seu favor. Seus pedidos acrescentam o fato de que querem ser auxiliadas às razões existentes antecedentemente para auxiliá-las (se existirem). E aqueles de nós que dão aos sem-teto que pedem donativos, mas não aos que não pedem, conhecem muito bem o "poder de gorjeta" desse fato acrescentado.

Como a autoridade inspiradora, a autoridade influente muitas vezes tem como premissa a importância normativa de uma condição ou relação específicas. Nem todos os pedidos e nem todas as pessoas nos dão uma nova razão para a ação. Pedidos de desabrigados sim, porque existe algo moralmente especial a respeito dos sem-teto. Pedidos de amigos e familiares também, porque há algo moralmente importante a respeito das amizades e relações de família. Determinar a importância moral dessas condições e relações especiais é determinar as condições sob as quais as pessoas terão autoridade influente sobre nós por meio dos seus pedidos.

Os que atribuem autoridade influente a leis democraticamente aprovadas concebem essas leis como análogas a pedidos. Elas oferecem novas razões para a ação que devem ser acrescentadas ao balanço de razões anteriormente existentes contra e a favor de tal ação. Seu poder de oferecer razão deriva da mesma fonte que o dos pedidos: o respeito pela autonomia das pessoas. Assim como um pedido reflete um interesse do indivíduo em regular os seus próprios negócios, a aprovação democrática reflete o interesse de uma maioria em regulamentar os seus próprios negócios. Os que conferem autoridade influente à legislação devem, é claro, defender a afirmação de que o mero fato de uma maioria preferir algo é razão para fazê-lo. Assim como se deve dar conteúdo moral à significação dos laços de amizade ou de família para defender a atribuição de autoridade influente a amigos e familiares, deve-se dar conteúdo moral à significação da vontade da maioria para defender a atribuição de autoridade influente a uma legislatura democrática[11].

Se a atribuição de autoridade influente a pessoas ou grupos específicos é adequada, como se devem interpretar suas elocuções de autoridade? Especificamente, devemos detectar suas intenções para agir de acordo com sua autoridade? A resposta é complexa e pede uma distinção entre dois tipos diferentes de intenções: intenções semânticas e motivações lin-

---

11. Para uma exploração e crítica do argumento proposto em defesa da autoridade influente do Direito, ver Hurd, "Challenging Authority", 1644-66.

güísticas[12]. As intenções semânticas refletem o que um falante quer dizer com sua elocução. Refletem sua interpretação de suas palavras, dada a sua teoria de significado. As motivações lingüísticas são essas intenções adicionais com as quais um falante emite uma elocução. Refletem os efeitos concretos que ele procura obter. Quando uma amiga pede um alfinete emprestado, devemos necessariamente detectar suas intenções semânticas para descobrir qual dos seguintes pedidos oferece uma nova razão para fazer o empréstimo: um alfinete de segurança, um alfinete de toucar, um alfinete de gravata ou um alfinete comum. Mas, se ela for apenas uma autoridade influente, não uma autoridade inspiradora, não teremos necessariamente de detectar suas motivações lingüísticas. Pois o motivo pelo qual ela necessita do alfinete não serve de razão para nos motivar a dá-lo a ela. Daí não podermos agir por sua autoridade sem agir pelas motivações lingüísticas que a levaram a fazer o pedido.

Existem, é claro, muitos casos em que só é possível detectar as intenções semânticas ao detectar as motivações lingüísticas. Quando estava crescendo, meu pai muitas vezes me dizia: "Filho, me passe um alfinete." ["Son, hand me a pin."] Ora, meu pai é do Missouri, com um sotaque e uma postura que o denunciam. O que seu pedido significava era: "Heidi, me passe uma esferográfica." ["Heidi, hand me a ball-point pen."] Suas palavras refletiam sua intenção semântica de que a elocução "alfinete" significasse "esferográfica" e a elocução "filho" significasse "filha". É claro, porém, que só poderíamos saber disso se soubéssemos de suas motivações lingüísticas: conseguir um

---

12. Michael Moore articulou primeiramente essa distinção em 1981 como uma distinção entre intenções "locucionais" e "perlocucionais" e, então, redescreveu-a em 1985 como uma distinção entre intenções "semânticas" e "adicionais". Michael S. Moore, "The Semantics of Judging", *South. Calif. Law Rev.*, 54 (1981), 151; *id.*, "A Natural Law Theory of Interpretation", *South. Calif. Law Rev.*, 58 (1985), 277, 338-49. Essas distinções foram adotadas e ampliadas por Gregory Bassham em sua discussão das "crenças de âmbito", "crenças de âmbito contrafactuais" e "intenções semânticas". Gregory Bassham, *Original Intent and the Constitution* (Lanham, Md., Rowman & Littlefield Publishers, 1992), 28-34. Para uma discussão da versão de Bassham dessas distinções, ver Alexander, *supra*, cap.10.

instrumento de escrita de alguém da sua prole, de qualquer sexo. Assim, muitas vezes, ficava desconcertado ao receber um alfinete de segurança do meu irmão.

Os que atribuem autoridade influente a pessoas ou grupos estão, portanto, comprometidos com uma teoria da interpretação que exige *necessariamente* uma busca das intenções semânticas. Na medida em que a razão para conceder autoridade influente a pessoas ou grupos é uma função da importância moral de honrar sua vontade, devemos, aparentemente, penetrar o significado evidente de suas palavras para determinar se essas palavras capturam com exatidão sua vontade. No caso de terem falado errado (emitindo a palavra "pin" [alfinete] quando pretendiam dizer "pen" [caneta]), devemos, aparentemente, desconsiderar o significado evidente de suas palavras e agir por suas intenções semânticas. Pois dar a um amigo o que ele pede, em oposição ao que ele quer, é uma cruel elevação da forma sobre a amizade (e, com certeza, não seria bom para meu conceito junto ao meu pai)[13].

Embora a descoberta de motivações lingüísticas possa ser útil para detectar as intenções semânticas, a busca de tais motivações não é *necessária* para a atribuição de autoridade influente. É esse fato que distingue a interpretação de uma autoridade influente da interpretação de uma autoridade inspiradora. A interpretação de uma autoridade inspiradora exige *necessariamente* a busca das intenções semânticas e lingüísticas. Pois aquiescer a ambos os tipos de intenção é o que *significa* agir de acordo com a autoridade inspiradora. Tal autoridade só se sustenta se fazemos o que a autoridade pretende semanticamente e se o fazemos pelas razões que motivam lingüisticamente a autoridade.

Os que conferem à lei autoridade influente, portanto, devem buscar necessariamente as intenções semânticas dos legis-

---

13. Como disse Oliver Wendell Holmes, seria desconcertante pensar que a separação de poderes exige que um tribunal responda a leis obscuras ou mal formuladas de uma legislatura dizendo: "Percebemos onde está querendo chegar, mas você não o disse e, portanto, vamos continuar como antes." Citado em Learned Hand, *The Bill of Rights* (Cambridge, Mass.: Harvard University Press, 1958), 18.

ladores, mas não têm de necessariamente buscar as motivações lingüísticas com as quais a lei foi feita. Na medida em que a autoridade influente da legislação tem como premissa a afirmação de que os "pedidos" da maioria devem funcionar como razões para a ação, decorre daí que devemos detectar as intenções semânticas da maioria para dar força moral adequada a esses "pedidos". Se as visões do legislativo são genuinamente representativas das visões da maioria, e se a câmara municipal pretendia que a palavra "veículos" incluísse skates, um juiz tem razão para proibir skates no parque (quer a palavra "veículos" conote convencionalmente skates, quer não). Pois somente assim o juiz honra a vontade da maioria. Mas, na medida em que as razões do legislativo municipal para proibir skates no parque não precisam motivar o juiz, o juiz não precisa descobrir se a proibição foi motivada por uma preocupação com a segurança do pedestre ou pela poluição, a menos que tal descoberta facilite sua compreensão das intenções semânticas do legislativo municipal.

No fim, os que atribuem ao Direito autoridade influente podem ser intencionalistas menos rigorosos do que aqueles que lhe atribuem autoridade inspiradora. Mas têm de ser intencionalistas.

C. *Autoridade prática*

Os que pensam que as normas jurídicas funcionam como comandos e não como pedidos atribuem a elas o que é conhecido como "autoridade prática". Uma autoridade prática não apenas oferece uma nova razão para uma determinada ação; ela suplanta todas as outras razões a favor e contra essa ação[14].

---

14. Teóricos refinados da autoridade prática, como Raz, colocam como premissa o poder preemptivo do Direito em uma descoberta de que o Direito possui autoridade prática *legítima* e está dentro do *âmbito* da sua jurisdição. A legitimidade de uma autoridade prática funda-se no grau em que a autoridade harmoniza-se com a "tese da dependência". A tese da dependência sustenta que "todas as diretivas com autoridade devem basear-se em razões que já se aplicam independente-

## INTERPRETAÇÃO E INTENÇÃO LEGISLATIVA

Não podemos simplesmente acrescentar a proibição contra veículos no parque às razões contra e a favor de passear sobre quatro rodas pelo gramado público e desconsiderá-la nos casos em que as razões para fazer o passeio superam as razões para não fazê-lo (incluindo a razão para não fazê-lo oferecida pela sua proibição). Em vez disso, devemos considerar a proibição como a resposta à questão de se devemos ou não passar de jipe por cima da grama. Temos de substituir todas as razões anteriormente existentes, contrárias e favoráveis à manobra, por ela, de modo que apenas ela inspire a nossa escolha.

Podemos definir com mais exatidão o conceito de autoridade prática da seguinte maneira:

X tem autoridade prática sobre Y se, e somente se, quando X diz "Faça A", Y tem uma nova razão para fazer A e razão suficiente para desconsiderar todas as outras razões contra e a favor de A.

---

mente aos temas das diretivas e são relevantes para a sua ação nas circunstâncias cobertas pela diretiva". Raz, *The Morality of Freedom*, 47. O âmbito da jurisdição de uma autoridade prática estende-se a todas as razões para ação segundo as quais será melhor agir se seguirmos as diretivas da autoridade em vez de avaliá-las sozinhos. Raz, portanto, ressalvaria a afirmação de que uma norma jurídica, se possui autoridade prática, suplanta todas as outras razões contra e a favor da ação exigida. Em vez disso, diria que uma norma jurídica, se possui autoridade prática legítima, suplanta todas as outras razões contra e a favor dessa ação que estão dentro do âmbito da sua jurisdição legítima.

A exigência de que a autoridade seja legítima e a exigência de que esteja atuando dentro do âmbito da sua jurisdição são qualificações que têm o objetivo de tornar mais moralmente palatável o exercício da autoridade. Não farei nenhuma referência a essas qualificações no texto porque estou menos preocupada em explicitar os detalhes de uma teoria moralmente defensável da autoridade prática do que em derivar do conceito essencial de autoridade prática uma teoria compatível de interpretação. Assim, minha formulação do conceito de autoridade prática representará uma versão substancialmente simplificada da formulação de Raz. Os que estão familiarizados com a formulação de Raz podem ter fundamentos para queixar-se de que é excessivamente simplificada. Contudo, essas queixas terão importância para nossos propósitos apenas se exigirem modificações na teoria da interpretação que derivo da minha formulação simplificada do conceito de autoridade prática. Para uma análise da teoria da autoridade prática de Raz que seja fiel aos seus detalhes, ver Hurd, "Challenging Authority", 1620-44.

Como as orientações de uma autoridade influente, os comandos de uma autoridade prática oferecem-nos novas razões para a ação. As razões para a ação que oferecem ocupam o lugar de todas as outras razões contrárias e favoráveis à ação. O comando de uma autoridade prática, portanto, deixa-nos apenas uma "escolha": fazer o que nos mandaram fazer. Como uma autoridade prática não é uma autoridade inspiradora, não precisamos fazer o que se ordenou por nenhuma das razões que motivaram a autoridade prática a ordená-lo. Na verdade, se fôssemos acrescentar essas razões motivadoras à razão para a ação oferecida pelo próprio comando, deixaríamos de agir só por essa razão. Portanto, deixaríamos de agir pela autoridade prática, pois seríamos incapazes de dizer que a única razão pela qual agimos foi "porque me mandaram".

Para tornar o exercício da autoridade prática mais inteligível, devemos propor uma teoria sobre por que os indivíduos às vezes delegam a outros seu julgamento quanto ao que devem fazer. Há uma forte suspeita de que, fora Deus, ninguém pode afirmar plausivelmente que merece ser obedecido cegamente apenas por ser quem ou aquilo que é (isto é, unicamente por causa da posição que ocupa ou da relação que mantém com aqueles a quem comanda). Os pais muitas vezes dizem aos filhos que eles lhes devem obediência cega, figuras religiosas muitas vezes pregam que a fé cega em suas palavras é o único caminho para a salvação; e alguns teóricos jurídicos argumentam que as autoridades jurídicas deveriam contar histórias semelhantes, aos que elas governam[15]. Mas seria muito implausível que pais, pregadores e funcionários do Estado reivindicassem o direito de usurpar a autonomia das pessoas unicamente porque ocupam a posição de pai, pregador ou líder político. Existem demasiados pais abusivos, religiosos fanáticos e políticos corruptos para que possamos acreditar que pais, pregadores e políticos merecem autoridade inquestionável. Como a autoridade inspiradora e a autoridade influente, a autoridade prá-

---

15. Ver, por exemplo, Larry Alexander, "The Gap", *Harv. Jo. Law and Public Policy* 14 (1991), 695-701; Alexander, *supra*, cap. 10.

tica pode ser *conferida* a outros com base na sua condição de legisladores, pais, líderes espirituais ou amigos. Mas, ao contrário da autoridade inspiradora e influente, a autoridade prática não pode ser *justificada* por um recurso à significação moral da democracia, da paternidade, da religião ou da amizade.

Reconhecendo que a autoridade prática é colocada implausivelmente como premissa em uma teoria moral que confere significação especial a determinadas relações ou posições sociais, Joseph Raz defendeu a atribuição tradicional de autoridade prática ao Direito com base em fundamentos epistêmicos. Segundo o que ele chama de "tese da justificação normal", as pessoas ou instituições têm autoridade prática quando e se os seus comandos nos capacitam a agir pelo balanço de razões contra e a favor com mais freqüência do que os nossos próprios julgamentos[16]. Se aquiescer às orientações capacita-nos a fazer a coisa certa com mais freqüência do que faríamos se seguíssemos o nosso próprio julgamento, então, argumenta Raz, a coisa racional a fazer é substituir os resultados do nosso julgamento por essas orientações. Pois daí decorre que, se o nosso julgamento é mais falível que o da autoridade, faremos a coisa certa com menos freqüência ao reinventar as orientações da autoridade do que ao segui-las "cegamente". Depois de estabelecer a autoridade prática de outro, agiremos mais moralmente apenas se agirmos "porque nos mandaram".

Andrei Marmor argumentou que os que propõem uma justificação epistêmica para a autoridade prática do Direito provavelmente terão um feliz casamento com os que defendem a interpretação intencionalista.

> Quando nossas razões para reconhecer a autoridade de outro baseiam-se na suposição de que a autoridade tem mais probabilidade de ter acesso melhor às razões certas que influenciam a questão pertinente, seria, tipicamente, mais sensato levar em conta as intenções da autoridade quando suas orientações exigem interpretação[17].

---

16. Raz, *The Morality of Freedom*, 53.
17. Marmor, *Interpretation and Legal Theory*, 178.

O argumento de Marmor tem força. Se uma legislatura funciona como autoridade prática em virtude de ser um "observador moral" melhor do que os cidadãos e funcionários individualmente, os cidadãos e funcionários fariam melhor se aquiescessem aos seus decretos. E, quando esses decretos são vagos ou ambíguos, os cidadãos e funcionários devem recorrer às observações morais que os motivaram. Isto é, devem buscar conhecer os estados mentais de cada um dos legisladores na época da aprovação, pois o conhecimento especializado que dota de autoridade prática as decisões legislativas encontra-se nas crenças e intenções que levaram os legisladores a agir[18].

Ainda assim, como qualquer bom casamento, este também não está livre de tensões. Considere o caso de *Estados Unidos contra Kirby*[19], no qual um xerife de condado foi processado com base em uma lei federal que tornava crime "obstruir ou reter a passagem do correio ou de qualquer condutor ou portador"[20], depois que executou um mandado de prisão contra um carteiro federal suspeito de assassinato. Pelo significado evidente da lei, o xerife cometeu um crime, pois a prisão do portador certamente retardou a entrega do correio. Suponhamos, porém, de maneira inteiramente plausível, que temos bons indícios de que os legisladores (seja o que for que pretendiam) que aprovaram a lei não pretendiam que a correspondência fosse entregue a tempo a qualquer custo – incluindo o custo de deixar livre um assassino. Suponhamos que não pretendiam que um xerife fosse preso por obstruir a correspondência ao executar um mandado legítimo contra um carteiro assassino. Em vez

---

18. Marmor logo adverte que as diretivas jurídicas podem ter autoridade prática porque resolvem problemas de coordenação e dissolvem dilemas de prisioneiros. Na medida em que não existem respostas corretas para problemas de coordenação (há, meramente, soluções proeminentes), os autores das diretivas coordenadoras têm pouco direito de reivindicar qualquer conhecimento moral especializado. Ao que parece, portanto, há poucas razões para pesquisar suas intenções quando suas diretivas são ambíguas. Devíamos simplesmente buscar regras coordenadoras menos ambíguas e, assim, mais proeminentes. Marmor, *Interpretation and Legal Theory*, 176-84.

19. 74 U.S. (7 Wall. 482, 1868).

20. 74 U.S. em 483 (citando 4 Stat. 104, 1825).

disso, pretendiam que os tribunais reconhecessem exceções à lei que exculpariam pessoas que obstruíssem a passagem da correspondência por causa de um propósito mais elevado como, por exemplo, autodefesa, defesa de outros, cumprimento da lei, necessidade de avaliar os danos. Como, presumivelmente, a última intenção tem mais autoridade que sua expressão imperfeita na lei federal de obstrução do correio, um tribunal deve ignorar a linguagem da lei em favor da intenção legislativa de exculpar pessoas como o xerife Kirby.

O problema com essa solução é que ela parece anular a si própria, já que frustra o propósito de atribuir autoridade prática ao Direito. Embora o exercício da autoridade prática possa ser justificado com base em fundamentos epistêmicos, seu papel é excluir o julgamento individual, excluir a investigação moral, usurpar o papel do raciocínio prático privado. Seu objetivo é permitir que as pessoas ajam unicamente porque lhes disseram que agissem. Na medida em que as orientações de uma autoridade prática impedem que critiquemos seus critérios, não podem permitir, ao que parece, que vamos além de seu significado evidente. Daí, quando os comandos de uma autoridade prática possuem um significado evidente, aparentemente, somos impedidos de buscar suas intenções autorais. Pois fazê-lo implica criticar seus critérios. E, como não se deve criticá-los justamente porque, ao criticá-los, faremos pior do que se os seguíssemos cegamente, a busca das intenções autorais parece incompatível com a aquiescência aos comandos de uma autoridade prática quando esses comandos possuem um significado evidente[21].

---

21. Marmor chega ao ponto de insistir que o que *significa* seguir uma norma estabelecida por uma autoridade prática (em oposição a deixá-la de lado) é aquiescer ao seu significado evidente. Se fôssemos deixar de lado o significado evidente da norma em favor da interpretação com propósito (ou, presumivelmente, uma interpretação intencionalista), "confundiríamos a questão de em que *consiste seguir uma regra*... com a questão de *se uma norma deve ou não ser aplicada nas circunstâncias*". Marmor, *Interpretation and Legal Theory*, 136 (ênfase no original). Tal afirmação ecoa as opiniões de Hart e Sacks, quando escreveram: "[Os tribunais] não podem permitir que o processo legislativo e todos os outros processos que de-

Somente quando os comandos de uma autoridade prática são vagos, ambíguos ou de textura aberta é que convidam à interpretação intencionalista sem autocontradição evidente. Em tais casos, não podemos simplesmente fazer como nos mandaram fazer porque o que nos mandaram fazer admite várias interpretações possíveis. Para identificar corretamente qual das várias interpretações reflete o discernimento moral do comandante, devemos buscar o conteúdo desse discernimento. Para fazê-lo, presume-se que devemos empregar uma teoria da interpretação intencionalista, pois as crenças que motivaram a autoridade prática a emitir o comando refletem-se da melhor maneira, provavelmente, nas intenções lingüísticas (as intenções semânticas e as motivações lingüísticas) com as quais falou[22].

Dado o objetivo de declarar autoridades práticas os legisladores, parece, portanto, que o intencionalismo deveria desempenhar um papel secundário numa teoria da interpretação jurídica do significado evidente. Tal conclusão é desconcertante, porém, justamente naqueles casos em que o significado evidente de um texto jurídico abandona as intenções dos seus autores. Em tais casos, a norma abandona sua base racional. Devemos agir como nos mandaram evidentemente (pois todas

---

pendem da integridade da língua sejam subvertidos pelo uso incorreto das palavras... Essas políticas de enunciado claro podem funcionar ocasionalmente para derrotar a intenção efetiva e consciente de legisladores específicos ou dos membros da legislatura em geral... Elas constituem as condições do exercício eficaz do poder legislativo." Henry Hart e Albert Sacks, *The Legal Process* (edição experimental, 1958), 1412-3. A derivação analítica da teoria do significado evidente da interpretação a partir do conceito de uma norma com autoridade prática não é inteiramente convincente. Julgo mais plausível afirmar que a função normativa de uma autoridade prática é mais bem preservada pela interpretação das suas elocuções segundo o seu significado evidente.

22. Como deixarei claro mais tarde, o que nos interessa quando desfazemos a ambigüidade do enunciado de um especialista moral são as crenças que motivaram o enunciado. Na medida em que a melhor forma de coligir essas crenças é pela determinação das intenções lingüísticas (as intenções semânticas e as motivações lingüísticas) com as quais o especialista emitiu o enunciado, temos uma razão para nos dedicarmos à interpretação intencionalista. Mas a autoridade não reside nessas intenções lingüísticas, mas nos discernimentos que motivaram a formação dessas intenções. Ver, *infra*, texto que acompanha n. 26.

as outras razões para a ação estão excluídas), mas a razão para fazermos o que nos mandaram fazer evidentemente (o fato de que a autoridade sabe melhor o que devemos fazer) depõe a favor de nos recusarmos a fazê-lo.

Não deve ser surpresa, porém, que a autoridade prática gere um paradoxo interpretativo. Isso porque a autoridade prática é, ela própria, inerentemente paradoxal[23]. Seu objetivo é impedir-nos de considerar as razões contra e a favor de ações que determinam a moralidade dessas ações. Na medida em que: (1) a moralidade de uma ação é determinada pelo equilíbrio das razões contrárias e favoráveis à ação, todas as razões consideradas, e (2) a razão prática, portanto, deve consistir em ponderar todas as razões disponíveis contra e a favor de uma ação, e (3) a autoridade prática impede-nos de considerar todas as razões disponíveis contra e a favor de uma ação a não ser o fato de que nos mandaram fazê-la, obedecer a uma autoridade prática parece irracional. O meio mais promissor de resgatar a autoridade prática da acusação de incoerência é insistir, a exemplo de Raz, que a autoridade prática é possuída adequadamente apenas por especialistas morais – por aqueles cujos comandos refletem o equilíbrio de razões para a ação com mais freqüência do que os nossos julgamentos. Mas solucionar o paradoxo da autoridade prática dessa maneira apenas gera o paradoxo da interpretação descrita acima. A defesa epistêmica da autoridade prática torna racional fazer como nos mandou fazer uma autoridade prática; mas o que nos mandam fazer pode desviar-se do que a autoridade pretendia. E, como o conhecimento especializado que justifica o exercício da autoridade prática reside nas intenções da autoridade, deixamos de agir racionalmente quando agimos pelas palavras das autoridades e não pelas intenções da autoridade.

O paradoxo interpretativo gerado por uma teoria da autoridade prática diz mais a respeito dos problemas com a autoridade prática do que a respeito dos problemas com as teorias

---

23. Para uma discussão extensa do que chamo de "paradoxo da autoridade prática", ver Hurd, "Challenging Authority", 1620-41.

particulares de interpretação de que é refém uma teoria da autoridade prática. Muitos podem sentir, porém, que, na medida em que uma teoria da autoridade prática incorpora uma preferência cardeal pela aquiescência ao significado evidente de um texto em detrimento da intenção autoral, ela nos joga da frigideira para o fogo. Qualquer teoria que permita que um xerife Kirby seja condenado, ou que impeça bebês de andar de triciclo no parque, tem problemas que sobrevivem à demonstração de sua coerência conceitual[24].

Não é o objetivo desta parte, porém, detalhar esses problemas. Procurei aqui simplesmente explorar a teoria da interpretação com a qual estão mais plausivelmente comprometidos os que defendem a autoridade prática do Direito. Argumentei que Marmor está certo ao casar uma teoria da autoridade prática de base epistêmica com uma teoria da interpretação intencionalista. Propus, entretanto, razões para pensar que essa pode ser uma união instável. Pois o objetivo de atribuir autoridade prática a uma pessoa ou instituição é mais bem preservado por uma teoria da interpretação do significado evidente. Só temos permissão para recorrer às intenções da autoridade quando seu comando carece de significado evidente. Portanto, a interpretação intencionalista é implícita apenas secundariamente por uma teoria epistêmica da autoridade prática.

## D. Autoridade teorética

Em outra ocasião argumentei que o Direito não possui autoridade inspiradora, influente nem prática[25]. Na melhor das

---

24. Esses problemas adicionais foram articulados celebremente por Lon Fuller em sua crítica da teoria da interpretação de Hart. Ver Lon Fuller, *The Morality of Law*, ed. revista (New Haven, Conn., Yale University Press, 1969), 224-32; Lon Fuller, "Positivism and Fidelity to Law: A Reply to Professor Hart", *Harvard Law Rev.*, 71 (1958), 630-72.

25. Hurd, "Sovereignty in Silence", 990-1028; "Challenging Authority", 1611-66; "Justifiably Punishing the Justified", *Michigan Law Rev.*, 90 (1992), 2222-4; "Four Models of Authority", discurso não-publicado proferido no Departamento de Filosofia da Universidade de Iowa (disponível com o autor; 1991).

hipóteses, serve como uma autoridade teorética a respeito de proposições deônticas – uma fonte de indícios sobre as máximas morais previamente existentes que nos obrigam. O Direito não pode nos dar razões para a ação, apenas a moralidade pode fazer isso. Mas pode nos dar razões para crer que existem razões para a ação, pois pode funcionar como um guia confiável para determinar o conteúdo da moralidade. O Direito, portanto, não pode comandar, mas pode aconselhar. Não pode excluir o julgamento independente, mas pode servir como heurística eficiente quando o julgamento independente é difícil ou impossível. Em resumo, enquanto a única norma real é a norma moral, as regras criadas por instituições humanas podem servir como regras empíricas que podem e devem ser empregadas, no raciocínio prático, como representantes das regras de moralidade quando essas regras desafiam nossa compreensão clara.

A questão, para os nossos propósitos, é como o conselho das autoridades teoréticas deve ser interpretado. No que se segue, delinearei por que se pensa comumente que as autoridades teoréticas exigem interpretação intencionalista. Então, na Parte II, voltarei minha atenção muito brevemente para os problemas que assolam o intencionalismo. Na Parte III revisitarei o conceito de autoridade teorética para demonstrar que não precisa estar ligado a comunicações intencionais pelos que possuem conhecimento especializado maior. Portanto, ao contrário das teorias-padrão da autoridade jurídica, não precisa ser refém do destino da interpretação intencionalista.

É inicialmente plausível pensar que, assim como os que defendem a autoridade prática do Direito com base em fundamentos epistêmicos estão comprometidos com a interpretação intencionalista, os que defendem a autoridade teorética do Direito estão comprometidos com a interpretação intencionalista. O argumento a favor disso é direto. Origina-se do que chamarei de "concepção-padrão" de autoridade teorética. Nessa concepção-padrão, uma autoridade teorética é uma fonte secundária de informação. Ela "resume" outras razões para a crença; representa uma avaliação de outro indício, mais primário. O indício primário assinala a existência de um fato em virtude de estar causalmente relacionado com ele. Assim, um termômetro não é uma autoridade teorética sobre a temperatura. Sua leitura é, em vez disso, indício da temperatura, porque, como o gelo no lago, a neve no chão, o frio no ar e o formigamento nos dedos dos pés, é causado pela temperatura. A afirmação do repórter meteorológico de que a temperatura está abaixo do ponto de congelamento não é, por outro lado, indício da temperatura, pois a temperatura não causa a elocução. Antes, se exata, a elocução tem autoridade teorética: ela resume o indício da temperatura. De modo similar, náusea, dores de cabeça e musculares não são autoridades teoréticas sobre a doença. São, em vez disso, indícios de doença porque, presume-se, são causadas por ela. A afirmação de um médico de que alguém tem uma doença específica não é, por outro lado, indício dessa doença, pois não é um resultado necessário dela. Em vez disso, se precisa, a elocução tem autoridade teorética; ela resume os indícios da doença.

Podemos definir a concepção-padrão de autoridade teorética em questões morais da seguinte maneira:

X tem autoridade teorética sobre Y se, e somente se, quando X diz "Faça A", Y tem uma nova razão para acreditar que há razões para fazer A[26].

---

26. Essa definição capta o que poderia ser chamado de "autoridade teorética limitada". Poderíamos distinguir uma noção de "autoridade teorética abrangente" da seguinte maneira: "*X tem autoridade teorética abrangente sobre Y se, e apenas se, quando X diz 'Faça A', Y tem uma nova razão para crer que o equilíbrio das razões para a ação favorece fazer A*." A diferença entre autoridade teorética limitada e abrangente é de grau, não de espécie. Se o conselho de outro reflete com exatidão alguns tipos de razões para a ação, mas não outros, então deveríamos dizer que possui autoridade teorética limitada. Não nos dá uma indicação do que exige o equilíbrio de razões porque não reflete todas as ações relevantes para a ação. Simplesmente serve como heurística para um conjunto de razões que devem ser acrescentadas ao equilíbrio de razões quando da determinação do que fazer. Assim, poderíamos consultar um economista para uma análise de custo-benefício de um curso de ação específico pois, na ausência de obrigações preponderantes, a coisa moral a fazer é, tipicamente, a coisa eficiente em custo a fazer. É preciso, porém, reconhecer que tal análise pode não revelar as obrigações relativas ao agente que nos obrigam sem consideração aos custos e benefícios. Portanto, seria prudente atribuir autoridade teorética limitada às conclusões do economista.

Na medida em que o exercício-padrão da autoridade teorética envolve resumir indícios, e que resumir indícios é um empreendimento racional, parece que apenas pessoas podem exercer autoridade teorética. Apenas pessoas podem dizer "Faça A" como resultado de avaliar as razões contra e a favor de fazer A. Quando uma autoridade teorética emite um conselho, suas palavras, presume-se, devem ser tratadas como heurística para as observações em que reside a sua autoridade teorética. No caso de não confiarmos no valor heurístico de suas palavras (porque são imprecisas, ambíguas ou más formulações evidentes), devemos buscar diretamente pelas crenças que motivaram o conselho. Na medida em que suas intenções lingüísticas – isto é, suas intenções semânticas e suas motivações lingüísticas – são os nossos melhores indícios dessas crenças, devemos buscar por essas intenções.

Se o Direito funciona como autoridade teorética a respeito de nossas obrigações morais, então, na concepção-padrão, isso deve ser porque os legisladores acumularam e avaliaram de maneira confiável os indícios relevantes referentes a essas obrigações. No caso de estarmos em dúvida a respeito da lição moral a ser aprendida com o Direito, devemos buscar as crenças dos legisladores, pois é nesses estados mentais – e não na sua expressão jurídica – que reside a autoridade teorética genuína. Como meio de investigar as observações morais em que

---

Se, de modo geral, o conselho de outro reflete com exatidão todas as razões relevantes para a ação (ou a maioria delas) e refletem com exatidão o equilíbrio entre elas, então devemos concebê-lo como fonte de autoridade teorética abrangente. Embora não sejamos impedidos de julgar por nós mesmos o equilíbrio das razões para a ação, seria prudente submetermo-nos a tal autoridade prática abrangente quando fazer o próprio julgamento independente exigisse um investimento de tempo, energia e recursos maior do que o merecido pelo tema em questão. Em virtude do seu conhecimento íntimo de nossas crenças, desejos, planos de vida e circunstâncias, pais, cônjuges e amigos muitas vezes reivindicam autoridade teorética abrangente quando nos oferecem conselhos. Eles sugerem que seus conselhos baseiam-se em um resumo de todas as considerações relevantes para nossas decisões. E, quando nos vemos incapazes de fazer nossos próprios julgamentos, muitos de nós submetem-se a tais conselhos justamente porque a sua autoridade teorética abrangente torna racional renunciar a deliberações adicionais.

reside sua autoridade teorética, faríamos bem em buscar suas intenções semânticas e motivações lingüísticas. Pois aquilo em que eles acreditavam é mais bem evidenciado por suas elocuções e pelos efeitos que pretendiam obter no mundo por meio dessas elocuções. Portanto, quem defende a autoridade teorética do Direito está comprometido, na concepção-padrão, com duas teses: primeiro, que a autoridade do Direito reside no conhecimento moral especializado dos legisladores; segundo, que o melhor meio de "captar" esse conhecimento especializado é descobrir as intenções semânticas e as motivações lingüísticas que melhor revelam as crenças sustentadas pelos legisladores.

Na Parte III delinearei a "concepção não-padrão" da autoridade teorética do Direito, que rejeita ambas as teses. Para motivar a afirmação de que a autoridade do Direito é mais bem captada por essa concepção não-padrão, permita-me esclarecer por que os problemas com o intencionalismo como teoria da interpretação jurídica convertem as teorias-padrão da autoridade jurídica em descrições indefensáveis da autoridade do Direito.

## II. A indefensabilidade do intencionalismo

Se a interpretação intencionalista é indefensável – porque, por exemplo, é empiricamente impossível detectar intenções ou normativamente indesejável aquiescer a elas –, as teorias da autoridade que necessitam dela são indefensáveis. Enquanto a capacidade de ler mentes é uma habilidade rara, a maioria de nós tem razoável confiança na sua capacidade de detectar as intenções dos membros de nossa família, colegas, amigos e inimigos. Além disso, muitos de nós claramente atribuem autoridade inspiradora ou influente a pelo menos algumas dessas pessoas (e alguns vão ao ponto de conferir-lhes autoridade prática), sugerindo com isso que às vezes consideramos moralmente adequado aquiescer às suas intenções. O ceticismo geral a respeito da interpretação intencionalista, portanto, parece injustificado.

O ceticismo a respeito do intencionalismo na interpretação das leis está em melhor situação. Como disse um crítico: "A insensatez de qualquer tentativa de descobrir uma intenção legislativa foi afirmada tantas vezes que muitos estudiosos respeitados recusam-se a reconhecer o conceito."[27] Contudo, apesar dos ataques brutais que recebeu nas mãos dos críticos, o intencionalismo na interpretação das leis não morrerá. A razão, suspeito, é que os doutrinadores atribuem implicitamente ao Direito um dos quatro tipos de autoridade delineados acima – todos os quais acarretam uma procura de intenções legislativas. Assim, acham-se em uma situação difícil: emprestando as palavras de John Chipman Gray, sua teoria da autoridade jurídica exige que procurem por uma "transferência psíquica do pensamento de um corpo artificial [que] deve desacorçoar os mais avançados caçadores de fantasmas"[28].

Os doutrinadores executaram algumas contorções surpreendentes para justificar, conceitual e empiricamente, a busca de intenções legislativas. Alguns – vamos chamá-los de "realistas puros" – foram audazes a ponto de declarar que grupos podem possuir intenções exatamente da mesma maneira que indivíduos[29]. Presumivelmente, esses teóricos também argumentariam que grupos *qua* grupos podem experimentar estados de espírito, emoções, sensações e memórias que não podem ser reduzidas aos dos indivíduos que os compõem. Para demonstrar essas afirmações notáveis, porém, os realistas puros teriam de demonstrar como os grupos podem ter mentes dis-

---

27. Reed Dickerson, *The Interpretation and Application of Statutes* (Boston, Little, Brown, 1975), 68. Ver, por exemplo, Fuller, *The Morality of Law*, 86; Robert E. Keeton, *Venturing To Do Justice: Reforming Private Law* (Cambridge, Mass., Harvard University Press, 1969), 81; J. A. Corry, "Administrative Law and the Interpretation of Statutes", *Univ. of Toronto LJ*, 1 (1936), 286, 290; Moore, "A Natural Law Theory of Interpretation", 345-52.

28. John Chipman Gray, *The Nature and Sources of the Law*, 2ª ed. (Boston, Beacon Press, 1921), 170.

29. Esses teóricos basearam suas afirmações na obra de um pequeno grupo de psicólogos que sustentam que as massas realmente manifestam experiências psicológicas únicas, não-redutíveis. Ver Helen Silving, "A Plea for a Law of Interpretation", *Univ. of Pennsylvania Law Rev.*, 98 (1950), 499, 510.

tintas das mentes dos seus membros individuais. E, aparentemente, poderiam fazer isso apenas se pudessem sustentar plausivelmente que indivíduos em grupos funcionam de maneira análoga aos neurônios em um cérebro.

Os que são céticos quanto à ontologia de mentes de grupos tiveram que colocar como premissa do seu intencionalismo legislativo as intenções de legisladores individuais. Sua tarefa foi entender a noção de uma "intenção legislativa" singular diante da sua admissão de que a legislatura, como tal, carece de qualquer intento do tipo. Os majoritaristas tentaram a tarefa argumentando que a intenção legislativa por trás de qualquer lei específica é constituído pela intenção compartilhada pela maioria dos legisladores na época da aprovação[30]. Mas o ofício de tabular intenções individuais é confuso. Primeiro, que intenções devem valer? Devem-se contar apenas as intenções dos que votaram *a favor* do projeto de lei? Ou as intenções dos que votaram *contra* ele devem ser computadas para determinar os possíveis limites da intenção com a qual a lei foi aprovada? O que se deve fazer diante de intenções múltiplas, nenhuma das quais tem maioria? E os legisladores que não tinham nenhuma intenção quanto à aprovação de uma lei? Segundo, como se devem contar intenções "sobrepostas"? As intenções menores incluídas de alguns legisladores devem ser consideradas como iguais ou diferentes das intenções mais gerais de outros legisladores entre os quais se incluem (como acontece quando um legislador pretende excluir Jaguares brancos do parque enquanto outro pretende excluir os automóveis)? Terceiro, o que se deve fazer quando legisladores compartilham as mesmas motivações lingüísticas, mas divergem nas suas intenções semânticas (como acontece quando todos pretendem proibir veículos no parque, mas apenas alguns pretendem que a palavra "veículos" inclua skates)? E, finalmente, o que se deve fazer quando

---

30. Raz parece ter em mente uma teoria majoritarista da intenção legislativa quando insta que "toda atribuição de intenção à lei seja baseada em uma atribuição de intenção real a uma pessoa real com autoridade ou que exerça influência sobre a autoridade". Joseph Raz, "Authority, Law and Morality", *Monist*, 68 (1985), 295, 318.

os legisladores compartilham as mesmas intenções semânticas, mas divergem quanto às motivações lingüísticas (porque, por exemplo, cada um possui um ordenamento diferente dos efeitos na realidade que procura conseguir)?[31]

Diante dos problemas de contagem e combinação que confrontam os majoritaristas, alguns teóricos procuraram antropomorfizar a legislatura para tratar os seus decretos *como se* fossem emitidos por um único autor[32]. Argumentaram que as intenções diversas e por vezes conflitantes dos legisladores deviam ser tratadas *como se* fossem indício de um conjunto coerente de intenções tidas por um único indivíduo. Devíamos reconstruir, a partir de tal "indício", uma descrição unificada que represente o que pretenderia uma pessoa racional com tais intenções. O problema, é claro, é que não podemos tratar algo como indício quando sabemos que não serve como indício de nada. Como não existe literalmente nada que "indício" (as intenções individuais dos legisladores) indique, o processo de reconstrução é, na verdade, apenas um processo de criação. O intencionalismo antropomórfico, portanto, está para o intencionalismo como o consentimento hipotético está para o consentimento efetivo. Assim como um estuprador não poderia defender-se alegando consentimento hipotético por parte da vítima, um juiz não poderia alegar fidelidade à intenção legislativa se resolvesse conflitos entre as intenções particulares dos legisladores atribuindo-lhes novas intenções.

Um meio alternativo de reduzir (se não de escapar a eles) os problemas de contagem e combinação que assolam os intencionalistas majoritários é proposto por teóricos que defendem

---

31. Para discussões mais extensas desses tipos de problemas de contagem e combinação, ver Ronald Dworkin, *Uma questão de princípio* (São Paulo, Martins Fontes, 2000, pp. 50-77); Frank H. Easterbrook, "Statutes' Domains", *Univ. of Chicago Law Rev.*, 50 (1983), 533, 547-8; Hurd, "Sovereignty in Silence", 971-3; Moore, "The Semantics of Judging", 266-70; Joseph Raz, "Dworkin: A New Link in the Chain" (Resenha de livros), *Calif. Law Rev.*, 74 (1986), 1103-19.

32. Ver Scott Bice, "Rationality Analysis in Constitutional Law", *Minnesota Law Rev.*, 65 (1980), 1, 26-33.

o que foi designado como "modelo de delegação" do intento legislativo[33]. Segundo essa teoria, a intenção do legislativo é constituída pelas intenções compartilhadas pelo pequeno grupo de pessoas que efetivamente compôs a lei. Considera-se que outros legisladores delegaram a esse pequeno grupo a autoridade de falar (e pretender) em seu nome. Ainda assim, dois problemas se unem para confundir a defesa de tal teoria. Primeiro, como questão de psicologia, parece que poucos legisladores, se é que algum, têm uma intenção de segunda ordem do tipo delegatório, ou seja, a intenção de que a sua intenção seja considerada como sendo qualquer intenção que os criadores da linguagem da lei tinham em mente. Segundo, mesmo que a maioria de legisladores tivesse tais intenções delegatórias, a própria *legislatura* não teria as intenções necessárias. Quando um legislador delega a quem minuta uma proposta o poder de pretender algo, sem saber ou pretender o que isso será, o legislador não está pretendendo o que eles pretendem. Quando um legislador recebe o projeto de lei dos relatores e o transmite, por meio de um voto afirmativo, sem saber o que os relatores pretendiam, o legislador também não está pretendendo o que eles pretenderam. Por hipótese, alguém pretende algo (os relatores), mas a teoria da delegação não tem nenhuma maneira de transformar esse fato na conclusão desejada de que a legislatura *qua* legislatura age com uma intenção específica.

Fiz aqui apenas um breve retrato dos problemas que confrontam aqueles que tentam defender o intencionalismo. Os que mencionei podem ser caracterizados como obstáculos de contagem e combinação – isto é, problemas empíricos que confrontam os que efetivamente saem em busca de intenções legislativas. Em outra ocasião, identifiquei problemas conceituais com o pressuposto intencionalista de que os decretos legislativos são comunicações que satisfazem as complexas condições para a comunicação articuladas notoriamente por Paul

---

33. Ver Gerald MacCallum, "Legislative Intent", *Yale LJ*, 75 (1966), 754.

Grice[34]. Desde então, outros propuseram argumentos alternativos contra a concepção da legislação como comunicação intencional[35]. À luz dos sérios problemas que confrontam qualquer tentativa de defender a coerência conceitual e a viabilidade empírica de recorrer à intenção legislativa no decorrer da interpretação das leis, temos de nos perguntar por que os teóricos relutaram tanto em abandonar o empreendimento. A hipótese que propus anteriormente é que eles, implicitamente, atribuem ao Direito uma autoridade que exige interpretação intencionalista. Apesar das incômodas dúvidas quanto à sua viabilidade conceitual e empírica, os teóricos jurídicos sentem a pressão persistente de vindicar (ou, pelo menos, acomodar) o intencionalismo. Daí as contorções.

Parece que chegou o tempo de optar pela solução alternativa: abandonar as teorias de autoridade que comprometem os teóricos com a tarefa impossível de vindicar o intencionalismo na interpretação das leis. A dedução que leva a essa conclusão é simples. (1) Se atribuímos à legislação autoridade inspiradora, autoridade influente, autoridade prática ou a concepção-padrão de autoridade teórica, devemos adotar uma teoria intencionalista de interpretação das leis. (2) Não podemos defender uma teoria intencionalista de interpretação das leis. (3) Portanto, não podemos atribuir à legislação nenhum dos quatro tipos de autoridade que nos compromete com a interpretação intencionalista.

Não temos razão, porém, para aceitar a conclusão dessa inferência, a menos que exista uma teoria alternativa de autoridade que escape ao intencionalismo. Isso porque, na ausência

---

34. Hurd, "Sovereignty in Silence", 947, 953-89. Para defesas da suposição dos intencionalistas de que as leis funcionam como comunicações que empregam uma análise griceana de comunicação, ver Geoffrey P. Miller, "Pragmatics and the Maxims of Interpretation", [1990] *Wisconsin Law Rev.* (1990), 1179-227; M. B. W. Sinclair, "Law and Language: The Role of Pragmatics in Statutory Interpretation", *Univ. of Pittsburgh Law Rev.*, 46 (1985), 373-420.

35. Os argumentos muito criativos propostos neste volume por Jeremy Waldron voltam-se para esse fim. Ver *supra*, cap. 9. Ver também *infra*, texto que acompanha n. 46.

de uma nova alternativa, poderíamos muito bem continuar tentando consertar uma das antigas alternativas. No que se segue, proponho esboçar uma teoria da autoridade do Direito que capte o papel único do Direito na orientação da ação e que convide estratégias interpretativas que evitam qualquer recurso às intenções autorais.

### III. Atribuindo autoridade teórica ao Direito, não aos legisladores

A concepção-padrão de autoridade teórica situa o conhecimento especializado primariamente nos estados mentais das pessoas e apenas derivadamente nos enunciados que usam para expressar esses estados mentais. Não surpreende, então, que, quando as palavras de uma autoridade teórica deixam de comunicar seu estado mental, procuremos esses estados mentais por meio de outros indícios. Isso porque, segundo a concepção-padrão, nossas razões para a crença são dadas pelas observações que uma autoridade teórica faz e pelas conclusões que ela deriva com isso. Nossas estratégias interpretativas, portanto, devem ser julgadas à luz de nossa capacidade de detectar as crenças e intenções que motivaram a autoridade teórica a falar.

Proponho uma modesta revolução copernicana na maneira como pensamos sobre a autoridade teórica do Direito. Em vez de situá-la primariamente nos estados mentais dos legisladores e apenas derivadamente nos textos que produzem, devíamos localizá-la primariamente nos textos produzidos pelos legisladores e apenas derivadamente (se é que devíamos) nas intenções com que eles as produziram. Essa concepção, reconhecidamente fora do padrão, investe o direito – e não (necessariamente) seus autores – de autoridade teórica. Trata os textos jurídicos como guias morais quando a aquiescência a sua linguagem ajuda-nos confiavelmente no cumprimento de nossas obrigações morais. Na medida em que detectar as intenções dos que esboçaram a lei iria ajudar-nos a fixar o Direito com um determinado conteúdo, temos razão para atentar para suas intenções autorais. Mas suas intenções, nessa teoria, são mera heurística para o que é apenas uma heurística. Pois as intenções dos legisladores, nessa visão, são um guia heurístico para determinar o conteúdo da moralidade. No fim, apenas a moralidade obriga. Todos os "princípios secundários" pelos quais determinar as máximas de moralidade e todas as técnicas interpretativas pelas quais fixar o conteúdo de tais princípios secundários devem, assim, ser julgados pela sua capacidade de conformar nossa conduta às exigências da moralidade. No caso de a lei ser ambígua, talvez seja bom fixar seu conteúdo por meio de referência às intenções dos seus criadores. Mas, nos casos em que essas intenções não podem ser descobertas ou não são confiáveis[36], elas perdem o valor heurístico, e faríamos bem em fixar o conteúdo do Direito por outros meios ou buscar um guia inteiramente diferente para a ação moral.

Essa é a essência da minha tese. Como meio de explicar o seu conteúdo, permitam-me abordar algumas preocupações que possíveis críticos poderiam ter quanto a ela. Primeiro, será feita a objeção de que, na teoria que propus, as normas jurídicas são apenas como pegadas de gaivota na areia. Sem uma compreensão das intenções do autor, elas são meras marcas no papel. Como podem ser interpretadas quando não se sabe sequer, na ausência de intenções autorais, em que linguagem devemos lê-las? E por que alguém iria querer interpretá-las, dado que tipicamente não procuramos interpretar pegadas de gaivota na areia? Não temos de supor que as normas jurídicas são comunicações para entender a atenção que damos a elas?

A resposta para esse desafio é direta. Se as marcas colocadas no papel pelos legisladores assistem-nos na determina-

---

36. Não há razão para que uma pessoa que usa corretamente uma palavra seja capaz de dizer o que significa, assim como não há razão para que um planeta que se move corretamente conheça as leis de Kepler. Bertrand Russel, *My Philosophical Development* (Nova York, Simon & Schuster, 1959), 147 (citando de *id., The Analysis of Mind*).

ção do conteúdo da moralidade quando as investimos de significado, deve-se então considerar que elas têm autoridade teorética. Pode-se dizer o mesmo sobre as pegadas de gaivotas na areia ou o assobio oracular do vento através de muralhas de pedra. Desde que as intenções autorais com as quais foram gravadas não nos dêem razão para a ação, não somos obrigados a determinar o conteúdo dessas intenções como um meio de cumprir nossas obrigações morais. Isto é, somos livres para investir essas marcas de um significado distinto daquele contemplado por seus autores se fazer isso capacitar-nos melhor para agir segundo o equilíbrio de razões para a ação. Naturalmente, saber o que os seus autores pretendiam pode ajudar-nos a fixar as marcas com um significado que seja instrutivo ao máximo. Se é esse o caso, temos razão para buscar tais intenções. Mas, se tais intenções não existem (porque, para começar, a gaivota não tinha nenhuma) ou não estão disponíveis (porque não temos nenhum indício delas prontamente disponível) ou são conflituosas (porque deparamos com problemas de contagem e combinação que frustram qualquer tentativa de detectá-las), faríamos bem em fixar o significado das marcas de outras maneiras.

A próxima objeção a minha afirmação de que o conteúdo do Direito deve ser considerado distinto das intenções dos legisladores segue-se imediatamente a essa primeira objeção. É a seguinte: interpretar pegadas de gaivota na areia para conseguir discernimento moral não é *interpretar* nada e, certamente, nada que possa ser chamado de "texto". Quem "lê" e raciocina a partir de pegadas de gaivota está simplesmente se dedicando ao tipo de raciocínio moral a que alguém se dedica quando não há pegadas de gaivota. Nossas conclusões morais recebem expressão nos "símbolos" da gaivota, mas não são derivadas desses símbolos. De maneira similar, interpretar marcas no papel da mesma maneira que interpretamos pegadas de gaivota não é *interpretar* nada. Quem "lê" e raciocina a partir de pegadas de gaivota está simplesmente se dedicando ao tipo de raciocínio moral a que alguém poderia se dedicar sem tais marcas. Nossas conclusões poderiam ser expressas em termos das marcas no papel, mas sua gênese encontra-se em outra parte[37].

Joseph Raz dirigiu essa objeção às teorias interpretativas defendidas por Ronald Dworkin e Michael Moore, e Larry Alexander a revê, neste volume, ao avaliar essas teorias[38]. Quaisquer que sejam as respostas disponíveis para Dworkin e Moore, a minha é e deve ser epistêmica. Somos restringidos, em nossa interpretação das pegadas de gaivota, por qualquer semântica de gaivota que maximize o nosso discernimento moral. Suponha que Fernão Capelo Gaivota espertamente imprima um padrão da seguinte forma: "Não se devem deveres de beneficência igualmente a todas as pessoas, mas apenas àquelas que são próximas e queridas." Em resposta à primeira objeção, não importa se Fernão é uma gaivota italiana: faremos melhor em interpretar essas marcas com semântica inglesa. (Isso, afinal, é italiano bem ruinzinho.) Em resposta à segunda objeção, seria melhor descobrirmos a quem devemos dever de beneficência se respeitamos o significado inglês de palavras como "próximas" [near] e "queridas" [dear] do que tentar raciocinar nosso dever *ab initio*.

Ora, por que isso poderia ser verdadeiro? A resposta, para muitas pessoas, é de que o discernimento moral é alcançado mais facilmente se elas raciocinam sob o pretexto de interpretar um texto dotado de autoridade do que se raciocinam com autoconsciência sartriana de que tudo é imediatamente alcançável[39]. Considero que isso explica o poder de permanência das

---

37. Poderíamos exprimir essa objeção com as palavras do bispo Hoadly: "Quem quer que possua uma *autoridade absoluta* para *interpretar* quaisquer... leis, é *ele* que é verdadeiramente o legislador... e não a pessoa que primeiro as escreveu." Citado em Gray, *The Nature and Sources of the Law*, 172 (ênfase no original). Para evitar de produzirmos nós mesmos nossas próprias leis individuais, devemos interpretar as leis do modo como se pretendeu que fossem interpretadas, pois somente assim preservamos o papel da legislatura como legisladora.

38. Raz, "Dowrkin: A New Link in the Chain", 1103-19; Alexander, *supra*, cap. 10. Ver também Charles Fried, "Sonnet LXV and the 'Black Ink' of the Framers' Intention", *Harvard Law Rev.*, 100 (1987), 751-60.

39. Como colocou o juiz Posner: "Quando um tribunal lê a quinta emenda, está (ou, pelo menos, deveria estar) buscando orientação autorizada e não conse-

religiões populares no mundo. Apesar de sua metafísica bizarra, essas religiões dão aos seus crentes textos morais com autoridade cuja interpretação oferece mais discernimento moral do que os crentes provavelmente conseguiriam sozinhos.

Considere, como outro exemplo, como deveríamos compor instruções ao júri quando desejamos que um júri faça uma determinação moral. Suponhamos que a Real Comissão da Pena Capital estava certa ao propor a recomendação de 1954: em casos criminais em que é levantada a defesa por insanidade, o júri deve determinar se o réu tem a mente tão doente a ponto de ser irresponsável. Contudo, poderíamos nos recusar a instruir um júri nesses termos porque fazê-lo deixaria seus membros "perdidos"[40]. Em vez disso, poderíamos exigir se concentrasse em questões arcaicas como: "Ele sabia a diferença entre certo e errado?"; ou em questões literalmente sem sentido, como: "Ele foi irresistivelmente impelido a fazer o que fez?"; ou em questões imprecisas, empregando psicobalelas como: "Ele carece de uma capacidade substancial para conformar sua conduta aos ditames do Direito?" Pode muito bem ser verdadeiro que os jurados, se solicitados a responder a essas perguntas, separarão réus responsáveis e irresponsáveis com mais precisão do que se lhes fosse pedido diretamente para determinar a responsabilidade dos réus.

A justificação heurística para prestar atenção a um texto também nos oferece uma razão para respeitar certas restrições interpretativas, tais como a semântica comum do inglês, quando o texto em questão é uma lei. A natureza dessas restrições epistemicamente valiosas é uma questão para discussão ampliada em outra parte. Poderíamos pensar que o significado das palavras em uma lei deve ser dado por suas definições, por seus modelos paradigmáticos, pela natureza das coisas que denota, por seu uso convencional entre falantes nativos ou

---

guiria nenhuma se se sentisse livre para dar a 'punições cruéis e incomuns' qualquer significado que as palavras, livres do seu contexto histórico, pudessem fornecer." Richard A. Posner, *Law and Literature: A Misunderstood Relation* (Cambridge, Mass., Harvard University Press, 1988), 227.

40. Essa argumentação foi feita em Abraham Goldstein, *The Insanity Defense* (New Haven, Conn., Yale University Press, 1967), 81-2.

mesmo pelas intenções de seus autores (se pudéssemos descobrir como superar os problemas de contagem e combinação que impedem sua detecção[41]). Poderíamos ser ecléticos a respeito de tais questões semânticas, empregando restrições semânticas diferentes em circunstâncias diferentes[42]. O ponto é que, como toda heurística, o único teste para o valor das restrições interpretativas é sua capacidade de gerar discernimento. E nada é mais bem-sucedido que o sucesso.

A seguinte fonte principal de crítica provavelmente virá dos que argumentarão que a razão por que os textos jurídicos funcionam como guias heurísticos da ação moral, enquanto as pegadas de gaivota não, é que os autores que as redigem possuem certo conhecimento moral especializado. Escolhem as marcas que escolhem porque sabem que as investiremos do significado convencional e, se o fizermos, seremos levados a agir segundo o equilíbrio de razões para a ação[43]. Fazemos bem em atentar para a lei, em vez de às pegadas de gaivota, ao assobio do vento, a obras de ficção, aos avisos do metrô local, aos anúncios da Woolworth's ou aos panfletos distribuídos de porta em porta por missionários, porque os legisladores estão mais bem equipados para fazer julgamentos morais do que os autores dessas obras[44]. Eles possuem poderes amplos para descobrir fatos, gozam de tempo ilimitado para o debate e a refle-

---

41. Ver Kent Greenawalt, "The Enduring Significance of Neutral Principles", *Columbia Law Rev.*, 78 (1978), 982, 1014-6 (argumentando que existem várias razões (além de problemas de contagem e combinação) pelas quais "tornar a teoria [da intenção original na interpretação constitucional] mais plausível virtualmente eliminaria sua utilidade"). *Ibid.*, em 1016.

42. Para uma defesa de uma abordagem eclética de tal tipo, ver William N. Eskridge, "Dynamic Statutory Interpretation", *Univ. of Pennsylvania Law Rev.*, 135 (1987), 1479, 1483.

43. Ver Anthony D'Amato, "Can Legislatures Constrain Judicial Interpretation of Statutes?", *Virginia Law Review*, 75 (1989), 561-603 (argumentando que uma legislatura pode manipular a interpretação de seus decretos empregando a teoria da interpretação de seu público para dar significado aos seus termos legais).

44. Assim argumentei em meu trabalho passado. Para uma defesa mais extensa da afirmação de que os legisladores possuem as motivações e as capacidades de bons observadores morais (em boa parte por causa das restrições institucionais de seu cenário, que detêm processualmente seus motivos egoístas e oferecem-lhes amplas oportunidades de encontrar fatos), ver Hurd, "Sovereignty in Silence", 1010-5.

xão, apresentam pontos de vista diversos e têm fortes incentivos para chegar a acordos que possam ser defendidos com base em princípios. Apenas o conhecimento moral especializado dos legisladores pode explicar a autoridade teorética abrangente de que goza o Direito[45] – uma autoridade teorética que, diferentemente de todas as outras autoridades teoréticas, afeta nossas decisões a respeito de praticamente todos os aspectos da vida. E se a autoridade teorética abrangente do Direito *é* um produto do conhecimento moral especializado dos legisladores, então, com certeza, devemos procurar descobrir as crenças e intenções que motivaram sua aprovação quando seus termos nos deixam em dúvida sobre como agir.

Os que se persuadiram com essa réplica fariam bem se, neste ponto, lessem a contribuição de Jeremy Waldron para este volume. Waldron, muito inteligentemente, argumenta que os processos decisórios democráticos fornecem resultados moralmente superiores aos gerados pelos julgamentos individuais dos legisladores. Propõe três razões para essa afirmação. Primeiro, é provável que os processos decisórios democráticos agreguem preferências individuais da maneira exigida pela função de bem-estar social aplicável. Segundo, os processos decisórios democráticos oferecem, plausivelmente, resultados que se conformam ao teorema de Condorcet – ou seja, a probabilidade de estarem corretos é maior que a probabilidade de qualquer uma das opiniões tabuladas ser correta. Finalmente, os processos decisórios democráticos têm a probabilidade de forjar uma "síntese deliberativa" que é superior em conteúdo a qualquer opinião que mesmo o mais sábio dos indivíduos poderia vir a sustentar sozinho[46]. Como conclui Waldron, esses argumentos não nos dão apenas razões para pensar que resultados com autoridade teorética poderiam ser gerados por uma "máquina de democracia" do tipo que surge na famosa hipótese de Richard Wollheim[47] – uma máquina que gera resultados

---

45. Ver *supra*, n. 26.
46. Waldron, *supra*, cap. 9.
47. Richard Wollheim, "A Paradox in the Theory of Democracy", em Peter Laslett e W. G. Runciman, *Philosophy, Politics and Society*, 2.ª série (Oxford: Basil Blackwell, 1969), 75-6.

que "não podem ser concebidos como... algo produzido 'por um ser intencional... situado em um algum empreendimento em relação ao qual ele tem um propósito ou ponto de vista'"[48]. Mais radicalmente, na medida em que esses argumentos nos dão uma razão para conceder autoridade teórica a decisões democráticas, também nos dão "uma razão para descontar a autoridade das opiniões ou intenções de legisladores particulares considerados isoladamente"[49]. Isto é, dão-nos razão para pensar que, embora a legislação democrática possa possuir certo conhecimento moral especializado, os legisladores individuais não. Se Waldron está certo, não precisamos, e não devemos, admitir que a única razão para pensar que a legislação tem autoridade teórica é a de que os legisladores possuem crenças morais superiores às dos cidadãos ou funcionários. Pode-se, em vez disso, sustentar que a legislação tem autoridade teórica apenas quando seus termos (interpretados sem o recurso às intenções de nenhum legislador) nos capacitam a agir moralmente com mais freqüência do que o faríamos de outra maneira.

Permita-me agora voltar-me para duas objeções à minha tese que se baseiam em teorias metaéticas específicas. A primeira deriva de uma defesa do realismo não-natural. Os realistas não-naturais sustentam que, embora os fatos morais existam, eles não são fatos naturais. Para conhecê-los temos de possuir um "sexto sentido" – uma faculdade especial de percepção que G. E. Moore chamava de "intuição moral"[50]. Somente pessoas podem possuir intuição moral e, portanto, somente pessoas podem possuir autoridade teórica em questões morais. Dizer que o Direito – sendo distinto de seus autores – pode ter autoridade teórica com respeito à moralidade é, portanto, absurdo.

---

48. Waldron, *supra*, cap. 9 [citando Stanley Fish, *Doing What Comes Naturally: Change, Rhetoric and the Practice of Theory in Literary and Legal Studies* (Durham, Duke University Press, 1989, 99-100)].
49. *Ibid.*, em 336-8.
50. G. E. Moore, *Principia Ethica* (Cambridge, Cambridge University Press, 1903), 1-36.

Mesmo que o realismo não-natural fosse defensável[51], esse argumento fracassaria. Pois, embora o discernimento moral possa exigir o exercício da intuição moral, poderíamos descobrir que nossa intuição moral pode ser auxiliada pela experiência de fenômenos que não se originam da intuição moral. Quando determinados fenômenos particulares induzem confiavelmente discernimentos morais úteis, podemos considerar que oferecem razões para crer que temos razões para a ação. Isto é, podemos considerar corretamente que possuem autoridade teorética. Assim, embora os textos jurídicos possam não refletir as intuições morais dos legisladores, ou não ser interpretados à luz dessas intuições, podem servir para desencadear discernimentos morais úteis da parte dos leitores que possuem intuição moral.

O segundo desafio de base metaética à minha afirmação de que não se deve pensar que a autoridade teorética do Direito reside nos seus autores deriva das afirmações do convencionalismo. Os convencionalistas sustentam que as verdades morais são fatos naturais, mas equiparam-nas a fatos sociológicos a respeito das crenças da comunidade. Tal visão dá origem à afirmação de que as crenças das pessoas são a única fonte de indícios sobre o que se deve fazer. Embora as crenças dos indivíduos possam afastar-se das crenças da comunidade como um todo, constituem a única fonte de autoridade teorética referente ao conteúdo da moralidade convencional. Portanto, só as pessoas podem possuir autoridade teorética.

Esse argumento convida à mesma resposta que o anterior. Mesmo que o convencionalismo fosse defensável[52], não nos daria razão para pensar que somente as pessoas dotadas das crenças que constituem o conteúdo da moralidade poderiam servir como autoridades teoréticas a respeito dessas crenças.

---

51. Em outro lugar, argumentei que não é. Ver Hurd, "Sovereignty in Silence", 1000-6.
52. Argumentei detalhadamente que não é. Ver Hurd, "Relativistic Jurisprudence: Skepticism Founded on.Confusion", *South. Calif. Law Rev.*, 61 (1988), 1459-1506.

Pelo contrário, justamente pelos tipos de razão que Waldron delineia, uma máquina de democracia poderia captar melhor as crenças da maioria[53]. Alternativamente, examinar o que a maioria das pessoas *faz*, em oposição ao que a maioria das pessoas *diz*, poderia orientar melhor o nosso julgamento sobre aquilo em que a maioria das pessoas crê. E se a maioria das pessoas segue a letra da lei, não a sua intenção (supondo que existe tal coisa), então a letra da lei, não a intenção por trás dela, servirá melhor para capturar as crenças da maioria.

Uma contestação final pode ser feita pelos que temem que, ao propor a tese de que se deve pensar no Direito como distinto das intenções dos legisladores, juntei-me inadvertidamente às forças rebeldes que defendem uma revolução pós-estruturalista na teoria jurídica. Como observou o juiz Posner, "o fio que liga as várias escolas do pós-estruturalismo é a sua determinação de inverter a primazia tradicional do autor diante do leitor na interpretação dos textos"[54]. Ao rejeitar a interpretação intencionalista e negar aos textos jurídicos qualquer coisa além da autoridade teorética, não tornei o leitor a única fonte de significado e autoridade moral? Não me juntei às fileiras dos que desfraldam as bandeiras do "desconstrutivismo", "pós-modernismo" e "Estudos Jurídicos Críticos", em protesto contra todo e qualquer um que defenda a objetividade do Direito? E as minhas conclusões, portanto, não estão sujeitas às mesmas críticas que foram dirigidas contra a esquerda acadêmica?

Tratei acima de certo número de críticas que ecoam as críticas dirigidas às teorias pós-estruturalistas de Direito. Ao fazê-lo, procurei tornar claro que se pode conferir ao Direito uma autoridade distinta daquela que possuem seus autores ou seus leitores. Tal tese não é motivada pelo subjetivismo metaético

---

53. Para um argumento de tal tipo, ver Robert W. Bennett, "Mere Rationality in Constitutional Law: Judicial Review and Democratic Theory", *Calif. Law Rev.*, 67 (1979), 1049, 1095-7.

54. Richard A. Posner, *Law and Interpretation: A Misunderstood Relation*, 216. Ver, por exemplo, Jonathan Culler, *Ond Deconstruction: Theory and Criticism after Structuralism* (Ithaca, NY, Cornell University Press, 1982), cap. 3.

(nem o ameaça) que faz de alguém um apóstolo do pós-estruturalismo. Os pós-estruturalistas jurídicos usam os argumentos contra a autoridade do Direito e a relevância das intenções dos legisladores como meio de minar as afirmações sobre a objetividade das regras pelas quais somos governados. Mais radicalmente, afirmam que o significado dos textos jurídicos não repousa nos seus autores, mas nos seus leitores. Quando os juízes afirmam que derivam significado dos textos jurídicos, disfarçam o que estão realmente fazendo: impondo suas próprias inclinações (econômica, racial e sexualmente privilegiados) aos que não possuem o seu poder. Nessa teoria, não existe nenhuma máxima moral objetiva que nos obrigue. E não existem direitos nem princípios institucionalmente criados que operem genuinamente para nos limitar. Somos reféns apenas do exercício do poder nas mãos dos poderosos. E, em muitos casos, devemos reconhecer que estamos operando como os captores, não como os reféns.

Na minha teoria, existem máximas morais objetivas que nos obrigam. Não podemos investir os textos jurídicos de qualquer significado que seja sem incorrer no risco de que nos orientarão mal a respeito de nossas obrigações morais. Se os textos jurídicos devem assistir-nos na aquisição de crenças morais subjetivas que sejam mais coerentes com máximas morais objetivas, não podemos interpretar os textos jurídicos de modo que simplesmente reflitam nossas crenças morais subjetivas. Devemos, em vez disso, empregar restrições semânticas que gerem um proverbial intercâmbio de idéias. Devemos adotar técnicas interpretativas que forneçam conclusões morais distintas de nossas crenças morais. Apenas ao fazê-lo podemos testar nossas crenças pela comparação. Deve-se considerar que as normas jurídicas e os princípios institucionalmente criados têm autonomia própria. E, quando oferecem *insights* confiáveis do conteúdo das máximas morais que nos obrigam, eles realmente nos limitam. Dão-nos razões para a crença de que, como raciocinadores práticos, somos epistemicamente obrigados a considerar. Não se pode derivar da minha teoria, como se pode derivar das afirmações do pós-estruturalismo, a conclusão de

INTERPRETAÇÃO E INTENÇÃO LEGISLATIVA 649

que o Direito é apenas um engodo para o poder e a política. Antes, é uma fonte de educação a respeito de obrigações morais anteriormente existentes, que, como qualquer bom educador, deriva sua autoridade da capacidade de inspirar o *insight* de verdades genuínas[55].

Restam, sem dúvida, muitas preocupações com uma teoria que torna o Direito significativo se, e somente se, nossa interpretação dele nos ajuda a fazer o que já temos razão para fazer. Muitas dessas preocupações envolvem a afirmação de que o Direito não pode realizar as tarefas de guiar a ação que é chamado a realizar (por exemplo, resolver problemas de coordenação e os dilemas dos prisioneiros) se se pensar que possui apenas autoridade teorética[56]. Se legítimas, essas preocupações seriam suficientes para motivar o retorno a uma das teorias-padrão da autoridade jurídica, com seu compromisso concomitante com a interpretação intencionalista. Argumentei alhures, porém, que não precisamos fazer nenhum recuo de tal tipo[57]. E, enquanto uma teoria que confere ao Direito autoridade teorética puder preservar as funções do Direito de guiar a ação, temos razões para preferir tal teoria a outra que exigisse que nos dedicássemos à interpretação intencionalista.

*Conclusão*

Argumentei que a autoridade que atribuímos ao Direito determina, em boa parte, o método pelo qual devemos interpretar os textos jurídicos. As teorias-padrão de autoridade jurí-

---

55. Minha tese, portanto, subscreve muito mais o que o juiz Posner descreveu como "Nova Crítica" do que o desafio pós-estruturalista que ele chama de "crítica da resposta do leitor". Tal como os descreve: "O intencionalismo atribui primazia na criação do significado da obra... ao autor, a crítica da resposta do leitor ao crítico ou a outro leitor, e a nova crítica à própria obra". *Ibid.*, em 221.

56. Como afirmou um crítico: "A legislatura não pode desincumbir-se de sua responsabilidade de moldar o futuro a menos que se sustente o processo aceito de comunicação." Dickerson, *The Interpretation and Application of Statutes*, 11.

57. Hurd, "Sovereignty in Silence", 1015-22.

dica que dominam a doutrina contemporânea exigem, todas elas, de uma maneira ou outra, um recurso às intenções dos legisladores. É por isso que o intencionalismo continua a assombrar a teoria jurídica dos que o rejeitam. Chegou a hora de pegar o peixe ou perder a isca. Ou os teóricos jurídicos confessam que estão comprometidos com o intencionalismo e reconciliam-se com sua obstinação conceitual e empírica, ou abandonam as teorias-padrão de autoridade jurídica que os comprometem com ele. Argumentei aqui que apenas a segunda alternativa está verdadeiramente disponível para eles. Os teóricos jurídicos deveriam deixar de situar a autoridade da lei nos legisladores. Em vez disso, deveriam reconhecer que o próprio Direito, sendo distinto dos seus autores, tem uma reivindicação de autoridade. Embora não possa reivindicar autoridade inspiradora, influente ou prática, pode reivindicar autoridade teorética quando e se a nossa interpretação dele (por meios não-intencionalistas) assiste-nos na aquiescência a nossas obrigações morais anteriormente existentes.

Capítulo 12
# *Interpretando o discurso oficial*
Meir Dan-Cohen

Meu ponto de partida é um problema restrito porém persistente: o papel, se existe algum, da intenção legislativa na interpretação das leis. Contudo, embora esse seja meu ponto de partida, não é meu objetivo principal. Meu objetivo é identificar e caracterizar uma categoria mais ampla de discurso – chamo-o *discurso oficial* – do qual a legislação constitui apenas uma parte. Trazer a interpretação das leis para um contexto tão amplo coloca o debate contínuo sob nova luz. A contribuição, no entanto, não está na forma de munição adicional para uma das partes contendoras. Antes, minha análise irá nos levar para fora desse debate, revelando um nível de considerações normativas geralmente não examinado na corrente discussão. Dizem respeito às maneiras em que diferentes linhas de nossas práticas interpretativas ajudam a construir vários papéis sociais – especificamente o papel de "funcionário público" e as pessoas que ocupam esses papéis[1].

---

Gostaria de agradecer a meus amigos e colegas Bruce Ackerman, Chaim Gans, Ruth Gavison, Sanford Kadish, Andrei Marmor, Robert Post, Eric Rakowski, Jan Vetter, Jeremy Waldron e Frank Zimring por seus úteis comentários.

1. Boa parte da literatura sobre a intenção legislativa diz respeito às dificuldades que resultam do fato de a legislatura ser um corpo coletivo. Não trato dessas questões neste artigo; concentro-me, em vez disso, no discurso e nas intenções de legisladores individuais, sejam ou não parte de uma legislatura coletiva, e, de maneira mais geral, em funcionários individualmente.

## A seqüência-padrão e suas rupturas

A questão da relevância interpretativa da intenção legislativa ergue-se contra o pano de fundo da relação comum entre a intenção e o discurso[2]. Comumente vemos as intenções do falante como altamente relevantes para o significado das suas elocuções. Por quê? Pode-se dar uma resposta simples em termos do que chamarei de *seqüência-padrão*. Nesse quadro, um ato de fala consiste em um falante ter ou formar uma intenção que ele processa para expressar ou comunicar por meio de uma elocução. Isso pode ser representado esquematicamente como F → I → E, onde F é o falante, I a intenção e E a elocução. A seqüência-padrão incorpora o que se tornou um dos elementos centrais na análise dos atos de fala: a condição da sinceridade. Tanto o significado como a significação dessa condição são reconhecidamente realçados por John Searle (1969: 60-5; 1979: 4-5). Como ele assinala, dizer, por exemplo: "Obrigado, mas não me sinto realmente grato" não envolve uma contradição lógica, embora seja lingüisticamente estranho. A estranheza resulta da suposição de fundo implícita, rotulada como *condição de sinceridade*, de que dizer "obrigado" tem comumente o objetivo de expressar a gratidão do falante.

A condição de sinceridade descreve a situação de fala-padrão, da qual há muitos desvios, e a teoria dos atos de fala gasta considerável esforço analisando-os e documentando-os. O discurso insincero, portanto, é amplamente reconhecido, comumente diagnosticado como falta de correspondência entre a intenção e a elocução: como em dizer "obrigado" sem sentir-se grato ou, mais geralmente, na dissimulação. Tais casos de discurso insincero podem ser vistos como rupturas da ligação normal entre intenção e elocução. Em termos da nossa notação, podem, portanto, ser representados como F → I –/→ E, onde a seta partida significa a falta de correspondência entre o estado mental do falante e o que ele diz. Contudo, como a

---

2. Ao longo deste ensaio, uso "intenção" com sentido amplo e intercambiável com "estado mental" para incluir coisas como crenças, emoções e desejos.

notação claramente sugere, há uma segunda maneira, embora menos conhecida, em que a seqüência-padrão pode ser rompida, na qual a ruptura na seqüência ocorre, por assim dizer, entre o falante e a intenção: F $-\!/\!\!\to$ I $\to$ U na nossa notação. Chamarei um ato de fala que corresponda a essa descrição de *discurso distanciado*. Meu argumento é que o discurso distanciado provê a chave para a compreensão do discurso oficial e o papel das intenções dos falantes ao interpretá-lo. Que tipos de atos de fala, porém, ajustam-se a essa descrição? E o que se quer dizer exatamente com uma separação entre o falante e a intenção? Para responder a essas questões, precisamos considerar alguns exemplos.

## O telefonista da AT&T e o discurso distanciado

Como usuário ocasional dos serviços da AT&T, o leitor talvez tenha observado que o telefonista invariavelmente conclui cada ligação com o refrão: "Obrigado por usar a AT&T." Note agora que, nesse caso, encontramos uma estranheza oposta à estranheza envolvida em negar a gratidão depois de dizer "obrigado". Estaria igualmente fora de lugar que um telefonista excessivamente zeloso acrescentasse as palavras: "Sinto-me realmente grato." Tal afirmação explícita do estado mental supostamente expresso pela expressão "obrigado" é tão incongruente neste caso como sua negação seria no caso comum. Por quê?

Ora, deve-se observar primeiramente que este não é um caso de insinceridade que envolva algum tipo de logro. O telefonista não finge estar agradecido embora não possua esse estado mental. Na verdade, a afirmação explícita de gratidão seria igualmente inadequada, mesmo que, ao falar com o freguês, o telefonista realmente experimentasse um assomo de gratidão. Parece, em outras palavras, que o telefonista não viola a condição da sinceridade, mas que essa condição não se aplica a ele. O que responde por essa suspensão?

Pode-se sugerir na resposta que a condição da sinceridade não está realmente suspensa no caso, mas meramente deslocada. Segundo essa sugestão, o telefonista não fala em seu nome, mas em nome de algum outro. Ele se empenha no que chamarei de *discurso representativo*. Dada sua capacidade representativa, ele é simplesmente a pessoa errada na qual procurar as intenções que animam o discurso em questão. Ora, como proposição geral, essa sugestão é bastante plausível. Considere um exemplo simples: R lê para A um bilhete de agradecimento que recebeu de S. Se R interrompesse a leitura e acrescentasse as palavras "e sinto-me realmente grata", referindo-se a si mesma, pensaríamos que ela estava extremamente confusa. Mas seria perfeitamente adequado se ela introduzisse a expressão "e ele se sente realmente grato", referindo-se a S, dado o testemunho, suponhamos, do grande buquê que acompanhava o bilhete. Algumas situações discursivas, em outras palavras, podem apresentar uma questão quanto a quem é o verdadeiro falante cujas intenções devem controlar a interpretação de uma dada elocução. Mas elas não estão eximidas da condição da sinceridade. Tão logo o verdadeiro falante fosse identificado, a seqüência-padrão seria restaurada e a condição satisfeita.

Plausível como é a sugestão no caso simples, ela não parece aplicar-se ao nosso exemplo principal. Se tentarmos encontrar a origem do discurso do telefonista, é quase provável que chegaremos a um escritório de relações públicas da AT&T ou a uma empresa de propaganda. Alguém em tal organização deve ter surgido com a idéia de que uma exibição padronizada de polidez da parte do telefonista realçaria a imagem pública da AT&T. A idéia, muito provavelmente, precisou e recebeu a aprovação de alguém na gerência da companhia, e então instrução adequada foi inserida no manual do telefonista. O aspecto mais importante desse roteiro hipotético é que em nenhum ponto ele envolve a gratidão efetiva que a elocução do telefonista pretenderia expressar. Pode parecer, porém, que essa busca do falante real, em cujo nome o telefonista pronuncia o refrão "obrigado", não considerou o candidato mais óbvio, ou seja, a própria AT&T. O telefonista não fala simplesmente pela companhia? Contudo, atribuir o discurso à companhia não restaura a seqüência-padrão nesse caso. Não importa quão otimista se possa ser a respeito da atuação de entidades coletivas, seria difícil imputar à empresa um estado intencional efetivo de gratidão do qual o discurso do telefonista é a expressão sincera[3]. Sejam quais forem a base e o significado de atribuir discurso a empresas, tal atribuição deve envolver o reconhecimento de que se pode proceder sem que ninguém possua as intenções que o discurso tem o objetivo ostensivo de comunicar. A sugestão de que o telefonista é meramente um falante-sombra, agradecendo em nome de alguma outra pessoa, não remove a dificuldade apresentada pela aparente isenção desse discurso da condição de sinceridade. A anomalia dessa situação de fala exige um diagnóstico diferente, que reconheça a ruptura na seqüência-padrão que mencionei e tente dar conta dela. Para melhorar as chances de sucesso no diagnóstico, precisamos primeiro nos familiarizar com mais sintomas do problema. O seguinte exemplo deve ajudar-nos a fazer isso.

### O jurado e renúncias à condição

Considere a elocução "culpado da acusação" feita por F, a presidente de um júri, enunciando ao juiz o veredicto do júri. Suponha que antes se tenha ouvido F argumentar diante do júri a favor da absolvição do réu, opinião que ela não mudou. Esse fato viciaria sua declaração da culpa do réu ou, pelo menos, impugnaria sua sinceridade? A resposta para ambas as questões é claramente negativa. Para que a elocução de F seja considerada um veredicto válido, apenas deve ser verdadeiro que a

---

3. Não pretendo sugerir aqui que a gratidão é uma sensação pré ou extralingüística. A gratidão pode muito bem ser constituída pelas práticas sociais e lingüísticas relevantes e é, nesse sentido, inseparável das convenções para expressá-la. Contudo, tão logo essas práticas são colocadas, elas nos permitem considerar, identificar e classificar um estado mental de gratidão e interpretar elocuções que comunicam gratidão como expressando, no caso-padrão, esse estado mental. Minha proposição é que tal interpretação não faria nenhum sentido no caso da empresa.

maioria dos jurados tenha votado a favor da condenação[4]; e as únicas crenças relevantes implícitas na elocução de F dizem respeito a tais fatos sobre o voto do júri.

Contudo, isso não deve ser compreendido como uma sugestão de que F usa a expressão "culpado da acusação" em um novo sentido, ou seja, como significando "uma maioria suficiente do júri votou a favor da condenação do réu". Devemos traçar aqui uma distinção crucial entre os fundamentos indiciais a favor de uma proposição e suas condições de verdade. O fato de que o júri votou da maneira como votou constitui fundamento suficiente para a declaração de culpa do réu feita por F. Ainda assim, o significado da expressão "culpado da acusação" não é afetado por esse fato; a expressão conserva seu significado comum, ou seja, de que o réu é culpado da acusação[5]. Como, então, devemos explicar o fato de que F está pronunciado a culpa do réu ao mesmo tempo que acredita na sua inocência? Está dissimulando?

O enigma origina-se de um conflito entre o que F diz e o que consideramos ser sua verdadeira opinião, tal como expressa durante as deliberações do júri. Vamos sondar a segunda. Imagine que, durante um recesso nas deliberações do júri, se tenha ouvido F divulgar a um amigo sua crença na culpa do réu. Essa descoberta impugnaria sua sinceridade ao argumentar a favor da absolvição junto aos outros jurados? Não necessariamente. Quando fala aos jurados, F está sujeita a regras e padrões jurídicos, tanto indiciais quanto substantivos, e sua posição pode refletir sua convicção quanto à decisão certa, dadas essas diretrizes jurídicas. Ela agir como um jurado conscien-

---

4. Em nome desse exemplo, estipulo simplesmente uma regra da maioria para a decisão do júri e não uma exigência de unanimidade. Nada substantivo no meu argumento depende dessa estipulação.

5. Não acho que o aspecto performativo da elocução da presidente tem influência sobre esta análise, mas, de qualquer modo, podemos estipular que esse aspecto está fora. Podemos pensar na hipótese de que é apenas o juiz que procede para executar o ato institucional de condenar o réu, baseado na declaração da presidente. Isso torna mais claro que o aspecto performativo está separado e depende do conteúdo proposicional da elocução da presidente.

cioso, porém, é compatível com ela sustentar a opinião, expressa durante o intervalo, de que o réu é culpado. Mas, mesmo quando reconhecemos a compatibilidade, devemos também reconhecer que reproduzimos o enigma anterior, desta vez originário da franca contradição entre a postura absolutória de F, comunicada aos seus pares, e suas crenças condenatórias, reveladas pela declaração ao amigo. Como antes, o enigma reflete um conflito entre o que F diz (ao júri) e o que *agora* consideramos ser o seu verdadeiro ponto de vista.

A história não precisa parar aqui. F é alguém que acaba de chegar à Califórnia, falando com seu amigo californiano. As acusações criminais em questão dizem respeito a fumar em local público. F acaba de se mudar de outro estado, digamos, Nova York, onde fumar em local público é comum e geralmente aceito. Finalmente, ouvira-se anteriormente F conversando com um velho amigo de Nova York sobre aqueles "pobres inocentes perseguidos pelos californianos por causa do hábito de fumar". Essa informação adicional torna falacioso e insincero o enunciado de F ao amigo californiano?

Penso que existe alguma dúvida aqui que fatos adicionais talvez ajudassem a remover. Mas, seja qual for a direção em que nos inclinemos neste ponto, algo parece claro. F poderia facilmente escapar a tais acusações de falsidade ou insinceridade acrescentando à sua afirmação de que o réu é culpado, que ela comunicou ao amigo californiano, a explicação: "Digo isso na minha condição de californiana." Uma qualificação similar – vamos chamá-la *renúncia à condição* – seria adequada e, na verdade, está implícita nas outras situações que imaginamos: "Estou dizendo isto na minha posição de jurado" ou "na minha condição de presidente do júri". A renúncia à condição, sugiro, realça a presença nessas situações do segundo tipo de ruptura na seqüência-padrão que distingui, na qual o falante é separado da intenção comunicada por sua fala. Para ver como isso é possível precisamos examinar um caso análogo referente à linguagem ficcional. Devemos ir ao teatro.

## Papéis ficcionais

A, atriz em uma peça, vocifera contra seu "marido", desempenhado por B, exclamando "Eu o odeio!". Suponha agora que, para acrescentar convicção à atuação, A consegue colocar-se num alto nível de envolvimento emocional com a peça, de modo que, na passagem referida, ela seja realmente possuída por uma raiva intensa. Sua exclamação claramente expressa essa emoção. Ao mesmo tempo, seria ridículo concluir que A de fato odeia B, mesmo que momentaneamente. A e B são excelentes amigos e sua amizade antes aumenta que desaparece durante suas apresentações conjuntas. A situação parece ilustrar claramente o tipo de ruptura na seqüência-padrão que resulta no discurso distanciado: a elocução expressa uma intenção mas, em um sentido importante, a intenção não pertence ao falante. Também é fácil perceber o que, nesse caso, é responsável pela separação entre o falante e a intenção: é o papel que A desempenha e o fato de que ela pronuncia seu texto na condição ficcional de esposa de B na peça. Contudo, embora essa descrição pareça estar claramente no caminho certo, ela não é muito informativa. Como exatamente o fato de A desempenhar o papel de uma esposa afeta sua relação com a emoção que ela expressa? O que significa exatamente dizer que o seu discurso é distanciado?

Uma fonte de dificuldade origina-se do fato de que a exclamação de ódio no palco é acompanhada por um assomo de raiva que não difere em intensidade do que A poderia sentir e expressar em casa. A diferença entre a performance teatral e a sua contraparte doméstica não é simplesmente fenomenológica. Tampouco devemos dizer que A está meramente desempenhando o *papel* de uma esposa na casa. Ali, também, ser uma esposa – ou um marido – é desempenhar um papel. A distinção, portanto, deve ser feita em função de alguma outra característica que não a de ocupar um papel: talvez assinalando que um papel é "ficcional" ao passo que o outro é "real". Mas descrever as duas situações respectivamente em tais termos simples reafirma o enigma em vez de resolvê-lo: queremos saber exatamente o que faz a performance de um papel "real" e outra "ficcional". Algumas respostas fáceis devem ser rejeitadas imediatamente. Por exemplo, seria um erro enfatizar a duração limitada da representação dos papéis de marido e esposa dos atores. Em uma peça com longa temporada, seu compromisso no palco pode durar mais, no agregado, do que alguns casamentos reais. Tampouco é de grande significação a natureza intermitente do papel teatral. O casamento real não é diferente nesse aspecto, e o fato de que pensamos apenas no segundo como contínuo, isto é, como persistindo mesmo quando as partes estão fora, representando outros casamentos no palco, é antes parte do enigma que da solução. Em seguida, quero descartar sumariamente a possível sugestão de que a diferença crucial entre os dois tipos de casamento encontra-se no fato de que o papel teatral é escrito e dirigido por outros, ao passo que o doméstico não é. Podemos imaginar como resposta uma peça improvisada em que os atores gozam de não menos liberdade que a concedida a um casal que vive, digamos, sob o escrutínio continuamente vigilante de pais e parentes. Finalmente, não se pode dizer que o papel conjugal real difere do teatral na maior importância do primeiro para aquele que o ocupa. O contrário pode muito bem ser verdade. Um ator pode valorizar o seu papel como marido de Desdêmona e Desdêmona o seu papel como esposa de Otelo muito mais do que valorizam a relação com os respectivos parceiros em casa.

## O discurso e o eu

A distinção que buscamos não é simples e é provável que envolva diferentes tipos de fatores. Contudo, uma maneira de traçar a linha que me parece promissora é em termos de uma concepção particular do eu. Não posso oferecer neste espaço uma descrição detalhada dessa concepção ou dispor os argumentos que a sustentam. Porém, o retrato do eu do qual me valho é familiar, e um breve esboço é tudo de que necessito. O eu, nessa visão, é pelo menos em parte constituído de papéis sociais e estados mentais⁶. Mas um eu não é meramente uma concatenação de papéis e intenções. Para formar um único eu, um amontoado de papéis e intenções deve ser unificado de alguma maneira. Um eu, poderíamos dizer, é um conjunto integrado de papéis sociais e estados mentais⁷. Em que consiste a integração? A resposta que sugiro é metafórica. Os diferentes papéis e intenções devem formar um arranjo harmônico, inter-relacionado e interagente que possamos imaginar como dotado de certa "densidade" ou constituindo um "cerne". Tal descrição espacial do eu abre espaço imediato para a possibilidade de que uma pessoa – com o que me refiro a um indivíduo humano tal como comumente compreendido – possa ocupar papéis e nutrir estados mentais que estão ligados muito tenuamente aos elementos que formam esse cerne para que sejam considerados partes do eu. Tal possibilidade e a imagética espacial subjacente estão implícitas na noção de *distância do papel* de Erving Goofman: ela descreve a possibilidade de desempenhar um papel social sem integrá-lo completamente ao eu⁸. De maneira análoga, Harry Frankfurt (1977, 1987) chamou a atenção para a distinção entre estados mentais "internos" e "externos". Em ambos os casos uma metáfora espacial é usada para demarcar certa fronteira em redor do eu e separar alguns elementos que, em condições comuns, provavelmente seriam atribuídos ao mesmo indivíduo.

O esboço do eu que tracei até agora é estático, mas para que se ajuste a nossas presentes necessidades devo acrescentar-lhe

---

6. Não pretendo sustentar uma distinção nítida entre papéis e estados mentais. Na presente visão, o estado mental adequado sob dadas circunstâncias é indicado por um papel (ou pelo *script* do papel) tanto quanto pela conduta esperada.

7. O texto moderno primordial sobre as origens sociais do eu é Mead (1934). Para um pronunciamento mais recente ver Berger e Luckman (1966: 173-80). A imagem dramatúrgica que emprego está mais próxima da de Erving Goffman. A expressão mais abrangente dessa abordagem está em Goffman (1974).

8. Ver Goffman (1961 *a* e *b*). Embora tome emprestada de Goffman a noção de distância do papel, modifico-a para meus presentes objetivos e emprego-a de maneiras que se afastam do uso que ele lhe deu.

um componente dinâmico. Chamarei de *identificação* o processo pelo qual um novo papel ou estado mental vincula-se aos constituintes preexistentes do eu. Uma pessoa identifica-se com um elemento (ou papel ou estado mental) específico na medida em que se permite que esse elemento crie ligações suficientes com constituintes existentes do eu. A inclinação para a identificação com qualquer novo papel ou intenção pode ser compreendida em termos das propriedades dinâmicas dos papéis e intenções existentes da pessoa: quão inclinados eles são a ligar-se ou a interagir com o novo acréscimo. A identificação descreve, portanto, um processo interior ou subjetivo pelo qual o eu é moldado e modificado. Mas o eu também tem uma existência pública, interpessoal. Os contornos e propriedades dessa entidade objetiva são um produto do que podemos chamar de processo de *interpretação* por outros. Assim como a identificação é constitutiva do eu subjetivo, a interpretação é constitutiva do eu objetivo. Um dos aspectos importantes da interpretação é a disposição e a capacidade do intérprete de ligar vários papéis e intenções, e a sua decisão, à luz desse esquema interpretativo geral, quanto a quais papéis ou intenções se inter-relacionam de maneira suficiente para formar um todo integral e quais são distantes ou exteriores.

Embora a identificação e a interpretação sejam, portanto, claramente distinguíveis, também estão evidentemente relacionadas. Primeiro, cada pessoa tem disponível para si a perspectiva exterior a si, quer aprendendo como os outros a interpretam, quer adotando um olhar interpretativo direto sobre si mesma, de fora, por assim dizer. Tal insumo interpretativo tende a desempenhar um papel no processo da sua identificação. Inversamente, um dos recursos interpretativos que tende a ter uma importância significativa na interpretação do eu público de alguém é a própria autocompreensão do sujeito. Uma terceira razão para a tendência de identificação e interpretação convergirem é, talvez, mais importante que as duas primeiras. Os papéis e estados mentais são moldados por um contexto social e cultural compartilhado pelo sujeito e por seus intérpretes externos. A tendência de tais papéis e intenções para interrelacionar-se ou separar-se em vários contextos e combinações é, conseqüentemente, um caso geralmente conhecido de dados sociais e culturais. Essa tendência, em outras palavras, é parte do vocabulário compartilhado do eu, um vocabulário compartilhado que subjaz à identificação e à interpretação e, em grau considerável, as unifica.

À luz dessas observações é fácil perceber por que a interpretação que descrevi pode ser chamada de interpretação *constitutiva*. Em primeiro lugar, tal interpretação é o processo pelo qual o eu público é construído. Em segundo lugar, essa construção é refratada na própria autocompreensão do sujeito por meio da sua perspectiva interpretativa e como resultado da maneira pela qual as propriedades dos papéis e intenções que compõem o seu eu e determinam as identificações deste são, elas próprias, os produtos das práticas interpretativas da sociedade.

Embora tosco, este esboço do eu pode ajudar-nos a esclarecer o contraste entre os casamentos no palco e em casa. Esse contraste é uma questão dos diferentes graus de integração entre os papéis respectivos e os estados mentais a eles associados, por um lado, e o eu do sujeito, por outro lado. Ao contrário do papel doméstico, o teatral está distante: está relativamente afastado ou desvinculado dos outros papéis da atriz. De modo similar, a raiva que ela experimenta e comunica no palco é exterior: não é vista nem por A nem por outros como contínua e entrelaçada com outros estados mentais de A. Indícios a favor dessas caracterizações podem ser encontrados nas nossas abordagens da formação, respectivamente, dos episódios teatral e doméstico. No primeiro caso, nossas explorações iriam restringir-se unicamente ao papel teatral, implicando uma nítida separação entre esse segmento da vida de A e o resto dela. Ao tentar compreender plenamente o ataque verbal de A no palco, não consideraríamos relevantes certas informações como a relação e as posturas de A com outras pessoas ou mesmo com o próprio B. Em contraste, toda informação desse tipo seria altamente relevante para a nossa compreensão de uma rixa doméstica correspondente. Naturalmente, veríamos o arroubo de emoção como similar a outros papéis que A possa ocupar, como o de mãe ou irmã, e relacionado de maneiras importantes e potencialmente reveladoras a seus outros estados mentais, como suas atitudes para com outras pessoas, suas aspirações, frustrações e coisas do tipo.

Além disso, essas práticas interpretativas contrastantes não apenas testemunham a diferença entre os dois episódios, mas também ajudam a constituí-lo. Nossa recusa em transgredir a fronteira do papel teatral na nossa interpretação da elocução de A no palco ajuda a constituir esse papel como distante, do mesmo modo como, ao não explorar a vida mental de A nessa ocasião, ajudamos a constituir a raiva no palco como uma intenção exterior, desvinculada do eu mental genuíno de A. Finalmente, esses dois aspectos da nossa prática interpretativa ajudam a constituir as elocuções de A no palco como discurso distanciado. Em resumo, recorrer a uma elocução, intenção ou papel funcional é, entre outras coisas, ativar, no que se refere a ela, um conjunto de práticas interpretativas que ajudam a constituí-la como separada do sujeito.

Essa conclusão levanta a seguinte questão: Por que criamos e aprovamos tais práticas interpretativas díspares? Mais especificamente, qual é o objetivo de separar certas elocuções, intenções e papéis de seus sujeitos e tratá-los como autocontidos e distanciados? A questão é, naturalmente, muito ampla e complexa para ser adequadamente tratada neste espaço, mas nosso exemplo teatral sugere algumas proposições preliminares. Como testemunha a prevalência das colunas de fofocas e do voyeurismo, as pessoas sentem prazer em observar a intimidade dos outros. A prática interpretativa que chamamos de "ficção" ou "teatro" dá-nos o benefício de uma exibição pública de cenas de uma intimidade ao mesmo tempo que controla o dano potencial inerente à representação pública de tais cenas[9]. Os benefícios potenciais de tal arranjo podem ser classificados em três categorias. A primeira diz respeito à *responsabilidade*

---

9. Não pretendo sugerir que esses benefícios oferecem as principais razões ou explicações para o teatro, mas apenas que eles podem ser extrapolados com proveito a partir do exemplo do teatro para esclarecer a natureza dos papéis oficiais.

reduzida. No nosso exemplo, A não será percebida como parte ofensora ao pronunciar palavras ofensivas e, correspondentemente, não terá de sofrer as conseqüências pessoais que, de outra maneira, poderiam ser vinculadas a sua conduta. A segunda implicação do papel teatral é reduzir a *vulnerabilidade*: o papel distante que B representa oferece-lhe uma espécie de imunidade; os insultos são lançados ao seu papel, não a ele. Conseqüentemente, A e B podem continuar a ser bons amigos, sem sentimentos de mágoa, apesar da exibição diária de hostilidade mútua testemunhada por uma multidão de observadores. Finalmente, o papel distante dos atores aumenta a sua *versatilidade*: eles podem assumir e abandonar seus papéis à vontade, sem repercussões profundas e os ajustes correspondentes em quaisquer outras partes do eu. Ao reduzir a responsabilidade e a vulnerabilidade e aumentar a versatilidade, pode-se dizer que a natureza distante do papel teatral aumenta a liberdade do discurso e da ação: permite que A faça (diga) coisas que, de outra maneira, seriam inadequadas; permite a B que lhe sejam feitas ou ditas coisas que, de outra maneira, seriam injuriosas; e permite que ambos os atores dediquem-se a uma variedade de atividades maior do que seria possível de outra maneira.

## Construção da função pública

Toda analogia é imperfeita – se não fosse, seria uma identidade –, e a analogia entre meus exemplos do teatro e do júri não é exceção. Não obstante, nossa incursão no teatro pode lançar alguma luz, creio, sobre as questões levantadas pelo nosso exemplo do júri[10]. Nele observamos que uma "renúncia à condição" pode reconciliar enunciados aparentemente conflitantes referentes à culpa de um réu feita pela mesma pessoa F em ocasiões diferentes. Como funciona essa renúncia à condição?

---

10. Sobre o uso que os sociólogos fizeram da analogia teatral para explorar a natureza dos papéis sociais, cf. Burns (1972).

Consideremos o primeiro caso em que F, falando na sua condição de presidente do júri, pronuncia o veredicto. Em analogia com o nosso exemplo teatral, a marca distintiva do papel de presidente do júri, sugiro, é ser um papel distante. Conseqüentemente, embora F pronuncie U ("culpado da acusação") com a intenção necessária – comunicar a crença de que o réu é culpado da acusação –, essa intenção é uma intenção exterior, significando isso que a crença em questão não é contínua nem integrada às outras crenças e intenções de F. Essas características do papel e da intenção definem a elocução de F como discurso distanciado, similar, nesse aspecto, à exclamação do ator no palco.

Prosseguindo com a discussão do teatro, nossa abordagem interpretativa do discurso de F pode ser caracterizada como uma interpretação constitutiva. Nossa recusa de explorar a relação entre a crença na culpa do réu implícita no enunciado de F e suas outras crenças e intenções é um movimento constitutivo na construção do papel de um presidente de júri como papel distante. O objetivo de tal prática interpretativa também foi sugerido, pelo menos em linhas gerais, pela analogia teatral. Por exemplo, a natureza distante do papel de F e o caráter correlativamente distanciado do seu discurso ajudam a mitigar a responsabilidade pessoal de F pelo destino do réu.

O caso da presidente do júri agora pode ser generalizado. Ele destaca um conjunto de práticas interpretativas que tratam o discurso oficial como distanciado ao localizar suas intenções subjacentes fora da configuração dos estados mentais do falante, ajudando assim a constituir o papel de funcionário público como distante. Dessa maneira, tais práticas interpretativas participam da construção da natureza reconhecidamente impessoal da condição de funcionário público. Tal construção do papel oficial diminui a responsabilidade pessoal dos funcionários assim como sua vulnerabilidade. Coisas podem ser feitas e ditas por funcionários ou a eles, sem envolvê-los pessoalmente e, portanto, sem os custos que tal envolvimento poderia às vezes acarretar. A natureza impessoal de um papel oficial também aumenta a versatilidade ao reduzir os custos pessoais de ser designado para tarefas e posições diferentes ou de largar a carreira pública por outras ocupações.

O exemplo da presidente do júri apresenta um caso claro de discurso distanciado produzido na condição de detentor de um papel distante. Mas essa clareza é, de certa maneira, ilusória. Sugere uma separação nítida entre discurso distanciado e discurso não-distanciado e uma divisão nítida entre papéis distantes e papéis que são parte integrante do eu, assim como entre intenções exteriores e interiores. Em outras palavras, o exemplo implica uma fronteira rígida e bem definida do eu, em relação à qual essas distinções binárias podem ser traçadas com nitidez e confiança. As etapas subseqüentes da nossa história de F têm o objetivo de desfazer essa impressão.

Lembre-se que a declaração de inocência do réu emitida por F foi feita na sua condição de jurada. Neste caso, inclinamo-nos presuntivamente a atribuir o discurso a ela como não-distanciado e a ver as intenções subjacentes como interiores. Mas, como o exemplo sugere, essa presunção pode ser facilmente refutada pelo lembrete de que ser um jurado é um papel oficial menor, que F pode representar à distância, formando intenções *ad hoc* adequadas ao papel mas desvinculadas de suas outras opiniões e crenças.

Seríamos, porém, menos receptivos a um uso similar da renúncia à condição na etapa seguinte da história, quando F assinala que o enunciado condenatório proferido ao amigo foi proferido apenas na sua condição de californiana. Provavelmente veríamos tal renúncia como inteligível mas dissonante. Ambos os componentes de reação mista são dignos de nota. Podemos imaginar alguém tratar a residência recém-adquirida na Califórnia como um papel quase oficial, emitindo sem convicção opiniões politicamente corretas e exibindo a cada deixa as atitudes esperadas sem integrá-las com o eu até então nova-iorquino. É possível, é claro, que esteja simplesmente dissimulando. Isso, porém, marcaria o discurso da pessoa como insincero no primeiro sentido, o sentido direto, que distingui no início. O roteiro que tenho em mente é diferente. F tem uma imagem do que se espera de um californiano e, de boa-fé, procura corresponder às expectativas. Mas todo o conjunto – papel, atitudes e discurso – é, de certa maneira, alheio a ela. Há uma separação ou disjunção entre o seu papel como californiana e os outros papéis e intenções que até então formaram sua identidade. Podemos até imaginar um caso extremo em que, com o tempo, aspectos de F associados ao seu papel de californiana tenham crescido em tamanho e importância e sua antiga identidade nova-iorquina encolhido a tal ponto que, no âmbito de certas opiniões e atitudes, a questão de quem é a verdadeira real F não tenha nenhuma resposta clara.

Essas considerações tornam inteligível o uso da renúncia à condição de F e, sob certas circunstâncias, crível, mesmo no caso do seu papel californiano. Mas as circunstâncias são raras e a invocação da renúncia, nesse tipo de caso, artificial e dissonante. A razão é evidente. O papel de californiana é comumente representado de maneira não-distante; as visões e crenças que se sustentam nessa condição são tratadas como parte integrante do eu; e o discurso, conseqüentemente, é interpretado como não-distanciado.

Esses usos problemáticos da renúncia à condição devem servir para corrigir a impressão criada pelo exemplo da presidente do júri e pela analogia teatral de que as distinções que tracei entre tipos de papéis, intenções e elocuções são binárias e que o eu ao qual se aplicam é clara e rigidamente limitado. Tomados em conjunto, esses exemplos revelam um quadro mais complicado. Os papéis – e as intenções e elocuções relacionadas – podem ser ordenados em um espectro definido por uma distância do papel variável. Em um extremo, encontraremos, entre outras coisas, papéis estritamente oficiais, de cujos portadores se espera que os mantenham à distância. O outro extremo é definido por papéis pessoais que se espera uniformemente que sejam parte integrante do eu. Entre esses dois pólos, as questões são mais flexíveis e negociáveis. A negociação diz respeito à relação adequada de um dado papel com suas conseqüentes intenções e elocuções ao eu, e, correlativamente, à maneira adequada de traçar uma fronteira do eu. A negociação pode surgir em diferentes contextos e assumir muitas formas, mas uma delas será a de uma disputa quanto à prática interpretativa adequada a um dado tipo de elocução e, mais especificamente, quanto ao papel das intenções de um falante na interpretação do seu discurso[11].

## A intenção legislativa

Anteriormente, distingui três maneiras em que o discurso pode dar a impressão de não cumprir a condição de sinceridade: ao ser enganoso, representativo ou distanciado. Todas as três categorias podem aplicar-se potencialmente aos legisladores e influencia a maneira como o seu discurso é interpretado. Os políticos são praticantes notórios da mentira nobre e não tão nobre, e, como tais, seu discurso às vezes é enganoso. Os legisladores também atuam em uma condição representativa, e, pelo menos em algumas concepções de representação política, e talvez em certos casos, faz sentido pensar nos legisladores meramente como porta-vozes ou canais para alguma outra pessoa. Não me deterei, porém, nessas possibilidades e nas suas implicações para o papel das intenções dos legisladores ao interpretar leis. Meu principal objetivo foi identificar e descrever a terceira categoria – o discurso distanciado – como potencialmente aplicável ao caso dos legisladores. Que influência isso tem no papel das intenções na interpretação das leis?

Nossa análise do discurso distanciado sugere dois conjuntos de considerações: reativas e construtivas. Com considerações reativas refiro-me a indagar se o papel legislativo é compreendido e representado geralmente de maneira distante ou não-distante. Aqui estamos tentando ajustar a abordagem interpretativa aos fatos sociais[12]. Claramente, se o papel legisla-

---

11. Uma concepção gradativa do eu é defendida por Parfit (1984, parte III).

12. Descrever a investigação como factual não deve, é claro, ocultar o componente normativo nela. A maneira como um papel é representado – como distante ou não-distante – é, ela própria, uma questão normativa. Contudo, nesta parte da investigação, estamos interessados em descobrir que normas de distância aplicam-se realmente a um dado papel em uma dada sociedade, procurando ajustar nossas práticas interpretativas a essas compreensões normativas.

tivo é distante e o discurso que origina é distanciado, faria pouco sentido explorar a vida mental do legislador que se encontra fora da fronteira do papel legislativo em busca de maior discernimento do significado de suas elocuções oficiais. Pode-se ampliar a proposição contrastando-a com um comentário aparentemente impecável feito pelo professor Gerald McCallum em seu conhecido ensaio a respeito da intenção legislativa. Ao argumentar a favor da possibilidade de imputar intenções a outras pessoas, inclusive legisladores, McCallum sustenta que fazê-lo "pode exigir um bom grau de intimidade com a pessoa cujas intenções estão sendo consideradas" (1966: 773). Na presente visão, essa afirmação aplica-se a papéis não-distantes apenas. "Intimidade" envolve estreita familiaridade com alguém em um amplo espectro de papéis não-distantes. Por causa das interligações entre tais papéis, o discurso e a conduta de alguém em qualquer um deles podem ser mais bem compreendidos à luz da familiaridade do intérprete com a representação dos outros papéis dessa pessoa. Podemos imputar com mais facilidade e confiança uma intenção a uma mãe se a conhecemos também nas condições de, digamos, esposa, irmã e amiga. Mas tal intimidade é irrelevante para a interpretação do discurso distanciado. Como *ex hypothesi* a intenção que imputamos não está relacionada com os estados mentais que fazem parte do cerne do eu do falante, a familiaridade íntima com esse cerne e os papéis que o compõem é inteiramente desnecessária e pode apenas desorientar.

Como devemos avaliar a distância do papel legislativo para escolher a abordagem interpretativa adequada? Podemos pensar em muitos tipos de indícios relevantes, mas permita-me oferecer um exemplo. Considere a não-tipificação penal que o direito de difamação de hoje cria para expressões que, de outra maneira, seriam difamatórias[13]. Aqui temos uma doutrina jurídica que legitima a exposição da vida privada dos políticos ao escrutínio público. Tal doutrina reflete e fomenta o apagamen-

---

13. Ver, por exemplo, *New York Times Co. contra Sullivan*, 376 U.S. 254 (1964).

to da fronteira entre o eu do político e o seu papel, assinalando com isso uma redução na distância do papel aceitável nesse caso[14]. Uma disposição crescente para consultar intenções legislativas nas nossas práticas de interpretação das leis pareceria, portanto, coerente com esse indício.

As considerações construtivas que nossa análise implica relacionam-se com o aspecto constitutivo das práticas interpretativas. Quão amplamente podemos estender a nossa rede em busca de intenções legislativas consideradas pertinentes para a interpretação de elocuções oficiais é um movimento constitutivo na determinação da relação do papel legislativo com o eu. Conseqüentemente, ao examinar a adequação de uma prática interpretativa, devemos também examinar a questão normativa: onde *deve* ser traçada a fronteira do eu de um político? Qual é a relação desejada entre um legislador e o seu papel?

Novamente, a questão é muito multifacetada para ser examinada adequadamente aqui. Mas podemos tentar uma primeira aproximação recordando os tipos de considerações gerais que identificamos anteriormente como relevantes para a criação de papéis distantes: diminuir a responsabilidade e a vulnerabilidade e aumentar a versatilidade. Tais efeitos são desejáveis neste caso? Considere a responsabilidade primeiramente. A limitação de responsabilidade implícita na distância do papel significa que, contanto que atue dentro dos limites do papel, o legislador ganha imunidade pessoal às conseqüências adversas de suas ações e decisões oficiais. Essas conseqüências podem afetá-lo apenas na sua condição oficial e, no máximo, irão custar o seu emprego, mas não terão nenhuma ramificação pessoal direta sobre ele além dessa. É vantajoso tal sistema de responsabilidade limitada? A resposta depende de muitas considerações que não podemos expor aqui mas podemos mencionar brevemente algumas que são evidentes. Os legisladores devem ser encorajados a assumir riscos ou evitar riscos? Quão

---

14. Cf. a proteção aumentada da primeira emenda à linguagem insultuosa dirigida a oficiais de polícia como refletindo e encorajando uma distância do papel aumentada no caso deles. Ver *Lewis contra New Orleans*, 408 U.S. 913 (1972).

adequadamente as sanções que se limitam ao papel dos legisladores podem policiar sua conduta? Especificamente, o risco de perder inteiramente o papel – por ser afastado do cargo ou não conseguir a reeleição – é suficiente para impedir a má conduta pública? Finalmente, quão importante é tal limitação de responsabilidade para recrutar candidatos dignos para tais papéis políticos?

Deve-se notar que a questão aqui vai além da responsabilidade jurídica. Os políticos muitas vezes enfrentam o dilema moral das "mãos sujas": são chamados, às vezes por dever e interesse público, a executar ações moralmente repugnantes. Se pessoas relativamente boas são atraídas para tais tarefas, podem ser necessários certos recursos para aliviar de certa maneira a carga moral, além da remoção de quaisquer sanções materiais ou físicas que, de outro modo, poderiam ser vinculadas a tal conduta. A distância do papel pode ser um dispositivo de tal tipo. Instituir uma distância visível entre o papel e o eu pode ser uma maneira de eximir o político de parte da responsabilidade moral por executar seus deveres oficiais[15].

Limitar a responsabilidade dos políticos expandindo a distância entre o eu e seu papel pode ter uma vantagem adicional. Os políticos fazem e dizem coisas repulsivas uns aos outros assim como a pessoas fora do seu círculo. A distância do papel e a invocação implícita da renúncia à condição podem, de certa maneira, suavizar esses golpes. Na relação entre os próprios políticos, esses recursos podem ajudar a instilar certa medida de civilidade – os legisladores podem sair juntos para um drinque depois do intercâmbio mais acrimonioso. Na relação com os cidadãos, a distância do papel dos legisladores está ligada ao *ethos* da natureza impessoal do Direito e ao ideal de ser governado pelo Direito, não por pessoas. Por razões que não podemos nem sequer começar a explorar aqui, às vezes é pre-

---

15. Essa proposição pode ser vista como complementar à sugestão de Bernard Williams de que estamos em melhor situação com políticos que são sensíveis à imoralidade que sua tarefa às vezes exige. Ver Williams (1978). Sobre o dilema das "mãos sujas" na política, cf. também Nagel (1978) e Walzer (1974).

ferível – menos injurioso para a auto-estima – suportar os mesmos insultos ou agravos quando estes não são percebidos como infligidos diretamente por outro ser humano, mas, em vez disso, mediados ou originados por um papel social desempenhado impessoalmente.

A distância do papel, como vimos, também reduz a vulnerabilidade de quem detém o papel. Um papel distante ajuda os legisladores a resistir aos insultos e agravos a que são submetidos por seus representados e colegas. Exige-se um julgamento complicado, é claro, para determinar se, no final das contas, é desejável dar aos políticos tal escudo. Os tipos de considerações que influenciam essa questão são bastante óbvios e assemelham-se aos que surgem na categoria da responsabilidade. A vulnerabilidade ao insulto e ao agravo pode ajudar a manter os políticos bem comportados, de modo que a barganha pareceria ser entre policiar a conduta dos legisladores e oferecer incentivos a pessoas boas e sensíveis a concorrer ao cargo.

Finalmente, a distância do papel aumenta a versatilidade dos políticos. Encoraja as pessoas a fazer tarefas relativamente breves como legisladores, reduzindo o dano para o eu que, de outra maneira, estaria interessado na renúncia ou perda do cargo. A política de permanência temporária nos cargos tem atrações evidentes, mas também algumas desvantagens potenciais, tais como o compromisso e o conhecimento especializado reduzidos.

Considerados em conjunto, os três grupos de considerações que listei devem ajudar-nos a selecionar uma prática interpretativa adequada no que diz respeito a leis e pronunciamentos legislativos. Na presente análise, levar em consideração plena as intenções legislativas representa uma escolha, com ramificações constitutivas, em favor da dissolução da fronteira entre o eu e o papel legislativo e de integrar esta àquela. Limitar o recurso às intenções legislativas tem a implicação inversa, representando um voto a favor do distanciamento do papel nesse caso. Por meio de um exame e de uma ponderação cuidadosas das considerações conflitantes, podemos ter esperança de solucionar a incerteza vigente quanto à relevância interpretativa da intenção legislativa e, assim, ajudar a constituir a relação desejável entre os eus dos legisladores e os seus papéis. Na verdade, porém, não somos forçados a uma escolha tão rígida entre identificação e distância no papel legislativo. Ao encerrar, quero mencionar brevemente outra possibilidade. A indecisão e ambigüidade vigentes na interpretação das leis não precisa representar incerteza quanto à questão da distância do papel, mas pode antes fornecer a resposta correta para essa questão. Para reconhecer essa possibilidade, lembre o aspecto gradativo da imagem da distância do papel. Alguns papéis, dissemos, ocupam um terreno médio entre os que são distanciados do eu e os que estão entrelaçados com ele. Nossa identificação com tais papéis é, tipicamente, qualificada ou seletiva em vez de incondicional ou indiscriminada. À luz das considerações conflitantes que listei, é possível que tal distância do papel, intermediária e variável, seja o melhor que podemos esperar nesse caso e que uma prática interpretativa variável, flutuante talvez seja a melhor maneira de alcançá-la. Começamos este ensaio observando o problema marcado pelas opiniões e práticas mistas quanto à intenção legislativa na interpretação das leis. Ao reconhecer a diferença crucial entre um problema não-solucionado e um problema solucionado por consenso, podemos agora perceber que o que inicialmente consideramos ser um problema pode, no fim, revelar-se parte da solução.

## Referências

BERGER, P. L. e LUCKMAN, T. (1966). *The Social Construction of Reality* (Nova York, Doubleday).

BURNS, E. (1972). *Theatricality: a Study of Convention in Theater and in Social Life* (Nova York, Harper & Row).

FRANKFURT, H. (1977). "Identification and Externality", em *The Importance of What We Care About* (Cambridge, Cambridge University Press, 1988), 50-68.

—— (1987). "Identification and Wholeheartedness", em *The Importance of What We Care About* (Cambridge, Cambridge University Press), 159-76.

GOFFMAN, E. (1961*a*). "Role Distance", em *Encounters: Two Studies in the Sociology of Interaction* (Indianapolis, Bobbs-Merrill Co.).

—— (1961*b*). "The Underlife of a Public Institution: a Study of Ways of Making Out in a Mental Hospital", em *Asylums: Essays on the Social Situation of Mental Patients and Other Inmates* (Nova York, Anchor Books).

—— (1974). *Frame Analysis* (Nova York, Harper & Row).

MACCALUM, JR. G. C. "Legislative Intent" (1966), 75 *Yale LJ* 745.

MEAD, G. H. (1934). *Mind, Self, and Society* (Chicago: Chicago University Press).

NAGEL, T. (1978). "Ruthlessness in Public Life", em *Mortal Questions* (Cambridge, Cambridge University Press, 1979), 75-90.

PARFIT, D. (1984). *Reasons and Persons* (Oxford, Clarendon Press).

SEARLE, J. (1969). *Speech Acts* (Cambridge, Cambridge University Press).

—— (1979). *Expression and Meaning* (Cambridge, Cambridge University Press). [Ed. brasileira, *Expressão e significado*. São Paulo, Martins Fontes, 1995].

WALZER, M. (1974). "Political Action: The Problem of Dirty Hands", em M. Cohen, T. Nagel e T. Scanlon (orgs.), *War and Moral Responsibility* (Princeton, NJ, Princeton University Press).

WILLIAMS, B. (1978). "Politics and Moral Character", em *Moral Luck* (Cambridge, Cambridge University Press, 1981), 54-70.

# Índice analítico

Advogados
  Raciocínio interpretativo 43
Alexander, Larry 641
Anti-realismo
  Convencionalismo em relação com 374
  Metafísico 372
  Semântico 373
Argumentos jurídicos
  Forma dedutiva ou silogística, em 56
Aristóteles 521-2, 528
Arte ver Obras de arte
Asseverabilidade garantida
  Abordagem centrada na 207
  Regras para 214
Assinatura
  Amarramento 139
  Eventos e formas 127
  Função da 128-9
  Paradoxo da 129
Austin, J. L. 126-8, 149, 207
Autonomia
  Tradição liberal, na 346
Autoridade
  A própria lei como 650
  Concepção de serviço de 190-1, 198
  Determinações, de, limitando 575
  Grupo, de 498
  Influente 615-20
  Inspiradora 611-5
  Intenção, sem 511-24
  Intenções, de
    Autoridades jurídicas, papel das 574
    Generalidades, níveis de 585-9
    Limitações procedimentais 578-89
    Restrições substantivas 576-7
  Interpretação de Ladenson 191-2
  Interpretação, relação com 497
  Jurídica ver Autoridades jurídicas
  Legislação, da
    Argumentos a favor 516
    Argumento utilitarista 516-7
    Síntese aristotélica 520-4
    Teorema de Condorcet 517-20
  Lei, da
    Definição 497
    Estrutura do argumento 610
    Legisladores, localizados em 609-10
    Pluralidade 533
    Teoria da 496
  Lei, de 512-3
  Normas da 597-600
  Pessoas, da 511
  Pluralismo respeitoso 305
  Política 192
  Prática 620-8

Prática ou teórica 542
Reivindicação da lei à 190
Teorias-padrão de 611-32
Teórica 628-32
Convencionalismo,
  reivindicações de 646
Estados mentais, omissão de
  comunicar 638
Lei, atribuída a 638-49
Textos, localização em 642-3
Tese de justificação 513
Tese normal de justificativa
  511, 623
Autoridades jurídicas
Autoridade das determinações,
  limitando 575
Determinações, comunicação
  de 542-5
Efeitos jurídicos de decretos,
  crenças sobre 551
Intenções de
Autorais 546-74
Autoridade das 574-89
Centralidade na interpretação
  jurídica 590
Comunicação de 547
Contrafactuais, posição
  ontológica das 565-71
Crenças de âmbito 552
Crenças de âmbito
  contrafactual 551-71
Do falante, variedade de
  551-4
Eliminação 596-605
Erros, possibilidade de
  557-65
Escolha das 554-7
Exemplares e definições,
  incompatibilidade de 555
Facticidade das 569-71, 592
Frugais 553
Generalidades, níveis de
  585-9

Grupo 591-2
Individuais, agregado de 582
Interpretação de 573
Interpretações governadas
  por normas 570
Resumo de 589
Semânticas 553-5
Sentido e referência,
  distinções entre 554-5
Significados do falante e do
  dicionário 547-51
Substanciosas 553
Teoria das 539
Uso do termo 568
Interpretação do texto e
  apropriação de símbolos 598
Papel das 606
Pressupostos 561-5
Restrições a determinações
Direito imperfeito, normas
  para 582-4
Efeito de 606
Normas de forma 578-81
Normas preconstitucionais,
  posição de 575-6
Procedimentais 578-89
Substantivas 576-8
Tarefa das 539-42
Votação, normas processuais
  579-80
Ayer, A. J. 329

Bassham, Gregory 551-6,
  599-601
Bentham, Jeremy 196-7
Brandeis, Louis D. 438-9
Brest, Paul 601
Brink, David 385
Burton, Steven 91-4, 96-7, 430

Calabresi, Guido 581
Campos, Paul 590
Causalidade

# ÍNDICE ANALÍTICO

Análise empirista da 283
Ênfase dos realistas na 346
Ceticismo
Formas de 284
Ciência social
Conceituando 49
Metodologia 146-7
Claro
Causas claras 58-9
Coerção
Defesa baseada na
previsibilidade dos
resultados 356-7
Justificativa 354-5, 471-4
Política 355
Soberana, por 175
Coerência
Crença justificada, como
descrição de 387-9
Cognitivismo
Discurso cognitivo 328
Moralidade, referente à 281
Objetivismo lógico, ligação
com 280
Posição de duas etapas do 281
Verdade, noção de 281
Coleman, Jules 196-7
*Common law*
Precedente horizontal 38-9
Precedente vertical 38
Raciocínio 38-9
Validade das regras 196
Compensação
Regra governando 92
Comunicação
Controlável 127
Interpretação na 11
Conceitos
Discurso jurídico, no 208
Investigações ontológicas 208
Revogabilidade como aspecto
de 207
Concordância
Noção de 77-9, 89

Condições transcendentais
Paradoxo das 131
Condorcet, marquês de 519-20
Constituição americana
Autores 500
Como comunicação de
determinações 544-5
Como texto 22-3
Intencionalidade-dependência
26
Interpretação correta da 28,
604-5
Potencial de legitimação 29
Provida de autoridade 602-3
Raciocínio 40-1
Contrato
Relação entre o queixoso e o
réu 435
Convencionalismo
Metafísico, objeções ao 392
Realismo e anti-realismo, em
relação com 374
Reivindicações do 646
Teoria semântica, como 393
Cornell, Drucilla 62-4, 67, 69-70,
75, 79, 87-9, 96, 125-6, 131-5
Corporações
Crimes, atribuição de crimes a
209
Discurso, atribuição de 654-5
Significado, determinação de
207-8
Cortesia
Práticas sociais da 21-2
Crença
Justificativa de 388-90
Razões para 18-20
Crítica literária
Estratégias interpretativas
intencionalistas 10, 36
Justificativa da 37
Textos, interpretação de 37
Visão moralista da 36

Dano
  Incorrendo em 439
Decisões judiciais *ver também*
  Julgamentos jurídicos
  Justificativa 353-4
  Objetividade processual 363-71
  Razões extrajurídicas,
    aplicação de 358
Derrida, Jacques 125-38
Desconstrução
  Nota sobre a 125-39
  Ordem conceitual,
    deslocamento 126
  Questões expostas por 135
Determinação
  Absoluta 136-7
  Argumentos contra 305
  Causas de 317-23
  Certa ou saturada 136
  Decisão positiva distinguida 107
  Democracia, relação com 360-2
  Fontes jurídicas, incoerentes ou contraditórias 325
  Liberalismo normativo, como parte de 314
  Normativa e causal 70-1
  Objetividade, não confundindo com 369-70
  Razões de 317-23
  Justificação pela 353-60
  Regra, por 74
    Explicação de possibilidade 98
Dever jurídico
  Definição 167
Devitt, Michael 5
Direito
  Aplicação a caso particular, distinção 120
  Argumento moral, interpretação envolvendo 197-9
  Atitude interpretativa 187
  Autonomia, defesa da 50
  Autoridade moral 199
  Autoridade prática ou teórica do 541-2
  Autoridade, reivindicação da 190-1
  Caracterização do 166
  Caráter normativo, explicação 157
  Certeza, flexibilidade e eficiência, valores de 178
  Conceito de 470
  Concepção "malvada" de 149
  Condições ideais 408-9
  Conduta, orientando a 188
  Conjunto aberto de princípios, como 195
  Controle social, como meio de 170, 184
  Descrições causais/explicativas, teorias que oferecem 156
  Determinações das autoridades, como 539-42
  Estudo sociológico do 146
  Fenômeno social e normativo, como 145
  Finalidade do 168-82
  Finalidade moral, atribuição de 182
  Formação de conceito 177-8
  Função do 171
  Idéia clássica do 124
  Imperfeito, normas para o 582-4
  Indeterminação como característica constitutiva do 124
  Interpretações dworkinianas do 180-1
  Interpretações rivais do 194
  Lacunas no 336-41

Linguagem, dependendo da 511
Moralidade, relação com 540
Normatividade
  Compreensão 189
  Descrição de Raz da 189-90
  Explicação de Hart da 182-3
  Número finito de determinações datáveis, como 540
  Ordens sustentadas por ameaças, como 169
  Papel epistêmico do 54
  Paz e ordem social, preservando 172
  Ponto de vista dos participantes 182-202
  Ponto de vista reflexivo 193
  Prática auto-reflexiva, como 187
  Prática irrefletida, não 185
  Previsão, noção de 167-8
  Razões para a ação 157-60, 164, 168, 184
  Moral 189
  Teoria positivista 161
  Teorias hartianas e homesianas de 168-9
  Teorias pós-estruturalistas de 647-8
  Valor moral do 172
  Visão de si 107
Direito filosófico
  Limitação do 121-2
Direito natural
  Abordagem funcionalista 185-6
  Conteúdo mínimo do 171
  Metodologia hartiana 187-9
  Tradições positivistas distinguidas 303
Discurso
  Abordagem interpretativa do 665
  Companhia, atribuição à 654-5
  Condição de sinceridade 652-9, 668
  Distanciado 653-5, 665, 668-9
  Eu, concepção do 659-64
  Oficial 665
  Papéis ficcionais, em 658-9, 663
  Renúncias à condição 655-7, 664-8
  Seqüência-padrão 652
Doutrina
  Ambições da 191, 202
  Análise particular e geral 313
  Aspectos sociais e normativos, reconciliando 149
  Atividade não-interpretativa, explicativa ou descritiva, como 152
  Cultura, explicação do Direito na 201
  Debate, como 201-2
  Enunciados externos desengajados 155, 163-6
  Enunciados externos engajados 155, 163-4, 202
  Estrutura conceitual, exigindo 184, 188
  Internalismo moderado 199-200
  Liberal 308
  Normatividade do Direito, explicando 150
  Parte geral da jurisdição, como 200
  Ponto de vista interno 148-68, 172-3, 182, 202
  Práticas normativas, enunciados descrevendo 154-5
  Questões metodológicas 145, 147. *Ver também* Metodologia

Ramo da filosofia prática e da
ciência social 146
Razões jurídicas, condições
318
Razões para a ação, práticas
sociais que dão origem a 146
Teoria analítica, como 313
Dummett, Michael 376
Dworkin, Ronald 21, 24, 29,
149-50, 152, 179-83, 187, 193-5,
197, 200-2, 209, 212, 219-23,
225-9, 303, 308, 320-2, 324,
383-4, 404, 411-5, 418-20,
423-34, 437, 439-41, 443-53,
458-9, 463-4, 466-83, 485, 487,
489-90, 496, 512-3, 535, 540-1,
601-4, 641

Enunciados jurídicos
Normativos distanciados 189
Equilíbrio reflexivo
Método do 461-2
Estruturas sociais normativas
Ciências empíricas, não-
aplicação de métodos das 147
Estudos Jurídicos Críticos
Jurisprudência analítica, ataque
à 303
Liberalismo, problemas com
304
Ético
Impossibilidade do 132
Eu
Concepção do 659-64
Constituintes preexistentes do
661
Distância do papel 671
Externalismo
Justificação de crenças 388-9

Fatos
Classificação jurídica do caso,
assinalando 92-3, 96-7

Regras que fazem contato com
93-4
Filosofia
Jurídica, propósito da 211
Liberal 308-9
Linguagem, da 311
Questões difíceis em 206
Terapia, como tipo de 206
Fish, Stanley 53-4, 65, 503-4,
507, 509
Formalismo
Ataque ao 48
Desmistificando 122
Determinando poder das regras
jurídicas 99
Oposição ao 61
Positivista 122
Foucault, Michel 124
Frank, Jerome 348-9
Frankfurt, Harry 660
Fuller, Lon 303, 308, 541
Fundamentalismo
Rejeição do 307

Gibbard, Allan 329
Gray, John Chipman 633
Grice, Paul 6, 36

Hare, Richard 272, 280
Harris, J. W. 229
Hart, H. L. A. 15, 41, 43, 55,
58-60, 62, 65, 92, 147-50,
152-66, 168-78, 180-5, 187-9,
191, 202, 205-13, 220-2, 303,
308, 323, 426, 498
Hegel, G. W. F. 121-4
Henley, Kenneth 431
História
Interpretação da 265
Hobbes, Thomas 366
Holmes, O. W. 149-50, 166-8,
170, 172, 175-9, 182
Humanidades
Conceituar as 49

## ÍNDICE ANALÍTICO

Hume, J. 283
Hurley, Susan 449-53

Imparcialidade
  Objetividade como 269
Indeterminação
  Argumentos a favor,
    fundamentos 327
  Causas da 317-23
  Ceticismo semântico 325,
    328-33
  Como deficiência de
    justificativa 340
  Contradição jurídica 333-6
  Decisões injustas 342-4
  Específica 323
  Fontes da 323-7
  Geral 323
  Importância da 342-4
  Lacunas 336-41
  Linguagem, argumentos que
    influenciam a 323
  Normas conflitantes 336-41
  Práticas jurídicas liberais,
    objeção a 314
  Previsibilidade, relação com
    344-9
  Radical, estabelecendo 341
  Razões, das 317-23, 344
  Significados, dos 331
  Tese da 315, 318-23, 333
  Tradução, da 333
  Variedades de 317-41
Integridade
  Ajuste e aceitabilidade moral
    490-1
  Argumento anticorrupção 477-8
  Argumento da autolegislação
    478
  Argumento da comunidade
    477-86
  Argumento da mudança
    orgânica 478
  Argumentos a favor da 476-89
  Coerção governamental,
    justificativa da 470-2
  Conjunto de princípios, ação
    baseada em 468-9
  Conotações e implicações da
    469
  Exercício do poder político,
    restringindo 471-5
  Ganhadores e perdedores,
    exigência do respeito mútuo
    488
  Governamental 470-7
  Juízes, obrigando 477
  Objetivo da 470
  Pragmatismo, interpretação
    jusnaturalista da 468-9
  Princípios morais, abandono
    dos 491
  Sistema político, do 480-2
  Teoria de Dworkin 467-87
  Virtude institucional, como 467
  Virtude pessoal, como 468
  Virtude política distinta, como
    argumento a favor da 476-7
Intenção legislativa
  Autores, dos 530
  Consenso, como 505
  Convenções de interpretação
    214
  Debate, uso de registros de 215
  Discurso distanciado 668-73
  Elementos intencionais 507
  Especificação formal do ato, na
    530-1
  Estratégia interpretativa geral
    499
  Eu e papel legislativo,
    eliminação da fronteira entre
    672-3
  Fatores na 212-3
  Hansard, referência a 218-9
  Intenções individuais,
    comparação com 215-6

Interpretação das leis, na 651, 673
Interpretação de leis ordinárias em condições modernas, quanto à 501
Interpretação por 497
Juízes errando 500
Legislaturas, das 510
Prática da interpretação de elocuções oficiais, na 670
Prática jurídica americana, na 229
Referência à 495
Referência adequada à 213
Registro legislativo, procurando 504
Relevância interpretativa 652
Seqüência-padrão 652-3
Significado da 217
Significado literal ou simples, foco sobre 215
Sistemas jurídicos diferentes, usos em 218-9
Teoria da delegação 636
Tese intencionalista 496
Uso do termo 213
Usos, distinguindo 214
Visão geral, extensão da 216-7
Interpretação
Abordagem da razão prática 595
Abordagens baseadas na prática 229
Afirmações abrangentes 98
Ambiciosa 4
Ambigüidade da 11
Argumento moral, envolvendo 197-9
Arte, música e literatura, de ver Obras de arte
Aspectos objetivos e subjetivos da 267
Assunções 500-1

Atividade da 44
Atividades, das 9
Autor ou público, do ponto de vista da 28-9
Autoridade, relação com 499
Caráter normativo da 263
Casos difíceis, em 65
Categorias de 589
Como letra morta 75-6, 85
Compreensão do julgamento jurídico, relevante para 55
Comunicação, na 11
Conceitos morais, para incorporar 601-2
Constituição dos EUA, da 500
Constitutiva 662
Decisões jurídicas, tornando política a 63
Definição 5
Descoberta, como 252-5
Descrição e explicação, relação entre 45-6
Disputas irracionais 288-9
Dworkin, abordagem de 219-29
Elocução, da 8
Emenda, distinção entre 560
Esclarecimento, questões de 222-9
Estatutária e constitucional distinguidas 600
Explicação, como 8
Expressão lingüística, substituição da 84
Fardo explicativo 64
Força da 65
Generalidade, nível de 30
Genuína 5-33
História, da 265
Humanidades e ciências sociais, conceitualização de 49
Identificação distinguida 661
Indeterminação

# ÍNDICE ANALÍTICO

Problemas de 101
Tese 63-4, 75, 101-2, 132
Inevitabilidade 63
Instabilidade da 260-2
Intencionalismo
  Assombrado por 609, 650
  Autoridade prática,
    comandos da 626-8
  Autoridade teórica, relação
    com 630
  Ceticismo 632-3
  Implicações de 611-32
  Indefessabilidade 632-8
  Legislações individuais,
    intenções de 634
  Modelo 20, 23
  Teoria do significado
    evidente, secundária a
    626-7
  Teoria inspiradora de
    autoridade, relação com
    614
  Vindicação, impossibilidade
    de 637
Interesse fundacional em 49
Interpretação de 76
Invenção distinguida 227-8
Justificativa 8-9, 11, 32
Legislação, da 244
Leitura correta, persuasão
  como 223-4
Limites da 52-5
Melhor texto deve ser, ser 603
Modelo comunicativo 8-9, 12-3
Modelo de, moderada 33-44,
  159-60, 199-200
Modelos de 33
Modismo intelectual 3
Necessidade de 110
Nova 252-5
Objetividade na 287-301
Original, significado do 235
Originalismo 557

Papel das autoridades jurídicas
  556
Papel no Direito 212
Paradoxo da 130
Pesquisa abstencionista 590-1
Pesquisa fusionista
  Intenções autorais,
    eliminando 596-605
  Fato e valor, combinação de
    592-9
  Teorias de 592
  Vontade e razão 592-5
Política da 50
Prática jurídica, da 226
Prática passada, da 209
Práticas e julgamentos, ligação
  de 225-6
Prescrições para os juízes 212
Produtos da intenção, dos
  502-4
Propósito, com 31
Questão básica 7-8
Questões desmascaradoras
  220-2
Recuperação, como 235
Rejeição da 263-5
Recurso contemporâneo à 55
Regras jurídicas, das 48
Regressão 77, 83, 90
Restrições 642-3
Restrições à 29-20
Rival 194
Sentido não-comunicativo 12
Significado distinto ao imposto
  222
Símbolos, de 603
Subjetivismo lógico 297-301
Subjetivismo metafísico 292-7
Subjetivismo nas 288
Subjetivismo semântico 288-92
Sucesso da 224
Tolerância epistêmica, noção
  de 289-90

Tradução 558
Unidades individuais de texto, compatibilidade com 226
Uso comum de 9
Uso mais específico de 52-3
Validade 8, 11, 27-33
Intimidade
   Direito à 438

Juízes
   Aconselhando sobre o julgar 43-4
   Analogias, uso de 209
   Autoridade de arbítrio, exercício 323-4
   Fontes não-jurídicas, recurso a 326
   Formas tradicionais de análise, uso de 210
   Papel dos 475-6
   Prescrições para 212
   Razões jurídicas
      Consulta 430
      Obrigatórias 195
   Regras, seguindo 174
   Regra do reconhecimento, aceitação da 173
   Regra social principal, aceitação da 178
   Visão de Holmes dos 175
Julgamentos jurídicos
   Compreensão, interpretação relevante para 55
   Concepção revisionista de 50
   Condições ideais 408-9
   Descrição neutra de acidente, como 118
   Desmistificação 47
   Doutrina 100
   Exercício político de 113
   Interpretação como condição de 49
   Interpretação única 132
   Interpretação, não exigindo 120
   Normas seguidas, vinculação 224
   Positividade, ignorando 121
   Realismo metafísico 386-7
   Regra relevante, aplicação simpliciter de 96
   Regras jurídicas guiando 54
Julgar
   Teoria sociocientífica do 249-50
Júri
   Casos de negligência, em 105-6
   Instruções, determinação 642
   Renúncias à condição 655-7, 664-8
Jurisprudência Feminista
Jurisprudência analítica, ataque à 303
Justiça
   Visões referentes à 485-6

Kant, I. 60-1, 77
Kay, Richard 590-1
Kennedy, Duncan 421
Kress, Ken 446, 449-50
Kripke, Saul 328-33, 376

Ladenson, Robert 191-2
Legislação
   Argumento da integridade 481-4
   Ato de fala, como 510
   Autoridade da
      Argumento utilitarista 516-7
      Argumentos para 515-6
      Síntese aristotélica 520-4
      Teorema de Condorcet 517-20
   Caráter moderno da 529-36
   Consenso na feitura 505
   Descrição intencional de 530-1
   Integridade, restrição de 475
   Intenção *ver* Intenção legislativa

# ÍNDICE ANALÍTICO

Intenção, sem 502-11
Interpretação convencional 244
Modelo para produção 507
Processos definidos para 518
Significado 510
Referências a 217
Vencedores e perdedores, exigência de respeito mútuo 488
Legisladores
Assumindo e evitando riscos 670-1
Corpo diverso, como 501-2
Individuais
Intenções de 634
Pensamentos e esperanças de 531
Intenção *ver* Intenção legislativa
Intenção, descontando
Argumento contra 524
Argumento utilitarista 525-6
Estado de Direito 524
Síntese aristotélica 528-9
Teorema de Condorcet 526-8
Síntese aristotélica 520-4
Síntese grupal 523-4
Síntese individual 523
Multiplicidade de visões 534-5
Próprias leis, obrigados pelas 524-5
Registro legislativo, enunciados sobre 535
Relação entre si 534
Leis *ver também* Legislação
Aplicação, fundamentos extra-jurídicos 108
Ato do Parlamento, como 532
Autor único da 498
Autoridade das 497, 512-3
Autoridade prática ou teórica das 15
Indistintas ou controvertidas 495

Intenção das 25. *Ver também* Intenção legislativa
Interpretação, convenção na 244
Legislatura, papel 509
Melhor maneira de interpretar, descrevendo 44
Modelo para a produção 507
Prática jurídica americana 25
Raciocínio jurídico, natureza interpretativa do 37-8
Textos com autoridade, em 151
Lessig, Lawrence 558-65
Levi, Edward 47
Liberalismo
Abstração, compromisso com 306
Autonomia, papel da 346
Compromisso do 417
Contradição fundamental 335
Críticas ao 309, 314-5
Determinação e objetividade, compromisso com 314-5
Enquadramento 313
Filosofia do 306
Ideais do 304
Ideal político, compromisso com a determinação como 343
Neutralidade, associação com 305
Objetividade, compromisso com 362-6
Premissa do 305
Linguagem
Condições de assertibilidade 331
Consenso, exigência de 224-5
Convencionalismo 374
Ceticismo semântico 325, 328-33
Discurso indireto 35-6
Filosofia da 311

Jogo de linguagem artificial,
  construção 282
Lei dependente da 511
Termos metafísicos, explicação
  em 206-7
Uso comunicativo da 33-4
Uso em conversação da 34
Uso fora do padrão e
  idiossincrático 548
Literatura ver Obras de arte

MacCullum, professor Gerald 669
Mackie, John 284-7, 368
Marmor, Andrei 23-4, 496, 500-1,
  511-2, 516, 524-5, 532, 535,
  600, 623
Materialismo
  Estado central 283
McDowell, John 75
Metafísica
  Anti-realismo 372
  Forma da base, na 371
  Objetividade ver Objetividade
  Realismo 371-2
Metáforas
  Ciclo vital 3
Metodologia
  Ciências sociais, problemas na
    146-7
  Coerentista 451
  Conceitos adequados para uso,
    discordância quanto a 176
  Dworkin, de 200
  Equilíbrio reflexivo, do 461-2
  Hart, de 177, 185-9
  Internalismo moderado
    199-200
  Interpretativista 149-53
  Interpretativa limitada 185-7
  Questões de 145
  Princípios jurídicos, na
    ausência de 491-2
  Tese internalista 149, 193
Mill, John Stuart 523, 528

Moore, G. E. 645
Moore, Michael 151-2, 159, 185,
  324, 385-7, 403-4, 602-5, 641
Moore, Underhill 348
Moral
  Linguagem da 284
  Subjetivismo moral, teoria de
    Mackie do 284-7
Moralidade
  Cognitivismo 281
  Direito, relação com 540
  Objetividade modesta 401
Música ver Obras de arte

Não-cognitivismo
  Ética, referente a 329
  Significado 329
Negligência
  Casos de júri 105-6
  Causa próxima 112-7
  Conduta do réu, posição da 106
  Conseqüência e fortuidade
    112-3
  Desapontamentos com a lei
    117-20
  Desenvolvimento histórico 105
  Dever do réu, âmbito 109-11
  Extremos, determinando 106
  Imposição judicial de
    responsabilidade 115
  Imprecisão de padrão 106
  Lei de responsabilidade do
    Direito consuetudinário
    91-2, 95
  Prejuízo econômico 109-11
  Previsibilidade 118
  Regras jurídicas, aplicação de
    105-8
  Repartição do prejuízo 110,
    114-7
Neutralidade
  Liberalismo, como
    característica definidora
    do 305

# ÍNDICE ANALÍTICO

Neutralidade jurídica
  Referência a 125

Oakeshott, Michael 125
Objetividade
  Argumentos contra 305
  Argumentos normativos a favor 367
  Conceitos de 268-9
  Concepção liberal do Direito, como parte da 417
  Decisões jurídicas, de 316
  Determinação, não confundir com 369-71
  Dicotomia objetiva-subjetiva 268-9, 274
  Discurso moral, do 382-3
  Forte 316, 379, 396
    Problemas com 385-90
  Imparcialidade, como 269
  Importância da 362-85
  Interpretação, na 287-301
  Liberalismo, compromisso do 363-7
  Lógica 279-84, 297-301
  Metafísica 274-9, 286, 295, 316, 368, 371-8
  Mínima 316, 379, 382, 384
    Discordância racional, problema da 394
    Problemas com 390-5
  Modesta 316, 396
    Acesso, problema do 407-11
    Ausência de subjetividade, como 399-400
    Condições epistemicamente ideais, compreensão 400-2
    Conteúdo da 399-416
    Convencional, se 405-7
    Direito e moral, em 403-5
    Doutrina jurídica contemporânea, na 411-2
    Dworkin, visão de 412-5
  Fatos jurídicos, postura em 397
  Julgamentos morais, dos 401
  Teoria Racial Crítica, relação com a 415-6
  Moralidade, da 285
  Objetos culturais, referente a 278, 292-3
  Prestação jurisdicional, como 314
  Processual 362-71
  Realismo, ligação com 275
  Semântica 274-9
  Subjetividade distinguida 378-85
  Usos rivais da 267
  Termos semânticos, direitos em 371-8
Objetos culturais
  Significado de 240-1
  Significado, ter 247
  Objetivismo 278
  Obras de arte como 242-7
Obras de arte
  Artista, independência frente ao 245
  Auto-expressão e comunicação, como 239-41, 250
  Contexto das 243-5, 294
  Criações intencionais, como 248-51
  Criador, significado dado por 237-42
  Fronteiras das 249
  Interpretação de
    Abordagem cética da 297
    Abstratas 235-6
    Aspecto de época 261
    Aspectos das 300
    Boa 260
    Conservadora 240-1
    Contexto privado, sem referência ao 243

Críticas 254-5
De intenção para expressão 237-42
Descoberta, como 252-5
Descrição distinguida 290-1
Descrições de 294
Desempenhos como 257
Direito distinguido 250
Esquema, trabalhando a partir de 298-9
Explicação, como 255-9
Histórica 296
Incompatível 261
Inovadora 255-60
Instabilidade da 260-2
Intenção do autor, preponderância da 248-9
Julgamento de valor da 262
Mais de um gênero, em 261
Mudanças nas 261
Natureza da 256
Necessidade da 247
Níveis de significado 236-7
Nova 252-5
Objetividade, possibilidade de 297-8
Objetivismo metafísico na 294-5
Perspectivas da 264
Pluralidade interna 300
Práticas, histórico das 225
Produtos culturais, de 292
Psicanalítica 252-5
Razões para dar atenção a 259
Recuperação, rejeição da 263-5
Relativa 261-2
Significado básico 248-51
Significado da obra, demonstrando 257-8
Significado oculto 254
Valor da obra, acrescentando ao 256-7

Objetos culturais, como 242-7
Ofícios distinguidos 246
Ruins, interesse em 242
Significado básico nas 248-51
Significados superiores da vida humana, envolvimento com 245
Simbolismo 249-50
Visão elevada das 246
Obrigações
  Efetivas 157
  Jurídicas, noção de 169
  Morais 158
  Não-morais 158
  Regras sociais que dão origem a 174
  Teoria previsora das 166-9
Obrigações morais
  Autoridade teorética referente a 630-2, 639-40
Obrigações sociais
  Obrigações morais, não 158
Ontologia
  Conceitos, questões referentes à 208

Padrões
  Normas jurídicas flexíveis, como 420
  Regras, dicotomia com 421
Platonismo
  Interpretação, relação com exigência do 70, 78
  Regra e aplicação, distância entre 81-2
Pluralismo
  Respeito à autoridade 305
Políticas
  Princípios distinguidos 424
Positivismo
  Crítica de Dworkin ao 404
  Direito natural distinguido 303
  Padrões jurídicos obrigatórios, concepção de 413

## ÍNDICE ANALÍTICO

Reivindicação de 404
Posner, juiz 647
Postema, Gerald 196
Prática jurídica
  Compreensão e avaliação de 306
  Incoerência na 209
Práticas humanas
  Descrições filosóficas das 309-10
  Teorias analíticas e normativas distintas 310
  Teorias analíticas das 309-10
Práticas sociais
  Etapa pré-teórica no Direito, como 184
  Individuação 176
  Ordens rúnicas 185
  Regras sociais primárias, compostas de 177
  Sociedades diferentes, em 177-8
Precedente
  Interpretação de Hurley do 451-2
  Interpretação defensável de 228
  Proposições juridicamente errôneas 452
  Texto, como 39-40
  Valor de verdade das proposições jurídicas, mudando 450
  Vertical e horizontal 38-9
Prejuízo econômico
  Dano por negligência, decorrente de 109-11
Previsibilidade
  Defesa da coerção, base da 356-7
  Ênfase dos realistas na 346
  Indeterminação, relação com 344-9
  Teoria completa, exigindo 349
  Teoria normativa liberal, na 353-4
  Teorias populares 349-52
  Vindicação da conduta 351-2
Princípios jurídicos 440-91
  Ajuste e aceitabilidade 432-3
  Apoio institucional, teste de 448
  Argumento da retroatividade 445-50
  Argumentos anteriores contra 441-53
  Argumentos contra Ajuste, do 458
  Decisões passadas, estendendo-se no futuro 465-91
  Peso, do 453-7
  Profissionais competentes, concordância entre 462-4
  Decisões, instiladas a partir de 434-5
  Derivação reconstrutiva 436-40
  Dimensões dos 425
  Direito positivo, justificando 427
  Dworkin, descrição de 432-40
  Dworkin, exposição da distinção regra-princípio 423
  Exemplo de 423-4
  Falta de atração normativa 441-3
  Forma canônica, carecendo de 422
  Igualdade e integridade, falsas alegações de 443-4
  Incorretos
    Ajuste 458-60
    Peso de 453-7
  Legislação, novo conjunto na 483-4
  Liberdade de contrato, de 423
  Limiar mínimo de ajuste 447-8, 458-62
  Materiais jurídicos como expressões de 437-8

Metodologia de equilíbrio
  reflexivo, analogia de 460-2
Metodologia jurídica na
  ausência de 491-2
Moral máxima 447
Natureza jurídica de 428-9
Nível médio 430-1
Padrões jurídicos, como 425
Pensamento jurisprudente, no
  429-40
Peso de 423, 431, 453-7
Políticas distinguidas 424
Posição jurisprudente 420
Princípios morais corretos,
  conflito com 465
Princípios morais distinguidos
  427-8
Proposição contra 420
Razões jurídicas, como 430
Regras, dicotomia com 421
Regras jurídicas distinguidas
  424-5, 429-30
Rejeição de 540
Resultados existentes,
  abrangendo 433-4
Retroatividade 445-53
Tipo de norma, como 420-9
Princípios morais
  Atração dos 441
  Julgamento adverso dos 426
  Papel dos 428
  Princípios jurídicos em conflito
    com, corretos 465-6
  Princípios jurídicos distinguidos
    426-8
  Regras jurídicas, não
    produzindo 427

Questões desmascaradoras 220-2
Quine, W. V. O. 333

Raciocínio jurídico
  Disfarce 48
  Forma dedutiva do 92
  Mecanismo do 48
  Neutro, objetivo ou
    não-político, se 209-10
  Teorias coerentistas de 451
Raciocínio moral
  Não-interpretativo 40
Radin, Max 509
Rawls, John 315, 366
Raz, Joseph 17, 23, 29, 43, 171,
  183, 188-99, 201-3, 214, 289,
  308-9, 417, 496, 498, 511, 516,
  524-5, 539, 612, 623, 641
Razões jurídicas
  Apenas um resultado, não
    garantindo exclusivamente
    320-3
  Argumentos de queixosos e
    réus, distinção inadequada
    entre 356-60
  Caracterização das 196
  Casos importantes ou difíceis,
    não garantindo
    exclusivamente o resultado
    de 322
  Causalmente indeterminadas
    344
  Decisões judiciais, relação com
    354
  Eficácia causal 352
  Enriquecendo o grupo das 327
  Indeterminação 317-23
  Justificação 353-60
  Justificativa inadequada 318
  Muito pobre ou muito rico, ser
    326
  Natureza das 197
  Peso das 430
  Razões extrajurídicas,
    aplicação de 358
  Significado 430
  Suficiente para garantir
    qualquer resultado 319

# ÍNDICE ANALÍTICO

Realismo
  Convencionalismo em relação com 374
  Desmistificar o formalismo, não conseguindo 122
  Fatos jurídicos, quanto aos 385-6
  Jurídico 56-7
  Metafísico 371-2, 385-7
  Não-natural 645-6
  Objetividade metafísica, sobreposição com 276, 293
  Objetividade, relação com 375
  Postura do 66
  Realista, se 51
  Teorias semânticas 371-8
Realismo jurídico americano
  Questões desmascaradoras 220-2
Regras (normas) jurídicas
  Alcance normativo, significado assegurado 134
  Animação das 80
  Aplicação como interpretação 98
  Aplicação correta, sinal de 97
  Aplicação direta das 51
  Aplicação envolvendo interpretação de 54
  Aplicação, lacuna entre 81
  Aplicações futuras, cláusula para 72
  Ausência de 87-91
  Casos claros, aplicação em 58-9
  Casos de negligência, aplicação em 105-8
  Casos difíceis, em 102-4
  Casos em que é possível aplicar as 100-1
  Casos fáceis, em 104
  Clareza 53-4
  Classe de casos nas, determinando 92-4
  Concordância com 76-8, 89
  Dimensões prescritivas 398
  Falsa tese das 8
  Fardo da explicação 89
  Fatos do argumento, contato com 93-4
  Incorretas 453-4
  Indeterminação 487
  Inércia 61
  Instituição específica, tempo e forma de 421-2
  Linguagem completa e determinada das 92
  Lugar das 85
  Maneira de seguir e interpretar 90
  Mecanismo de 72
  Moralmente atraentes, ser 441
  Natureza de, ingenuidade teórica 50
  Normas jurídicas formais, como 420-1
  Novas, aplicação de 445
  Obediência, prática de 85
  Ocorrências singulares às quais se aplica, lacuna entre 60-1
  Padrões, dicotomia com 420-1
  Pesos das 423, 453
  Poder normativo de 79
  Princípios, dicotomia com 421
  Princípios jurídicos distinguidos 424-5, 429
  Princípios morais não produzindo 427
  Própria aplicação, marcando 56
  Próprias ocorrências, reivindicando 87, 99
  Razões para seguir 98-9
  Realidade, em 102
  Resultados de casos, distância entre 122-3
  Sinal, interpretação do 78

Transações, determinando
    tratamento de 422
Trilhos, em 66-74, 880, 87
Uso, descrição mitológica do
    71-3
Visão independente do uso 74,
    78
Regras sociais
    Aceitação de 181
    Análise de Hart das 157
    Aspectos externos 154
    Aspectos internos 153-4
    Compreensão adequada do
        Direito, central para 168
    Crenças morais, conformidade
        motivada por 159
    Dados sociais 180-1
    Normatividade 157
    Obrigação não-moral 174
    Obrigações efetivas 157
    Obrigações, impondo 153-4,
        172-3
    Ponto de vista externo 154-5,
        162-6, 173
    Ponto de vista interno 154-62,
        165-6, 172, 182
    Raciocínio prático e teórico
        164
    Razões para ação, dando 157,
        163
    Regra do reconhecimento 161-
        2, 172, 177
    Rejeição de 164
Relacionalismo
    Significado 403
Relativismo
    Interpretação de obras de arte,
        característica da 300
    Objetivimo lógico,
        compatibilidade com 298-301
Responsabilidade
    Distância do papel, limitação
        671

Revogabilidade
    Conceitos, como aspecto
        importante de 207
Risco irrazoável
    Conceito de 106, 118

Sanções
    Razões para ação, criando 169
Schauer, Fred 421
Schwartz, R. L. 151
Semântica
    Anti-realismo 373-4
    Discurso jurídico, do 384
    Discurso moral, do 382-3
    Intenções 617-20
    Motivações lingüísticas 618
    Objetividade semântica 269-73
    Realismo 373-8
    Sintaxe, fundida com 16
    Subjetividade semântica
        288-92
Significado
    Atribuição de 311
    Coisas que possuem 27
    Condições de verdade, dado
        por 366-7
    Indeterminação radical de 391
    Natural e não-natural 6
    Natureza do 325
    Níveis de 236-7
    Palavras e expressões
        particulares, de 392
    Texto de 7
    Uso, como 213-4
    Uso, limitando 377
Sinais
    Sistema de representação,
        como 8
Singer, Joseph 304
Sintaxe
    Jurídica 16
    Semântica, fundida com 16
    Significado 14

Subjetivismo
　Anti-realismo, ligação com 274
　Antiquado 272
　Dicotomia objetivo-subjetivo 268
　Discurso moral, do 282-3
　Interpretação 288, 381
　Lógico 297-301
　Metafísico 286, 292-7
　Moral, teoria de Mackie do 284-7
　Objetividade distinguida 378-85
　Protagórico 396
　Semântico 288-92
　Sunstein, Cass 431, 593-5

Teoria jurídica
　Caráter interpretativo da 41-2
　Conceitos na prática social, análise 168
　Dados sociais brutos 180
　Doutrina geral 41-2
　Fracamente interpretativa 182
　Função, atribuição do Direito 182
　"Homem mau" 167, 175, 179
　Interpretações rivais do Direito 194
　Lugar-comum, resistência a 47
　Metodologia *ver* Metodologia
　Participantes, ponto de vista 182-202
　Perspectiva interna 41
　Perspectivas 41
　Pontos de vista internos e externos, levando em conta 162, 202
　Previsora 167-8
　Teórico, ponto de vista do 170
　Texto, existência do 16
　Valor moral, atribuição ao Direito 198

Teoria Racial Crítica
　Jurisprudência analítica, ataque à 303
　Objetividade modesta, relação com 415-6
Termos jurídicos
　Definição geral, adequação da 217-8
　Discurso jurídico, uso no 207
　Geral, cerne e penumbra dos 323-4
　Tentativas de definir 212-3
Textos
　Apropriação de 545-6
　Autores, ausência de 12
　Autoridade teorética, localização da 638-9
　Boa interpretação, produzindo 16
　Conceitos morais, interpretação para incorporar 601-2
　Constituição americana como 22
　Crenças morais subjetivas, assistência com 648
　Criação de 8
　Decisões jurídicas como 39-40
　Determinações, comunicação de 543
　Existência de 11
　Fenômenos como 13-4
　Intencionalmente produzido 24
　Intenções do autor, comunicando 543-5
　Jurídicos, restrições a 30
　Leitura de 7
　Mandamentos de Deus, dos 17
　Normas de autoridade 600-1
　Outras doutrinas jurídicas, tendo como premissa existência de 559
　Práticas sociais como 21

Razão para ação, dando 17-8, 160
Razão para crença, dando 19
Razões dependentes da intencionalidade 26, 29
Restrições interpretativas 642-3
Significado dos 7-8, 541
Significados do falante e do dicionário 547-51
Teoria jurídica, na 15-6
Texto, tratamento como 603-4
Tradução 558
Tradução
   Humildade estrutural 560-1
   Passos na 558
Verdade
   Cognitivismo 281
   Objetividade metafísica 274
   Proposições descritivas, das 279-80
   Teoria de correspondência da 275, 307-8
   Valor determinado 282
*Verstehen*
   Noção de 147

Waisman, Friedrich 207
Waldron, Jeremy 596, 598-9, 601-2, 644-5
Warren, Samuel D. 438-9
Wittgenstein, L. 67-77, 79, 81-91, 96, 126, 130-5, 205-8, 211, 216, 224-6, 325, 328-33
Wolff, Robert Paul 335
Wollheim, Richard 506-7, 511, 644
Wright, Crispin 372, 376, 385

**Cromosete**
Gráfica e editora Ltda.

**Impressão e acabamento**
Rua Uhland, 307 - Vila Ema
03283-000 - São Paulo - SP
**Tel/Fax:** (011) 6104-1176
**Email:** adm@cromosete.com.br